KB164422

사기
열전
2

司馬遷 · 史記列傳 · 원문 대역

사기 열전 2

사마천 지음 | 장세후 옮김

연암서가

사기열전 2

사기열전 3

1. 이 책은 사마천의 『사기』 중 「열전」 부분을 번역한 것이다.

2. 대본(臺本) 및 표점(標點)은 북경 중화서국의 1959년 판(1987년 10차 인쇄)의 것을 따랐다.

3. 남조 송나라 배인(裴駰)의 『사기집해(史記集解)』 및 당나라 사마정(司馬貞)의 『사기색은(史記索隱)』, 장수절(張守節)의 『사기정의(史記正義)』의 3가주(三家註: 『사기』에 대한 대표적인 주석서)도 모두 번역하였다.

4. 번역은 원문을 나란히 배열한 대역(對譯)의 형식을 취하였으며 가능한 한 원문의 의미를 살리기 위한 축자역(逐字譯)에 의한 직역을 원칙으로 하였다.

5. 설명을 돕기 위해 꼭 필요하다고 생각될 경우 ( )로 보충역(補充譯)을 하였다.

6. 3가주의 주석 중 음가(音價)에 관한 부분은 현재의 음가와 같아 굳이 밝히지 않아도 될 경우는 삭제한 것도 있으며, 현재와 다르게 읽히는 부분은 모두 수록하였다.

7. 3가주를 위시하여 인용 서목이나 고유명사는 처음 나오는 것만 한자를 병기하였다. 앞에 나온 것이라도 편이 바뀌거나 헷갈릴 수가 있다고 판단되는 경우에는 다시 병기하였다.

26 ——— 자객 열전 刺客列傳

曹沫者[1]	조말은
魯人也	노나라 사람인데
以勇力事魯莊公	용력으로 노장공을 섬겼다.
莊公好力	장공은 용력을 좋아하였다.
曹沫爲魯將	조말이 노나라의 장군이 되어
與齊戰	제나라와 싸웠는데
三敗北	세 번 졌다.
魯莊公懼	노장공이 두려워하여
乃獻遂邑之地以和[2]	이에 수읍의 땅을 바치고 강화하였다.
猶復以爲將	여전히 (조말을) 다시 장군으로 삼았다.
齊桓公許與魯會于柯而盟[3]	제환공은 허락하고 노나라와 가(柯)에서 만나 맹약하였다.

---

1 **색은** 『좌전(左傳)』[『춘추좌전(春秋左傳)』]과 『곡량전(穀梁傳)』에는 모두 조귀(曹劌)로 되어 있고, 『공양전(公羊傳)』에는 다만 조자(曹子)로 되어 있다.

2 **색은** 『좌전』에 "제나라 사람이 수를 멸하였다(齊人滅遂)."라는 기록이 있는데, 두예(杜預)는 "수국(遂國)은 제수(濟水)의 북쪽 사구현(蛇丘縣)의 동북쪽이다."라 하였다. **정의** 옛 성은 연주(兗州) 공구현(龔丘縣) 서북쪽 76리 지점이다.

3 **색은** 두예는 "제북(濟北)의 동아(東阿)는 제나라의 가읍(柯邑)으로 축가(祝柯)를 지금 축아(祝阿)라 하는 것과 같다."

桓公與莊公旣盟於壇上	환공과 장공이 단 위에서 맹약을 하자
曹沫執匕首劫齊桓公[4]	조말이 비수를 잡고 제환공을 위협하니
桓公左右莫敢動	환공의 좌우에 있는 사람들은 감히 움직이지 못하였으며
而問曰	(환공이) 물었다.
子將何欲?[5]	"그대는 무엇을 하려 하는가?"
曹沫曰	조말이 말하였다.
齊强魯弱	"제나라는 강하고 노나라는 약한데
而大國侵魯亦甚矣	대국이 노나라를 침략함이 너무 심합니다.
今魯城壞卽壓齊境[6]	지금 노나라의 성이 무너진다면 제나라의 경계로 무너질 것이니
君其圖之	임금께서는 생각해 보시기 바랍니다."
桓公乃許盡歸魯之侵地	환공이 이에 노나라를 침략한 땅을 모두 돌려주었다.
旣已言	말을 다 마치자
曹沫投其匕首	조말은 그 비수를 던졌다.
下壇	단을 내려와
北面就群臣之位	북쪽을 향하여 뭇 신하들의 자리로 갔는데
顏色不變	얼굴빛이 변하지 않았으며
辭令如故.	말하는 것도 전과 같았다.

---

4 색은 유씨(劉氏)는 말하였다. "단검(短劍)이다." (前漢 桓寬의)『염철론(鹽鐵論)』에서는 길이가 한 자 여덟 치라고 하였으며, 머리가 숟가락과 닮았기 때문에 '비수'라고 한다.

5 색은 『공양전』에서는 말하기를 "관자(管子)가 나아가 말하기를 '그대는 무엇을 요구하는가?'라 하였다."라 하였다. 하휴(何休)의 주에서 말하기를 "환공이 끝내 대응할 수 없었기 때문에 관중이 나아가 그렇게 말한 것이다."라 하였다.

6 색은 제나라와 노나라는 인접하여 있는데 지금 제나라가 자주 노나라를 침공하여 노나라의 성이 무너져 제나라의 경계 가까이로 무너진다는 것이다.

桓公怒	환공이 노하여
欲倍其約	그 맹약을 철회하려고 하였다.
管仲曰	관중이 말하였다.
不可	"안 됩니다.
夫貪小利以自快	작은 이익을 탐하여 스스로 만족해하시면
棄信於諸侯	제후들의 신의를 잃게 되며
失天下之援	천하의 도움을 잃어버리게 되니
不如與之	주느니만 못합니다."
於是桓公乃遂割魯侵地	이에 환공은 마침내 노나라를 침략한 땅을 떼어주니
曹沫三戰所亡地盡復予魯	조말이 세 번 싸워 잃었던 땅을 모두 노나라에 되돌려주었다.

其後百六十有七年而吳有專諸之事[7]	그 후 백67년 만에 오나라에서는 전제의 일이 일어났다.

專諸者	전제는
吳堂邑人也[8]	오나라 당읍 사람이다.
伍子胥之亡楚而如吳也	오자서가 초나라에서 도망쳐 오나라로 갔을 때
知專諸之能	전제의 재능을 알았다.
伍子胥既見吳王僚	오자서는 오왕 요(僚)를 만나보고
說以伐楚之利	초나라를 치는 이로움을 말하였다.

---

7 **색은** '전(專)' 자는 또한 '전(剸)'이라고도 하는데, 음은 같다. 『좌전』에는 전설제(鱄設諸)로 되어 있다.

8 **색은** 「지리지(地理志)」의 임회(臨淮)에 당읍현(堂邑縣)이 있다.

吳公子光曰	오나라 공자 광(光)이 말하였다.
彼伍員父兄皆死於楚而員言伐楚	"저 오운의 부형은 모두 초나라에서 죽었으니 운이 초를 치자고 하는 것은
欲自爲報私讎也	스스로 사적인 원수를 갚고자 함이지
非能爲吳	오나라를 위한 것은 아닐 것입니다."
吳王乃止	오왕이 이에 그만두었다.
伍子胥知公子光之欲殺吳王僚	오자서는 공자 광이 오왕 요를 죽이려 함을 알고
乃曰	이에 말하였다.
彼光將有內志	"저 광은 장차 안으로 (내란을 일으킬) 뜻이 있는 것 같으니
未可說以外事[9]	나라 바깥의 일로 유세해서는 아직 안 되겠구나."
乃進專諸於公子光	이에 전제를 공자 광에게 천거하였다.
光之父曰吳王諸樊	광의 부친은 오왕 제번인데
諸樊弟三人	제번에게는 아우가 셋 있었다.
次曰餘祭	바로 다음은 여채(餘祭)라고 하였으며
次曰夷眛[10]	그 다음은 이말,
次曰季子札	그 다음은 계자찰이라고 하였다.
諸樊知季子札賢而不立太子	제번은 계자찰이 현명함을 알고 태자를 세우지 않았는데
以次傳三弟	차례대로 세 아우에게 전하여

---

9 색은 장차 내란을 일으켜 임금을 죽이려는 뜻이 있으며 또한 대외적인 일에는 생각이 없는 것이다. 「오세가(吳世家)」에서는 "광(光)에게 다른 뜻이 있는 것을 알았다."라 하였다.

10 색은 음은 말이다. 『공양전』에는 여말(餘末)로 되어 있다.

欲卒致國于季子札	결국 나라를 계자찰에게 주고자 함이었다.
諸樊既死	제번이 죽고 나자
傳餘祭	여채에게 전하였다.
餘祭死	여채가 죽자
傳夷眛	이말에게 전하였다.
夷眛死	이말이 죽으면
當傳季子札	계자찰에게 전하여야 했다.
季子札逃不肯立	계자찰이 도망쳐서 즉위하지 않으려 하자
吳人乃立夷眛之子僚爲王	오나라 사람들은 이에 이말의 아들 요(僚)를 왕으로 세웠다.
公子光曰	공자 광이 말하였다.
使以兄弟次邪	"형제의 순서대로 한다면야
季子當立	계자가 즉위하여야겠지만,
必以子乎	반드시 아들을 가지고 한다면
則光眞適嗣	나 광이 실로 적통을 이은 후손이니
當立	즉위하여야 한다."
故嘗陰養謀臣以求立	그러므로 일찍이 몰래 모신들을 길러 즉위하길 도모하였다.
光既得專諸	광은 전제를 얻자
善客待之	그를 빈객으로 잘 대해 주었다.
九年而楚平王死[11]	9년(B.C. 518)에 초나라의 평왕이 죽었다.

---

11 색은 『춘추(春秋)』 「소공(昭公) 26년」에 "초나라 자거(子居)가 죽었다."라 하였는데 이를 말한다. 「오세가(吳世家)」에서는 '12년'이라 하였고 여기서는 '9년'이라 하였는데, 모두 틀렸다. 「표(表)」 및 『좌전(左傳)』에서는 모두 요(僚) 11년에 있었다고 하였다.

春	봄에
吳王僚欲因楚喪	오왕 요는 초나라가 상중(喪中)임을 틈타
使其二弟公子蓋餘屬庸將兵圍楚之灊[12]	
	그 두 아우 공자 개여와 촉용으로 하여금 군사를 거느리고 초나라의 첨(灊)을 에워싸게 하고,
使延陵季子於晉	연릉의 계자를 진나라로 보내어
以觀諸侯之變	제후들의 변화를 살피게 하였다.
楚發兵絶吳將蓋餘屬庸路	초나라가 군사를 내어 오나라 장수 개여와 촉용의 길을 끊으니
吳兵不得還	오나라 군사는 돌아가지 못하게 되었다.
於是公子光謂專諸曰	이에 공자 광이 전제에게 말하기를
此時不可失	"이때를 놓칠 수 없으니
不求何獲	(지금) 실행하지 않으면 언제 얻겠소!
且光真王嗣	또한 (나) 광이 진정한 왕의 후사이니
當立	즉위해야 하며
季子雖來	계자가 온다 해도
不吾廢也	나를 폐하지 못할 것이오."라 하니
專諸曰	전제가 말하였다.
王僚可殺也	"왕 요는 죽일 수 있습니다.
母老子弱	모친은 늙고 자식은 어리며

---

12 색은 두 사람은 모두 요(僚)의 아우이다. 『좌전(左傳)』에는 엄여(掩餘)와 촉용(屬庸)으로 되어 있다. 엄(掩)과 개(蓋)는 뜻이 같다.

색은 이 일은 노나라 소공(昭公) 27년(B.C. 515)에 있었다. 「지리지(地理志)」의 여강(廬江) 에 첨현(灊縣)이 있으며, 천주산(天柱山)이 남쪽에 있다. 두예(杜預)의 『좌전주(左傳注)』에서 는 "첨(灊)은 초나라의 읍으로 여강 여섯 현의 서남쪽에 있다."라 하였다. 정의 첨(灊)의 옛 성은 수주(壽州) 곽산현(霍山縣) 동쪽 2백 보 지점에 있다.

而兩弟將兵伐楚	두 아우는 군사를 거느리고 초나라를 치는 데
楚絕其後	초나라가 그 뒤를 끊었습니다.
方今吳外困於楚	지금 오나라는 밖으로는 초나라의 곤경에 처하여
而內空無骨鯁之臣	안에는 강직한 신하가 없으니
是無如我何[13]	우리를 어쩌지 못할 것입니다."
公子光頓首曰	공자 광이 머리를 조아리며 말하였다.
光之身	"제 몸은
子之身也	그대의 몸이요."
四月丙子[14]	4월 병자일에
光伏甲士於窟室中[15]	광이 갑사를 지하실에 숨겨두고
而具酒請王僚	술을 차려 왕 요를 초청하였다.

---

13 색은 『좌전』에서는 다만 "왕은 죽일 수 있습니다. (그) 모친은 늙고 자식은 어리니 우리를 어떻게 할 수 없을 것입니다."라고만 하였다. 곧 전설제가 요(僚)를 죽일 수 있을 것이라 짐작하고 구원할 사람이 적을 것이라 말하였으므로 "우리를 어쩔 수 없다."고 한 것이다. 태사공은 그 뜻을 취하고 또 위의 글에 의거하여 다시 두 아우가 군사를 거느리고 (나라) 밖에서 곤란을 겪는다는 말을 덧붙였다. 그러나 복건(服虔)과 두예는 『좌씨(左氏)』의 아래의 "나는 너의 몸이다(我爾身也)." "그 아들을 경으로 삼았다(以其子爲卿)."라 한 말을 보고 마침내 "우리를 어쩌지 못할 것이다."라는 말을 "내가 이렇게 하지 않으면 전제가 노모와 어린 자식을 광에게 맡긴다는 것을 이른다."라 하였는데 뜻이 흡족하지 못하다. 왕숙(王肅)의 설 또한 『사기(史記)』에 의거하였다.

14 색은 요(僚) 12년 여름으로 『오계가(吳系家)』에서는 13년이라 하였는데 틀렸다. 『좌씨』의 경과 전에서는 다만 "여름 4월"이라고만 하였고 『공양전』과 『곡량전』에는 전이 없으며 경은 『좌씨』, 『오계가』와 같다. 이 전에서 '병자일'이라고 한 것은 마땅히 근거가 있을 것인데 어느 책에서 나온 것인지는 모르겠다.

15 색은 『좌전(左傳)』에서는 "갑사를 매복시켰다(伏甲)."라 하였는데, 갑사를 말한다. 아래에서는 "매복시킨 갑사를 내보내어 왕을 공격하였다."라 하였다.

王僚使兵陳自宮至光之家	왕 요는 병사들을 궁궐에서 광의 집까지 늘어세웠으며
門戶階陛左右	문과 섬돌의 좌우까지
皆王僚之親戚也	모두 왕 요의 친척들이었다.
夾立侍	끼고 서서 모셨는데
皆持長鈹[16]	모두 단검을 지녔다.
酒既酣	주흥이 한창 무르익자
公子光詳爲足疾[17]	공자 광은 발병이 난 것처럼 꾸미고
入窟室中	지하실로 들어가
使專諸置匕首魚炙之腹中而進之[18]	전제에게 비수를 물고기 구이의 배 속에 넣어 바치게 하였다.
既至王前	왕의 앞에 이르자
專諸擘魚	전제는 물고기의 배를 가르고
因以匕首刺王僚	비수로 왕 요를 찔렀는데
王僚立死	왕 요는 즉사하였다.
左右亦殺專諸	곁에서 또한 전제를 죽이니
王人擾亂	왕을 호위하던 사람들이 어지러워졌다.
公子光出其伏甲以攻王僚之徒	공자 광이 매복시킨 갑사를 내보내어 왕 요의

---

16 **색은** 병기이다. 유규(劉逵)의 「오도부(吳都賦)」 주(注)에서는 "피(鈹)는 양날의 짧은 칼이다."라 하였다.

17 **색은** 위의 글자는 양(佯)의 뜻으로 읽고, 아래 글자는 뜻 그대로이다. 『좌전』에서는 "광이 거짓으로 발병이 난 척하였다(光僞足疾)."라 하였는데, 이곳에서 말한 '양(詳)'은 곧 위(僞)의 뜻이다. 혹자는 이 위(爲) 자를 위(僞)로 읽기도 하는데 틀렸다. 어찌하여 양(詳)과 위(僞)를 중복하여 말하겠는가?

18 **집해** 서광은 말하였다. "자(炙)는 '포(炮)'로 된 판본도 있다."

	무리를 공격하여
盡滅之	그들을 모조리 죽이고
遂自立爲王	마침내 스스로 즉위하여 왕이 되니
是爲闔閭	곧 합려이다.
闔閭乃封專諸之子以爲上卿	합려는 이에 전제의 아들을 상경으로 봉하였다.

| 其後七十餘年而晉有豫讓之事[19] | 그 후 70여 년 만에 진나라에서는 예양의 일이 일어났다. |

豫讓者	예양은
晉人也[20]	진나라 사람으로
故嘗事范氏及中行氏	예전에는 일찍이 범씨 및 중항씨를 섬겼으나
而無所知名[21]	이름이 알려진 바가 없었다.
去而事智伯[22]	(그래서 그들을) 떠나 지백을 섬겼는데
智伯甚尊寵之	지백은 그를 매우 높이어 총애하였다.
及智伯伐趙襄子	지백이 조양자를 치자
趙襄子與韓魏合謀滅智伯	조양자는 한(韓) · 위(魏)와 연합하여 지백을 멸하였으며

---

19 집해 서광은 말하였다. "합려 원년에서 삼진(三晉)이 지백(智伯)을 멸한 때까지는 62년이다. 예양(豫讓)의 양은 어떤 판본에는 양(襄)으로 되어 있다."

20 색은 이 전에서 말한 것은 모두 『전국책(戰國策)』의 글을 요약한 것이다.

21 색은 『좌전』에서 범씨(范氏)는 소자(昭子) 길사(吉射)라고 하였다. 사회(士會)부터 범(范) 땅을 식읍으로 하였는데 나중에 이 때문에 읍을 씨로 삼았다. 중항씨(中行氏)는 중항문자(中行文子) 순인(荀寅)이다. 순림보(荀林父)가 중항(中行)의 장수가 된 이래 관직으로 씨를 삼았다.

22 색은 지백은 양자(襄子) 순요(荀瑤)이다. 양자는 순림보의 아우 순수(荀首)의 후손이다. 범(范) · 중항(中行) · 지백(智伯)의 일은 이미 『조계가(趙系家)』에 모두 보인다.

滅智伯之後而三分其地	지백을 멸한 후에는 그 땅을 셋으로 나누었다.
趙襄子最怨智伯[23]	조양자가 지백을 가장 미워하여
漆其頭以爲飮器[24]	그의 두개골에 옻칠을 하여 주기(酒器)를 만들었다.
豫讓遁逃山中	예양은 산속으로 달아나 숨으며
曰	말하기를
嗟乎	"아아!
士爲知己者死	선비는 자신을 알아주는 사람을 위해 죽고
女爲說己者容	여인은 자기를 기뻐해 주는 사람을 위해 얼굴을 꾸민다.
今智伯知我	이제 지백이 나를 알아주었으니
我必爲報讎而死	내 반드시 복수를 해주고 죽어
以報智伯	지백에게 보답한다면
則吾魂魄不愧矣	나의 혼백은 부끄럽지 않게 될 것이다."
乃變名姓爲刑人	이에 이름과 성을 바꾸고 복역수로 가장하여
入宮塗廁	궁중으로 들어가 변소를 칠하였는데
中挾匕首	품속에는 비수를 품고

---

23 색은 처음에는 술에 취하였다가 나중에는 또한 한(韓)·위(魏)를 거느리고 진양(晉陽)에 수공을 가하여 성이 잠기지 않은 것이 3판(板)이었으므로 매우 미워한 것을 말한다.

24 색은 「대원전(大宛傳)」에 "흉노가 월지왕을 깨뜨리고 그의 두개골로 음기를 만들었다(匈奴破月氏王, 以其頭爲飮器)."라는 말이 있는데, 배씨(裴氏)의 주석에서는 위소(韋昭)의 말을 인용하여 "음기는 술통[椑榼]이다."라 하였고, 진작(晉灼)은 "음기는 호랑이 모양의 변기[虎子]이다."라 하였는데 모두 틀렸다. 비합(椑榼)은 술을 담기만 할 뿐 마실 때 쓰는 것이 아니다. 진작(晉灼)이 변기라고 생각한 것은 『한자(韓子)』[곧 『한비자(韓非子)』]와 『여씨춘추(呂氏春秋)』에서 모두 양자가 지백의 두개골에 옻칠을 하여 오줌 그릇으로 만들었다고 하였으므로 그렇게 말한 것이다. 정의 유(劉)씨는 말하기를 "주기(酒器)로 손님이 모일 때마다 그것을 두고 한이 깊음을 보인 것이다."라 하였다. 생각건대 여러 선유의 설은 틀린 것 같다.

欲以刺襄子	양자를 척살하려 했다.
襄子如廁	양자가 변소에 가는데
心動	심장이 뛰어
執問塗廁之刑人	변소를 칠하는 복역수를 잡아 물어보니
則豫讓	곧 예양으로,
內持刀兵	몸속에 칼을 지니고
曰	말하기를
欲爲智伯報仇	"지백의 원수를 갚아주고자 한다."라 하였다.
左右欲誅之	좌우에서 그를 죽이려 하였다.
襄子曰	양자가 말하였다.
彼義人也	"그는 의로운 사람이고
吾謹避之耳	내가 조심하여 피하기만 하면 된다.
且智伯亡無後	또한 지백은 죽고 후사도 없는데
而其臣欲爲報仇	그 신하가 원수를 갚아 주려 하니
此天下之賢人也	이 사람은 천하의 현인이다."
卒釋去之 25	마침내 그를 풀어주었다.
居頃之	그로부터 얼마 있다가
豫讓又漆身爲厲 26	예양은 또 몸에 옻칠을 하여 문둥이로 가장하고
吞炭爲啞 27	숯덩이를 삼켜 벙어리가 되어

---

25 또한 '석(釋)'이라고도 한다.

26 색은 악창(惡瘡)이다. 옻에는 독이 있어 가까이하면 부스럼 병을 많이 앓아 문둥병과 같이 지므로 예양이 몸에 옻을 발라 문둥병과 같아 보이게 한 것일 따름이다. 여(厲)와 뇌(賴)는 음이 가까워 옛날에는 여(厲)를 뇌(賴)로 많이 가차하였으며, 지금의 나(癩) 자는 병들 녁(疒) 부이므로 초(楚)나라에 뇌향(賴鄕)이 있는데 또한 여(厲) 자를 쓰기도 한다. 『전국책』도 여(厲) 자로 되어 있다.

使形狀不可知	모습을 알아볼 수 없게 만들어
行乞於市	저자에서 구걸하였다.
其妻不識也	그의 처도 알아보지 못하였다.
行見其友	다니다가 벗을 만났는데
其友識之	그 벗이 그를 알아보고는
曰	말하였다.
汝非豫讓邪	"자네는 예양이 아닌가?"
曰	말하였다.
我是也	"그렇다."
其友爲泣曰	그 벗이 눈물을 흘리면서 말하였다.
以子之才	"그대의 재주로
委質而臣事襄子.28	폐백을 바쳐 양자의 신하가 되어 섬긴다면
襄子必近幸子	양자는 반드시 그대를 가까이하여 총애할 것일세.
近幸子	그대를 가까이하여 총애할 때
乃爲所欲29	곧 하고 싶은 일을 하면
顧不易邪30	도리어 쉽지 않겠는가?
何乃殘身苦形	하필 이렇게 몸을 해치고 육신을 괴롭혀 가며
欲以求報襄子	양자에게 원수를 갚고자 하니

---

27 색은 벙어리이다. 『전국책』에서는 "몸에 옻칠을 하여 문둥이처럼 꾸미고 머리카락을 없애고 눈썹을 밀어 모습을 바꾸어 남들에게 걸식을 하였다. 그의 처가 말하기를 '모습은 나의 남편과 같지 않은데 어째서 목소리가 아주 닮았을까?'라 하자 예양은 마침내 숯덩이를 삼켜 그 목소리를 바꾸었다."라 하였다.

28 위지(委質): 지(質)는 '摯' 또는 '贄'라고도 한다. 위지는 임금에게 폐백, 곧 예물을 바치고 신하가 되는 것을 나타낸다.-옮긴이.

29 색은 양자를 죽일 기회를 엿보는 것을 말한다.

30 색은 고(顧)는 오히려의 뜻이다. 야(邪)는 부정하는 말이다. 반불이야(反不易耶)는 그 쉬움을 말한다.

不亦難乎	또한 어렵지 않겠는가!"
豫讓曰	예양이 말하였다.
旣已委質臣事人	"이미 폐백을 바치고 신하가 되어 남을 섬기다가
而求殺之	또 그를 죽이려 한다면
是懷二心以事其君也	이는 두 마음을 품고 그 주군을 섬기는 것일세.
且吾所爲者極難耳[31]	또한 내가 하는 일은 매우 어렵다네.
然所以爲此者	그런데도 이렇게 하는 것은
將以愧天下後世之爲人臣懷二心以事其君者也[32]	
	천하에 후세에 남의 신하가 되어 두 마음을 품고 그 주군을 섬기는 자들을 부끄럽게 하려는 것일세."
旣去	떠난 후
頃之	얼마 안 있어
襄子當出	양자가 외출하려 할 때
豫讓伏於所當過之橋下[33]	예양은 (양자가) 지나갈 다리 아래에 숨었다.
襄子至橋	양자가 다리에 이르렀는데
馬驚	말이 놀라자
襄子曰	양자가 말하였다.
此必是豫讓也	"이는 반드시 예양일 것이다."
使人問之	사람을 시켜 찾아보게 하였더니

---

31 색은 유씨는 말하였다. "지금 문둥이와 벙어리가 되는 것을 이르는 것이다."

32 색은 차라리 문둥이가 되어 스스로 형벌을 받을지라도 양자를 섬기다가 죽이기를 구할 수는 없다는 것이니, 신하된 의리를 상해 가면서까지 적에게 가까이 가는 것은 충성이 아니라는 것을 이른다.

33 정의 분교(汾橋)는 병주(幷州) 진양현(晉陽縣) 동쪽 1리 지점에 있다.

果豫讓也	과연 예양이었다.
於是襄子乃數豫讓曰	이에 양자는 곧 예양을 책망하면서 말하였다.
子不嘗事范中行氏乎	"그대는 일찍이 범씨와 중항씨를 섬기지 않았는가?
智伯盡滅之	지백이 그들을 다 멸하였거늘
而子不爲報讎	그대는 원수를 갚아주지 않고
而反委質臣於智伯	도리어 지백에게 몸을 맡겨 신하가 되었다.
智伯亦已死矣	지백 또한 이미 죽었는데
而子獨何以爲之報讎之深也	그대는 유독 어찌하여 그의 복수를 갚아줌이 이렇듯 심한가?"
豫讓曰	예양이 말하였다.
臣事范中行氏	"저는 범씨와 중항씨를 섬겼습니다만
范中行氏皆衆人遇我	범씨와 중항씨는 모두 보통 사람으로 저를 대우하여
我故衆人報之	나도 그런 까닭에 보통 사람으로 보답하였습니다.
至於智伯	지백은
國士遇我	국사로 나를 대우하였으므로
我故國士報之	내 그런 까닭에 국사로 그에게 보답하는 것입니다."
襄子喟然歎息而泣曰	양자는 아아! 하며 한숨을 쉬고 눈물을 흘리며 말하였다.
嗟乎豫子	"아아! 예자여,
子之爲智伯	그대는 지백을 위하여
名既成矣	명예를 이미 이루었고
而寡人赦子	과인이 그대를 용서함
亦已足矣	또한 이미 충분하였다.

24

子其自爲計	그대는 스스로 계책을 세워야 할 것이니
寡人不復釋子	과인은 그대를 다시는 풀어주지 않을 것이다."
使兵圍之	병사들로 하여금 그를 에워싸게 하였다.
豫讓曰	예양이 말하였다.
臣聞明主不掩人之美	"제가 듣건대 현명한 임금은 남의 아름다움을 가리지 않고
而忠臣有死名之義	충신은 명예를 위해 죽는다는 의로움이 있다고 하였소.
前君已寬赦臣	전에 그대가 이미 저를 관대히 용서하였으니
天下莫不稱君之賢	천하에서는 그대의 현명함을 일컫지 않음이 없을 것입니다.
今日之事	오늘의 일로
臣固伏誅	저는 실로 엎어져 죽어야 합니다.
然願請君之衣而擊之	그러나 원컨대 그대의 옷을 청하여 쳐서
焉以致報讎之意	원수를 갚으려는 뜻을 이룬다면
則雖死不恨	죽어도 한이 없겠습니다.
非所敢望也	감히 바라는 바는 아니나
敢布腹心	감히 속마음을 펼치는 것이오!"
於是襄子大義之	이에 양자가 그를 크게 의롭게 여겨
乃使使持衣與豫讓	곧 시자에게 옷을 가져다 예양에게 주게 하였다.
豫讓拔劍三躍而擊之[34]	예양은 칼을 뽑아 세 번 뛰고 옷을 치면서
曰	말하였다.

---

34 색은 『전국책』에서는 "옷이 다 해지자 피가 났다. 양자는 수레로 돌아갔는데 수레바퀴가 구르기도 전에 죽었다."라 하였다. 여기서 옷에서 피가 난 것을 말하지 않은 것은 태사공이 괴이한 일을 언급하기를 꺼려서이므로 생략한 것일 따름이다.

吾可以下報智伯矣	"내 지하에서 지백에게 보답할 수 있겠다!"
遂伏劍自殺	마침내 칼에 엎어져 스스로 죽었다.
死之日	죽던 날
趙國志士聞之	조나라의 뜻있는 선비들이 그 말을 듣고는
皆爲涕泣	모두 눈물을 흘렸다.

其後四十餘年而軹有聶政之事[35]	
	그 후 40여 년 만에 지(軹)에서는 섭정의 일이 일어났다.

聶政者	섭정은
軹深井里人也[36]	지(軹)의 심정리 사람이다.
殺人避仇	사람을 죽이고 원수를 피하여
與母姊如齊	어머니, 누이와 함께 제나라로 가서
以屠爲事	도축하는 일을 하였다.

久之	한참 후
濮陽嚴仲子事韓哀侯[37]	복양의 엄중자는 한애후를 섬겼는데

---

35 집해 삼진(三晉)이 지백을 멸한 때로부터 겹루(俠累)를 죽인 일까지는 57년이다.

36 색은 「지리지(地理志)」의 하내(河內)에 지현(軹縣)이 있다. 심정(深井)은 지현(軹縣)의 이 (里) 이름이다. 정의 회주(懷州) 제원현(濟源縣) 남쪽 30리 지점에 있다.

37 색은 고유(高誘)는 말하였다. "엄수(嚴遂)는 자가 중자(仲子)이다."
색은 「표(表)」에는 섭정이 겹루를 죽인 일이 열후(列侯) 3년에 있다. 열후는 문후(文侯)를 낳았고 문후는 애후(哀侯)를 낳았는데 모두 3대를 거쳐 애후 6년에 한엄에게 피살되었다. 지금 중자(仲子)가 애후를 섬겼다고 말한 것은 아마 사실이 아닐 것이다. 또한 태사공은 의심이 가는 것을 듣고 의심이 가는 것을 그대로 전하여 일이 정확하게 의거하기 어려워 둘 다 전해지게끔 하였으므로 「표(表)」와 「전」이 각각 다르다.

與韓相俠累有卻[38]	한나라의 재상 겹루(俠累)와의 사이에 틈이 생겼다.
嚴仲子恐誅	엄중자는 죽임을 당할까 두려워하여
亡去	도망을 쳤으며
游求人可以報俠累者	떠돌아다니며 겹루에게 원수를 갚아줄 수 있는 자를 찾았다.
至齊	제나라에 이르렀을 때
齊人或言聶政勇敢士也	제나라 사람 중에 누가 말하기를 섭정이 용감한 용사인데
避仇隱於屠者之閒	원수를 피하여 도축자들 틈에 숨어 있다고 하였다.
嚴仲子至門請	엄중자가 문에 이르러 (보기를) 청하여
數反	자주 오갔으며
然後具酒自暢聶政母前[39]	그런 다음에는 술상을 차려 섭정의 모친 앞에 술잔을 올렸다.
酒酣	술자리가 무르익자
嚴仲子奉黃金百溢	엄중자는 황금 백 일(百溢)을 바치며
前爲聶政母壽	나아가 섭정의 어머니를 축수하였다.
聶政驚怪其厚	섭정은 그 두둑함에 놀라고 이상하게 생각하여
固謝嚴仲子	엄중자에게 굳이 사양했다.
嚴仲子固進	엄중자가 굳이 바치자

---

38 '俠'은 음이 겹(古夾反)이다. **색은** 『전국책』에 의하면 겹루의 이름은 괴(傀)이다.

색은 『전국책』[「한책(韓策) 2」]에서는 "한괴는 한나라의 재상이며 엄수는 임금이 중용하였는데 두 사람은 서로를 헐뜯었다. 엄수가 한괴의 잘못을 들추자 한괴는 그를 조정에서 꾸짖었으며, 이에 엄수가 칼을 뽑아 그를 쫓으니 남이 구해 줘서야 벗어났다."라 하였다. 이것이 금이 간 이유이다.

39 **집해** 서광은 말하였다. "내릴 사(賜) 자로 된 판본도 있다." **색은** 『전국책』에는 '잔 상(觴)' 자로 되어 있는데 올바른 뜻에 더 가깝다.

而聶政謝曰	섭정은 사양하여 말하였다.
臣幸有老母	"저에게는 다행히 노모가 있사온데
家貧	집이 가난하여
客游以爲狗屠	객지를 떠돌며 개 잡는 일을 하지만
可以旦夕得甘毳以養親[40]	아침저녁으로 달고 무른 음식을 얻어 모친을 봉양할 수 있습니다.
親供養備	모친을 봉양할 비용은 있으니
不敢當仲子之賜	그대가 내리는 것은 받을 수 없습니다."
嚴仲子辟人	엄중자는 사람들을 피하여
因爲聶政言曰	이에 섭정에게 말하였다.
臣有仇	"저에게는 원수가 있어서
而行游諸侯眾矣	(원수를 갚으려고) 제후국을 떠돌아다는 것이 여러 나라입니다.
然至齊	그런데 제나라에 이르러
竊聞足下義甚高	족하께서 의기가 매우 높음을 가만히 듣고
故進百金者	그래서 백금을 낸 것이니,
將用爲大人麤糲之費[41]	어머니께 거친 음식이나마 해드릴 델 비용으로 쓰게 하고
得以交足下之驩	족하와 교유하는 기쁨이나 누릴 뿐
豈敢以有求望邪	어찌 감히 바라는 것이 있겠습니까!"

---

40 **색은** 추씨(鄒氏)는 음이 취(脆)라고 하였는데, 두 뜻은 일맥상통한다.

41 **정의** 려(糲)는 현미[糲米]와 같으며, 벼(의 겨)를 벗긴 것이다. 위소(韋昭)는 "옛날에는 남자를 장부(丈夫)라 하였고, 어머니를 높여 대인(大人)이라고 하였다. 『한서(漢書)』「선원육왕전(宣元六王傳)」에 '왕이 대인을 만나니 더욱 화가 풀리어 대인을 위하여 물러나 떠나기를 빌었다.'라는 말이 있는데, 대인은 헌왕(憲王)의 외조모이다. 고시(古詩)「초중경처(焦仲卿妻)」에서 말한 '사흘에 다섯 필씩 끊어내도, 대인께선 느리다고 한다(三日斷五疋, 大人故言遲).'라 한 것이 이를 말한다."라 하였다.

聶政曰	섭정이 말하였다.
臣所以降志辱身居市井屠者[42]	"제가 뜻을 낮추고 몸을 욕보여 가며 시정의 도축을 하는 사람들 사이에 사는 것은
徒幸以養老母	다만 노모를 봉양하기 위한 것으로
老母在	노모가 살아계시는 동안에는
政身未敢以許人也[43]	저는 몸을 감히 다른 사람에게 허락할 수 없습니다."
嚴仲子固讓	엄중자는 굳이 주려고 하였으나
聶政竟不肯受也	섭정은 끝내 받으려 하지 않았다.
然嚴仲子卒備賓主之禮而去	그러나 엄중자는 끝내 빈주의 예를 갖춘 후에 떠났다.

久之	한참 있다가
聶政母死	섭정의 어머니가 죽었다.
既已葬	장사가 끝이 나고
除服	상복을 벗자
聶政曰	섭정이 말하였다.
嗟乎	"아아!
政乃市井之人[44]	나는 곧 시정의 사람으로
鼓刀以屠	칼을 써서 짐승이나 잡는데,

---

42 **색은** 그 심지와 몸은 본래 고결하나 지금은 곧 그 뜻을 낮추고 그 몸을 굴욕되게 함을 말한다. 『논어(論語)』「미자(微子)」에서 공자가 이른 "유하혜(柳下惠)는 뜻을 굽히고 몸을 욕되게 하였다(降志辱身)."라 한 것이 이를 말한다.

43 **색은** 『예기(禮記)』「곡례(曲禮) 상(上)」에서는 "부모가 살아계시는 동안에는 벗을 위해 죽는 것을 허락지 않는다(父母存, 不許友以死)."라 하였다.

44 **정의** 옛날에는 서로 모여서 물을 긷고 물건이 있으면 팔아 저자를 이루었기 때문에 '시정(市井)'이라고 한다.

而嚴仲子乃諸侯之卿相也	엄중자는 제후의 경상으로
不遠千里	천 리를 멀다 하지 않고
枉車騎而交臣	몸을 굽히어 수레를 몰고 와서 나와 사귀었다.
臣之所以待之	내가 그를 대한 것은
至淺鮮矣	너무 야박했으며,
未有大功可以稱者	내세울 만한 큰 공도 없었는데
而嚴仲子奉百金爲親壽	엄중자는 금 백 일(鎰)로 어버이를 축수해 주었으며,
我雖不受	내 비록 받지는 않았지만
然是者徒深知政也	이는 다만 그가 나를 깊이 알아준 것이다.
夫賢者以感忿睚眥之意而親信窮僻之人	대체로 현자가 원한에 분노를 느끼는 뜻이 있어 궁벽한 곳의 사람을 가까이하여 믿었는데
而政獨安得嘿然而已乎	내 유독 어찌 잠자코 있을 수 있을 따름인가!
且前日要政	또한 전날 나를 찾았을 때
政徒以老母	내 다만 노모 때문에 (거절하였지만),
老母今以天年終	노모께서도 이제 천수를 누리고 돌아가셨으니
政將爲知己者用	나는 곧 나를 알아주는 자를 위하여 쓰일 것이다."
乃遂西至濮陽	이에 마침내 서쪽으로 복양까지 가서
見嚴仲子曰	엄중자를 뵙고 말하였다.
前日所以不許仲子者	"전날 당신께 허락하지 않은 것은
徒以親在	다만 모친이 살아계셨기 때문이었으며,
今不幸而母以天年終	이제 불행히도 모친께서는 천수를 누리고 돌아가셨습니다.
仲子所欲報仇者爲誰	당신께서 원수를 갚으려는 사람이 누구입니까?

請得從事焉	청컨대 (당신을) 따라 일을 할 수 있게 되었습니다."
嚴仲子具告曰	엄중자는 있는 대로 일러주었다.
臣之仇韓相俠累	"저의 원수는 한나라의 재상 겹루이며
俠累又韓君之季父也	겹루는 또한 한나라 임금의 계부로
宗族盛多	종족이 매우 많고
居處兵衛甚設	거처에는 호위병들이 많이 깔려
臣欲使人刺之	제가 사람을 시켜 죽이려 했으나
終莫能就	(아무도) 끝내 이룰 수가 없었습니다.
今足下幸而不棄	이제 족하께서 다행히 버려두지 않았으니
請益其車騎壯士可爲足下輔翼者	
	청컨대 수레며 기병, 장사 등 족하께 도움이 될 수 있는 자를 더하여 주었으면 합니다."
聶政曰	섭정이 말하였다.
韓之與衛	"한나라는 위나라와
相去中閒不甚遠⁴⁵	서로 중간쯤 떨어져 그리 멀지 않습니다.
今殺人之相	지금 남의 재상을 죽이려 하며
相又國君之親	재상은 또 임금의 친족이니
此其勢不可以多人	형세가 많은 사람을 쓸 수 없습니다.
多人不能無生得失⁴⁶	사람이 많으면 생포되는 자가 없을 수 없을 것이고

---

45 색은 고유(高誘)는 말하였다. "한(韓)나라의 도읍은 영천(潁川) 양적(陽翟)이고, 위(衛)나라의 도읍은 동군(東郡) 복양(濮陽)이므로 '거리가 멀지 않다.'고 말하였다."

46 색은 무생득(無生得)은 『전국책』에는 '무생정(無生情)'으로 되어 있다. 거느리는 사람이 많으면 혹 딴 마음이 생겨 말이 새어나갈 수도 있다는 것을 말한다. 여기서 말한 '생득(生得)'은 많은 사람을 거느리면 가서 겹루를 죽인 뒤에 또한 사로잡혀 일을 누설하게 될 것이라는 것을 말하는데, 또한 둘 다 뜻이 통한다.

生得失則語泄	생포되는 자가 있으면 말이 새어나가게 되며
語泄是韓擧國而與仲子爲讎[47]	말이 새어나가면 한나라에서 모든 사람이 당신을 원수로 삼을 테니
豈不殆哉	어찌 위태롭지 않겠습니까!"
遂謝車騎人徒	마침내 수레며 기병, 무리를 사절하고
聶政乃辭獨行	섭정은 곧 작별하고 홀로 떠났다.

杖劍至韓	검을 짚고 한나라에 이르니
韓相俠累方坐府上	한나라 재상 겹루가 바야흐로 관청에 앉아 있었는데
持兵戟而衛侍者甚眾	무기를 들고 호위하는 자가 매우 많았다.
聶政直入	섭정이 곧장 들어가
上階刺殺俠累[48]	계단 위로 올라가 겹루를 찔러 죽이자
左右大亂	좌우가 크게 소란스러워졌다.
聶政大呼	섭정이 큰소리를 치며
所擊殺者數十人	쳐 죽인 자가 수십 명이나 되었으며
因自皮面決眼[49]	이어 스스로 얼굴의 가죽을 벗기고 눈을 끄집

---

47 집해 서광은 말하였다. "어려울 난(難) 자로 된 판본도 있다." 색은 『전국책』의 초주(譙周)도 같다.

48 집해 서광은 말하였다. "한나라 열후(烈侯) 3년 3월에 도둑이 한나라의 재상 겹루를 죽였다. 겹루의 이름은 괴(傀)이다. 『전국책』에서는 '동맹(東孟)의 회합이 있었다.'라 하였고, 또 말하기를 '섭정은 한괴(韓傀)를 찌르고 또한 애후(哀侯)도 찔렀다.'라 하였다." 색은 『전국책』에서는 말하였다. "섭정이 곧장 들어가 계단을 올라가 한괴를 찔렀는데 한괴가 달아나 애후를 안자 섭정이 그를 찔러 애후도 찔렀다." 고유는 말하였다. "동맹은 지명이다."

49 색은 피면(皮面)은 칼로 자기 얼굴의 가죽을 베어 남들이 알아보지 못하게 하는 것을 말한다. 결안(決眼)은 눈알을 빼내는 것을 이른다. 『전국책』에는 "눈을 도려내었다(抉眼)."라 되어 있는데, 이 '결(決)' 자 또한 통한다.

	어내고
自屠出腸	스스로 배를 갈라 창자를 끄집어내고는
遂以死	마침내 그렇게 죽었다.
韓取聶政屍暴於市	한나라에서는 섭정의 시체를 저자에 내다걸고
購問莫知誰子	상금을 걸고 물어보았지만 아무도 누구인지 몰랐다.
於是韓(購)縣[購]之	이에 한나라는 현상금을 걸고
有能言殺相俠累者予千金	재상 겹루를 죽인 자를 말할 수 있는 사람에게는 천금을 주겠다고 하였다.
久之莫知也	오래도록 아무도 몰랐다.
政姊榮聞人有刺殺韓相者[50]	섭정의 누이인 섭영은 한나라의 재상을 죽인 자가 있는데
賊不得	해친 자가 누구인지 알 수 없어
國不知其名姓	나라에서 그 이름을 알지 못하여
暴其尸而縣之千金	그 시체를 내걸고 천금의 현상금을 걸었다는 말을 듣고
乃於邑曰[51]	이에 근심하며 말하였다.
其是吾弟與	"아마 내 동생일 것이다.
嗟乎	아아!
嚴仲子知吾弟	엄중자가 내 동생을 알아주었구나!"
立起	즉시 일어나

---

50 집해 '앵(罃)' 자로 된 판본도 있다. 색은 영(榮)은 그 누이의 이름이다. 『전국책』에는 '영' 자가 없다.

51 색은 유씨는 말하였다. "번민에 싸여 근심하는 것이다."

如韓	한나라로 가서
之市	저자에 가보니
而死者果政也	죽은 사람이 과연 섭정인지라
伏尸哭極哀	시체에 엎드려 아주 슬피 울부짖으며
曰	말하였다.
是軹深井里所謂聶政者也	"이는 지(軹)의 심정리에 있는 섭정이라는 자요."
市行者諸眾人皆曰	저자를 지나던 사람들이 모두 말하였다.
此人暴虐吾國相	"이자는 우리나라의 재상을 해친 자로
王縣購其名姓千金	왕이 그 이름을 아는 자에게 천금의 상금을 내걸었는데
夫人不聞與	부인은 듣지 못하였소?
何敢來識之也	어찌 감히 와서 그를 안다고 하오?"
榮應之曰	섭영이 대답하였다.
聞之	"들었습니다.
然政所以蒙污辱自棄於市販之閒者	그러나 섭정이 오욕을 당해 가며 저자의 장사꾼들 사이에 스스로 몸을 버린 것은
爲老母幸無恙[52]	노모가 다행히 별탈이 없고
妾未嫁也	제가 시집을 가지 않았기 때문입니다.
親既以天年下世	모친께서는 이미 천수를 누리고 돌아가셨고

---

52 **색은** 『이아(爾雅)』에서는 "양(恙)은 근심하는 것이다."라 하였다. 『초사(楚辭)』[「구변(九辯)」]에서는 말하기를 "도리어 임금님이 무양할 때에 미친다(還及君之無恙)."라 하였다. (後漢 應劭의) 『풍속통(風俗通)』에서는 말하기를 "양(恙)은 병이다. 무릇 사람들은 서로 만날 때와 편지를 보낼 때 모두 '무양하다'고 말한다."라 하였다. 또한 『역전(易傳)』에서는 말하기를 "상고(上古)시대에는 풀 위에서 거처하고 노숙하였다. 양(恙)은 무는 벌레로 사람의 심장을 잘 파먹어서 그것을 근심하였으므로 서로 위로하기를 '무양하다'라 하였다." 양(恙)은 병이 아니다.

妾已嫁夫	저는 이미 시집을 갔으며,
嚴仲子乃察擧吾弟困汚之中而交之[53]	
	엄중자는 이에 내 동생이 어렵고 보잘것없는 가운데서도 잘 살피어 뽑아 사귀어
澤厚矣	은택이 두터웠으니
可柰何	어찌할 수 있었겠습니까!
士固爲知己者死	선비는 실로 자기를 알아주는 자를 위하여 죽는데
今乃以妾尚在之故	지금 곧 제가 아직 살아 있기 때문에
重自刑以絶從[54]	다시 스스로 몸을 해쳐 종적을 없애려 한 것이니
妾其柰何畏歿身之誅	제가 어찌 제 몸이 죽는 형벌을 두려워하여
終滅賢弟之名	끝내 어진 동생의 이름을 없애겠습니까!"
大驚韓市人	한나라의 저자에 있는 사람들을 크게 놀라게 하였다.
乃大呼天者三	이에 하늘을 보고 크게 세 번 소리를 치고는
卒於邑悲哀而死政之旁	마침내 오열하면서 슬퍼하다가 섭정의 곁에서 죽었다.

---

53 색은 찰(察)은 지행(志行)이 있는가 살펴서 쓰는 것이다. 유씨가 말하기를 "찰(察) 자는 가릴 선(選) 자와 같은 뜻이다."라 하였다.

54 집해 서광은 말하였다. "그 누이가 연좌되어 죽을까 봐 두려워한 것이다." 색은 중(重)은 '다시'라는 뜻이다. 남의 원수를 갚아주고 죽었는데 나[妾] 때문에 다시 그 몸을 해쳐 남들이 알아보지 못하게 한 것이다. 종(從)은 종(蹤)의 뜻으로 옛날에는 글자의 수가 적어서 족(足)의 편방이 없는 글자를 가차한 것이며, 서씨는 연좌[從坐]의 뜻이라고 생각하였는데 틀렸다. 정의 스스로를 해치는 것을 간(刑)이라고 한다. (後漢 許愼의)『설문(說文)』[『설문해자(說文解字)』]에서는 말하기를 "간(刑)은 깎는다[剔]는 뜻이다."라 하였다. 생각건대 중(重)은 애석(愛惜)과 같은 뜻이다. 본래 엄중자를 위하여 원수를 갚는 일이 끝나자 그 일을 애석히 여겨 세상에 누설되지 않게끔 그 종적을 끊은 것이다. 그 누이가 망령되이 자신을 위하여 숨긴 것이라 한 것은 잘못되었다.

晉楚齊衛聞之	진나라와 초나라, 제나라, 위나라에서 그 소문을 듣고
皆曰	모두 말하였다.
非獨政能也	"섭정만 훌륭한 것이 아니라
乃其姊亦烈女也	그 누이 또한 열녀이다.
鄉使政誠知其姊無濡忍之志[55]	당초 섭정이 실로 그 누이가 꾹 참는 성격이 아니어서
不重暴骸之難[56]	해골을 드러내는 고난을 어렵지 않게 여기고
必絕險千里以列其名	반드시 천 리 험한 길을 달려와 그 이름을 나란히 하여
姊弟俱僇於韓市者	동생과 누이가 한나라의 저자에서 함께 죽을 줄을 알았더라면
亦未必敢以身許嚴仲子也	또한 반드시 감히 몸을 엄중자에게 허락하지 않았을 것이다.
嚴仲子亦可謂知人能得士矣	엄중자 또한 사람의 능력을 알아 선비를 얻었다 하겠다!"

其後二百二十餘年秦有荊軻之事[57]

그 후 2백20여 년 만에 진나라에서는 형가의

55　색은　유(濡)는 젖는다는 뜻이다. 사람의 성질이 촉촉이 젖으면 참을 수 있으므로 유인(濡忍)이라 한 것이다. 용감하고 조급하면 반드시 가벼이 죽는다.

56　색은　중(重)과 난(難)은 모두 본뜻으로 쓰였다. 중(重)은 애석[惜]하다는 뜻과 같으며, 해골이 드러나는 어려움을 애석히 여기지 않는다는 것을 말한다.

57　집해　서광은 말하였다. "섭정에서 형가까지는 백70년일 따름이다." 색은　서씨는 「육국연표(六國年表)」에 의거하여 섭정에서 형가까지가 백70년 떨어졌다고 하였는데, 이 전에서는 대략 2백여 년이라 하였으니 또한 당시에 세밀(히 고찰)할 수가 없었기 때문이다. 정의　「연표(年表)」의 시황제 23년에서 한나라 경후(景侯)까지가 3백70년이며, 애후(哀侯) 6년까지는 6백43년이다.

사건이 일어났다.

荊軻者	형가는
衛人也[58]	위나라 사람이다.
其先乃齊人	그 선조는 곧 제나라 사람인데
徙於衛	위나라로 옮겼으며
衛人謂之慶卿[59]	위나라 사람들은 그를 경경이라 하였다.
而之燕	얼마 후 연나라로 갔는데
燕人謂之荊卿	연나라 사람들은 형경이라 하였다.

荊卿好讀書擊劍[60]	형경은 책 읽기와 검술을 좋아하여
以術說衛元君	치술(治術)로 위나라 원군을 유세하였지만
衛元君不用	위나라 원군은 그를 쓰지 않았다.
其後秦伐魏	그 후에 진나라가 위나라를 쳐서
置東郡	동군을 설치하고
徙衛元君之支屬於野王[61]	위나라 원군의 일족을 야왕으로 옮겼다.

---

58 **색은** 생각건대 찬론(贊論)에서 "공손계공(公孫季功)과 동생(董生)이 나를 이끌어주었다." 라 하였으니 이 전은 비록 『전국책』을 요약한 것이기는 하지만 별도로 이문(異聞)을 기록 하였다.

59 **색은** 형가의 선조는 제나라 사람이고 제나라에는 경씨(慶氏)가 있었으니 아마 본성은 경 일 것이다. 춘추시대 경봉(慶封)은 그 후손들이 성을 하(賀)로 바꾸었다. 이 아래에는 또한 위나라에 이르러 성을 형(荊)으로 바꾸었다. 형과 경은 소리가 서로 가까우므로 있는 나라 에 따라서 그 호칭이 달랐을 따름이다. 경(卿)은 당시 사람들이 존중하여 부르는 호칭으로 서로 존경하여 찬미할 때 또한 '자(子)'라고 하는 것과 같다.

60 **집해** 『여씨검기(呂氏劍技)』에서 말하기를 "짧은 것을 잡고 긴 것으로 들어가며 잠깐 만에 종횡으로 누빈다(持短入長, 倏忽從橫)."라 하였다.

61 **정의** 회주(懷州) 하내현(河內縣)이다.

荊軻嘗游過楡次[62]	형가는 일찍이 유랑하다가 유차에 들른 적이 있는데
與蓋聶論劍[63]	갑섭과 검술을 논하다가
蓋聶怒而目之	갑섭이 노하여 그를 노려보았다.
荊軻出	형가가 나가자
人或言復召荊卿	사람들 가운데 누가 형경을 다시 부르자고 하였다.
蓋聶曰	갑섭이 말하였다.
曩者吾與論劍有不稱者	"방금 내가 검술을 논하다가 맞지 않는 것이 있어서
吾目之	내가 그를 노려봤소.
試往	가보시오,
是宜去	이미 떠났을 것이며
不敢留	감히 머물려 하지 않을 것이오."
使使往之主人	심부름꾼을 보내 주인에게 가보게 했더니
荊卿則已駕而去楡次矣	형경은 이미 수레를 매어 유차를 떠났다.
使者還報	심부름꾼이 돌아와서 알리자
蓋聶曰	갑섭이 말하였다.
固去也	"떠났을 것이오,
吾曩者目攝之[64]	내 방금 그를 노려보았으니까!"
荊軻游扵邯鄲	형가가 한단에서 활동할 때

---

62 정의 병주(并州) 현(縣)이다.

63 색은 갑(蓋)은 성이고 섭(聶)은 이름이다.

64 색은 섭(攝)은 정돈한다는 뜻과 같다. 자기의 뜻에 맞지 않으므로 노하여 바라봄으로써 정리한다는 뜻이다. 정의 섭(攝)은 본다는 뜻과 같다.

魯句踐與荊軻博	노구천이 형가와 장기를 두었는데
爭道⁶⁵	길을 다투다가
魯句踐怒而叱之	노구천이 노하여 그를 꾸짖으니
荊軻嘿而逃去	형가는 아무 소리도 없이 도망가서
遂不復會	마침내 다시는 만나지 않았다.

荊軻既至燕	형가는 연나라에 이른 뒤에
愛燕之狗屠及善擊筑者高漸離⁶⁶	
	연나라의 개백정 및 축(筑)을 잘 치는 고점리와 친하였다.
荊軻嗜酒	형가는 술을 좋아하여
日與狗屠及高漸離飲於燕市	날마다 개백정 및 고점리와 연나라의 저자에서 마셨는데
酒酣以往	술이 한창 무르익어 가면
高漸離擊筑	고점리는 축을 치고
荊軻和而歌於市中	형가는 (장단을) 맞추어 저자 한가운데서 노래를 하면서
相樂也	서로 즐거워하였으며,
已而相泣	끝이 나면 함께 눈물을 흘렸는데
旁若無人者	곁에 아무도 없는 듯이 하였다.
荊軻雖游於酒人乎⁶⁷	형가가 비록 술꾼들과 어울려 놀기는 하였지만

---

65 **색은** 노(魯)는 성이고 구천(句踐)은 이름이다. 월왕(의 이름)과 같은데, 아마 의미가 있을 것이다. 속본(俗本)에는 '踐'이 '賤'으로 되어 있는데 틀렸다.

66 **색은** 축은 금(琴)과 비슷한데 현이 있으며 대나무로 치므로 그 뜻을 취하여 이름으로 삼았다.

67 **집해** 서광은 말하였다. "술을 마시는 사람들이다."

然其爲人沈深好書	그 사람됨은 깊이가 있었고 책을 좋아하였으며,
其所游諸侯	그는 제후국에서 노닐면서
盡與其賢豪長者相結	모두 현자와 호걸, 신분이 높은 사람들과만 사귀었다.
其之燕	그가 연나라로 갔을 때
燕之處士田光先生亦善待之	연나라의 처사인 전광 선생 또한 그를 잘 대해 주었는데
知其非庸人也	그가 보통 사람이 아님을 알았다.
居頃之	그로부터 얼마 뒤
會燕太子丹質秦亡歸燕	마침 연나라 태자 단(丹)이 진나라의 볼모로 있다가 연나라로 도망쳐 왔다.
燕太子丹者	연나라 태자 단은
故嘗質於趙	옛날에 일찍이 조나라의 볼모로 있었는데
而秦王政生於趙	진왕 정(政)이 조나라에서 태어나
其少時與丹驩	어렸을 때 단과 함께 친하게 지냈다.
及政立爲秦王	정이 진왕으로 즉위했을 때
而丹質於秦	단은 진나라의 볼모였다.
秦王之遇燕太子丹不善	진왕이 연나라 태자 단을 만났으나 잘 대해 주지 않아
故丹怨而亡歸	단은 원망하여 도망쳐 돌아왔다.
歸而求爲報秦王者	귀국하여 진왕에게 보복할 방법을 구하였는데
國小	나라가 작아
力不能	힘으로 어쩔 수가 없었다.
其後秦日出兵山東以伐齊楚三晉	
	그 후로 진나라는 날로 산동으로 군사를 내어

	제나라와 초나라, 삼진을 치고
稍蠶食諸侯	조금씩 제후국을 잠식해 들어가
且至於燕	곧 연나라에 이르려 하여
燕君臣皆恐禍之至	연나라는 군신 간에 모두 화가 이르게 될 것을 두려워하였다.
太子丹患之	태자 단이 그것을 근심하여
問其傅鞠武[68]	스승인 국무에게 물어보았다.
武對曰	국무가 대답하였다.
秦地遍天下	"진나라의 땅은 천하에 두루 미쳐
威脅韓魏趙氏	한나라와 위나라, 조나라를 위협하고 있습니다.
北有甘泉谷口之固	북으로는 감천과 곡구의 견고함이 있고
南有涇渭之沃	남으로는 경수와 위수의 비옥함이 있으며,
擅巴漢之饒	파군과 한중의 풍요로움을 차지하고
右隴蜀之山	오른쪽으로는 농산(隴山)과 촉산(蜀山)이 있으며,
左關殽之險	왼쪽으로는 함곡관과 효산(殽山)의 험난함이 있는 데다가
民眾而士厲	백성은 많고 군사는 강하며
兵革有餘	무기는 넉넉합니다.
意有所出	뜻을 내기만 하면
則長城之南	장성의 남쪽과
易水以北[69]	역수 북쪽은
未有所定也	정해진 것이 없습니다.
奈何以見陵之怨	어찌하여 모욕을 당했다는 원망을 드러내시어

---

68 색은 사람의 성과 이름이다.
69 정의 이북은 연나라를 이른다.

欲批其逆鱗哉[70]	역린을 건드리려 하십니까!"
丹曰	단이 말하였다.
然則何由	"그러면 어찌해야 하겠소?"
對曰	대답하였다.
請入圖之	"청컨대 들어가 생각해 보겠습니다."
居有閒	조금 있다가
秦將樊於期得罪於秦王	진나라의 장군 번오기가 진왕에게 죄를 짓고
亡之燕	연나라로 도망쳤는데
太子受而舍之	태자는 그를 받아들여 관사에 머무르게 하였다.
鞠武諫曰	국무가 간하였다.
不可	"안 됩니다.
夫以秦王之暴而積怒於燕	저 진왕의 흉포함으로 연나라에 노여움을 쌓는 것만 해도
足爲寒心[71]	족히 가슴이 섬뜩한데
又況聞樊將軍之所在乎	또한 하물며 번 장군이 있는 곳을 듣게 됨이겠습니까?
是謂委肉當餓虎之蹊也	이를 일러 '주린 호랑이가 다니는 길에 고기를 맡긴다.'는 것이니
禍必不振矣[72]	화를 반드시 떨치지 못할 것입니다!
雖有管晏	비록 관자(管子)와 안자(晏子)가 있다고 하더라도
不能爲之謀也	도모할 수 없을 것입니다.

---

70 **색은** 비(批)는 닿아서 치는 것을 이른다.

71 **색은** 무릇 사람은 추위가 심하면 가슴이 떨리며 두려워도 떨린다. 지금 두려움을 추위로 비유하였는데 가슴이 떨릴 만하다는 것을 말한다.

72 **색은** 진(振)은 구원하는 것이다. 화가 천하에 미쳐 구원할 수 없다는 말이다.

願太子疾遣樊將軍入匈奴以滅口

원컨대 태자께서는 빨리 번 장군을 흉노로 보내어 핑계거리를 없애십시오.

請西約三晉

청컨대 서쪽으로는 삼진과 동맹을 맺고

南連齊楚

남쪽으로는 제나라 및 초나라와 연합하고

北購於單于[73]

북으로는 선우와 화친한다면

其後迺可圖也

그런 다음에는 곧 도모할 수 있을 것입니다."

太子曰

태자가 말하였다.

太傅之計

"태부의 계책은

曠日彌久

시일을 헛되이 보냄이 너무도 요원하니

心惽然

마음이 어질어질해서

恐不能須臾

잠시도 견딜 수 없을 것 같소.

且非獨於此也

또한 다만 이뿐만 아니라

夫樊將軍窮困於天下

저 번장군은 천하에서 곤궁해져

歸身於丹

몸을 내게 맡겼으니

丹終不以迫於彊秦而棄所哀憐之交

내 끝내 강한 진나라의 핍박이라 하여 불쌍한 친구를 버리고

置之匈奴

흉노에 둘 수는 없으니

是固丹命卒之時也

이는 실로 나의 목숨이 끝날 때일 것이오.

願太傅更慮之

원컨대 태부께서는 다시 생각해 보시오."

---

73 색은 『전국책』에는 '구(購)'가 '강(講)'으로 되어 있다. 강(講)은 화친하는 것이다. 여기서는 구(購)를 '위연구(爲燕媾)'의 구(媾)와 같은 뜻으로 읽는데, 구(媾) 또한 연합한다는 뜻이다. 『한서』와 『사기』에서는 구(媾) 자와 강(講) 자 두 자를 항상 섞어서 썼는데, 여기서는 북쪽으로 더불어 화친하려는 것이다. 「진진전(陳軫傳)」에서도 또한 "서로 진나라와 화친하였다(西購於秦)."라 하였다.

鞠武曰	국무가 말하였다.
夫行危欲求安	"대체로 위험한 일을 하면서 안전하기를 바라고
造禍而求福	화로 나아가면서 복을 바라는 것은
計淺而怨深	계책은 얕고 원한은 깊게 하는 것입니다.
連結一人之後交	한 사람의 나중에 사귄 친구와 우정을 맺고자 하여
不顧國家之大害	나라의 큰 해를 돌보지 않는다면
此所謂資怨而助禍矣	이것이 이른바 '원한을 쌓고 화를 돕는 것.'입니다.
夫以鴻毛燎於爐炭之上	대체로 기러기의 깃털을 화로의 숯에 태우는 것은
必無事矣	반드시 일이랄 것이 없을 것입니다.
且以鵰鷲之秦	또한 독수리같이 사나운 진나라가
行怨暴之怒	원한을 드러내어 노여움을 행한다면
豈足道哉	어찌 말할 것이 있겠습니까!
燕有田光先生	연나라에 전광 선생이 있는데
其爲人智深而勇沈	그 사람됨이 지혜가 깊고 용기 있고 침착하여
可與謀	더불어 의논할 만합니다."
太子曰	태자가 말하였다.
願因太傅而得交於田先生 可乎	"원컨대 태부를 통하여 전 선생과 사귀고 싶은데 되겠소?"
鞠武曰	국무가 말하였다.
敬諾	"삼가 따르겠습니다."
出見田先生	나가서 전 선생을 만나
道太子願圖國事於先生也	말하기를 "태자께서 선생과 나라의 일을 의논

	하고 싶어 하십니다."라 하였다.
田光曰	전광이 말하였다.
敬奉教	"삼가 가르침을 받들겠습니다."
乃造焉	이에 그곳으로 갔다.
太子逢迎	태자가 만나 맞아들였는데
卻行爲導	뒷걸음질 치면서 이끌고
跪而蔽席[74]	꿇어앉아 (앉을) 자리의 먼지를 털었다.
田光坐定	전광이 자리를 정하여 앉자
左右無人	좌우에 아무도 없게 한 후
太子避席而請曰	태자가 자리를 피하며 청하여 말하였다.
燕秦不兩立	"연나라와 진나라는 양립하지 못하니
願先生留意也	원컨대 선생께서 뜻을 남겨주시기 바랍니다."
田光曰	전광이 말하였다.
臣聞騏驥盛壯之時	"신이 듣건대 천리마가 한창 힘이 넘칠 때는
一日而馳千里	하루에도 천 리를 내닫지만,
至其衰老	늙어서 쇠하게 되면
駑馬先之	노둔한 말도 앞지른다고 하였습니다.
今太子聞光盛壯之時	지금 태자께서는 제가 한창 힘이 넘칠 때를 들으시고
不知臣精已消亡矣	신의 정력이 이미 소진되어 없어진 줄은 모르십니다.
雖然	비록 그러하오나

---

74 **집해** 서광이 말하였다. "'폐(蔽)'는 '발(撥)'로 된 판본도 있고 또 '발(拔)'로 된 판본도 있다." **색은** 폐(蔽)는 (먼지 따위를) 떤다는 뜻과 같다.

光不敢以圖國事	제가 감히 나라의 일을 생각지 않겠습니까?
所善荊卿可使也[75]	저와 친한 형가가 쓸 만합니다."
太子曰	태자가 말하였다.
願因先生得結交於荊卿	"바라건대 선생을 통하여 형가와 교유를 맺었으면 하는데
可乎	되겠는지요?"
田光曰	전광이 말하였다.
敬諾	"삼가 따르겠습니다."
即起	즉시 일어나
趨出	종종걸음으로 나갔다.
太子送至門	태자가 문 앞에까지 나와 전송하면서
戒曰	주의시켜 말하였다.
丹所報	"제가 알려 준 것과
先生所言者	선생이 말한 것은
國之大事也	나라의 대사이니
願先生勿泄也	선생께서는 발설하지 마시기를 바랍니다."
田光俛而笑曰	전광은 몸을 숙이고 웃으면서 말하였다.
諾	"좋습니다."
傴行見荊卿	몸을 굽혀 형가를 찾아보고
曰	말하였다.

---

75 정의 『연단자(燕丹子)』에서는 말하였다. "전광이 답하였다. '가만히 살펴보니 태자의 빈객 가운데는 쓸 만한 자가 없습니다. 하부(夏扶)는 혈기가 용감한 사람으로 노하면 얼굴이 붉게 되고, 송의(宋意)는 혈맥이 용감한 사람으로 노하면 얼굴이 푸르게 되며, 무양(武陽)은 골격이 용감한 사람으로 노하면 얼굴이 하얗게 됩니다. 제가 알고 있는 형가는 정신이 용감한 사람으로 노하여도 안색이 변하지 않습니다.'"

光與子相善	"제가 그대와 서로 친하다는 것을
燕國莫不知	연나라에서는 모르는 사람이 없습니다.
今太子聞光壯盛之時	지금 태자께서는 제가 한창 힘이 넘칠 때만 들으시고
不知吾形已不逮也	내 몸이 이미 (거기에) 미치지 못함은 알지 못하고
幸而教之曰燕秦不兩立	아끼어 명을 내리시기를 '연나라와 진나라는 양립하지 못하니
願先生留意也	원컨대 선생께서 뜻을 남겨주시기 바랍니다.'라 하였습니다.
光竊不自外	저는 스스로 (나의 뜻을) 벗어나지 않는다고 생각하여
言足下於太子也	태자께 족하를 말씀드렸으니
願足下過太子於宮	족하께서는 궁으로 태자를 찾아가시기 바랍니다."
荊軻曰	형가가 말하였다.
謹奉教	"삼가 가르침을 받들겠습니다."
田光曰	전광이 말하였다.
吾聞之	"내가 듣건대
長者爲行	덕이 있는 사람은 일을 할 때
不使人疑之	남들이 의심하지 않게 한다고 하였습니다.
今太子告光曰	이제 태자가 저에게 이르시기를
所言者	'말한 것은
國之大事也	나라의 대사이니
願先生勿泄	선생께서는 발설하지 마시기를 바랍니다.'라 하였습니다.
是太子疑光也	이는 태자께서 저를 의심하는 것입니다.
夫爲行而使人疑之	대체로 일을 할 때 남이 의심을 하게 하는 것은

非節俠也	절의 있는 협객이 아닙니다."
欲自殺以激荊卿	자살로 형경을 격려시키고자 하여
曰	말하였다.
願足下急過太子	"원컨대 족하께서는 급히 태자께 가시어
言光已死	제가 이미 죽었다고 말하여
明不言也	말하지 않았음을 밝히도록 하십시오."
因遂自刎而死	이에 마침내 스스로 목을 쳐서 죽었다.
荊軻遂見太子	형가는 마침내 태자를 뵙고
言田光已死	전광이 이미 죽었노라고 말하고
致光之言	전광의 말을 전하였다.
太子再拜而跪	태자는 두 번 절하고 꿇어앉아
膝行流涕	무릎으로 가면서 눈물을 흘리다가
有頃而后言曰	얼마 후에 말하였다.
丹所以誡田先生毋言者	"제가 전 선생에게 말하지 말라고 타이른 것은
欲以成大事之謀也	대사를 이루고자 하는 생각이었소.
今田先生以死明不言	지금 전 선생이 죽음으로 말하지 않음을 밝힘이
豈丹之心哉	어찌 제 마음이겠소!"
荊軻坐定	형가가 자리를 잡고 앉자
太子避席頓首曰	태자는 자리를 피하여 머리를 조아리고 말하였다.
田先生不知丹之不肖	"전 선생은 제가 불초한 줄도 모르고
使得至前	(선생) 앞에 이르게 하여
敢有所道	감히 말하게 하였으니
此天之所以哀燕而不棄其孤也[76]	이는 하늘이 연나라를 불쌍히 여겨 그 고(孤)를

버리지 않은 것이오.

今秦有貪利之心	지금 진나라는 이익을 탐하는 마음을 가져
而欲不可足也	욕망을 충족시킬 수가 없소.
非盡天下之地	천하의 땅을 다 멸하고
臣海內之王者	해내의 왕을 신하로 삼지 않는다면
其意不厭	그 뜻을 만족시키지 못할 것이오.
今秦已虜韓王	지금 진나라는 이미 한왕을 포로로 잡고
盡納其地	그 땅을 모두 거두어들였소.
又擧兵南伐楚	또한 군사를 일으켜 남으로 초나라를 치고
北臨趙	북으로는 조나라에 바짝 다가섰소.
王翦將數十萬之眾距漳鄴	왕전은 수십만의 무리를 거느리고 장(漳)과 업(鄴)에 다다랐고
而李信出太原雲中	이신은 태원과 운중으로 출동하였소.
趙不能支秦	조나라는 진나라에 버틸 수 없어서
必入臣	반드시 신하가 될 것이며
入臣則禍至燕	신하가 되면 화가 연나라에 미칠 것입니다.
燕小弱	연나라는 약소하여
數困於兵	수차례나 병화에 시달렸으며
今計擧國不足以當秦	지금은 온 나라의 힘을 다 기울여도 진나라를 당해 내지 못할 것입니다.
諸侯服秦	제후들은 진나라에 복종하여
莫敢合從	감히 합종하지 않을 것입니다.

---

76 **색은** 아비가 없는 것을 고(孤)라 한다. 당시 연왕이 아직 살아 있었는데도 단(丹)이 고(孤)라 칭한 것은 아마 기록자가 실수한 것이거나 아니면 제후의 적자(嫡子)가 당시에 또한 고(孤)라고 참칭한 것일 것이다. 또한 유향(劉向)은 "단(丹)은 연왕 희(喜)의 태자이다."라 하였다.

丹之私計愚	내 개인적인 우견으로는
以爲誠得天下之勇士使於秦	실로 천하의 용사를 얻어 진나라에 사신으로 보내어
闞以重利[77]	많은 이익으로 꾀어
秦王貪	진왕이 탐내면
其勢必得所願矣	사세가 반드시 원하는 것을 얻게 될 것이오.
誠得劫秦王	실로 진나라 왕을 겁박하여
使悉反諸侯侵地	제후에게 빼앗은 땅을 돌려주게 하는데
若曹沫之與齊桓公	조말이 제환공에게 했던 것같이 한다면
則大善矣	가장 좋을 것이고,
則不可	그렇게 할 수 없다면
因而刺殺之	기회를 보아 찔러 죽일 것이오.
彼秦大將擅兵於外而內有亂	저 진나라의 대장들이 밖에서 군사를 거느리고 있는데 안에서 혼란이 일어난다면
則君臣相疑	임금과 신하가 서로 의심을 할 것이니
以其間諸侯得合從	그 사이에 제후들끼리 연합을 하기만 하면
其破秦必矣	진나라를 깨뜨리는 일은 반드시 이루어질 것입니다.
此丹之上願	이것이 제가 가장 바라는 것이오만
而不知所委命	명을 맡길 사람을 모르겠으니
唯荊卿留意焉	오직 형경께서 유념해 주십시오."
久之	한참 있다가
荊軻曰	형가가 말하였다.
此國之大事也	"이는 나라의 대사인데

---

77 색은 규(闞)는 보인다는 뜻이다. 이익으로 꾀는 것을 말한다.

臣駑下	신은 둔하고 처져
恐不足任使	맡은 일을 감당하지 못할 것입니다.”
太子前頓首	태자가 앞으로 나가 머리를 조아리고
固請毋讓	굳이 사양하지 않게끔 청하니
然後許諾	그런 다음에야 허락하였다.
於是尊荊卿爲上卿	이에 형경을 상경으로 높이고
舍上舍	좋은 객사에 머물게 하였다.
太子日造門下	태자는 날마다 문 아래에 이르러
供太牢具[78]	태뢰를 갖추어 대주고
異物間進	진기한 물건도 가끔 들였으며
車騎美女恣荊軻所欲	거마와 미녀로 형가가 하고 싶은 대로 해주어서
以順適其意[79]	그의 비위를 맞추었다.

久之	한참을 있어도
荊軻未有行意	형가는 여전히 움직일 뜻이 없었다.
秦將王翦破趙	진나라 장군 왕전은 조나라를 격파하고
虜趙王	조왕을 포로로 잡았으며

---

78 태뢰(太牢)는 옛날 제사 때 쓰던 희생으로 소와 양, 돼지를 함께 쓰는 것을 말한다. 이 중 소를 빼면 소뢰(少牢)라고 한다. 여기서는 날마다 소와 양과 돼지를 잡아 접대한 것을 말하는데, 대접이 융숭했다는 것을 말한다. - 옮긴이.

79 **색은** 『연단자(燕丹子)』에서는 “형가가 태자와 함께 동궁의 연못에서 노니는데 형가가 기와조각을 주워 개구리에게 던지자 태자는 금 탄환을 받들어 올렸다. 또 함께 천리마를 타고 가다가 형가가 말하기를 ‘천리마의 간이 맛있죠.’라 하니 바로 말을 죽여 간을 바쳤다. 태자가 번 장군과 함께 화양대에 술을 차려놓고 거문고를 잘 치는 미인을 내보내자 형가가 말하기를 ‘참 고운 손입니다.’라 하자 그 손을 잘라 옥쟁반에 담아주었다. 형가가 말했다. ‘태자께서 나를 우대함이 매우 두텁다.’라 하였는데 옳다.”

盡收入其地	그 땅을 모두 거두어들이고
進兵北略地至燕南界	군사를 진격시켜 북쪽을 침략하여 연나라 남쪽 경계에까지 이르렀다.
太子丹恐懼	태자 단은 두려워하여
乃請荊軻曰	곧 형가에게 청하여 말하였다.
秦兵旦暮渡易水	"진나라 군사가 조만간에 역수를 건너면
則雖欲長侍足下	족하를 오래도록 모시려고 해도
豈可得哉	어찌 될 법하겠습니까!"
荊軻曰	형가가 말하였다.
微太子言	"태자께서 말씀하지 않으셔도
臣願謁之	신이 아뢰고자 하였습니다.
今行而毋信	지금 가더라도 그들을 믿게 할 만한 것이 없으면
則秦未可親也	진나라에 가까이할 수 없습니다.
夫樊將軍	저 번 장군은
秦王購之金千斤	진왕이 천 근의 금과
邑萬家	만 호의 읍으로 사려 합니다.
誠得樊將軍首與燕督亢之地圖[80]	
	실로 번 장군의 머리와 연나라 독항의 지도를 얻어
奉獻秦王	진왕에게 바치면

---

80 **집해** 서광은 말하였다. "방성현(方城縣)에 독항정(督亢亭)이 있다." 생각건대 유향(劉向)의 『별록(別錄)』에서는 "독항은 기름진 땅이다."라 하였다. **색은** 「지리지(地理志)」에서는 광양국(廣陽國)에 계현(薊縣)이 있다고 하였다. (西晉) 사마표(司馬彪)의 「군국지(郡國志)」[『속한서(續漢書)』]에서는 "방성(方城)에 독항정(督亢亭)이 있다."라 하였다. **정의** 독항파(督亢坡)는 유주(幽州) 범양현(范陽縣) 동남쪽 10리 지점에 있다. 지금 고안현(固安縣) 남쪽에 독항맥(督亢陌)이 있는데 유주(幽州)의 남쪽 경계이다.

秦王必說見臣	진왕은 기꺼이 신을 만나줄 것이고
臣乃得有以報	신은 이에 보복할 수 있습니다."
太子曰	태자가 말하였다.
樊將軍窮困來歸丹	"번 장군은 곤경에 처해 나에게 와서 귀의하였으며
丹不忍以己之私而傷長者之意	저는 차마 내 사적인 일로 장자를 해칠 뜻이 없으니
願足下更慮之	원컨대 족하는 다시 생각해 보오!"

荊軻知太子不忍	형가는 태자가 차마 그리 못하리라는 것을 알고
乃遂私見樊於期曰	이에 마침내 직접 번오기를 찾아보고 말하였다.
秦之遇將軍可謂深矣	"진나라에서 장군을 대함이 심했다 할 만하고
父母宗族皆爲戮沒	부모와 종족은 모두 도륙되어 죽었습니다.
今聞購將軍首金千斤	지금 듣자 하니 장군의 머리를 금 천 근과
邑萬家	만 호의 읍으로 산다 하니
將奈何	어찌시렵니까?"
於期仰天太息流涕曰	번오기는 하늘을 우러러 크게 한숨을 쉬고 눈물을 흘리며 말하였다.
於期每念之	"제가 매번 그 점을 생각할 때면
常痛於骨髓	늘 고통이 골수에까지 사무치나
顧計不知所出耳	아무리 생각해도 어찌할 바를 모를 따름입니다."
荊軻曰	형가가 말하였다.
今有一言可以解燕國之患	"여기 한마디 말로 연나라의 근심을 풀어주고
報將軍之仇者	장군의 원수를 갚을 수 있다면

何如	어떻습니까?"
於期乃前曰	번오기가 이에 앞으로 나서며 말하였다.
爲之奈何	"그건 어찌해야 합니까?"
荊軻曰	형가가 말하였다.
願得將軍之首以獻秦王	"원컨대 장군의 머리를 얻어 진왕에게 바치면
秦王必喜而見臣	진왕은 반드시 기뻐하며 저를 만나줄 것이니
臣左手把其袖	제가 왼손으로 그의 소매를 잡고
右手揕其匈[81]	오른손으로 그 가슴을 찌르면
然則將軍之仇報而燕見陵之愧除矣	장군의 원수를 갚고 연나라가 모욕을 당한 부끄러움이 없어질 것입니다.
將軍豈有意乎	장군께선 어쩔 생각이십니까?"
樊於期偏袒搤捥而進曰[82]	번오기는 한쪽 어깨를 드러내고 팔을 움켜쥐고는 나아가 말했다.
此臣之日夜切齒腐心也[83]	"이는 제가 밤낮으로 이를 갈고 속을 썩이던 것인데
乃今得聞教	이제야 가르침을 듣게 되었습니다."
遂自剄	마침내 스스로 목을 베었다.
太子聞之	태자는 그 말을 듣고

---

81 **집해** 서광은 말하였다. "항(抗)으로 된 판본도 있다." **색은** 침(揕)은 칼로 가슴을 찌르는 것이다. 또 말하기를 '항(抗)'으로 된 판본도 있다고 하였다. 항(抗)은 항거하는 것을 말하는데 뜻이 옳지 않다.

82 **집해** 서광은 말하였다. "(搤은) 알(揩)로 된 판본도 있다." **색은** 용자(勇者)들은 분발의 뜻을 나타낼 때 반드시 먼저 왼손으로 오른 팔을 움켜쥐었다. 완(捥)은 옛 '완(腕)' 자이다.

83 **색은** 절치(切齒)는 이빨을 서로 가는 것이다. 『이아』에서는 "뼈를 다스리는 것을 절이라고 한다."라 하였다. 부(腐) 또한 문드러지는 것이다. 요즘 사람들이 일을 참지 못하여 "썩어문드러졌다."라 하는 것과 같은데, 모두 분발한다는 뜻이다.

馳往	달려가
伏屍而哭	시체에 엎드려 울면서
極哀	매우 슬퍼하였다.
旣已不可奈何	얼마 후 어쩔 수가 없어
乃遂盛樊於期首函封之	이에 마침내 번오기의 머리를 함에 넣어 봉하였다.
於是太子豫求天下之利匕首	이에 태자는 미리 천하의 날카로운 비수를 구하여
得趙人徐夫人匕首[84]	조나라 사람 서부인(徐夫人)의 비수를 얻어
取之百金	백금을 주고 사서
使工以藥焠之[85]	장인에게 약을 바르게 하여
以試人	사람에게 시험해 보았더니
血濡縷	피가 실오라기만큼만 흘러도
人無不立死者[86]	바로 죽지 않는 사람이 없었다.
乃裝爲遣荊卿	이에 행장을 꾸려 형경을 보내기로 하였다.
燕國有勇士秦舞陽	연나라에는 용사 진무양이 있었는데
年十三	나이 13세에
殺人	사람을 죽여
人不敢忤視[87]	사람들이 감히 마주보지를 못했다.

---

84 〔집해〕 서광은 말하였다. "서(徐) 자는 진(陳) 자로 된 판본도 있다." 〔색은〕 서(徐)는 성이고, 부인(夫人)은 이름이다. 남자를 말한다.

85 〔색은〕 쉬(焠)는 물을 들이는 것이다. 독약을 칼끝에 바르는 것을 이른다.

86 〔집해〕 비수를 가지고 사람에게 시험을 해보았더니 사람의 피가 흘러 실오라기를 적실 정도만 되어도 즉사하였다는 말이다.

87 〔색은〕 오(忤)는 역(逆)과 같은 뜻이다. 감히 마주보지 못하는 것으로 매우 두려워함을 말한다.

乃令秦舞陽爲副	이에 진무양을 부관으로 삼았다.
荊軻有所待	형가는 기다리는 사람이 있어서
欲與俱	함께하고자 하였다.
其人居遠未來	그 사람은 먼 곳에 살아 아직 오지 못하였는데
而爲治行	갈 준비를 다 해두었다.
頃之	얼마간
未發	떠나지 않자
太子遲之	태자는 더디어진다고 여기고
疑其改悔	마음을 고쳐 후회하는 것으로 의심하고
乃復請曰	이에 다시 청하였다.
日已盡矣	"날이 이미 다 찼거늘
荊卿豈有意哉	형경께선 무슨 생각이 있으신지요?
丹請得先遣秦舞陽	제가 청컨대 진무양이라도 먼저 보냈으면 합니다."
荊軻怒	형가는 노하여
叱太子曰	태자를 꾸짖어 말하였다.
何太子之遣?	"어찌하려 태자께서는 그를 보내십니까?
往而不返者	가면 돌아오지 못할 것이
豎子也	그 녀석입니다!
且提一匕首入不測之彊秦	또한 한 자루 비수를 들고 헤아릴 길 없는 강한 진나라로 들어가며
僕所以留者	제가 지체하는 것은
待吾客與俱	함께 갈 내 친구를 기다리는 것입니다.
今太子遲之	지금 태자께서 늦다고 하시니
請辭決矣	하직하고 떠나도록 하겠습니다."

遂發	마침내 떠났다.

太子及賓客知其事者	태자 및 빈객들로 이 일을 아는 자들은
皆白衣冠以送之	모두 흰옷을 입고 흰 관을 쓰고 전송하였다.
至易水之上	역수의 가에 이르러
既祖	노제(路祭)를 지내고
取道[88]	길을 잡자
高漸離擊筑	고점리가 축을 치고
荊軻和而歌	형가는 거기에 맞추어 노래를 하였는데
爲變徵之聲[89]	변치의 소리를 내자
士皆垂淚涕泣	전송객들은 모두 눈물을 흘리며 울었다.
又前而爲歌曰	또 앞으로 나가 노래를 하였다.
風蕭蕭兮易水寒	"바람 쓸쓸함이여 역수 차도다.
壯士一去兮不復還	장사 한번 떠남이여 다시 돌아오지 못하리로다!"
復爲羽聲慷慨	다시 우음의 강개한 소리를 내자
士皆瞋目	전송객들은 모두 눈을 부릅뜨고
髮盡上指冠	머리털이 모두 위로 솟아 관을 찔렀다.
於是荊軻就車而去	이에 형가는 수레에 올라 떠났는데
終已不顧	끝내 돌아보지를 않았다.

遂至秦	마침내 진나라에 이르러
持千金之資幣物	천금이 나가는 예물을 들고

---

88 **정의** 역주(易州)는 유주(幽州) 귀의현(歸義縣) 경계에 있다.

89 **정의** 徵의 음은 치[知雉反]이다. 치(徵)는 오음의 하나로 격렬한 음조이다.-옮긴이.

厚遺秦王寵臣中庶子蒙嘉	진왕이 총애하는 신하인 중서자 몽가에게 두터이 바쳤다.
嘉爲先言於秦王曰	몽가가 먼저 진왕에게 말해 주었다.
燕王誠振怖大王之威	"연왕이 실로 대왕의 위엄을 두려워하여
不敢擧兵以逆軍吏	감히 군사를 일으켜 군사에 맞서려 하지 않고
願擧國爲內臣	원컨대 온 나라가 신하가 되어
比諸侯之列	제후와 열을 나란히 하여
給貢職如郡縣	군현과 같이 공물을 바쳐
而得奉守先王之宗廟	삼가 선왕의 종묘나 지키게 되었으면 합니다.
恐懼不敢自陳	두려워하여 감히 직접 아뢰지 못하고
謹斬樊於期之頭	삼가 번오기의 머리를 잘라
及獻燕督亢之地圖	연나라 독항의 지도와 함께 바치고자
函封	함에 봉한 후
燕王拜送于庭	연왕이 궁정에서 절을 하여 보내고
使使以聞大王	사신을 보내어 대왕께 아뢰려 하니
唯大王命之	대왕께서는 명을 내리소서."
秦王聞之	진왕은 그 말을 듣고
大喜	크게 기뻐하여
乃朝服	이에 조복을 입고
設九賓[90]	구빈의 예를 갖추어
見燕使者咸陽宮[91]	연나라의 사자를 함양궁에서 만나보았다.
荊軻奉樊於期頭函	형가는 번오기의 머리가 든 함을 받들고
而秦舞陽奉地圖柙[92]	진무양은 지도가 든 함을 받들어

---

90 정의 유(劉)씨는 말하였다. "문물을 진열하여 크게 갖추는 것이 곧 구빈이며, 『주례』의 구빈의 뜻으로 해석해서는 안 된다."

以次進	차례로 나아갔다.
至陛	섬돌에 이르자
秦舞陽色變振恐	진무양이 안색이 변하고 두려워 떠니
羣臣怪之	신하들이 이상하게 생각하였다.
荊軻顧笑舞陽	형가는 진무양을 돌아보고 웃으며
前謝曰	앞으로 나가 사죄하여 말하였다.
北蕃蠻夷之鄙人	"북쪽 변방 오랑캐의 비천한 놈이라
未嘗見天子	천자를 뵌 적이 없어
故振慴	두려워 떠는 것입니다.
願大王少假借之	원컨대 대왕께서는 조금만 너그러이 봐주시어
使得畢使於前	앞에서 사신의 일을 끝내게 해주십시오."
秦王謂軻曰	진왕이 형가에게 일렀다.
取舞陽所持地圖	"진무양이 가지고 있는 지도를 가져오라."
軻既取圖奏之	형가가 지도를 갖다 바치자
秦王發圖	진왕은 지도를 폈으며
圖窮而匕首見	지도가 다하자 비수가 나타났다.
因左手把秦王之袖	이에 왼손으로 진왕의 소매를 잡고
而右手持匕首揕之	오른손으로는 비수를 쥐고 찔렀다.
未至身	몸까지 채 닿지 않았고
秦王驚	진왕은 놀라

---

91 정의 『삼보황도(三輔黃圖)』에서는 말하였다. "진나라가 막 천하를 겸병하였을 때 함양(咸陽)을 도읍으로 하였는데 북릉(北陵)을 따라 궁전을 건축하였으니 자궁(紫宮)은 제궁(帝宮)을 본떴고, 위수(渭水)가 도읍을 관통하는 것은 천한(天漢)을 본떴으며, 횡교(橫橋)가 남쪽을 건너는 것은 견우(牽牛)성을 본뜬 것이다."

92 색은 합(柙) 또한 함(函)이다.

自引而起	스스로 몸을 빼어 일어나니
袖絕	소매만 잘렸다.
拔劍	검을 뽑았으나
劍長	검이 길어
操其室[93]	칼집만 잡고 있었다.
時惶急	때는 급박하게 돌아가고
劍堅	검이 굳게 꽂혀 있어
故不可立拔	바로 뽑을 수가 없었다.
荊軻逐秦王	형가는 진왕을 쫓았으며
秦王環柱而走	진왕은 기둥을 돌며 달아났다.
羣臣皆愕	신하들은 모두 놀랐으나
卒起不意	창졸간에 일어난 뜻하지 않은 일이라
盡失其度	완전히 넋이 빠져버렸다.
而秦法	그러나 진나라의 법에는
羣臣侍殿上者不得持尺寸之兵	
	전상에서 모시는 신하들은 한 자 한 치의 무기도 지닐 수 없어서
諸郎中執兵皆陳殿下[94]	무기를 지닌 낭중들은 전의 아래에 늘어섰고
非有詔召不得上	왕명으로 부르지 않으면 올라갈 수가 없었다.
方急時	바야흐로 조급한 때라

---

93 색은 실(室)은 칼집을 이른다. 정의 『연단자』에서는 말하였다. "왼손으로 가슴을 찔렀다. 진왕이 말하였다. '오늘의 일은 그대의 계책을 따를 따름이다. 슬(瑟) 연주나 듣고 죽게 해다오.' 가희를 불러 금(琴)을 타게 하였는데 금(琴) 곡조의 가사가 이러했다. '비단 주름 홑옷, 찢어져 끊어지려네. 8찰 병풍, 뛰어넘으리로다. 녹로(鹿盧)의 검, 지고 뽑으리로다.' 왕이 이에 소매를 떨치고 병풍을 타넘어 달아났다."
94 색은 지금의 숙위(宿衛)의 관직과 같은 것이다.

不及召下兵	미처 아래의 병사를 부르지 못했던 터라
以故荊軻乃逐秦王	그런 까닭으로 형가가 이렇게 진왕을 쫓게 된 것이다.
而卒惶急	졸지에 일어난 두렵고 급박한 일이라
無以擊軻	형가를 칠 도리가 없어서
而以手共搏之	그냥 손으로 함께 치는 수밖에 없었다.
是時侍醫夏無且以其所奉藥囊提荊軻也	
	이때 시의 하무저가 받쳐 들고 있던 약 주머니로 형가를 쳤다.
秦王方環柱走	진왕은 바야흐로 기둥을 돌며 달아났는데
卒惶急	졸지의 두렵고도 급박한 일이라
不知所爲	어찌할 바를 몰랐는데
左右乃曰	좌우에서 이렇게 소리쳤다.
王負劍⁹⁵	"왕께서는 검을 지십시오!"
負劍	검을 지고
遂拔以擊荊軻	마침내 뽑아 형가를 쳐서
斷其左股	그 왼쪽 넓적다리를 잘랐다.
荊軻廢	형가는 쓰러지자
乃引其匕首以擿秦王⁹⁶	곧 비수를 당겨 진왕에게 던졌으나
不中	맞지 않고
中桐柱⁹⁷	구리 기둥에 맞았다.

---

95 **색은** 왕소(王劭)는 말하였다. "옛날에는 차는 검이 위가 길어서 뽑으면 칼집에서 나오지 않았는데 왕이 등으로 옮기게 하여 앞을 짧게 하면 쉽게 뺄 수 있었으므로 '왕께서는 칼을 지십시오.'라 한 것이다." 또한 『연단자』에 나오는 금(琴)의 곡조 가사에서 "녹로(鹿盧)의 검은 지면 뽑을 수 있다."라 한 것이 이를 말한다.

96 **색은** 적(擿)은 '척(擲)' 자와 같으며, 고자(古字)이다.

秦王復擊軻	진왕은 다시 형가를 쳐서
軻被八創	형가는 여덟 군데나 찔렸다.
軻自知事不就	형가는 일을 이루지 못하였음을 분명히 알고
倚柱而笑	기둥에 기대어 웃고
箕踞以罵曰	두 다리를 뻗고 꾸짖어 말하였다.
事所以不成者	"일을 성공하지 못한 것은
以欲生劫之	살아서 겁박하여
必得約契以報太子也⁹⁸	반드시 약속을 받아내어 태자에게 보답코자 했기 때문이다."
於是左右既前殺軻	이에 좌우에서 이미 앞으로 가서 형가를 죽이니
秦王不怡者良久	진왕이 기뻐하지 않은 것이 매우 오래갔다.
已而論功	얼마 후에 공을 논하여
賞羣臣及當坐者各有差	여러 신하들에게 상을 내림과 죄를 지은 자에게 각기 차등을 두었는데
而賜夏無且黃金二百溢⁹⁹	하무저에게는 황금 2백 일(溢)을 내리며
曰	말하였다.
無且愛我 ,	"무저가 나를 사랑하여
乃以藥囊提荊軻也	약 주머니를 형가에게 던졌도다."

---

97 **[정의]** 『연단자』에서는 "형가가 비수를 뽑아 진왕에게 던졌으나 귀를 지나 구리 기둥에 맞아 불똥이 튀었다."라 하였다.

98 **[집해]** 한나라 『염철론(鹽鐵論)』에서는 "형가가 수년간의 계책을 세우고도 일을 이루지 못한 것은 한 자 여덟 치짜리 비수를 믿지 못하였기 때문이다. 진왕이 불의의 일을 당하여 조급한 가운데서도 분(賁)·육(育)을 벤 것은 일곱 자 칼의 날카로운 도움을 받았기 때문이다."라 하였다.

99 일(溢)은 옛날의 도량형 단위로 1과 24분의 1승(升)을 말하는데, 대략 지금의 100g 정도에 해당한다. – 옮긴이.

於是秦王大怒	이 일로 진왕은 크게 노하여
益發兵詣趙	더욱 군사를 일으켜 조나라에 이르게 하여
詔王翦軍以伐燕	왕전의 군사에게 명을 내려 연나라를 치게 했다.
十月而拔薊城	10월에 계성을 함락시켰다.
燕王喜太子丹等盡率其精兵東保於遼東	
	연왕 희(喜)와 태자 단 등은 정예병을 거느리고 요동에서 동쪽을 지켰다.
秦將李信追擊燕王急	진나라 장수 이신이 연왕을 바짝 추격하자
代王嘉乃遺燕王喜書曰	대왕(代王) 가(嘉)가 곧 연왕 희에게 편지를 보내 말했다.
秦所以尤追燕急者	"진나라가 연나라를 더욱 급박하게 쫓는 것은
以太子丹故也	태자 단 때문입니다.
今王誠殺丹獻之秦王	지금 왕께서 실로 단을 죽여 진왕에게 바친다면
秦王必解	진왕은 반드시 (추격을) 풀 것이며
而社稷幸得血食	사직은 다행히 보존될 수 있을 것입니다."
其後李信追丹	그 후에 이신이 단을 쫓으니
丹匿衍水中[100]	단은 연수에 몸을 숨겼다.
燕王乃使使斬太子丹	연왕은 이에 사자를 보내어 태자 단을 베어
欲獻之秦	진나라에 바치려고 하였다.
秦復進兵攻之	진나라는 다시 군사를 내어 공격하였다.
後五年	5년 뒤에
秦卒滅燕	진나라는 마침내 연나라를 멸하고
虜燕王喜	연왕 희를 포로로 잡았다.

---

100 **색은** 하천 이름으로 요동(遼東)에 있다.

其明年	그 이듬해에
秦幷天下	진나라가 천하를 병탄하여
立號爲皇帝	즉위하여 황제라 칭하였다.
於是秦逐太子丹·荊軻之客	이에 진나라가 태자 단과 형가의 빈객을 쫓으니
皆亡	모두들 달아났다.
高漸離變名姓爲人庸保¹⁰¹	고점리는 이름과 성을 바꾸고 머슴이 되어
匿作於宋子¹⁰²	송자에서 신분을 숨겼다.
久之	그렇게 오래 지내다 보니
作苦	괴로워하였으며
聞其家堂上客擊筑	그 집의 대청에서 손님이 축을 치는 것을 들으면
傍偟不能去	어슬렁거리며 떠날 수가 없었다.
每出言曰	그때마다 말을 꺼내었다.
彼有善有不善	"저 사람은 잘 치기도 하고 못 치기도 하는군."
從者以告其主¹⁰³	종자가 그대로 그 주인에게 일러바쳐서
曰	말하였다.
彼庸乃知音	"저 머슴이 음을 알고
竊言是非	가만히 옳으니 그르니 말을 합니다."
家丈人召使前擊筑¹⁰⁴	집주인이 불러 앞으로 나와 축을 치게 하였더니

---

101 색은 「난포전(樊布傳)」에 "제나라에서 품을 팔아 술집 사람(酒家人)이 되었다."라는 말이 있는데 『한서』에서는 '주가보(酒家保)'라 하였다. 생각건대 술집에서 품팔이를 하면 말이 신의를 지켜야 하므로 '용보(庸保)'라 한 것이다. 『갈관자(鶡冠子)』에서는 "이윤(伊尹)이 술집의 머슴이 되었다."라 하였다.

102 집해 서광은 말하였다. "현 이름으로 지금의 거록(鉅鹿)에 속하였다." 색은 서광의 주에서 말한 "현 이름으로 거록에 속하였다."라 한 것은 「지리지(地理志)」에 의거하여 안 것일 따름이다. 정의 송자의 옛 성은 조주(趙州) 평극현(平棘縣) 북쪽 30리 지점에 있다.

103 색은 주인집의 좌우를 이른다.

一坐稱善	온 자리에서 훌륭하다고 하여
賜酒	술을 내렸다.
而高漸離念久隱畏約無窮時[105]	고점리는 오래도록 숨어 지내면서 두려워하고 빈천하게 살면 끝날 때가 없을 것이라 생각하였다.
乃退	이에 물러나
出其裝匣中筑與其善衣	갑 속에 넣어둔 축과 좋은 옷을 꺼내어
更容貌而前	모습을 바꾸고 나섰다.
舉坐客皆驚	온 좌중의 사람들이 모두 놀라
下與抗禮	내려와 더불어 예를 올리고
以爲上客	상객으로 삼았다.
使擊筑而歌	축을 치며 노래하게 하였더니
客無不流涕而去者	객들 가운데 눈물을 흘리지 않고 떠나는 자가 없었다.
宋子傳客之[106]	송자에서는 그를 돌아가며 객으로 삼았고
聞於秦始皇	진시황에게까지 알려졌다.
秦始皇召見	진시황이 불러서 만나보았는데

---

104 **색은** 유씨가 말하기를 "주인을 이른다."라 하였다. 또한 위소(韋昭)도 말하기를 "옛날에는 남자를 장부(丈夫)라 하였고 부인을 높여 장인(丈人)이라 하였다. 그러므로 『한서』「선원육왕전(宣元六王傳)」에서 이른바 장인(丈人)은 회양(淮陽) 헌왕(憲王)의 외조모 곧 장박(張博)의 어머니이다. 그러므로 고시에서 '사흘에 다섯 필씩 끊어내도, 대인께선 느리다고 한다(三日斷五疋, 丈人故言遲).'라 하였는데 바로 이 뜻이다."라 하였다.

105 **색은** 약(約)은 빈천(貧賤)하고 검약(儉約)한 것을 말한다. 이미 머슴이 되어 늘 남들을 두려워하였으므로 '외약(畏約)'이라 한 것이다. 그래서 『논어』「이인(里仁)」에서 "[인(仁)하지 못한 사람은] 오랫동안 곤궁한 데 처할 수 없다(不可以久處約)."라고 하였다.

106 **집해** 서광은 말하였다. "서로서로 손님으로 삼는 것이다."

人有識者	사람 중에 아는 자가 있어
乃曰	곧 말하기를
高漸離也	"고점리입니다."라 하였다.
秦皇帝惜其善擊筑	진나라 황제는 그가 축을 잘 치는 것을 아깝게 여겨
重赦之	거듭 죄를 용서해 주고
乃矐其目[107]	이에 그 눈을 멀게 했다.
使擊筑	축을 치게 하였는데
未嘗不稱善	훌륭하다는 칭찬을 하지 않은 적이 없었다.
稍益近之	조금씩 더 가까이하게 되자
高漸離乃以鉛置筑中[108]	고점리는 납을 축에 채워
復進得近	다시 나아가 가까이 가게 되자
擧筑朴秦皇帝[109]	축을 들어 진나라 황제를 쳤으나
不中	맞지 않았다.
於是遂誅高漸離	이에 마침내 고점리를 죽이고는
終身不復近諸侯之人	죽도록 다시는 제후국의 사람을 가까이하지 않았다.

魯句踐已聞荊軻之刺秦王	노구천이 형가가 진왕을 저격하였다는 말을 듣자
私曰	혼잣말을 하였다.
嗟乎	"아아!

---

107 색은 음은 학[海各反]이며 또는 각(角)이라고도 한다. 논자들은 말의 똥을 태운 연기를 씌어 실명하게 하였다고 한다.
108 색은 유씨는 말하였다. "납을 축 속에 넣어 무겁게 해서 사람을 치려는 것이다."
109 색은 박(朴)은 친다는 뜻이다.

惜哉其不講於刺劍之術也[110]	안타깝도다, 그 칼로 찌르는 기술을 익히지 않았음이.
甚矣吾不知人也	심하도다, 내 사람을 알아보지 못하였음이.
曩者吾叱之	그때 내가 그를 꾸짖었으니
彼乃以我爲非人也	그는 나를 사람으로 생각하지 않았을 것이로다!"

太史公曰	태사공은 말한다.
世言荊軻	세상에서 말하는 형가의 일 가운데
其稱太子丹之命	태자 단의 운명에 대하여 말하기를
天雨粟	"하늘에서 곡식을 내리고
馬生角也[111]	말에게서 뿔이 났다."고 하는데
太過	너무 지나치다.
又言荊軻傷秦王	또한 말하기를 형가가 진왕에게 부상을 입혔다고도 하는데
皆非也	모두 옳지 않다.
始公孫季功董生與夏無且游	전에 공손계공과 동생(董生)이 하무저와 교유를 하여
具知其事	그 일에 대하여 샅샅이 알고 있어서
爲余道之如是	내게 이와 같은 것들을 말해 주었다.
自曹沫至荊軻五人	조말에서 형가까지 다섯 사람은

---

110 **색은** 불강(不講)은 논하여 익히지 않은 것을 말한다.

111 **색은** 『연단자』에서는 말하였다. "단이 돌아가기를 청하자 진왕이 말하였다. '까마귀 머리가 희어지고 말에게서 뿔이 나면 허락할 것이다.' 단은 이에 하늘을 우러러 탄식하니 까마귀 머리가 희어지고 말에게서도 뿔이 났다." 『풍속통(風俗通)』 및 (後漢 王充의) 『논형(論衡)』에도 이 설이 있는데 또한 "마구간 문 위의 나무 까마귀에 진짜 발이 생긴다면."이라 하였다.

此其義或成或不成	그 의거가 성공하기도 하였고 성공 못하기도 하였는데
然其立意較然[112]	그러나 그 뜻을 세움이 환하여
不欺其志	그 뜻을 속이지 않았으니
名垂後世	이름이 후세에 드리운 것이
豈妄也哉	어찌 허망한 것이겠는가!

---

112 **색은** 교는 밝다(明)는 뜻이다.

이사 열전 李斯列傳

李斯者	이사는
楚上蔡人也[1]	초나라 상채 사람이다.
年少時	젊었을 때
爲郡小吏[2]	군의 소리(小吏)가 되어
見吏舍廁中鼠食不絜	관사의 변소에서 쥐가 오물을 먹는 것을 보았는데
近人犬	사람과 개를 접근시키면
數驚恐之	늘 놀라 두려워하였다.
斯入倉	이사가 창고에 들어가
觀倉中鼠	창고의 쥐를 보았는데
食積粟	쌓인 곡식을 먹고
居大廡之下	큰 처마 밑에 살면서
不見人犬之憂	사람과 개를 걱정하는 모습을 보이지 않았다.
於是李斯乃歎曰	이에 이사는 곧 탄식하여 말하였다.

---

1 **색은** 「지리지(地理志)」의 여남(汝南) 상채현(上蔡縣)에서는 "옛 채(蔡)나라는 주무왕(周武王)의 아우 숙도(叔度)가 봉해진 곳으로 18대인 평후(平侯)에 이르러 신채(新蔡)로 옮겼다."라 하였다. 두 채(蔡)는 모두 여남(汝南)에 속한다. 2대가 지나 소후(昭侯)에 이르러 하채(下蔡)로 옮겼는데 패(沛)에 속하였고, 육국(六國) 때는 초나라 땅이 되었으므로 초나라 상채라 한 것이다.

2 **색은** 향리의 소사(小史)이다. 유씨(劉氏)는 "향리의 문서를 맡아보았다."라 하였다.

| 人之賢不肖譬如鼠矣 | "사람의 현불초는 비유컨대 쥐와 같아 |
| 在所自處耳 | 스스로 처하는 곳에 있을 따름이구나!" |

乃從荀卿學帝王之術	이에 순경에게 제왕의 학술을 배웠다.
學已成	학문이 완성되자
度楚王不足事	초왕은 섬기기에 부족하고
而六國皆弱	육국은 모두 약해서
無可爲建功者	공을 세울 만한 것이 없다고 헤아려
欲西入秦	서쪽으로 진나라에 들어가려고 하였다.
辭於荀卿曰	순경에게 작별을 고하여 말하였다.
斯聞得時無怠	"제가 듣건대 때를 얻으면 게을리 하지 말라고 하였는데
今萬乘方爭時	지금은 만승의 대국들이 바야흐로 다투는 때로
游者主事³	유세지사가 일을 주관합니다.
今秦王欲吞天下	지금 진왕이 천하를 삼키어
稱帝而治	칭제하며 다스리려고 하니
此布衣馳騖之時而游說者之秋也⁴	
	포의지사들이 달려갈 때요 유세지사의 가을입니다.
處卑賤之位而計不爲者	비천한 지위에 처하여 할 수 없다고 생각하는 것은

---

3 **색은** 만승의 대국이 쟁패할 때에 유세지사는 공을 세우고 명예를 이룰 수 있으며 마땅히 업무를 맡아야 한다는 말이다. 유씨(劉氏)는 "제후국을 두루 다니며 강한 임금을 찾아 그를 섬겨야 한다."라 하였는데 문장이 우활(迂闊)한 것으로 틀렸다.

4 **정의** 가을에는 만물이 성숙됨을 말하는데 지금은 강함을 다툴 때로 또한 유세지사가 성숙할 때라는 것이다.

此禽鹿視肉	짐승이 고기를 보는 것이나 같으며
人面而能彊行者耳[5]	사람의 얼굴로 뻔뻔스런 행동을 할 수 있는 것일 따름입니다.
故詬[6]莫大於卑賤	그러므로 비천함보다 더 큰 욕이 없고
而悲莫甚於窮困	곤궁함보다 더 심한 슬픔은 없습니다.
久處卑賤之位	오래도록 비천한 지위와
困苦之地	곤고한 처지에 처하여
非世[7]而惡利	세속을 비난하고 명리를 싫어하여
自託於無爲	스스로를 아무 일도 하지 않음에 맡기는 것은
此非士之情也[8]	선비의 마음이 아닙니다.
故斯將西說秦王矣	그래서 저는 서쪽으로 가서 진왕을 유세하려 합니다."

至秦	진나라에 이르렀을 때
會莊襄王卒	마침 장양왕이 죽었고
李斯乃求爲秦相文信侯呂不韋舍人	이사는 이에 진나라 승상 문신후 여불위의 사인이 되기를 구했으며,

---

5 **색은** 금록(禽鹿)은 금수(禽獸)와 같으며, 금수는 다만 고기를 보고 먹을 줄만 안다는 것을 말한다. 『장자(莊子)』 및 『소자(蘇子)』에서는 말하였다. "사람이 배우지 않으면 고기를 보고 먹(을 줄만 아)는 것에 비유할 수 있다." (前漢) 양웅(揚雄)의 『법언(法言)』에서는 말하였다. "사람이 배우지 않으면 짐승과 무엇이 다르겠는가?" 유세하여 부귀영화를 취할 수 없다면 금수와 같아 사람의 얼굴만 가지고 있을 뿐 억지로 뻔뻔스럽게 행동하는 것일 따름이라는 말이다.

6 **정의** (詬의) 음은 후[呼后反]이며, 치욕(恥辱)이라는 말이다.

7 **색은** 비(非)는 기롱[譏]한다는 말이다. 이른바 처사가 제멋대로 논평한다는 것이다.

8 **정의** 세상의 부귀를 기롱하고 영리를 싫어하여 스스로 아무것도 하지 않는 것에 기탁하는 것은 사인(士人)의 마음이 아니라 실은 능력이 여기에 이를 수 없다는 것임을 말한 것이다.

不韋賢之	여불위는 그를 현명하게 여겨
任以爲郎	낭(郎)으로 임명했다.
李斯因以得說	이사는 이로 인해 유세를 하게 되었으며
說秦王曰	진왕을 유세하여 말하였다.
胥人者	"소인은
去其幾也⁹	그 기회를 잃습니다.
成大功者	큰 공을 이룬 자는
在因瑕釁而遂忍之¹⁰	비집을 틈만 있으면 잔인하게 해냅니다.
昔者秦穆公之霸	옛날 진목공이 패권을 잡고도
終不東幷六國者	끝내 동으로 육국을 병탄하지 못한 것은
何也	어째서이겠습니까?
諸侯尙衆	제후국이 아직 많았고
周德未衰	주나라의 덕이 아직 약해지지 않았으므로
故五伯迭興	오패가 번갈아 일어나
更尊周室	주나라 왕실을 돌아가며 높였기 때문입니다.
自秦孝公以來	진효공 이래로
周室卑微	주나라 왕실이 약해져서
諸侯相兼	제후들은 서로 겸병하고

---

9 색은 서인(胥人)은 서리(胥吏)와 같으며 소인이라는 뜻이다. 거(去)는 실(失) 자와 같다. 기(幾)는 움직이는 기미이다. 군자는 기미를 보고 일어나 하루가 다하기를 기다리지 않으며, 소인은 어떤 기미가 있어도 움직일 줄 모르기 때문에 매번 때를 놓친다는 말이다. 유씨(劉氏)는 기(幾)를 강(彊)으로 풀이하였는데, 틀렸다.

10 색은 제후국에 틈이 있으면 잔인한 마음으로 잘라 없애므로 내가 장차 진나라를 유세하여 천하를 합병하겠다는 말이다. 정의 서(胥)는 서로라는 뜻이다. 기(幾)는 살핀다는 말이다. 함곡관 동쪽의 여섯 나라가 진나라와 서로 적이 되면 군신 간의 기밀이 모두 틈이 생겨 큰 공을 세울 수 있으므로 잔인하게 이룬다는 말이다.

關東爲六國	함곡관 동쪽은 여섯 나라가 되었으며
秦之乘勝役諸侯	진나라가 승세를 타고 제후들을 부린 지가
蓋六世矣[11]	여섯 대(代)가 되었습니다.
今諸侯服秦	지금 제후들은 진나라에 복종하여
譬若郡縣	비유컨대 군현과 같습니다.
夫以秦之彊	저 진나라의 강함과
大王之賢	대왕의 현명함으로
由竈上騷除[12]	부엌에서 소제를 하듯
足以滅諸侯	충분히 제후들을 멸하고
成帝業	제업을 이루어
爲天下一統	천하를 한번 통일시킬 만할 것이니
此萬世之一時也	이는 만 년에 한번 있는 때입니다.
今怠而不急就	지금 게을리 하여 빨리 나아가지 않아
諸侯復彊	제후들이 다시 강하여져
相聚約從	서로 모여 합종으로 맹약하면
雖有黃帝之賢	비록 황제의 현명함이 있다 하더라도
不能并也	겸병할 수 없습니다."
秦王乃拜斯爲長史	진왕은 이에 이사를 장사로 임명하여
聽其計	그의 계책을 따라

---

11 **정의** 진효공(秦孝公)과 혜문공(惠文公), 무왕(武王), 소왕(昭王), 효문왕(孝文王), 장양왕(莊襄王)이다.

12 **집해** 서광(徐廣)은 말하였다. "소(騷)는 소(埽)의 뜻으로 읽는다." **색은** 소(騷)의 음은 소(埽)이다. 진나라가 천하를 겸병하려는 것이 밥 짓는 여인이 부뚜막의 먼지를 쓰는 것과 같이 어려울 것이 없다는 것을 말한다.

陰遣謀士齎持金玉以游說諸侯

몰래 모사를 보내 금과 옥을 쥐어주고 제후들을 유세하였다.

諸侯名士可下以財者

제후와 명사들 가운데 재물로 포섭할 수 있는 자는

厚遺結之

(재물을) 두터이 보내어 관계를 맺고,

不肯者

받지 않으려 하는 자는

利劍刺之

날카로운 검으로 척살하였다.

離其君臣之計

그 임금과 신하를 이간질하는 계책에

秦王乃使其良將隨其後

진왕은 이에 훌륭한 장수로 그 뒤를 따르게 하였다.

秦王拜斯爲客卿

진왕은 이사를 객경에 임명하였다.

會韓人鄭國來閒秦

때마침 한나라 사람 정국이 진나라에 와서 간첩질을 하여

以作注漑渠[13]

관개 수로를 만들게 하였는데

已而覺

얼마 후 발각되었다.

秦宗室大臣皆言秦王曰

진나라 종실의 대신들은 모두 진왕에게 말하였다.

諸侯人來事秦者

"제후국의 사람들로 진나라에 와서 섬기는 자들은

---

13 정의 정국거(鄭國渠)는 옹주(雍州) 운양현(雲陽縣) 서남쪽 25리 지점에서 시작되며 중산(中山) 서쪽에서 호구(瓠口)에 이르기까지 도랑을 이루어 북산(北山)을 끼고 동으로 낙수[洛]에 물을 대어 3백여 리의 농지에 물을 댄다. 또한 말하기를 한(韓)나라가 진나라 군사를 괴롭히려고 수공(水工) 정국(鄭國)으로 하여금 진나라를 부추겨 관개수로(灌漑水路)를 파게 하여 사람을 공인으로 써서 동쪽을 정벌하지 못하게 한 것이라고도 한다.

大抵爲其主游間於秦耳	거의가 그 임금을 위하여 진나라에서 간첩질을 하는 자들뿐이니
請一切逐客[14]	청컨대 모든 객경을 쫓아내소서."
李斯議亦在逐中	이사에 대한 논의도 쫓아내는 데 있었다.
斯乃上書曰[15]	이사는 이에 글을 올려서 말하였다.
臣聞吏議逐客	신이 듣건대 관리들이 객경을 쫓아낼 논의를 한다는데
以爲過矣	잘못되었다고 생각합니다.
昔繆公求士	옛날 목공은 선비를 구하여
西取由余於戎	서로는 융에서 유여를 취하고
東得百里奚於宛[16]	동으로는 완(宛)에서 백리해를 얻었으며
迎蹇叔於宋[17]	송나라에서는 건숙을 맞았고

---

14 **색은** 일절(一切)은 일례(一例)와 같은 말로 모두 쫓아낸다는 말이다. 절(切)이라 한 것은 날카로운 칼로 자르는 것과 같다는 비유로 한번 도끼를 휘두르면 끊지 못하는 것이 없다는 것이다. 『한서(漢書)』를 주해한 자는 일절(一切)을 권시(權時)라는 뜻으로 보았는데 또한 제대로 터득하지 못한 것이다.

15 **정의** 진시황 10년(B.C. 237)의 일이다.

16 **색은** 「진본기(秦本紀)」에서 말한 "진헌공(晉獻公)이 백리해를 진목공의 부인의 잉신(媵臣)으로 진나라에 보냈는데 백리해가 완(宛)으로 달아나니 초나라의 변경 사람에게 붙잡혔다."라 한 것이 이를 말한다. **정의** (前漢 劉向의) 『신서(新序)』에서는 말하였다. "백리해는 초나라의 사람으로 우(虞)나라에서 벼슬살이를 하였는데 우나라가 망하자 진나라로 들어갔으며 오고대부(五羖大夫)라 불렸다."

17 **색은** 「진본기」에서는 또 말하기를 "백리해가 목공에게 말하였다. '신은 신의 친구인 건숙(蹇叔)보다 못합니다. 건숙은 현명한데 세상에서는 아무도 알아주지 못합니다.' 목공이 폐백을 두터이 하여 그를 맞아 상대부로 삼았다."라 하였다. 지금 "송나라에서(於宋)"라 한 것은 그 출전을 모르겠다. **정의** (唐나라 濮王泰 등의) 『괄지지(括地志)』에서는 말하였다. "건숙은 기주(岐州)의 사람이다. 당시 송나라에 있었기 때문에 송나라에서 그를 맞이한 것이다."

來丕豹公孫支於晉[18]	진나라에서는 비표와 공손지를 초치했습니다.
此五子者	이 다섯 사람은
不產於秦	진나라에서 나지 않았는데
而繆公用之	목공이 등용하여
并國二十	20개국을 병합하여
遂霸西戎[19]	마침내 서융의 패자가 되었습니다.
孝公用商鞅之法	효공은 상앙의 법을 써서
移風易俗	풍속을 옮기고 바꾸었으며
民以殷盛	백성은 부유해지고
國以富彊	나라는 부강해졌으며
百姓樂用	백성은 쓰임을 즐거워했고
諸侯親服	제후들은 가까이하고 복종하였으며
獲楚魏之師	초나라와 위나라의 군사를 사로잡고
舉地千里	천 리의 땅을 점령하여
至今治彊	지금껏 잘 다스려지고 강하게 되었습니다.
惠王用張儀之計	혜왕은 장의의 계책을 써서
拔三川之地	삼천의 땅을 점령하였으며
西并巴蜀[20]	서로는 파와 촉을 병탄하고
北收上郡[21]	북으로는 상군을 거두었으며

---

18 색은 비표(丕豹)는 진(晉)나라에서 진(秦)나라로 달아났는데,『좌씨전(左氏傳)』에 밝힌 글이 있다. 공손지(公孫支)는 이른바 자상(子桑)으로 진(秦)나라의 대부인데, 진(晉)나라에서 왔다고 한 것은 또한 그 출전을 보지 못하였다. 정의 『괄지지』에서는 말하였다. "공손지는 기주(岐州) 사람인데 진(晉)나라에 있다가 나중에 진(秦)나라로 귀의하였다."

19 색은 「진본기」에 의하면 목공은 유여(由余)의 계책을 써서 융왕(戎王)을 벌하고 12나라를 더하였으며 천 리의 땅을 개척하여 마침내 서융의 패자가 되었다. 이는 모두 다섯 사람의 공을 말한 것이므로 "스무 나라를 합병하였다."라 한 것이며, 혹자는 '12(十二)'로 바꾸기도 하는데 틀렸다.

南取漢中[22]	남으로는 한중을 빼앗았고
包九夷	구이를 포위하였으며
制鄢郢[23]	언(鄢)과 영(郢)을 제압하였고,
東據成皐之險[24]	동으로는 성고의 험지를 점거하고
割膏腴之壤	기름진 땅을 떼어 가져
遂散六國之從	마침내 육국의 합종을 흩어
使之西面事秦	서쪽을 향하여 진나라를 섬기게 하여
功施到今	공을 베풂이 지금껏 이르고 있습니다.
昭王得范睢	소왕은 범수를 얻어
廢穰侯	양후를 폐하고
逐華陽[25]	화양군을 쫓아내었습니다.
彊公室	왕실을 강하게 하고
杜私門	사문을 막았으며

---

20 **색은** 혜왕(惠王) 때 장의(張儀)가 승상이 되어 한나라를 칠 것을 청하여 삼천(三川)으로 군사를 내려보내 이주(二周)에 임하였다. 사마착(司馬錯)은 촉(蜀)나라를 칠 것을 청하여 혜왕이 따라 결국 촉나라를 멸하였다. 장의가 죽은 후에 무왕(武王)은 삼천(三川)으로 수레를 통하게 하고자 하여 감무(甘茂)로 하여금 의양(宜陽)을 함락시키게 하였다. 지금 모두 장의가 한 것이라고 한 것은 장의가 (당시) 진나라의 승상이었으므로 비록 사마착이 촉나라를 멸하고 감무가 삼천을 통하게 하였지만 그 공을 모두 승상에게 돌린 것이며 또한 삼천이 장의가 먼저 칠 것을 청하였기 때문이다.

21 **정의** 혜왕 10년(B.C. 328)에 위(魏)나라는 상군(上郡)의 15현을 바쳤다.

22 **정의** 혜왕 13년(B.C. 325)에 초나라의 한중을 공격하여 땅 6백 리를 취하였다.

23 **색은** 구이(九夷)는 곧 초나라에 속한 오랑캐이다. 「지리지(地理志)」의 남군(南郡) 강릉현(江陵縣) 조(條)에서는 "옛 초나라의 영도(郢都)"라 하였고, 또한 의성현(宜城縣) 조에서는 "옛 언(鄢)"이라 하였다. **정의** 이(夷)는 파촉(巴蜀)을 아울러 말한 것으로, 상군(上郡)을 거두고 한중(漢中)을 빼앗았으며 의거(義渠)와 단리(丹犁)를 친 것을 말한다. 구이는 본래 동이(東夷)의 아홉 종족인데 여기서 말한 것은 문체(文體)가 그렇다.

24 **정의** 하남부(河南府) 범수현(氾水縣)이다.

25 **집해** 서광은 말하였다. "화(華)는 '엽(葉)'으로 된 판본도 있다."

蠶食[26]諸侯	제후들의 땅을 잠식하여
使秦成帝業	진나라가 제업을 이루게끔 하였습니다.
此四君者	이 네 임금은
皆以客之功	모두 객경의 공에 힘입었습니다.
由此觀之	이로써 보건대
客何負於秦哉	객경이 어찌 진나라를 저버렸습니까!
向使四君卻客而不內	그때 네 임금이 객경을 물리치고 들이지 않았으며
疏士而不用	선비를 멀리하고 쓰지 않았더라면

是使國無富利之實而秦無彊大之名也

나라가 부유하고 재리(財利)가 있다는 실질이 없게 하고 진나라가 강대하다는 명성이 없게 하였을 것입니다.

今陛下致昆山之玉[27]	지금 폐하께서는 곤산의 옥을 구하고
有隨和之寶[28]	수후와 화씨의 보물을 가지고 계시며
垂明月之珠	명월의 구슬을 늘어뜨리시고
服太阿之劍[29]	태아의 검을 차고 계시며
乘纖離之馬[30]	섬리의 말을 타시고

---

26 색은 고유(高誘)는 (前漢 淮南王 劉安의)『회남자(淮南子)』의 주석에서 "잠식(蠶食)은 다 해치워 남음이 없다는 것이다."라 하였다.

27 정의 곤강(昆岡)은 우전국(于闐國) 동북쪽 4백 리 지점에 있으며 그 언덕에서 옥(玉)이 난다.

28 정의 『괄지지』에서는 말하였다. "분산(濆山)은 일명 곤산(崑山)이라고도 하고, 일명 단사구(斷蛇丘)라고도 하는데 수주(隨州) 수현(隨縣) 북쪽 25리 지점에 있다. (前漢 劉向의)『설원(說苑)』에서는 '옛날에 수후(隨侯)가 길을 가다가 허리가 잘린 큰 뱀을 만났는데 신령스러운 것 같아 사람을 시켜 약으로 봉하여 주게 하였더니 뱀은 곧 떠날 수 있었으며, 이로 인해 그곳을 단사구라 부르게 되었다. 한해 남짓 만에 뱀이 밝은 구슬을 물어다주었는데 지름이 한 치[寸]였으며 매우 희고 광채가 있었으므로 이에 수주(隨珠)라 부르게 되었다.'라 하였다."라 하였다. 변화(卞和)의 벽옥을 가지고 시황은 전국새(傳國璽)를 만들었다.

建翠鳳之旗	물총새 깃에 봉황 무늬의 깃발을 세우시며
樹靈鼍之鼓[31]	악어가죽으로 만든 북을 설치하셨습니다.
此數寶者	이 몇 가지 보물은
秦不生一焉	진나라에서는 하나도 나지 않는데
而陛下說之	폐하께서는 좋아하시니
何也	어째서이겠습니까?
必秦國之所生然後可	반드시 진나라에서 난 것이라야 된다면
則是夜光之璧不飾朝廷	이 야광의 벽옥은 조정을 꾸미지 못할 것이고
犀象之器不爲玩好	무소와 코끼리의 기물은 즐겨 감상하지 못할 것이며
鄭衛之女不充後宮	정나라와 위나라의 여인은 후궁을 채우지 못할 것이고
而駿良駃騠[32]不實外廐	결제와 같은 훌륭한 말은 마구간을 채우지 못할 것이며
江南金錫不爲用	강남의 금과 주석은 쓰이지 못할 것이고
西蜀丹靑不爲采	서촉의 단청은 채색 그림을 그리지 못할 것입니다.
所以飾後宮充下陳[33]娛心意說耳目者	
	후궁을 꾸미고 뒷줄을 채워서 마음을 즐겁게 하고 눈과 귀를 기쁘게 하는 것이

---

29 **집해** 「소진전(蘇秦傳)」에 보인다. **색은** (後漢 袁康의) 『월절서(越絕書)』에서는 말하였다. "초왕(楚王)은 구야자(歐冶子)와 간장(干將)을 불러 쇠로 된 칼 세 자루를 만들었는데, 첫째가 간장(干將)이고, 둘째는 막야(莫邪), 셋째는 태아(太阿)이다."

30 **집해** 서광은 말하였다. "섬리(纖離)와 포초(蒲梢)는 모두 준마의 이름이다." **색은** 모두 말이름이다. 서씨는 손경자(孫卿子)의 말에 의하여 말하였다.

31 **집해** 정현(鄭玄)은 「월령(月令)」에 주를 달고 말하였다. "악어의 가죽은 북을 만들 수 있다."

32 **색은** 음은 결제(決提)이다. 『주서(周書)』에서는 "마침 북쪽에서 결제(駃騠)를 바쳤다."라 하였다. (삼국시대 魏나라 張揖의) 『광아(廣雅)』에서는 "말의 일종이다."라 하였다. 곽박[郭璞: 자는 경순(景純)]은 (司馬相如의) 「상림부(上林賦)」에 주를 달고 말하기를 "난 지 사흘이면 그 어미를 뛰어넘는다."라 하였다.

33 **색은** 허진(下陳)은 후열(後列)이라는 말과 같다. 『안자(晏子)』에서 "두 딸이 있었는데 뒷열로 들어가기를 바랐다."라 한 것이 이를 말한다.

必出於秦然後可	반드시 진나라에서 나온 것이어야 한다면
則是宛珠之簪	이 완(宛)의 구슬로 장식한 비녀와
傅璣之珥[34]	기로 꾸민 귀고리며
阿縞之衣	동아에서 난 흰 비단으로 지은 옷은
錦繡之飾[35]不進於前	비단에 수놓은 장식이 어전에 바쳐지지 않았을 것이며
而隨俗雅化[36]佳冶窈窕趙女不立於側也	유행에 따라 우아하게 꾸미고 아름답게 꾸민 아리따운 조나라의 여인들이 곁에 서 있지 않을 것입니다.
夫擊甕叩缶[37]彈箏搏髀	두레박을 두드리고 질장구를 치며 쟁을 타고 넓적다리를 두드리며
而歌呼嗚嗚快耳者	오오 하고 노래하여 불러 귀를 기쁘게 하는 것이
真秦之聲也	참된 진나라의 소리이며,
鄭衛桑閒昭虞武象者[38]	정나라며 위나라 상간(의 음악)과 「소(昭)」,「우(虞)」,「무(武)」,「상(象)」은
異國之樂也	타국의 음악입니다.

---

34 색은 宛의 음은 완[於阮反]이다. 傅의 음은 부(附)이다. 완(宛)은 구슬로 완전(宛轉)하게 비녀를 꾸미는 것이다. 부기(傅璣)는 기(璣)를 꿰어서 귀고리에 달아 붙이는 것이다. 이(珥)는 귀고리이다. 기(璣)는 구슬로 둥글지 않은 것이다. 혹자는 말하기를 완주(宛珠)는 수주(隨珠)라고 한다. 수(隨)는 한수(漢水)의 남쪽에 있으며 완(宛)이라고 한다. 부기(傅璣)는 여인의 장식으로 여자가 다는 귀고리를 기(璣)로 꾸민 것이며 결코 진나라가 가진 것이 아니라는 것이다.

35 집해 서광은 말하였다. "제나라의 동아현(東阿縣)은 명주와 비단이 나는 곳이다."

36 집해 서광은 말하였다. "수속(隨俗)은 '수사(修使)'로 되어 있는 판본도 있다." 색은 한아(閑雅)하게 변화하여 세속과 통할 수 있음을 말한다.

37 색은 『설문(說文)』에서는 말하였다. "옹(甕)은 물을 긷는 두레박이다. 음은 옹[於貢反]이다. 부(缶)는 와기(瓦器)이며, 진나라 사람이 치면서 음악의 박자를 맞추었다." 甀의 음은 부[甫有反]이다.

38 집해 서광은 말하였다. "소(昭)는 '소(韶)'로 된 판본도 있다." 상간은 위(衛)나라 복수(濮水) 가에 있던 지명. 정나라와 위나라의 음악은 〈모시서(毛詩序)〉에 의하면 모두 음탕한 음악[淫聲]이다.-옮긴이.

今棄擊甕叩缶而就鄭衛	지금 두레박을 치고 질장구 두드리는 것을 버리고 정나라와 위나라의 음악으로 나아가며
退彈箏而取昭虞	쟁을 타는 것을 물리고 「소」와 「우」를 취하시는데
若是者何也	이렇게 하는 것은 어째서입니까?
快意當前	뜻에 맞는 것이 앞에 있고
適觀而已矣	보기에 좋은 것일 따름입니다.
今取人則不然	지금 사람을 취하심에는 그렇지 않습니다.
不問可否	옳고 그름을 묻지 않고
不論曲直	굽었는지 곧은지를 따지지도 않고서
非秦者去	진나라 사람이 아니면 떠나보내고
爲客者逐	객경은 쫓아냅니다.
然則是所重者在乎色樂珠玉	그렇다면 중하게 여기시는 것이 여색과 음악 주옥에 있으며
而所輕者在乎人民也	가벼이 여기는 것은 사람에 있는 것입니다.
此非所以跨海內制諸侯之術也	
	이는 천하를 타고 제후를 제어하는 기술이 아닙니다.

臣聞地廣者粟多	신이 들건대 땅이 넓어야 곡식이 많이 나고
國大者人衆	나라가 커야 백성이 많으며
兵彊則士勇	군사가 강하면 사졸이 용감하다고 하였습니다.
是以太山不讓土壤	그러므로 태산은 흙덩이를 마다하지 않아
故能成其大	그 큼을 이룰 수 있었고,
河海不擇細流	강과 바다는 가는 물줄기도 가리지 않아
故能就其深	그 깊이를 이룰 수 있었으며,
王者不卻衆庶	제왕은 뭇사람들을 물리치지 않아
故能明其德[39]	그 덕을 밝힐 수 있었으니

是以地無四方	그런 까닭에 땅은 사방이 없고
民無異國	백성은 나라를 달리함이 없어서
四時充美	사철 아름다움을 채우고
鬼神降福	귀신이 복을 내리는 것이니
此五帝三王之所以無敵也	이것이 오제와 삼왕이 적이 없게 된 까닭입니다.
今乃棄黔首以資敵國[40]	지금 곧 검수를 버려 적국을 돕고
卻賓客以業諸侯	빈객을 물리쳐 제후들이 왕업을 이루게 하며
使天下之士退而不敢西向	천하의 선비들을 물러나게 하여 감히 서쪽으로 향하지 못하게 하고
裹足不入秦	발을 싸매어 진나라로 들지 못하게 하니
此所謂藉寇兵而齎盜糧者也[41]	이것이 바로 "적에게 무기를 꾸어주고 도둑에게 양식을 대준다."는 것입니다.

夫物不產於秦	저 진나라에서 나지 않는 물건으로
可寶者多	보배로운 것이 많으며,
士不產於秦	진나라에서 나지 않은 선비로
而願忠者眾	충성을 바라는 자가 많습니다.
今逐客以資敵國	지금 객경을 쫓아내어 적국을 돕고
損民以益讎	백성을 덜어 원수를 도와
內自虛而外樹怨於諸侯	안으로는 스스로 비우고 밖으로는 제후들의 원수

---

39 **색은** 『관자(管子)』「형세해(形勢解)」에서는 말하였다. "바다는 물을 사양하지 않으므로 그 큼을 이룰 수 있고, 태산은 흙과 돌을 사양하지 않으므로 그 높이를 이룰 수 있었다." 『문자(文子)』에서는 말하였다. "성인은 땔나무를 지는 미천한 자의 말을 사양하지 않음으로써 이름을 넓힌다."

40 **색은** 자(資)는 급(給) 자와 같은 뜻이다.

41 **색은** 藉의 음은 자[積夜反]이다. 齎의 음은 재[子奚反]이다. 『설문』에서는 말하였다. "재 (齎)는 갖다 주는 것이다." 재(齎)는 '자(資)'라고도 하는데 뜻이 또한 통한다.

	를 세우니
求國無危	나라가 위태롭지 않기를 구하는 것은
不可得也	바랄 수 없을 것입니다.

秦王乃除逐客之令	진왕은 이에 객경을 쫓아내려는 명령을 철회하고
復李斯官⁴²	이사의 관직을 회복시켜 주었으며
卒用其計謀	마침내 그의 계책을 썼다.
官至廷尉	관직은 정위에 이르렀다.
二十餘年	20여 년 만에
竟并天下	마침내 천하를 아우르고
尊主爲皇帝	임금을 황제로 높였으며
以斯爲丞相	이사를 승상으로 삼았다.
夷郡縣城	군현의 성을 허물고
銷其兵刃	병기를 녹여
示不復用	다시 쓰지 않겠다는 것을 보여주었다.
使秦無尺土之封	진나라로 하여금 한 자의 땅도 봉함이 없게 하였으며
不立子弟爲王	(왕의) 자제들을 왕으로 세우거나
功臣爲諸侯者	공신을 제후로 삼지 않아
使後無戰攻之患	나중에 전쟁의 근심이 없게 하였다.

始皇三十四年	시황 34년(B.C. 213)에

---

42 집해 『신서(新序)』에서는 말하였다. "이사가 쫓겨나는 중에 노상에서 간하는 글을 올리어 시황에게 이르게 하니 시황이 사람을 보내어 여읍(酈邑)까지 쫓아가 돌아오게 되었다."

置酒咸陽宮	함양궁에서 주연을 베풀었는데
博士僕射周青臣等頌始皇威德	박사(博士) 복야 주청신 등이 시황의 위엄과 덕을 칭송하였다.
齊人淳于越進諫曰	제나라 사람 순우월이 나아가 간하였다.
臣聞之	"신이 듣건대
殷周之王千餘歲	은나라와 주나라가 천여 년이나 다스렸던 것은
封子弟功臣自爲支輔	자제와 공신을 봉하여 스스로 버팀목으로 삼았기 때문입니다.
今陛下有海內	지금 폐하께서는 해내를 다 차지하고도
而子弟爲匹夫	자제들은 필부가 되었사오니
卒有田常六卿之患	갑자기 전상이나 육경의 근심이 생기기라도 한다면
臣無輔弼	보필할 신하가 없을 것이니
何以相救哉	어떻게 서로 구원하겠습니까?
事不師古而能長久者	일에 있어서 옛것을 본받지 않고 오래갈 수 있음은
非所聞也	들은 바가 없습니다.
今青臣等又面諛以重陛下過[43]	지금 청신 등이 또한 면전에서 아첨하면서 폐하의 과실을 가중시키니
非忠臣也	충신이 아닙니다."
始皇下其議丞相	시황은 그에 대한 논의를 승상에게 (결정하게끔) 내렸다.
丞相謬其說	승상은 그 말을 왜곡시켜
絀其辭	그 말을 물리치고

---

43 색은 重의 음은 중[逐用反]이다. 중(重)은 다시라는 뜻이다.

乃上書曰	이에 글을 올려 말하였다.
古者天下散亂	"옛날 천하가 흩어지고 어지러워
莫能相一	통일을 할 수 없었으며
是以諸侯並作	이 때문에 제후들이 함께 일어났는데
語皆道古以害今	말이 모두 옛것을 말하여 지금을 해쳤고
飾虛言以亂實	빈말을 꾸며 사실을 어지럽혔으며
人善其所私學	사람들은 그들의 사사로운 학설을 훌륭하게 여겨
以非上所建立	위에서 세운 것을 비난하였습니다.
今陛下并有天下	지금 폐하께서는 천하를 다 가지셨으며
別白黑[44]而定一尊[45]	흑백을 가리시고 존엄은 하나뿐임을 정하셨습니다.
而私學乃相與非法教之制	그런데 사사로운 학설이 이에 서로 함께 법교의 제도를 비난하여
聞令下	법령이 내렸다는 것을 들으면
即各以其私學議之	각자 그 사사로운 학설로 논의를 하여
入則心非	안으로는 마음으로 비난하고
出則巷議	밖으로는 골목에서 논의하며
非主以爲名	임금을 비난함을 명성으로 삼고
異趣以爲高	취향이 다름을 고상하게 여기어
率群下以造謗	뭇 아랫사람을 거느리고 비방하는 말을 꾸며냅니다.

---

44 색은 유씨(劉氏)는 말하였다. "전에는 나라는 정치가 달랐고 집안은 풍속이 달라 사람들이 사적인 말을 지어내어 진실을 구별하지 못하였는데 지금은 곧 흑백을 분별하게 된 것이다."

45 색은 시황이 육국을 병탄하고 천하를 안정시킨 것을 말하며 해내에서 함께 하나의 임금을 높이어 세웠으므로 이렇게 말하였다.

如此不禁	이러한데도 금하지 않으시면
則主勢降乎上	위에서는 임금의 위세가 떨어질 것이고
黨與成乎下	아래에서는 당파가 결성될 것입니다.
禁之便	금하는 것이 편합니다.
臣請諸有文學詩書百家語者	신은 모든 문학과 『시(詩)』, 『서(書)』, 제자백가를
蠲除去之	깨끗이 없애버릴 것을 청합니다.
令到滿三十日弗去	영이 내리고 30일 동안 없애지 않으면
黥爲城旦	묵형에 처하고 성을 쌓는 노역에 처합니다.
所不去者	없애지 않을 것은
醫藥卜筮種樹之書	의약과 복서, 나무를 심는 책입니다.
若有欲學者	배우려는 자가 있으면
以吏爲師	관리를 스승으로 삼으면 됩니다.”
始皇可其議	시황은 그의 건의를 옳게 여겨
收去詩書百家之語以愚百姓	『시』, 『서』, 제자백가의 말을 거두어 없애 백성들을 우매하게 하여
使天下無以古非今	천하로 하여금 옛것으로 지금을 비난하지 못하게 하였다.
明法度	법도를 밝히고
定律令	율령을 정함이
皆以始皇起	모두 시황에게서 일어났다.
同文書[46]	쓰는 문자를 통일시켰다.
治離宮別館	이궁과 별관을 수축(修築)하여
周遍天下	천하를 두루 순행하였다.
明年	이듬해에

---

46 정의 육국의 제령(制令)이 같지 않아 지금 같게 한 것이다.

又巡狩	다시 순수하여
外攘四夷	밖으로 사방의 오랑캐를 물리쳤는데
斯皆有力焉	이사는 그때마다 힘을 발휘하였다.
斯長男由爲三川守	이사의 장남 이유는 삼천 군수(郡守)였으며
諸男皆尙秦公主	여러 아들은 모두 진나라 공주와 결혼하였고
女悉嫁秦諸公子	딸들은 모두 진나라의 공자들에게 시집갔다.
三川守李由告歸咸陽	삼천 군수 이유가 휴가를 얻어 함양으로 돌아 갔는데
李斯置酒於家	이사가 집에서 주연을 베풀자
百官長皆前爲壽	백관의 우두머리들이 모두 나아가 축수를 하고
門廷車騎以千數	문정의 거마가 천 대를 헤아렸다.
李斯喟然而歎曰	이사는 아아 하고 탄식하여 말하였다.
嗟乎	"아뿔싸!
吾聞之荀卿曰物禁大盛	내 순경에게 듣기를 '사물은 크게 성한 것을 금 한다.'라 하였다.
夫斯乃上蔡布衣	이 몸은 곧 상채의 포의요
閭巷之黔首	여항의 검수로
上不知其駑下	임금이 둔하고 처짐을 알지 못하고
遂擢至此	마침내 뽑아 여기까지 이르렀도다.
當今人臣之位無居臣上者	지금 신하의 지위가 나보다 위에 있는 자가 없 으니
可謂富貴極矣	부귀가 극도에 이르렀다 하겠다.
物極則衰	사물은 극에 달하면 쇠퇴하는 것이니
吾未知所稅駕也[47]	내 멍에를 벗을 것을 모르겠도다!"

始皇三十七年十月	시황 37년(B.C. 210) 10월에
行出游會稽	회계로 출유하러 나서
並海上	바닷가를 따라
北抵琅邪[48]	북으로 낭야에 이르렀는데
丞相斯中車府令趙高兼行符璽令事	
	승상 이사와 중거부령 조고가 부새령의 일을 겸하여
皆從	모두 수행하였다.
始皇有二十餘子	시황에게는 20여 명의 아들이 있었는데
長子扶蘇以數直諫上	장자인 부소는 수차례나 임금에게 직간을 하여
上使監兵上郡[49]	임금이 상군의 감군을 시켰는데
蒙恬爲將	몽염이 장수였다.
少子胡亥愛	작은 아들 호해가 총애를 받아
請從	따를 것을 청하자
上許之	임금이 허락하였다.
餘子莫從[50]	나머지 아들은 아무도 따르지 않았다.
其年七月	그해 7월
始皇帝至沙丘[51]	시황제는 사구에 이르러

---

47 **색은** 탈가(稅駕)는 해가(解駕)와 같으며, 휴식을 말한다. 이사가 자기는 오늘 부귀가 극에 달하였지만 향후에 길흉의 머무름이 어디까지일지를 모르겠다고 말하는 것이다.

48 **정의** 지금의 기주(沂州)이다.

49 **정의** 상군(上郡)의 옛 성은 수주(綏州) 상현(上縣) 동남쪽 50리 지점에 있다.

50 **집해** 변사(辯士)가 성명을 숨기고 진나라 장수 장함(章邯)에게 편지를 써서 보내기를 "이 사는 진왕이 죽자 열일곱 형을 폐하고 지금의 왕을 세웠다."라 하였다. 그렇다면 2세는 진 시황의 열여덟째 아들이다. 이 글은 『선문(善文)』에 있다.

51 **정의** 사구대(沙丘臺)는 형주(邢州)에 있다.

病甚	병이 위독해져서
令趙高爲書賜公子扶蘇曰	조고로 하여금 편지를 써서 공자 부소에게 내리게 하여 말하였다.
以兵屬蒙恬	"군사를 몽염에게 맡기고
與喪會咸陽而葬	함양의 상례에 참여하고 장례를 치르라."
書已封	편지는 봉하여졌는데
未授使者	채 사자에게 (전달해) 주지 못한 채
始皇崩	시황은 죽었다.
書及璽皆在趙高所	편지와 옥새는 모두 조고에게 있었으며
獨子胡亥丞相李斯趙高及幸宦者五六人知始皇崩	다만 아들 호해와 승상 이사, 조고 및 총애하는 환관 대여섯 사람만 시황이 죽은 것을 알았고
餘群臣皆莫知也	나머지 신하들은 아무도 알지 못했다.
李斯以爲上在外崩	이사는 임금이 밖에서 죽었고
無眞太子	진정한 태자가 없다고 생각하였으므로
故祕之	비밀에 부쳤다.
置始皇居輼輬車中[52]	시황을 온량거에 뉘고
百官奏事上食如故	백관들은 예전과 같이 일을 아뢰고 음식을 올렸으며
宦者輒從輼輬車中可諸奏事[53]	환관이 문득 온량거에서 여러 아뢴 일을 처리하였다.

---

52 **집해** 서광은 말하였다. "'치거(輜車)'로 된 판본도 있다."

53 **집해** 문영(文穎)은 말하였다. "온량거는 지금의 상여수레[喪轜車]이다." 맹강(孟康)은 말하였다. "의거(衣車)와 같으며 창문이 있어서 닫으면 따뜻하고 열면 시원하므로 '온량거(輼輬車)'라 하였다." 여순(如淳)은 말하였다. "온량거는 그 형태가 넓고 크며 깃털 장식이 있다."

趙高因留所賜扶蘇璽書	조고는 부소에게 내린 조서를 묵혀두고
而謂公子胡亥曰	공자 호해에게 일러 말하였다.
上崩	"임금이 죽으면
無詔封王諸子而獨賜長子書	왕에 봉해진 여러 아들에게는 조서를 남기지 않고 장자에게만 편지를 내립니다.
長子至	장자가 이르러
即立爲皇帝	황제로 즉위하면
而子無尺寸之地	그대는 한 자 한 치의 땅도 차지하지 못할 것이니
爲之奈何	그것을 어찌하겠습니까?"
胡亥曰	호해가 말하였다.
固也	"실로 그렇소.
吾聞之	내가 듣자 하니
明君知臣	밝은 임금은 신하를 알고
明父知子	밝은 아비는 자식을 안다고 하였소.
父捐命	아버지께서 돌아가시고
不封諸子	여러 아들을 봉하지 않았는데
何可言者	어찌 할 말이 있겠소!"
趙高曰	조고가 말하였다.
不然	"그렇지 않습니다.
方今天下之權	바야흐로 지금 천하의 대권은
存亡在子與高及丞相耳	존망이 그대와 저 그리고 승상에게 있을 따름이니
願子圖之	그대가 도모하시기를 바랍니다.
且夫臣人與見臣於人	또한 저 남을 신하로 삼음과 남의 신하가 되는 것,
制人與見制於人	남을 제압함과 남에게 제압당함을

豈可同日道哉	어찌 같은 날 말할 수 있겠습니까!"
胡亥曰	호해가 말하였다.
廢兄而立弟	"형을 폐하고 아우가 서는 것은
是不義也	불의이며,
不奉父詔而畏死	부친의 유조를 받들지 않고 죽음을 두려워하는 것은
是不孝也	불효요,
能薄而材譾[54]	능력이 없고 재능이 얕은데
彊因人之功	남의 공을 억지로 따르려는 것은
是不能也	능력이 없는 것이오.
三者逆德	이 세 가지는 덕을 거스르는 것으로
天下不服	천하에서 따르지 않을 것이며
身殆傾危	몸은 위태롭게 될 것이고
社稷不血食	사직은 제사가 끊길 것이오."
高曰	조고가 말하였다.
臣聞湯武殺其主	"신이 듣건대 탕왕과 무왕이 그 임금을 죽였는데도
天下稱義焉	천하에서는 그 의를 칭송하고
不爲不忠	불충하다 여기지 않았습니다.
衛君殺其父	위군이 그 아비를 죽이자
而衛國載其德	위나라에서는 그 덕을 기록하였고
孔子著之	공자도 드러내었는데

---

54 **집해** 『사기음은(史記音隱)』에서는 음이 전[宰顯反]이라고 하였다. **색은** 『음의(音義)』에서는 음이 진[宰殄反]이라 하였다. 유씨(劉氏)는 음이 전[將淺反]이라 하였으니 전(譾)은 또한 얕다는 뜻이다. 고인(古人)의 말에는 나름대로 경중이 있어서 문자가 다르다.

不爲不孝	불효라 생각지 않았습니다.
夫大行不小謹	대체로 큰일을 행함에는 작은 것을 삼가지 않으며
盛德不辭讓	큰 덕은 사양하지 않고
鄕曲各有宜而百官不同功	마을에는 각기 마땅함이 있고 백관은 공이 같지 않은 법입니다.
故顧小而忘大	그러므로 작은 것을 돌아보다가 큰 것을 잊으면
後必有害	나중에 반드시 해를 입게 될 것이고,
狐疑猶豫	여우처럼 의심하여 머뭇거리다가는
後必有悔	나중에 반드시 후회할 것입니다.
斷而敢行	과단성 있게 행하면
鬼神避之	귀신도 비켜줄 것이며
後有成功	나중에 공을 이룰 것입니다.
願子遂之	원컨대 그대가 이루도록 하십시오!"
胡亥喟然歎曰	호해가 아아 하고 탄식하여 말하였다.
今大行未發	"지금 시호를 정하는 일도 행하여지지 않았고
喪禮未終	상례도 끝나지 않았는데
豈宜以此事干丞相哉	어찌 이 일을 승상에게 구하겠는가!"
趙高曰	조고가 말하였다.
時乎時乎	"때가 때인지라
間不及謀	여유를 부리다가는 미처 모의를 하지 못합니다!
贏糧躍馬	양식을 싣고 말을 달려도
唯恐後時	오직 때가 늦어질까 두렵습니다!"
胡亥既然高之言	호해는 이미 조고의 말을 그럴듯하게 여기게

	되었으며
高曰	조고가 말하였다.
不與丞相謀	"승상과는 모의하지 마십시오.
恐事不能成	일이 이루어질 수 없을까 두려우니
臣請爲子與丞相謀之	신이 그대를 위해 승상과 의논하겠습니다."
高乃謂丞相斯曰	조고가 이에 승상 이사에게 일러 말하였다.
上崩	"임금께서 돌아가시면서
賜長子書	장자에게 편지를 내렸는데
與喪會咸陽而立爲嗣	함양의 상례에 참여하고 즉위하여 후사를 이으라고 하였소.
書未行	편지는 아직 발송되지 않았고
今上崩	지금 임금이 돌아가셨는데
未有知者也	아직 아는 자가 없습니다.
所賜長子書及符璽皆在胡亥所	장자에게 내린 편지와 부새는 모두 호해에게 있고
定太子在君侯與高之口耳	태자를 정하는 것은 군후와 저의 입에 있을 따름이니
事將何如	일을 장차 어떻게 하겠습니까?"
斯曰	이사가 말하였다.
安得亡國之言	"어찌 나라를 망치는 말을 할 수 있소!
此非人臣所當議也	이는 신하로서 논의해야 할 것이 아니오!"
高曰	조고가 말하였다.
君侯自料能孰與蒙恬	"군후는 스스로 헤아리건대 능력이 몽염에 비해 어떠하오?
功高孰與蒙恬	몽염에 비해 공이 누가 더 높소?

謀遠不失孰與蒙恬	멀리 헤아리어 실수가 없음이 몽염에 비해 어떠하오?
無怨於天下孰與蒙恬	천하에 원망이 없음이 몽염에 비해 어떠하오?
長子舊而信之孰與蒙恬	장자와 오래 사귀어 신뢰함이 몽염에 비해 어떠하오?"
斯曰	이사가 말하였다.
此五者皆不及蒙恬	"이 다섯 가지는 모두 몽염에 미치지 못하오만
而君責之何深也	그대가 꾸짖음이 어찌 이리 심하오?"
高曰	조고가 말하였다.
高固內官之廝役也	"저는 실로 내관의 시역으로
幸得以刀筆之文進入秦宮	다행히 도필의 글로 진나라의 궁궐에 들어가
管事二十餘年	맡은 일을 하는 20여 년 동안
未嘗見秦免罷丞相功臣有封及二世者也	
	진나라에서 파면한 승상과 공신으로 봉록이 2세에까지 미친 자를 본 적이 없으며
卒皆以誅亡	끝내 모두 죽임을 당하여 망하였습니다.
皇帝二十餘子	황제에게 20여 명의 아들이 있다는 것은
皆君之所知	그대도 모두 알고 있는 바요.
長子剛毅而武勇	장자는 강의하고 무용이 있어서
信人而奮士	사람을 믿고 군사를 떨치게 하여
即位必用蒙恬爲丞相	즉위하면 반드시 몽염을 승상으로 기용할 것이며
君侯終不懷通侯之印歸於鄉里	
	군후는 끝내 통후의 인장을 품지 못하고 향리에 반납할 것이
明矣	분명합니다.
高受詔教習胡亥	내 어명을 받고 호해를 가르쳐

使學以法事數年矣	법률의 일을 배우게 한 것이 몇 년째인데
未嘗見過失	일찍이 실수를 저지르는 것을 보지 못하였소.
慈仁篤厚	인자하고 돈후하며
輕財重士	재물을 가벼이 여기고 선비를 중히 여겨
辯於心而訥於口	속으로는 변설에 능하지만 입으로는 굽히고
盡禮敬士	선비들에게 예와 공경을 다하니
秦之諸子未有及此者	진나라의 여러 왕자들 가운데 이에 미칠 만한 자가 없으니
可以爲嗣	제위를 이을 만합니다.
君計而定之	그대는 잘 재보고 정하십시오."
斯曰	이사가 말하였다.
君其反位	"그대는 본래의 직위로 돌아가시오!
斯奉主之詔	내 임금의 명을 받들고
聽天之命	하늘의 명을 들을 것이니
何慮之可定也	어찌 생각하여 보고 정할 수 있겠소?"
高曰	조고가 말하였다.
安可危也	"평안함도 위태로워질 수 있고
危可安也	위태로움도 평안해질 수 있습니다.
安危不定	평안함과 위태로움은 정하여지지 않았으니
何以貴聖	어찌 성스러움을 귀히 여기겠습니까?"
斯曰	이사가 말하였다.
斯	"저는
上蔡閭巷布衣也	상채의 민간의 평민이었는데
上幸擢爲丞相	임금께서 총애하시어 승상으로 발탁하시어
封爲通侯	통후에 봉하여 주셨고

子孫皆至尊位重祿者	자손들은 모두 고관에 두터운 녹봉을 받기에 이르렀으므로
故將以存亡安危屬臣也	(국가의) 존망과 안위를 신에게 위촉하셨습니다.
豈可負哉	어찌 저버릴 수 있겠습니까!
夫忠臣不避死而庶幾[55]	대체로 충신은 죽음을 피하면서 바라지 않고
孝子不勤勞而見危	효자는 부지런히 힘써 위태롭지 않게 하며
人臣各守其職而已矣	신하는 각기 그 직책을 지킬 따름입니다.
君其勿復言	그대는 더 이상 말하지 마시오,
將令斯得罪	저로 하여금 죄를 짓게 할 것입니다."
高曰	조고가 말하였다.
蓋聞聖人遷徙無常	"대체로 듣자 하니 성인은 옮기어 감이 무상하고
就變而從時	변화에 나아가고 때를 따르며
見末而知本	끝을 보면 근본을 알고
觀指而睹歸	가리키는 것을 보면 돌아갈 것을 봅니다.
物固有之	사물이 실로 그러할진대
安得常法哉	어찌 상법이란 게 있겠습니까!
方今天下之權命懸於胡亥	지금 바야흐로 천하의 대권이 호해에게 달려 있으며
高能得志焉	저는 뜻을 얻을 수 있습니다.
且夫從外制中謂之惑	또한 저 밖에서 안을 제어하는 것을 의혹이라 하고
從下制上謂之賊	아래에서 위를 제어하는 것을 적이라 합니다.
故秋霜降者草花落	그러므로 가을 서리가 내리면 풀과 꽃은 지고

---

55 **색은** 이사는 충신의 절개는 본래 죽음을 피하지 않는다는 말이다. 자기도 오늘 또한 충성을 다하여 죽음을 피하지 않겠다는 말이다.

水搖動者萬物作[56]	물이 요동치면 만물이 일어나게 되니
此必然之效也	이는 반드시 그렇게 됨이 드러나는 것입니다.
君何見之晚	그대는 보는 것이 어찌 이리 늦습니까?"
斯曰	이사가 말하였다.
吾聞晉易太子[57]	"내가 듣건대 진나라는 태자를 바꾸어서
三世不安	3세가 안정되지 못하였고,
齊桓兄弟爭位[58]	제환공은 형제가 자리를 다투어서
身死爲戮	몸이 죽어 욕을 봤으며,
紂殺親戚[59]	주(紂)는 친척을 죽이고
不聽諫者	간하는 것을 듣지 않아
國爲丘墟	나라는 폐허가 되었으며
遂危社稷	마침내 사직이 위태롭게 되었습니다.
三者逆天	이 세 사람은 하늘을 거슬러
宗廟不血食	종묘는 제사가 끊겼습니다.
斯其猶人哉[60]	제가 그래도 사람이온데
安足爲謀	어찌 족히 모의를 하겠습니까!"
高曰	조고가 말하였다.
上下合同	"상하가 (마음을) 합쳐 함께하면
可以長久	오래갈 수 있으며,

---

56 색은 물이 흔들린다는 것은 얼음이 풀려서 물이 움직이는 것을 말하는데, 이는 봄철에 만물이 모두 나는 것이다.

57 정의 신생(申生)을 폐하고 해제(奚齊)를 세운 것을 말한다.

58 정의 소백(小白)과 공자 규(公子糾)를 말한다.

59 정의 비간(比干)을 죽이고 기자(箕子)를 가둔 것을 말한다.

60 색은 나는 오늘 그래도 사람으로 사람의 도를 지키고 따를 것이니 어찌 역모를 꾀할 수 있겠는가라는 말이다. 그러므로 아래에서 "어찌 더불어 꾀하겠는가."라 하였다.

中外若一	안팎이 한결같다면
事無表裏	일에 표리가 없을 것입니다.
君聽臣之計	그대가 내 계책을 따르면
即長有封侯	길이 봉후가 나와
世世稱孤	대대로 고라 일컬을 것이며
必有喬松之壽	반드시 왕자 교(王子喬)와 적송자(赤松子)의 수명을 누리고
孔墨之智	공자와 묵자의 지혜를 가질 것입니다.
今釋此而不從	지금 이것을 버리고 따르지 않으면
禍及子孫	화가 자손에까지 미쳐
足以爲寒心	가슴이 서늘하게 될 것입니다.
善者因禍爲福	훌륭한 사람은 화를 복으로 바꾸니
君何處焉	그대는 어디에 처하겠습니까?"
斯乃仰天而歎	이사가 이에 하늘을 우러러 탄식하고
垂淚太息曰	눈물을 흘리며 한숨을 쉬고 말하였다.
嗟乎	"아뿔싸!
獨遭亂世	다만 어지러운 세상을 만나
既以不能死	이미 죽을 수도 없게 되었으니
安託命哉	어디에 목숨을 맡기겠는가!"
於是斯乃聽高	이에 이사는 곧 조고를 따랐다.
高乃報胡亥曰	조고는 즉시 호해에게 알리어 말하였다.
臣請奉太子之明命以報丞相	"신이 태자의 밝으신 명을 받들기를 청하여 승상에게 알렸사오니
丞相斯敢不奉令	승상 이사가 감히 명을 받들지 않겠습니까!"

於是乃相與謀	이에 곧 서로 모의하여
詐爲受始皇詔丞相	시황이 조서를 승상에게 내렸다고 사칭하여
立子胡亥爲太子	호해를 태자로 세웠다.
更爲書賜長子扶蘇曰	장자 부소에게는 편지를 고쳐 써서 말하였다.
朕巡天下	"짐은 천하를 순행하면서
禱祠名山諸神以延壽命	명산의 여러 신들에게 수명을 연장해 달라고 제사를 지내고 있다.

今扶蘇與將軍蒙恬將師數十萬以屯邊

이제 부소와 장군 몽염이 군사 수십만을 거느리고 변경에 진을 친 지가

十有餘年矣	10여 년이 되었는데
不能進而前	앞으로 나아갈 수 없고
士卒多耗	사병들의 소모만 많아져
無尺寸之功	한 자 한 치의 공도 세우지 못하고
乃反數上書直言誹謗我所爲	이에 도리어 자주 글을 올려 내가 하는 일을 직언하고 비방하며
以不得罷歸爲太子	그만두고 태자로 돌아올 수 없어서
日夜怨望	밤낮으로 원망하고 있다.
扶蘇爲人子不孝	부소는 자식으로 효성스럽지 못하므로
其賜劍以自裁	검을 내리니 자결할 지어다!
將軍恬與扶蘇居外	장군 몽염과 부소는 밖에 있으면서
不匡正	바로 잡아주지는 못하고
宜知其謀	모의할 줄 알았겠다.
爲人臣不忠	사람이 충성스럽지 못하니
其賜死	죽음을 내리고

以兵屬裨將王離	군사는 비장 왕리에게 귀속시키노라."
封其書以皇帝璽	황제의 인새로 그 편지를 봉하고
遣胡亥客奉書賜扶蘇於上郡	호해의 빈객으로 하여금 편지를 받들고 상군에서 부소에게 내리게 하였다.
使者至	사자가 이르러
發書	편지를 펼쳐보고
扶蘇泣	부소는 울면서
入內舍	내실로 들어가
欲自殺	자살하려 하였다.
蒙恬止扶蘇曰	몽염이 부소를 제지하며 말하였다.
陛下居外	"폐하는 밖에 계시며
未立太子	아직 태자를 세우지 않으셨고
使臣將三十萬衆守邊	신으로 하여금 30만의 무리를 거느리고 변방을 지키게 하였으며
公子爲監	공자를 감군으로 삼으셨으니
此天下重任也	이는 천하의 중임입니다.
今一使者來	지금 사자가 오자마자
即自殺	자살하신다면
安知其非詐	어찌 속임수가 아님을 알겠습니까?
請復請	다시 청할 것을 청하오니
復請而後死	다시 청한 후에 죽더라도
未暮也	늦지 않습니다."
使者數趣之	사자가 여러 번이나 재촉하였다.
扶蘇爲人仁	부소는 사람됨이 어질어

謂蒙恬曰	몽염에게 말하였다.
父而賜子死	"아비가 자식에게 죽음을 내렸는데
尙安復請	오히려 어찌 다시 청하겠습니까!"
卽自殺	곧 자살하였다.
蒙恬不肯死	몽염은 죽으려 하지 않아
使者卽以屬吏	사자가 즉시 관리에게 넘겨
繫於陽周[61]	양주에 붙들어 놓았다.

使者還報	사자가 돌아와 보고하자
胡亥斯高大喜	호해와 이사, 조고는 매우 기뻐하였다.
至咸陽	함양에 이르러
發喪	발상하고
太子立爲二世皇帝	태자는 2세 황제로 즉위하였다.
以趙高爲郞中令	조고를 낭중령으로 삼았으며
常侍中用事	(조고는) 늘 안에서 모시며 전권을 행사하였다.

二世燕居	2세는 편안하게 지내면서
乃召高與謀事	이에 조고를 불러 일을 꾸미어
謂曰	말하였다.
夫人生居世閒也	"사람이 나서 세상에 사는 것은
譬猶騁六驥過決隙也	비유하자면 여섯 마리 준마가 빈틈을 지나는 것과 같소.
吾旣已臨天下矣	내 이미 천하에 군림하게 되었으니

---

61 **집해** 서광은 말하였다. "상군(上郡)에 속한다." **정의** 양주(陽周)는 영주(寧州) 나천현(羅川縣)의 읍이다.

欲悉耳目之所好	귀와 눈의 좋음을 다하고
窮心志之所樂	마음속 뜻의 즐거움을 다하며
以安宗廟而樂萬姓	종묘를 편안히 하고 만백성을 즐겁게 하여
長有天下	길이 천하를 다스리며
終吾年壽	내 수명을 마치고자 하니
其道可乎	그 길을 이룰 수 있겠소?"
高曰	조고가 말하였다.
此賢主之所能行也	"이는 현명한 군주는 행할 수 있는 것이고
而昏亂主之所禁也	혼매한 군주는 금해야 할 것입니다.
臣請言之	신은 말하기를 청하여
不敢避斧鉞之誅	감히 부월을 받아 죽음을 피하지 않을 것이오니
願陛下少留意焉	원컨대 폐하께서는 조금 유의하여 주십시오.
夫沙丘之謀	저 사구에서 모의한 것에 대해
諸公子及大臣皆疑焉	여러 공자 및 대신들이 모두 의혹을 가지고 있으며
而諸公子盡帝兄	여러 공자들은 모두 임금님의 형이옵고
大臣又先帝之所置也	대신들 또한 선제가 둔 사람들입니다.
今陛下初立	지금 폐하께서 막 즉위하여
此其屬意怏怏皆不服	이에 그 마음이 꿍하여 모두 복종하지 않으니
恐爲變	변란을 일으킬까 두렵습니다.
且蒙恬已死	또한 몽염은 이미 죽었습니다만
蒙毅將兵居外	몽의가 군사를 거느리고 밖에 있는지라
臣戰戰栗栗	신은 전전긍긍
唯恐不終	다만 제때 죽지 못할까 두렵사옵니다.
且陛下安得爲此樂乎	또한 폐하께서도 어찌 이 때문에 즐겁겠습니까?"

二世曰	2세가 말하였다.
爲之奈何	"이를 어찌해야겠소?"
趙高曰	조고가 말하였다.
嚴法而刻刑	"법을 엄하게 하고 형벌을 가혹하게 해서
令有罪者相坐誅	죄를 지은 자가 있으면 연좌시켜 함께 죽이고
至收族	심하면 일족을 몰수하여 멸족시키며
滅大臣而遠骨肉	대신들을 멸하고 골육을 멀게 하며,
貧者富之	가난한 자들을 부유하게 하고
賤者貴之	천한 자들을 귀하게 합니다.
盡除去先帝之故臣	선제의 옛 신하들은 모두 제거하고
更置陛下之所親信者近之	폐하가 가까이하여 믿는 자들로 바꾸어 배치하여 가까이합니다.
此則陰德歸陛下	이렇게 하면 음덕이 폐하께 돌아올 것이며
害除而姦謀塞	해악은 제거되고 간계는 막히어
群臣莫不被潤澤	뭇 신하들이 은택을 입지 않음이 없고
蒙厚德	두터운 은덕을 입게 될 것이니
陛下則高枕肆志寵樂矣	폐하는 베개를 높이고 뜻대로 하여 안락을 누릴 것입니다.
計莫出於此	이보다 더 나은 계책은 없습니다."
二世然高之言	2세는 조고의 말을 그럴듯하게 여겨
乃更爲法律	즉시 법률을 고쳤다.
於是群臣諸公子有罪	이에 신하들과 여러 공자들은 죄를 짓기만 하면
輒下高	곧장 조고에게 넘겨져
令鞫治之	국문하여 다스리게 하였다.
殺大臣蒙毅等	대신 몽의 등을 죽이고

公子十二人僇死咸陽市	공자 열두 명이 함양의 저자에서 육시되었으며
十公主矺死於杜[62]	공주 열 명을 두현에서 사지를 찢어 죽이고
財物入於縣官	재물은 조정으로 귀속시켰으며
相連坐者不可勝數	서로 연좌된 자들을 이루 헤아릴 수가 없었다.

公子高欲奔	공자 고(高)는 달아나려고 했지만
恐收族	몰수와 멸족을 당할까 두려워하여
乃上書曰	이에 글을 올려 말하였다.
先帝無恙時	"선제께서 무양하실 때
臣入則賜食	신이 들어가면 음식을 내리셨고
出則乘輿	나가면 수레를 탔습니다.
御府之衣	왕의 창고의 옷을
臣得賜之	신은 내려받을 수 있었고,
中廐之寶馬	마구간의 준마도
臣得賜之	신이 내려받을 수 있었습니다.
臣當從死而不能	신은 따라 죽어야 했으나 그를 수 없었으니
爲人子不孝	아들로서 불효를 저지르고
爲人臣不忠	신하로서 불충을 저지른 것입니다.
不忠者無名以立於世	불충한 자로 세상에 설 명분이 없어
臣請從死	신은 따라 죽기를 청하오며
願葬酈山之足	여산의 기슭에 장사 지내 줄 것을 청하니
唯上幸哀憐之	임금께서 불쌍히 여기시면 다행이겠습니다."

---

62 집해 『사기음은(史記音隱)』에서는 말하였다. "矺의 음은 책[陟格反]이다." 색은 음은 책(宅)
으로, '책(磔)'과 같으며 고금자가 다를 따름이다. 책(磔)은 사지를 찢어서 죽이는 것이다.

書上	글이 올라가자
胡亥大說	호해는 매우 기뻐하며
召趙高而示之	조고를 불러 보여주고
曰	말하였다.
此可謂急乎	"이는 위급하다 할 만하오?"
趙高曰	조고가 말하였다.
人臣當憂死而不暇	"신하가 죽음을 걱정하게끔 하여 겨를이 없게 한다면
何變之得謀	어찌 변고를 꾀할 수 있겠습니까!"
胡亥可其書	호해는 그 글을 옳게 여겨
賜錢十萬以葬	10만 전을 내려 장사 지내게 하였다.
法令誅罰日益刻深	법령과 주벌이 날로 더 심각해지자
群臣人人自危	신하들은 각기 스스로 위태롭게 여겨
欲畔者衆	반역을 꾀하는 자가 많아졌다.
又作阿房之宮	또한 아방궁을 짓고
治直道馳道	직도와 치도를 닦느라
賦斂愈重	세금을 거둠이 더욱 중해졌고
戍傜無已	수(戍)자리와 요역(傜役)이 그치지 않았다.
於是楚戍卒陳勝吳廣等乃作亂	이에 초나라의 수졸인 진승과 오광 등이 곧 난을 일으켜
起於山東	산동에서 일어났으며
傑俊相立	준걸들이 연이어 일어나
自置爲侯王	후왕을 자처하고

叛秦	진나라에 반기를 들어
兵至鴻門而卻	군사가 홍문에까지 이르렀다가 물러갔다.
李斯數欲請閒諫	이사는 여러 번이나 간할 기회를 청하려 하였지만
二世不許	2세가 허락지 않았다.
而二世責問李斯曰	오히려 2세는 이사에게 힐문하였다.
吾有私議而有所聞於韓子也	"내게도 생각이 있고 한자(韓子)에게 들은 것이 있는데
曰堯之有天下也	말하기를 '요(堯)가 천하를 가졌을 때
堂高三尺	대청의 높이는 석 자였고
采椽不斲63	떡갈나무 서까래는 다듬지 않았고
茅茨不翦	띠풀은 자르지 않아
雖逆旅之宿不勤於此矣	객사의 숙소도 이보다는 나았다.
冬日鹿裘	겨울에는 사슴 가죽옷을 입었고
夏日葛衣	여름에는 칡 옷을 입었으며
粢糲之食64	기장과 현미밥을 먹고
藜藿之羹	명아주와 콩잎 국을 먹었으며
飯土甌65	밥은 토기에 담고
啜土鉶66	국도 토기에 담아
雖監門之養不觳於此矣67	문을 지키는 종도 이보다 더하지는 않았다.
禹鑿龍門	우(禹)는 용문을 뚫어

---

63 **집해** 서광은 말하였다. "채(采)는 일명 역(櫟)이라고도 한다. 어떤 판본에는 '작(柞)'으로 되어 있다." **색은** 채(采)는 나무 이름으로, 곧 지금의 상수리나무[櫟木]이다.

64 **색은** 粢의 음은 자(資)이다. 糲의 음은 려[郎葛反]이다. 자(粢)는 기장이다. 려(糲)는 거친 조밥이다.

65 **집해** 서광은 말하였다. "류(溜)로 된 판본도 있다."

66 **집해** (鉶의) 음은 형(刑)이다.

通大夏	대하를 통하게 하였고,
疏九河	아홉 하천을 틔워
曲九防68	구비마다 아홉 제방을 쌓았으며,
決淳水致之海69	고인 물을 터뜨려 바다에 이르게 하느라
而股無胈70	허벅지에는 털이 없었고
脛無毛	정강이에도 털이 없었으며
手足胼胝	손과 발에는 굳은살이 박이고
面目黎黑	얼굴은 검푸른 빛을 띠고서
遂以死于外	마침내 밖에서 죽어
葬於會稽	회계에서 장사를 지냈는데
臣虜之勞不烈於此矣	신복(臣僕)의 수고도 이보다 더하지는 않다.'라 하였소.
然則夫所貴於有天下者	그렇다면 천하를 가진 자에게 귀중한 것이
豈欲苦形勞神	어찌 몸과 정신을 수고롭혀
身處逆旅之宿	몸은 객사의 숙소에 처하고
口食監門之養	입은 문을 지키는 종이 먹는 것을 먹으며
手持臣虜之作哉	손에는 신복이 하는 일을 하는 것이겠소?
此不肖人之所勉也	이는 불초한 사람들이 힘쓸 것이지

---

67 **집해** 서광은 말하였다. "觳의 음은 학(學)이다. 곡(觳)은 '곡(嗀)'으로 된 판본도 있는데, 옮긴다는 뜻이다." **색은** 觳의 음은 학(學)이다. 『이아(爾雅)』에서는 "곡(觳)은 다한다는 뜻이다."라 하였다. 감문(監門)의 하인(下人)의 밥도 오히려 다 이렇지는 않다는 말이다. 서씨의 말대로 "'곡(嗀)'으로 된 판본도 있는데, 옮긴다는 뜻이다."라 한다면 이 글자는 '교(較)' 자가 되어야 한다. 추씨(鄒氏)는 음이 각(角)이라 하였다.

68 **정의** 하(河)의 아홉 구비에 별도로 제방을 만들었다는 말이다.

69 **집해** 서광은 말하였다. "치(致)는 '방(放)' 자로 된 판본도 있다."

70 **집해** 발(胈)은 살갗의 솜털이다.

非賢者之所務也	현자가 해야 할 일이 아니오.
彼賢人之有天下也	저 현인이 천하를 가짐에
專用天下適己而已矣	오로지 천하의 자기에게 맞는 것을 쓸 따름이니
此所貴於有天下也	이것이 천하를 가진 자가 귀중하게 여기는 것이오.
夫所謂賢人者	저 이른바 현인이라는 것은
必能安天下而治萬民	반드시 천하를 편안케 하고 만민을 다스릴 수 있는 것인데
今身且不能利	지금 몸조차 이롭게 할 수 없다면
將惡能治天下哉	장차 어찌 천하를 다스릴 수 있겠소!
故吾願賜志廣欲	그러므로 내가 바라는 것은 뜻대로 하고 하고자 하는 것을 넓히어
長享天下而無害	오래도록 천하를 누리고 해가 없도록 하는 것이니
爲之柰何	그것을 어찌하겠소?"
李斯子由爲三川守	이사의 아들 이유는 삼천 군수로
群盜吳廣等西略地	오광 등 도적의 무리가 서쪽 땅을 약탈하며
過去弗能禁	지나갔는데 막을 수가 없었다.
章邯以破逐廣等兵[71]	장함이 오광 등의 군사를 격파하여 쫓아내자
使者覆案三川相屬	사자는 삼천의 일을 조사하여 연이어
誚讓斯居三公位	이사가 삼공의 지위에 있으면서
如何令盜如此	어찌 도적들이 이렇게 날뛰게 하는가 질책하였다.
李斯恐懼	이사는 두려워하였고
重爵祿	작록을 중히 여겨
不知所出	어찌할 바를 몰라

---

71 「진시황본기」의 **정의** 에 의하면 '邯'의 음은 함[胡甘反]이라고 하였다. ─옮긴이.

乃阿二世意	이에 2세의 뜻에 아부하여
欲求容	용서를 구하고자 하여
以書對曰	글로 대답하였다.

夫賢主者	무릇 현명한 군주는
必且能全道而行督責之術者也[72]	반드시 또한 도를 온전히 하고 독찰하고 책벌하는 기술을 행하는 자입니다.
督責之	독찰하고 책벌하면
則臣不敢不竭能以徇其主矣	신하는 감히 능력을 다하여 그 임금을 따르지 않을 수 없습니다.
此臣主之分定	이렇게 하면 신하와 임금의 명분이 정하여지고
上下之義明	위아래의 의가 명확해지니
則天下賢不肖莫敢不盡力竭任以徇其君矣	천하의 현불초가 감히 힘을 다하고 직무를 다하여 그 임금을 따르지 않음이 없습니다.
是故主獨制於天下而無所制也	그런 까닭에 임금은 오로지 천하를 제어하며 제어됨이 없습니다.
能窮樂之極矣	즐거움의 극도를 다할 수 있을 것이니
賢明之主也	현명한 군주가
可不察焉	살피지 않을 수 있겠습니까!

| 故申子曰有天下而不恣睢[73] | 그러므로 신자가 "천하를 가지고도 마음대로 할 수 없는 것을 |

---

72 **색은** 독(督)은 살피는 것이다. 그 죄를 살펴서 형벌로 꾸짖는 것이다.

73 **색은** 음은 자휴[資二反, 呼季反]이다. 자휴(恣睢)는 방종(放縱)과 같다. 마음껏 내키는 대로 하는 것을 이른다.

命之曰以天下爲桎梏者[74]	일러 천하를 차꼬와 수갑으로 여기는 것"이라 한 것은
無他焉	다름이 아니라
不能督責	독찰하고 책벌할 수 없어
而顧以其身勞於天下之民	그 몸을 돌아보니 천하의 백성들보다 더 수고하여
若堯禹然	요와 우 같았으므로
故謂之桎梏也	그것을 일러 "차꼬와 수갑"이라고 하였습니다.
夫不能修申韓之明術	신불해와 한비의 밝은 술책과
行督責之道	독찰하고 책벌하는 도를 닦을 수 없으며
專以天下自適也	오로지 천하를 스스로 알맞게 하고
而徒務苦形勞神	한갓 힘껏 육체와 정신을 수고롭히어
以身徇百姓	몸으로 백성을 따르면
則是黔首之役	백성의 부림을 당하고
非畜天下者也	천하를 다스리는 것이 아니니
何足貴哉	어찌 존귀하다 할 만하겠습니까!
夫以人徇己	남이 자신을 따르게 하면
則己貴而人賤	자신은 존귀해지고 남은 천해지며,
以己徇人	자신이 남을 따르면
則己賤而人貴	자신은 천해지고 남은 존귀해집니다.
故徇人者賤	그러므로 남을 따르는 자는 천해지고
而人所徇者貴	남이 따르는 자는 귀해지니
自古及今	예로부터 지금까지
未有不然者也	그렇지 않은 자는 없었습니다.
凡古之所爲尊賢者	무릇 옛날에 현명한 이를 높인 것은

---

74 정의 천하를 소유하고도 마음 내키는 대로 독찰하고 책벌할 수 없으니 이는 곧 천하에서 몸을 수고롭히는 것이 요(堯)와 우(禹) 같으며 곧 천하를 몸의 차꼬와 수갑으로 삼는 것이라는 말이다.

爲其貴也	귀하였기 때문이며,
而所爲惡不肖者	불초한 자를 미워한 것은
爲其賤也	천하였기 때문입니다.
而堯禹以身徇天下者也	요와 우는 몸으로 천하를 따르게 하였는데
因隨而尊之	따라서 그들을 높이니
則亦失所爲尊賢之心矣	또한 현명한 이를 높이는 마음을 잃은 것이며
夫可謂大繆矣	대체로 크게 잘못된 것이라 하겠습니다.
謂之爲桎梏	그것을 일러 "차꼬와 수갑"이라 하여도
不亦宜乎	또한 마땅하지 않겠습니까?
不能督責之過也	독찰하고 책벌할 수 없었던 과실입니다.
故韓子曰	그러므로 한자가
慈母有敗子而嚴家無格虜者	"인자한 어미에게는 집안을 망치는 자식이 있고 엄격한 집에는 사나운 종이 없다."라 한 것은
何也[75]	어째서이겠습니까?
則能罰之加焉必也	곧 반드시 가할 수 있는 벌이 있기 때문입니다.
故商君之法	그러므로 상군의 법은
刑棄灰於道者[76]	길에다 재를 버린 사람에게도 형법에 처하였습니다.
夫棄灰	재를 버리는 것은
薄罪也	가벼운 죄이며,

---

75 색은 격(格)은 강하고 사나운 것이다. 노(虜)는 노예이다. 엄정한 집에는 본래 사나운 종이 없다는 것을 말한다.

76 정의 길에다 재를 버린 자는 묵형(墨刑)에 처하였다. 『한자(韓子)』「내저설(內儲說) 상(上)」에서는 말하였다. "은(殷)나라의 법에 대로에 재를 버린 자는 형벌에 처하였다. 자공(子貢)이 심하게 여겨 물어보았다. 중니(仲尼)가 말하였다. '재를 대로에 버리면 반드시 불이 붙을 것이고 사람들은 반드시 노할 것이며 노하면 싸우게 될 것이고 싸우면 삼족을 멸할 것이니 형을 내려도 괜찮다.'"

而被刑	형법에 처해지는 것은
重罰也	무거운 벌입니다.
彼唯明主爲能深督輕罪	저 현명한 임금만이 가벼운 죄를 깊이 독찰할 수 있습니다.
夫罪輕且督深	죄가 가벼운데도 독찰함이 심한데
而況有重罪乎	하물며 무거운 죄를 지었음이겠습니까?
故民不敢犯也	그러므로 백성들은 감히 범하지 않습니다.
是故韓子曰布帛尋常	그런 까닭에 한자가 "얼마 안 되는 베와 비단은
庸人不釋[77]	보통 사람도 놓지 않으며,
鑠金百溢	반짝반짝 빛나는 금 백 일(溢)은
盜跖不搏者[78]	도척도 가져가지 않는다."라 한 것은
非庸人之心重	보통 사람의 탐심이 커서
尋常之利深	얼마 안 되는 (베와 비단의) 이익을 크게 여기거나
而盜跖之欲淺也	도척의 욕심이 작아서가 아니며,
又不以盜跖之行	또한 도척이 그냥 지나가는 것은
爲輕百鎰之重也	(금) 백 일의 중함을 가벼이 여겨서가 아닙니다.
搏必隨手刑	가져가면 반드시 손에 형벌이 따를 것이니
則盜跖不搏百鎰	도척이 백 일을 가져가지 않는 것이며,

---

77 **색은** 8척(尺)을 심(尋)이라 하고 심(尋)의 배를 상(常)이라 하는데, 적다는 것을 말한다. 보통 사람이 그것을 놓지 않는다는 것은 보통 사람이 보게 되면 가지어 놓지 않는다는 것을 말하며, 그 죄가 가벼우므로 아래에서 "벌이 반드시 행하여지지 않으니 보통 사람이 얼마 안 되는 것을 놓지 않는다."라 한 것이다.

78 **색은** 『이아』에서는 "삭(鑠)은 아름다운 것이다."라 하였다. 백 일(溢)의 아름다운 금이 땅에 있어도 도척이 지나치며 또한 가져가지 않는 것은 재물이 많아 죄가 무겁기 때문이라는 말이다. 그러므로 아래에서 "가져가면 반드시 손에 형벌이 따를 것이니 도척이 가져가지 않는다."라 한 것이다. 박(搏)은 확(攫)과 같으며 가져간다는 뜻이다. 무릇 새가 날개로 사물을 치는 것을 박(搏)이라 하고, 취할 만한 것을 확(攫)이라 하므로 사람이 물건을 취하는 것을 또한 박(搏)이라고 한다.

而罰不必行也	벌이 반드시 행하여지지 않으니
則庸人不釋尋常	보통 사람이 얼마 안 되는 것을 놓지 않는 것입니다.
是故城高五丈	그런 까닭에 성의 높이가 다섯 길밖에 안 되어도
而樓季不輕犯也[79]	누계가 가벼이 침범하지 못하고,
泰山之高百仞	태산의 높이가 백 길이나 되어도
而跛牂牧其上[80]	절뚝발이 암양은 그 위에서 풀을 뜯습니다.
夫樓季也而難五丈之限	저 누계가 다섯 길의 한계를 어려워하는데
豈跛牂也而易百仞之高哉	어찌 절뚝발이 암양이 백 길의 높이를 쉽게 여기겠습니까?
峭塹之勢異也[81]	가파르고 완만한 형세가 다르기 때문입니다.
明主聖王之所以能久處尊位	현명한 임금과 성스러운 왕이 오래도록 높은 자리에 처하여
長執重勢	길이 막중한 권세를 쥐고
而獨擅天下之利者	홀로 천하의 이익을 오로지할 수 있는 것은
非有異道也	달리 길이 있어서가 아니라
能獨斷而審督責	독자적으로 결단하고 잘 살피어 독찰하고 책벌할 수가 있어
必深罰	반드시 중한 벌을 내리므로
故天下不敢犯也	천하에서 감히 범하지 않기 때문입니다.
今不務所以不犯	지금 범하지 않아야 할 것을 힘쓰지 않고

---

79 **집해** 허신(許慎)은 말하였다. "누계(樓季)는 위문후(魏文侯)의 아우이다." 왕손자(王孫子)는 말하였다. "누계(樓季)의 형이다." 누계는 전국시대 위나라의 높이뛰기에 뛰어난 용사이다.-옮긴이.

80 **집해** 『시경(詩經)』「소아·초지화(小雅·苕之華)」」에서는 말하였다. "암양이 머리가 크네(牂羊墳首)." 모씨의 전[『모전(毛傳)』]에서는 말하였다. "암컷을 장(牂)이라 한다."

81 **색은** 초(峭)는 가파르고 높다는 뜻이다. 塹의 음은 점(漸)이다. 가파르고 높아서 오르기가 어려우므로 누계가 다섯 길의 한계를 어렵게 여기며, 평평하고 완만하여 건너기 쉬우므로 절뚝발이 암양이 태산에 있다는 것을 말한다.

而事慈母之所以敗子也	인자한 어미가 집안을 망치는 자식을 섬기는 것이니
則亦不察於聖人之論矣	또한 성인의 언론을 살피지 못한 것입니다.
夫不能行聖人之術	성인의 방법을 행할 수 없고
則舍爲天下役何事哉	버려두고 천하의 부림을 당하니 어찌하시겠습니까?
可不哀邪[82]	슬퍼할 만하지 않겠습니까!
且夫儉節仁義之人立於朝	또한 청렴하여 절조가 있고 인의가 있는 사람이 조정에 선다면
則荒肆之樂輟矣	마음껏 누리고자 하는 즐거움은 그칠 것이며,
諫說論理之臣閒於側	도리를 논하며 간언하는 신하가 곁에 끼어든다면
則流漫之志詘矣	방탕한 뜻은 꺾이고 말 것이고,
烈士死節之行顯於世	열사의 죽음으로 절개를 지키는 행실이 세상에 드러난다면
則淫康之虞廢矣	향락에 빠지고자 하는 생각은 폐하여질 것입니다.
故明主能外此三者	그러므로 현명한 군주는 이 세 가지를 배제하여
而獨操主術以制聽從之臣	오로지 임금의 권술(權術)을 가지고 따르는 신하들을 통제하고
而修其明法	그 밝은 법을 닦을 수 있으므로
故身尊而勢重也	몸은 높아지고 권세는 중하여지는 것입니다.
凡賢主者	무릇 현명한 군주는
必將能拂世磨俗[83]	세상의 정리와는 어긋나고 세속을 갈아

---

82 **색은** 사(舍)는 폐(廢)와 같으며 그친다는 뜻이다. 임금이 성인의 독찰하고 책벌하는 방법을 쓸 수 없다면 이미 폐지한 것인데 무엇 때문에 몸을 수고롭게 하고 마음을 괴롭히며 천하의 부름을 당하니 이것이 어째서인가라는 말이다. "슬퍼하지 않을 만하겠는가."라는 것은 옳지 않음을 말한 것이다.

83 **색은** 拂의 음은 불[扶弗反]이다. 磨의 음은 마[莫何反]이다. 불세(拂世)는 아마 말이 마음을 대신함이 어그러진 것을 말할 것이다. 마속(磨俗)은 세속에서 자기를 따르도록 가는 것을 말한다.

而廢其所惡	싫어하는 것을 없애고
立其所欲	하고자 하는 것을 세우므로
故生則有尊重之勢	살아서는 존중하는 형세를 가지고
死則有賢明之諡也	죽어서는 현명하다는 일컬음을 갖게 되는 것입니다.
是以明君獨斷	그런 까닭에 현명한 임금은 혼자 결단하므로
故權不在臣也	권세가 신하에게 있지 않습니다.
然後能滅仁義之塗	그런 다음에 인의의 길을 없애고
掩馳說之口	유세를 하려는 입을 막으며
困烈士之行	열사의 행위를 막히게 하고
塞聰揜明	총명함을 막으며
內獨視聽	안으로 홀로 보고 들을 수 있으므로
故外不可傾以仁義烈士之行	밖으로는 인의를 내세우는 열사의 행실에 기울이지 않을 수 없고
而內不可奪以諫說忿爭之辯	안으로는 간언하고 성내어 다투는 변론에 빼앗기지 않을 수 있으므로

故能犖然獨行恣睢之心而莫之敢逆

드러나게 자득한 마음을 홀로 행하여 감히 거스르지 못하게 할 수 있습니다.

若此然後可謂能明申韓之術	이렇게 한 연후에는 신불해와 한비의 방법을 밝히고
而脩商君之法	상군의 법을 닦을 수 있습니다.
法脩術明而天下亂者	법이 닦여지고 방법이 밝아졌는데도 천하가 어지러워진 경우는
未之聞也	아직 들어본 적이 없습니다.
故曰王道約而易操也	그러므로 "왕도는 간략하고 잡기 쉽다."고 하는 것입니다.
唯明主爲能行之	오직 밝은 임금만이 행할 수 있습니다.
若此則謂督責之誠	이와 같은 것을 독찰하고 책벌하는 것이 실로 이루

어졌다 할 것이니

則臣無邪	신하는 간사함이 없을 것이고
臣無邪則天下安	신하가 간사함이 없으면 천하가 편안할 것이며
天下安則主嚴尊	천하가 편안하게 되면 임금의 위엄은 높아질 것이고
主嚴尊則督責必	임금의 존엄이 높아지게 되면 독찰과 책벌이 반드시 행하여질 것이며
督責必則所求得	독찰과 책벌이 반드시 행하여지면 구하는 것을 얻을 것이고
所求得則國家富	구하는 것을 얻으면 나라가 부유해질 것이며
國家富則君樂豐	나라가 부유해지면 임금의 즐거움이 풍성해질 것입니다.
故督責之術設	그러므로 독찰하고 책벌하는 방법이 갖추어지면
則所欲無不得矣	하고자 함을 얻지 않을 수 없을 것입니다.
群臣百姓救過不給	뭇 신하와 백성들이 잘못을 고칠 겨를도 없으면
何變之敢圖	어찌 변고를 감히 꾀하겠습니까?
若此則帝道備	이렇게 한다면 임금의 도가 갖추어져서
而可謂能明君臣之術矣	임금과 신하의 방법이 밝혀졌다 할 수 있을 것입니다.
雖申韓復生	비록 신불해와 한비가 다시 살아난다 해도
不能加也	더 나을 수는 없습니다.

書奏	글이 아뢰어지자
二世悅	2세는 기뻐하였다.
於是行督責益嚴	이에 독찰과 책벌을 행함이 더욱 엄하여졌으며
稅民深者爲明吏	백성들에게 징수를 많이 하는 자가 현명한 관리가 되었다.
二世曰	2세가 말하였다.

若此則可謂能督責矣	"이 정도는 되어야 독찰과 책벌을 잘한다 할 수 있지."
刑者相半於道	형벌을 받은 자가 길의 절반을 채웠으며
而死人日成積於市	죽은 사람이 날로 저자에 쌓였다.
殺人衆者爲忠臣	사람을 많이 죽인 자가 충신이 되었다.
二世曰	2세는 말하였다.
若此則可謂能督責矣	"이 정도는 되어야 독찰과 책벌을 잘한다 할 수 있지."
初	처음에
趙高爲郎中令	조고는 낭중령이 되어
所殺及報私怨衆多	죽인 사람 및 사적인 원한을 갚은 것이 많아
恐大臣入朝奏事毁惡之	대신들이 입조하여 그 일에 대하여 아뢰고 비방할까 봐 두려워하여
乃說二世曰	곧 2세에게 말하였다.
天子所以貴者	"천자가 존귀한 것은
但以聞聲	다만 듣기만 할 뿐
群臣莫得見其面	뭇 신하들이 그 얼굴을 볼 수 없기 때문이며
故號曰朕	그런 까닭에 '짐(朕)'이라 부릅니다.
且陛下富於春秋	또한 폐하께서는 춘추가 한창때여서
未必盡通諸事[84]	아직 반드시 모든 일에 다 능통하지 못하온데
今坐朝廷	지금 조정에 앉아
譴舉有不當者	견책을 하거나 천거함에 부당함이라도 있으면
則見短於大臣	대신들에게 단점을 보이게 되니

---

84 **집해** 서광은 말하였다. "통(通) 자는 아마 '조(照)' 자가 되어야 할 것이다."

非所以示神明於天下也	이는 천하에 신명을 보이는 것이 아니옵니다.
且陛下深拱禁中	또한 폐하께서는 궁궐에서 높이 두 손을 맞잡고 계시면서
與臣及侍中習法者待事	신 및 시중 같은 법에 익숙한 자들과 함께 일을 기다리다가
事來有以揆之[85]	일이 생기면 헤아리도록 하십시오.
如此則大臣不敢奏疑事	이렇게 하면 대신들이 감히 의심스런 일을 아뢰지 못할 것이며
天下稱聖主矣	천하에서는 성주라 일컬을 것입니다."
二世用其計	2세는 그 계책을 써서
乃不坐朝廷見大臣	이에 조정에 앉아 대신을 만나지 않고
居禁中	궁궐에 머물렀다.
趙高常侍中用事	조고가 늘 궁궐에서 모시고 일을 처리하니
事皆決於趙高	일은 모두 조고에게서 결정되었다.
高聞李斯以爲言	조고는 이사가 말을 하려 한다는 것을 듣고
乃見丞相曰	이에 승상을 만나보고 말하였다.
關東群盜多	"관동에 도둑 떼가 많다는데
今上急益發繇治阿房宮[86]	지금 임금께서는 아방궁 수축하는 일의 부역에 다급하고
聚狗馬無用之物	개와 말 등 쓸데없는 사물이나 모으고 있습니다.
臣欲諫	신이 간하려고 해도
爲位賤	지위가 낮습니다.

---

85 **집해** 서광은 말하였다. "규(揆) 자는 '발(撥)' 자로 된 판본도 있다."
86 **색은** 房의 음은 방(旁)의 뜻으로 읽으며, 글자의 뜻대로 읽기도 한다.

此眞君侯之事	이는 실로 군후의 일인데
君何不諫	그대는 어찌하여 간하지 않습니까?”
李斯曰	이사가 말하였다.
固也	“옳소.
吾欲言之久矣	내 말하려 한 지가 오래되었소.
今時上不坐朝廷	지금은 임금께서 조정에 계시질 않고
上居深宮	임금께서 깊은 궁궐에 계시어
吾有所言者	내 말할 것이 있어도
不可傳也	전할 수가 없고
欲見無閒	뵙고자 해도 그럴 틈이 없소.”
趙高謂曰	조고가 일러 말하였다.
君誠能諫	“그대는 실로 잘 간하니
請爲君侯上閒語君	청컨대 군후를 위해 임금이 한가하면 말해 주겠소”
於是趙高待二世方燕樂	이에 조고는 2세가 막 연회를 열어 즐거워하며
婦女居前	여인이 앞에 있을 때를 기다렸다가
使人告丞相	사람을 시켜 승상에게 알리게 하였다.
上方閒	“임금께서 바야흐로 한가로우니
可奏事	일을 아뢸 수 있을 것입니다.”
丞相至宮門上謁	승상은 궁문에 이르러 아뢰었는데
如此者三	이렇게 한 것이 세 번이었다.
二世怒曰	2세가 노하여 말하였다.
吾常多閒日	“내가 평상시에 한가한 날이 많을 때는
丞相不來	승상이 오지 않았소.
吾方燕私	내 이제 막 편히 쉬려 하면
丞相輒來請事	승상이 문득 와서 일을 청하오.

丞相豈少我哉	승상이 어찌 나를 보잘것없이 여기는 것이 아니겠소?
且固我哉[87]	또한 나를 실로 그리 보는 것이오?"
趙高因曰	조고가 이에 말하였다.
如此殆矣	"이러면 위태롭게 됩니다!
夫沙丘之謀	저 사구의 모의에
丞相與焉	승상이 동참하였습니다.
今陛下已立爲帝	지금 폐하께서는 이미 황제로 즉위하셨고
而丞相貴不益	승상은 존귀함이 더하여지지 않았으니
此其意亦望裂地而王矣	이는 그 뜻이 또한 땅을 떼어 받아 왕이 되기를 바라는 것입니다.
且陛下不問臣	또한 폐하께서 신에게 묻지 않으시어
臣不敢言	신이 감히 말하지 않았습니다.
丞相長男李由爲三川守	승상의 장남인 이유는 삼천의 군수(郡守)이고
楚盜陳勝等皆丞相傍縣之子	초나라의 도적 진승 등은 모두 승상과 이웃한 현의 사람들이니
以故楚盜公行[88]	이 때문에 초나라의 도적들이 공공연히 돌아다니고
過三川	삼천을 지나치는데도
城守不肯擊	성이나 지키면서 치려고 하지 않았습니다.
高聞其文書相往來	저는 그들이 글과 편지로 왕래한다고 들었습니다만
未得其審	자세히 알 수가 없어서

---

87 색은 내가 어리다고 하여 나를 깔본다는 것이다. '固我'는 나를 가볍게 본다고 생각하는 사람도 있고 또한 나를 고루하게 여긴다고도 하는데 의미가 소략하다.

88 집해 서광은 말하였다. "公은 어떤 판본에는 '訟'으로 되어 있으며, 음은 송(松)이다."

故未敢以聞	감히 아뢰지 못하였습니다.
且丞相居外	또한 승상은 밖에서는
權重於陛下	권세가 폐하보다 중합니다."
二世以爲然	2세는 그럴듯하게 여겼다.
欲案丞相	승상을 조사하고자 하였으나
恐其不審	확실치 않음이 두려워
乃使人案驗三川守與盜通狀	이에 사람을 보내 삼천 군수와 도적이 글을 보낸 것을 조사하게 하였다.
李斯聞之	이사가 이 소식을 들었다.

是時二世在甘泉	이때 2세는 감천에 있었는데
方作觳抵優俳之觀[89]	바야흐로 각저라는 배우들의 놀이를 관람하고 있었다.
李斯不得見	이사는 만날 수가 없자
因上書言趙高之短曰	이에 글을 올려 조고의 단점을 말하였다.
臣聞之	"신이 듣건대
臣疑其君	신하가 그 임금을 의심하면
無不危國	나라가 위태롭지 않음이 없고,
妾疑其夫	첩이 그 남편을 의심하면
無不危家	집안이 위태롭지 않음이 없다고 하였습니다.
今有大臣於陛下擅利擅害	지금 어떤 대신이 폐하만큼 이해득실을 하고

---

89 **집해** 응소(應劭)는 말하였다. "전국시대에는 무(武)를 익히는 예가 차츰 증가하여 오락으로 삼아 이를 가지고 서로 과시하였는데 진나라에서는 이름을 각저(角抵)로 바꾸었다. 각(角)은 뿔 종류의 재료이다. 저(抵)는 서로 들이받는 것이다." 문영은 말하였다. "진나라가 이 오락을 각저(角抵)라고 한 것은 쌍을 이루어 서로 맞서 뿔로 힘을 겨루는 것으로 뿔의 기예로 쏘고 막고 하므로 각저라고 하는 것이다." 내[駰]가 생각건대 곡저(觳抵)는 곧 각저(角抵)이다.

	싶은 대로 하여
與陛下無異	폐하와 다름이 없다면
此甚不便	이는 매우 불편합니다.
昔者司城子罕相宋	옛날에 사성(司城) 자한은 송나라의 재상이 되어
身行刑罰	몸소 형벌을 집행하여
以威行之	위엄을 행하였는데
期年遂劫其君	1년 만에 마침내 그 임금을 위협하였습니다.
田常爲簡公臣	전상은 간공의 신하로
爵列無敵於國	작위가 나라에서 필적할 사람이 없었고
私家之富與公家均	사가의 부가 나라와 같았으며
布惠施德	은혜와 덕을 널리 베풀어
下得百姓	아래로는 백성을 얻고
上得群臣	위로는 신하들을 얻어
陰取齊國	몰래 제나라를 빼앗아
殺宰予於庭	뜰에서 재여를 죽이고
即弒簡公於朝	곧 조정에서 간공을 죽여
遂有齊國	결국 제나라를 차지하였습니다.
此天下所明知也	이는 천하에서 환히 하는 것입니다.
今高有邪佚之志	지금 조고는 사악하고 방일한 뜻과
危反之行	모반하려는 행동을 가지고 있으니
如子罕相宋也	자한이 송나라의 재상인 것과 같으며,
私家之富	사가의 부는
若田氏之於齊也	전씨가 제나라에 있음과 같습니다.
兼行田常子罕之逆道而劫陛下之威信	
	전상과 자한의 도를 거스름과 폐하의 위신을

위협하는 행위를 아우르니

其志若韓玘爲韓安相也[90]	그 뜻은 한기가 한안의 재상이 된 것과 같습니다.
陛下不圖	폐하께서 도모하시지 않으시면
臣恐其爲變也	신은 그가 변고를 일으킬까 두렵습니다.”
二世曰	2세가 말하였다.
何哉	“무슨 말인가?
夫高	저 조고는
故宦人也	본래 환관이지만
然不爲安肆志	(나라가) 편안하다 하여 뜻을 방종하게 하지 않았고
不以危易心	위태롭다 하여 마음을 바꾸지 않아
絜行脩善	행실을 깨끗이 하고 선행을 닦아
自使至此	스스로 여기까지 이르게 하여
以忠得進	충성으로 승진하게 되었고
以信守位	신의로 자리를 지켜
朕實賢之	짐이 실로 그를 현명하게 여기거늘
而君疑之	그대가 의심을 함은
何也	어째서인가?
且朕少失先人	또한 짐은 어려서 선친을 잃어
無所識知	아는 것이 없고
不習治民	백성을 다스림에 익숙지 못한 데다

---

90 색은 玘는 또한 '起'라고도 하는데, 음은 모두 이(怡)이다. 한(韓)나라 대부는 그 임금 도공(悼公)을 죽인 자이다. 그러나 한나라에는 도공(悼公)이 없으니 혹 정(鄭)나라의 사군(嗣君)일 것이다. 「표(表)」에 의하면 한기(韓玘)는 소후(昭侯)를 섬겼으며, 소후 이하 4대에 이르러 왕안(王安)이니 그 설은 틀렸다.

而君又老	그대는 또한 늙어
恐與天下絶矣	천하와 떨어지게 될까 두렵소.
朕非屬趙君	짐이 조군에게 맡기지 않으면
當誰任哉	누구에게 맡겨야 하겠소?
且趙君爲人精廉彊力	또한 조군은 사람됨이 청렴하고 강직하여
下知人情	아래로는 사람의 정리를 알고
上能適朕	위로는 짐의 마음을 잘 맞추니
君其勿疑	그대는 의심하지 말지어다."
李斯曰	이사가 말하였다.
不然	"그렇지 않습니다.
夫高	저 조고는
故賤人也	실로 천인으로
無識於理	사리를 알지 못하고
貪欲無厭	탐욕스러워 물릴 줄을 모르며
求利不止	이익을 추구하여 그침이 없고
列勢次主	권세가 임금 다음이며
求欲無窮	욕심을 추구함이 끝이 없으니
臣故曰殆	신은 그래서 위태롭다고 하였습니다."
二世已前信趙高	2세는 이미 전부터 조고를 믿어
恐李斯殺之	이사가 그를 죽일까 두려워하여
乃私告趙高	이에 몰래 조고에게 알렸다.
高曰	조고가 말하였다.
丞相所患者獨高	"승상이 근심하는 것은 저뿐이니
高已死	제가 죽고 나면
丞相即欲爲田常所爲	승상은 즉시 전상이 했던 짓을 하려고 할 것입

니다."

於是二世曰	이에 2세는 말하였다.
其以李斯屬郎中令	"이사를 낭중령에 맡길지니라!"

趙高案治李斯	조고는 이사를 심문하였다.
李斯拘執束縛	이사는 붙잡혀서 결박된 채
居囹圄中	감옥에 갇혀
仰天而歎曰	하늘을 우러러 탄식하며 말하였다.
嗟乎	"아아,
悲夫	슬프도다!
不道之君	무도한 임금과
何可爲計哉	어찌 도모할 수 있겠는가!
昔者桀殺關龍逢	옛날에 걸(桀)은 관용봉을 죽였고
紂殺王子比干	주는 왕자 비간을 죽였으며
吳王夫差殺伍子胥	오왕 부차는 오자서를 죽였다.
此三臣者	이 세 신하가
豈不忠哉	어찌 충성하지 않았겠는가만
然而不免於死	죽음을 면하지 못하였으니
身死而所忠者非也	몸이 죽은 것은 충성할 사람이 글렀기 때문이다.
今吾智不及三子	지금 나의 지혜는 세 사람에게 미치지 못하고
而二世之無道過於桀紂夫差	2세의 무도함은 걸과 주, 부차보다 심하니
吾以忠死	내가 충성을 하다가 죽는 것은
宜矣	마땅하다.
且二世之治豈不亂哉	또한 2세의 다스림은 어찌 어지럽지 않은가!
日者夷其兄弟而自立也	지난날 그 형제들을 죽이고 스스로 즉위하여

殺忠臣而貴賤人	충신들을 죽이고 천인들을 귀하게 하였으며
作爲阿房之宮	아방궁을 짓고자
賦斂天下	천하에서 세금을 거두었다.
吾非不諫也	내가 간하지 않은 것이 아니라
而不吾聽也	내 말을 듣지 않은 것이다.
凡古聖王	무릇 옛날의 성왕은
飮食有節	음식을 먹는 데 절도가 있었고
車器有數	수레와 기물에 예수(禮數)가 있었으며
宮室有度	궁실에는 법도가 있었고
出令造事	영을 내고 일을 함에
加費而無益於民利者禁	비용이 더 들고 백성의 이익에 무익한 것은 금하였으므로
故能長久治安	오래도록 편안히 다스릴 수가 있었다.
今行逆於昆弟	지금 행실이 형제를 거스르고도
不顧其咎	그 허물을 돌아보지 않으며,
侵殺忠臣	충신들을 살육하고도
不思其殃	그 재앙을 생각지 않고,
大爲宮室	궁실을 크게 지으며
厚賦天下	천하에 세금을 두터이 거두어
不愛其費	그 비용을 아끼지 않는다.
三者已行	세 가지가 이미 행하여져
天下不聽	천하에서는 따르지 않는다.
今反者已有天下之半矣	지금 반기를 든 자들이 이미 천하의 반을 차지하고 있는데
而心尙未寤也	마음이 아직도 깨어나지 못하고 있으며

而以趙高爲佐	조고의 보좌를 받고 있으니
吾必見寇至咸陽	내 반드시 도적들이 함양에 이르고,
麋鹿游於朝也	사슴이 조정에서 뛰어노는 것을 보게 될 것이다.”
於是二世乃使高案丞相獄	이에 2세는 곧 조고에게 승상을 심문하여
治罪	죄를 다스리게 하였는데
責斯與子由謀反狀	이사와 아들 유(由)가 모반하려던 정상을 밝혀
皆收捕宗族賓客	종족과 빈객을 모두 잡아들였다.
趙高治斯	조고가 이사를 치죄하면서
榜掠千餘	천여 대의 매질을 가하니
不勝痛	고통을 이기지 못하여
自誣服	스스로 무고를 따를 수밖에 없었다.
斯所以不死者	이사가 죽지 않은 것은
自負其辯	스스로 그 변설을 믿고
有功	공이 있으며
實無反心	실로 모반하려는 마음이 없어
幸得上書自陳	행여 글을 올려 자술하면
幸二世之寤而赦之	다행히 2세가 깨닫고 용서를 해줄까 해서였다.
李斯乃從獄中上書曰	이사는 이에 옥에서 글을 올려 말하였다.
臣爲丞相治民	“신이 승상이 되어 백성을 다스린 지가
三十餘年矣	30여 년이 됩니다.
逮秦地之陝隘	진나라 땅이 좁을 때까지 이릅니다.
先王之時秦地不過千里	선왕 때만 해도 진나라 땅은 천 리를 넘지 않았고
兵數十萬	군사는 수십만이었습니다.
臣盡薄材	신은 보잘것없는 재주를 다하여

謹奉法令	삼가 법령을 받들고
陰行謀臣	몰래 모신을 보내
資之金玉	금과 옥을 대주어
使游說諸侯	제후들을 유세하게 하였고,
陰脩甲兵	몰래 갑병을 양성하였으며
飾政教	정교를 가다듬었고
官鬬士	용사에게는 관직을 주었고
尊功臣	공신들을 높여
盛其爵祿	그 작록을 풍성하게 하여주었으므로
故終以脅韓弱魏	마침내 한나라를 위협하고 위나라를 약하게 하였으며
破燕趙	연나라와 조나라를 깨뜨렸고
夷齊楚	제나라와 초나라를 평정하였으며
卒兼六國	결국 육국을 겸병하여
虜其王	그 왕을 사로잡고
立秦爲天子	진나라가 천자가 되게 하였습니다.
罪一矣	이것이 첫 번째 죄일 것입니다.
地非不廣	땅이 넓지 않은 것이 아닌데도
又北逐胡貉	또한 북으로 호와 맥을 쫓아내고
南定百越	남으로는 백월을 평정하여
以見秦之彊	진나라의 강함을 드러내었습니다.
罪二矣	이것이 두 번째 죄일 것입니다.
尊大臣	대신을 높여
盛其爵位	그 작위를 성하게 하여
以固其親	친밀함을 공고히 하였습니다.

罪三矣	이것이 세 번째 죄일 것입니다.
立社稷	사직을 세우고
脩宗廟	종묘를 수축하여
以明主之賢	임금의 현명함을 밝혔습니다.
罪四矣	이것이 네 번째 죄일 것입니다.
更剋畫	문자를 개혁하고
平斗斛度量文章	말[斗]과 휘[斛]의 도량형과 문장을 통일하고
布之天下	천하에 공포하여
以樹秦之名	진나라의 이름을 세웠습니다.
罪五矣	이것이 다섯 번째 죄일 것입니다.
治馳道	달리는 길을 닦고
興游觀	유람하는 누관을 세워
以見主之得意	임금께서 득의함을 드러내었습니다.
罪六矣	이것이 여섯 번째 죄일 것입니다.
緩刑罰	형벌을 느슨하게 하고
薄賦斂	부세를 가볍게 하여
以遂主得衆之心	임금이 백성의 마음을 얻게 하여
萬民戴主	만민이 임금을 받들고
死而不忘	죽어서도 잊지 못하게 하였습니다.
罪七矣	이것이 일곱 번째 죄일 것입니다.
若斯之爲臣者	저 같은 신하는
罪足以死固久矣	죽기에 충분한 죄를 지은 지가 실로 오래되었습니다.
上幸盡其能力	임금께서 다행히 그 능력을 다하시어
乃得至今	이에 지금에 이르게 된 것입니다.

願陛下察之	폐하께서는 살펴주시기 바랍니다!"
書上	글이 올라가자
趙高使吏棄去不奏	조고는 관리에게 파기하게 하고 아뢰지 못하게 하여
曰	말하였다.
囚安得上書	"죄수가 어찌 글을 올릴 수 있는가!"

趙高使其客十餘輩詐爲御史謁者侍中	조고는 문객 10여 명을 어사와 알자(謁者), 시중으로 속여
更往覆訊斯	가서 이사를 신문하게 하였다.
斯更以其實對	이사는 다시 사실대로 대답하였으며
輒使人復榜之	그때마다 사람을 시켜 다시 매질하게 하였다.
後二世使人驗斯	나중에 2세가 사람을 보내 이사를 조사하게 하였는데
斯以爲如前	이사는 전과 같다고 생각하여
終不敢更言	끝내 감히 더 이상 말하지 않고
辭服	죄를 인정하였다.
奏當上	판결문을 임금에게 아뢰자
二世喜曰	2세는 기뻐하며 말하였다.
微趙君	"조군이 없었더라면
幾爲丞相所賣	승상에게 넘어갈 뻔하였다."
及二世所使案三川之守至	2세가 보낸 삼천 군수를 다스릴 자가 이르렀을 때는
則項梁已擊殺之	항량(項梁)이 이미 쳐서 죽였다.
使者來	사자가 돌아왔을 때

會丞相下吏	승상은 하옥되어 있었고
趙高皆妄爲反辭	조고는 모두 반역의 말을 꾸몄다.

二世二年七月	2세 2년(B.C. 208) 7월에
具斯五刑	이사에게 오형(五刑)을 두루 갖추어
論腰斬咸陽市	함양의 저자에서 요참형에 처할 것을 거론했다.
斯出獄	이사는 옥에서 나와
與其中子俱執	가운데 아들과 함께 잡혀갔는데
顧謂其中子曰	가운데 아들을 돌아보며 말하였다.
吾欲與若復牽黃犬俱出上蔡東門逐狡兔	"내가 너와 함께 다시 누런 개를 끌고 함께 상채의 동문으로 나가서 약삭빠른 토끼를 쫓고자 한들
豈可得乎	어찌 되겠느냐!"
遂父子相哭	마침내 부자는 통곡을 하였고
而夷三族	삼족을 멸하였다.

李斯已死	이사가 죽자
二世拜趙高爲中丞相	2세는 조고를 중승상(中丞相)에 명하였으며
事無大小輒決於高	크고 작은 일을 막론하고 조고에게서 결정되었다.
高自知權重	조고는 스스로 권력이 큼을 알고
乃獻鹿	이에 사슴을 바치며
謂之馬	말이라고 하였다.
二世問左右	2세가 좌우에 물어보았다.
此乃鹿也	"이것이 사슴인가?"

左右皆曰馬也	좌우에서는 모두 말하기를 "말[馬]입니다."라 하였다.
二世驚	2세는 놀라
自以爲惑	스스로 의혹이 일어
乃召太卜	이에 태복을 불러
令卦之	점을 쳐보게 하였더니
太卜曰	태복이 말하였다.
陛下春秋郊祀	"폐하께서 춘추로 교사제를 올리고
奉宗廟鬼神	종묘에서 귀신을 받들 때
齋戒不明	재계를 밝게 하지 않으셔서
故至于此	이렇게 되었습니다.
可依盛德而明齋戒	성덕을 따르고 재계를 밝게 하셔야 할 듯합니다."
於是乃入上林齋戒	이에 곧 상림으로 들어가 재계하였다.
日游弋獵	날마다 놀고 사냥을 즐겼는데
有行人入上林中	지나는 사람이 상림으로 들어가기만 하면
二世自射殺之	2세는 직접 쏘아 죽였다.
趙高教其女婿咸陽令閻樂劾不知何人賊殺人移上林	
	조고는 사위인 함양령 염악(閻樂)으로 하여금 어떤 사람이 사람을 죽여 상림으로 옮겼는지 모르겠다고 탄핵하게 하였다.
高乃諫二世曰	조고가 이에 2세에게 간하여 말하였다.
天子無故賊殺不辜人	"천자가 이유도 없이 무고한 사람을 죽였으니
此上帝之禁也	이는 상제가 금하는 일로
鬼神不享	귀신이 흠향하지 않고
天且降殃	하늘도 재앙을 내릴 것이니

當遠避宮以禳之	궁을 멀리 피하여 푸닥거리를 해야 합니다."
二世乃出居望夷之宮	2세는 이에 망이궁으로 나가서 머물렀다.
留三日	사흘 만에
趙高詐詔衛士	조고는 호위병들에게 거짓 명령을 내려
令士皆素服持兵內鄕	그들에게 모두 흰 옷을 입히고 무기를 들려 안으로 들어가게 하고
入告二世曰	들어가 2세에게 아뢰어 말하였다.
山東群盜兵大至	"산동의 도적 떼가 크게 이르렀습니다!"
二世上觀而見之	2세는 누관으로 올라가 보고는
恐懼	두려워하였는데
高旣因劫令自殺	조고는 이에 협박하여 자살하게 하였다.
引璽而佩之	(조고가) 옥새를 당겨 찼는데
左右百官莫從	좌우의 백관들은 따르지 않았으며,
上殿	보전에 오르자
殿欲壞者三	보전이 허물어지려 한 것이 세 번이나 되었다.
高自知天弗與	조고는 하늘이 함께하지 않고
群臣弗許	신하들도 허락지 않음을 알고
乃召始皇弟	이에 시황의 아우를 불러
授之璽⁹¹	옥새를 주었다.
子嬰旣位	자영(子嬰)은 즉위하자

---

91 **집해** 서광은 말하였다. "어떤 판본에서는 '시황의 아우 자영을 불러 그에게 옥새를 주었다.'라 하였다. 「진본기(秦本紀)」에서는 '자영은 2세의 형의 아들이다.'라 하였다." **색은** 유씨(劉氏)는 말하였다. "'제(弟)' 자는 오자로 '손(孫)' 자가 되어야 한다. 자영은 2세의 형의 아들이다."

患之	근심하여
乃稱疾不聽事	이에 병을 칭탁하여 국사를 듣지 않고
與宦者韓談及其子謀殺高	환관 한담 및 그 아들과 조고를 죽일 모의를 하였다.
高上謁	조고가 올라와 알현하고
請病	문병하자
因召入	이에 불러들여
令韓談刺殺之	한담에게 찔러 죽이게 하고
夷其三族	삼족을 멸하였다.
子嬰立三月	자영이 즉위한 지 석 달 만에
沛公兵從武關入	패공의 군사가 무관으로 들어와
至咸陽	함양에 이르니
群臣百官皆畔	신하들과 백관이 모두 배반하여
不適92	대적하지 않았다.
子嬰與妻子自係其頸以組	자영은 처자와 함께 스스로 끈으로 목을 엮어
降軹道旁93	지도(軹道)의 곁에서 항복하였다.
沛公因以屬吏	패공은 이에 관리에게 넘겼다.
項王至而斬之	항왕[項王, 항우(項羽)]이 이르러 목을 베었다.
遂以亡天下	이에 마침내 천하를 잃었다.
太史公曰	태사공은 말한다.
李斯以閭閻歷諸侯	이사는 여염집 출신으로 제후들을 두루 유세

---

92 **집해** 서광은 말하였다. "適 자는 적(敵)의 뜻으로 읽는다."
93 **정의** 지도(軹道)는 만년현(萬年縣) 동북쪽 16리 지점에 있다.

	하여
入事秦	진나라에 들어가 섬겼으며
因以瑕釁	빈틈을 비집고 들어가
以輔始皇	시황을 보좌하여
卒成帝業	마침내 제업을 이루고
斯爲三公	이사는 삼공이 되었으니
可謂尊用矣	높이 쓰였다 하겠다.
斯知六蓺之歸	이사는 '육경'의 종지(宗旨)를 알았지만
不務明政以補主上之缺	정치를 밝혀서 임금의 결점을 보완하는 것을 힘쓰지 않았으며
持爵祿之重	작록의 중함을 지니고
阿順苟合	아첨하여 따르고 영합하였으며
嚴威酷刑	혹형으로 엄위를 떨쳤고
聽高邪說	조고의 사악함을 따라
廢適立庶	적자를 폐하고 서자를 세웠다.
諸侯已畔	제후들이 반기를 들고 나서야
斯乃欲諫爭	이사는 간쟁을 하려 했으니
不亦末乎	또한 늦지 않았는가!
人皆以斯極忠而被五刑死	사람들은 모두 이사가 충성을 다하였는데도 오형(五刑)을 당하여 죽었다고 하는데
察其本	그 근본을 살펴보면
乃與俗議之異	곧 세속의 의견과는 다르다.
不然	그렇지 않았더라면
斯之功且與周召列矣	이사의 공은 또한 주공, 소공과 나란하였을 것이다.

몽염 열전 蒙恬列傳

蒙恬者	몽염은
其先齊人也	그 선조가 제나라 사람이다.
恬大父蒙驁[1]	몽염의 조부 몽오는
自齊事秦昭王	제나라에서 와 진소왕을 섬겨
官至上卿	벼슬이 상경에 이르렀다.
秦莊襄王元年	진(秦) 장양왕 원년(B.C. 249)에
蒙驁爲秦將	몽오는 진나라 장수가 되어
伐韓	한나라를 쳐서
取成皋榮陽	성고와 형양을 빼앗아
作置三川郡	삼천군을 설치하였다.
二年	2년에
蒙驁攻趙	몽오는 조나라를 공격하여
取三十七城	37개의 성을 빼앗았다.
始皇三年	시황 3년(B.C. 244)에
蒙驁攻韓	몽오는 한나라를 공격하여
取十三城	13개의 성을 빼앗았다.
五年	5년(B.C. 242)에

---

1 **색은** 음은 오(敖)이다. 또한 추씨(鄒氏)는 음이 오[五到反]라고 하였다.

蒙驁攻魏	몽오는 위나라를 공격하여
取二十城	20개의 성을 빼앗아
作置東郡	동군을 설치하였다.
始皇七年	시황 7년(B.C. 240)에
蒙驁卒	몽오는 죽었다.
驁子曰武	몽오의 아들은 몽무이고
武子曰恬	몽무의 아들은 몽염이다.
恬嘗書獄典文學[2]	몽염은 일찍이 형옥을 익히고 문서를 관장하였다.
始皇二十三年	시황 23년(B.C. 224)에
蒙武爲秦裨將軍	몽무는 진나라의 비장군이 되어
與王翦攻楚	왕전과 함께 초나라를 공격하여
大破之	대파하고
殺項燕	항연을 죽였다.
二十四年	24년(B.C. 223)에
蒙武攻楚	몽무는 초나라를 공격하여
虜楚王	초왕을 사로잡았다.
蒙恬弟毅	몽염의 아우는 몽의이다.
始皇二十六年	시황 26년(B.C. 221)에
蒙恬因家世得爲秦將	몽염은 가세를 이어 진나라의 장수가 되어
攻齊	제나라를 공격하여
大破之	대파하고

---

2 색은 몽염이 일찍이 형옥의 법을 배워 마침내 옥관이 되었으며 문서를 관장하였다는 것을 말한다.

拜爲內史	내사에 임명되었다.
秦已幷天下	진나라가 천하를 병탄하자
乃使蒙恬將三十萬衆北逐戎狄	
	몽염으로 하여금 30만의 무리를 거느리고 북으로 융적을 몰아내게 하여
收河南³	하남을 수복하였다.
築長城	장성을 수축하고
因地形	지형을 따라
用制險塞	그대로 요새를 만드니
起臨洮⁴	임조에서 시작하여
至遼東⁵	요동에 이르기까지
延袤萬餘里	만여 리나 이어졌다.
於是渡河	이에 황하를 건너
據陽山⁶	양산에 의거하여
逶蛇而北	구불구불 북까지 뻗었다.
暴師於外十餘年	군사들은 밖에서 10여 년을 노숙하다가
居上郡	상군에 거처하게 되었다.
是時蒙恬威振匈奴	이때 몽염의 위세는 흉노에까지 떨쳤다.
始皇甚尊寵蒙氏	시황은 몽씨를 매우 높이고 총애했으며
信任賢之	신임하고 현능하게 여겼다.

---

3 **정의** 영(靈)과 승(勝) 등의 주를 말한다.

4 **집해** 서광(徐廣)은 말하였다. "농서(隴西)에 속한다."

5 **정의** 요동군(遼東郡)은 요수(遼水)의 동쪽에 있으며, 시황(始皇)은 장성을 축조하여 동으로는 요수(遼水)까지 이르렀고 서남쪽으로는 바다에까지 이르렀다.

6 **집해** 서광은 말하였다. "오원(五原) 서안양현(西安陽縣) 북쪽에 음산(陰山)이 있다. 음산은 하남(河南)에 있고 양산(陽山)은 하북(河北)에 있다."

而親近蒙毅	몽의를 가까이하여
位至上卿	벼슬이 상경에 이르렀으며
出則參乘	나갈 때는 같은 수레를 탔고
入則御前	들어오면 어전에서 모셨다.
恬任外事而毅常爲內謀	몽염은 바깥일을 맡고 몽의는 늘 안에서 획책하여
名爲忠信	충성스럽고 신의가 있다고 하였으므로
故雖諸將相莫敢與之爭焉	여러 장수와 재상이라도 감히 그들과 다투지 못하였다.

趙高者	조고는
諸趙疏遠屬也	조(趙) 왕족의 먼 친속이었다.
趙高昆弟數人	조고의 형제 여러 명은
皆生隱宮[7]	모두 환관에게서 났는데
其母被刑僇	그 어미는 사형을 당하였으며
世世卑賤	대대로 비천하였다.
秦王聞高彊力	진왕은 조고가 능력이 뛰어나고
通於獄法	형옥의 법에 통달하였다는 것을 듣고
擧以爲中車府令	중거부령으로 발탁하였다.
高既私事公子胡亥	조고는 이미 사사로이 공자 호해를 섬기고 있었고
喻之決獄	그에게 옥사를 판결하게 하였다.

---

7 **집해** 서광은 말하였다. "환관이다." **색은** 유씨(劉氏)는 말하였다. "아마 그 아비가 궁형을 당하고 처자는 관노로 적몰되었을 것인데 처가 나중에 야합하여 낳은 아들이 모두 조씨 성을 이어 함께 궁형을 받았으므로 '형제가 은궁(隱宮)에서 났다.'고 한 것일 것이다. '은궁'은 환관을 이른다."

高有大罪	조고가 큰 죄를 짓자
秦王令蒙毅法治之	진왕은 몽의에게 법으로 다스리게 하였다.
毅不敢阿法	몽의는 감히 법을 어기지 못하여
當高罪死	조고의 죄에 사형을 선고하고
除其宦籍	관적을 박탈하였다.
帝以高之敦於事也[8]	황제는 조고가 일처리에 돈독하다 하여
赦之	사면시키고
復其官爵	관작을 회복시켰다.

始皇欲游天下	시황은 천하를 순수하여
道九原[9]	구원을 경유하여
直抵甘泉[10]	곧장 감천궁에 다다르고자 하여
迺使蒙恬通道	이에 몽염으로 하여금 도로를 통하게 하였는데
自九原抵甘泉	구원에서 감천궁에 이르기까지
塹山堙谷	산을 깎고 골짜기를 메운 것이
千八百里	천8백 리였다.
道未就	길은 완성되지 않았다.

始皇三十七年冬	시황 37년(B.C. 210) 겨울에
行出游會稽	회계로 순수를 나섰는데
並海上[11]	바다를 끼고 올라가

---

8 집해 서광은 말하였다. "돈(敦)은 '민(敏)'으로 된 판본도 있다."

9 정의 구원군(九原郡)은 지금의 승주(勝州) 운곡현(連谷縣)이다.

10 정의 궁(宮)은 옹주(雍州)에 있다.

11 색은 並의 음은 방[白浪反]이다.

北走琅邪[12]	북으로 낭야로 갔다.
道病	중도에 병이 들어
使蒙毅還禱山川	몽의로 하여금 돌아가 산천에 기도하게 하였다.
未反	돌아오지 못하였다.

始皇至沙丘崩	시황은 사구에 이르러 죽었는데
祕之	비밀에 부쳐
群臣莫知	신하들은 아무도 몰랐다.
是時丞相李斯公子胡亥中車府令趙高常從	
	당시 승상 이사와 공자 호해, 중거부령 조고가 늘 수행하였다.
高雅得幸於胡亥	조고는 그동안 호해의 총애를 받아와서
欲立之	그를 세우고자 하였고
又怨蒙毅法治之而不爲己也	또한 몽의가 법으로 자신을 다스리고 자기를 위하지 않았음을 원망하였다.
因有賊心	이에 해치려는 마음을 품고
遂與丞相李斯公子胡亥陰謀	곧 승상 이사, 공자 호해와 음모를 꾸며
立胡亥爲太子	호해를 태자로 세웠다.
太子已立	태자가 이미 서자
遣使者以罪賜公子扶蘇蒙恬死	
	사자를 보내어 죄를 씌워 공자 부소와 몽염에게 죽음을 내렸다.
扶蘇已死	부소가 죽자
蒙恬疑而復請之	몽염은 의심을 품고 다시 청하였다.

---

12 **색은** 走의 음은 주(奏)이다. 주(走)는 향(向)과 같다. 추씨(鄒氏)는 음이 추(趨)라고 하였는데, 추(趨) 자 또한 향(向)의 뜻이 있으나 글자는 어긋난다.

使者以蒙恬屬吏	사자는 몽염을 관리에게 넘기고
更置	다시 안치시켰다.
胡亥以李斯舍人爲護軍	호해는 이사의 사인을 (몽염 대신) 호군으로 삼았다.
使者還報	사자가 돌아와 보고하자
胡亥已聞扶蘇死	호해는 부소가 죽었다는 것을 듣고
即欲釋蒙恬	곧 몽염을 풀어주려 하였다.
趙高恐蒙氏復貴而用事	조고는 몽씨가 다시 귀하여져서 권력을 장악하면
怨之	자기를 원망할까 두려워하였다.
毅還至	몽의가 돌아오자
趙高因爲胡亥忠計	조고는 호해에게 충성의 계책을 올린다는 명목으로
欲以滅蒙氏	몽씨를 멸하고자 하여
乃言曰	이에 말하였다.
臣聞先帝欲擧賢立太子久矣	"신이 듣건대 선제께서 현능한 자를 들어 태자로 세우려 한 지가 오래되었는데
而毅諫曰不可	몽의가 간하여 말하기를 '안 된다.'고 하였다 합니다.
若知賢而俞弗立	현능함을 알고도 건너뛰어 세우지 않는다면
則是不忠而惑主也[13]	이는 충성스럽지 않은 것이며 임금을 혹하게 하는 것입니다.
以臣愚意	신의 어리석은 생각으로는
不若誅之	죽임만 못합니다."

---

13 색은 俞는 곧 踰로, 음은 유(臾)이다. 태자가 현능한 것을 알고도 오래도록 세우지 않으니 이는 불충이라는 말이다.

胡亥聽而繫蒙毅於代[14]	호해는 그 말을 따라 대(代)에서 몽의를 결박하였다.
前已囚蒙恬於陽周	전에 이미 양주에서 몽염을 가두었다.
喪至咸陽	운구가 함양에 이르러
已葬	장례를 치르자
太子立爲二世皇帝	태자는 2세 황제로 즉위하였으며
而趙高親近	조고가 가까이하여
日夜毀惡蒙氏	밤낮으로 몽씨를 헐뜯어
求其罪過	그 죄상을 구하여
擧劾之	그들을 탄핵하였다.

子嬰進諫曰	자영이 간언을 올려 말하였다.
臣聞故趙王遷殺其良臣李牧而用顔聚	"신이 듣건대 옛 조왕은 훌륭한 신하인 이목을 옮겨 죽이고 안취를 기용하였으며
燕王喜陰用荊軻之謀而倍秦之約	연왕 희는 몰래 형가의 계책을 써서 진나라와의 맹약을 위반하였고
齊王建殺其故世忠臣而用后勝之議	제왕 건은 옛 충신을 죽이고 후승이 건의한 것을 썼다고 합니다.
此三君者	이 세 임금은
皆各以變古者失其國而殃及其身	모두 옛 것을 바꾸어서 그 나라를 잃고 재앙이 그 몸에 미쳤습니다.

---

14 **정의** 지금의 대주(代州)이다. 산천에 기도하러 가는 김에 대에 이르러 그를 포박한 것이다.

今蒙氏	지금 몽씨는
秦之大臣謀士也	진나라의 대신이고 모사인데
而主欲一旦棄去之	임금께서 하루아침에 그들을 제거하려 하시니
臣竊以爲不可	신은 가만히 옳지 않다고 생각합니다.
臣聞輕慮者不可以治國	신이 듣건대 생각이 경박한 자는 나라를 다스릴 수 없고
獨智者不可以存君[15]	홀로 지혜로운 자는 임금을 지킬 수 없다고 하였습니다.
誅殺忠臣而立無節行之人	충신을 주살하고 절조 있는 행실이 없는 사람을 세운다면
是內使群臣不相信而外使鬪士之意離也	
	이는 안으로는 신하들이 서로 믿지 못할 것이며 밖으로는 투사의 뜻을 이반시키는 것이오니
臣竊以爲不可	신은 가만히 옳지 않다고 생각합니다."
胡亥不聽	호해는 듣지 않았다.
而遣御史曲宮乘傳之代[16]	그리고 어사 곡궁을 보내어 역의 수레로 대에 가게 하여
令蒙毅曰	몽의에게 말하게 하였다.
先主欲立太子而卿難之	"선주께서 태자를 세우려 하시는데 그대는 난색을 표했다.
今丞相以卿爲不忠	지금 승상이 경을 불충하다고 하니
罪及其宗	죄가 종족에까지 미쳤도다.
朕不忍	짐은 차마 그렇게 하지 못하여

---

15 【집해】 서광은 말하였다. "어떤 판본에는 이 자가 없다."
16 【색은】 곡(曲)은 성이고, 궁(宮)은 이름이다.

乃賜卿死	이에 경에게 죽음을 내리노니
亦甚幸矣	또한 매우 다행스럽도다.
卿其圖之	경은 그렇게 할지니라!"
毅對曰	몽의가 대답하여 말하였다.
以臣不能得先主之意	"신이 선주의 뜻을 얻을 수 없다고 하기에는
則臣少宦	신은 어려서부터 관직 생활을 하여
順幸沒世	세상을 떠날 때까지 순종하고 총애를 받았사옵니다.
可謂知意矣[17]	(선주의) 뜻을 알았다고 할 것입니다.
以臣不知太子之能	신이 태자의 능력을 알지 못했다고 하기에는
則太子獨從	태자가 홀로 수행하여
周旋天下	천하를 주유하여
去諸公子絕遠	다른 공자들과는 (재능이) 멀리 떨어진 것이니
臣無所疑矣	신은 의심하는 것이 없습니다.
夫先主之舉用太子	선주께서 태자를 선발해서 쓴 것은
數年之積也	수년에 걸친 결과인데
臣乃何言之敢諫	신이 곧 무슨 말로 감히 간하고
何慮之敢謀	무슨 생각으로 감히 꾀하겠습니까!
非敢飾辭以避死也	감히 말을 꾸미어 죽음을 피하려는 것이 아니라
爲羞累先主之名	선주의 이름을 부끄럽게 하고 누가 될까 봐 그러는 것이니
願大夫爲慮焉	원컨대 대부께서는 그 점을 생각해 보시어
使臣得死情實	신으로 하여금 실상을 알고 죽게 해주십시오.

---

17 색은 몽의가 자기는 어려서부터 시황을 섬겨 뜻에 순종하여 은총을 받았으며 시황이 죽기에까지 이르렀으니 임금의 뜻을 안다고 할 만하다는 말이다.

且夫順成全者	또한 순종하여 온전함을 이루는 것은
道之所貴也	도가 귀하게 여기는 것이며,
刑殺者	형벌로 죽이는 것은
道之所卒也	도의 마지막입니다.
昔者秦穆公殺三良而死	옛날에 진목공은 세 어진 신하를 죽여 순장시 켰으며
罪百里奚而非其罪也	백리해를 처벌하였지만 그의 죄가 아니었습 니다.
故立號曰繆	그러므로 시호를 '목'이라 하였습니다.
昭襄王殺武安君白起	소양왕은 무안군 백기를 죽였습니다.
楚平王殺伍奢	초평왕은 오사를 죽였습니다.
吳王夫差殺伍子胥	오왕 부차는 오자서를 죽였습니다.
此四君者	이 네 임금은
皆爲大失	모두 큰 실수를 저질러
而天下非之	천하에서 비난하고
以其君爲不明	그 임금이 밝지 못하다고 생각하였으며
以是籍於諸侯[18]	이 때문에 제후들에게서 악명이 자자했습니다.
故曰用道治者不殺無罪	그러므로 '도로 다스리는 자는 죄 없는 사람을 죽이지 않고
而罰不加於無辜	무고한 사람에게 벌을 가하지 않는다.'고 하는 것입니다.
唯大夫留心	그대는 유념하여 주시기 바랍니다!"
使者知胡亥之意	사자는 호해의 뜻을 알아차리고

---

18 색은 그 악명이 낭자하게 제후국에 퍼졌다는 말이다. 그러나 유씨(劉氏)는 말하기를 "제 후들이 모두 그 악행을 사적(史籍)에 기록하였다."라 하였는데, 틀렸다.

不聽蒙毅之言	몽의의 말을 듣지 않아
遂殺之	마침내 죽여 버렸다.

二世又遣使者之陽周	2세는 또한 사자를 양주로 보내어
令蒙恬曰	몽염에게 명하였다.
君之過多矣	"그대의 과실이 많고
而卿弟毅有大罪	경의 아우인 몽의가 큰 죄를 지어
法及內史	법이 내사에 미쳤다."
恬曰	몽염이 말하였다.
自吾先人	"저의 선조로부터
及至子孫	자손에 이르기까지
積功信於秦三世矣	공이 쌓여 진나라의 신임을 받은 지가 3대째이옵니다.
今臣將兵三十餘萬	지금 신은 군사 30여만 명을 거느리며
身雖囚繫	몸은 비록 구금되어 있으나
其勢足以倍畔	그 세력은 배반하기에 충분합니다.
然自知必死而守義者	그러나 반드시 죽음으로써 의를 지킬 것을 스스로 알아
不敢辱先人之敎	감히 선인의 가르침을 욕되게 하지 않을 것이니
以不忘先主也	선주를 잊지 못하기 때문입니다.
昔周成王初立	옛날 주성왕이 갓 즉위하였을 때는
未離襁緥	채 강보도 벗어나지 못하였는데
周公旦負王以朝	주공 단(旦)이 왕을 업고 조회를 하여
卒定天下	마침내 천하를 안정시켰습니다.
及成王有病甚殆	성왕이 병들어 매우 위태로웠을 때는

公旦自揃其爪以沈於河	주공 단이 스스로 손톱을 잘라 황하에 가라앉히며
曰	말하였습니다.
王未有識	'왕이 아직 아는 것이 없어
是旦執事	이에 내가 국사를 잡았도다.
有罪殃	죄과와 재앙이 있으면
旦受其不祥	내가 그 상서롭지 못함을 받으리라.'
乃書而藏之記府	이에 적어서 문서 창고에 보관하였으니
可謂信矣	신뢰가 간다 하겠습니다.
及王能治國	왕이 나라를 다스릴 수 있게 되자
有賊臣言	어떤 적신이 말하였습니다.
周公旦欲爲亂久矣	'주공 단이 난을 일으키려 한 지가 오래되었으니
王若不備	왕께서 대비하지 않으시면
必有大事	반드시 큰일이 있을 것입니다.'
王乃大怒	왕이 이에 크게 노하자
周公旦走而奔於楚	주공 단은 도망쳐 초나라로 달아났습니다.
成王觀於記府	성왕은 문서 창고를 구경하다가
得周公旦沈書	주공 단이 가라앉힌 글을 얻어
乃流涕曰	이에 눈물을 흘리며 말하였습니다.
孰謂周公旦欲爲亂乎	'누가 주공 단이 난을 일으키려 한다고 하였던가!'
殺言之者而反周公旦	그 말을 한 자를 죽이고 주공 단을 돌아오게 하였습니다.
故周書曰必參而伍之[19]	그러므로 「주서(周書)」에서는 '반드시 삼경으

---

19 색은 삼(參)은 삼경(三卿)이고, 오(伍)는 곧 오대부(五大夫)를 말한다. 삼경과 오대부로 논의를 바꾸려고 하는 것이다.

	로 하고 오대부로 하라'고 하였습니다.
今恬之宗	지금 저의 종족은
世無二心	대대로 두 마음을 품지 않았사온데
而事卒如此	일이 마침내 이렇게 되었으니
是必蘖臣逆亂[20]	이는 필시 얼신(蘖臣)이 난을 꾸며
內陵之道也	안으로 속이려는 방도입니다.
夫成王失而復振則卒昌	성왕은 과실이 있었는데도 다시 떨쳐 끝내 창성하게 되었고,
桀殺關龍逢	걸(桀)은 관용봉을 죽이고
紂殺王子比干而不悔	주(紂)는 왕자 비간을 죽이고도 뉘우치지 않아
身死則國亡	몸은 죽고 나라는 망하였습니다.
臣故曰過可振而諫可覺也[21]	신은 그러므로 허물이 있어도 떨칠 수 있고 간언을 깨달을 수 있다고 하였습니다.
察於參伍	삼경과 오대부를 살피는 것은
上聖之法也	지성(至聖)의 법입니다.
凡臣之言	무릇 신의 말은
非以求免於咎也	허물에서 벗어나길 구하는 것이 아니라
將以諫而死	간언하고 죽으려 하는 것이니
願陛下爲萬民思從道也	원컨대 폐하께서는 만민을 위하여 도를 따를 생각을 하소서."
使者曰	사자가 말하였다.

---

20 **집해** 서광은 말하였다. "어떤 판본에는 '사(辭)'로 되어 있다."

21 **색은** 이 '고왈(故曰)'은 반드시 이 말에 앞선 뜻이 있었을 것인데 몽염이 인용하여 말을 이룬 것이 지금 어느 책에서 나온 것인지 모르겠다. 진(振)은 구급[救]하는 것이다. 그러나 말이 또한 전도되어 전인이 간언을 받아들여 깨달을 수 있으면 그 과실을 구할 수 있다고 하였다.

臣受詔行法於將軍	"저는 조칙을 받들어 장군에게 법을 집행하는 것이니
不敢以將軍言聞於上也	감히 장군의 말을 임금께 알려 드리지 못합니다."
蒙恬喟然太息曰	몽염이 아아! 하고 크게 한숨을 쉬면서 말하였다.
我何罪於天	"내 하늘에 무슨 죄를 지어서
無過而死乎	잘못도 없이 죽어야 하는가?"
良久	한참 있다가
徐曰	천천히 말하였다.
恬罪固當死矣	"내 죄는 실로 죽어 마땅하리로다.
起臨洮屬之遼東	임조에서 시작하여 요동까지 이으면서
城塹萬餘里	성을 쌓고 구덩이를 판 것이 만여 리이니
此其中不能無絶地脈哉	그중에 지맥을 끊지 않을 수 없었을 것이다?
此乃恬之罪也	이것이 곧 나의 죄로다."
乃吞藥自殺	이에 약을 삼키고 자살하였다.
太史公曰	태사공은 말한다.
吾適北邊	내가 북쪽의 변새로 갔다가
自直道歸	직도로 돌아오는 길에
行觀蒙恬所爲秦築長城亭障	가면서 몽염이 진나라를 위하여 쌓은 장성과 보루를 보았는데
塹山堙谷	산을 파고 골짜기를 메워
通直道	직도를 통하게 하였으니
固輕百姓力矣	실로 백성의 힘을 가볍게 하였다.
夫秦之初滅諸侯	저 진나라가 막 제후를 멸하였을 때는
天下之心未定	천하의 마음이 채 안정되지 않았고

痍傷者未瘳　　　상처가 채 낫지도 않았는데

而恬爲名將　　　몽염은 명장으로

不以此時彊諫　　이때 힘껏 간하여

振百姓之急　　　백성의 급박함을 떨쳐 일으키고

養老存孤　　　　노인을 봉양하고 고아를 지켜주며

務修衆庶之和　　뭇 사람들이 화합하도록 힘쓰지는 않고

而阿意興功　　　뜻에 아부하여 공을 일으켰으니

此其兄弟遇誅　　이에 그 형제가 죽임을 당하는 것도

不亦宜乎　　　　또한 마땅하지 않겠는가!

何乃罪地脈哉　　어찌하여 곧 지맥에 죄를 돌리는가?

張耳者	장이는
大梁人也[1]	대량 사람이다.
其少時	젊었을 때
及魏公子毋忌爲客	위나라 공자 무기(毋忌)에게 가서 빈객이 되었다.
張耳嘗亡命[2]游外黃[3]	장이는 일찍이 도망쳐서 외황에서 지낸 적이 있었다.
外黃富人女甚美	외황의 어떤 부잣집 딸이 매우 아름다웠는데
嫁庸奴	범용한 사람에게 시집갔다가
亡其夫[4]	그 남편에게서 도망쳐
去抵父客[5]	부친의 빈객에게로 갔다.
父客素知張耳	부친의 빈객은 평소에 장이를 알고 있어서
乃謂女曰	이에 여자에게 말하였다.

---

1 색은 신찬(臣瓚)은 말하였다. "바로 지금의 진류(陳留) 대량성(大梁城)이다."

2 색은 진작(晉灼)은 말하였다. "명(命)은 명(名)이다. 명적(名籍)에서 벗어나 도망친 것을 말한다." 최호(崔浩)는 말하였다. "망(亡)은 무(無)이다. 명(命)은 명(名)이다. 도망가 숨으면 명적(名籍)에서 삭제하므로 도망친 것을 망명(亡命)이라고 한다."

3 색은 「지리지(地理志)」에는 진류(陳留)에 속해 있다.

4 집해 서광(徐廣)은 말하였다. "어떤 판본에는 '그 남편이 죽어서(其夫亡)'로 되어 있다."

5 집해 여순(如淳)은 말하였다. "아버지 때의 옛 빈객이다." 색은 여순은 말하였다. "저(抵)는 돌아가는 것으로, 음은 저[丁禮反]이다."

必欲求賢夫	"반드시 현명한 남편을 구하려거든
從張耳	장이를 따르라."
女聽	여자는 따라
乃卒爲請決	이에 마침내 (전남편과) 결별할 것을 청하여
嫁之張耳[6]	장이에게 시집갔다.
張耳是時脫身游	장이는 이때 몸을 빼내 유랑하던 터라
女家厚奉給張耳	여자의 집에서는 장이에게 두터이 (물자를) 대주었으므로
張耳以故致千里客	장이는 이 때문에 천 리에서 빈객으로 초치되었다.
乃宦魏爲外黃令	이에 위나라에서 벼슬을 살아 외황령이 되었다.
名由此益賢	명성이 이 때문에 더욱 알려졌다.
陳餘者	진여
亦大梁人也	또한 대량 사람으로
好儒術	유가의 학술을 좋아하였으며
數游趙苦陘[7]	수차례나 조나라의 고형에서 유학하였다.
富人公乘氏以其女妻之	부자인 공승씨가 딸을 시집보냈는데
亦知陳餘非庸人也	또한 진여가 범상한 사람이 아님을 알았기 때문이다.
餘年少	진여는 나이가 어려서부터
父事張耳	장이를 부친의 예로 섬겨

---

6 **색은** 여자가 부친의 빈객에게 그 남편과 결별하여 관계를 끊고 장이에게 시집가게 해달라고 청한 것을 말한다.

7 **집해** 장안(張晏)은 말하였다. "고형(苦陘)은 한 장제(漢章帝)가 한창(漢昌)으로 고쳤다." **색은** 「지리지(地理志)」에는 중산(中山)에 속해 있다. 장안은 말하였다. "장제(章帝)가 그 이름을 예쁘지 않다 하여 한창(漢昌)으로 고쳤다." **정의** 음은 형(邢)이다. 형주(邢州) 당창현(唐昌縣)이다.

兩人相與爲刎頸交[8]	두 사람은 서로 더불어 문경지교를 맺었다.
秦之滅大梁也	진나라가 대량을 멸함에
張耳家外黃	장이는 외황에서 살았다.
高祖爲布衣時	고조가 평민이었을 때
嘗數從張耳游	일찍이 여러 차례나 장이와 종유하여
客數月	몇 달 동안 객이 되었다.
秦滅魏數歲	진나라가 위나라를 멸하고 몇 해 후에
已聞此兩人魏之名士也	이미 이 두 사람이 위나라의 명사로 알려져
購求有得張耳千金	장이를 잡으면 천금의 현상금을 걸었고
陳餘五百金	진여는 5백금이었다.
張耳陳餘乃變名姓	장이와 진여는 이에 성명을 바꾸고
俱之陳	함께 진군으로 가서
爲里監門[9]以自食	이의 감문이 되어 자급하였다.
兩人相對	두 사람이 마주보고 있었다.
里吏嘗有過笞陳餘	이의 관리가 일찍이 지나면서 진여를 매질하자
陳餘欲起	진여가 일어나려 하였는데
張耳躡之[10]	장이가 그를 밟고
使受笞	매를 맞도록 하였다.
吏去	관리가 떠나자

張耳乃引陳餘之桑下而數之曰

　　　　　　장이는 곧 진여를 끌고 뽕나무 아래로 가서 일

---

8 색은 최호는 말하였다. "삶과 죽음을 같이하여 목이 잘려도 후회하지 않음을 말한다."
9 집해 장안은 말하였다. "감문(監門)은 고을의 정위(正衛)이다."
10 집해 서광은 말하였다. "'섭(攝)'으로 된 판본도 있다."

일이 말하였다.

始吾與公言何如	"처음에 내 그대와 말한 것이 어떠하였던가?
今見小辱而欲死一吏乎	지금 작은 욕을 보고 한 관리에게 죽으려는가?"
陳餘然之	진여는 옳게 여겼다.
秦詔書購求兩人	진나라는 조서를 내려 두 사람에게 현상금을 걸었는데
兩人亦反用門者以令里中[11]	두 사람 또한 도리어 문을 지키는 사람으로 마을에 영을 전했다.

陳涉起蘄	진섭이 기현(蘄縣)에서 기병하여
至入陳	진군으로 들어왔을 때는
兵數萬	군사가 수만이었다.
張耳陳餘上謁陳涉	장이와 진여는 진섭을 찾아뵈었다.
涉及左右生平數聞張耳陳餘賢	진섭 및 측근들은 평소에 장이와 진여가 현명함을 누차 들었는데
未嘗見	일찍이 본 적이 없었으며
見即大喜	보자마자 크게 기뻐하였다.

陳中豪傑父老乃說陳涉曰	진중의 호걸과 부로(父老)들은 이에 진섭에게 말하였다.
將軍身被堅執銳	"장군께서는 몸에는 단단한 갑옷을 입고 예리한 무기를 들고
率士卒以誅暴秦	군사를 거느리고 포악한 진나라를 토벌하여

---

11 색은 문자(門者)는 곧 진여와 장이이다. 스스로 그 이름을 가지고 고을에 영을 내려 속여서 고치고 따로 구한 것이다.

復立楚社稷	초나라의 사직을 다시 세우고
存亡繼絕	망한 나라를 존속시키고 끊어진 것을 이으셨으니
功德宜爲王	공덕은 왕이 되어 마땅합니다.
且夫監臨天下諸將	또한 천하의 장수들을 감독하여 굽어보시니
不爲王不可	왕이 되지 않으면 안 되므로
願將軍立爲楚王也	장군을 초왕으로 옹립하였으면 합니다."
陳涉問此兩人	진섭이 이 두 사람에게 물었더니
兩人對曰	두 사람이 대답하였다.
夫秦爲無道	"저 진나라는 무도하여
破人國家	남의 나라를 깨뜨렸고
滅人社稷	남의 사직을 멸하였으며
絕人後世	남의 후세를 끊었고
罷百姓之力	백성의 힘을 피폐하게 하였으며
盡百姓之財	백성의 재물을 고갈시켰습니다.
將軍瞋目張膽	장군께서는 눈을 부릅뜨고 마음을 펼치시어
出萬死不顧一生之計	만 번이나 죽을 고비를 넘기어 한번 살려는 계책을 돌보지 않으시고,
爲天下除殘也	천하를 위하여 잔악한 무리를 없애 주셨습니다.
今始至陳而王之	이제 막 진군에 이르러 스스로 왕이 되시니
示天下私	천하에 사사로움을 보이는 것입니다.
願將軍毋王	원컨대 장군께서는 왕을 칭하지 마시고
急引兵而西	급히 군사를 이끌고 서쪽으로 향하시면서
遣人立六國後	사람을 보내 육국의 후예를 세우시고
自爲樹黨	스스로 당을 수립하시어
爲秦益敵也	진나라에 더욱더 대적하게 하십시오.

敵多則力分	적이 많아지면 힘이 분산될 것이며
與衆則兵彊	동맹국이 많아지면 군사가 강해질 것입니다.
如此野無交兵	이렇게 되면 들판에는 교전하는 군사가 없을 것이며
縣無守城	현에는 성을 지키지 않아
誅暴秦	포악한 진나라를 토벌하여
據咸陽以令諸侯	함양을 차지하고 제후들을 호령할 것입니다.
諸侯亡而得立	제후들이 망하였는데 일어서게 되면
以德服之	덕으로 보답할 것이고
如此則帝業成矣	이렇게 되면 제업을 이루시게 될 것입니다.
今獨王陳	지금 진군의 왕이 되신다면
恐天下解也[12]	천하가 흩어질까 두렵습니다."
陳涉不聽	진섭은 듣지 않고
遂立爲王	마침내 왕으로 즉위하였다.

陳餘乃復說陳王曰	진여는 이에 다시 진왕에게 말하였다.
大王舉梁楚而西	"대왕께서 양나라와 초나라를 들어 서진하는 것은
務在入關	관으로 들어서고자 힘쓰는 것인데
未及收河北也	미처 하북을 수습하지 못했습니다.
臣嘗游趙	신이 일찍이 조나라에서 활동한 적이 있어서
知其豪桀及地形	그곳의 호걸 및 지형을 알고 있으니
願請奇兵北略趙地	원컨대 기습병을 청하여 북으로 조나라 땅을

---

12 **정의** 解의 음은 개[紀賣反]이다. 천하의 제후들이 진승(陳勝)이 칭왕 하고 진군이 왕이 된 것을 보면 모두 떨어져 나가 따르지 않게 될 것이라는 것을 말한다.

빼앗았으면 합니다.”

於是陳王以故所善陳人武臣爲將軍
　　　　　　　이에 진왕은 예로부터 친하던 진군 사람 무신을 장군으로 삼고

邵騷爲護軍　　　소소를 호군으로 삼았으며

以張耳陳餘爲左右校尉　　장이와 진여를 좌우 교위로 삼아

予卒三千人　　　3천의 군사를 주어

北略趙地　　　　북으로 조나라 땅을 침략하였다.

武臣等從白馬渡河[13]　　무신 등은 백마에서 황하를 건너

至諸縣　　　　　모든 현에 이를 때마다

說其豪桀曰[14]　　그곳의 호걸을 유세하여 말하였다.

秦爲亂政虐刑以殘賊天下　　“진나라가 어지러운 정치와 포학한 형벌로 천하를 해친 지가

數十年矣　　　　수십 년이 되었습니다.

北有長城之役　　북으로는 장성을 쌓는 요역이 있고

南有五嶺之戍[15]　　남으로는 오령의 수자리가 있으며

外內騷動　　　　안팎으로 동란이 일어나

百姓罷敝　　　　백성들이 피폐해졌는데도

頭會箕斂[16]　　　사람 수에 따라 세금을 키로 거두어

────────────

13 **색은** 생각건대 역이기(酈食其)는 ‘백마(白馬)의 나루터’라 하였으니, 백마는 나루터로 그 땅은 여양(黎陽)과 언덕을 마주하고 있다.

14 **집해** 등전(鄧展)은 말하였다. “하북현(河北縣)이 이르러 유세하였다.”

15 **집해** 『한서음의(漢書音義)』에서는 말하였다. “영(嶺)이 다섯이 있으므로 이름으로 삼았으며, 교지(交阯) 경계 안에 있다.” **색은** (晉나라) 배씨(裴氏: 裴淵)의 『광주기(廣州記)』에서는 대유(大庾)와 시안(始安)·임하(臨賀)·계양(桂陽)·게양(揭陽)이 오령이라고 하였다.

以供軍費	군비로 대주어
財匱力盡	재물과 힘이 다하여
民不聊生	백성들은 삶을 도모하지 못합니다.
重之以苛法峻刑	게다가 가혹한 법과 준엄한 형벌을 가하여
使天下父子不相安	천하의 부자로 하여금 편안치 못하게 하였습니다.
陳王奮臂爲天下倡始	진왕이 팔을 떨쳐 일어나 천하를 위해 선도하여
王楚之地	초나라 땅의 왕이 되었는데,
方二千里	사방 2천 리에서
莫不響應	향응하지 않음이 없으며
家自爲怒	집집마다 노하여
人自爲鬥	사람들이 각자 싸워
各報其怨而攻其讎	각기 그 원한을 갚고 그 원수를 공격하여
縣殺其令丞	현에서는 그 현령과 현승을 죽이고
郡殺其守尉	군에서는 그 군수와 군위를 죽였습니다.
今已張大楚	지금 이미 대초를 확장시키고
王陳	진을 왕으로 하여
使吳廣周文將卒百萬西擊秦	오광과 주문으로 하여금 군사 백만을 거느리고 서쪽으로 진나라를 치게 하였습니다.
於此時而不成封侯之業者	이때 후에 봉해질 공업을 이루지 못한다면
非人豪也	인간 세상의 호걸이 아닙니다.
諸君試相與計之	제군들은 함께 생각해 보시기 바랍니다!
夫天下同心而苦秦久矣	천하가 마음을 함께하여 진나라를 괴롭힌 지가 오래되었습니다.

---

16 집해 『한서음의(漢書音義)』에서는 말하였다. "집집마다 사람의 수에 따라 곡식을 내어 키로 거두었다."

因天下之力而攻無道之君	천하의 힘을 빌려 무도한 임금을 공격하고
報父兄之怨而成割地有土之業	
	부형의 원수를 갚고 땅을 떼어 토지를 갖는 공업을 이루면
此士之一時也	이는 선비의 한때(해야 할 일)입니다."
豪桀皆然其言	호걸들은 모두 그 말을 옳게 여겼다.
乃行收兵	이에 군사를 모으는 일을 행하여
得數萬人	수만 명을 얻었으며
號武臣爲武信君	무신을 무신군이라 불렀다.
下趙十城	조나라의 성 열 개를 함락시켰으며
餘皆城守	나머지는 모두 성을 지키며
莫肯下	항복하지 않으려 했다.
乃引兵東北擊范陽	이에 군사를 거느리고 동북쪽으로 범양을 쳤다.
范陽人蒯通說范陽令曰[17]	범양 사람 괴통은 범양령을 유세하여 말하였다.
竊聞公之將死	"가만히 듣자 하니 공께서 곧 죽으려 하신다니
故弔	조문하러 왔습니다.
雖然	비록 그렇지만
賀公得通而生	공이 저를 얻어 살아나게 된 것을 축하드립니다."
范陽令曰	범양령이 말하였다.
何以弔之	"어째서 조문하는가?"
對曰	대답하였다.
秦法重	"진나라는 법이 엄중할 때
足下爲范陽令十年矣	족하가 범양령이 된 지가 10년이 되어

---

17 집해 『한서(漢書)』에서는 "범양령(范陽令) 서공(徐公)이다."라 하였다.

殺人之父	(그동안) 남의 아비를 죽이고
孤人之子	남의 자식을 고아로 만들었으며
斷人之足	남의 발을 자르고
黥人之首	남의 얼굴에 경을 친 것이
不可勝數	이루 헤아릴 수 없습니다.
然而慈父孝子莫敢傳刃[18]公之腹中者	그러나 자부와 효자가 감히 공의 배에 칼을 꽂지 못하는 것은
畏秦法耳	진나라의 법을 두려워해서일 뿐입니다.
今天下大亂	지금 천하는 크게 어지러워져
秦法不施	진나라의 법이 시행되지 않고 있으니
然則慈父孝子且傳刃公之腹中以成其名	그렇다면 자부와 효자가 또한 공의 배에 칼을 꽂아 그 이름을 이룰 것이니
此臣之所以弔公也	이것이 신이 공을 조문하는 까닭입니다.
今諸侯畔秦矣	지금 제후들은 진나라를 배반하였으며
武信君兵且至	무신군의 병사가 곧 이를 것인데
而君堅守范陽	그대가 범양을 굳게 지킨다면
少年皆爭殺君	젊은이들은 모두 다투어 그대를 죽이고
下武信君	무신군에게 항복할 것입니다.
君急遣臣見武信君	그대가 급히 신을 보내어 무신군을 뵙게 하면
可轉禍爲福	전화위복이 될 수 있을 것이니
在今矣	때는 바로 지금입니다."

---

18 **집해** 서광이 말하였다. "傳의 음은 자(載)이다." 이기(李奇)는 말하였다. "동쪽의 사람들은 물건을 땅에 꽂는 것을 모두 사(傳)라고 한다."

范陽令乃使蒯通見武信君曰	범양령이 이에 괴통으로 하여금 무신군을 찾아 뵙게 하여 말하였다.
足下必將戰勝然後略地	"족하께서는 반드시 싸움을 하여 이긴 뒤에 땅을 빼앗을 것이니
攻得然後下城	공격하여 얻은 다음에 성을 함락시키는 것은
臣竊以爲過矣	신이 가만히 잘못이라고 생각합니다.
誠聽臣之計	실로 신의 계책을 들으시면
可不攻而降城	공격을 하지 않고도 성을 함락시킬 수 있으며
不戰而略地	싸우지 않고도 땅을 빼앗을 수 있을 것이고
傳檄而千里定	격문을 전하면 천 리가 안정될 것이니
可乎	가하겠습니까?"
武信君曰	무신군이 말하였다.
何謂也	"무엇을 이르는가?"
蒯通曰	괴통이 말하였다.
今范陽令宜整頓其士卒以守戰者也	"지금 범양령은 사졸들을 정돈하여 지키고 싸워야 하는데
怯而畏死	겁을 먹고 죽음을 두려워하며
貪而重富貴	탐이 많고 부귀를 중히 여기므로
故欲先天下降	천하에 앞서 항복을 하고 싶어도
畏君以爲秦所置吏	그대가 (범양령을) 진나라가 임명한 관리라 하여
誅殺如前十城也	전의 열 개 성(城)과 같이 죽이려 할 것을 두려워하고 있습니다.
然今范陽少年亦方殺其令	그러나 범양의 젊은이들 또한 바야흐로 그 현령을 죽이고
自以城距君	스스로 성을 가지고 그대에게 맞서려 합니다.

君何不齎臣侯印	그대는 어찌하여 신에게 제후의 인장을 주어
拜范陽令	범양령을 임명하게 하지 않습니까?
范陽令則以城下君	(그렇게 하면) 범양령은 성을 가지고 그대에게 항복할 것이며
少年亦不敢殺其令	젊은이들 또한 감히 그 현령을 죽이지 않을 것입니다.
令范陽令乘朱輪華轂	범양령에게 붉은 바퀴의 화려한 수레를 타게 하여
使驅馳燕趙郊	연나라와 조나라의 근교를 달리게 합니다.
燕趙郊見之	연나라와 조나라의 근교에서 그것을 보면
皆曰此范陽令	모두 말하기를 '이는 범양령으로
先下者也	먼저 항복한 자이다.'라 하고
即喜矣	곧 기뻐할 것이며
燕趙城可毋戰而降也	연나라와 조나라의 성은 싸우지 않고도 항복을 할 것입니다.
此臣之所謂傳檄而千里定者也	
	이것이 신이 이른바 격문을 전하여 천 리를 안정시킨다는 것입니다."
武信君從其計	무신군은 그 계책을 좇아
因使蒯通賜范陽令侯印	이에 괴통으로 하여금 범양령에게 제후의 인장을 내리게 하였다.
趙地聞之	조나라 땅에서 그 말을 듣고
不戰以城下者三十餘城	싸우지 않고 항복한 성이 30여 성이었다.
至邯鄲	한단에 이르러
張耳陳餘聞周章軍入關	장이와 진여는 주장의 군사가 관으로 들어갔다가

至戲卻[19]	희(戲)에 이르러 물러났다는 것을 들었으며,
又聞諸將爲陳王徇地	또한 진왕을 위하여 땅을 빼앗았던 장수들이
多以讒毁得罪誅	거의 참소와 비방으로 죄를 쓰고 죽었다는 말을 듣고
怨陳王不用其筴不以爲將而以爲校尉	
	진왕이 그 계책을 쓰지 않아 장수로 삼지 않고 교위로 삼은 것을 원망하였다.
乃說武臣曰	이에 무신에게 말하였다.
陳王起蘄	"진왕은 기현에서 기병하여
至陳而王	진나라에 이르러 왕이 되었으니
非必立六國後	반드시 육국의 후예를 세우지 않을 것입니다.
將軍今以三千人下趙數十城	장군께서는 지금 3천 명으로 조나라의 수십 개 성을 항복시키고
獨介居河北[20]	홀로 특히 하북을 차지하고 있으니
不王無以塡之	왕이 되지 않으면 채우지 못할 것입니다.
且陳王聽讒	또한 진왕은 참소를 잘 들으니
還報	돌아가 보고하면
恐不脫於禍	아마 화를 벗어나지 못할 것입니다.
又不如立其兄弟	또한 그 형제를 세움만 못하며,
不	아니면
即立趙後	조나라의 후예를 세우도록 하십시오.
將軍毋失時	장군께서는 시기를 놓치지 마실 것이니

---

19 **집해** 소림(蘇林)은 말하였다. "희(戲)는 지명이다. 각(卻)은 군사가 물러나는 것이다." **정의** 戲의 음은 희(義)이다. 여산(驪山)에서 나왔다.

20 **집해** 진작(晉灼)은 말하였다. "介의 음은 알(戛)이다." 찬(瓚)은 말하였다. "(前漢 揚雄의)『방언(方言)』에서 말하기를 개(介)는 특(特)과 같은 뜻이라 하였다."

時閒不容息[21]	시간은 숨 쉴 틈을 용납지 않습니다."
武臣乃聽之	무신은 이에 그 말을 따라
遂立爲趙王	마침내 조왕으로 즉위하였다.
以陳餘爲大將軍	진여를 대장군으로 삼았으며
張耳爲右丞相	장이를 우승상으로,
邵騷爲左丞相	소소를 좌승상으로 삼았다.
使人報陳王	사람을 시켜 진왕에게 알리니
陳王大怒	진왕이 크게 노하여
欲盡族武臣等家	무신 등의 집을 모조리 멸족시키고
而發兵擊趙	군사를 일으켜 조나라를 치려고 하였다.
陳王相國房君諫曰	진왕의 상국인 방군이 간언하여 말하였다.
秦未亡而誅武臣等家	"진나라가 아직 망하지 않았는데 무신 등의 집을 주멸하는 것은
此又生一秦也	또 하나의 진나라가 생기는 것입니다.
不如因而賀之	내친김에 축하하고
使急引兵西擊秦	급히 군사를 이끌고 서쪽으로 진나라를 치게 함만 못합니다."
陳王然之	진왕은 그럴듯하게 여겨
從其計	그 계책을 따라
徙繫武臣等家宮中	무신 등의 집을 궁중으로 옮겨 잡아두고
封張耳子敖爲成都君	장이의 아들 오(敖)를 성도군으로 봉하였다.

---

21 색은 일을 거행함에 때를 놓쳐서는 안 되며 시기의 신속함은 그 사이에 한번 숨을 쉴 짧은 시간도 용납지 않음을 말하였다.

陳王使使者賀趙	진왕은 사자를 보내어 조나라를 축하하고
令趣發兵西入關	빨리 군사를 보내어 서쪽으로 관문에 들어가도록 하였다.
張耳陳餘說武臣曰	장이와 진여가 무신을 유세하여 말하였다.
王王趙	"왕께서 조나라의 왕이 되신 것은
非楚意	초나라의 뜻이 아니라
特以計賀王	다만 계책으로 왕을 축하하는 것입니다.
楚已滅秦	초나라가 진나라를 멸망시키기만 한다면
必加兵於趙	반드시 조나라에 군사행동을 가할 것입니다.
願王毋西兵	원컨대 왕께서는 서쪽으로 군사를 내시지 마시고
北徇燕代	북으로 연(燕)과 대(代)를 빼앗고
南收河內以自廣	남으로 하내를 거두어 스스로 세력을 넓히도록 하십시오.
趙南據大河	조나라는 남으로는 대하에 의지하고
北有燕代	북으로는 연과 대가 있어서
楚雖勝秦	초나라가 진나라를 이긴다 하더라도
必不敢制趙	반드시 감히 조나라를 제압하지 못할 것입니다."
趙王以爲然	조왕은 그럴듯하게 여겨
因不西兵	이에 서로 군사를 내지 않고
而使韓廣略燕	한광으로 하여금 연나라를 빼앗게 하였으며
李良略常山	이량은 상산을 빼앗게 하였고
張黶略上黨	장염은 상당을 빼앗게 하였다.
韓廣至燕	한광이 연나라에 이르니
燕人因立廣爲燕王[22]	연나라 사람들은 내친김에 한광을 연나라 왕

으로 세웠다.

趙王乃與張耳陳餘北略地燕界

　　　　　　　　조왕은 이에 장의 · 진여와 함께 북으로 연나라
　　　　　　　　경계를 빼앗았다.

趙王閒出　　　　조왕이 어쩌다 나갔다가

爲燕軍所得　　　연나라 군사에게 붙잡혔다.

燕將囚之　　　　연나라 장수가 그를 가두고

欲與分趙地半　　조나라 땅 절반을 나누어주면

乃歸王　　　　　왕을 돌려보내고자 하였다.

使者往　　　　　사자가 갔지만

燕輒殺之以求地　연나라는 그때마다 (사자를) 죽여서 땅을 구하였다.

張耳陳餘患之　　장이와 진여는 이를 근심하였다.

有廝養卒謝其舍中日²³　어떤 나무하고 밥하는 졸개가 집안의 사람에게
　　　　　　　　말하였다.

吾爲公說燕　　　"제가 공을 위하여 연나라에 말하여

與趙王載歸　　　조왕과 함께 수레를 타고 돌아오겠습니다."

舍中皆笑日　　　집안에서는 모두 웃으며 말하였다.

使者往十餘輩　　"사자로 간 10여 명의 무리가

輒死　　　　　　가자마자 죽었는데

若何以能得王　　네가 어떻게 왕을 구할 수 있겠느냐?"

乃走燕壁　　　　이에 연나라의 누벽으로 달려갔다.

---

22 **집해** 서광은 말하였다. "9월이다."

23 **집해** 여순은 말하였다. "시(廝)는 미천한 자이다. 『공양전(公羊傳)』에서는 '시역(廝役)은 뒤따르며 봉양하는 것이다.'라 하였다." 위소(韋昭)는 말하였다. "땔나무를 해오는 것을 시(廝)라 하고, 취사하는 것을 양(養)이라 한다." 진작(晉灼)은 말하였다. "말로 알리는 것을 사(謝)라고 한다." **색은** 같은 집에 있는 사람에게 말한 것이다. 『한서』에는 '사인(舍人)'으로 되어 있다.

燕將見之	연나라 장수가 그를 만나자
問燕將曰	연나라 장수에게 물어 말하였다.
知臣何欲	"제가 무엇을 하려는지 아십니까?"
燕將曰	연나라 장수가 말하였다.
若欲得趙王耳	"너는 조왕을 구하고자 할 따름일 것이다."
曰	말하였다.
君知張耳陳餘何如人也	"그대는 장이와 진여가 어떤 사람인지 아십니까?"
燕將曰	연나라 장수가 말하였다.
賢人也	"현명한 사람들이다."
曰	말하였다.
知其志何欲	"그들의 뜻이 무엇을 하려는지 아십니까?"
曰	말하였다.
欲得其王耳	"조왕을 구하고자 할 따름일 것이다."
趙養卒乃笑曰	조나라의 밥하는 졸개가 웃으며 말하였다.
君未知此兩人所欲也	"그대는 이 두 사람이 하려는 것을 아직 알지 못합니다.
夫武臣張耳陳餘杖馬箠[24]下趙數十城	저 무신과 장이·진여는 말채찍을 휘두르기만 하면 조나라의 성 수십 개를 함락시킬 것이고
此亦各欲南面而王	이들 또한 각기 남면을 하여 왕이 되고자 할 것이니
豈欲爲卿相終己邪	어찌 경상으로 일신을 끝내려 하겠습니까?
夫臣與主豈可同日而道哉	대체로 신하와 임금이 어찌 같은 날 말할 수 있겠습니까?

---

24 집해 장안은 말하였다. "무기를 쓸 것도 없이 채찍만 휘둘러도 될 따름이라는 말이다." 색은 杖의 음은 장(丈)이다. 箠의 음은 추[之委反]이다.

顧其勢初定	다만 그 형세가 막 정하여지면
未敢參分而王	감히 셋으로 나누어 왕이 되지는 않을 것이며
且以少長先立武臣爲王	잠시 연령의 고하에 따라 먼저 무신을 왕으로 삼아
以持趙心	조나라의 민심을 다잡을 것입니다.
今趙地已服	지금 조나라 땅은 이미 복종하였고
此兩人亦欲分趙而王	이 두 사람 또한 조나라를 나누어 왕이 되고자 하는데
時未可耳	때가 아직 무르익지 않았을 따름입니다.
今君乃囚趙王	지금 그대는 이에 조왕을 가두었습니다.
此兩人名爲求趙王	이 두 사람은 명분상으로는 조왕을 구한다고 하지만
實欲燕殺之	사실은 연나라가 그를 죽이고
此兩人分趙自立	이 두 사람이 조나라를 나누어 자립하고자 합니다.
夫以一趙尙易燕	대체로 하나의 조나라로도 오히려 연나라를 쉽게 여기는데
況以兩賢王左提右挈	하물며 두 현명한 임금이 왼쪽에서 끌고 오른쪽에서 당기어가며
而責殺王之罪[25]	왕을 죽인 책임을 물어
滅燕易矣	연나라를 멸하는 것은 쉬울 것입니다."
燕將以爲然	연나라 장수는 옳게 생각하여
乃歸趙王	이에 조왕을 돌려보냈으며
養卒爲御而歸	밥하는 졸개는 수레를 몰아 돌아왔다.

---

25 **집해** 서광은 말하였다. "「평원군전(平原君傳)」에서는 '일이 이루어지면 오른쪽 조각을 잡고 요구한다.'라 하였다, 권(券)과 계(契)의 뜻은 같다."

李良已定常山	이량이 이미 상산을 평정하고
還報	돌아와 알리니
趙王復使良略太原	조왕은 다시 이량에게 태원을 빼앗게 하였다.
至石邑[26]	석읍에 이르러
秦兵塞井陘	진나라 군사가 정형을 막자
未能前	나아갈 수가 없었다.
秦將詐稱二世使人遺李良書	진나라 장수는 2세를 사칭하여 사람을 시켜 이량에게 글을 보냈는데
不封[27]	봉하지 않고
曰	말하였다.
良嘗事我得顯幸	"양은 일찍이 나를 섬겨 현귀해졌도다.
良誠能反趙爲秦	양이 실로 조나라에 반기를 들고 진나라를 위한다면
赦良罪	양의 죄는 사해질 것이고
貴良	양은 귀해질 것이다."
良得書	이량은 편지를 받고
疑不信	의심하여 믿지 않았다.
乃還之邯鄲	이에 한단으로 돌아가
益請兵	군사를 더 요청했다.
未至	채 이르지 않아
道逢趙王姊出飮	길에서 조왕의 누이가 나와 연회를 여는 것을 만났는데
從百餘騎	백여 기의 수행원을 딸렸다.

---

26 **색은** 「지리지(地理志)」에서는 상산(常山)에 속한다고 하였다.

27 **집해** 장안은 말하였다. "누설시켜 군신(君臣)이 서로 의심하게끔 한 것이다."

李良望見	이량이 바라보고는
以爲王	왕이라고 생각하여
伏謁道旁	길 가에서 엎드려 알현했다.
王姊醉	왕의 누이는 취하여
不知其將	그가 장수인지도 모르고
使騎謝李良	기마병으로 하여금 이량에게 답례하게 하였다.
李良素貴	이량은 평소에 현귀하여
起	일어나니
慙其從官	그 수행원들에게 부끄러웠다.
從官有一人曰	수행원 중의 어떤 사람이 말하였다.
天下畔秦	"천하가 진나라에 반기를 들어
能者先立	능력 있는 자는 먼저 즉위하였습니다.
且趙王素出將軍下	또한 조왕은 평소에 장군의 아래에서 나왔는데
今女兒乃不爲將軍下車	지금 여인이 곧 장군을 위해 수레에 내리지도 않으니
請追殺之	쫓아가서 죽일 것을 청합니다."
李良已得秦書	이량은 이미 진나라의 글을 받고
固欲反趙	실로 조나라에 반기를 들고자 하였는데
未決	아직 결단을 못 내리다가
因此怒	이 때문에 노하여
遣人追殺王姊道中	사람을 보내어 왕의 누이를 쫓아가 길에서 죽이게 하고
乃遂將其兵襲邯鄲	이에 마침내 그 군사를 거느리고 한단을 습격하였다.
邯鄲不知	한단에서는 알지 못하여

竟殺武臣邵騷	마침내 무신과 소소를 죽였다.
趙人多爲張耳陳餘耳目者	조나라 사람 가운데 장이와 진여의 귀와 눈이 된 자가 많아
以故得脫出	그런 까닭에 벗어날 수 있었다.
收其兵	그 군사를 거두어
得數萬人	수만 명을 얻었다.
客有說張耳曰	빈객 가운데 어떤 사람이 장이에게 말하였다.
兩君羈旅	"두 분은 떠돌이시니
而欲附趙	조나라에 붙고자 하면
難²⁸	어려울 것이며,
獨立趙後²⁹	다만 조나라의 후예를 세워
扶以義	의로 떠받쳐야만
可就功	공을 이루실 수 있을 것입니다."
乃求得趙歇³⁰	이에 조헐을 찾아내어
立爲趙王	조왕으로 세우고
居信都³¹	신도에서 거처하였다.
李良進兵擊陳餘	이량은 군사를 보내어 진여를 쳤는데
陳餘敗李良	진여가 이량을 무찌르자
李良走歸章邯	이량은 달아나 장함에게로 돌아갔다.
章邯引兵至邯鄲	장함은 군사를 이끌고 한단에 이르러

---

28 색은 떠돌이로 세력이 약하여 공을 세우기가 어렵다는 것이다.

29 색은 다만 육국(六國)의 조왕의 후예를 세우라는 것을 말한다.

30 집해 서광이 말하였다. "정월(正月)이다. 음은 헐[烏轄反]이다." 내[駰]가 생각건대 장안은 "조나라의 먼 후예[苗裔]이다."라 하였다.

31 집해 서광이 말하였다. "나중에 항우(項羽)가 고쳐서 양국(襄國)이라 하였다."

皆徙其民河內	그 백성을 모두 하내로 옮기고
夷其城郭	성곽을 허물어 평탄하게 하였다.
張耳與趙王歇走入鉅鹿城	장이가 조왕 헐과 함께 달아나 거록성으로 들어가자
王離圍之	왕리(王離)가 그들을 에워쌌다.
陳餘北收常山兵	진여는 북에서 상산의 군사를 거두어
得數萬人	수만 명을 얻어
軍鉅鹿北	거록의 북쪽에 진을 쳤다.
章邯軍鉅鹿南棘原	장함은 거록의 남쪽 극원에 진을 치고
築甬道屬河	황하를 띠고 용도를 쌓아
餉王離	왕리에게 양식을 대주었다.
王離兵食多	왕리는 군사와 식량이 많아지자
急攻鉅鹿	맹렬히 거록을 공격하였다.
鉅鹿城中食盡兵少	거록성에서는 식량이 다하고 군사가 적어
張耳數使人召前陳餘	장이는 여러 차례 사람을 시켜 진여에게 진격하게끔 불렀으나
陳餘自度兵少	진여는 스스로 군사가 적어
不敵秦	진나라에 대적하지 못한다고 생각하고
不敢前	감히 진격하지 못하였다.
數月	몇 달이 지나자
張耳大怒	장이는 크게 노하여
怨陳餘	진여를 원망하였으며
使張黶陳澤³²往讓陳餘曰	장염과 진택으로 하여금 진여에게 가서 꾸짖어 말하게 하였다.

---

32 **정의** 음은 석(釋)이다.

始吾與公爲刎頸交	"처음에 나와 그대는 문경지교를 맺었으나
今王與耳旦暮且死	지금 왕과 내가 아침저녁이면 죽을 처지인데
而公擁兵數萬	그대는 군사 수만을 끼고도
不肯相救	구원해 주지 않으려 하니
安在其相爲死	서로를 위해 죽어 주려 함이 어디 있는가!
苟必信	실로 필히 믿음이 있다면
胡不赴秦軍俱死	어찌 진나라 군으로 가서 함께 죽지 않는가?
且有十一二相全³³	또한 열에 하나둘은 보전함이 있을 것이오."
陳餘曰	진여가 말하였다.
吾度前終不能救趙	"내 헤아리건대 진격을 하여도 끝내 조나라를 구원할 수 없으며
徒盡亡軍	헛되이 군사만 모두 잃을 것이오.
且餘所以不俱死	또한 내가 함께 죽지 않는 까닭은
欲爲趙王張君報秦	조왕과 장군을 위하여 진나라에 복수를 해주고자 함이오.
今必俱死	지금 반드시 함께 죽으면
如以肉委餓虎	고기를 주린 호랑이에게 맡기는 것이나 같으니
何益	무슨 득이 있겠소?"
張黶, 陳澤曰	장염과 진택이 말하였다.
事已急	"일이 이미 급박하여져서
要以俱死立信	요는 함께 죽어서 신의를 세우는 것이니
安知後慮	어찌 나중을 생각함을 알겠습니까!"
陳餘曰	진여가 말하였다.
吾死顧以爲無益	"나는 죽어도 아무 득이 없다고 생각되지만

---

33 정의 열 번 중 한두 번은 진나라에게 이길 수 있을 것이라는 말이다.

必如公言	필시 공의 말대로 하겠소."
乃使五千人令張黶陳澤先嘗秦軍[34]	이에 5천 명으로 하여금 장염과 진택을 따라 진군을 공격하게 해보았지만
至皆沒	이르자마자 모두 몰살했다.
當是時	이때
燕齊楚聞趙急	연나라와 제나라, 초나라가 조나라가 위급하다는 것을 듣고
皆來救	모두 와서 구원하였다.
張敖亦北收代兵	장오 또한 북쪽에서 대의 군사를 거두어
得萬餘人	만여 명을 얻어
來	와서
皆壁餘旁	모두 진여의 곁에 누벽을 쌓았는데
未敢擊秦	감히 진나라를 치지는 못하였다.
項羽兵數絕章邯甬道	항우의 군사가 여러 차례나 장함의 용도를 끊어놓으니
王離軍乏食	왕리의 군사는 양식이 모자라게 되었으며
項羽悉引兵渡河	항우는 군사를 모두 끌어다 황하를 건너
遂破章邯[35]	마침내 장함을 깨뜨렸다.
章邯引兵解	장함은 군사를 끌고 포위를 풀었으며
諸侯軍乃敢擊圍鉅鹿秦軍	제후군이 이에 과감하게 거록의 진나라 군사를 포위하여 쳐서
遂虜王離	마침내 왕리를 사로잡았다.

---

34 **색은** 최호가 말하였다. "상(嘗)은 시(試)와 같다."

35 **집해** 서광이 말하였다. "3년 12월이다."

涉閒自殺	섭간은 자살하였다.
卒存鉅鹿者	끝내 거록을 보존한 것은
楚力也	초나라의 힘이었다.

於是趙王歇張耳乃得出鉅鹿	이때 조왕 헐과 장이는 곧 거록을 벗어나게 되었으며
謝諸侯	제후들에게 사의를 표했다.
張耳與陳餘相見	장이는 진여와 만나
責讓陳餘以不肯救趙	진여가 조나라를 구원하지 않으려 하였음을 책망하고
及問張黶陳澤所在	아울러 장염과 진택이 있는 곳을 물었다.
陳餘怒曰	진여가 노하여 말하였다.
張黶陳澤以必死責臣	"장염과 진택이 죽음으로 신을 책망하여
臣使將五千人先嘗秦軍	신이 5천의 군사를 가지고 먼저 진나라 군과 맞붙어보게 했지만
皆沒不出	모두 몰살당하여 빠져나오지 못하였소."
張耳不信	장이는 믿지 못하고
以爲殺之	죽였다고 생각하여
數問陳餘	여러 차례나 진여에게 물었다.
陳餘怒曰	진여가 노하여 말하였다.
不意君之望臣深也[36]	"뜻밖에도 그대가 신을 원망함이 깊구료!
豈以臣爲重去將哉[37]	어찌 신이 거듭 장수 직을 버리도록 하는 것이 아니겠소?"

---

36 색은 망(望)은 원망하여 책망하는 것이다.

37 색은 중(重)의 훈은 어렵다[難]는 것이다. 혹자는 말하기를 중(重)은 안타까운[惜] 뜻이라고 하였다.

乃脫解印綬	이에 인장 끈을 풀어
推予張耳	장이에게 밀어서 주었다.
張耳亦愕不受	장이 또한 놀라서 받지 않았다.
陳餘起如廁	진여는 일어나 변소로 갔다.
客有說張耳曰	객 가운데 누가 장이에게 말하였다.
臣聞天與不取	"신이 듣건대 '하늘이 주는 데 받지 않으면
反受其咎"38	도리어 그 허물을 받는다.'라 하였습니다.
今陳將軍與君印	지금 진 장군이 그대에게 인장을 주는 데
君不受	그대가 받지 않으면
反天不祥	하늘의 뜻을 위반하는 것으로 불길합니다.
急取之	빨리 받도록 하십시오!"
張耳乃佩其印	장이는 이에 그 도장을 차고
收其麾下	그 휘하(의 부대)를 거두었다.
而陳餘還	그리고 진여는 돌아와
亦望張耳不讓39	또한 장이가 양보하지 않는 것을 원망하여
遂趨出	마침내 빨리 나갔다.
張耳遂收其兵	장이는 마침내 그 군사를 거두었다.
陳餘獨與麾下所善數百人之河上澤中漁獵	
	진여는 다만 휘하의 친하게 지내는 수백 명과 함께 황하 가의 못으로 가서 고기를 잡고 사냥을 하였다.
由此陳餘張耳遂有卻	이 때문에 진여와 장이는 마침내 틈이 생겼다.

---

38 **색은** 이 말은 『국어(國語)』에서 나왔다.
39 **정의** 진여가 변소에 갔다가 돌아오니 또한 장이가 그 도장을 양보하지 않았음을 원망하는 것을 말한다.

趙王歇復居信都	조왕 헐은 다시 신도에 거처하였다.
張耳從項羽諸侯入關	장이는 항우의 제후를 따라 관으로 들어갔다.
漢元年二月	한나라 원년 2월에
項羽立諸侯王	항우는 제후왕을 세웠는데
張耳雅游[40]	장이는 평소에 교유를 잘하여
人多爲之言	사람들이 그에 대하여 말을 많이 하였고
項羽亦素數聞張耳賢	항우 또한 평소에 장이가 현명하다는 것을 자주 들어
乃分趙立張耳爲常山王	이에 조나라를 나누어 장이를 상산왕으로 세워
治信都	신도를 다스렸다.
信都更名襄國	신도는 양국으로 개명하였다.
陳餘客多說項羽曰	진여의 빈객들이 많이 항우에게 말하였다.
陳餘張耳一體有功於趙	"진여와 장이는 함께 조나라에서 공을 세웠습니다."
項羽以陳餘不從入關	항우는 진여가 따라서 관으로 들어오지 않았고
聞其在南皮[41]	그가 남피에 있다는 것을 들었으므로
即以南皮旁三縣以封之	곧 남피 곁의 세 현을 그에게 봉하고
而徙趙王歇王代[42]	조왕 헐을 옮겨 대(代)의 왕으로 삼았다.
張耳之國	장이가 양국으로 가자

---

40 **집해** 위소는 말하였다. "아(雅)는 평소라는 뜻이다." **색은** 정씨(鄭氏)는 말하였다. "아(雅)는 옛날[故]부터라는 뜻이다." 위소는 말하였다. "아(雅)는 평소라는 뜻이다." 고유(故游)는 교유하여 좇는 것에 익숙한 것을 말하므로 사람들에게 많이 칭찬을 받은 것이다.

41 **색은** 「지리지(地理志)」에는 발해(勃海)에 속해 있다. **정의** 옛 성은 창주(滄州) 남피현(南皮縣) 북쪽 4리 지점에 있다.

42 **집해** 서광은 말하였다. "대현(代縣)을 도읍으로 삼은 것이다."

陳餘愈益怒	진여는 더욱 분노가 치밀어
曰	말하였다.
張耳與餘功等也	"장이는 나와 공이 같은데
今張耳王	지금 장이는 왕이 되고
餘獨侯	나는 다만 후작일 뿐이니
此項羽不平	이는 항우가 공평치 못한 것이다."
及齊王田榮畔楚	제왕 전영이 초나라에 반기를 들자
陳餘乃使夏說說⁴³田榮曰	진여는 곧 하열을 보내어 전영을 유세하여 말하였다.
項羽爲天下宰不平	"항우가 천하를 주재함이 불공평하여
盡王諸將善地	여러 장수들은 모두 좋은 곳의 왕이 되고
徙故王王惡地	옛 왕은 나쁜 곳의 왕으로 옮기어
今趙王乃居代	지금 조왕은 곧 대에 거처합니다!
願王假臣兵	원컨대 왕께서 신에게 군사를 빌려주신다면
請以南皮爲扞蔽	남피를 울타리로 삼을 것을 청하겠습니다."
田榮欲樹黨於趙以反楚	전영은 조나라에 무리를 세워 진나라에 반기를 들려 하였으므로
乃遣兵從陳餘	곧 군사를 보내 진여를 따르게 하였다.
陳餘因悉三縣兵襲常山王張耳	
	진여는 이에 세 현의 군사를 총동원하여 상산왕 장이를 습격하였다.
張耳敗走	장이는 패하여 달아나면서
念諸侯無可歸者	제후들 가운데는 귀의할 만한 곳이 없다고 생각하여

---

43 **정의** 위의 '說'은 음이 열(悅)이고, 아래의 글자는 음이 세[式銳反]이다.

曰	말하였다.
漢王與我有舊故[44]	"한왕은 나와 오랜 교유가 있지만
而項羽又彊	항우가 더 강하고
立我	나를 세워주었으니
我欲之楚[45]	내 초나라로 가야겠다."
甘公曰[46]	강공이 말하였다.
漢王之入關	"한왕이 관에 들어갈 때
五星聚東井	다섯 별이 동정에 모였습니다.
東井者	동정은
秦分也	진나라의 분야입니다.
先至必霸	먼저 이르면 반드시 패주가 됩니다.
楚雖彊	초나라가 비록 강하긴 하나
後必屬漢	나중에는 반드시 한나라에 귀속될 것입니다."
故耳走漢[47]	그리하여 장이는 한나라로 달아났다.
漢王亦還定三秦	한왕 또한 돌아와 삼진을 평정하고
方圍章邯廢丘	바야흐로 장함을 폐구에서 에워쌌다.
張耳謁漢王	장이가 한왕을 알현하니
漢王厚遇之	한왕은 그를 후대하였다.

---

44 집해 장안은 말하였다. "한왕(漢王)이 평민[布衣]이었을 때 일찍이 장이와 종유하였다."

45 집해 장안은 말하였다. "항우가 강성(彊盛)할 뿐만 아니라 또한 그에 의해 세워졌으므로 이 때문에 의심을 하면서 가야 할 곳을 모르는 것이다."

46 집해 문영(文穎)은 말하였다. "별에 대하여 말을 잘하는 자는 감씨(甘氏)이다." 색은 「천관서(天官書)」에서는 제(齊)나라 감공(甘公)이라고 하였고, 「예문지(藝文志)」에서는 초(楚)나라에 감공이 있다고 하였는데 제나라와 초나라는 같지 않다. (前漢 劉歆의) 『칠략(七略)』에서는 "자는 봉(逢)이고, 감덕(甘德)이다."라 하였다. (東晉 虞喜의) 『지림(志林)』에서는 "감공(甘公)은 일명 덕(德)이라 한다."라 하였다.

47 집해 서광은 말하였다. "2년 10월이다."

陳餘已敗張耳	진여는 이미 장이를 무찌르고
皆復收趙地	조나라 땅을 모두 수복하고는
迎趙王於代	대(代)에서 조왕을 맞아들여
復爲趙王	다시 조왕으로 삼았다.
趙王德陳餘	조왕은 진여에게 감격하여
立以爲代王	세워서 대왕으로 삼았다.
陳餘爲趙王弱	진여는 조왕이 약하고
國初定	나라가 막 안정되었다고 생각하여
不之國	대국으로 가지 않고
留傅趙王	남아 조왕을 보좌하면서
而使夏說以相國守代	하열을 상국으로 삼아 대(代)나라를 지키게 하였다.
漢二年	한나라 2년에
東擊楚	동쪽으로 초나라를 쳤는데
使使告趙	사자를 보내어 조나라에 알리어
欲與俱	함께하고자 하였다.
陳餘曰	진여가 말하였다.
漢殺張耳乃從	"한나라가 장이를 죽이기만 한다면 곧 따르겠습니다."
於是漢王求人類張耳者斬之	이에 한왕이 장이와 비슷한 사람을 찾아내어 참수하여
持其頭遺陳餘	그 머리를 진여에게 보내주었다.
陳餘乃遣兵助漢	진여는 이에 군사를 보내어 한나라를 도왔다.
漢之敗於彭城西	한나라는 팽성의 서쪽에서 패하였고
陳餘亦復覺張耳不死	진여 또한 장이가 죽지 않은 것을 다시 알게 되어

卽背漢	곧 한나라를 등졌다.
漢三年	한나라 3년(B.C. 204)에
韓信已定魏地	한신이 이미 위나라 땅을 평정하자
遣張耳與韓信擊破趙井陘[48]	장이를 보내어 한신과 함께 정형에서 조나라를 깨뜨리고
斬陳餘泜水上[49]	진여를 지수 가에서 참수하고
追殺趙王歇襄國	조왕 헐을 양국까지 쫓아가서 죽였다.
漢立張耳爲趙王[50]	한나라는 장이를 조왕으로 세웠다.
漢五年	한나라 5년에
張耳薨	장이가 죽었는데
謚爲景王	시호를 경왕이라 하였다.
子敖嗣立爲趙王	아들 오가 이어서 조왕이 되었다.
高祖長女魯元公主爲趙王敖后	
	고조는 장녀인 노원공주를 조왕 오의 왕후로 삼았다.
漢七年	한나라 7년(B.C. 200)에
高祖從平城過趙	고조는 평성에서 조나라를 지나게 되었는데

---

48 【집해】 서광은 말하였다. "3년 10월이다."

49 【집해】 서광은 말하였다. "상산(常山)에 있다. 음은 지(遲)이며 또한 제[丁禮反]라고도 한다." 【색은】 서광은 음이 지(遲)라 하였고, 소림(蘇林)은 음이 지(祇)라 하였다. 진작(晉灼)은 음이 제[丁禮反]라고 하였는데, 지금 속세에서 이 강을 부르는 것도 그렇다. 「지리지(地理志)」에서는 음이 지(脂)라고 하였으니 소림(蘇林)의 음가가 옳다. 곽경순[郭景純: 곽박(郭璞)]은 『산해경(山海經)』에 주석을 달고 "지수(泜水)는 상산(常山)의 중구현(中丘縣)에서 나온다."고 하였다. 【정의】 조주(趙州) 찬황현(贊皇縣) 경계에 있다.

50 【집해】 서광은 말하였다. "4년 11월이다." 『한서』에서는 "4년 여름"이라고 하였다.

趙王朝夕袒韝蔽[51]	조왕은 아침부터 저녁까지 팔을 걷고 토시를 하고
自上食	직접 음식을 올리는 등
禮甚卑	예를 매우 낮추어
有子壻禮	사위의 예를 다하였다.
高祖箕踞[52]詈	고조는 두 다리를 쭉 펴고 욕을 하면서
甚慢易之	매우 오만하고 함부로 굴었다.
趙相貫高趙午等年六十餘[53]	조나라 승상 관고와 조오 등은 나이가 예순 남짓 되었으며
故張耳客也	장이의 옛 빈객이었다.
生平爲氣	평생 동안 기개를 행해 왔는데
乃怒曰	이에 노하여 말하였다.
吾王孱王也[54]	"우리 왕은 나약해빠진 왕이다!"
說王曰	왕에게 말하였다.
夫天下豪桀並起	"대체로 천하의 호걸들이 함께 일어나
能者先立	능력이 있는 자는 먼저 섰습니다.
今王事高祖甚恭	지금 왕께서 고조를 매우 공손하게 섬기는데도
而高祖無禮	고조가 무례하게 구니
請爲王殺之	왕을 위해 죽이기를 청합니다!"

---

51 집해 서광은 말하였다. "구(韝)는 팔찌이다."

52 색은 최호는 말하였다. "무릎을 굽히고 앉았는데 그 모양이 키[箕]와 같은 것이다."

53 집해 서광은 말하였다. "「전숙전(田叔傳)」에서는 '조나라 승상 조오(趙午) 등 수십 명이 모두 노하였다.'라 하였으니, 그렇다면 아마 60여 명이라고 해야 할 것이다."

54 집해 맹강(孟康)은 말하였다. "음은 '잔원(潺湲)'의 '잔(潺)'과 같다. 기주(冀州)의 사람들은 나약한 것을 잔(孱)이라 한다." 위소는 말하였다. "인후하고 삼가는 모양(仁謹貌)이다." 색은 복건(服虔)은 음이 잔[鉏閑反]이라 하였으며, 약소(弱小)한 모습니다. 소안(小顔)은 음이 선[仕連反]이라 하였다.

張敖齧其指[55]出血	장오는 손가락을 깨물어 피를 내고는
曰	말하였다.
君何言之誤	"그대는 무슨 말을 그르치는가!
且先人亡國	또한 선인이 나라를 망쳤는데
賴高祖得復國	고조 덕으로 나라를 회복하게 되었고
德流子孫	덕이 자손에까지 미쳤으니
秋豪皆高祖力也	가는 털까지도 모두 고조의 힘이오.
願君無復出口	그대는 다시는 입을 열지 않았으면 하오."
貫高趙午等十餘人皆相謂曰	관고와 조오 등 10여 명이 모두 함께 일러 말하였다.
乃吾等非也	"곧 우리의 잘못입니다.
吾王長者	우리 왕은 덕이 높으신 분으로
不倍德	덕을 저버리지 않으셨습니다.
且吾等義不辱	또한 우리는 의리상 욕을 당하지 않으려 하는데
今怨高祖辱我王	지금 고조께서 우리 왕을 욕보이심을 원망하여
故欲殺之	죽이고자 한 것이니
何乃汙王[56]爲乎	어찌 곧 왕을 더럽히려고 그랬겠습니까?
令事成歸王	일이 성공하면 왕께 돌리고
事敗獨身坐耳	일이 실패하면 우리만 죄를 짓는 것일 따름입니다."
漢八年	한나라 8년(B.C. 199)에

---

55 **색은** 소안은 "손가락을 깨물어 지극한 정성을 나타낸 것으로 서약을 한 것이다."라 하였다.

56 **색은** 소해(蕭該)는 음이 오[一故反]라 하였다. 『설문(說文)』에서는 "오(汙)는 더럽다는 뜻이다."라 하였다.

上從東垣還	임금이 동원에서 돌아오면서
過趙	조나라에 들르게 되었는데
貫高等乃壁人柏人[57]	관고 등이 이에 백인(柏人)의 사람을 벽에 숨기어
要之置廁[58]	이중벽을 만들어두고 맞았다.
上過欲宿	임금이 들러 묵으려다가
心動	가슴이 떨려
問曰	물었다.
縣名爲何	"현의 이름이 무엇인가?"
曰	말하였다.
柏人	"백인입니다."
柏人者	"백인이라는 것은
迫於人也	사람을 핍박한다는 뜻이다!"
不宿而去	묵지 않고 떠났다.
漢九年	한나라 9년(B.C. 198)에
貫高怨家知其謀	관고의 원수 집안에서 그 음모를 알아내어
乃上變告之	곧 위로 변고를 알렸다.
於是上皆并逮捕趙王貫高等	이에 임금은 조왕과 관고 등을 모두 함께 체포했다.
十餘人皆爭自剄	10여 명이 모두 다투어 스스로 목을 치려는데

---

57 **색은** 백인현(柏人縣)의 관사 벽 속에 사람을 두어 변고를 일으키려 한 것이다. **정의** 백인 (柏人)의 옛 성은 형주(邢州) 백인현 서북쪽 12리 지점에 있으며, 곧 고조가 묵은 곳이다.

58 **집해** 위소는 말하였다. "둘 곳을 대준 것이다." **색은** 문영(文穎)은 말하였다. "사람을 곁의 벽 안에 두어 고조를 염탐한 것이다." 장안은 말하였다. "벽을 파내어 비우고 사람이 그 안에 머물게 한 것이다." 지금 생각건대 '치측(置廁)'이란 것은 사람을 복벽(複壁) 안에 넣어 둔 것인데 치측(置廁)이라 한 것은 측(廁)이 곁에 숨겨둔다는 것이기 때문에 이렇게 말한 것 이다. 또한 음이 측(側)이라고도 한다.

貫高獨怒罵曰	관고만은 노하여 욕을 하며 말하였다.
誰令公爲之	"누가 공들더러 이렇게 하라고 하던가?
今王實無謀	지금 왕은 실로 아무 일도 꾸미지 않았는데
而并捕王	왕도 함께 붙잡혀 왔으며,
公等皆死	공 등이 모두 죽으면
誰白王不反者	누가 왕이 반란을 일으키지 않은 것을 말할 것인가!"
乃轞車膠致⁵⁹	이에 함거에 단단히 갇혀 이송되어
與王詣長安	왕과 함께 장안에 이르렀다.
治張敖之罪	장오의 죄를 다스렸다.
上乃詔趙群臣賓客有敢從王皆族	
	임금은 이에 조나라의 신하들과 빈객 가운데 감히 임금을 따른 자는 모두 멸족하게 하였다.
貫高與客孟舒等十餘人	관고와 빈객 맹서 등 10여 인은
皆自髡鉗	모두 스스로 머리를 밀고 칼을 쓴 채
爲王家奴	조왕의 가노가 되어
從來	따라 왔다.
貫高至	관고가 이르러
對獄	심문을 받자
曰	말하였다.
獨吾屬爲之	"다만 우리가 꾸민 일로
王實不知	왕께서는 정말 모르오."
吏治榜笞數千	옥리가 수천 대의 매질을 가하고

---

59 **정의** 수레 위에 널빤지를 붙이고 사방을 감옥 형태로 만들어 아교처럼 촘촘하게 하여 열 수 없게 하여 서울로 압송하여 보낸 것을 말한다.

刺剟[60]	송곳으로 찔러
身無可擊者	몸에 때릴 곳이 없을 지경이 되도록
終不復言	끝내 다시는 말을 하지 않았다.
呂后數言張王以魯元公主故	여후는 수차례나 장왕은 노원공주 때문에라도
不宜有此	이런 일을 하지 않았을 것이라고 하였다.
上怒曰	임금이 노하여 말하였다.
使張敖據天下	"장오가 천하를 차지하게 하였다면
豈少而女乎	네 딸 같은 사람이 어찌 적었겠느냐!"
不聽	듣지 않았다.
廷尉以貫高事辭聞	정위가 관고의 일을 보고하자
上曰	임금이 말하였다.
壯士	"장사로다!
誰知者	누구 아는 자가 있으면
以私問之[61]	사사로이 물어보라."
中大夫泄公曰[62]	중대부 설공이 말하였다.
臣之邑子	"신의 고을 사람이라
素知之	평소에 그를 잘 압니다.
此固趙國立名義不侵爲然諾者也	
	이 사람은 실로 조나라에서 명예와 의를 세워 믿음을 저버리지 않은 자입니다."

---

60 **집해** 서광은 말하였다. "음은 철[丁劣反]이다." **색은** 서광은 음이 철[丁劣反]이라 하였다. 철(剟) 또한 찌르는 것이다. 『한서』에는 '자설(刺爇)'로 되어 있으며, 장안은 "설(爇)은 불로 지지는 것이다."라 하였다. 『설문』에서는 "태우는 것이다."라 하였다. 응소(應劭)는 "쇠꼬챙이로 찌르는 것이다."라 하였다.

61 **집해** 찬은 말하였다. "사적인 정리로 묻는 것이다."

62 **정의** 설(泄)은 성이다. 사서(史書)에 설사(泄私)라는 사람이 있다.

上使泄公持節問之箯輿前[63]	임금은 설공에게 부절을 지니고 대나무 수레 앞에서 묻게 하였다.
仰視曰	우러러 보며 말하였다.
泄公邪	"설공인가?"
泄公勞苦如生平驩	설공은 평소처럼 기쁘게 대하면서 위로하고
與語	말을 나누면서
問張王果有計謀不	장왕이 과연 음모를 꾸몄는지의 여부를 물었다.
高曰	관고가 말하였다.
人情寧不各愛其父母妻子乎	"사람의 마음이 어찌 그 부모처자를 각기 사랑하지 않겠는가?
今吾三族皆以論死	지금 우리는 삼족이 모두 죽음을 따지는 판국인데
豈以王易吾親哉	어찌 왕으로 우리 친족을 바꾸겠는가!
顧爲王實不反	곧 왕께서는 실로 모반하지 않았으며
獨吾等爲之	우리만 그 일을 꾸몄네."
具道本指所以爲者王不知狀	그렇게 한 본뜻과 왕은 실상을 모른다는 것을 죄다 말하였다.
於是泄公入	이에 설공이 들어가
具以報	그대로 모두 알리니
上乃赦趙王	임금이 이에 조왕을 용서하였다.

---

63 집해 서광은 말하였다. "箯의 음은 편(鞭)이다." 내가 생각건대 위소는 "여(輿)는 지금의 여상(輿床)으로 사람이 싣고 가는 것이다."라 하였다. 색은 복건은 말하였다. "음은 편(編)이며, 대나무를 지금의 준(峻)과 같이 짠 것으로 청소를 할 수 있다." 하휴(何休)는 『공양전(公羊傳)』에 주석을 달고 "箳의 음은 준(峻)이다. 순(者)은 대나무 가마[竹箳]로, 일명 편(編)이라고도 하며, 제(齊)나라와 노(魯)나라 북쪽에서는 순(箳)이라고 한다."라 하였다. 곽박(郭璞)의 『삼창(三倉)』 주(注)에서는 "편여(箯輿)는 토기(土器)이다."라 하였다.

上賢貫高爲人能立然諾	임금은 관고의 사람됨이 믿음을 세울 수 있음을 어질게 여겨
使泄公具告之	설공으로 하여금 그에게 모두 알리게 하여
曰	말하였다.
張王已出	"장왕은 이미 풀려났네."
因赦貫高	이어서 관고도 용서하였다.
貫高喜曰	관고는 기뻐하며 말하였다.
吾王審出乎	"우리 왕께서 정말 풀려나셨는가?"
泄公曰	설공이 말하였다.
然	"그렇다네."
泄公曰	설공이 말하였다.
上多足下	"임금께서 그대를 좋게 보아
故赦足下	그대도 용서하셨네."
貫高曰	관고가 말하였다.
所以不死一身無餘者	"이 한 몸이 죽어 남지 않게 하지 않은 것은
白張王不反也	장왕이 모반을 하지 않았음을 말하고자 해서였네.
今王已出	지금 왕께서 이미 풀려나시어
吾責已塞	내 책임은 이미 다 채워졌으니
死不恨矣	죽어도 한이 없을 것이네.
且人臣有篡殺之名	또한 신하로서 (임금을) 죽이고 찬탈하려 했다는 죄명을 가지고
何面目復事上哉	무슨 면목으로 다시 윗사람을 섬기겠는가!
縱上不殺我	임금께서 나를 죽이지 않는다 하더라도
我不愧於心乎	내 마음에 부끄럽지 않겠는가?"
乃仰絶肮	이에 고개를 들고 경정맥을 끊어

逐死[64]	마침내 죽었다.
當此之時	바로 이때
名聞天下	명성이 천하에 알려졌다.

張敖已出	장오는 풀려나자
以尙魯元公主故	노원공주의 배필이라 하여
封爲宣平侯[65]	선평후에 봉하여졌다.
於是上賢張王諸客	이에 임금은 장왕의 여러 빈객을 현명하게 여겨
以鉗奴從張王入關	칼을 쓴 종으로 장왕을 따라 관에 들어온 사람들로
無不爲諸侯相郡守者	제후의 재상과 군사가 되지 않은 자가 없었다.
及孝惠高后文帝孝景時	효혜제와 고후, 문제, 효경제 때는
張王客子孫皆得爲二千石	장왕의 빈객들의 자손들이 모두 2천 석(石)의 관직이 되었다.

| 張敖 | 장오는 |
| 高后六年薨[66] | 고후[高后, 여후(呂后)] 6년에 죽었다. |

---

64 【집해】 위소는 말하였다. "항(肮)은 목구멍이다." 【색은】 소림(蘇林)은 말하였다. "항(肮)은 경정맥인데, 속칭 호맥(胡脈)이라 하며, 음은 항[下郞反]이다." 소해(蕭該)는 혹은 음을 항[下浪反]이라고도 한다고 하였다.

65 【색은】 위소는 말하였다. "상(尙)은 받든다[奉]는 뜻이다. 감히 취하였다고 말하지 못한 것이다." 최호는 말하였다. "공주를 받들어 섬긴 것이다." 소안(小顔)은 말하였다. "상(尙)은 배필이다. 『주역』에서는 '중용의 덕행에서 상을 얻는다(得尙于中行).'라 하였는데, 왕필(王弼)은 또한 상(尙)을 배(配)라 하였다. 아마 그 뜻이 아닐 것이다."

66 【집해】 『관중기(關中記)』에서는 말하였다. "장오의 무덤은 안릉(安陵)의 동쪽에 있다." 【정의】 노원공주 무덤은 함양현(咸陽縣) 서북쪽 25리 지점에 있으며, 바로 동쪽에 장오의 무덤이 있는데 공주와는 같은 영역이다. 또한 장이의 무덤은 함양현(咸陽縣) 동쪽 30리 지점에 있다.

子偃爲魯元王	아들 언(偃)은 노원왕이 되었다.
以母呂后女故	모친이 여후의 딸이었기 때문에
呂后封爲魯元王[67]	여후가 노원왕에 봉하였다.
元王弱	원왕은 어린 데다
兄弟少	형제가 적어
乃封張敖他姬子二人	이에 장오의 다른 희첩의 아들 두 사람을 봉하 였는데,
壽爲樂昌侯[68]	수는 악창후가 되었고
侈爲信都侯	치는 신도후가 되었다.
高后崩	고후가 죽자
諸呂無道	여씨들이 무도하여
大臣誅之	대신들이 그들을 죽이고
而廢魯元王及樂昌侯信諸侯	노원왕 및 악창후와 신도후를 폐하였다.
孝文帝卽位	효문제가 즉위하자
復封故魯元王偃爲南宮侯	옛 노원왕 언을 다시 남궁후에 봉하여
續張氏[69]	장씨를 이었다.
太史公曰	태사공은 말한다.
張耳陳餘	장이와 진여는
世傳所稱賢者	세상에서 대대로 현명하다고 일컫는 자이며,

---

67 색은 언(偃)이 그 모친 때문에 봉하여졌다는 것을 말한다.

68 집해 서광은 말하였다. "『한기(漢紀)』「장포전(張酺傳)」에서는 장오의 아들 수는 악창후에 봉하였고, 세양(細陽)의 지양향(池陽鄉)을 식읍으로 하였다고 하였다."

69 집해 장오의 시호는 무후(武侯)이다. 장언의 손자가 죄를 지어 끊어졌다. 신도후는 이름이 치(侈)이고, 악창후는 이름이 수(壽)이다.

其賓客廝役	빈객과 일꾼들까지도
莫非天下俊桀	천하의 준걸이 아닌 자들이 없었으며
所居國無不取卿相者	거처한 나라에서 경상(卿相)으로 취하지 않은 자가 없었다.
然張耳陳餘始居約時⁷⁰	그러나 장이와 진여가 처음에 빈천했을 때는
相然信以死	서로 죽음으로 승낙하고 믿었으니
豈顧問哉⁷¹	어찌 돌아보며 물었겠는가?
及據國爭權	나라를 차지하고 권력을 다투자
卒相滅亡	마침내 서로 멸망시켰으니
何鄕者相慕用之誠	어째서 저번에는 서로 앙모하고 신뢰함이 그렇게 성의를 다하다가
後相倍之戾也	나중에는 서로 배신하여 어그러졌단 말인가!
豈非以勢利交哉⁷²	어찌 권세와 재리로 사귄 것이 아니겠는가?
名譽雖高	명예가 아무리 높고
賓客雖盛	빈객이 아무리 많은들
所由殆與大伯延陵季子異矣	말미암은 위태로움은 태백이나 연릉계자와는 다를 것이다.

70 집해 『한서음의(漢書音義)』에서는 "빈천했을 때이다."라 하였다.

71 색은 (東晉)갈홍(葛洪)의 『요용자원(要用字苑)』에서는 "연(然) 자는 이(爾) 자와 같다."고 하였다. 서로 어울리고 함께 승낙함이 어째서인가라는 말이다. 응낙하고 답하여 서로 믿어서 비록 죽는다 하더라도 돌아보지 않는 것을 말한다.

72 색은 어떤 판본에는 "사사로운 이익으로 다스린다."라 하였고, 『한서』에서는 "권세와 이익"이라 하였으므로 「염파전(廉頗傳)」에서는 "천하는 저자의 도로 사귀는 것이니 그대가 권세가 있으면 나는 그대를 따르고, 그대가 권세가 없으면 떠나 그 이치가 실로 이러하다 (天下以市道交, 君有勢則從君, 無勢則去, 此固其理)."라 한 것이다.

魏豹者	위표는
故魏諸公子也	옛 위나라의 여러 공자 중 하나이다.
其兄魏咎[1]	그 형 위구는
故魏時封爲寧陵君[2]	옛 위나라 때 영릉군에 봉하여졌다.
秦滅魏	진나라가 위나라를 멸하자
遷咎爲家人	위구를 평민으로 옮겼다.
陳勝之起王也[3]	진승이 왕으로 서자
咎往從之	위구는 가서 그를 좇았다.
陳王使魏人周市徇魏地	진왕은 위나라 사람 주불(周市)로 하여금 위나라 땅을 치게 하고
魏地已下	위나라가 이미 함락되자
欲相與立周市爲魏王	서로 주불을 위나라 왕으로 세우고자 했다.
周市曰	주불이 말하였다.
天下昏亂	"천하가 혼란해지면
忠臣乃見[4]	충신이 이에 나타납니다.

---

1 **색은** 「팽월전(彭越傳)」에서는 "위표(魏豹)는 위왕(魏王) 구(咎)의 종제이니 실로 위나라의 후손이다."라 하였다.

2 **색은** 진작(晉灼)은 "영릉(寧陵)은 양(梁)나라의 현으로 곧 지금의 영릉이 이곳이다."라 하였다.

3 **정의** 王의 음은 왕[于放反]이다.

今天下共畔秦	지금 천하에서 함께 진나라에 반기를 드니
其義必立魏王後乃可	의리상 반드시 위왕의 후손을 세워야 옳을 것입니다."
齊趙使車各五十乘	제나라와 조나라는 수레 각기 50승으로
立周市爲魏王	주불을 위왕으로 세웠다.
市辭不受	주불이 사양하고 받지 않자
迎魏咎於陳	진나라에서 위구를 맞이하였다.
五反	다섯 번이나 돌아가자
陳王乃遣立咎爲魏王⁵	진왕은 사람을 보내어 위구를 위왕으로 세웠다.

章邯已破陳王	장함은 진왕을 깨뜨린 뒤에
乃進兵擊魏王於臨濟⁶	군사를 진격시켜 임제에서 위왕을 쳤다.
魏王乃使周市出請救於齊楚	위왕은 이에 주불로 하여금 제나라와 초나라에 구원을 청하였다.
齊楚遣項它田巴⁷將兵隨市救魏	
	제나라와 초나라는 항타와 전파를 보내어 군사를 거느리고 주불을 따라 위나라를 구원하였다.
章邯遂擊破殺周市等軍	장함은 마침내 주불 등의 군사를 격파하여 죽이고
圍臨濟	임제를 에워쌌다.
咎爲其民約降	위구는 그 백성 때문에 항복을 약속했다.

---

4 **색은** 『노자(老子)』(제18장)에서는 "나라가 혼란해지니 충신이 있게 되었다(國家昏亂有忠臣)."라 하였는데, 여기서 취하여 말하였다.

5 **집해** 서광(徐廣)은 말하였다. "원년 12월이다."

6 **정의** 옛 성은 임치(淄州) 고원현(高苑縣) 북쪽 2리 지점에 있는데, 본래 한(漢)나라의 현이었다.

7 **색은** 항타(項它)는 초나라의 장수이고, 전파(田巴)는 제나라의 장수이다.

約定	약속이 정하여지자
咎自燒殺	위구는 스스로 분신하여 자살했다.
魏豹亡走楚[8]	위표는 도망쳐서 초나라로 달아났다.
楚懷王予魏豹數千人	초회왕은 위표에게 수천 명을 주어
復徇魏地	다시 위나라 땅을 수복하게 하였다.
項羽已破秦	항우는 이미 진나라를 깨뜨리고
降章邯	장함을 항복시켰다.
豹下魏二十餘城	위표가 위나라의 20여 성을 함락시키자
立豹爲魏王	위표를 위왕으로 세웠다.
豹引精兵從項羽入關	위표는 정병을 인솔하여 항우를 따라 관으로 들어갔다.
漢元年	한나라 원년에
項羽封諸侯	항우는 제후를 봉하였는데
欲有梁地	양나라 땅을 차지하고자 하여
乃徙魏王豹於河東	이에 위왕 표(豹)를 하동으로 옮기고
都平陽[9]	평양에 도읍을 정하여
爲西魏王	서위왕으로 삼았다.
漢王還定三秦	한왕이 돌아와 삼진을 평정하고
渡臨晉[10]	임진을 건너자
魏王豹以國屬焉	위왕 표는 나라를 가지고 귀속하였으며

---

8 **집해** 서광은 말하였다. "2년 6월이다."

9 **정의** 지금의 진주(晉州)이다.

10 **정의** 임진(臨晉)은 동주(同州) 조읍현(朝邑縣)의 경계에 있다.

遂從擊楚於彭城	마침내 (한왕을) 따라 팽성에서 초나라를 쳤다.
漢敗	한나라가 패하여
還至滎陽	형양으로 물러나자
豹請歸視親病	위표는 돌아가 어버이의 병을 돌보기를 청하여
至國	나라에 이르자
即絶河津畔漢	즉시 황하의 나루를 끊고 한나라를 배반하였다.
漢王聞魏豹反	한왕은 위표가 배반했다는 것을 듣고도
方東憂楚	바야흐로 동으로 초나라가 걱정되어
未及擊	미처 치지 못하고
謂酈生曰	역생에게 말하였다.
緩頰往說魏豹	"위표에게 좋은 말로 가서 타일러
能下之	항복시킬 수 있으면
吾以萬戶封若	내 그대를 만 호에 봉하겠다."
酈生說豹	역생이 위표에게 말하였다.
豹謝曰	위표는 사례하며 말하였다.
人生一世間	"사람이 한세상을 사는 것은
如白駒過隙耳[11]	흰 망아지가 문틈을 지나가는 것과 같을 따름이오.
今漢王慢而侮人	지금 한왕은 오만하고 남을 업신여겨
罵詈諸侯群臣如罵奴耳	제후의 뭇 신하들에게 욕을 해대는 것이 종을 욕하는 것과 같고

---

11 색은 『장자(莊子)』「도척(盜跖)」에서는 "천리마가 틈 사이로 빠르게 지나가는 것과 다름 없다(無異騏驥之馳過隙)."라 하였으니, 곧 말을 이른다. 소안(小顔)은 "백구(白駒)는 해의 그 림자를 말한다. 극(隙)은 벽의 틈새이다."라 하였다. 빠르기가 햇빛이 벽의 틈 사이를 지나 가는 것과 같다는 말이다.

196

非有上下禮節也	상하의 예절이라고는 없으니
吾不忍復見也	내 차마 다시 보지 않을 것이오."
於是漢王遣韓信擊虜豹於河東[12]	이에 한왕은 한신을 보내 하동에서 위표를 쳐서 사로잡아
傳詣滎陽	역의 수레로 형양에 보냈으며
以豹國爲郡[13]	위표의 나라를 군으로 삼았다.
漢王令豹守滎陽	한왕은 위표에게 형양을 지키게 하였다.
楚圍之急	초나라가 에워싸 위급해지자
周苛遂殺魏豹	주가는 마침내 위표를 죽였다.

彭越者	팽월은
昌邑人也[14]	창읍 사람으로
字仲	자(字)는 중(仲)이다.
常漁鉅野澤中	늘 거야택(鉅野澤)에서 고기를 잡았으며
爲群盜	도적 떼가 되었다.
陳勝˙項梁之起	진승과 항량이 군사를 일으키자
少年或謂越曰	젊은이 가운데 누가 팽월에게 말하였다.
諸豪桀相立畔秦	"호걸들이 서로 일어서 진나라에 반란을 일으키니
仲可以來	그대도 와서

---

12 【집해】 서광은 말하였다. "2년 9월이다."

13 【집해】 「고조본기(高祖本紀)」에서는 말하였다. "세 군을 설치하였는데 하동(河東)과 태원(太原), 상당(上黨)이다."

14 【정의】 한무제(漢武帝)는 산양(山陽)을 창읍국(昌邑國)으로 바꾸었는데, 양구향(梁丘鄕)이 있다. 양구의 옛 성은 조주성(曹州城) 무현(武縣) 동북쪽 33리 지점에 있다.

亦效之	또한 본받을 만하오."
彭越曰	팽월이 말하였다.
兩龍方鬪	"두 용이 바야흐로 싸우고 있으니
且待之	잠시 기다려보겠다."
居歲餘	한해 남짓 있다가
澤閒少年相聚百餘人	못 안의 젊은이들이 백여 명을 모아
往從彭越	가서 팽월을 따르며
曰	말하였다.
請仲爲長	"중(仲)을 우두머리로 합시다."
越謝曰	팽월은 사양하며 말하였다.
臣不願與諸君	"저는 여러분들과 함께하기를 바라지 않습니다."
少年彊請	젊은이들이 억지로 청하자
乃許	이에 허락하였다.
與期旦日日出[15]會	다음 날 아침에 해가 뜨면 만나기로 하였는데
後期者斬	기약에 늦는 자는 참수하기로 했다.
旦日日出	다음 날 아침에 해가 떠오르자
十餘人後	10여 명이 늦었으며
後者至日中	가장 늦은 자는 한낮에 이르렀다.
於是越謝曰	이에 팽월이 사양하여 말하였다.
臣老	"저는 늙어서
諸君彊以爲長	여러분들이 억지로 우두머리로 삼았소.
今期而多後	이제 기약을 하고서도 늦은 자가 많은데

---

15 색은 단일(旦日)은 다음 날 아침 해가 뜰 때를 말한다.

不可盡誅	다 죽일 수는 없으니
誅最後者一人	가장 늦은 사람 한 사람만 죽이겠소."
令校長斬之	교장에게 그의 목을 베게 하였다.
皆笑曰	모두 웃으며 말하였다.
何至是	"어쩌다 이렇게 되었지?
請後不敢	다음에는 감히 이렇게 하지 않겠다고 청하자."
於是越乃引一人斬之	이에 팽월은 곧 한 사람을 끌어내 목을 베고
設壇祭	제단을 만들어
乃令徒屬	이에 무리들에게 명령하였다.
徒屬皆大驚	무리들이 모두 크게 놀라
畏越	팽월을 두려워하여
莫敢仰視	감히 고개를 들고 쳐다보지 못했다.
乃行略地	이에 가면서 땅을 빼앗고
收諸侯散卒	제후의 흩어진 군사를 거두어
得千餘人	천여 명을 얻었다.
沛公之從碭北¹⁶擊昌邑	패공이 탕현 북쪽에서 창읍을 치자
彭越助之	팽월이 도와주었다.
昌邑未下	창읍이 아직 함락되지 않았는데
沛公引兵西	패공은 군사를 끌고 서쪽으로 갔다.
彭越亦將其衆居鉅野中	팽월 또한 그 무리를 거느리고 거야에 머물면서
收魏散卒	위나라의 패잔병들을 거두어들였다.
項籍入關	항적이 관으로 들어가

---

16 **정의** 碭의 음은 탕[徒郎反]이다. 송주(宋州) 탕산현(碭山縣)이다.

王諸侯	제후들을 분봉하여
還歸	(봉지로) 돌아가자
彭越衆萬餘人毋所屬	팽월의 무리 만여 명은 소속이 없어졌다.
漢元年秋	한나라 원년 가을에
齊王田榮畔項王	제왕 전영이 항왕에게 반기를 들자
(漢)乃使人賜彭越將軍印	(한나라는) 이에 사람을 시켜 팽월에게 장군의 인장을 내리고
使下濟陰以擊楚	제음으로 내려가 초나라를 치게 하였다.
楚命蕭公角¹⁷將兵擊越	초나라는 소공각에게 군사를 거느리고 팽월을 치게 하였는데
越大破楚軍	팽월은 초군을 대파했다.
漢王二年春	한왕은 2년(B.C. 205) 봄에
與魏王豹及諸侯東擊楚	위왕 표 및 제후들과 함께 동으로 초나라를 쳤는데
彭越將其兵三萬餘人歸漢於外黃	
	팽월은 그 군사 3만여 명을 거느리고 외황에서 한나라에 귀순하였다.
漢王曰	한왕이 말하였다.
彭將軍收魏地得十餘城	"팽 장군은 위나라 땅에서 10여 개의 성을 거두어 얻어
欲急立魏後	급히 위나라의 후대를 세웠으면 하오.
今西魏王豹亦魏王咎從弟也	지금 서위왕 표(豹) 또한 위왕 구(咎)의 종제이니
眞魏後	실로 위나라의 후예요."
乃拜彭越爲魏相國	이에 팽월을 위나라의 상국으로 임명하고

---

17 **정의** 소현(蕭縣)의 현령이다. 초나라에서는 현령을 공(公)이라 하였으며, 각(角)은 이름이다.

擅將其兵[18]	그 군사를 하고 싶은 대로 하게 해서
略定梁地	양나라 북쪽을 쳐서 안정시키게 하였다.
漢王之敗彭城解而西也	한왕이 팽성에서 패하여 흩어져 서쪽으로 향하자
彭越皆復亡其所下城	팽월도 다시 함락시켰던 성을 잃고
獨將其兵北居河上[19]	홀로 그 군사를 거느리고 북쪽으로 가 하상에 머물렀다.
漢王三年	한왕 3년(B.C. 204)에
彭越常往來爲漢游兵擊楚	팽월은 늘 왕래하면서 한나라의 유격대가 되어 초나라를 쳐서
絕其後糧於梁地	양나라 땅에서 그(초나라) 후방의 식량을 끊었다.
漢四年冬	한나라 4년(B.C. 203) 겨울에
項王與漢王相距滎陽	항왕은 한왕과 형양에서 대치하고 있었는데
彭越攻下睢陽外黃十七城[20]	팽월이 수양(睢陽)과 외황의 성 17개를 쳐서 떨어뜨렸다.
項王聞之	항우는 듣고
乃使曹咎守成皋[21]	이에 조구로 하여금 성고를 지키게 하고
自東收彭越所下城邑	직접 동쪽으로 가서 팽월이 함락시킨 성읍을 거두어
皆復爲楚[22]	모두 다시 초나라 땅으로 삼았다.

---

18 **색은** 천(擅)은 전(專)과 같다.
19 **정의** 활주(滑州)의 황하 가이다.
20 **정의** 수양(睢陽)은 송주(宋州)의 본성이다. 외황(外黃)은 변주(汴州) 옹구현(雍丘縣) 동쪽에 있다.
21 **정의** 곧 하남부(河南府) 범수(氾水)이다.
22 **정의** 爲의 음은 위[于僞反]이다.

越將其兵北走穀城[23]	팽월은 그 군사를 거느리고 북으로 곡성으로 달아났다.
漢五年秋	한나라 5년(B.C. 202) 가을에
項王之南走陽夏[24]	항왕이 남으로 양가로 달아나자
彭越復下昌邑旁二十餘城	팽월은 다시 창읍 곁의 20여 개 성을 함락시켰으며
得穀十餘萬斛	양곡 10여만 휘(斛)를 얻어
以給漢王食	한왕에게 양식으로 대주었다.
漢王敗	한왕이 패하자
使使召彭越幷力擊楚	사자를 보내 팽월을 불러 힘을 합쳐 초나라를 공격하게 하였다.
越曰	팽월이 말하였다.
魏地初定	"위나라 땅은 막 안정되었고
尙畏楚	아직도 초나라를 두려워하니
未可去	아직 떠날 수 없습니다."
漢王追楚	한왕은 초나라를 추격하였으나
爲項籍所敗固陵[25]	항적에게 고릉에서 패하였다.
乃謂留侯曰	이에 유후에게 일러 말하였다.
諸侯兵不從	"제후의 군사들이 따르지 않으니
爲之柰何	이를 어찌하면 되겠는가?"
留侯曰	유후가 말하였다.

---

23 **정의** 곧 제주(齊州) 동아현(東阿縣) 동쪽 26리 지점이다.

24 **정의** 夏는 가[古雅反]로 읽는다. 진주(陳州) 태강현(太康縣)이다.

25 **정의** 고릉(固陵)은 지명으로, 진주(陳州) 원구현(宛丘縣) 서북쪽 32리 지점에 있다.

齊王信之立	"제왕 한신이 선 것은
非君王之意	군왕의 뜻이 아니며
信亦不自堅	한신도 스스로 확신하지 못할 것입니다.
彭越本定梁地	팽월은 본래 양나라 땅을 평정하여
功多	공이 많았으며
始君王以魏豹故	처음에 군왕께서는 위표 때문에
拜彭越爲魏相國	팽월을 위나라 상국에 임명하였습니다.
今豹死毋後	지금 위표는 죽고 후사가 없어서
且越亦欲王	팽월 또한 왕이 되려고 하는데
而君王不蚤定	군왕께서는 일찍 정하지 마십시오.
與此兩國約	이 두 나라와 약정을 하도록 하십시오.
即勝楚	곧 초나라를 이기면
睢陽以北至穀城²⁶	수양 북쪽에서 곡성까지는
皆以王彭相國	모두 그것으로 팽 상국을 왕으로 삼을 것이며,
從陳以東傅海²⁷	진 동쪽에서 바닷가까지는
與齊王信	제왕 신에게 주십시오.
齊王信家在楚	제왕 신은 집이 초나라에 있으니
此其意欲復得故邑	이에 그 뜻은 옛 고을을 다시 얻으려 할 것입니다.
君王能出捐此地許二人	군왕께서 이 땅을 내어주어 이 두 사람에게 허락하실 수만 있다면

---

26 **정의** 송주(宋州) 이북에서 운주(鄆州) 이서까지인 저(曹)와 복(濮), 변(汴), 활(滑)을 모두 팽월에게 주는 것이다.

27 **집해** 傅의 음은 부(附)이다. **색은** 傅의 음은 부(附)이다. **정의** 진(陳)과 영주(潁州) 북쪽의 동쪽과 박(亳)과 사(泗), 서(徐) 회북(淮北)의 땅, 동으로 바다까지, 아울러 회남(淮南)과 회음(淮陰)의 읍까지를 모두 한신에게 주는 것이다. 한신은 또한 먼저 옛 제나라의 옛 땅을 가졌다.

二人今可致	두 사람은 당장 이를 수 있을 것이며,
即不能	할 수 없다면
事未可知也	일은 알 수가 없습니다.”
於是漢王乃發使使彭越	이에 한왕은 곧 사자를 팽월에게 보내고
如留侯策	유후의 계책대로 하였다.
使者至	사자가 이르자
彭越乃悉引兵會垓下[28]	팽월은 즉시 군사를 모두 이끌고 해하에서 만나
遂破楚	마침내 초나라를 깨뜨렸다.
(五年)項籍已死	(5년에) 항적이 이미 죽었다.
春	봄에
立彭越爲梁王	팽월을 양왕으로 세우고
都定陶[29]	정도를 도읍으로 하였다.
六年	6년(B.C. 201)에
朝陳	진군에서 (한왕을) 조현하였다.
九年	9년(B.C. 198)과
十年	10년(B.C. 197)에
皆來朝長安	모두 장안으로 와서 조현하였다.
十年秋	10년 가을에
陳豨反代地	진희가 대(代) 땅에서 반란을 일으키자
高帝自往擊	고제(高帝)가 직접 가서 쳤는데

---

28 정의 박주(亳州)에 있다.
29 정의 조주(曹州)이다.

至邯鄲	한단에 이르러
徵兵梁王	양왕에게 군사를 징집하게 하였다.
梁王稱病	양왕은 병이 났다 하고
使將將兵詣邯鄲	장수로 하여금 군사를 거느리고 한단에 이르게 하였다.
高帝怒	고제는 노하여
使人讓梁王	사람을 보내어 양왕을 꾸짖게 하였다.
梁王恐	양왕은 두려워하여
欲自往謝	직접 가서 사죄하고자 하였다.
其將扈輒曰	그의 장수인 호첩이 말하였다.
王始不往	"왕께서는 처음에는 가시지 않다가
見讓而往	꾸지람을 받고서야 가시는데
往則爲禽矣	가신다면 사로잡히실 것입니다.
不如遂發兵反	결국 군사를 일으켜 반란을 일으킴만 못합니다."
梁王不聽	양왕은 듣지 않고
稱病	병이라 칭탁하였다.
梁王怒其太僕	양왕은 그의 태복에게 노하여
欲斬之	참살하려 하였다.
太僕亡走漢	태복은 한나라로 도망쳐 달아나
告梁王與扈輒謀反	양왕과 호첩이 모반하였다고 일러바쳤다.
於是上使使掩梁王	이에 임금은 사신으로 하여금 양왕을 엄습하게 하였는데
梁王不覺	양왕은 깨닫지 못하였으며
捕梁王	양왕을 체포하여
囚之雒陽	가두어 낙양으로 보냈다.

有司治反形己具[30]	유사가 심문해 보니 반란죄의 형세가 이미 갖추어졌으므로
請論如法	법대로 논할 것을 청하였다.
上赦以爲庶人	임금은 용서하여 서민으로 삼아
傳處蜀青衣[31]	역거로 촉나라의 청의에 가서 처하게 하였다.
西至鄭[32]	서쪽으로 정나라에 이르러
逢呂后從長安來	여후가 장안에서 오는 것을 만났는데
欲之雒陽	낙양으로 가려 하다가
道見彭王	길에서 팽왕을 만났다.
彭王爲呂后泣涕	팽왕은 여후에게 눈물을 흘려 보이고
自言無罪	죄가 없다고 스스로 말하고는
願處故昌邑	옛 창읍에 살게 해주기를 바랐다.
呂后許諾	여후가 허락하고
與俱東至雒陽	함께 동쪽으로 낙양에 이르렀다.
呂后白上曰	여후가 임금에게 말하였다.
彭王壯士	"팽왕은 장사이니
今徙之蜀	지금 그를 촉으로 옮기면
此自遺患[33]	이는 스스로 후환을 남기는 것이니

---

30 **집해** 장안(張晏)은 말하였다. "호첩(扈輒)이 팽월에게 반란을 일으키도록 권하였으나 듣지 않았는데도 '반란의 형세가 이미 드러났다.'고 한 것은 유사가 아니라고 여긴 것이다." 찬(瓚)은 말하였다. "호첩이 팽월에게 반기를 들 것을 권하였으나 팽월이 호첩을 죽이지 않은 것이 반란의 형세가 이미 갖추어진 것이다."

31 **집해** 문영(文穎)은 말하였다. "청의(青衣)는 현의 이름으로 촉(蜀) 지방에 있다." 찬(瓚)은 말하였다. "곧 지금의 한가(漢嘉)이다." **색은** 소림(蘇林)은 말하였다. "현 이름으로 지금의 임공(臨邛)이다." 찬(瓚)은 말하였다. "곧 지금의 한가(漢嘉)이다."

32 **색은** 「지리지(地理志)」에서는 정(鄭)은 경조(京兆)에 속한다 하였다. **정의** 화주(華州)이다.

33 **정의** 앞의 글자는 음이 예[唯季反]이다.

不如遂誅之	결국 죽임만 못합니다.
妾謹與俱來	첩이 삼가 함께 왔습니다.”
於是呂后乃令其舍人彭越復謀反	
	이에 여후는 곧 그 사인을 시켜 팽월이 다시 모반하게끔 하였다.
廷尉王恬開奏請族之	정위 왕염개가 그를 멸족시킬 것을 주청하였다.
上乃可	임금은 이에 옳다 하고
遂夷越宗族	마침내 팽월의 종족을 멸족시켰으며
國除	봉국도 없앴다.
太史公曰	태사공은 말한다.
魏豹彭越雖故賤	위표와 팽월은 비록 매우 천하였으나
然已席卷千里[34]	이미 천 리를 석권하고
南面稱孤	남면하여 고(孤)라 칭하였으며
喋血[35]乘勝日有聞矣	피를 밟고 승세를 타서 날로 알려졌다.
懷畔逆之意	반역할 뜻을 품었다가
及敗	패하여서는
不死而虜囚	죽지 않고 포로로 잡혀
身被刑戮	몸은 형벌을 당하였으니
何哉	어째서이겠는가?

---

34 정의 위나라의 땅은 넓기가 천 리인데 자리를 말았다 폈다 하듯 하였다는 말이다.

35 집해 서광은 말하였다. “첩(喋)은 ‘삽(唼)’ 자로 된 판본도 있다. 「한전(韓傳)」에도 ‘첩혈(喋血)’이라는 말이 있다.” 색은 음은 첩(牒)이다. 첩(喋)은 밟는다는 뜻과 같다. 적을 죽이어 피를 밟고 가는 것으로 「효문기(孝文紀)」의 “경사에서 피를 밟았다(喋血京師).”는 것이 바로 이를 말한다.

中材已上且羞其行	중재 이상이라면 또 그 행실을 부끄럽게 여길 것인데
況王者乎	하물며 왕자이겠는가!
彼無異故	저기에는 다른 까닭이 없고
智略絶人	지략이 남보다 뛰어났지만
獨患無身耳	다만 자신의 몸이 없어질까 두려워했을 따름이다.
得攝尺寸之柄	한 자 한 치의 (사소한) 권력을 잡고
其雲蒸龍變	구름으로 증발하고 용으로 변하여
欲有所會其度	그 헤아림을 이룸을 가지고자 하였으므로
以故幽囚而不辭云	그런 까닭에 깊숙이 갇히는 것도 마다하지 않았던 것이다.

黥布者	경포(黥布)는
六人也¹	육현 사람으로
姓英氏²	성은 영씨(英氏)이다.
秦時爲布衣	진나라 때는 포의의 평민이었다.
少年	젊었을 때
有客相之曰	어떤 나그네가 그의 관상을 보고 말하였다.
當刑而王	"형을 당하면 왕이 될 것이다."
及壯	장성해지자
坐法黥	죄를 지어 묵형에 처해졌다.
布欣然笑曰	영포(英布)는 기뻐하며 말하였다.
人相我當刑而王	"어떤 사람이 내 관상을 보고 형을 받으면 왕이 된다 하였는데

---

1 **색은** 「지리지(地理志)」에는 여강(廬江)에 육현(六縣)이 있다. 소림(蘇林)은 "지금의 육안(六安)이다."라 하였다.

2 **색은** 경포의 본래 성은 영(英)이다. 영은 나라 이름으로 고요(皐繇)의 후예이다. 영포가 젊었을 때 어떤 사람이 관상을 보고 말하기를 "형벌을 받으면 왕이 된다."라 하였으므로 『한잡사(漢雜事)』에서 "영포가 성을 경(黥)으로 바꾼 것은 싫어하는 것으로 성을 삼은 것이다."라 하였다. **정의** 옛 육성(六城)은 수주(壽州) 안풍현(安豐縣) 서남쪽 백30리 지점에 있다. 경포가 회남왕(淮南王)에 봉하여지자 육(六)을 도읍으로 삼았는데 바로 이 성이다. 또한 『춘추전(春秋傳)』에서는 육(六)과 요(蓼)는 고요의 후예로 아마 영(英)과 육(六)에 봉하여졌을 것이므로, 아마 영(英)이 나중에 요(蓼)로 바뀌었을 것이다.

幾是乎[3]	거의 이렇게 되지 않겠는가?"
人有聞者	들은 사람들은
共俳笑之[4]	모두 놀려대며 비웃었다.
布已論輸麗山[5]	영포는 이미 판결을 받아 여산으로 보내졌는데
麗山之徒數十萬人	여산의 무리는 수십만 명이었고
布皆與其徒長豪桀交通	영포는 도졸의 우두머리 및 호걸들과 교유를 맺어 왕래하다가
迺率其曹偶[6]	이에 그 무리들을 이끌고
亡之江中爲群盜	장강으로 도망쳐 도둑 떼가 되었다.
陳勝之起也	진승이 일어서자
布迺見番君	영포는 곧 파군을 찾아보고
與其眾叛秦	그 무리들과 진나라에 반기를 들고
聚兵數千人	군사 수천 명을 모았다.
番君以其女妻之	파군은 그 딸을 아내로 주었다.
章邯之滅陳勝	장함이 진승을 멸하고
破呂臣軍	여신의 군사를 깨뜨리자
布乃引兵北擊秦左右校	영포는 이에 군사를 이끌고 북으로 진나라의

3 **집해** 서광(徐廣)은 말하였다. "기(幾)는 어떤 판본에는 '기(豈)'로 되어 있다." 내가 생각건 대 기(幾)는 가깝다는 뜻이다. **색은** 배인(裴駰)은 "신찬(臣瓚)은 음이 기(機)라 하였다. 기 (幾)는 가깝다는 뜻이다."라 하였다. (前漢 陸賈의) 『초한춘추(楚漢春秋)』에서 "아마 이렇게 되지 않겠는가?(豈是乎)"라 하였으므로 서광이 어떤 판본에는 '기(豈)'로 되어 있다고 하였 다. 유씨(劉氏)는 '기(祈)'라고 하였는데, 기(祈)라는 것은 어사(語辭)로 역시 뜻이 통한다.

4 **색은** 무리들이 함께 광대[俳優]라고 비웃은 것을 말한다.

5 **정의** 영포가 묵형을 받고 여산에서 능을 만드는 부역형 판결이 났다는 뜻이다. 당시 회계 군(會稽郡)에서 죄수들을 날랐다.

6 **색은** 조(曹)는 무리라는 뜻이다. 우(偶)는 유(類)의 뜻이다. 같은 무리라는 뜻이다.

	좌우 교위를 쳐서
破之淸波	청파에서 깨뜨리고
引兵而東	군사를 이끌고 동쪽으로 갔다.
聞項梁定江東會稽[7]	항량이 강동의 회계를 평정했다는 말을 듣고
涉江而西	장강을 건너 서쪽으로 갔다.
陳嬰以項氏世爲楚將	진영이 항씨는 대대로 초나라의 장수였다고 하여
迺以兵屬項梁	곧 군사를 거느리고 항량에게 귀속하여
渡淮南	회남을 건너자
英布蒲將軍亦以兵屬項梁	영포와 포(蒲) 장군도 군사를 거느리고 항량에게 귀속하였다.
項梁涉淮而西	항량은 회수를 건너 서진하여
擊景駒秦嘉等	경구와 진가 등을 쳤는데
布常冠軍	영포가 늘 선두였다.
項梁至薛[8]	항량이 설(薛)에 이르러
聞陳王定死	진왕이 확실히 죽었음을 듣자
迺立楚懷王	곧 초회왕을 세웠다.
項梁號爲武信君	항량은 무신군이라 불렸으며
英布爲當陽君[9]	영포는 당양군이 되었다.
項梁敗死定陶	항량은 정도에서 패하여 죽고
懷王徙都彭城	회왕은 팽성으로 도읍을 옮겼으며
諸將英布亦皆保聚彭城	영포 등의 장수들도 모두 팽성을 지키려고 모였다.

---

7 **정의** 이때 회계군(會稽郡)의 치소는 오(吳)나라 합려(闔閭)의 성에 있었다.
8 **정의** 설(薛)의 옛 성은 서주(徐州) 승현(滕縣)의 경계에 있다.
9 **정의** 남군(南郡)은 당양현(當陽縣)이다.

當是時	이때
秦急圍趙	진나라는 급히 조나라를 에워쌌는데
趙數使人請救	조나라는 수차례 사람을 보내 구원을 청하였다.
懷王使宋義爲上將	회왕은 송의를 상장으로 삼고
范曾爲末將	범증은 말장으로
項籍爲次將	항적은 차장으로
英布蒲將軍皆爲將軍	영포와 포 장군은 다 장군으로 삼아
悉屬宋義	모두 송의에게 귀속시켜
北救趙	북으로 가서 조나라를 구원하였다.
及項籍殺宋義於河上	항적이 황하의 가에서 송의를 죽이자
懷王因立籍爲上將軍	회왕은 이에 항적을 상장군으로 세웠으며
諸將皆屬項籍	여러 장수들은 모두 항적에게 귀속되었다.
項籍使布先渡河擊秦	항적은 영포로 하여금 먼저 황하를 건너 진나라를 치게 하였는데
布數有利	영포가 여러 차례 이기자
籍迺悉引兵涉河從之	항적은 이에 군사를 모두 끌고 황하를 건너 그를 따라
遂破秦軍	마침내 진나라 군사를 깨뜨리고
降章邯等	장함 등을 항복시켰다.
楚兵常勝	초나라 군사는 늘 이겨
功冠諸侯	공이 제후 중에서 으뜸이었다.
諸侯兵皆以服屬楚者	제후의 군사가 모두 초나라에 복속하게 된 것은
以布數以少敗眾也	영포가 자주 적은 군사로 많은 군사를 무찔러 서였다.

項籍之引兵西至新安[10]	항적이 군사를 끌고 서쪽으로 신안에 이르자
又使布等夜擊阬章邯秦卒二十餘萬人	또 영포 등으로 하여금 장함의 진나라 군졸 20여만 명을 야습하여 산 채로 묻게 하였다.
至關	관에 이르러
不得入	들어가지 못하게 되자
又使布等先從閒道[11]破關下軍	또 영포 등으로 하여금 먼저 다른 길로 관 아래의 군사를 깨뜨리게 하여
遂得入	마침내 들어가게 되어
至咸陽	함양에 이르렀다.
布常爲軍鋒[12]	영포가 늘 선봉대가 되었다.
項王封諸將	항왕은 여러 장수를 봉하였는데
立布爲九江王	영포는 구강왕으로 세웠으며
都六	육현을 도읍으로 하였다.
漢元年四月	한나라 원년(B.C. 206) 4월에
諸侯皆罷戲下	제후들이 모두 휘하(麾下)를 떠나
各就國	각기 봉국(封國)으로 갔다.
項氏立懷王爲義帝	항씨가 회왕을 의제로 세우자
徙都長沙	장사로 도읍을 옮겼으며

---

10 **정의** 신안(新安)의 옛 성은 하남부(河南府) 면지현(澠池縣) 동쪽 25리 지점에 있다.

11 **색은** 추씨(鄒氏)는 "한(閒)은 한(閑)과 같으며, 사사로이[私]라는 말이다."라 하였다. 지금은 閒의 음을 간[紀莧反]으로 본다. 간도(閒道)는 곧 다른 길로, 반간(反閒)의 뜻과 같다.

12 **색은** 『한서(漢書)』에는 "초군의 앞에서 호종하는 부대(楚軍前簿)"라 하였다. 부(簿)는 호종하는 부대라는 뜻이다.

迺陰令九江王布等行擊之	이에 몰래 구강왕 영포 등으로 하여금 가서 치게 하였다.
其八月	그해 8월에
布使將擊義帝	영포가 장수를 시켜 의제를 쳐서
追殺之郴縣[13]	침현까지 따라가서 죽였다.
漢二年	한나라 2년(B.C. 205)에
齊王田榮畔楚	제왕 전영이 초나라에 반기를 들자
項王往擊齊	항왕이 가서 제나라를 치며
徵兵九江	구강에서 징병을 하였는데
九江王布稱病不往	구강왕 영포는 병을 핑계대고 가지 않고
遣將將數千人行	장수를 보내 수천 명을 거느리고 가게 했다.
漢之敗楚彭城	한나라가 팽성에서 초나라를 무찌르자
布又稱病不佐楚	영포는 또한 병을 핑계대고 초나라를 돕지 않았다.
項王由此怨布	항왕은 이 때문에 영포를 원망하여
數使使者誚讓[14]召布	수차례나 사자를 보내 영포를 꾸짖어 오게 하지만
布愈恐	영포는 더욱 두려워하여
不敢往	감히 가지 않았다.
項王方北憂齊趙	항왕이 바야흐로 북으로는 제나라와 조나라를 걱정하고
西患漢	서로는 한을 근심하고 있던 터라

---

13 **정의** 郴의 음은 침[丑林反]이다. 지금 침주(郴州)에는 의제(義帝)의 무덤 및 사당이 있다.
14 **집해** 『한서음의(漢書音義)』에서는 말하였다. "초(誚)는 꾸짖는 것이다."

所與者獨九江王	동맹국이라고는 구강왕뿐이었고
又多布材	또한 영포의 재주를 높이 사
欲親用之	가까이하여 쓰고자 하여
以故未擊	그런 까닭에 치지 않았다.

漢三年	한나라 3년(B.C. 204)에
漢王擊楚	한왕은 초나라를 쳐서
大戰彭城	팽성에서 크게 싸웠는데
不利	불리하여지자
出梁地	양(梁)에서 나와
至虞[15]	우(虞)에 이르러
謂左右曰[16]	좌우에게 말하였다.
如彼等者	"저와 같은 자들은
無足與計天下事	천하를 도모하는 일에 끼일 만하지 못하다."
謁者隨何進曰	알자(謁者) 수하가 나서서 말하였다.
不審陛下所謂	"폐하께서 이르심을 모르겠습니다."
漢王曰	한왕이 말하였다.
孰能爲我使淮南	"누가 나를 위해 회남으로 사행하여
令之發兵倍楚	그에게 군사를 일으켜 초나라를 배반하여
留項王於齊數月	항왕을 제나라에 몇 달만 잡아둔다면
我之取天下可以百全	내가 천하를 가지는 데 만전을 기할 것이오."
隨何曰	수하가 말하였다.

---

15 **정의** 지금의 송주(宋州) 우성(虞城)이다.
16 **색은** 수하(隨何)를 이른다.

臣請使之	"신이 청컨대 사신으로 가겠습니다."
迺與二十人俱	이에 20명과 함께
使淮南	회남으로 사행하였다.
至	이르자
因太宰主之[17]	이에 태재더러 주재하게 하였지만
三日不得見	사흘 동안 보지를 못했다.
隨何因說太宰曰	수하가 이에 태재에게 말하였다.
王之不見何	"왕께서 저를 만나주지 않는 것은
必以楚爲彊	반드시 초나라는 강하고
以漢爲弱	한나라는 약하다고 여기기 때문일 것이며
此臣之所以爲使	이것이 신이 사신으로 오게 된 까닭입니다.
使何得見	저로 하여금 뵙게 해주시어
言之而是邪	말하여 옳게 여기신다면
是大王所欲聞也	대왕께서 들으려 하시는 것이고,
言之而非邪	말하여 그르다 여기신다면
使何等二十人伏斧質淮南市	저희 20명을 회남의 저자에서 도끼로 참수하여
以明王倍漢而與楚也	왕께서 한나라를 등지고 초나라와 연합함을 밝히십시오."
太宰迺言之王	태재가 이에 왕에게 말하니
王見之	왕이 그를 만났다
隨何曰	수하가 말하였다.
漢王使臣敬進書大王御者	"한왕께서 신으로 하여금 대왕의 어자에게 삼

---

17 집해 『한서음의(漢書音義)』에서는 말하였다. "회남(淮南)의 태재(太宰)가 내주(內主)가 된 것이다." 위소(韋昭)는 말하였다. "주(主)는 사(舍)의 뜻이다." 색은 태재(太宰)는 음식을 관장하는 관직이다. 위소는 "주(主)는 사(舍)의 뜻이다."라 하였다.

	가 편지를 바치게 하였사온데
竊怪大王與楚何親也	대왕께서 초나라와 얼마나 친하신지 적이 이상하옵니다."
淮南王曰	회남왕이 말하였다.
寡人北鄕而臣事之	"과인은 북향하여 신하로 섬겼었소."
隨何曰	수하가 말하였다.
大王與項王俱列爲諸侯	"대왕과 항왕은 모두 제후의 반열에 있는데
北鄕而臣事之	북향하여 신하로서 섬긴다는 것은
必以楚爲彊	반드시 초나라가 강하다고 생각하여
可以託國也	나라를 맡길 만하다고 여겨서일 것입니다.
項王伐齊	항왕이 제나라를 치면서
身負板築[18]	등에 널빤지와 공이를 지고
以爲士卒先	사졸의 앞장을 서신다면
大王宜悉淮南之眾	대왕께서는 마땅히 회남의 무리를 다 동원하시어
身自將之	몸소 그들을 거느리고
爲楚軍前鋒	초나라 군사의 선봉이 되어야 할 텐데
今迺發四千人以助楚	지금 이에 4천 명을 보내어 초나라를 돕고 있습니다.
夫北面而臣事人者	대체로 북면을 하고 신하로써 남을 섬기는 자가
固若是乎	실로 이와 같습니까?
夫漢王戰於彭城	대체로 한왕이 팽성에서 싸우느라
項王未出齊也	항왕이 아직 제나라를 벗어나지 못하였을 때
大王宜騷[19]淮南之兵渡淮	대왕께서는 마땅히 회남의 군사를 모조리 쓸어

---

18 [집해] 이기(李奇)는 말하였다. "판(板)은 담을 쌓는 널빤지이다. 축(築)은 공이이다."

19 [집해] (騷의) 음은 소(掃)이다.

회수를 건너

日夜會戰彭城下	밤낮으로 팽성의 아래에서 만나 싸워야 했는데
大王撫萬人之衆	대왕께서는 만 명의 무리를 어루만지면서
無一人渡淮者	한 사람도 회수를 건넌 자가 없이
垂拱而觀其孰勝	팔짱을 끼고 누가 이기는지 구경만 하고 있었습니다.
夫託國於人者	대체로 나라를 남에게 맡긴 자가
固若是乎	실로 이러하단 말입니까?
大王提空名以鄕楚	대왕께서는 초나라를 향한다는 빈 명분만 가지고
而欲厚自託	스스로 맡김을 두터이 하시고자 하시는데
臣竊爲大王不取也	신이 생각하기에 대왕께서는 취하지 않으셔야 할 것입니다.
然而大王不背楚者	그러나 대왕께서 초나라를 배반하지 않으시는 것은
以漢爲弱也	한나라가 약하다고 생각해서입니다.
夫楚兵雖彊	저 초나라 군사가 비록 강하다고 하더라도
天下負之以不義之名[20]	천하에서는 불의하다는 오명을 지우고 있으니
以其背盟約而殺義帝也	맹약을 저버리고 의제를 죽였기 때문입니다.
然而楚王恃戰勝自彊	그러나 초왕은 싸움에서 이긴 것을 믿고 스스로 강하다고 여기지만
漢王收諸侯	한왕은 제후를 거두고
還守成皋滎陽	돌아와 성고와 형양을 지키며
下蜀漢之粟	촉과 한의 곡식을 내려 보내고

---

20 **색은** 부(負)는 피(被)와 같다. 불의함으로 그 몸을 씌우는 것이다.

深溝壁壘	도랑을 깊이 파고 누벽을 쌓아
分卒守徼乘塞21	군사를 나누어 변경을 지키고 요새에 올라 방비하고 있습니다.
楚人還兵	초나라 사람이 군사를 돌리면
閒以梁地	양나라 땅을 끼고 있어
深入敵國八九百里22	적국 깊이 8, 9백 리를 들어가야 하니
欲戰則不得	싸우고자 해도 어쩔 수 없을 것이며
攻城則力不能	성을 공격하고자 하면 역부족일 것이고
老弱轉糧千里之外	노약자들이 천 리의 밖에서 양식을 옮겨야 하며,
楚兵至滎陽成皋	초나라 군사가 형양과 성고에 이르러도
漢堅守而不動	한나라가 굳게 지키고 움직이지 않으면
進則不得攻	나아가도 공격을 할 수 없게 되고
退則不得解	물러서면 포위를 풀지 못하게 될 것입니다.
故曰楚兵不足恃也23	그러므로 초나라 군사는 믿지 못하겠다고 하는 것입니다.
使楚勝漢	초나라가 한나라를 이긴다 하더라도
則諸侯自危懼而相救	제후들은 스스로 위태롭고 두렵게 여겨 서로 구원할 것입니다.
夫楚之彊	대체로 초나라의 강함이

---

21 **색은** 요(徼)는 변경의 정장(亭鄣)을 이른다. 요새로 변경을 둘러 늘 지키는 것이다. 승(乘)은 오른다는 뜻이다. 요새의 담장에 올라 지키는 것이다.

22 **집해** 장안(張晏)은 말하였다. "항우가 제나라에서 돌아오려면 양나라 땅 8, 9백 리를 거쳐야 하므로 이에 항우의 땅을 얻는다는 것이다." **색은** 복건(服虔)은 말하였다. "양나라는 초나라와 한나라의 중간에 있다."

23 **집해** 서광은 말하였다 "시(恃) 자는 어떤 판본에는 '피(罷)' 자로 되어 있다. 그가 이미 피곤하여져서 다시 괴롭히기에 부족하다는 말이다." **색은** 『한서』에는 '罷'로 되어 있으며, 음은 피(皮)이다.

適足以致天下之兵耳	마침 천하의 군사를 부르기에 족할 따름입니다.
故楚不如漢	그러므로 초나라가 한나라만 못함은
其勢易見也	그 형세를 쉬 알 수 있습니다.
今大王不與萬全之漢而自託於危亡之楚	
	지금 대왕께서는 만전의 한나라 편을 들지 않고 스스로 위태로워 망할 초나라에 의탁하시니
臣竊爲大王惑之	신은 가만히 대왕을 위해 의혹스럽게 생각합니다.
臣非以淮南之兵足以亡楚也	신은 회남의 군사를 가지고 충분히 초나라를 망하게 하리라고는 생각지 않습니다.
夫大王發兵而倍楚	대체로 대왕께서 군사를 일으켜 초나라를 배반하면
項王必留	항왕은 반드시 머물게 될 것이고,
留數月	수개월을 머물게 되면
漢之取天下可以萬全	한나라가 천하를 취하여 만전을 기할 수 있을 것입니다.
臣請與大王提劍而歸漢	신은 청컨대 대왕과 함께 검을 들고 한나라로 돌아갔으면 합니다.
漢王必裂地而封大王	한왕께서는 반드시 땅을 갈라 대왕을 봉할 것이니
又況淮南	또한 하물며 회남이겠습니까?
淮南必大王有也	회남은 반드시 대왕의 소유가 될 것입니다.
故漢王敬使使臣進愚計	그러므로 한왕께서 삼가 사신으로 하여금 어리석은 계책을 바치게 하였사오니
願大王之留意也	원컨대 대왕께서는 유의하소서.”
淮南王曰	회남왕이 말하였다.
請奉命	“명을 받들도록 하겠소.”

陰許畔楚與漢	몰래 초나라를 배반하고 한나라에 붙을 것을 허락하고
未敢泄也	감히 누설되지 않게 하였다.
楚使者在[24]	초나라 사자가 있다가
方急責英布發兵	바야흐로 급히 영포에게 군사를 보내라고 독촉하면서
舍傳舍	객사에 머물렀다.
隨何直入	수하는 곧장 들어가
坐楚使者上坐	초나라 사자의 윗자리에 앉아서
曰	말하였다.
九江王已歸漢	"구강왕은 이미 한나라에 귀순하였는데
楚何以得發兵	초나라가 어째서 군사를 내게 하겠소?"
布愕然	영포는 경악하였다.
楚使者起	초나라의 사자가 일어났다.
何因說布曰	수하는 이에 영포에게 말하였다.
事已搆[25]	"일은 이미 이루어졌으니
可遂殺楚使者	즉시 초나라의 사자를 죽여서
無使歸	돌아가지 못하게 하고
而疾走漢[26]并力	빨리 한나라를 향하여 힘을 합쳐야 할 것입니다."
布曰	영포가 말하였다.
如使者教	"사자의 가르침대로

---

24 **집해** 문영(文穎)은 말하였다. "회남왕(淮南王)이 있는 곳에 있었다."
25 **색은** 구(搆)의 훈(訓)은 이룬다는 것이다.
26 **색은** 走의 음은 주(奏)로 향한다는 뜻이다.

因起兵而擊之耳	군사를 일으켜 칠 따름입니다.”
於是殺使者	이에 사자를 죽이고
因起兵而攻楚	이어서 군사를 일으켜 초나라를 공격하였다.
楚使項聲龍且攻淮南	초나라는 항성과 용저로 하여금 회남을 공격하게 하였고
項王留而攻下邑[27]	항왕은 남아서 하읍을 공격하였다.
數月	몇 달 만에
龍且擊淮南	용저는 회남을 쳐서
破布軍	영포의 군대를 깨뜨렸다.
布欲引兵走漢	영포는 군사를 이끌고 한나라로 향하려 하였지만
恐楚王殺之	초왕이 죽일까 두려워하여
故閒行與何俱歸漢	잠행(潛行)하여 수하와 함께 한나라로 귀의하였다.
淮南王至[28]	회남왕이 이르렀을 때
上方踞床洗	임금은 막 침상에 걸터앉아 씻고 있으면서
召布入見	영포를 불러 들어와 보게 하니
布(甚)大怒	영포가 (매우) 크게 노하여
悔來	온 것을 후회하고
欲自殺	자살하려고 하였다.
出就舍	나와서 숙소로 가니
帳御飲食從官如漢王居	휘장과 옷, 음식과 시종이 한왕의 거처와 같아서

---

27 정의 송주(宋州) 탕산현(碭山縣)이다.
28 집해 서광은 말하였다. “3년 12월이다.”

布又大喜過望[29]	영포는 또한 (자신의) 기대를 웃도는 것에 크게 기뻐하였다.
於是迺使人入九江	이에 즉시 사람으로 하여금 구강에 들어가(염탐하)게 하였다.
楚已使項伯收九江兵	초나라는 이미 항백으로 하여금 구강의 군사를 거두게 하고
盡殺布妻子	영포의 처자를 모두 죽여버렸다.
布使者頗得故人幸臣	영포의 사자는 (영포의) 친구들과 총신을 자못 많이 찾아내어
將眾數千人歸漢	수천 명의 무리를 거느리고 한나라로 돌아왔다.
漢益分布兵而與俱北	한나라는 영포에게 군사를 더 나누어주어 함께 북쪽으로 가서
收兵至成皋	군사를 거두어 성고에 이르렀다.
四年七月	4년(B.C. 203) 7월에
立布爲淮南王	영포를 회남왕으로 세우고
與擊項籍	함께 항적을 쳤다.
漢五年	한나라 5년(B.C. 202)에
布使人入九江	영포는 사람을 구강에 들여보내어
得數縣	여러 현을 얻었다.
六年	6년(B.C. 201)에
布與劉賈入九江	영포는 유가(劉賈)와 함께 구강으로 들어가
誘大司馬周殷	대사마 주은을 꾀자

---

29 정의 고조는 영포가 먼저 왕으로 분봉되어 자존심이 클 것이라는 것을 걱정하여 엄한 예로 영포를 굴복시켰으며, 얼마 후 그의 휘장과 옷 등을 아름답게 꾸미고 음식을 두터이 하고 시종을 많이 내주어 그의 마음을 기쁘게 하였는데 임기응변이다.

周殷反楚	주은은 초나라를 배반하고
遂舉九江兵與漢擊楚	마침내 구강의 군사를 총동원하여 한나라와 함께 초나라를 쳐서
破之垓下	해하에서 깨뜨렸다.
項籍死	항적이 죽고
天下定	천하가 안정되자
上置酒	유방은 연회를 베풀었다.
上折隨何之功	임금은 수하의 공을 깎아내리고
謂何爲腐儒	수하를 썩어빠진 선비라고 하였으며
爲天下安用腐儒[30]	천하에 썩어빠진 선비가 무슨 쓸모가 있느냐고 하였다.
隨何跪曰	수하가 무릎을 꿇고 말하였다.
夫陛下引兵攻彭城	"폐하께서 군사를 이끌고 팽성을 공격하시고
楚王未去齊也	초왕이 아직 제나라를 떠나지 않았을 때
陛下發步卒五萬人	폐하께서 보병 5만과
騎五千	기병 5천을 내셨다면
能以取淮南乎	회남을 취할 수 있으셨겠습니까?"
上曰	임금이 말하였다.
不能	"할 수 없었다."
隨何曰	수하가 말하였다.
陛下使何與二十人使淮南	"폐하께서는 저를 20명과 함께 회남에 보내시 었고
至	이르자

---

30 색은 腐의 음은 부이다. 부유(腐儒)라 한 것은 부패한 사물로 쓸모가 없다는 말과 같다.

如陛下之意	폐하의 뜻대로 되었으니
是何之功賢於步卒五萬人騎五千也	
	이는 제 공이 보병 5만, 기병 5천보다 나은 것입니다.
然而陛下謂何腐儒	그러나 폐하께서는 저를 썩어빠진 선비라 하시고
爲天下安用腐儒	천하에 썩어빠진 선비가 무슨 쓸모가 있느냐고 하시니
何也	어째서이옵니까?"
上曰	임금이 말하였다.
吾方圖子之功	"내 바야흐로 그대의 공을 생각하고 있다."
迺以隨何爲護軍中尉	이에 수하를 호군중위로 삼았다.
布遂剖符爲淮南王	영포는 마침내 부절을 쪼개어 회남왕이 되어
都六	육현을 도읍으로 정하였으며
九江廬江衡山豫章郡皆屬布	구강과 여강, 형산, 예장군은 모두 영포에게 귀속되었다.
七年	7년(B.C. 200)에
朝陳	진군에서 조현하였다.
八年	8년(B.C. 199)에는
朝雒陽	낙양에서 조현하였다.
九年	9년(B.C. 198)에
朝長安	장안에서 조현하였다.
十一年	11년(B.C. 196)에

高后誅淮陰侯	고후가 회음후[한신(韓信)]를 죽이자
布因心恐	영포는 이에 마음속으로 두려워하였다.
夏	여름에
漢誅梁王彭越	한나라가 양왕 팽월을 죽여
醢之	젓을 담가
盛其醢遍賜諸侯	그 젓을 (그릇에) 담아 제후들에게 두루 내려주었다.
至淮南	회남에 이르렀을 때
淮南王方獵	회남왕은 바야흐로 사냥을 하고 있었는데
見醢	젓을 보자
因大恐	크게 두려워하여
陰令人部聚兵	몰래 사람으로 하여금 군사를 모으게 하여
候伺旁郡警急³¹	이웃한 군의 위급함을 살폈다.
布所幸姬疾	영포의 총희가 병이 나
請就醫	의원에게 나아갈 것을 청하였는데
醫家與中大夫賁赫³²對門	의원은 중대부 비혁과 문을 마주하고 있었는데
姬數如醫家	총희는 의원의 집에 몇 번 놀러갔다.
賁赫自以爲侍中	비혁은 스스로 시중이라 생각하여
迺厚餽遺	이에 먹을 것을 두터이 보내주었으며
從姬飮醫家	총희를 따라 의원의 집에서 술을 마셨다.
姬侍王	총희가 왕을 모시면서

---

31 집해 장안은 말하였다. "소집하고자 한 것이다."

32 집해 서광은 말하였다. "賁의 음은 비(肥)이다." 색은 賁의 음은 비(肥)이며, 사람의 성이다. 赫의 음은 혁[虛格反]이다.

從容語次	조용히 말을 나누던 차에
譽赫長者也	비혁이 훌륭한 사람이라 칭찬하였다.
王怒曰	왕이 노하여 말하였다.
汝安從知之	"네가 어떻게 알게 되었느냐?"
具說狀	상황을 모두 말하였다.
王疑其與亂	왕은 함께 음란한 짓을 저질렀을 것으로 의심하였다.
赫恐	비혁은 두려워하여
稱病	병을 핑계 대었다.
王愈怒	왕은 더욱 노하여
欲捕赫	비혁을 체포하려 하였다.
赫言變事	비혁은 변고라 하고
乘傳詣長安	역의 수레를 타고 장안에 이르렀다.
布使人追	영포는 사람을 보내 쫓게 하였으나
不及	미치지 못하였다.
赫至	비혁이 이르러
上變	변란을 보고하면서
言布謀反有端	영포가 모반을 일으킬 단서가 있다고 하고
可先未發誅也	(모반을) 일으키기 전에 죽일 수 있다고 하였다.
上讀其書	임금은 그 글을 읽고
語蕭相國	소(蕭) 상국에게 말하였다.
相國曰	상국이 말하였다.
布不宜有此	"영포는 이런 일을 하지 않을 것이니
恐仇怨妄誣之	아마 원한을 품은 자가 무고한 것일 것입니다.
請繫赫	비혁을 구금시켜 놓고

使人微³³驗淮南王	사람을 보내 몰래 회남왕을 조사해 보도록 하십시오."
淮南王布見赫以罪亡	회남왕 영포는 비혁이 죄를 지어 도망쳤음을 알고
上變	변란을 보고하여
固已疑其言國陰事	실로 이미 그가 나라가 몰래 꾸민 일을 말했으리라 의심하던 차에
漢使又來	한나라 사신이 또한 와서
頗有所驗	자못 조사를 하니
遂族赫家	마침내 비혁의 집안을 멸족시키고
發兵反	군사를 일으켜 반란을 일으켰다.
反書聞	반란의 소식이 들리자
上迺赦賁赫	임금은 이에 비혁을 풀어주고
以爲將軍	장군으로 삼았다.
上召諸將問曰	임금은 여러 장수들을 불러 말하였다.
布反	"영포가 반란을 일으켰으니
爲之奈何	이를 어찌하면 좋겠소?"
皆曰	모두 말하였다.
發兵擊之	"군사를 일으켜 격퇴시키고
阬豎子耳	녀석을 생매장시킬 따름입니다.
何能爲乎	무엇을 할 수 있겠습니까!"
汝陰侯滕公召故楚令尹問之	여음후 등공이 옛 초나라 영윤을 불러 물어보았다.
令尹曰	영윤이 말하였다.

---

33 집해 '징(徵)' 자로 된 판본도 있다.

是故當反	"원래 모반을 하였을 것입니다."
滕公曰	등공이 말하였다.
上裂地而王之	"임금께서 땅을 갈라 왕으로 삼고
疏爵而貴之³⁴	작위를 나누어주고 현귀하게 해주어
南面而立萬乘之主	남면을 하고 만승의 임금으로 세웠는데
其反何也	그가 모반을 일으킨 것은 어째서인가?"
令尹曰	영윤이 말하였다.
往年殺彭越	"지난해에 팽월을 죽이고
前年殺韓信³⁵	작년에는 한신을 죽였는데
此三人者	이 세 사람은
同功一體之人也	공이 같고 한 몸인 사람입니다.
自疑禍及身	화가 몸에 미칠 것이라 미심쩍어 해서
故反耳	반란을 일으킨 것일 따름입니다."
滕公言之上曰	등공이 그것을 임금에게 말하였다.
臣客故楚令尹薛公者	"신의 객 가운데 옛 초나라 영윤 설공이란 자가 있는데
其人有籌筴之計	그 사람이 계책을 잘 헤아리니
可問	물어볼 만합니다."
上迺召見問薛公	임금이 이에 설공을 불러서 만나 물어보았다.

---

34 집해 『한서음의(漢書音義)』에서는 말하였다. "소(疏)는 나눈다는 뜻이다. '우가 장강을 터뜨리고 황하를 나누었다(禹決江疏河).' 한 것이 바로 이 뜻이다." 색은 소(疏)는 나눈다는 뜻이다. 『한서』에서는 "우는 장강을 터뜨리고 황하를 나누었다(禹決江疏河).'라 하였다. 『상서(尚書)』에서는 "작위를 다섯으로 가르고 땅을 셋으로 나누었다(列爵惟五, 分土惟三).'라 하였다. 열지(裂地)는 대구가 되는 글이므로 소(疏)가 곧 분(分)임을 알 수 있다.

35 집해 장안은 말하였다. "왕년(往年)과 전년(前年)은 같을 따름인데, 서로 같은 것을 회피한 것이다."

薛公對曰	설공이 대답하였다.
布反不足怪也	"영포가 반기를 든 것은 이상할 것이 없습니다.
使布出於上計	영포가 상책을 낸다면
山東非漢之有也	산동은 한나라의 차지가 아닐 것이며,
出於中計	중책을 낸다면
勝敗之數未可知也	승패의 헤아림을 알 수 없게 될 것이고,
出於下計	하책을 낸다면
陛下安枕而臥矣	폐하께서는 베개를 편히 하고 주무실 수 있을 것입니다."
上曰	임금이 말하였다.
何謂上計	"상책이란 무엇인가?"
令尹對曰	영윤이 대답하였다.
東取吳³⁶	"동으로 오나라를 취하고
西取楚³⁷	서로 초나라를 취하며
并齊取魯	제나라를 합병하고 노나라를 취하여
傳檄燕´趙	연나라와 조나라에 격문을 보내어
固守其所	그곳을 굳게 지키게 하면
山東非漢之有也	산동은 한나라의 차지가 아닙니다."
何謂中計	"중책은 무엇인가?"
東取吳	"동으로 오나라를 취하고
西取楚	서로 초나라를 취하며
并韓取魏	한나라를 합병하고 위나라를 취하여

---

36 정의 형왕(荊王) 유가(劉賈)는 오(吳)를 도읍으로 삼았으며, 소주(蘇州)는 합려(闔廬)의 성이다.

37 정의 초왕(楚王) 유교(劉交)는 서주(徐州)의 하비(下邳)를 도읍으로 삼았다.

據敖庚之粟³⁸ 오유의 곡식을 차지하고

塞成皋之口 성고의 입구를 막으면

勝敗之數未可知也 승패의 헤아림을 알 수 없게 될 것입니다."

何謂下計 "하책은 무엇인가?"

東取吳 "동으로 오나라를 취하고

西取下蔡³⁹ 서로는 하채를 취하며

歸重於越 중기(重器)를 월나라로 보내고

身歸長沙⁴⁰ 몸은 장사로 돌아가면

陛下安枕而臥 폐하께서는 베개를 편히 하고 주무시어

漢無事矣⁴¹ 한나라는 아무 일이 없게 될 것입니다."

上曰 임금이 말하였다.

是計將安出 "이 계책 가운데 어느 것을 내겠는가?"

令尹對曰 영윤이 대답하였다.

---

38 색은 『태강지기(太康地記)』에서는 "진나라는 성고(成皋)에 오창(敖倉)을 세웠다."라 하였다. 또한 말하기를 '유(庚: 곳집)'이므로 '오유(敖庚)'라고 하였다.

39 정의 옛 주래국(州來國)이다.

40 정의 지금의 담주(潭州)이다.

41 집해 (後漢) 환담(桓譚)의 『신론(新論)』에서는 말하였다. "세상에 바둑[圍碁]이란 놀이가 있는데 혹자는 말하기를 병법과 비슷하다고 한다. 가장 좋은 것은 바둑을 멀리 두어 널찍하게 해서 두어 에워싸며 이어서 많은 것을 이루어 길을 얻어 이기는 것이다. 중간의 방법은 서로 끊고 요지를 막는 것을 힘써서 편함을 다투고 이익을 추구하는 것이므로 승부는 여우가 의심하는 것 같아 모름지기 수를 헤아려 정하게 된다. 가장 낮은 방법은 변두리를 지키고 정간(井間)을 좇아 작은 땅에서 자생하는 것이지만 또한 반드시 뜻대로 되지 않는다." 설공(薛公)이 말한 상책을 살펴보면 오나라와 초나라를 취하고 제나라와 노나라 및 연나라와 조나라를 합병하는 것으로 이는 길과 땅을 넓히는 것을 이른다. 중책으로 말한 것은 오나라와 초나라를 취하고 한나라와 위나라를 합병하며 성고(成皋)를 막고 오창(敖倉)을 차지하는 것인데 이는 요지를 막고 이점을 다투는 것을 좇는 것이다. 하계에서 말한 것은 오나라와 하채를 취하고 장사를 차지하여 월나라에 임하는 것인데 이는 변방을 지키고 바둑판의 정간(井間)을 만드는 것을 좇는 것이다. 색은 罫의 음은 홰[烏卦反]이다.

出下計	"하책을 낼 것입니다."
上曰	임금이 말하였다.
何謂廢上中計而出下計	"어째서 상책과 중책을 폐하고 하책을 내겠는가?"
令尹曰	영윤이 말하였다.
布故麗山之徒也	"영포는 본래 여산의 역도(役徒)였다가
自致萬乘之主	스스로 만승의 임금이 되었는데
此皆爲身	이들은 모두 자기 몸만 위할 뿐
不顧後爲百姓萬世慮者也	나중의 백성과 만세의 생각을 돌보지 않으니
故曰出下計	그런 까닭에 하책을 낼 것이라 하였습니다."
上曰	임금이 말하였다.
善	"훌륭하도다."
封薛公千戶[42]	설공을 천 호에 봉하였다.
迺立皇子長爲淮南王	이에 황자 장(長)을 회남왕으로 세웠다.
上遂發兵自將東擊布	임금은 마침내 군사를 보내어 직접 거느리고 동으로 영포를 쳤다.

布之初反	영포가 처음에 반란을 일으켰을 때
謂其將曰	그 장수들에게 말하였다.
上老矣	"임금은 늙고
厭兵	군사(軍事)에 염증이 나서
必不能來	반드시 올 수 없을 것이다.
使諸將	여러 장수들을 부리나
諸將獨患淮陰彭越	장수들 가운데 회음후와 팽월만 근심스러웠는데

---

42 **색은** 유씨(劉氏)는 말하였다. "설공(薛公)은 천 호에 봉하여졌으니 아마 관내후(關內侯)일 것이다."

今皆已死	지금 모두 이미 죽었으니
餘不足畏也	나머지는 두려워할 것이 없다.”
故遂反	그리하여 마침내 반란을 일으켰다.
果如薛公籌之	과연 설공이 예측한 대로
東擊荊	동으로 형을 쳤는데
荊王劉賈走死富陵[43]	형왕 유가는 달아나다가 부릉에서 죽었다.
盡劫其兵	그 군사를 모조리 빼앗아
渡淮擊楚	회수를 건너 초나라를 쳤다.
楚發兵與戰徐僮閒[44]	초나라는 군사를 내어 서와 동 사이에서 싸우면서
爲三軍	삼군을 만들어
欲以相救爲奇	서로 구원하며 기계(奇計)를 펼치려 하였다.
或說楚將曰	혹자가 초나라 장수에게 말하였다.
布善用兵	“영포는 용병술에 뛰어나
民素畏之	백성들이 평소에 그를 두려워합니다.
且兵法	또한 병법에서는
諸侯戰其地爲散地[45]	제후가 그 땅에서 싸우면 쉽게 흩어지는 땅이 된다고 하였습니다.
今別爲三	지금 셋으로 나누었으니

---

43 〔정의〕 옛 성은 초주(楚州) 우이현(盱眙縣) 동북쪽 60리 지점에 있다.

44 〔집해〕 여순(如淳)은 말하였다. “지명이다.” 〔색은〕 「지리지(地理志)」에서는 임회(臨淮)에 서현(徐縣)과 동현(僮縣)이 있다고 하였다. 〔정의〕 두예(杜預)는 말하였다. “서현은 하비(下邳) 동현(僮縣) 동쪽에 있다.” 『괄지지(括地志)』에서는 말하였다. “대서성(大徐城)은 사주(泗州) 서성현(徐城縣) 북쪽 40리 지점에 있는데 옛 서국(徐國)이다.”

45 〔집해〕 『한서음의(漢書音義)』에서는 말하였다. “흩어져 멸해진 땅을 이른다.” 〔정의〕 위무제(魏武帝)는 『손자(孫子)』에 주석을 달고 말하였다. “군사들이 땅을 그리워하여 길이 가깝고 쉽게 패하여 흩어진다.”

彼敗吾一軍	저들이 우리의 1군을 무찌르면
餘皆走	나머지는 모두 달아날 것이니
安能相救	어찌 서로 구원할 수 있겠습니까!"
不聽	듣지 않았다.
布果破其一軍	영포가 과연 그 1군을 깨뜨리니
其二軍散走	2군은 흩어져 달아났다.
遂西	마침내 서로 향하여
與上兵遇蘄西會甀46	임금의 군사와 기서의 쾌추에서 만나게 되었다.
布兵精甚	영포의 군사는 아주 정예여서
上迺壁庸城47	임금은 이에 용성에 누벽을 치고
望布軍置陳如項籍軍	영포 군의 배치와 진법이 항적의 군사와 같음을 바라보고,
上惡之	임금이 싫어하였다.
與布相望見	영포와 서로 바라보게 되었는데
遙謂布曰	멀리서 영포에게 말하였다.
何苦而反	"어찌하여 힘들게 반란을 일으켰는가?"
布曰	영포가 말하였다.
欲爲帝耳	"황제가 되고자 할 따름이오."
上怒罵之	임금이 크게 노하여 그를 꾸짖고

---

46 색은 위 글자의 음은 쾌[古外反]이고, 아래 글자의 음은 추[持瑞反]이다. 위소는 말하였다. "기(蘄)의 고을 이름이다."『한서』에는 '甀'로 되어 있는데, 응소(應劭)는 음이 보(保)라고 하였으며, 질하(銍下)의 정(亭) 이름이라고 하였다. 정의 蘄의 음은 기(機)이다. 패군(沛郡)의 기성이다. 甀의 음은 추[逐瑞反]이다.

47 집해 등전(鄧展)은 말하였다. "지명이다."

遂大戰	마침내 크게 싸웠다.
布軍敗走	영포의 군사가 패주하여
渡淮	회수를 건너
數止戰	수차례나 싸움을 멈추려 하였는데
不利	불리해져
與百餘人走江南	백여 명과 함께 강남으로 달아났다.
布故與番君婚	영포는 옛날에 파군과 혼인을 맺었었는데,
以故長沙哀王⁴⁸使人紿布	그런 까닭에 장사애왕이 사람을 보내어 영포를 속여
僞與亡	거짓으로 함께 도망쳐
誘走越	꾀어서 월나라로 달아났으므로
故信而隨之番陽	믿고 따라서 파양으로 갔다.
番陽人殺布茲鄕⁴⁹民田舍	파양 사람들이 영포를 자향의 농가에서 죽이고
遂滅黥布⁵⁰	마침내 경포를 멸하였다.

立皇子長爲淮南王	황자 장을 회남왕으로 세우고
封賁赫爲期思侯⁵¹	비혁을 기사후에 봉하였으며
諸將率多以功封者⁵²	여러 장수들은 거의 다 공대로 봉하여졌다.

---

48 **집해** 서광은 말하였다. "「표(表)」에서는 성왕신(成王臣)이라고 하였는데, 오예(吳芮)의 아들이다." 내[駰]가 생각건대 진작(晉灼)은 "오예의 손자 고(固)이다."라 하였다. 혹자는 말하기를 성왕(成王)으로 애왕(哀王)이 아니며 와전된 것이라고 하였다. **색은** '애(哀)' 자는 잘못되었다. 성왕신(成王臣)으로 오예(吳芮)의 아들이다.

49 **색은** 파양(番陽) 장현(鄡縣)의 고을이다.

50 **정의** 영포의 무덤은 요주(饒州) 파양현(鄱陽縣) 북쪽 백52리 12보 지점에 있다.

51 **정의** 기사(期思)의 옛 성은 광주(光州) 고시현(固始縣) 경계에 있다.

52 **집해** 『한서』에는 "장수 가운데 봉하여진 자가 여섯이었다."라 하였다.

太史公曰	태사공은 말한다.
英布者	영포는
其先豈春秋所見楚滅英六	그 선조가 어찌 『춘추』에 보이는 초나라가 멸한 영과 육으로
皋陶之後哉	고요(皋陶)의 후예가 아니겠는가?
身被刑法	몸이 형벌을 받았거늘
何其拔興[53]之暴也	일어나 흥함이 어찌 그리 빨랐던가!
項氏之所阬殺人以千萬數	항우가 생매장하여 죽인 사람은 천만을 헤아리는데
而布常爲首虐	영포가 늘 가장 포악하였다.
功冠諸侯	공이 제후들 가운데 으뜸이어서
用此得王	이 때문에 왕이 될 수 있었는데
亦不免於身爲世大僇	또한 몸이 세상의 죽임을 당함을 면치 못하였다.
禍之興自愛姬殖	화가 일어남은 총희를 사랑함에서 불어났고
妒媚[54]生患	시기가 근심을 낳아
竟以滅國	마침내 나라를 멸망시키기에 이르렀다!

---

53 색은 拔의 음은 발[白曷反]이며, 빠르다는 뜻이다.

54 집해 음은 모(冒)이다. 모(媚) 또한 시기한다는 뜻이다. 색은 왕소(王劭)는 음이 모(冒)라 하였으며, 모(媚) 또한 시기한다는 뜻이다. 『한서』「외척전(外戚傳)」에서도 "혹자가 총첩(寵妾)의 투기에 걸려 죽음을 당하였다."라 하였다. 또한 『논형(論衡)』에서는 '투부모부(妒夫媚婦)'라 하였으니 모(媚)는 투(妒)의 별명이다. 지금 원래 영포가 죽은 것은 비혁이 그 비(妃)와 음란한 짓을 했다고 의심을 해서이기 때문이며 나라가 멸망당하는 지경에까지 이르게 되었으므로 질투를 아양하는 것이라고 할 수는 없다. 어떤 사람은 남자가 시기하는 것을 모(媚)라고 한다고 하였다.

회음후 열전 淮陰侯列傳

淮陰侯韓信者	회음후(淮陰侯) 한신(韓信)은
淮陰人也¹	회음 사람이다.
始爲布衣時	처음에 평민이었을 때는
貧無行	가난하여 (내세울 만한) 행실이 없어서
不得推擇爲吏²	관리로 추천되지도 않았고
又不能治生商賈	또한 장사를 하여 삶을 도모할 수도 없어서
常從人寄食飲	늘 남들을 따라다니면서 빌어먹어
人多厭之者	그를 싫어하는 자가 많았다.
常數從其下鄕南昌亭長寄食³	늘 자주 하향의 남창 정장에게서 밥을 빌어먹곤 하였는데
數月	몇 달 만에
亭長妻患之	정장의 아내가 이를 걱정하여
乃晨炊蓐食⁴	곧 새벽에 밥을 하여 요에서 먹었다.
食時信往	식사 때 한신이 갔으나

---

1 **정의** 초주(楚州) 회음현(淮陰縣)이다.

2 **집해** 이기(李奇)는 말하였다. "추천하여 선발될 만한 선행이 없는 것이다."

3 **집해** 장안(張晏)은 말하였다. "하향(下鄕)은 현으로 회음(淮陰)에 속해 있다." **색은** 하향(下鄕)은 향(鄕) 이름으로 회음군(淮陰郡)에 속해 있다. **색은** 『초한춘추(楚漢春秋)』에는 "신창정장(新昌亭長)으로 되어 있다."

4 **집해** 장안은 말하였다. "일어나지 않고 침상의 요에서 먹는 것이다."

不爲具食	밥을 차려주지 않았다.
信亦知其意	한신 또한 그 뜻을 알아채고는
怒	노하여
竟絕去	마침내 관계를 끊고 떠났다.

信釣於城下[5]	한신이 성 아래에서 낚시를 하고 있을 때
諸母漂[6]	여러 여인이 빨래를 하고 있었다.
有一母見信飢	어떤 한 여인이 한신이 주린 것을 보고
飯信	한신에게 먹을 밥을 주었으며
竟漂數十日	빨래를 마칠 때까지 수십 일을 그렇게 하였다.
信喜	한신은 기뻐하며
謂漂母曰	빨래하는 여인에게 말하였다.
吾必有以重報母	"내 반드시 당신께 크게 보답하겠습니다."
母怒曰	여인이 노하여 말하였다.
大丈夫不能自食[7]	"대장부가 자기 힘으로 살아가지도 못하기에
吾哀王孫而進食[8]	내 왕손을 불쌍히 여겨 밥을 준 것이거늘
豈望報乎	어찌 보답을 바라겠는가!"

---

5 **정의** 회음 성은 북으로 회수를 굽어보고 있는데 옛날에 한신이 하향으로 가서 이곳에서 낚시를 하였다.

6 **집해** 위소(韋昭)는 말하였다. "물로 솜을 두드려 빠는 것을 표(漂)라 하므로 표모(漂母)라 하였다."

7 **정의** (食의) 음은 사(寺)이다.

8 **집해** 소림(蘇林)은 말하였다. "공자(公子)라는 말과 같다." **색은** 유덕(劉德)은 말하였다. "진(秦)나라 말기에는 망한 나라가 많았는데 왕손이니 공자니 한 것은 그를 높인 것이다." 소림(蘇林) 또한 마찬가지다. 장안은 '자가 왕손'이라 하였는데 틀렸다.

淮陰屠中少年有侮信者	회음의 백정으로 나이가 어리고 한신을 모욕한 자가 있었는데
曰	말하였다.
若雖長大	"너는 키와 허우대만 크며
好帶刀劍	칼 차기를 좋아하나
中情怯耳	마음속은 겁쟁이일 따름이다."
眾辱之曰	뭇사람 앞에서 그를 욕하며 말하였다.
信能死	"너 한신은 죽을 수 있으면
刺我	나를 찌르고,
不能死	죽을 수 없으면
出我袴下⁹	내 가랑이 아래로 빠져나가라."
於是信孰視之	이에 한신은 물끄러미 쳐다보다가
俛出袴下	고개를 숙여 가랑이 밑으로
蒲伏¹⁰	기어나갔다.
一市人皆笑信	온 저자의 사람들이 모두 한신을 비웃으며
以爲怯	겁쟁이라고 생각하였다.
及項梁渡淮	항량이 회수를 건넜을 때
信杖劍從之	한신은 칼을 차고 그를 따라
居戲下¹¹	휘하에 들어갔지만

---

9 **집해** 서광(徐廣)은 말하였다. "'과(袴)'는 '胯'라고도 한다. 과(胯)는 넓적다리이며 음은 같다. 또한 『한서』에는 '跨'로 되어 있는데 같다." **색은** 과(袴)는 『한서』에는 '胯'로 되어 있다. 과는 넓적다리이다. 그러나 이 글을 찾아보면 '袴'로 되어 있는데 글자대로 읽으면 어찌 뜻이 통하지 않겠는가? 과하(袴下)는 곧 '胯下'이니, 또 하필이면 반드시 '胯'라 해야 하겠는가?

10 **정의** '俛'의 음은 부(俯)이다. '伏'의 음은 복[蒲北反]이다.

11 **집해** 서광은 말하였다. "戲는 '휘(麾)'로 된 판본도 있다."

無所知名	이름이 알려지지 않았다.
項梁敗	항량이 패하자
又屬項羽	또 항우의 부하가 되었지만
羽以爲郎中	항우는 낭중으로 삼았다.
數以策干項羽	자주 책략을 가지고 항우에게 (써주기를) 구하였지만
羽不用	항우는 쓰지 않았다.
漢王之入蜀	한왕이 촉에 들어가자
信亡楚歸漢	한신은 초나라에서 도망쳐 한나라에 귀의하였는데
未得知名	이름이 알려지지 않아
爲連敖[12]	연오가 되었다.
坐法當斬	연좌되어 참형을 선고받아
其輩十三人皆已斬	그 무리 열세 명은 모두 이미 참수되고
次至信	다음에 한신의 차례가 되었는데
信乃仰視	한신이 곧 우러러보니
適見滕公	마침 등공이 보여
曰	말하였다.
上不欲就天下乎	"대왕께선 천하를 가지시려 하지 않는가?
何爲斬壯士	어째서 장사를 참하는가!"
滕公奇其言	등공이 그 말을 기이하게 여기고
壯其貌	그 모습을 씩씩하게 여겨
釋而不斬	석방하고 참하지 않았다.

---

12 **집해** 서광은 말하였다. "전객(典客)이다." **색은** 이기(李奇)는 말하였다. "초나라의 관직 이름이다." 장안은 말하였다. "사마(司馬)이다."

與語	그와 대화를 나누어보고는
大說之	크게 기뻐하였다.
言於上	왕에게 말하였더니
上拜以爲治粟都尉	왕은 치속도위(治粟都尉)에 임명하고
上未之奇也	왕은 그를 특별하게 여기지 않았다.
信數與蕭何語	한신은 여러 번 소하와 얘기를 나누었는데
何奇之	소하는 그를 특출하게 여겼다.
至南鄭	남정에 이르러
諸將行道亡者數十人	여러 장수들 중 길을 가다가 도망친 자가 수십 명이나 되었으며
信度何等已數言上	한신은 소하 등이 이미 여러 차례나 왕에게 말하였으나
上不我用	왕이 자기를 쓰지 않는다고 생각하여
即亡	곧 도망쳤다.
何聞信亡	소하는 한신이 도망갔다는 말을 듣고는
不及以聞	미처 알리지도 않고
自追之	직접 그를 쫓아갔다.
人有言上曰	어떤 사람이 왕에게 말하기를
丞相何亡	"승상 소하가 도망쳤습니다."라 하였다.
上大怒	왕은 크게 노하여
如失左右手	마치 두 팔을 잃은 듯하였다.
居一二日	하루 이틀 만에
何來謁上	소하가 와서 왕을 뵈니
上且怒且喜	왕은 노여워하는 한편 기쁘기도 하여

罵何曰	소하를 꾸짖으며 말하였다.
若亡	"그대가 도망간 것은
何也	어째서인가?"
何曰	소하가 말하였다.
臣不敢亡也	"신은 감히 도망을 친 것이 아니라
臣追亡者	신은 도망친 자를 쫓은 것입니다."
上曰	왕이 말하였다.
若所追者誰何	"그대가 쫓아간 것은 누구 때문인가?"
曰	말하였다.
韓信也	"한신 때문입니다."
上復罵曰	왕이 다시 꾸짖으며 말하였다.
諸將亡者以十數	"달아난 여러 장수가 수십 명을 헤아리는데도
公無所追	그대가 쫓아간 적이 없거늘,
追信	한신을 쫓아갔다는 것은
詐也	거짓말이다."
何曰	소하가 말하였다.
諸將易得耳	"여러 장수는 쉽게 얻을 수 있을 따름입니다.
至如信者	한신과 같은 자라면
國士無雙	나라에 둘도 없습니다.
王必欲長王漢中	왕께서 반드시 길이 한중의 왕이나 되시려면
無所事信¹³	한신을 쓸 일이 없을 것이지만
必欲爭天下	반드시 천하를 다투고자 하신다면

---

13 **집해** 문영(文穎)은 말하였다. "사(事) 자는 업(業) 자와 같다." 장안은 말하였다. "한신을
    쓸 일이 없는 것이다."

非信無所與計事者	한신이 아니면 함께 일을 도모할 자가 없습니다.
顧王策安所決耳	다만 왕의 계책이 어디 있는가에 달려 있을 따름입니다.”
王曰	왕이 말하였다.
吾亦欲東耳	“나 역시 동으로 가고 싶을 따름이니
安能鬱鬱久居此乎	어찌 답답하게 여기서 오래 머무를 수 있겠소?”
何曰	소하가 말하였다.
王計必欲東	“왕의 계책이 반드시 동으로 가시는 것이고
能用信	한신을 쓸 수 있으면
信即留	한신은 곧 머무를 것이고,
不能用	쓰실 수 없다면
信終亡耳	한신은 끝내 도망칠 것입니다.”
王曰	왕이 말하였다.
吾爲公以爲將	“내 공을 장군으로 삼을 생각이오.”
何曰	소하가 말하였다.
雖爲將	“비록 장군이라 하더라도
信必不留	한신은 필시 머무르지 않을 것입니다.”
王曰	왕이 말하였다.
以爲大將	“대장으로 삼겠소.”
何曰	소하가 말하였다.
幸甚	“매우 다행이옵니다.”
於是王欲召信拜之	이에 왕은 한신을 불러 임명하려고 하였다.
何曰	소하가 말하였다.
王素慢無禮	“왕께서는 평소에 오만하고 무례하신데
今拜大將如呼小兒耳	이제 대장을 임명함이 어린아이를 부르듯 한다면

此乃信所以去也	이는 곧 한신을 떠나게 할 까닭이 될 것입니다.
王必欲拜之	왕께서 반드시 그를 임명하려 하신다면
擇良日	길일을 택하시어
齋戒	재계하고
設壇場	제단을 설치하여
具禮	예를 갖추시는 것이
乃可耳	곧 옳을 것입니다."
王許之	왕이 허락하였다.
諸將皆喜	여러 장수들은 모두 기뻐하며
人人各自以爲得大將	저마다 제각기 대장이 될 것이라고 생각하였다.
至拜大將	대장을 임명하는 데
乃韓信也	곧 한신이어서
一軍皆驚	온 군영이 모두 놀랐다.

信拜禮畢	한신은 임명의 예를 마치고
上坐	윗자리에 앉았다.
王曰	왕이 말하였다.
丞相數言將軍	"승상이 여러 번 장군을 언급하였는데
將軍何以教寡人計策	장군은 무슨 계책으로 과인을 가르치려 하오?"
信謝	한신은 사양하고
因問王曰	이어서 왕에게 물었다.
今東鄉爭權天下	"지금 동쪽으로 가서 천하의 패권을 다툰다면
豈非項王邪	어찌 항왕이 아니겠습니까?"
漢王曰	한왕이 말하였다.
然	"그렇소."

曰	말하였다.
大王自料勇悍仁彊孰與項王	"대왕께서 스스로 생각하시기에 용맹함과 인덕, 강인함이 항왕에 비하여 어떻다고 보십니까?"
漢王默然良久	한왕은 잠자코 한참이나 있다가
曰	말하였다.
不如也	"내가 못하오."
信再拜賀曰	한신이 두 번 절하고 하례하며 말하였다.
惟信亦爲大王不如也	"저 또한 대왕께서 못하다고 생각합니다.
然臣嘗事之	그러나 신은 그를 섬겨본 적이 있으니
請言項王之爲人也	청컨대 항왕의 사람됨을 말해 보겠습니다.
項王喑噁叱咤[14]	항왕이 노기를 띠고 분노를 발하면
千人皆廢[15]	모든 사람이 다 엎드리지만
然不能任屬賢將	현명한 장수에게 임명하여 맡길 수가 없으니
此特匹夫之勇耳	이것은 바로 바로 필부의 용기일 따름입니다.
項王見人恭敬慈愛	항왕은 사람을 만나면 공경스럽고 자애로우며
言語嘔嘔[16]	말씨가 부드럽고,
人有疾病	사람이 병에 걸리면
涕泣分食飮	눈물을 흘리며 음식을 나누어주지만
至使人有功當封爵者	공을 세워 작록에 봉해야 할 사람이 있으면

---

14 색은 음아(暗啞)는 노기를 품은 것이다.

　　색은 '咤' 자는 '吒'라 하기도 한다. 질타(叱咤)는 성을 내는 소리이다.

15 집해 진작(晉灼)은 말하였다. "폐(廢)는 거두지 않는 것이다." 색은 맹강(孟康)은 말하였다. "폐(廢)는 엎드린 것이다." 장안은 말하였다. "폐(廢)는 쓰러진 것이다."

16 집해 음은 후[凶于反]이다. 색은 음은 우(吁)이다. 우우(嘔嘔)는 구구(區區)와 같다. 『한서』에는 '후후(姁姁)'로 되어 있다. 등전(鄧展)은 말하였다. "후후(姁姁)는 좋다는 뜻이다." 장안은 음을 우(吁)라 하였다.

印刓敝	도장이 닳아 해지도록
忍不能予[17]	차마 줄 수 없으니
此所謂婦人之仁也	이것은 이른바 부인의 인(仁)이라는 것입니다.
項王雖霸天下而臣諸侯	항왕은 비록 천하의 패권을 잡고 제후들을 신하로 삼았습니다만
不居關中而都彭城	관중에 머무르지 않고 팽성을 도읍으로 하였습니다.
有背義帝之約	의제의 약속을 저버리고
而以親愛王	친애하는 자를 왕으로 삼아
諸侯不平	제후들이 불평하고 있습니다.
諸侯之見項王遷逐義帝置江南	제후들은 항왕이 의제를 쫓아내어 강남에 둔 것을 보고
亦皆歸逐其主而自王善地	또한 모두 돌아가 그 주인을 쫓아내고 좋은 땅을 차지하고 스스로 왕이라 일컬었습니다.
項王所過無不殘滅者	항왕이 지나는 곳마다 살육과 파괴를 일삼지 않음이 없으니
天下多怨	천하에서 많이 원망하고
百姓不親附	백성들은 가까이 붙지 않으며
特劫於威彊耳	그저 위세와 강압에 겁박당하는 것일 뿐입니다.
名雖爲霸	명의상으로는 비록 패자라 하나
實失天下心	실상은 천하의 민심을 잃었습니다.
故曰其彊易弱	그래서 그 강함은 쉽게 약해진다는 것입니다.
今大王誠能反其道	지금 대왕께서 실로 그 도(道)와 반대로만 하시어

---

17 집해 『한서음의(漢書音義)』에서는 말하였다. "차마 주지 못하는 것이다."

任天下武勇	천하의 용감한 사람에게 맡길 수만 있다면
何所不誅[18]	누구인들 이기지 못하겠습니까!
以天下城邑封功臣	천하의 성읍으로 공신들에게 봉한다면
何所不服	어찌 복종하지 않겠습니까!
以義兵從思東歸之士	의로운 병사들로 동쪽으로 가는 군사를 따르게 한다면
何所不散[19]	누구인들 흩지 못하겠습니까!
且三秦王爲秦將	또한 삼진의 왕은 진나라의 장수이며
將秦子弟數歲矣	진나라의 자제를 거느린 지가 여러 해로
所殺亡不可勝計	죽이고 도망치게 한 자가 이루 셀 수가 없고
又欺其眾降諸侯	또한 무리들을 속여 제후에게 항복하였는데
至新安	신안에 이르러
項王詐阬秦降卒二十餘萬	항왕은 진나라의 항복한 병졸 20여만 명을 속여 갱형(阬刑)에 처하고
唯獨邯欣翳得脫	다만 장함과 사마흔, 동예만 벗어나게 되었으니
秦父兄怨此三人	진나라의 부형들은 이 세 사람을 원망하여
痛入骨髓	통한이 골수에 스미었습니다.
今楚彊以威王此三人	지금 초나라는 강하여 위세로 이 세 사람을 왕으로 세웠습니다만
秦民莫愛也	진나라의 백성은 아무도 사랑하지 않습니다.
大王之入武關	대왕께서 무관에 입성하셨을 때는
秋豪無所害[20]	추호도 해를 끼친 적이 없고

---

18 **색은** 무엇이든 이기지 못하겠는가. 유씨(劉氏)는 말하였다. "어느 곳이든 이기지 못하겠는가라는 말이다."

19 **색은** 무엇이든 흩지 못하겠는가. 유씨는 말하였다. "동쪽으로 돌아가는 병사들로 동방의 적을 치면 이 적들은 흩어져서 패하지 않음이 없다는 것이다."

除秦苛法	진나라의 가혹한 법을 없애어
與秦民約	진나라 백성들과 약속하시어
法三章耳	세 조목의 법만 내세웠을 따름이니
秦民無不欲得大王王秦者	진나라 백성치고 대왕을 진나라 왕으로 삼지 않으려는 사람이 없습니다.
於諸侯之約	제후와의 약속으로
大王當王關中	대왕께서 관중의 왕이 되어야 한다는 것은
關中民咸知之	관중의 백성이라면 모두 알고 있습니다.
大王失職入漢中	대왕께서 직위를 잃고 한중으로 들어간 것에 대해
秦民無不恨者	진나라 백성들은 한스럽게 여기지 않는 자가 없습니다.
今大王擧而東	이제 대왕께서 군사를 일으켜 동으로 진격하시면
三秦可傳檄而定也[21]	삼진은 격문만 전하여져도 평정될 것입니다."
於是漢王大喜	이에 한왕은 크게 기뻐하며
自以爲得信晚	스스로 한신을 얻음이 늦었다고 생각하였다.
遂聽信計	마침내 한신의 계책대로 하여
部署諸將所擊	장수들이 칠 곳을 정하였다.
八月	8월에
漢王擧兵東出陳倉[22]	한왕은 군사를 일으켜 진창으로 나가

---

20 색은 털은 가을이 되어야 난다. 또한 (後漢) 왕일(王逸)의 『초사(楚詞)』 주(注)에서는 말하였다. "가는 털을 호라 하는데, 여름에 떨어지고 가을에 난다." 호(豪)는 '毫'와 통하여 쓴다. - 옮긴이.

21 색은 『설문(說文)』에서 "격(檄)은 두 자의 글(二尺書)이다."라 하였다. 여기서 말한 '전격 (傳檄)'은 격서를 지어 치는 것을 꾸짖는 것을 말한다.

22 정의 한왕(漢王)은 관북(關北)에서 기주(岐州) 진창현(陳倉縣)으로 나갔다.

定三秦	삼진을 평정하였다.
漢二年	한(漢) 2년(B.C. 205)에
出關23	함곡관을 나서
收魏河南	위나라와 하남을 수복하였으며
韓殷王皆降	한왕과 은왕도 모두 항복하였다.
合齊趙共擊楚	제나라, 조나라와 연합하여 함께 초나라를 쳤다.
四月	4월에
至彭城	팽성에 이르렀는데
漢兵敗散而還	한나라 군사는 패하여 흩어져 돌아왔다.
信復收兵與漢王會滎陽	한신은 병사를 수습하여 한왕과 형양에서 만나
復擊破楚京索之間	다시 경현과 색향 사이에서 초나라를 격파하였으므로
以故楚兵卒不能西	초나라 군사는 마침내 서진(西進)할 수 없게 되었다.
漢之敗卻彭城24	한나라가 팽성에서 패퇴하였을 때
塞王欣翟王翳亡漢降楚	새왕(塞王) 흔(欣)과 적왕(翟王) 예(翳)가 한나라에서 도망쳐 초나라에 항복하였으며
齊趙亦反漢與楚和	제나라와 조나라 또한 한나라를 배반하고 초나라와 연합하였다.
六月	6월에
魏王豹謁歸視親疾	위왕 표(豹)가 어버이의 병문안을 간다고 돌아갈 것을 청하여
至國	나라에 이르자마자

---

23 **정의** 함곡관(函谷關)을 나간 것이다.
24 **정의** 군사가 팽성에서 패퇴하여 퇴각하였다.

即絕河關反漢[25]　　　　황하의 관문을 끊고 한나라를 배반하여

與楚約和　　　　　　　초나라와 연합하였다.

漢王使酈生說豹　　　　한왕은 역생을 보내어 표(豹)를 유세하였지만

不下　　　　　　　　　항복하지 않았다.

其八月　　　　　　　　그해 8월에

以信爲左丞相　　　　　한신을 좌승상으로 삼아

擊魏　　　　　　　　　위나라를 쳤다.

魏王盛兵蒲阪　　　　　위왕이 포판에서 중무장한 군사를 결집하여

塞臨晉[26]　　　　　　임진을 막으니

信乃益爲疑兵[27]　　　한신은 이에 의병을 더욱 많이 배치하고

陳船欲度臨晉[28]　　　배를 배치하여 임진을 건너는 척하다가

而伏兵從夏陽以木罌缻渡軍[29]

　　　　　　　　　　　군사를 매복시켜 하양에서 나무와 질장구로
　　　　　　　　　　　물을 건너게 하여

---

25 **색은** 지금의 포진관(蒲津關)을 이른다.

26 **색은** 塞의 음은 색이다. 임진(臨晉)은 현 이름으로 하동(河東)의 동안에 있으며 옛 관문을 마주보고 있다.

27 **집해** 『한서음의(漢書音義)』에서는 말하였다. "깃발을 더욱 많이 꽂아놓아 거짓으로 적에게 맞선 것이다."

28 **색은** 유씨(劉氏)는 말하였다. "진선은 지명으로 옛 관문 서쪽에 있는데 지금의 조읍이 이곳이다." 생각건대 경조(京兆)에 선사공현(船司空縣)이 있는데 '진선'이라 하지 않았다. 진선이라는 것은 배를 죽 늘여놓고 강을 건너려 하는 것이다.

29 **집해** 서광은 말하였다. "'缻'는 '缶'로 된 곳도 있다." 복건(服虔)은 말하였다. "나무에 질장구를 묶어 띄워서 건넌 것이다." 위소는 말하였다. "나무로 장구 같은 기물을 만들어서 군사를 도하시킨 것이다. 배가 없고 또한 밀접하기 때문이다." **정의** 한신은 거짓으로 임진에서 배를 죽 대어놓고 강을 건너려는 것처럼 하고는 곧 이렇게 하양(夏陽)에서 나무에 질장구를 묶어 띄워서 군사를 도하시키고 안읍을 습격하였다. 임진(臨晉)은 동주(同州) 동쪽 조읍(朝邑)의 경계에 있다. 하양(夏陽)은 동주(同州) 북쪽 위성(渭城)의 경계에 있다.

襲安邑[30]	안읍을 습격하였다.
魏王豹驚	위왕 표가 놀라
引兵迎信	군사를 이끌고 한신을 맞았는데
信遂虜豹[31]	한신은 결국 표를 사로잡았으며
定魏爲河東郡[32]	위나라를 평정하고 하동군으로 삼았다.
漢王遣張耳與信俱	한왕은 장이를 보내어 한신과 함께하게 하여
引兵東	군사를 이끌고 동으로 가
北擊趙代	북으로 조나라와 대(代)나라를 쳤다.
後九月	윤9월에
破代兵	대국(代國)의 군사를 격파하고
禽夏說閼與[33]	알여에서 하열을 사로잡았다.
信之下魏破代	한신이 위나라를 함락시키고 대나라를 격파했을 때마다
漢輒使人收其精兵	한나라는 문득 사람을 보내 그 정병을 거두어
詣滎陽以距楚	형양으로 보내어 초나라에 맞서게 했다.
信與張耳以兵數萬	한신과 장이는 군사 수만으로

---

30 **정의** 안읍(安邑)의 옛 성은 강주(絳州) 하현(夏縣) 동북쪽 15리 지점에 있다.

31 **색은** 유씨는 말하였다. "하양(夏陽)에는 예로부터 배가 없어 표가 거기에 대비하지 않고 임진만 방어하였다. 지금 안읍이 습격당하여 표가 마침내 항복한 것이다."

32 **정의** 지금의 안읍현(安邑縣) 고성이다.

33 **집해** 서광은 말하였다. "음은 여(余)이다." 내[駰]가 생각건대 이기(李奇)는 "하열(夏說)은 대(代)의 재상이다."라 하였다. **색은** 사마표(司馬彪)의 「군국지(郡國志)」[『속한서(續漢書)』] 상당(上黨)의 첨현(沾縣) 조에 알여취(閼與聚)가 있다. '閼'의 음은 알 또는 언(嫣)이다. '與'의 음은 여 또는 예(預)이다. **정의** 알여취(閼與聚) 성은 노주(潞州) 동제현(銅鞮縣) 서북쪽 20리 지점에 있다.

欲東下井陘擊趙[34]	동쪽으로 정형으로 내려가 조나라를 치려고 하였다.
趙王成安君陳餘聞漢且襲之也	조왕과 성안군 진여는 한나라가 그곳을 칠 것이라는 말을 듣고
聚兵井陘口[35]	정형의 어귀에서 군사를 모았는데
號稱二十萬	20만이라 일컬었다.
廣武君李左車說成安君曰	광무군 이좌거가 성안군에게 말하였다.
聞漢將韓信涉西河	"듣자 하니 한나라 장수 한신이 서하를 건너
虜魏王	위왕을 포로로 잡고
禽夏說	하열을 사로잡았으며
新喋血閼與[36]	막 알여에서 혈전을 벌였는데,
今乃輔以張耳	이제 곧 장이의 도움으로
議欲下趙	조나라를 함락시키려고 하니
此乘勝而去國遠鬥	이는 승세를 타고 나라를 떠나 멀리서 분투하는 것으로
其鋒不可當	그 예봉을 당해 내지 못할 것이오.
臣聞千里餽糧	신이 듣기에 천 리에 양식을 보내면
士有飢色	군사들은 굶주린 기색이 있고

---

34 색은 「지리지(地理志)」의 상산(常山) 석읍현(石邑縣)에 의하면 정형산(井陘山)은 서쪽에 있다. 또한 『목천자전(穆天子傳)』에서 "형산(陘山)의 길에 이르러 삼도(三道)의 돌비탈길을 올라갔다."라 한 곳이 이곳이다.

35 정의 정형(井陘)의 옛 관(關)은 병주(幷州) 석애현(石艾縣) 동쪽 18리 지점에 있는데 곧 정형구(井陘口)이다.

36 색은 '喋'의 옛 음은 삽(歃)이라 하였는데 틀렸다. 생각건대 「진탕전(陳湯傳)」[『한서(漢書)』]에 "喋血萬里之外"라는 말이 있는데 여순(如淳)은 "사람을 죽여 피가 흥건하게 흐르는 것이다."라 하였다. 위소는 음이 첩[徒協反]이라고 하였다.

樵蘇後爨[37]	땔나무와 풀을 한 다음에 밥을 하여
師不宿飽	군사들은 자고 먹지 못한다고 합니다.
今井陘之道	지금 정형의 길은
車不得方軌	수레는 나란히 갈 수가 없고
騎不得成列	기병은 열을 이룰 수 없으니
行數百里	수백 리 길을 가면
其勢糧食必在其後	그 형세가 양식은 반드시 뒤에 있게 될 것입니다.
願足下假臣奇兵三萬人	원컨대 족하께서는 신에게 기습할 병사 3만을 빌려주시면
從閒道絕其輜重	지름길에서 그 치중을 끊어놓을 테니,
足下深溝高壘	족하께서는 해자를 깊이 파고 보루를 높이 쌓아
堅營勿與戰	군영을 굳게 하고 절대로 더불어 싸우지 마십시오.
彼前不得鬥	저들은 나가도 싸우지 못하게 되고
退不得還	물러나도 돌아가지 못하게 될 것이며,
吾奇兵絕其後	저의 기습 병사가 그 뒤를 끊어
使野無所掠	들판에서 노략질할 양식이 없게 한다면
不至十日	열흘이 되지 않아
而兩將之頭可致於戲下	두 장수의 머리를 휘하에 바칠 수 있을 것입니다.
願君留意臣之計	원컨대 군께서는 신의 계책을 유의해 주십시오.
否	아니면
必爲二子所禽矣	반드시 두 사람에게 사로잡히게 될 것입니다."
成安君	성안군은

---

37 집해 『한서음의(漢書音義)』에서는 말하였다. "초(樵)는 땔나무를 모으는 것이고, 소(蘇)는 풀을 모으는 것이다."

儒者也	서생으로
常稱義兵不用詐謀奇計	늘 의로운 병사는 속임수나 기이한 계책을 쓰지 않는다고 말하였다.
曰	말하였다.
吾聞兵法十則圍之	"내가 듣건대 병법에서는 열 배면 에워싸고
倍則戰	배가 되면 싸운다고 하였소.
今韓信兵號數萬	지금 한신의 군사는 수만이라고 하나
其實不過數千	기실 수천에 지나지 않소.
能千里而襲我	천 리를 와서 우리를 습격한다고 하니
亦已罷極	또한 이미 아주 지쳐 있소.
今如此避而不擊	지금 이렇게 피하여 치지 않고
後有大者	나중에 대군이 오면
何以加之	어떻게 공격을 하겠소!
則諸侯謂吾怯	곧 제후들이 우리를 겁쟁이라고 하며
而輕來伐我	가벼이 와서 우리를 칠 것이오."
不聽廣武君策	광무군의 계책을 듣지 않아
廣武君策不用	광무군의 계책은 쓰이지 않았다.
韓信使人間視	한신이 사람을 보내어 엿보게 하였는데
知其不用	그 계책이 쓰이지 않았음을 알아내어
還報	돌아와 보고를 하니
則大喜	크게 기뻐하면서
乃敢引兵遂下[38]	과감하게 군사를 이끌고 내려갔다.

---

38 정의 군사를 이끌고 정형의 좁은 길로 들어가 조나라를 나서는 것이다.

未至井陘口三十里	정형구 30리에 못 미쳐
止舍	머물러 주둔하였다.
夜半傳發[39]	한밤중에 영을 전하여
選輕騎二千人	가벼운 기병 2천 명을 뽑아
人持一赤幟	사람마다 붉은 기 하나씩을 들리고
從閒道萆山而望趙軍[40]	샛길에서 산에 몸을 숨기어 조나라 군을 바라보고
誡曰	타일러 말하였다.
趙見我走	"조나라에서는 우리가 달아나는 것을 보면
必空壁逐我	반드시 군영을 비워두고 우리를 쫓을 것이니
若疾入趙壁	너희들은 빨리 조나라 군영으로 들어가
拔趙幟	조나라의 깃발을 뽑아버리고
立漢赤幟	한나라의 붉은 깃발을 꽂아라."
令其裨將傳飧[41]	비장으로 하여금 식사의 명령을 전하게 하여
曰	말하였다.
今日破趙會食[42]	"오늘 조나라를 깨뜨리고 밥을 먹게 될 것이다!"

---

39 집해 『한서음의(漢書音義)』에서는 말하였다. "군중에 출발하라는 명이 내린 것이다."

40 집해 여순은 말하였다. "'萆'의 음은 폐(蔽)이다. 산에 의지하여 스스로 매복하여 숨기는 것이다." 색은 샛길의 소로를 따라 앞으로 가다가 진여의 군영이 바라보이면 멈추어 산에 숨어 몸을 숨기어 조나라 군사로 하여금 알지 못하게 하라는 것을 말한다. '萆'의 음은 폐(蔽)이다. 폐(蔽)는 덮는다는 뜻이다. 『초한춘추(楚漢春秋)』에는 '비산(卑山)'으로 되어 있고, 『한서』에는 '비산(箄山)'으로 되어 있다. 『설문』에서는 "비(箄)는 숨기는 것이며, 뜻은 죽(竹)을 따르고 소리는 비(卑)에서 나왔다."라 하였다.

41 집해 서광은 말하였다. "(飧의) 음은 찬(湌)이다."

42 집해 복건은 말하였다. "세워서 음식의 전령을 내리는 것이다." 여순은 말하였다. "가볍게 먹는 것을 찬(湌)이라 한다. 조나라를 깨뜨린 다음에 곧 배불리 먹여주겠다는 말이다." 색은 여순은 말하였다. "가볍게 먹는 것을 찬(湌)이라 한다. 세워서 음식의 전령을 내리는 것을 이르며, 격파한 다음에 크게 먹여준다는 것이다."

32_회음후 열전 **255**

諸將皆莫信	여러 장수들은 아무도 믿지 않고
詳應曰	대꾸하는 척만 하여
諾	"좋습니다."라 하였다.
謂軍吏曰	군리들에게 일러 말하였다.
趙已先據便地爲壁	"조나라는 이미 유리한 땅을 선점하여 군영을 세웠으며
且彼未見吾大將旗鼓	또한 저들은 우리의 대장기와 북 신호를 아직 보지 못하여
未肯擊前行	우리의 선두를 치려 하지 않을 것이니
恐吾至阻險而還	우리가 막히고 험한 곳에 이르러 돌아갈까 걱정할 것이기 때문이다."
信乃使萬人先行	한신은 이에 만 명을 앞장서게 하고
出	나가서
背水陳⁴³	물을 등지고 진을 쳤다.
趙軍望見而大笑	조나라 군사는 바라보고 크게 비웃었다.
平旦	새벽에
信建大將之旗鼓	한신이 대장의 기와 북을 세우고
鼓行出井陘口	북을 치며 정형구를 나서니
趙開壁擊之⁴⁴	조나라에서는 군영을 열고 그들을 공격하여
大戰良久	한참 동안 크게 싸웠다.
於是信張耳詳棄鼓旗	이에 한신과 장이는 거짓으로 북과 깃발을 버리고
走水上軍	물가의 군진으로 달아났다.

---

43 정의 면만수(綿蔓水)는 부장(阜將)이라고도 하고 회성(回星)이라고도 하는데 병주(幷州)에 서 정형(井陘)의 경계로 유입되며, 곧 한신이 배수진을 쳐서 사지로 빠뜨린 것이 이 강이다.

44 정의 항주(恒州) 녹천현(鹿泉縣)이 곧 육국(六國) 때의 조나라 군영이다.

水上軍開入之	물가의 군진에서 길을 열어 그들을 들이고
復疾戰	다시 격전을 벌였다.
趙果空壁爭漢鼓旗	조나라는 과연 군영을 비우고 한나라의 북과 깃발을 다투며
逐韓信張耳	한신과 장이를 쫓았다.
韓信張耳已入水上軍	한신과 장이가 이미 물가의 군진으로 들어가
軍皆殊死戰	군사들이 모두 결사 항전하니
不可敗	패배시킬 수 없었다.
信所出奇兵二千騎	한신이 낸 기습병 2천 기가
共候趙空壁逐利	함께 조나라가 군영을 비우고 전리(戰利)를 쫓기를 기다렸다가
則馳入趙壁	조나라 진영으로 달려 들어가
皆拔趙旗	조나라의 기를 모두 뽑아내고
立漢赤幟二千	한나라의 붉은 기 2천 개를 세웠다.
趙軍已不勝	조나라 군사는 이길 수 없는 데다가
不能得信等	한신 등도 사로잡을 수 없어
欲還歸壁	군영으로 되돌아가고자 하였으나
壁皆漢赤幟	군영이 온통 한나라의 붉은 깃발이라
而大驚	크게 놀라
以爲漢皆已得趙王將矣	한나라가 이미 조나라의 왕과 장수를 모두 잡은 것으로 알고
兵遂亂	군사가 마침내 어지러워져
遁走	숨고 달아나니
趙將雖斬之	조나라 장수들이 그들을 베었지만
不能禁也	금할 수가 없었다.

於是漢兵夾擊	이에 한나라 군사가 협공하여
大破虜趙軍	조나라 군사를 크게 깨뜨리고 사로잡았으며
斬成安君泜水上[45]	성안군을 지수(泜水) 가에서 베고
禽趙王歇	조왕 헐(歇)을 사로잡았다.

信乃令軍中毋殺廣武君	한신은 이에 군중에 명하여 광무군을 죽이지 말도록 하였으며
有能生得者購千金	생포할 수 있는 자에게는 천금을 주기로 하였다.
於是有縛廣武君而致戲下者	이에 광무군을 묶어 휘하에 바친 자가 있었는데
信乃解其縛	한신은 그 결박을 풀고
東鄕對	동쪽을 향하여 보게 하고
西鄕對	(자신은) 서쪽을 향하여
師事之	스승으로 섬겼다.

諸將效首虜[46]	여러 장수들이 수급과 포로를 바쳤으며
畢賀	축하를 마치고
因問信曰	이어서 한신에게 물어서 말하였다.
兵法右倍山陵	"병법에 오른쪽과 뒤로는 산과 언덕을 두고
前左水澤	앞과 왼쪽으로는 물과 늪을 둔다고 하였는데
今者將軍令臣等反背水陳	지금 장군께서는 저희에게 오히려 물을 등지고 진을 치게 하고

---

45 집해 서광은 말하였다. "'泜'의 음은 지(遲)이다." 색은 서광은 음을 지(遲)라 하였다. 유씨는 음을 지(脂)라 하였다.

46 색은 여순은 말하였다. "효(效)는 바치는 것이다." 진작(晉灼)은 말하였다. "효(效)는 일일이라는 뜻이다." 정현(鄭玄)은 말하였다. "『예(禮)』의 주석에서 '효(效)는 겉으로 드러낸다는 뜻과 같다.'라 하였다."

日破趙會食	조나라를 깨뜨리고 밥을 먹게 해주겠다고 하시어
臣等不服	저희는 불복하였습니다.
然竟以勝	그러나 마침내 이기게 되었으니
此何術也	이는 어떤 전술입니까?"
信曰	한신이 말하였다.
此在兵法	"이것도 병법에 있는데
顧諸君不察耳	다만 그대들이 살피지 못하였을 따름이오.
兵法不曰陷之死地而後生	병법에서는 '사지에 빠뜨린 후에 살게 하고
置之亡地而後存	망할 곳에 둔 후에 살아남게 한다.'라 하지 않았소?
且信非得素拊循士大夫也	또한 나는 평소에 제대로 훈련된 사대부를 얻은 것이 아니니
此所謂驅市人而戰之	이것이 이른바 '저자의 사람들을 몰아 싸우게 하였다.'는 것으로
其勢非置之死地	그 형세는 사지에 둔 것이 아니어서
使人人自爲戰	사람들에게 제각기 스스로 싸우게 한 것이며,
今予之生地	지금 그들에게 살아날 곳을 주었다면
皆走	모두 달아났을 것이니
寧尙可得而用之乎	어찌 그들을 제대로 쓸 수 있었겠소!"
諸將皆服曰	여러 장수들이 모두 탄복하여 말하였다.
善	"훌륭하십니다.
非臣所及也	신들이 미칠 바가 아닙니다."
於是信問廣武君曰	이때 한신이 광무군에게 물어서 말하였다.
僕欲北攻燕	"제가 북으로 연나라를 공격하고

東伐齊	동으로는 제나라를 치려고 하는데
何若而有功	어떻게 하면 성공하겠습니까?"
廣武君辭謝曰	광무군은 사절하며 말하였다.
臣聞敗軍之將	"신이 듣기에 패한 군대의 장수는
不可以言勇	용기를 말할 수 없고
亡國之大夫	망한 나라의 대부는
不可以圖存	존망을 도모할 수 없다고 하였습니다.
今臣敗亡之虜	지금 신은 패망한 나라의 포로이온데
何足以權大事乎	어찌 족히 대사를 저울질할 수 있겠습니까!"
信曰	한신이 말하였다.
僕聞之	"제가 듣자 하니
百里奚居虞而虞亡	백리혜는 우나라에 있을 때는 우나라가 망하였으나
在秦而秦霸	진나라에 있을 때는 진나라가 패권을 잡았다 하였으니
非愚於虞而智於秦也	우나라에서는 어리석었고 진나라에서는 지혜로웠던 것이 아니라
用與不用	쓰느냐 쓰지 않느냐
聽與不聽也	듣느냐 듣지 않느냐에 있는 것입니다.
誠令成安君聽足下計	실로 성안군으로 하여금 족하의 계책을 듣게 하였더라면
若信者亦已爲禽矣	저 같은 사람은 또한 이미 사로잡혔을 것입니다.
以不用足下	족하를 쓰지 않았기 때문에
故信得侍耳	제가 모실 수가 있었을 따름입니다."
因固問曰	이어서 굳이 물어서 말하였다.

僕委心歸計	"제가 마음을 맡기어 계책을 듣고자 하니
願足下勿辭	족하께서는 거절하지나 말아주십시오."
廣武君曰	광무군이 말하였다.
臣聞智者千慮	"신이 듣건대 지혜로운 자도 천 번 생각하면
必有一失	반드시 한 번은 실수를 하게 되고,
愚者千慮	어리석은 자도 천 번을 생각하면
必有一得	반드시 한 번은 얻는 것이 있다고 하였습니다.
故曰狂夫之言	그러므로 말하기를 '미치광이의 말이라도
聖人擇焉	성인이 가려 쓴다.'라 하였습니다.
顧恐臣計未必足用	보건대 신의 계책이 반드시 쓸 만하지는 않은 것 같사오나
願效愚忠	어리석은 충성을 바치고자 합니다.
夫成安君有百戰百勝之計	저 성안군은 백전백승의 계책이 있었으나
一旦而失之	하루아침에 그것을 잃어
軍敗鄗下⁴⁷	군대는 학의 아래에서 패하였고
身死泜上	몸은 저수 가에서 죽었습니다.
今將軍涉西河⁴⁸	지금 장군께서는 서하를 건너
虜魏王	위왕을 포로로 삼았고
禽夏說閼與	알여에서 하열을 사로잡았으며
一舉而下井陘	한 번에 정형을 떨어뜨리고
不終朝破趙二十萬眾	아침이 끝나기도 전에 조나라의 20만이나 되는 무리를 깨뜨렸으며

---

47 집해 이기(李奇)는 말하였다. "鄗의 음은 학(臛)이다. 지금의 고읍(高邑)이다."
48 색은 이 서하(西河)는 풍익(馮翊)일 것이다. 정의 곧 동주(同州)의 용문하(龍門河)로 하양(夏陽)에서 건넌 것이다.

誅成安君	성안군을 죽였습니다.
名聞海內	이름이 해내에 떨치고
威震天下	위세가 천하를 진동시키며
農夫莫不輟耕釋耒	농부들도 밭 갈기를 그치고 쟁기를 놓고서
褕衣甘食[49]	고운 옷을 입고 단 음식을 먹으며
傾耳以待命者[50]	귀를 기울여 명을 기다리지 않는 사람이 없습니다.
若此	이런 것은
將軍之所長也	장군의 장점입니다.
然而眾勞卒罷	그러나 백성들이 수고롭고 병사가 피로하면
其實難用	실상 쓰기가 어렵습니다.
今將軍欲舉倦獘之兵	지금 장군께서는 지치고 고달픈 군사를 일으켜
頓之燕堅城之下	잠깐 만에 연나라의 견고한 성으로 가서
欲戰恐久力不能拔	싸우고자 하시는데 오래도록 힘을 들여도 빼앗을 수 없을 것입니다.
情見勢屈	정세가 드러나고 기세는 꺾일 것이며
曠日糧竭	시일을 오래 끌어 식량이 바닥나
而弱燕不服	약한 연나라도 굴복하지 않을 것이고
齊必距境以自彊也	제나라는 반드시 국경을 지키며 스스로 강화할 것입니다.
燕齊相持而不下	연나라와 제나라가 서로 부지하여 항복하지 않으면

---

49 색은 褕는 추씨(鄒氏)는 "음이 유(踰)이며 아름답다는 뜻"이라고 하였다. 멸망할 날이 오래지 않았기 때문일 것이며, 하던 일을 그만두고 아름다운 옷과 단 음식 먹는 것을 일삼으며 날로 구차한 삶을 살아가는 것으로 이는 오래 도모하지 못할 것임을 걱정하기 때문이다.『한서』에는 "아름다운 옷과 맛있는 음식(靡衣媮食)"으로 되어 있다.

50 집해 여순은 말하였다. "아마 멸망할 날이 오래지 않기 때문일 것이다."

則劉項之權未有所分也	유씨와 항씨의 권병은 정해진 것이 없게 됩니다.
若此者	이와 같은 것은
將軍所短也	장군의 단점입니다.
臣愚	어리석은 신은
竊以爲亦過矣	가만히 (그렇게 하는 것이) 또한 지나치다고 생각됩니다.
故善用兵者不以短擊長	그러므로 용병에 뛰어난 자는 단점을 가지고 장점을 치지 않으며
而以長擊短	장점을 가지고 단점을 칩니다."
韓信曰	한신이 말하였다.
然則何由	"그러면 어떻게 해야 하겠습니까?"
廣武君對曰	광무군이 대답하여 말하였다.
方今爲將軍計	"지금 장군을 위한 계책으로는
莫如案甲休兵	싸움을 그만두고 군사를 쉬게 함만 한 것이 없으니
鎭趙撫其孤	조나라를 진정시키고 그 백성들을 위무하면
百里之內	백 리 내에서
牛酒日至	쇠고기와 술이 날로 들어올 것이니
以饗士大夫醳兵⁵¹	사대부들을 먹이고 군사들에게 술을 내리어 (위로하고)
北首燕路⁵²	북으로 연나라 가는 길로 향하는데,

---

51 **집해** (西晉) 좌사(左思)의 「위도부(魏都賦)」에 "고기 안주와 진한 술을 때맞춰 낸다(肴醳順時)."라는 말이 있다. 유달(劉逵)은 "역(醳)은 술이다."라 하였다. **색은** 유씨(劉氏)는 유규(劉逵)의 음을 따랐다. 역주(醳酒)는 술과 밥으로 병사들을 먹이는 것을 이른다. 생각건대 『사기(史記)』의 옛 '석(釋)' 자는 모두 이렇게 썼으니 어찌 또한 술과 밥으로 병사들을 쉬게 하였다는 것은 옛 글자가 유(酉) 부를 따름을 이름이 아니겠는가?

而後遣辯士奉咫尺之書[53]	그런 다음 달변가를 보내어 편지를 받들어 가게 하여
暴其所長於燕[54]	연나라에 (장군의) 장점을 밝히면
燕必不敢不聽從	연나라는 반드시 감히 따르지 않을 수 없을 것입니다.
燕已從	연나라가 이미 따르고
使諠言者東告齊	말 잘하는 사람을 보내어 동으로 제나라에 알리면
齊必從風而服	제나라는 반드시 바람을 따르듯 복종할 것입니다.
雖有智者	아무리 지혜로운 자라 하더라도
亦不知爲齊計矣	또한 제나라를 위한 계책을 모를 것입니다.
如是	이렇게 하시면
則天下事皆可圖也	천하의 일은 모두 도모할 만합니다.
兵固有先聲而後實者	용병에 실로 성세를 먼저 떨치고 나중에 실력을 행사한다는 것은
此之謂也	이를 이르는 것입니다."
韓信曰	한신이 말하였다.
善	"훌륭하오."
從其策	그 계책대로 하여
發使使燕	사자를 보내어 연나라에 가게 하니
燕從風而靡	연나라는 바람에 쓸리듯 따랐다.
乃遣使報漢	곧 사자를 보내어 한나라에 알리고

---

52 **정의** 首의 음은 수(狩)이며 향한다는 뜻이다.
53 **정의** 지척(咫尺)은 여덟 치[寸]이다. 간독(簡牘)이나 긴 자를 이른다.
54 **정의** 暴의 음은 폭이다.

264

因請立張耳爲趙王	이어서 장이를 조왕으로 세워
以鎭撫其國	그 나라를 진무할 것을 청하였다.
漢王許之	한왕이 이를 허락하여
乃立張耳爲趙王	이에 장이를 조왕으로 세웠다.
楚數使奇兵渡河擊趙	초나라는 수차례나 기습병을 보내어 황하를 건너 조나라를 쳤는데
趙王耳´韓信往來救趙	조왕 장이와 한신은 오가며 조나라를 구원하고
因行定趙城邑	내친김에 조나라의 성읍을 안정시키고
發兵詣漢	군사를 조발(調發)하여 한나라에 보냈다.
楚方急圍漢王於滎陽	초나라는 바야흐로 형양에서 한왕을 급히 에워싸
漢王南出	한왕은 남으로 나가
之宛葉閒[55]	원(宛)과 섭(葉) 사이로 가서
得黥布	경포를 얻어
走入成皐	성고로 달아나 들어가니
楚又復急圍之	초나라는 또한 다시 재빨리 그곳을 에워쌌다.
六月	6월에
漢王出成皐	한왕이 성고를 나서
東渡河	동으로 황하를 건너
獨與滕公俱	홀로 등공과 함께
從張耳軍脩武	장이의 군진인 수무로 왔다.
至	이르러
宿傳舍	전사에 묵었다.

---

55 **정의** 원(宛)은 등주(鄧州)에 있다. 섭(葉)은 허주(許州)에 있다.

晨自稱漢使	새벽에 한나라 사자로 자칭하고
馳入趙壁	조나라 군영으로 달려 들어갔다.
張耳韓信未起	장이와 한신은 아직 (침상에서) 일어나지 않아
即其臥內上奪其印符	곧 그 침실에서 장군의 인장과 병부를 빼앗아
以麾召諸將	여러 장수들을 불러 모아
易置之	바꾸어 배치하였다.
信耳起	한신과 장이는 일어나서야
乃知漢王來	한왕이 온 것을 알고
大驚	크게 놀랐다.
漢王奪兩人軍	한왕은 두 사람의 군사를 빼앗고
即令張耳備守趙地	곧 장이로 하여금 조나라 땅을 지키게 하였다.
拜韓信爲相國	한신을 상국에 임명하고
收趙兵未發者擊齊[56]	조나라 병사 가운데 떠나지 않은 자를 거두어 제나라를 쳤다.

信引兵東	한신이 군사를 거느리고 동쪽으로 가면서
未渡平原[57]	아직 평원을 건너지 않았는데
聞漢王使酈食其已說下齊	한왕이 역이기(酈食其)를 보내어 이미 제나라가 항복하게끔 유세하였다는 말을 듣고
韓信欲止	한신은 그만두려고 하였다.
范陽辯士蒯通說信曰	범양의 변사 괴통이 한신을 유세하여 말하였다.
將軍受詔擊齊	"장군은 제나라를 치라는 명을 받았는데
而漢獨發間使下齊	한나라에서 독단적으로 밀사를 보내어 제나라

---

56 **집해** 문영(文穎)은 말하였다. "조나라 사람 가운데 일찍이 떠나지 않은 사람을 가리킨다."
57 **정의** 회주(懷州)에 평원진(平原津)이 있다.

寧有詔止將軍乎	어찌 장군을 그만두게 하라는 명이 있었습니까?
何以得毋行也	어찌 가지 않을 수 있겠습니까!
且酈生一士	또한 역생은 한낱 서생으로
伏軾掉三寸之舌[58]	수레에 엎드려 세 치 혀를 놀려
下齊七十餘城	제나라의 70여 개 성을 떨어뜨렸는데
將軍將數萬眾	장군께서는 수만의 무리를 거느리고
歲餘乃下趙五十餘	한 해 남짓한 사이에 조나라의 50여 개 성을 떨어뜨렸사온데
爲將數歲	장군이 된 지 여러 해가 되도록
反不如一豎儒之功乎	도리어 한 비루한 선비의 공만 못하단 말입니까?”
於是信然之	이에 한신은 그럴듯하게 여겨
從其計	그 계책을 따라
遂渡河	마침내 황하를 건넜다.
齊已聽酈生	제나라는 이미 역생의 말을 들어
即留縱酒	머물러 두고 큰 주연을 베풀어 주었으며
罷備漢守禦	한나라에 대한 방비를 그만두었다.
信因襲齊歷下軍[59]	한신은 이에 제나라 역하의 군대를 불시에 치고
遂至臨菑	마침내 임치에 이르렀다.
齊王田廣以酈生賣己	제나라 왕 전광은 역생이 자신을 팔아넘겼다고 생각하여
乃亨之	이에 그를 삶아 죽이고
而走高密	고밀로 달아나

---

58 **집해** 위소는 말하였다. “식(軾)은 지금의 작은 수레 가운데에 솟아오른 것이다.”

59 **집해** 서광은 말하였다. “제남(濟南)의 역성현(歷城縣)이다.”

使使之楚請救	사자를 초나라로 보내어 구원을 요청하였다.
韓信已定臨菑	한신은 임치를 안정시킨 다음에
遂東追廣至高密西	마침내 동으로 전광을 추격하여 고밀의 서쪽까지 이르렀다.
楚亦使龍且將	초나라 또한 용저를 장군으로 삼아
號稱二十萬	20만을 일컬으며
救齊	제나라를 구원하였다.

齊王廣龍且并軍與信戰	제나라 왕 전광과 용저가 군사를 합쳐 한신과 싸우려 하였으나
未合	아직 붙지는 않았다.
人或說龍且曰	사람 중에 용저에게 이렇게 말하는 자가 있었다.
漢兵遠鬪窮戰	"한나라 군사는 먼 곳에서 와 싸우며 있는 힘을 다하여 싸우니
其鋒不可當	그 예봉을 당할 수가 없습니다.
齊'楚自居其地戰	제나라와 초나라는 그 근거지에서 싸우므로
兵易敗散⁶⁰	군사가 쉽게 패하여 흩어질 것입니다.
不如深壁	군진을 깊이 하여
令齊王使其信臣招所亡城	제나라 왕에게 신임하는 신하를 보내어 망한 성을 부르게 함만 못하니,
亡城聞其王在	망한 성에서 왕이 건재하다는 것을 듣고
楚來救	초나라에서 구원병이 왔다 하면
必反漢	반드시 한나라를 배반할 것입니다.
漢兵二千里客居	한나라 군사는 2천 리에 나그네살이를 하고 있

---

60 **정의** 그들이 사는 집이 가까워서 그리워하여 돌아보는 것이다.

으며

齊城皆反之	제나라의 성은 모두 그들에게서 돌아설 것이니
其勢無所得食	그 형세가 음식을 얻을 곳이 없어
可無戰而降也	싸우지 않고도 항복시킬 수 있습니다."
龍且曰	용저가 말하였다.
吾平生知韓信爲人	"내 평소에 한신의 사람됨을 잘 아는데
易與耳	상대하기 쉬울 따름이다.
且夫救齊不戰而降之	또한 제나라를 구원하여 싸워서 항복시키지 못한다면
吾何功	내게 무슨 공이 있겠는가?
今戰而勝之	지금 싸워서 이긴다면
齊之半可得	제나라의 반은 얻을 수 있으니
何爲止	어찌 그만두겠는가!"
遂戰	마침내 싸워
與信夾濰水陳⁶¹	한신과 유수를 끼고 진을 펼쳤다.
韓信乃夜令人爲萬餘囊	한신은 이에 밤을 틈타 사람들에게 자루 만여 개를 만들게 하여
滿盛沙	모래를 가득 채워
壅水上流	상류의 물을 막고
引軍半渡	군사를 이끌고 반쯤 건너
擊龍且	용저를 쳤는데

---

61 집해 서광은 말하였다. "동완(東莞)에서 나와 동북쪽으로 흘러 북해(北海)의 도창현(都昌縣)에 이르러 바다로 흘러든다." 색은 濰의 음은 유(維)이다. 「지리지(地理志)」에 의하면 유수는 낭야(琅邪)의 기현(箕縣) 동북쪽에서 나와 도창(都昌)에 이르러 바다로 흘러든다. 서광은 "동완에서 나와 동북쪽으로 흘러 바다로 흘러든다."고 하였는데, 『수경(水經)』에 근거한 말일 것으로 조금 다를 따름이다.

詳不勝	거짓으로 이기지 못한 체하고
還走	도로 달아났다.
龍且果喜曰	용저가 과연 기뻐하며 말하였다.
固知信怯也	"한신이 겁쟁이라는 것은 진작에 알아봤다."
遂追信渡水	마침내 한신을 추격하여 물을 건넜다.
信使人決壅囊	한신이 사람들에게 막았던 주머니를 터뜨리게 하니
水大至	물이 크게 몰려왔다.
龍且軍大半不得渡	용저의 군사는 태반이 건너지를 못하였는데
即急擊	즉시 쳐서
殺龍且	용저를 죽였다.
龍且水東軍散走	용저의 물 동쪽에 있는 군사들은 흩어져 달아나고
齊王廣亡去	제나라 왕 전광은 도망갔다.
信遂追北至城陽[62]	한신은 마침내 추격하여 북으로 성양에 이르러
皆虜楚卒	초나라 군사를 모두 포로로 잡았다.
漢四年	한(漢) 4년(B.C. 203)에
遂皆降平齊	마침내 제나라를 완전히 항복시켜 평정하였다.
使人言漢王曰	사람을 보내 한왕에게 말하게 하였다.
齊僞詐多變	"제나라는 잘 속이고 변화가 많으며
反覆之國也	뒤치기를 잘 하는 나라이고
南邊楚	남쪽은 초나라이니
不爲假王以鎮之	가왕(假王)이 되어 그들을 진압하지 않으면

---

62 정의 성양(城陽)의 뇌택현(雷澤縣)으로 복주(濮州) 동남쪽 91리 지점에 있다.

其勢不定	그 형세가 평정되지 않을 것입니다.
願爲假王便	원컨대 가왕이 되면 편하겠습니다."
當是時	이때
楚方急圍漢王於滎陽	초나라는 바야흐로 형양에서 한왕을 급히 에워 쌌는데
韓信使者至	한신의 사자가 이르러
發書[63]	편지를 뜯어보고는
漢王大怒	한왕이 크게 노하여
罵曰	꾸짖어 말하였다.
吾困於此	"내 이곳에서 곤경을 겪으며
旦暮望若來佐我	아침저녁으로 네가 와서 나를 도와주기를 바라건만
乃欲自立爲王	곧 스스로 왕으로 서고자 한단 말이냐!"
張良陳平躡漢王足	장량과 진평이 한왕의 발을 밟으며
因附耳語曰	이어서 귓속말을 했다.
漢方不利	"한나라가 바야흐로 불리한데
寧能禁信之王乎	어찌 한신이 왕이 되는 것을 금할 수 있겠습니까?
不如因而立	즉시 왕으로 세워
善遇之	잘 대해 주어
使自爲守	스스로 지키게 하느니만 못합니다.
不然	그렇지 않으면
變生	변수가 생길 것입니다."
漢王亦悟	한왕도 깨닫고
因復罵曰	이어서 다시 꾸짖어 말하였다.

---

63 集解 장안은 말하였다. "사자가 가져온 편지를 열어본 것이다."

大丈夫定諸侯	"대장부가 제후를 평정하였으면
即爲眞王耳	그 즉시 진왕이 되어야 할진대
何以假爲	어째서 가왕이 되려느냐!"
乃遣張良往立信爲齊王[64]	곧 장량을 보내어 가서 한신을 제왕(齊王)으로 세우게 하고
徵其兵擊楚	그 군사를 징발하여 초나라를 쳤다.
楚已亡龍且.	초나라가 이미 용저를 잃고 나자
項王恐	항왕은 두려워하며
使盱眙人武涉往說齊王信曰[65]	우이(盱眙) 사람 무섭을 보내어 가서 제왕 한신을 유세하도록 하여
天下共苦秦久矣	"천하가 함께 진나라를 괴로워한 지가 오래되어
相與戮力擊秦	서로 힘을 합쳐 진나라를 쳤습니다.
秦已破	진나라가 이미 깨어지자
計功割地	공을 헤아려 땅을 가르고
分土而王之	땅을 나누어 왕으로 삼아
以休士卒	사졸을 쉬게 하였습니다.
今漢王復興兵而東	지금 한왕은 다시 군사를 일으켜 동진하여
侵人之分	남의 몫을 침노하고
奪人之地	남의 땅을 빼앗아
已破三秦	이미 삼진을 깨뜨리고
引兵出關	군사를 이끌고 관을 나서
收諸侯之兵以東擊楚	제후의 군사를 거두어 동으로 초나라를 치는데

---

64 집해 서광은 말하였다. "4년(B.C. 203) 2월이다."

65 집해 장화(張華)는 말하였다. "무섭(武涉)의 무덤은 우이성(盱眙城) 동쪽 15리 지점에 있다."

其意非盡吞天下者不休	그 뜻은 천하를 삼키지 않으면 그만두지 않을 것이니
其不知厭足如是甚也	그 만족할 줄 모름이 이렇게 심합니다.
且漢王不可必	또한 한왕은 기필(期必)할 수 없어서
身居項王掌握中數矣[66]	몸이 항왕이 장악한 가운데 있은 지가 여러 차례이나
項王憐而活之	항왕이 불쌍하게 여겨 살려주었지만
然得脫	몸을 빼돌려
輒倍約	문득 약속을 저버리고
復擊項王	다시 항왕을 치니
其不可親信如此	가까이하여 믿을 수 없음이 이와 같습니다.
今足下雖自以與漢王爲厚交	지금 족하께서는 비록 스스로 한왕과 교의가 두텁다고 생각하시어
爲之盡力用兵	그를 위해 힘껏 싸우시지만
終爲之所禽矣	끝내 그에게 사로잡히게 될 것입니다.
足下所以得須臾至今者	족하께서 잠시나마 지금에 이를 수 있었던 것은
以項王尚存也	항왕이 아직 살아 있기 때문입니다.
當今二王之事	지금 두 왕의 일은
權在足下	족하께 달려 있습니다.
足下右投則漢王勝	족하께서 오른쪽에 붙으면 한왕이 이기고
左投則項王勝	왼쪽에 붙으면 항왕이 이깁니다.
項王今日亡	항왕이 오늘 망하면
則次取足下	다음은 족하를 취할 것입니다.
足下與項王有故	족하께서는 항왕과 옛 정분도 있는데

---

66 **정의** 數의 음은 수[色庚反]이다.

何不反漢與楚連和	어찌하여 한나라를 저버리고 초나라와 연합하여
參分天下王之	천하를 셋으로 나누어 왕이 되지 않으십니까?
今釋此時	지금 이때를 놓치고
而自必於漢以擊楚	스스로 반드시 한나라 편에서 초나라를 치려 하시니
且爲智者固若此乎	또한 지자이면서 실로 이렇게 하는 것입니까!" 라 하였다.
韓信謝曰	한신은 거절하여 말하였다.
臣事項王	"신이 항왕을 섬길 때
官不過郎中	관직은 낭중에 지나지 않았고
位不過執戟⁶⁷	직위는 집극랑에 불과하였으며
言不聽	말은 들어주지 않았고
畫不用	계획은 써주지 않았으므로
故倍楚而歸漢	초나라를 저버리고 한나라에 귀부한 것입니다.
漢王授我上將軍印	한왕은 나에게 상장군의 인장을 주었고
予我數萬眾	내게 수만의 무리를 주었으며
解衣衣我	옷을 벗어 입혀 주었고
推食食我	음식을 밀어 먹여 주었으며
言聽計用	말을 듣고 계책을 써주었으므로
故吾得以至於此	내가 지금에 이르게 된 것입니다.
夫人深親信我	대체로 사람이 나를 깊이 가까이하고 신임하는데
我倍之不祥	내가 그를 배반하는 것은 상서롭지 못하니
雖死不易	죽는다 하더라고 바꾸지 않을 것입니다.
幸爲信謝項王	저를 위하여 항왕께 거절해 주셨으면 합니다!"

---

67 집해 장안은 말하였다. "낭중은 숙위(宿衛)하며 창을 잡고 있는 사람이다."

武涉已去	무섭이 떠나자
齊人蒯通知天下權在韓信	제나라 사람 괴통(蒯通)은 천하의 관건은 한신에게 있음을 알고
欲爲奇策而感動之	기이한 계책으로 한신을 움직이게 하고자 하여
以相人說韓信曰	점쟁이의 말을 가지고 한신에게 말하였다.
僕嘗受相人之術	"저는 일찍이 남의 관상을 보는 기술을 배운 적이 있습니다."
韓信曰	한신이 말하였다.
先生相人何如	"선생께서 남의 관상을 봄은 어떠한가?"
對曰	대답하였다.
貴賤在於骨法	"귀해지고 천해짐은 골격에 있고
憂喜在於容色	근심과 기쁨은 얼굴에 있으며
成敗在於決斷	성공과 실패는 결단에 있는데
以此參之	이 세 가지를 참고하면
萬不失一	만에 하나도 틀리지 않습니다."
韓信曰	한신이 말하였다.
善	"훌륭하오.
先生相寡人何如	선생이 과인의 관상을 보니 어떠하오?"
對曰	대답하였다.
願少間	"잠깐만 사람들을 물렸으면 합니다."
信曰	한신이 말하였다.
左右去矣	"좌우는 물렸거라."
通曰	괴통이 말하였다.
相君之面	"그대의 얼굴을 보니
不過封侯	제후에 봉해지는 데 지나지 않으며

又危不安	또한 위태롭고 불안합니다.
相君之背	그대의 등을 보니
貴乃不可言[68]	귀하여짐은 말할 것이 없습니다."
韓信曰	한신이 말하였다.
何謂也	"무엇을 말하는가?"
蒯通曰	괴통이 말하였다.
天下初發難也	"천하에 막 난이 일어났을 때에는
俊雄豪桀建號壹呼	영웅호걸들이 하나의 구호를 세우니
天下之士雲合霧集	천하의 군사가 구름과 안개처럼 모여들어
魚鱗雜遝	물고기 비늘처럼 뒤섞이고
熛至風起	불똥이 이르는 듯 바람이 이는 듯하였습니다.
當此之時	이때만 해도
憂在亡秦而已	근심은 진나라를 멸망시키는 데 있었을 따름입니다.
今楚漢分爭	지금은 초나라와 한나라가 다투어
使天下無罪之人肝膽塗地	천하의 무고한 사람들이 간과 쓸개를 땅에 쏟고
父子暴骸骨於中野	부자가 들판에 해골을 드러내게 한 것이
不可勝數	이루 헤아릴 수 없습니다.
楚人起彭城	초나라 사람은 팽성에서 일어나
轉鬥逐北	옮겨 싸우며 북으로 쫓아
至於滎陽	형양에 이르러
乘利席卷	유리한 형세를 타고 자리를 말 듯하여
威震天下	위세를 천하에 떨쳤습니다.

---

68 집해 장안은 말하였다. "배반하면 크게 귀하여진다는 것이다."

然兵困於京索之閒	그러나 군사가 경(京)·색(索) 사이에서 곤경에 처하여
迫西山而不能進者	서산에 다가서서도 나아갈 수 없게 되었는데
三年於此矣	이 지경이 된 지 3년이 되었습니다.
漢王將數十萬之眾	한왕은 수십만의 무리를 거느리고
距鞏, 雒	공현과 낙양에 이르러
阻山河之險	산과 물의 험함에 의지하여
一日數戰	하루에도 몇 번씩이나 싸웠으나
無尺寸之功	한 자나 한 치의 공도 세우지 못하고
折北不救[69]	여지없이 꺾이어 패하였으나 자구하지 못하여
敗滎陽	형양에서 패하고
傷成皋[70]	성고에서 다쳐
遂走宛葉之閒	마침내 원성과 섭현 사이로 달아났으니
此所謂智勇俱困者也	이것이 이른바 지혜와 용기가 곤경과 함께한다는 것입니다.
夫銳氣挫於險塞	(초나라의) 예기는 험하고 막힌 곳에서 꺾였고
而糧食竭於內府	(한나라의) 양식은 내부에서 바닥나
百姓罷極怨望	백성들은 매우 지쳐 원망하며
容容無所倚	우왕좌왕하여 기댈 곳이 없습니다.
以臣料之	신이 헤아려 보건대
其勢非天下之賢聖固不能息天下之禍	
	그 형세가 천하의 성현이 아니면 실로 천하의 화를 그치게 할 수 없습니다.

---

69 **집해** 장안은 말하였다. "절(折)은 꺾이어 패한 것이다. 배(北)는 패하여 달아나는 것이다."

70 **집해** 장안은 말하였다. "성고(成皋)에서 가슴을 다친 것이다." 신찬(臣瓚)은 말하였다. "군대가 꺾이어 상한 것이다."

當今兩主之命縣於足下	지금 두 왕의 운명은 족하께 달려 있습니다.
足下爲漢則漢勝	족하가 한나라를 위한다면 한나라가 이길 것이고
與楚則楚勝	초나라를 편든다면 초나라가 이길 것입니다.
臣願披腹心	신은 바라옵건대 속마음을 드러내고
輸肝膽	속을 옮겨
效愚計	어리석은 계책을 바칠까 하는데
恐足下不能用也	족하께서 쓸 수 없을까 걱정됩니다.
誠能聽臣之計	실로 신의 계책을 들어줄 수 있다면
莫若兩利而俱存之	두 나라를 이롭게 하여 모두 존속시키고
參分天下	천하를 셋으로 나누어
鼎足而居	솥발처럼 처하게 함만 한 것이 없는데
其勢莫敢先動	그 형세가 감히 먼저 움직이지 못할 것입니다.
夫以足下之賢聖	대체로 족하의 현성함으로
有甲兵之眾	무장한 군사를 많이 가지고
據彊齊	강한 제나라를 차지한 데다
從燕趙	연나라와 조나라를 따르게 하여
出空虛之地而制其後	빈 땅에서 나와 그 뒤를 제압하시고
因民之欲	백성이 하고자 하는 대로 하여
西鄉爲百姓請命[71]	서쪽으로 향하여 백성의 요구대로 한다면
則天下風走而響應矣	천하는 바람이 달리듯 향응할 것이니
孰敢不聽	누가 감히 듣지 않겠습니까!

---

71 정의 鄉의 음은 향(向)이다. 제나라가 동쪽에 있기 때문에 서쪽으로 향한다고 말한 것이다.

정의 초나라와 한나라의 전투를 그치게 하고 사졸이 죽지 않으므로 "명을 청한다."고 하였다.

278

割大弱彊	큰 나라를 쪼개고 강한 나라를 약하게 하여
以立諸侯	제후를 세우는데
諸侯已立	제후가 서고 나면
天下服聽而歸德於齊	천하에서는 복종을 하고 덕을 제나라로 돌릴 것입니다.
案齊之故	제나라의 옛 땅임을 생각하시어
有膠泗之地	교하(膠河)와 사수(泗水)의 땅을 가지시고
懷諸侯以德	제후들을 덕으로 품으시면
深拱揖讓	깊이 손을 맞잡고 읍양을 할 것이며
則天下之君王相率而朝於齊矣	천하의 군왕들이 서로 이끌고 제나라에 조회를 할 것입니다.
蓋聞天與弗取	대체로 듣건대 하늘이 주었는데도 그것을 받지 않는다면
反受其咎	도리어 그 죄를 받을 것이고,
時至不行	때가 무르익었는데도 행하지 않는다면
反受其殃	도리어 그 재앙을 받는다고 하였습니다.
願足下孰慮之	족하께서는 숙고하시기 바랍니다.”
韓信曰	한신이 말하였다.
漢王遇我甚厚	“한왕은 나를 아주 잘 대우해 주어
載我以其車	자기의 수레로 나를 태워 주고
衣我以其衣	자기의 옷으로 나를 입혀 주며
食我以其食	자기 음식으로 나를 먹여 주었소.
吾聞之	내 듣자 하니

乘人之車者載人之患	남의 수레를 타는 자는 그 사람의 걱정을 싣고
衣人之衣者懷人之憂	남의 옷을 입는 자는 그 사람의 근심을 품으며
食人之食者死人之事	남의 음식을 먹는 자는 그 사람의 일로 죽는다고 하였으니
吾豈可以鄕利倍義乎	내 어찌 이익을 바라서 의리를 저버릴 수 있겠소!"
蒯生曰	괴통(蒯通)이 말하였다.
足下自以爲善漢王	"족하께서는 스스로 한왕과 친하다고 생각하시어
欲建萬世之業	만세의 업적을 세우고자 하시나
臣竊以爲誤矣	저는 적이 잘못되었다고 생각합니다.
始常山王成安君爲布衣時	처음에 상산왕과 성안군이 평민이었을 때
相與爲刎頸之交	서로 문경지교를 맺었습니다만
後爭張黶陳澤之事	나중에 장염과 진택의 일로
二人相怨	두 사람은 서로 원망하게 되었습니다.
常山王背項王	상산왕은 항왕을 저버리고
奉項嬰頭而竄	항영의 머리를 받들고 숨어
逃歸於漢王	한왕에게 도망쳐 귀순하였습니다.
漢王借兵而東下	한왕은 군사를 빌려 동쪽으로 내려가
殺成安君泜水之南	성안군을 지수의 남쪽에서 죽여
頭足異處	머리와 발이 다른 곳에 있게 되었으니
卒爲天下笑	마침내 천하의 웃음거리가 되었습니다.
此二人相與	이 두 사람이 서로 교유하였을 때는
天下至驩也	천하에서 지극히 좋아하는 사이였습니다.
然而卒相禽者	그러나 끝내 서로 사로잡으려 하였으니
何也	어째서입니까?
患生於多欲而人心難測也	걱정은 욕심이 많은 데서 나오고 사람의 마음

	은 헤아리기 어렵기 때문입니다.
今足下欲行忠信以交於漢王	지금 족하께서는 충성과 신의를 행하여 한왕과 교유하고자 하시는데
必不能固於二君之相與也	필시 두 사람이 친하였을 때보다 견고할 수 없을 것이며
而事多大於張黶陳澤	사정은 장염과 진택 때보다 훨씬 크다고 할 수 있습니다.
故臣以爲足下必漢王之不危己	
	그러므로 신의 생각으로는 족하께서 반드시 한왕이 자기에게 화를 끼치지 않을 것이라 생각하시는 것
亦誤矣	또한 잘못되었다고 봅니다.
大夫種范蠡存亡越	대부 종(種)과 범려는 망해 가는 월나라를 존속시키고
霸句踐	구천이 패권을 잡게 하였는데
立功成名而身死亡	공을 세우고 명성을 이루자 몸이 죽고 또 도망쳤습니다.
野獸已盡而獵狗亨	들판의 짐승이 다 잡히면 사냥개는 삶깁니다.
夫以交友言之	벗을 사귐을 가지고 말하면
則不如張耳之與成安君者也	장이가 성안군에게 한 것만 못하고,
以忠信言之	충성과 신의로 말한다면
則不過大夫種范蠡之於句踐也	
	대부 종과 범려가 구천에게 한 것을 넘지 않습니다.
此二人者	이 두 사람으로
足以觀矣	충분히 알 수 있습니다.
願足下深慮之	족하께서는 깊이 생각하여 보시기 바랍니다.

且臣聞勇略震主者身危	또한 신이 듣기에 용맹과 지략이 주인을 놀라게 하는 자는 몸이 위태롭게 되고
而功蓋天下者不賞	공이 천하를 덮는 자는 상을 받지 못한다고 하였습니다.
臣請言大王功略	신은 청컨대 대왕의 공적과 모략을 말해 보겠습니다.
足下涉西河	족하께서는 서하를 건너
虜魏王	위왕을 포로로 잡고
禽夏說	하열을 사로잡았으며,
引兵下井陘	군사를 이끌고 정형으로 내려가
誅成安君	성안군을 죽이고
徇趙	조나라를 빼앗았으며
脅燕	연나라를 거두고
定齊	제나라를 평정하였으며,
南摧楚人之兵二十萬	남으로는 초나라 사람의 군사 20만을 꺾었고
東殺龍且	동으로는 용저를 죽였으며
西鄉以報	서로 향하여 승전보를 알렸으니
此所謂功無二於天下	이것이 이른바 공이 천하에 둘도 없고
而略不世出者也	모략이 세상에 거의 나오지 않는 것이라는 것입니다.
今足下戴震主之威	지금 족하께서는 주인을 놀라게 할 위엄을 이고 있고
挾不賞之功	상을 받지 못할 공을 끼고 있으니
歸楚	초나라로 가면
楚人不信	초나라 사람이 믿지 않을 것이며,
歸漢	한나라로 가면

282

漢人震恐	한나라 사람이 두려워 떨 것이니
足下欲持是安歸乎	족하께서는 어디로 귀의하시려 하십니까?
夫勢在人臣之位而有震主之威	
	형세가 신하의 지위에 있는데 주인을 떨게 할 위엄을 지니고 있으며
名高天下	명성이 천하에 높으니
竊爲足下危之	저는 족하께서 위태롭게 될 것으로 생각합니다."
韓信謝曰	한신이 사절하여 말하였다.
先生且休矣	"선생께서 잠시 쉬시면
吾將念之	내가 생각해 보겠습니다."
後數日	며칠 후
蒯通復說曰	괴통이 다시 말하였다.
夫聽者事之候也	"대체로 듣는 것은 일의 징후이고
計者事之機也	헤아리는 것은 일의 관건이온데
聽過計失而能久安者	잘못을 듣고 실수를 헤아리고서도 오래도록 편안할 수 있는 자는
鮮矣	드뭅니다.
聽不失一二者	들으면서 한두 가지의 실수도 않는 자는
不可亂以言	말로 혼란시킬 수 없으며,
計不失本末者	헤아리면서 본말을 잃지 않는 자는
不可紛以辭	말로 어지럽힐 수 없습니다.
夫隨廝養之役者	저 땔나무나 하고 밥하는 일을 하는 자는
失萬乘之權	만승의 자리에 오를 기회를 잃고,
守儋石之祿者[72]	한두 섬의 봉록을 지키는 자는

闕卿相之位	경상의 지위를 놓치게 됩니다.
故知者決之斷也	그러므로 지혜는 결정을 판단하는 것이고
疑者事之害也	의심하는 것은 일을 해치는 것이며
審豪氂之小計	터럭만 한 작은 계획을 살피면
遺天下之大數	천하의 큰 계책을 잃게 되는데,
智誠知之	지혜는 실로 알고 있으나
決弗敢行者	결단을 감행하지 않는 것은
百事之禍也	모든 일의 화입니다.
故曰猛虎之猶豫	그래서 말하기를 '사나운 호랑이가 머뭇거리는 것이
不若蜂蠆之致螫73	벌과 전갈이 감히 쏨만 못하고,
騏驥之跼躅74	천리마가 움츠리는 것이
不如駑馬之安步	둔한 말이 편안히 걸음만 못하며,
孟賁之狐疑	맹분이 의심하는 것이
不如庸夫之必至也	용렬한 사내가 반드시 해냄만 못하고,
雖有舜禹之智	순과 우의 지혜가 있다고 하더라도
吟而不言75	입을 다물고 말하지 않으면

---

72 **집해** 진작(晉灼)은 말하였다. "양웅(楊雄)의 『방언(方言)』에서는 '발해(渤海)와 태산[岱] 사이에서는 앵(罌)을 담(儋)이라 한다.'라 하였다. 석은 두석(斗石)이다." 소림(蘇林)은 말하였다. "제(齊)나라 사람들은 소앵(小罌)을 담이라 한다. 석(石)은 지금의 복어[鮐魚]를 담는 석앵(石罌)으로 한두 석(石)에 지나지 않을 따름이다. 일설에는 1담(儋)은 1곡(斛)이 넘는다고 한다." **색은** 儋의 음은 담[都濫反]이다. 석(石)은 말이다. 소림(蘇林)의 해석이 근접하였다. 鮐의 음은 태(胎)이다.

73 **정의** (螫의) 음은 적(適)이다.

74 **집해** 서광은 말하였다. "국(跼)은 '척(蹢)'으로 된 판본도 있다."

75 **색은** 吟은 추씨(鄒氏)는 "음이 금[拒蔭反]이며, 또한 금(琴)이라고도 한다."라 하였다. 곧 금(噤)과 같다.

不如瘖聾之指麾也	벙어리와 귀머거리가 손가락으로 가리킴만 못하다.'라 하였습니다.
此言貴能行之	이는 능히 행함을 귀히 여긴다는 말입니다.
夫功者難成而易敗	대체로 공이라는 것은 성공하긴 어렵고 실패하긴 쉬우며
時者難得而易失也	때라는 것은 얻기는 어렵고 잃기는 쉽습니다.
時乎時	제때를 놓치면
不再來	다시는 오지 않습니다.
願足下詳察之	족하께서는 상세히 살펴보시기를 바랍니다."
韓信猶豫不忍倍漢	한신은 머뭇거리며 차마 한나라를 저버리지 못하였으며
又自以爲功多	또한 스스로 생각하기를 공이 많아서
漢終不奪我齊	한나라는 끝내 우리 제나라를 빼앗지 않을 것이라 하여
遂謝蒯通	마침내 괴통(의 말)을 사절하였다.
蒯通說不聽	괴통은 말해도 받아들이지 않자
已詳狂爲巫76	얼마 후 거짓으로 미친 척하여 무당이 되었다.
漢王之困固陵	한왕은 고릉에서 곤경에 처하자
用張良計	장량의 계책을 써서
召齊王信	제왕 한신을 부르니
遂將兵會垓下	마침내 군사를 거느리고 해하에서 만났다.

---

76 **집해** 서광은 말하였다. "어떤 판본에는 '마침내 괴통의 말을 쓰지 않으니 괴통이 말하였다. 「잗달고 가혹한 데 급박한 자는 더불어 큰일을 도모할 수 없고, 신복(臣僕)에 얽매인 자는 실로 군왕이 되려는 뜻이 없습니다.」 말을 들어주지 않자 떠나서 거짓으로 미친 척하였다.'로 되어 있다." **색은** 『한서』 및 『전국책』에도 모두 이 글이 있다.

項羽已破	항우가 격파되자
高祖襲奪齊王軍[77]	고조는 불시에 제왕의 군권을 빼앗았다.
漢五年正月	한(漢) 5년(B.C. 202) 정월에
徙齊王信爲楚王	제왕 한신을 초왕으로 옮기고
都下邳	하비를 도읍으로 정했다.
信至國	한신은 초나라에 이르러
召所從食漂母	그때 밥을 먹여 주었던 빨래하던 여인을 불러
賜千金[78]	천금을 내렸다.
及下鄕南昌亭長	하향의 남창 정장에게는
賜百錢	백 전(百錢)을 내리면서
曰	말하였다.
公	"그대는
小人也	소인이니
爲德不卒	덕 베풀기를 마치지 못하였기 때문이오."
召辱己之少年令出胯下者以爲楚中尉	
	자기를 욕보인 젊은이들 가운데 가랑이 아래로 빠져나가게 한 자를 불러 초나라의 중위로 삼았다.
告諸將相曰	여러 장상들에게 말하였다.
此壯士也	"이 사람은 장사다.
方辱我時	막 나를 욕보였을 때

---

77 집해 서광은 말하였다. "제나라를 평원(平原)과 천승(千乘), 동래(東萊), 그리고 제군(齊郡)으로 삼았다."

78 집해 장화는 빨래하던 여인의 무덤은 사구(泗口)의 남쪽 기슭에 있다고 하였다.

我寧不能殺之邪	내 어찌 그를 죽일 수 없었겠는가?
殺之無名	그를 죽여봤자 명성을 이루지 못하였을 것이므로
故忍而就於此	꾹 참고 여기까지 올 수 있었던 것이다.”
項王亡將鍾離眛家在伊廬[79]	항왕의 망한 장수 종리매는 집이 이려(伊廬)에 있었는데
素與信善	평소에 한신과 친하였다.
項王死後	항왕이 죽은 후
亡歸信	도망쳐서 한신에게 귀의하였다.
漢王怨眛	한왕은 종리매에게 원한이 있었는데
聞其在楚	그가 초나라에 있다는 것을 듣자
詔楚捕眛	초나라에 종리매를 잡아 올리라는 명을 내렸다.
信初之國	한신이 막 초나라에 갔을 때는
行縣邑	현읍에 갈 때
陳兵出入	군사를 배치하여 출입하였다.
漢六年	한(漢) 6년(B.C. 201)에
人有上書告楚王信反	어떤 사람이 글을 올려 초왕 한신이 모반하려 한다고 발고하였다.
高帝以陳平計	고제는 진평의 계책을 써서
天子巡狩會諸侯	천자가 순수하며 제후와 회합하기로 하였다.

---

79 집해 서광은 말하였다. “동해(東海) 구현(胸縣)에 이려향(伊廬鄉)이 있다.” 내[駰]가 생각건대 위소는 “지금의 중려현(中廬縣)이다.”라 하였다. 색은 서광의 주석은 사마표의 「군국지(郡國志)」『『속한서(續漢書)』』에서 나왔다. 정의 『괄지지(括地志)』에서는 “중려는 의청현(義清縣) 북쪽 20리 지점에 있으며 본래 춘추시대 여융(廬戎)의 나라로 진(秦)나라 때는 이려라 하였는데 한나라 때 중려현이 되었다. 항우의 장수 종리매의 무덤이 있다.”라 하였다. 위소 및 『괄지지』에서 말한 것은 모두 그것을 말한 것이다.

南方有雲夢	남방에 운몽이 있는데
發使告諸侯會陳	사자를 보내어 제후들에게 진군에 모이라고 알리게 하여
吾將游雲夢	"내 곧 운몽을 시찰할 것이다."라 하였다.
實欲襲信	실은 한신을 기습하려는 것이었지만
信弗知	한신은 그 사실을 알지 못했다.
高祖且至楚	고조가 초나라에 도착하려 할 때
信欲發兵反	한신은 군사를 일으켜 반기를 들려다가
自度無罪	스스로 죄가 없다고 생각하였지만
欲謁上	임금을 뵈려 하니
恐見禽	사로잡힐까 두렵기도 하였다.
人或說信曰	누군가 한신에게 말하였다.
斬昧謁上	"종리매를 참하여 임금을 뵈면
上必喜	임금께서 반드시 기뻐하여
無患	근심이 없을 것입니다."
信見昧計事	한신은 종리매를 찾아가 일을 의논하였다.
昧曰	종리매가 말하였다.
漢所以不擊取楚	"한나라가 초나라를 쳐서 빼앗지 못하는 것은
以昧在公所	제가 공에게 있기 때문이오.
若欲捕我以自媚於漢	나를 붙잡아 한나라에 스스로 아첨하고자 한다면
吾今日死	내 오늘 죽을 것이오만
公亦隨手亡矣	공 또한 그 즉시 망하게 될 것이오."
乃罵信曰	이에 한신을 꾸짖으며 말하였다.
公非長者	"공은 덕이 있는 자가 아니오!"

卒自剄	마침내 스스로 목을 쳤다.
信持其首	한신이 그 목을 들고
謁高祖於陳	진군에서 고조를 뵈었다.
上令武士縛信	임금은 무사들에게 한신을 포박하게 하여
載後車	뒤의 수레에 싣게 하였다.
信曰	한신이 말하였다.
果若人言	"과연 사람들이 말한 대로구나.
狡兔死	'약삭빠른 토끼가 죽고 나면
良狗亨[80]	훌륭한 개는 삶기고,
高鳥盡	높이 나는 새가 다 잡히고 나면
良弓藏	훌륭한 활은 거두어지고,
敵國破	적국이 격파되고 나면
謀臣亡	계책을 낸 신하는 죽는다.'더니.
天下已定	천하가 안정되었으니
我固當亨	내 삶기는 것은 실로 당연하다!"
上曰	임금이 말하였다.
人告公反	"어떤 사람이 공이 모반하였다고 고발하였느니라."
遂械繫信	마침내 족쇄를 채우고 구금하였다.
至雒陽	낙양에 이르러
赦信罪	한신의 죄를 사면하여

---

80 **집해** 장안은 말하였다. "교(狡)는 활(猾)과 같다." **색은** 교활한 토끼(狡兔)가 죽다. 狡의 음은 교(狡)이다. 교(狡)는 활(猾)이라는 뜻이다. (後漢 趙曄의) 『오월춘추(吳越春秋)』에는 교토(狡兔)로 되어 있는데 또한 뜻이 통한다. 『한서』에는 '狡兔'로 되어 있다. 『전국책』에서는 "동곽준(東郭逡)은 해내(海內)의 약삭빠른 토끼이다."라 하였다.

以爲淮陰侯	회음후로 삼았다.
信知漢王畏惡其能	한신은 한왕이 자기의 재능을 두려워하고 싫어한다는 것을 알고
常稱病不朝從	늘 병을 핑계대고 조현하여 모시지 않았다.
信由此日夜怨望	한신은 이로부터 밤낮으로 원망하여
居常鞅鞅	늘 앙앙불락하였으며
羞與絳灌等列	강후 관영 등과 같은 반열임을 부끄러워하였다.
信嘗過樊將軍噲	한신이 일찍이 장군 번쾌에게 들렀던 적이 있는데
噲跪拜送迎	번쾌가 무릎을 꿇고 전송하면서
言稱臣	신하로 일컬으면서
曰	말하였다.
大王乃肯臨臣	"대왕께서 기꺼이 신에게 광림을 하셨군요!"
信出門	한신은 문을 나서면서
笑曰	웃으며 말하였다.
生乃與噲等爲伍	"살아서 번쾌와 같은 지위가 되다니!"
上常從容與信言諸將能不	임금은 늘 조용하게 한신과 여러 장수들의 장단점을 말하면서
各有差	각기 차이가 있다고 하였다.
上問曰	임금이 물었다.
如我能將幾何	"나쯤 되면 몇이나 거느릴 수 있겠는가?"
信曰	한신이 말하였다.
陛下不過能將十萬	"폐하는 많아봤자 10만 정도를 거느릴 수 있을 것입니다."
上曰	임금이 말하였다.

於君何如	"그대는 어떠한가?"
曰	말하기를
臣多多而益善耳	"신은 많으면 많을수록 좋습니다."
上笑曰	임금이 웃으며 말하였다.
多多益善	"많으면 많을수록 좋다면서
何爲爲我禽	어찌하여 나한테 사로잡혔는가?"
信曰	한신이 말하였다.
陛下不能將兵	"폐하께서는 군사는 잘 거느리지 못하옵고
而善將將	장수를 잘 거느리시는데
此乃言之所以爲陛下禽也	이것이 폐하께 사로잡히게 된 까닭이라 말합니다.
且陛下所謂天授	또한 폐하께서는 이른바 하늘이 내리셨으니
非人力也	사람의 힘으로 될 것이 아닙니다."
陳豨拜爲鉅鹿守[81]	진희가 거록 태수에 임명되어
辭於淮陰侯	한신에게 작별을 고하였다.
淮陰侯挈其手	회음후는 그 손을 잡아끌며
辟左右與之步於庭	좌우를 물리치고 그와 함께 뜰을 거닐며
仰天歎曰	하늘을 우러러 탄식하여 말하였다.
子可與言乎	"그대에게는 말해도 되겠는가?
欲與子有言也	그대에게 하고 싶은 말이 있소."
豨曰	진희가 말하였다.
唯將軍令之	"장군께서는 영만 내리십시오."
淮陰侯曰	회음후가 말하였다.

---

81 집해 서광은 말하였다. "겉으로는 조상국(趙相國)이라 하였지만 군사를 거느리고 대(代)를 지키는 것이다."

公之所居	"그대가 있을 곳은
天下精兵處也	천하의 정예병이 있는 곳이고,
而公	그대는
陛下之信幸臣也	폐하가 믿고 총애하는 신하요.
人言公之畔	사람들이 공이 반기를 들었다고 한다면
陛下必不信	폐하께서는 필시 믿지 않을 것이며,
再至	다시 이르러 고하면
陛下乃疑矣	폐하께서는 의심을 하게 될 것이고,
三至	세 번째 이르러 말한다면
必怒而自將	반드시 노하여 직접 군사를 거느리고 갈 것이오.
吾爲公從中起	내가 그대를 위해 안에서 군사를 일으키면
天下可圖也	천하를 도모할 수 있소."
陳豨素知其能也	진희는 평소부터 그의 능력을 알고 있었기 때문에
信之	그 말을 믿고
曰	말하였다.
謹奉教	"삼가 가르침대로 하겠습니다!"
漢十年	한(漢) 10년(B.C. 197)에
陳豨果反	진희는 과연 반기를 들었다.
上自將而往	임금이 직접 군사를 거느리고 가는데
信病不從	한신은 병을 핑계로 따르지 않았다.
陰使人至豨所	몰래 진희에게 사람을 보내어
曰	말하였다.
弟舉兵	"군사를 일으키기만 하면
吾從此助公	나는 이곳에서 그대를 돕겠소."

信乃謀與家臣夜詐詔赦諸官徒奴

한신은 이에 가신들과 밤에 모의하여 거짓 조서로 여러 관부의 역노들을 풀어주게 하고

欲發以襲呂后太子

거사하여 여후와 태자를 습격하고자 하였다.

部署已定

배치가 다 정하여지고

待豨報

진희의 소식을 기다렸다.

其舍人得罪於信[82]

그 사인이 한신에게 죄를 짓자

信囚

한신이 가두고

欲殺之

그를 죽이려 하였다.

舍人弟上變

사인의 아우가 위에 변고를 알리어

告信欲反狀於呂后

여후에게 한신이 반란을 일으키려는 상황을 일러바쳤다.

呂后欲召

여후는 부르려고 했지만

恐其黨不就

그 무리가 나아가지 않게 할 것을 걱정하여

乃與蕭相國謀

이에 소(蕭) 상국과 모의를 하여

詐令人從上所來

사람을 시켜 임금에게서 온 것처럼 속여

言豨已得死

진희가 이미 죽어서

列侯群臣皆賀

제후와 신하들이 모두 경하한다고 말하게 하였다.

相國紿信曰

상국이 한신을 속이어 말하였다.

雖疾

"병이 들었어도

彊入賀

억지로나마 들어가 하례하시지요."

信入

한신이 들어오자

---

82 색은 진작(晉灼)은 말하기를 『초한춘추(楚漢春秋)』에서는 사공(謝公)이라고 하였다. 요씨(姚氏)는 『공신표(功臣表)』에 의하면 신양후(愼陽侯) 악설(樂說)이 회음(淮陰)의 사인으로 한신이 반란을 일으켰다고 알렸다. 정확한지는 모르겠다.

呂后使武士縛信	여후는 무사들로 하여금 한신을 포박하게 하여
斬之長樂鍾室[83]	장락궁의 종이 있는 방에서 참하게 하였다.
信方斬	한신은 참수를 당하려던 찰나
曰	말하였다.
吾悔不用蒯通之計	"내 후회스럽게도 괴통의 계책을 쓰지 않아
乃爲兒女子所詐	이렇게 아녀자에게 속고 말았으니
豈非天哉	어찌 하늘의 뜻이 아니겠는가!"
遂夷信三族	마침내 한신의 삼족을 멸했다.
高祖已從豨軍來	고조가 진희를 치고 와서
至	이르러
見信死	한신이 죽은 것을 보고
且喜且憐之	기쁘기도 하고 가엾기도 하여
問	물었다.
信死亦何言	"한신이 죽으면서 또한 무슨 말을 하던가?"
呂后曰	여후가 말하였다.
信言恨不用蒯通計	"한신이 괴통의 계책을 쓰지 않은 것이 한스럽다 하더군요."
高祖曰	고조가 말하였다.
是齊辯士也	"이놈은 제나라의 변사다."
乃詔齊捕蒯通	즉시 제나라에 괴통을 체포하도록 하였다.
蒯通至	괴통이 이르자
上曰	임금이 말하였다.

---

83 **정의** 장락궁의 종을 걸어놓은 방이다.

若教淮陰侯反乎	"네가 회음후에게 반란을 일으키게 하였느냐?"
對曰	대답하였다.
然	"그렇습니다.
臣固教之	제가 바로 그렇게 하도록 시켰지요.
豎子不用臣之策	덜 떨어진 놈이 제 계책을 쓰지 않아
故令自夷於此	이곳에서 스스로 죽게 된 것입니다.
如彼豎子用臣之計	저 덜 떨어진 놈이 제 계책을 썼더라면
陛下安得而夷之乎	폐하께서 어찌 그놈을 없앴겠습니까!"
上怒曰	임금이 노하여 말하였다.
亨之	"이놈을 삶아 죽여라."
通曰	괴통이 말하였다.
嗟乎	"아,
冤哉亨也	원통하구나. 팽형(烹刑)을 당하다니!"
上曰	임금이 말하였다.
若教韓信反	"너는 한신을 배반하게 하고서도
何冤	무엇을 원통하게 여기느냐?"
對曰	대답하였다.
秦之綱絶而維弛	"진나라의 기강이 흩어지고 법도가 해이해지자
山東大擾	산동이 크게 어지러워져
異姓並起	다른 성씨가 함께 일어나고
英俊烏集	영웅호걸들이 까마귀처럼 모여들었습니다.
秦失其鹿	진나라가 사슴을 놓치자
天下共逐之[84]	천하에서 모두 그 사슴을 쫓아

---

84 **집해** 장안은 말하였다. "사슴을 가지고 황제의 지위를 비유한 것이다."

於是高材疾足者先得焉	이에 재능이 뛰어나고 발 빠른 자라면 먼저 잡게 되었습니다.
蹠之狗吠堯	도척의 개가 요(堯)를 보고 짖은 것은
堯非不仁	요(堯)가 어질지 않아서가 아니라
狗因吠非其主	개는 그 주인이 아니면 짖기 때문입니다.
當是時	이때에
臣唯獨知韓信	신은 다만 한신만 알았을 뿐
非知陛下也	폐하는 알지 못하였습니다.
且天下銳精持鋒欲爲陛下所爲者甚衆	또한 천하에는 무기를 갈아 칼끝을 들고 폐하가 하신 것을 하려는 자가 많았습니다만
顧力不能耳	힘이 따라주지 못하였을 따름입니다.
又可盡亨之邪	또한 모두 삶아 죽일 수 있습니까?"
高帝曰	고제는 말하였다.
置之	"놔주어라."
乃釋通之罪	이에 괴통의 죄를 벗겨 주었다.
太史公曰	태사공은 말한다.
吾如淮陰	내가 회음에 갔을 때
淮陰人爲余言	회음 사람들이 내게 말해 주기를
韓信雖爲布衣時	한신은 비록 평민이었을 때라도
其志與衆異	그 뜻은 뭇사람들과 달랐다고 하였다.
其母死	그 어미가 죽었을 때
貧無以葬	가난하여 장례도 치르지 못하였지만
然乃行營高敞地	높고 넓은 땅을 찾아서

令其旁可置萬家	그 곁에 만 호를 둘 수 있게 하였다.
余視其母冢	내 그 어미의 묘를 보니
良然	실로 그러하였다.
假令韓信學道謙讓	가령 한신이 도리를 배우고 겸양하여
不伐己功	자기의 공을 떠벌리지 않고
不矜其能	자기의 능력을 자랑하지 않았더라면
則庶幾哉	거의 성공하였을 것이고
於漢家勳可以比周召太公之徒	
	한(漢) 왕실에 끼친 공훈이 주공과 소공, 태공의 무리에 비견될 만하고
後世血食矣	후세들은 제사를 받아먹었을 것이다.
不務出此	이렇게 되기를 힘쓰지 않고
而天下已集	천하가 이미 안정되었는데
乃謀畔逆	반역을 꾀하여
夷滅宗族	종족이 멸족되었으니
不亦宜乎	또한 마땅하지 않겠는가!

한신·노관열전 韓信盧綰列傳

韓王信者[1]	한왕(韓王) 한신(韓信)은
故韓襄王孼孫也[2]	옛 한(韓)나라 양왕의 얼손으로
長八尺五寸	키가 여덟 자 다섯 치였다.
及項梁之立楚後懷王也	항량이 초나라의 후손을 회왕으로 세웠을 때
燕齊趙魏皆已前王	연나라와 제나라, 조나라, 위나라도 모두 이전에 왕을 칭하였는데
唯韓無有後	한나라만은 후손이 없었으므로
故立韓諸公子橫陽君成[3]爲韓王[4]	한나라의 제공자 횡양군 성(成)을 한왕으로 세워
欲以撫定韓故地	한나라의 옛 땅을 어루만져 안정시키고자 하였다.

─────────────

1 **집해** 서광(徐廣)은 말하였다. "어떤 판본에는 '신도(信都)'로 되어 있다." **색은** 『초한춘추(楚漢春秋)』에서는 한왕 신도(韓王信都)는 오류일 것이라고 하였다. 다른 책에서도 한신도(韓信都)가 있다고는 말하지 않았다. 생각건대 한왕신(韓王信)이 처음에 한사도(韓司徒)가 되었는데 나중에 와전되어 '신도(申徒)'라고 하였으며 이 때문에 한왕의 이름으로 오인된 것을 따름일 것이다.

2 **집해** 장안(張晏)은 말하였다. "유자(孺子)를 얼(孼)이라 한다." **색은** 장안은 "서자(庶子)를 얼자(孼子)"라 한다고 하였다. 하휴(何休)는 『공양전(公羊傳)』에 주석을 달면서 "얼(孼)은 천자(賤子)로, 나무를 베면 움이 있는 것과 같은 것"이라고 하였다. 『한서(漢書)』 「조조전(晁錯傳)」에서 "얼자(孼子) 도혜왕(悼惠王)"이라 한 것이 바로 이를 말한다.

3 **정의** 옛 횡성(橫城)은 송주(宋州) 송성현(宋城縣) 서남쪽 30리 지점에 있다.

4 **집해** 서광은 말하였다. "2년 6월이다. 양묵(陽翟)에 도읍을 정하였다."

項梁敗死定陶	항량이 정도에서 패하여 죽자
成奔懷王	성은 회왕에게로 달아났다.
沛公引兵擊陽城⁵	패공이 군사를 이끌고 양성을 치면서
使張良以韓司徒⁶降下韓故地	장량으로 하여금 한나라 사도로 한나라의 옛 땅을 항복시켰는데
得信	한신을 얻어
以爲韓將	한나라의 장수로 삼아
將其兵從沛公入武關	그 군사를 거느리고 패공을 따라 무관으로 들어갔다.

沛公立爲漢王	패공이 한왕으로 서자
韓信從入漢中	한신은 한중으로 따라 들어갔으며
迺說漢王曰	이에 한왕에게 말하였다.
項王王諸將近地	"항왕이 여러 장수들을 가까운 곳의 왕으로 삼 았는데
而王獨遠居此	왕만 유독 멀리 이곳에 있으니
此左遷也	이는 좌천된 것입니다.
士卒皆山東人	사졸들은 모두 산동 사람으로
跂而望歸⁷	발을 돋우며 돌아가기를 바라니
及其鋒東鄉⁸	그 예봉으로 동쪽을 향하면

---

5 **정의** 하남현(河南縣)이다.

6 **집해** 서광은 말하였다. "다른 판본에는 거의 '신도(申徒)'로 되어 있는데, 신(申)과 사(司)는 소리가 서로 가까워 글자가 이로 말미암아 착란(錯亂)되었을 따름이다. 지금 신도(申徒)가 있는데, 사도(司徒)의 후손이라 하며 사(司)의 소리가 신(申)으로 바뀌었을 따름이라고 한다."

7 **색은** 跂의 음은 기(企)이며, 발꿈치를 드는 것이다. **정의** 跂의 음은 기(岐)이다.

可以爭天下	천하를 다툴 수 있습니다."
漢王還定三秦	한왕은 다시 삼진을 평정하고
迺許信爲韓王	이에 한신을 한왕으로 삼을 것을 허락하였으며
先拜信爲韓太尉	먼저 한신을 한 태위(韓太尉)로 임명하고
將兵略韓地	군사를 거느리고 한나라 땅을 공략하게 하였다.
項籍之封諸王皆就國	항적이 여러 왕들을 봉하여 모두 봉국(封國)으로 갔는데
韓王成以不從無功	한왕 성(成)은 따르지 않아 공이 없어서
不遣就國	봉국으로 보내지 않았고
更以爲列侯⁹	다시 열후로 삼았다.
及聞漢遣韓信略韓地	한(漢)나라가 한신을 보내어 한(韓)나라 땅을 치게 하였다는 것을 듣자
迺令故項籍游吳時吳令鄭昌¹⁰爲韓王以距漢	
	이에 옛날 항적이 오현에 있을 때 오현의 현령이었던 정창을 한왕으로 삼아 한나라에 맞서게 하였다.
漢二年	한(漢)나라 2년(B.C. 205)에
韓信略定韓十餘城	한신은 한(韓)나라의 10여 개의 성을 공략하여 안정시켰다.
漢王至河南	한왕이 하남에 이르자

---

8 集解 문영(文穎)은 말하였다. "예봉을 동쪽으로 향하게 하려는 것이다." 索隱 요씨(姚氏)는 "군중(軍中)의 장사병의 사기가 날카로운 것이다."라 하였다. 위소(韋昭)는 "그 사기의 예봉을 동쪽으로 향하게 하려는 것이다."라 하였다.

9 集解 서광은 말하였다. "원년 11월에 성(成)을 죽였다."『한서』에서는 "양후(穰侯)로 봉하였다."고 하였다. 索隱 「지리지(地理志)」에서는 양현(穰縣)은 남양(南陽)에 속한다고 하였다.

10 正義 항적(項籍)이 오현에 있을 때 정창이 오현의 현령이었다.

韓信急擊韓王昌陽城	한신은 급히 한왕 정창을 양성에서 쳤다.
昌降	정창이 투항하자
漢王迺立韓信爲韓王[11]	한왕(漢王)은 이에 한신을 한왕(韓王)으로 세웠으며
常將韓兵從	항상 한(韓)나라 군사를 거느리고 따랐다.
三年	3년(B.C. 204)에
漢王出滎陽	한왕(漢王)이 형양을 나서자
韓王信周苛等守滎陽	한왕(韓王) 신(信)과 주가(周苛) 등은 형양을 지켰다.
及楚敗滎陽	초나라가 형양을 무찌르자
信降楚	한신은 초나라에 항복하였다가
已而得亡	얼마 후 도망치게 되었으며
復歸漢	다시 한나라로 돌아가니
漢復立以爲韓王	한나라는 다시 한왕으로 세웠고
竟從擊破項籍	마침내 항적을 격파하여
天下定	천하는 평정되었다.
五年春	5년 봄에
遂與剖符爲韓王	마침내 부절을 쪼개어 한왕으로 삼았는데
王潁川	봉지는 영천이었다.
明年春[12]	이듬해 봄에
上以韓信材武	임금은 한신이 무재가 있다고 여겨

---

11 **집해** 서광은 말하였다. "2년(B.C. 205) 11월이다."
12 **집해** 서광은 말하였다. "곧 5년(B.C. 202) 2월이다." 『한서』에서는 "6년(B.C. 204) 봄"이라고 하였다.

所王北近鞏, 洛	다스리는 곳이 북으로 공현(鞏縣)과 낙양(洛陽)에 가깝고
南迫宛, 葉	남으로는 원현과 섭현에 닿아 있으며
東有淮陽	동으로는 회양이 있어
皆天下勁兵處	모두 천하의 정예병들이 있는 곳이라 하여
迺詔徙韓王信王太原以北	이에 조칙으로 한왕 신(信)을 옮겨 태원 이북을 다스리고
備禦胡	오랑캐를 대비하고 막게 하였으며
都晉陽	진양을 도읍으로 하였다.
信上書曰	한신이 글을 올려 말하였다.
國被邊[13]	"나라가 변경을 침입당하여
匈奴數入	흉노가 여러 번 쳐들어왔으며
晉陽[14]去塞遠	진양은 변새와 멀리 떨어져 있으니
請治馬邑[15]	마읍을 다스리게 해주십시오."
上許之	임금이 허락하였다.
信乃徙治馬邑	한신은 이에 마읍으로 옮겨 다스렸다.
秋	가을에
匈奴冒頓[16]大圍信	흉노의 묵특(冒頓)이 한신을 크게 에워싸
信數使使胡求和解	한신은 수차례나 오랑캐에 사신을 보내어 화친할 것을 구하였다.
漢發兵救之	한나라는 군사를 보내어 구원하였는데
疑信數間使	한신이 여러 번이나 사신을 보내어

---

13 집해 이기(李奇)는 말하였다. "被의 음은 '피마(被馬)'의 '피(被)'이다."

14 정의 병주(幷州)이다.

15 정의 삭주(朔州)이다.

16 색은 앞의 글자[冒]는 음이 묵(墨)이며, 또한 음을 모[莫報反]라고도 한다.

有二心	두 마음을 품은 것으로 의심하여
使人責讓信	사람을 보내어 한신을 질책하였다.
信恐誅	한신은 죽는 것이 두려워
因與匈奴約共攻漢	이에 흉노와 조약을 맺어 함께 한나라를 치기로 하고
反	반란을 일으켜
以馬邑降胡	마읍을 가지고 오랑캐에 투항하여
擊太原	태원을 쳤다.
七年冬	7년(B.C. 200) 겨울에
上自往擊	임금이 친히 가서 쳐
破信軍銅鞮[17]	한신의 군사를 동제에서 깨뜨리고
斬其將王喜	그 장수 왕희를 참수하였다.
信亡走匈奴	한신은 흉노로 도망쳐 달아났다.
其與白土人[18]曼丘臣, 王黃等立趙苗裔趙利爲王	
	그 장수 백토 사람 만구신, 왕황 등이 조나라의 후예 조리를 왕으로 세워
復收信敗散兵	다시 한신의 패잔병을 모아
而與信及冒頓謀攻漢	한신 및 묵특과 함께 한나라를 공격하기를 꾀하였다.
匈奴使左右賢王將萬餘騎與王黃等屯廣武以南[19]	
	흉노는 좌우현왕에게 만여 기를 거느리고 왕황 등과 함께 광무 이남에 주둔하게 하였으며

---

17 **정의** 노주현(潞州縣)이다.

18 **집해** 장안은 말하였다. "백토(白土)는 현 이름으로, 상군(上郡)에 속한다."

19 **정의** 광무(廣武)의 옛 성은 대주(代州) 안문현(鴈門縣) 경계에 있다.

至晉陽	진양에 이르러
與漢兵戰	한나라 군사와 싸웠는데
漢大破之	한나라가 대파하고
追至于離石20	이석까지 쫓아가
復破之	다시 깨뜨렸다.
匈奴復聚兵樓煩21西北	흉노는 다시 누번의 서북쪽에서 군사를 모았는데
漢令車騎擊破匈奴	한나라는 거기로 하여금 흉노를 쳐서 깨뜨리게 하였다.
匈奴常敗走	흉노는 늘 패하여 달아나고
漢乘勝追北	한나라는 승세를 타고 북쪽까지 추격하였는데
聞冒頓居代谷22	묵특이 대곡(代谷)에 있다는 말을 듣고
高皇帝居晉陽	고황제는 진양에 머무르며
使人視冒頓	사람을 보내어 묵특을 정탐하게 하였는데
還報曰可擊	돌아와서 보고하기를 "칠 수 있다."고 하였다.
上遂至平城23	임금이 마침내 평성에 이르렀다.
上出白登24	임금이 백등을 나섰을 때
匈奴騎圍上	흉노의 기병이 임금을 에워싸니

20 　**정의**　석주현(石州縣)이다.

21 　**정의**　안문군(鴈門郡) 누번현(樓煩縣)이다.

22 　**정의**　지금의 규주(嬀州)이다.

23 　**정의**　바로 삭주(朔州) 정양현(定襄縣)이다.

24 　**집해**　복건(服虔)은 말하였다. "백등(白登)은 대 이름으로, 평성(平城)에서 7리 떨어져 있다." 여순(如淳)은 말하였다. "평성(平城) 곁에 있는 고지로 구릉과 같다." **색은**　요씨(姚氏)에 의하면 『북강기(北彊記)』에는 "상건하(桑乾河) 북쪽에 백등산(白登山)이 있는데, 묵특이 한고조를 에워싼 곳으로 지금도 누벽이 있다."라 하였다.

上乃使人厚遺閼氏[25]	임금이 이에 사람을 시켜 연지에게 (재물을) 두 터이 보냈다.
閼氏乃說冒頓曰	연지가 곧 묵특에게 말하였다.
今得漢地	"지금 한나라 땅을 얻어도
猶不能居	오히려 머물 수 없으며,
且兩主不相厄	또한 두 임금은 서로 곤경에 빠뜨리지 않아야 합니다."
居七日	이레 만에
胡騎稍引去	오랑캐의 기병이 조금 물러났다.
時天大霧	이때 하늘에는 안개가 짙게 끼어
漢使人往來	한나라에서 사람을 오고 가게 해도
胡不覺	오랑캐들은 깨닫지 못하였다.
護軍中尉陳平言上曰	호군중위 진평이 임금에게 말하였다.
胡者全兵[26]	"오랑캐는 군사를 온전히 하고자 하니
請令彊弩傅兩矢外嚮[27]	청컨대 강노(彊弩)에 화살 두 개씩을 매겨 밖으로 향하게 하고
徐行出圍	천천히 가면서 에움을 벗어나도록 하십시오."
入平城	평성에 들어가자
漢救兵亦到	한나라의 구원병 또한 이르렀다,
胡騎遂解去	오랑캐의 기병은 마침내 에움을 풀고 떠났다.
漢亦罷兵歸	한나라도 군사(軍事)를 그만두고 돌아갔다.

---

25 **정의** 閼의 음은 연[於連反], 또는 연(燕)이다. 氏의 음은 지(支)이다. 선우(單于)의 적처(嫡妻)를 말하는데 황후(皇后)와 같은 뜻이다.

26 **집해** 『한서음의(漢書音義)』에서는 말하였다. "오직 활과 창뿐 다른 무기는 없다는 것을 말한다."

27 **색은** 傅의 음은 부(附)이다.

韓信爲匈奴將兵往來擊邊	한신은 흉노를 위하여 군사를 거느리고 왔다 갔다 하며 변경을 쳤다.
漢十年	한나라 10년(B.C. 197)에
信令王黃等說誤陳豨	한신은 왕황 등으로 하여금 진희를 설득하여 그르치게 하였다.
十一年春	11년 봄에
故韓王信復與胡騎入居參合²⁸	옛 한왕 한신이 다시 오랑캐의 기병과 함께 삼 합으로 들어가 머물면서
距漢	한나라에 맞섰다.
漢使柴將軍擊之²⁹	한나라는 시(柴) 장군을 보내 치게 하였는데
遺信書曰	한신에게 편지를 보내 말하였다.
陛下寬仁	"폐하께서는 너그럽고 인자하시어
諸侯雖有畔亡	제후가 비록 반란을 일으켜 도망을 치더라도
而復歸	다시 돌아오면
輒復故位號	바로 옛 작위와 호칭을 회복시켜
不誅也	죽이지 않습니다.
大王所知	대왕께서는 아십니다.
今王以敗亡走胡	지금 왕은 패망하여 오랑캐로 달아나
非有大罪	큰 죄를 지은 것이 아니니
急自歸	빨리 스스로 돌아오십시오!"

---

28 **집해** 소림(蘇林)은 말하였다. "대(代)의 땅이다." **정의** 옛 성은 삭주(朔州) 정양현(定襄縣)
북쪽에 있다.

29 **집해** 등전(鄧展)은 말하였다. "시기(柴奇)이다." **색은** 응소(應劭)는 시무(柴武)라 하였고,
등전은 시기라 하였으며, 진작(晉灼)은 시기는 시무의 아들이라 하였다. 응소의 설이 설득
력이 있으며 이때까지만 해도 시기는 아직 장수가 되지 않았다.

韓王信報曰	한왕 신이 답하여 말하였다.
陛下擢僕起閭巷	"폐하께서는 저를 여항에서 뽑아
南面稱孤	남면하여 왕이 되게 하였으니
此僕之幸也	이는 저의 행운입니다.
滎陽之事	형양의 전투에서
僕不能死	제가 죽을 수 없었고
囚於項籍	항적에게 갇혔는데
此一罪也	이것이 첫 번째 죄입니다.
及寇攻馬邑	흉노가 마읍을 공격하였을 때
僕不能堅守	저는 굳게 지킬 수 없었고
以城降之	성을 가지고 투항하였으니
此二罪也	이것이 두 번째 죄입니다.
今反爲寇將兵	지금 도리어 흉노를 위해 군사를 거느리고
與將軍爭一旦之命	장군과 하루아침에 목숨을 다투니
此三罪也	이것이 세 번째 죄입니다.
夫種蠡無一罪	저 문종과 범려는 죄가 하나도 없었는데도
身死亡[30]	몸이 죽거나 도망갔으며,
今僕有三罪於陛下	지금 저는 폐하께 세 가지 죄를 짓고도
而欲求活於世	세상에서 살기를 구하고자 한다면
此伍子胥所以僨於吳也[31]	이는 오자서가 오나라에서 쓰러져 죽은 것과 같은 것입니다.

---

30 **집해** 문영은 말하였다. "대부 종(種)과 범려(范蠡)이다."

31 **색은** 소림(蘇林)은 말하였다. "僨의 음은 분(奮)이다." 장안은 말하였다. "분(僨)은 엎어져 죽는 것이다." **정의** 한신은 한나라에 돌아가면 반드시 죽을 것임을 알았으므로 오자서를 끌어다 말하였다.

今僕亡匿山谷間	지금 제가 도망쳐 산골짜기에 숨어
旦暮乞貸蠻夷	아침저녁으로 오랑캐에게 구걸이나 하고 있으니,
僕之思歸	제가 돌아가기를 생각하는 것은
如痿人不忘起[32]	앉은뱅이가 일어서는 것을 잊지 못하고
盲者不忘視也	봉사가 보는 것을 잊지 못하는 것과 같아
勢不可耳	형편상 어쩔 수 없을 따름입니다."
遂戰	마침내 싸웠다.
柴將軍屠參合	시(柴) 장군은 삼합을 도륙하고
斬韓王信	한왕 신을 죽였다.
信之入匈奴	한신이 흉노에 들어갔을 때는
與太子俱	태자와 함께였으며,
及至頹當城[33]	퇴당성에 이르렀을 때
生子	아들을 낳았는데
因名曰頹當	이 때문에 이름을 퇴당이라고 하였다.
韓太子亦生子	한나라 태자 또한 아들을 낳았는데
命曰嬰	이름을 영(嬰)이라고 하였으며
至孝文十四年	효문 14년(B.C. 166)에 이르러
頹當及嬰率其眾降漢	퇴당 및 영은 그 무리를 이끌고 한나라에 항복하였다.

---

32 색은 痿의 음은 위[耳誰反]이다. 옛 음은 위[耳睡反]인데, 의미에 있어서는 소략하다. 장읍(張揖)은 "앉은뱅이는 일어설 수 없다(痿不能起)."고 하였으며, 「애제기(哀帝紀)」[『한서(漢書)』]에서 "황제는 즉위하였을 때 마비되어 앉은뱅이가 되었다(帝即位痿痺)."라 한 것이 바로 이 뜻이다.

33 집해 『한서음의(漢書音義)』에서는 말하였다. "현(縣)의 이름이다." 위소는 말하였다. "흉노의 영토에 있다."

漢封積當爲弓高侯[34]	한나라는 퇴당을 궁고후로,
嬰爲襄城侯[35]	영은 양성후로 봉하였다.
吳楚軍時	오나라와 초나라가 군란을 일으켰을 때
弓高侯功冠諸將[36]	궁고후의 공이 장수들 가운데 으뜸이었다.
傳子至孫	아들에게 전하여져 손자에게 이르렀는데
孫無子	손자는 자식이 없어
失侯	후작의 지위를 잃었다.
嬰孫以不敬失侯[37]	영의 손자는 불경한 짓으로 후작의 지위를 잃었다.
積當孼孫韓嫣[38]	퇴당의 얼손 한언은
貴幸	존귀해지고 총애를 받아
名富顯於當世	명예와 부가 당세에 두드러졌다.
其弟說	그 아우 열(說)은
再封	거듭 봉하여져
數稱將軍	여러 차례나 장수로 일컬어졌으며
卒爲案道侯	마침내 안도후가 되었다.
子代[39]	아들인 대(代)는

---

34 **집해**「지리지(地理志)」에 의하면 하간(河閒)에 궁고현(弓高縣)이 있다. **색은**「지리지(地理志)」에는 하간에 속하는데,『한서』「공신표(功臣表)」에는 영릉에 속한다고 하였다. **정의** 창주현(滄州縣)이다.

35 **색은** 복건은 "현 이름이다.「공신표(功臣表)」에서는 위군(魏郡)에 속한다고 하였다."라 하였다.

36 **집해** 서광은 말하였다. "시호는 장(壯)이다."

37 **집해** 서광은 말하였다. "「표(表)」에서는 영(嬰)의 아들 택지(澤之)는 원삭(元朔) 4년(B.C. 125)에 나라에 불경죄를 지어 죽었다고 하였다."

38 **집해**『한서음의(漢書音義)』에서는 말하였다. "음은 '언릉(鄢陵)'이라고 할 때의 '언(鄢)'이다." **색은** 음은 언(偃)이며, 또한 언[一言反], 또는 전[休延反]이라고도 하는데, 모두 통한다.

歲餘坐法死	한 해 남짓 만에 법에 저촉되어 죽었다.
後歲餘	1년 남짓 지나
說孫曾[40]拜爲龍頟侯	열(說)의 손자 증(曾)이 용락후에 임명되어
續說後[41]	열(說)의 뒤를 이었다.

盧綰者	노관은
豐人也	풍읍 사람으로
與高祖同里	고조와 동향이다.
盧綰親與高祖太上皇相愛[42]	노관의 아비는 고조의 태상황과 서로 좋아하였으며
及生男	사내를 낳았는데
高祖盧綰同日生	고조와 노관은 같은 날 났으며
里中持羊酒賀兩家	마을에서는 양(羊)과 술을 들고 두 집안을 축하해 주었다.
及高祖盧綰壯	고조와 노관은 장성하여
俱學書	함께 글을 배웠고

---

39 집해 서광은 말하였다. "이름은 장군(長君)이다."

40 집해 서광은 말하였다. "장군(長君)의 아들이다." 색은 서광은 말하기를 "장군의 아들"이라고 하였다. (西晉 張華의)『박물지(博物志)』에 의하면 자는 계군(季君)이다.

41 색은 頟의 음은 액[五格反]이다. 또한 '雒'이라고도 하는데, 음은 낙(洛)이다. 용락은 현 이름이다. 정의 『사기(史記)』의「표(表)」와「위청전(衛青傳)」및『한서(漢書)』의「표(表)」에서도 한열(韓說)은 원삭(元朔) 5년 대장군을 따라 공을 세워 용액후(龍頟侯)에 봉하여졌으며, 술과 돈 때문에 연좌되어 면직되었다고 하였다. 원봉(元封) 원년에 동월(東越)을 치는 데 공을 세워 안도후(桉道侯)에 봉하여졌다. 정화(征和) 2년에는 손자 증(曾)이 다시 용액후에 봉하여졌다. 『한서』「공신표」에서는 무후(武後) 원년에 열(說)의 손자 증(曾)이 이어서 용액후에 봉하여졌다고 하였다. 『한서』「표(表)」가 옳다.

42 집해 여순은 말하였다. "친(親)은 아비를 말한다."

310

又相愛也	또한 서로 좋아하였다.
里中嘉兩家親相愛	마을에서는 두 집의 아비가 서로 좋아하고
生子同日	같은 날 아들을 낳았으며
壯又相愛	장성하여서는 또 서로 좋아하는 것을 가상히 여겨
復賀兩家羊酒	다시 두 집안을 양과 술로 축하해 주었다.
高祖爲布衣時	고조가 평민이었을 때
有吏事辟匿	옥리의 일이 있으면 피신시키고 숨겨주었으며
盧綰常隨出入上下	노관은 늘 따라서 출입하고 오르내렸다.
及高祖初起沛	고조가 처음에 패현에서 일어났을 때
盧綰以客從	노관은 빈객으로 따르다가
入漢中爲將軍	한중으로 들어가 장군이 되었으며,
常侍中	늘 안에서 모셨다.
從東擊項籍	동으로 항적을 치자
以太尉常從	태위로 늘 따랐고
出入臥內	침실을 드나들었으며
衣被飮食賞賜	옷이나 음식을 상으로 내리는 것은
群臣莫敢望	뭇 신하들이 감히 바라지 못하였으며,
雖蕭曹等	비록 소하나 조참 등이라 할지라도
特以事見禮	특별히 일이 있어야 뵙고 예를 표할 수 있었으며
至其親幸	그 가까이하고 총애를 입는 것에 대해서는
莫及盧綰	노관에게는 미치지 못하였다.
綰封爲長安侯	노관은 장안후에 봉하여졌다.
長安	장안은
故咸陽也[43]	옛 함양이다.

漢五年冬	한나라 5년(B.C. 202) 겨울에
以破項籍	항적을 깨뜨리고
迺使盧綰別將	이에 노관을 별장으로 삼아
與劉賈擊臨江王共尉[44]	유가와 함께 임강왕 공위를 치게 하여
破之	깨뜨렸다.
七月還	7월에 돌아와
從擊燕王臧荼	(고조를) 따라 연왕 장도를 쳤는데
臧荼降	장도는 투항하였다.
高祖已定天下	고조가 이미 천하를 평정하였을 때
諸侯非劉氏而王者七人	유씨가 아닌 제후로 왕에 봉해진 자가 일곱 명이었다.
欲王盧綰	노관을 왕에 봉하고 싶었지만
爲群臣觖望[45]	뭇 신하들이 불만을 품고 원망하지 않을까 생각하였다.
及虜臧荼	장도를 사로잡자
迺下詔諸將相列侯	이에 조칙으로 여러 장상들을 열후로 삼았는데
擇群臣有功者以爲燕王	뭇 신하 가운데 공을 세운 자를 뽑아 연왕으로 삼고자 하였다.
群臣知上欲王盧綰	뭇 신하들은 임금이 노관을 왕으로 봉하려 하는 것을 알고

---

43 정의 진나라 함양(咸陽)은 위수(渭水) 북쪽에 있고 장안(長安)은 위수 남쪽에 있는데, 소하(蕭何)가 미앙궁(未央宮)을 세운 곳이다.

44 집해 이기(李奇)는 말하였다. "공오(共敖)의 아들이다."

45 집해 여순은 말하였다. "결(觖)의 음은 '결별(決別)'의 '결(決)'이다. 망(望)은 원(怨)과 같다." 찬(瓚)은 말하였다. "결(觖)은 서로 불만을 품고 원망하는 것을 말한다." 위소는 말하였다. "결(觖)은 기(冀: 바람)와 같다." 색은 복건은 음이 결(決)이라 하였다. 결망(觖望)은 원망(怨望)과 같다. 또한 음을 기(企)라고도 한다. 위소는 음이 기(冀)라고 하였다.

皆言曰	모두들 말하였다.
太尉長安侯盧綰常從平定天下	"태위 장안후 노관은 늘 천하를 평정하는 데 종사하여
功最多	공이 가장 많으니
可王燕	연나라 왕이 될 만합니다."
詔許之	조칙으로 허락하였다.
漢五年八月	한나라 5년 8월에
迺立虜綰爲燕王	이에 노관을 연나라 왕으로 세웠다.
諸侯王得幸莫如燕王	제후왕(諸侯王)으로 총애를 받음이 연왕만 한 사람이 없었다.
漢十一年秋	한나라 11년(B.C. 196) 가을에
陳豨反代地	진희가 대(代)에서 반기를 들자
高祖如邯鄲擊豨兵	고조는 한단으로 가서 진희의 군사를 쳤으며
燕王綰亦擊其東北	연왕 노관 또한 그 동북쪽을 쳤다.
當是時	이때
陳豨使王黃求救匈奴	진희는 왕황으로 하여금 흉노에 구원을 청하게 하였다.
燕王綰亦使其臣張勝於匈奴	연왕 노관 또한 신하인 장승을 흉노에 사신으로 보내어
言豨等軍破	진희 등의 군사가 격파되었다고 말하였다.
張勝至胡	장승이 이르렀을 때
故燕王臧荼子衍出亡在胡	옛 연왕 장도의 아들 연이 도망쳐 나와 오랑캐 땅에 있다가
見張勝曰	장승을 보고 말하였다.

公所以重於燕者	"그대가 연나라에서 중용된 것은
以習胡事也	오랑캐의 일에 익숙하기 때문이오.
燕所以久存者	연나라가 오래도록 살아남은 이유는
以諸侯數反	제후들이 수차례나 반란을 일으켜
兵連不決也	전쟁이 이어져 결판이 나지 않아서입니다.
今公爲燕欲急滅豨等	이제 공이 연나라를 위하여 급히 진희 등을 멸하려 하는데
豨等已盡	진희 등이 다 없어지고 나면
次亦至燕	다음에는 또한 연나라에 이르러
公等亦且爲虜矣	공 등도 또한 사로잡힐 것입니다.
公何不令燕且緩陳豨而與胡和?	
	공은 어찌하여 연나라가 잠시 진희를 느슨하게 하여 오랑캐와 화친하게 하지 않으십니까?
事寬	일이 느슨해지면
得長王燕	오래도록 연나라를 다스릴 수 있을 것이며,
即有漢急	한나라가 위급해져서
可以安國	나라를 안정시킬 수 있습니다."
張勝以爲然	장승은 그럴듯하게 여겨
迺私令匈奴助豨等擊燕	이에 임의로 흉노로 하여금 진희 등을 도와 연나라를 치게 하였다.
燕王綰疑張勝與胡反	연왕 노관은 장승이 오랑캐와 더불어 반란을 일으켰다고 의심하여
上書請族張勝	글을 올려 장승을 멸족시킬 것을 청하였다.
勝還	장승은 돌아와서
具道所以爲者	그렇게 한 것을 모두 말하였다.
燕王寤	연왕은 깨닫고

迺詐論它人	이에 다른 사람을 거짓으로 다스려
脫勝家屬	장승의 가속을 풀어주고
使得爲匈奴間	흉노의 간첩이 되게 하여
而陰使范齊之陳豨所	몰래 범제를 진희가 있는 곳에 보내어
欲令久亡⁴⁶	오래도록 도망치게 하여
連兵勿決	전쟁이 이어져 결정 나지 않게 하였다.
漢十二年	한나라 12년(B.C. 195)에
東擊黥布	동으로 경포를 쳤는데
豨常將兵居代	진희는 늘 군사를 거느리고 대(代)에 있었으며
漢使樊噲擊斬豨	한나라는 번쾌로 하여금 진희를 쳐서 참수하게 하였다.
其裨將降	그 비장이 투항하여
言燕王綰使范齊通計謀於豨所	
	연왕 노관이 범제로 하여금 진희와 내통하여 계책을 꾸몄다고 말하였다.
高祖使使召盧綰	고조는 사자를 보내어 노관을 불렀으나
綰稱病	노관은 병 핑계를 대었다.
上又使辟陽侯審食其御史大夫趙堯往迎燕王	
	임금은 또한 벽양후 심이기와 어사대부 조요로 하여금 가서 연왕을 맞게 하여
因驗問左右	좌우에 조사하여 묻게 하였다.
綰愈恐	노관은 더욱 두려워하여
閉匿	문을 닫고 숨으며

---

46 **집해** 진작(晉灼)은 말하였다. "진희로 하여금 오래도록 도망쳐 반란을 일으키게 한 것이다."

謂其幸臣曰	총애하는 신하에게 말하였다.
非劉氏而王	"유씨가 아니면서 왕이 된 자는
獨我與長沙耳	나와 장사왕(長沙王)뿐이다.
往年春	지난해 봄에
漢族淮陰	한나라는 회음후를 멸족시켰고
夏	여름에는
誅彭越	팽월을 죽였는데
皆呂后計	모두 여후(呂后)의 계책이었다.
今上病	지금 임금께서는 병들어
屬任呂后	여후에게 다스리는 일을 맡겼다.
呂后婦人	여후는 부인으로
專欲以事誅異姓王者及大功臣	
	오로지 일을 꾸며 성이 다른 왕 및 큰 공을 세운 신하를 죽이려 한다."
迺遂稱病不行	이에 마침내 병을 평계대고 다니지 않았다.
其左右皆亡匿	그 좌우의 측근들은 모두 도망쳐 숨었다.
語頗泄	말이 자못 새어 나가
辟陽侯聞之	벽양후가 듣고
歸具報上	돌아와 모두 임금에게 보고하니
上益怒	임금이 더욱 노하였다.
又得匈奴降者	또한 흉노에 항복한 자를 잡았는데
降者言張勝亡在匈奴	항복한 자가 장승이 도망쳐 흉노 땅에 있으면서
爲燕使	연나라의 사자가 되었다고 말하였다.
於是上曰	이에 임금이 말하였다.
盧綰果反矣	"노관이 정말 반기를 들었도다!"

使樊噲擊燕	번쾌로 하여금 연나라를 치게 하였다.
燕王綰悉將其宮人家屬騎數千居長城下	
	연왕 노관은 궁인과 가솔, 기병 수천을 거느리고 장성의 아래에 머무르면서
侯伺	염탐을 하며
幸上病愈	임금의 병이 나으면
自入謝	직접 들어가 사죄하기를 바랐다.
四月	4월에
高祖崩	고조가 죽자
盧綰遂將其眾亡入匈奴	노관은 마침내 그 무리를 거느리고 흉노 땅으로 도망쳐 들어갔다.
匈奴以爲東胡盧王	흉노는 동호로왕으로 삼았다.
綰爲蠻夷所侵奪	노관은 만이(蠻夷)에게 침탈당하여
常思復歸	늘 돌아갈 것을 생각하였다.
居歲餘	한 해 남짓 만에
死胡中	오랑캐 땅에서 죽었다.
高后時	고후 때
盧綰妻子亡降漢	노관의 처자식들이 도망쳐서 한나라에 투항하였는데
會高后病	마침 고후가 병들어
不能見	볼 수가 없었으므로
舍燕邸	연나라의 집에 머물며
爲欲置酒見之	주연을 차려놓고 만나고자 하였다.
高后竟崩	고후가 마침내 죽어
不得見	만날 수가 없었다.

盧綰妻亦病死	노관의 아내 또한 병으로 죽었다.
孝景中六年	효경제 중원(中元) 6년(B.C. 144)에
盧綰孫他之[47]	노관의 손자 타지(他之)가
以東胡王降[48]	동호왕의 신분으로 항복하여
封爲亞谷侯[49]	아곡후에 봉하여졌다.
陳豨者	진희는
宛朐人也[50]	원구 사람으로
不知始所以得從	처음에 (고조를) 따르게 된 곳은 모른다.
及高祖七年冬	고조 7년(B.C. 200) 겨울에
韓王信反	한왕 신이 반기를 들고
入匈奴	흉노로 들어가자
上至平城還	임금이 평성에서 돌아와
迺封豨爲列侯[51]	이에 진희를 열후에 봉하여

---

47 〔정의〕 他의 음은 타[徒何反]이다.

48 〔집해〕 여순은 말하였다. "동호왕(東胡王)으로 와서 항복한 것이다. 『한기(漢紀)』에서 동호는 오환(烏丸)이라 하였다."

49 〔집해〕 서광은 말하였다. "아(亞)는 '악(惡)'으로 된 판본도 있다." 〔정의〕 『한표(漢表)』에 의하면 하내(河內)에 있다.

50 〔색은〕 「지리지(地理志)」에는 제음(濟陰)에 속해 있다. 아래에서는 '양(梁) 사람'이라 하였는데, 이는 저선생(褚先生)이 다르게 말한 것이다. 〔정의〕 원구(宛朐)는 조주현(曹州縣)이다. 태사공은 "진희는 양(梁) 사람"이라고 하였다. 원구(宛朐)는 육국(六國) 때 양(梁)에 속하였다.

51 〔집해〕 서광은 말하였다. "「공신표」에서는 진희는 특장(特將)으로 군사 5백 명을 거느렸는데 전해인 원년에 원구(宛朐)에서 따라 봉기하여 패상(霸上)에 이르러 후(侯)가 되어 유격장군(游撃將軍)으로 따로 대(代)를 평정하여 이미 장도(臧荼)를 격파하자 진희를 양하후(陽夏侯)에 봉하였다고 하였다."

以趙相國將監趙代邊兵	조나라 상국으로 조나라와 대(代)나라의 변병을 감독하게 하여
邊兵皆屬焉	변병이 모두 그에게 귀속되었다.
豨常告歸過趙	진희가 일찍이 돌아갈 것을 알리고 조나라를 지나게 되었는데
趙相周昌見豨賓客隨之者千餘乘	
	조나라 승상 주창은 진희의 빈객으로 따르는 자들이 천여 승에
邯鄲官舍皆滿	한단의 관사가 모두 꽉 차는 것을 보았다.
豨所以待賓客布衣交	진희가 빈객을 대하는 것이 평민의 사귐과 같아
皆出客下52	모두 나가 객의 아래로 낮추었다.
豨還之代	진희가 돌아가 대(代)로 가자
周昌迺求入見	주창이 이에 (서울로) 들어가 만나기를 청하였다.
見上	임금을 뵙고
具言豨賓客盛甚	진희의 빈객이 매우 많음을 모두 말하였으며
擅兵於外數歲	바깥에서 군사를 천단(擅斷)한 지가 여러 해나 되니
恐有變	변란이 일어날 것 같다고 하였다.
上乃令人覆案豨客居代者財物諸不法事	
	임금이 이에 사람을 보내 진희의 빈객으로 대(代)에 머무는 자의 재물과 불법을 저지른 일을 조사하였는데
多連引豨	거의 진희와 연관되어 있었다.
豨恐	진희는 두려워하여

---

52 **정의** 자신을 굽히고 예우하여 부귀로 스스로 존대하지 않음을 말한다.

陰令客通使王黃曼丘臣所[53]	몰래 빈객으로 하여금 왕황과 만구신이 있는 곳에 내통하는 사자가 되게 하였다.
及高祖十年七月	고조 10년(B.C. 197) 7월에
太上皇崩	태상황이 죽어
使人召豨	사람을 시켜 진희를 부르니
豨稱病甚	진희는 병이 심하다는 핑계를 댔다.
九月	9월에
遂與王黃等反	마침내 왕황 등과 반란을 일으키고
自立爲代王	스스로 대왕으로 즉위하여
劫略趙代	조나라와 대(代)를 겁략하였다.

上聞	임금이 듣고
迺赦趙代吏人爲豨所詿誤劫略者	이에 조(趙)와 대(代)의 관리로 진희에 의해 속고 협박당한 자들을 사면하여
皆赦之	모두 풀어주었다.
上自往	임금이 친히 가서
至邯鄲	한단에 이르러
喜曰	기뻐하며 말하였다.
豨不南據漳水	"진희가 남으로 장수에 의거하지 않고
北守邯鄲	북으로 한단을 지키니
知其無能爲也	그 무능함을 알겠다."
趙相奏斬常山守ʹ尉	조나라 승상이 상산 군수(郡守)와 군위를 참수할 것을 주청하여

---

53 정의 두 사람은 모두 한왕(韓王) 신(信)의 장수이다.

曰	말하였다.
常山二十五城	"상산의 스물다섯 성 가운데
豨反	진희가 반기를 들자
亡其二十城	그 가운데 스무 성을 잃었습니다."
上問曰	임금이 물었다.
守尉反乎	"군수와 군위가 반란을 일으켰는가?"
對曰	대답하였다.
不反	"반란을 일으키지 않았습니다."
上曰	임금이 말하였다.
是力不足也	"이는 힘이 모자라서이다."
赦之	그들을 용서하고
復以爲常山守尉	다시 상산 군수와 군위로 삼았다.
上問周昌曰	임금이 주창에게 물었다.
趙亦有壯士可令將者乎	"조나라에도 장수로 삼을 만한 장사가 있는가?"
對曰	대답하였다.
有四人	"네 사람이 있습니다."
四人謁	네 사람이 뵙자
上謾罵曰	임금이 함부로 욕을 하며 말하였다.
豎子能爲將乎	"이 녀석들이 장수가 될 수 있는가?"
四人慚伏	네 사람은 부끄러워서 엎드렸다.
上封之各千戶	임금은 그들을 각기 천 호(千戶)에 봉하고
以爲將	장수로 삼았다.
左右諫曰	좌우에서 간하여 말하였다.
從入蜀漢	"촉과 한으로 따라 들어와
伐楚	초나라를 친

功未遍行	논공이 두루 행하여지지도 않았는데
今此何功而封	지금 무슨 공으로 봉하십니까?”
上曰	임금이 말하였다.
非若所知	“너희가 알 바가 아니다!
陳豨反	진희가 반란을 일으켜
邯鄲以北皆豨有	한단 이북을 모두 진희가 차지하였는데
吾以羽檄徵天下兵[54]	내가 격문을 띄워 천하의 군사를 불렀지만
未有至者	이르는 자가 없었고
今唯獨邯鄲中兵耳	지금 오직 한단의 군사뿐이다.
吾胡愛四千戶封四人	내 어찌 4천 호(戶)로 이 네 사람을 봉하는 것을 아껴서
不以慰趙子弟	조나라의 자제들을 위로하지 않겠는가!”
皆曰	모두들 말하였다.
善	“좋습니다.”
於是上曰	이에 임금이 말하였다.
陳豨將誰	“진희의 장수는 누구인가?”
曰	말하였다.
王黃曼丘臣	“왕황과 만구신인데
皆故賈人	모두 장사치들입니다.”
上曰	임금이 말하였다.
吾知之矣	“알겠다.”

---

54 [집해] 위무제(魏武帝)의 「주사(奏事)」에서는 말하였다. “지금 변방에 작은 긴급한 상황이 있으면 문득 격문을 발령해 깃털을 꽂는데 우격(羽檄)을 날린다는 뜻이다.” 그 말을 미루어 보건대 새의 깃털을 격서(檄書)에 꽂는 것으로, 우격(羽檄)이라 하며 위급하고 빠르기가 새가 나는 것 같다는 것을 취한 것이다.

迺各以千金購黃臣等	이에 각기 천금으로 왕황과 만구신 등을 샀다.

十一年冬	11년 겨울에
漢兵擊斬陳豨將侯敞王黃於曲逆下[55]	한나라 군사가 곡역의 아래에서 진희의 장수 후창과 왕황을 쳐서 참수하였으며
破豨將張春於聊城[56]	요성에서 진희의 장수 장춘을 깨뜨리고
斬首萬餘	만여 명을 참수했다.
太尉勃入定太原代地	태위 발(勃)은 태원과 대(代) 땅으로 들어가 평정하였다.
十二月	12월에
上自擊東垣	임금이 친히 동원을 쳤는데
東垣不下	동원은 함락되지 않고
卒罵上	(지키는) 군사들이 임금에게 욕을 해대었다.
東垣降	동원이 투항하자
卒罵者斬之	욕을 한 병사들은 참수하고
不罵者黥之	욕을 하지 않는 자는 경을 쳤다.
更命東垣爲眞定	동원을 진정으로 고쳐서 명명하였다.
王黃曼丘臣其麾下受購賞之	왕황과 만구신은 그 휘하에서 내건 상을 받으려고
皆生得	모두 사로잡았으며
以故陳豨軍遂敗	그런 까닭에 진희의 군대는 마침내 패하고 말았다.

---

55 **정의** 정주(定州) 북평현(北平縣) 동남쪽 15리 지점의 포음(蒲陰)의 옛 성이 이곳이다.

56 **정의** 박주현(博州縣)이다.

上還至洛陽	임금은 낙양으로 돌아왔다.
上曰	임금이 말하였다.
代居常山北	"대(代) 땅은 상산의 북쪽에 있고
趙迺從山南有之	조나라는 곧 산 남쪽에 있으니
遠	멀다."
迺立子恆爲代王[57]	이에 아들 유항을 대왕(代王)으로 세우고
都中都[58]	중도(中都)를 도읍으로 삼았으며
代鴈門皆屬代	대(代)와 안문은 모두 대(代)나라 땅에 귀속시켰다.
高祖十二年冬	고조 12년 겨울에
樊噲軍卒追斬豨於靈丘[59]	번쾌의 군사가 영구에서 마침내 진희를 쫓아가 참수하였다.
太史公曰	태사공은 말한다.
韓信盧綰非素積德累善之世	한신과 노관은 평소에 덕과 선을 쌓은 사람이 아니었는데도
徼一時權變	한때의 변화에 응함을 만나
以詐力成功	속임수와 힘으로 공을 세워
遭漢初定	한나라가 막 안정되자
故得列地	땅을 나누어 얻어
南面稱孤	남면하고 왕을 칭하였다.

---

57 집해 서광은 말하였다. "11년 정월이다."
58 정의 중도(中都)의 옛 성은 분주(汾州) 평요현(平遙縣) 서남쪽 12리 지점에 있다.
59 정의 울주(蔚州)이다.

內見疑彊大	안으로는 의심을 받음이 강대해지고
外倚蠻貊以爲援	밖으로는 오랑캐에 의지하여 도움을 받아
是以日疏自危	이 때문에 날로 소원해져 위기를 자초하였으며
事窮智困	일이 바닥나고 지혜가 곤궁해지자
卒赴匈奴	마침내 흉노 땅으로 갔으니
豈不哀哉	어찌 슬프지 않겠는가!
陳豨	진희는
梁人	양(梁)나라 사람으로
其少時數稱慕魏公子	젊었을 때는 자주 위(魏)나라 공자들의 앙모하여 칭찬함을 받았으며,
及將軍守邊	장군이 되어 변방을 지키게 되자
招致賓客而下士	빈객을 초치하고 선비에게 몸을 낮추어
名聲過實	명성이 실질을 넘어섰다.
周昌疑之	주창이 의심하니
疵瑕頗起	하자가 자못 일어나
懼禍及身	화가 몸에 이를까 두려워하였으며
邪人進說	간사한 사람이 나아가 말을 하니
遂陷無道	마침내 무도함에 빠졌다.
於戲悲夫	아아, 슬프도다!
夫計之生孰成敗於人也深矣	대체로 사람에게 계책이 설익느냐 성숙하냐에 따라 성공하고 실패함이 심하도다!

田儋者	전담은
狄人也[1]	적현 사람으로
故齊王田氏族也	옛 제왕 전씨의 일족이다.
儋從弟田榮	전담의 종제는 전영이고
榮弟田橫	전영의 아우는 전횡인데
皆豪	모두가 호걸이었고
宗彊	가문도 강성해서
能得人[2]	인심을 얻을 수 있었다.

陳涉之初起王楚也	진섭이 처음에 봉기하여 초나라에서 왕이 되었을 때
使周市略定魏地	주불로 하여금 위나라 땅을 평정하게 하여
北至狄	북으로 적현에 이르렀는데
狄城守	적현은 성을 지켰다.
田儋詳爲縛其奴	전담은 거짓으로 자기의 종을 묶어서

---

1 **집해** 서광(徐廣)은 말하였다. "지금의 낙안(樂安) 임제현(臨齊縣)이다." **정의** 치주(淄州) 고원현(高苑縣) 서북쪽의 북적(北狄)의 옛 현성(縣城)이다.
2 **색은** 전담(田儋)의 아들 불(市)과 종제 영(榮), 영의 아들 광(廣), 영의 아우 횡(橫)이 각기 번갈아 왕이 되었다. 영(榮)은 삼제(三齊)의 왕을 겸하였다.

從少年之廷	젊은이들을 딸리어 관청으로 가
欲謁殺奴[3]	종을 죽일 것을 아뢰려 하였다.
見狄令	적현의 현령을 만나자
因擊殺令	바로 현령을 쳐 죽이고
而召豪吏子弟曰	호족의 자제들을 불러 말하였다.
諸侯皆反秦自立	"제후들이 모두 진나라에 반기를 들고 자립하는데
齊	제나라는
古之建國	옛날에 세운 나라로
儋	나는
田氏	전씨이니
當王	왕이 되어야 한다."
遂自立爲齊王[4]	마침내 스스로 제나라 왕으로 즉위하였다.
發兵以擊周市	군사를 보내어 주불을 쳤다.
周市軍還去	주불의 군사가 돌아가자
田儋因率兵東略定齊地	전담은 이에 군사를 거느리고 동으로 제나라 땅을 평정하였다.
秦將章邯圍魏王咎於臨濟	진나라 장수 장함이 임제에서 위왕 구(咎)를 에워쌌는데
急	(사태가) 위급하였다.
魏王請救於齊	위왕이 제나라에 구원을 청하자

---

3 집해 복건(服虔)은 말하였다. "옛날에는 노비를 죽이려면 모두 관가에 보고를 하여야 했다. 전담이 현령을 죽이려고 하였기 때문에 거짓으로 종을 묶어서 알린 것이다."

4 집해 서광은 말하였다. "2세 원년(B.C. 209) 9월이다."

齊王田儋將兵救魏[5]	제왕 전담은 군사를 이끌고 위나라를 구원하였다.
章邯夜銜枚擊[6]	장함은 밤에 하무를 물고 습격하여
大破齊魏軍	제나라와 위나라 군사를 크게 깨뜨렸으며
殺田儋於臨濟下	임제의 아래에서 전담을 죽였다.
儋弟田榮收儋餘兵東走東阿	전담의 아우 전영은 전담의 남은 병력을 거두어 동쪽 동아로 달아났다.

齊人聞王田儋死	제나라 사람들은 왕 전담이 죽었다는 말을 듣고
迺立故齊王建之弟田假爲齊王	곧 옛 제왕 건(建)의 아우 전가(田假)를 왕으로 세웠으며
田角爲相	전각은 승상이 되고
田閒爲將	전간은 장수가 되어
以距諸侯	제후에 맞섰다.

田榮之走東阿	전영의 무리가 동아로 달아나자
章邯追圍之	장함은 쫓아가 에워쌌다.
項梁聞田榮之急	항량은 전영이 위급하다는 말을 듣고
迺引兵擊破章邯軍東阿下	이에 군사를 끌고 동아 아래서 장함의 군사를 쳐서 깨뜨렸다.
章邯走而西	장함이 달아나 서쪽으로 가자
項梁因追之	항량은 이에 추격하였다.
而田榮怒齊之立假	그런데 전영은 제나라에서 가(假)를 세운 것에

---

5 **집해** 서광은 말하였다. "2년 6월이다."

6 함매(銜枚)는 곧 하무로 군사가 행진할 때에 떠들지 못하도록 입에 물리던 가는 나무 막대기이다. – 옮긴이.

	노하여
迺引兵歸	즉시 군사를 끌고 돌아가
擊逐齊王假	제왕 가(假)를 쳐서 쫓아냈다.
假亡走楚	가(假)는 도망쳐 초나라로 달아났다.
齊相角亡走趙	제나라 승상 전각은 조나라로 도망쳐 달아났으며,
角弟田閒前求救趙	전각의 아우 전간은 이전에 조나라에 구원을 청하러 갔는데
因留不敢歸	계속 머물러 감히 귀국하지 못하였다.
田榮乃立田儋子市爲齊王[7]	전영은 이에 전담의 아들 불(市)을 제왕으로 세웠다.
榮相之	전영이 승상이 되었고
田橫爲將	전횡은 장수가 되어
平齊地	제나라 땅을 평정하였다.
項梁既追章邯	항량이 장함을 추격하였을 때
章邯兵益盛	장함의 병력은 더욱 성하여졌으며
項梁使使告趙齊	항량은 조나라와 제나라에 사신을 보내어
發兵共擊章邯	군사를 보내 함께 장함을 치기로 하였다.
田榮曰	전영이 말하였다.
使楚殺田假	"초나라가 전가를 죽이고
趙殺田角田閒	조나라가 전각과 전간을 죽인다면
迺肯出兵	기꺼이 출병하겠소."
楚懷王曰	초회왕이 말하였다.

田假與國之王	"전가는 동맹국의 왕으로
窮而歸我	곤궁해져서 우리에게 귀의하였는데
殺之不義	그를 죽이는 것은 의롭지 못하다."
趙亦不殺田角田閒以市於齊	조나라 또한 전각과 전간을 죽이지 않고 제나라와 교섭했다.
齊曰	제나라에서 말하였다.
蝮螫手則斬手	"독사가 손을 물면 손을 자르고
螫足則斬足	발을 물면 발을 자릅니다.
何者	어째서이겠습니까?
爲害於身也[8]	몸에 해가 되기 때문입니다.
今田假田角田閒於楚趙	지금 전가와 전각, 전간은 초나라와 조나라에 있어서
非直手足戚也[9]	다만 수족의 근심일 뿐이 아닌데
何故不殺	어째서 죽이지 않습니까?
且秦復得志於天下	또한 진나라가 다시 천하에서 뜻을 얻으면
則齮齕用事者墳墓矣[10]	군사를 쓴 자의 무덤에 이를 악물고 있을 것입

---

8 **집해** 응소(應劭)는 말하였다. "복(蝮: 살모사)은 일명 훼(虺)라고도 하는데, 사람의 손발을 물면 그 살을 제거해야 하며 그렇지 않으면 죽게 된다." **색은** 蝮의 음은 복[芳伏反]이고. 螫의 음은 학(矐), 또는 석(釋)이다. **정의** 복(蝮)은 독사로 길이가 두세 길[丈]이며, 영남북(嶺南北)에 있다. 훼(虺)는 길이가 한두 자[尺]으로 머리와 배가 모두 하나이다. 『설문(說文)』에서는 말하였다. "훼(虺)는 너비가 세 치[寸]이며, 머리의 크기는 벽(擘)만 하다." 벽(擘)은 엄지손가락[大指]이며 음은 벽[步歷反]이다.

9 **집해** 문영(文穎)은 말하였다. "몸이 죽으려 하여 수족의 근심이 아니라는 말이다." 찬(瓚)은 말하였다. "초나라와 조나라에 있어 수족과 같이 가깝지 않은 것이다."

10 **집해** 여순(如淳)은 말하였다. "의흘(齮齕)은 색설(齰齧)과 같다." **색은** 齮의 음은 의(蟻)이다. 齕의 음은 흘(紇)이다. 의흘(齮齕)은 어금니를 악무는 것이다. **정의** 진(秦)나라가 다시 뜻을 얻으면 육신만 욕을 보는 것뿐만 아니라 무덤 역시 파헤쳐져서 오자서가 초평왕의 무덤을 채찍질한 것과 같게 될 것이라는 말이다. 무덤을 말한 것은 죽음을 말한 것이다.

니다."

楚趙不聽	초나라와 조나라는 듣지 않았으며
齊亦怒	제나라 또한 노하여
終不肯出兵	끝내 기꺼이 군사를 내려 하지 않았다.
章邯果敗殺項梁	장함이 과연 항량을 무찔러 죽이고
破楚兵	초나라 군사를 깨뜨리자
楚兵東走	초나라 군사는 동쪽으로 달아났으며
而章邯渡河圍趙於鉅鹿	장함은 황하를 건너 거록에서 조나라를 에워쌌다.
項羽往救趙	항우는 가서 조나라를 구원하였으며
由此怨田榮	이 때문에 전영을 원망하였다.

項羽既存趙	항우는 조나라를 존속시켰고
降章邯等	장함 등을 투항시켰으며
西屠咸陽	서쪽으로 함양을 도륙하여
滅秦而立侯王也	진나라를 멸하고 후왕을 세웠으며
迺徙齊王田市更王膠東	이에 제나라 왕 전불(田市)을 옮겨 교동왕으로 바꾸었으며
治即墨	즉묵을 다스렸다.
齊將田都從共救趙	제나라 장수 전도는 (항우를) 따라 함께 조나라를 구원하고
因入關	이어 관으로 들어갔으므로
故立都爲齊王	전도를 제나라 왕으로 세웠으며
治臨淄	임치를 다스렸다.
故齊王建孫田安	옛 제왕(齊王) 건(建)의 손자는 전안인데
項羽方渡河救趙	항우가 막 황하를 건너 조나라를 구원하였을 때

田安下濟北數城	전안은 제나라 북쪽의 성 여러 개를 함락시키고
引兵降項羽	군사를 이끌고 항우에게 항복하니
項羽立田安爲濟北王	항우는 전안을 제북왕으로 세웠으며
治博陽	박양을 다스렸다.
田榮以負項梁不肯出兵助楚趙攻秦	전영은 항량을 저버리고 군사를 내어 초나라와 조나라가 진나라를 칠 때 기꺼이 도와주지 않아서
故不得王	왕이 될 수 없었으며,
趙將陳餘亦失職	조나라 장수 진여 또한 직위를 잃어서
不得王	왕이 되지 못하였다.
二人俱怨項王	두 사람은 모두 항왕을 원망하였다.
項王既歸	항왕이 돌아오자
諸侯各就國	제후들은 각기 (봉해진) 나라로 갔고
田榮使人將兵助陳餘	전영은 사람을 시켜 군사를 거느리고 진여를 도와
令反趙地	조나라 땅에서 반기를 들게 하였으며
而榮亦發兵以距擊田都	전영 또한 군사를 내어 전도에 맞서 치니
田都亡走楚	전도는 초나라로 도망쳤다.
田榮留齊王市	전영은 제왕 불(市)을 붙들어두고
無令之膠東	교동으로 가지 못하게 했다.
市之左右曰	불(市)의 좌우에서 말하였다.
項王彊暴	"항왕은 강포하여
而王當之膠東	왕께서는 교동으로 가야 하며
不就國	나라로 (돌아)가지 않으면

必危	위태롭게 될 것입니다.”
市懼	불(市)은 두려워하여
迺亡就國	곧 도망쳐서 자기 나라로 갔다.
田榮怒	전영은 노하여
追擊殺齊王市於卽墨	제왕 불(市)을 즉묵까지 쫓아가 쳐 죽이고
還攻殺濟北王安	다시 제북왕 안(安)까지 공격하여 죽였다.
於是田榮迺自立爲齊王	이에 전영은 곧 스스로 제왕에 즉위하여
盡幷三齊之地[11]	삼제(三齊)의 땅을 모두 겸병하였다.
項王聞之	항왕이 듣고
大怒	크게 노하여
迺北伐齊	즉시 북으로 제나라를 쳤다.
齊王田榮兵敗	제왕 전영은 군사가 패해
走平原[12]	평원으로 달아났는데
平原人殺榮	평원의 사람들이 전영을 죽였다.
項王遂燒夷齊城郭	항왕은 마침내 제나라의 성곽을 불살라 평지로 만들었으며
所過者盡屠之[13]	지나가는 자들을 모두 도륙하였다.
齊人相聚畔之	제나라 사람들은 서로 모여 반란을 일으켰다.
榮弟橫	전영의 아우 전횡은
收齊散兵	제나라의 흩어진 군사를 거두어

---

11 색은 전불(田市)은 교동왕(膠東王)이고, 전도(田都)는 제왕(齊王), 전안(田安)은 제북왕(濟北王)이다.

12 집해 서광은 말하였다. “3년 정월이다.” 정의 평원(平原)은 덕주(德州)이다.

13 집해 서광은 말하였다. “옛 왕 전가(田假)를 세웠다.”

得數萬人	수만 명을 얻어
反擊項羽於城陽[14]	성양에서 항우에게 반격을 가하였다.
而漢王率諸侯敗楚	그리고 한왕은 제후의 군사를 거느리고 초나라를 무찌르고
入彭城	팽성으로 들어갔다.
項羽聞之	항우가 듣고
迺醳齊[15] 而歸	곧 제나라의 포위를 풀고 돌아가
擊漢於彭城	팽성에서 항왕을 치고
因連與漢戰	이어 계속하여 한나라와 싸워
相距滎陽	형양에서 서로 대치하였다.
以故田橫復得收齊城邑[16]	그런 까닭에 전횡은 다시 제나라의 성읍을 거두게 되었고
立田榮子廣爲齊王	전영의 아들 광(廣)을 제왕으로 세웠으며
而橫相之	전횡이 승상이 되어
專國政	국정을 오로지했으며
政無巨細皆斷於相	정사는 대소를 막론하고 모두 승상에게서 결정되었다.
橫定齊三年	전횡이 제나라를 평정한 지 3년 만에
漢王使酈生往說下齊王廣及其相國橫	
	한왕은 역생으로 하여금 가서 제왕 광(廣) 및 상국 전횡에게 항복하도록 유세하게 하였다.

---

14 **집해** 서광은 말하였다. "전가는 초나라로 달아났는데 초나라에서 죽였다." **정의** 성양(城陽)은 바로 복주(濮州) 뇌택(雷澤)이다.
15 **색은** 이것이 또한 어찌 '역주(醳酒: 진한 술)'라는 뜻이겠는가? 옛날에는 '석(釋)' 자와 함께 썼다.
16 **집해** 서광은 말하였다. "4월이다."

橫以爲然	전횡은 그럴듯하게 여겨
解其歷下軍	역하의 군사를 해체하였다.
漢將韓信引兵且東擊齊	한나라 장수 한신이 군사를 끌고 동으로 제나라를 치려고 하였다.
齊初使華無傷田解軍於歷下以距漢	
	제나라는 당초 화무상과 전해의 군사로 하여금 역하(歷下)에서 한나라에 맞서게 하였는데
漢使至	한나라의 사자가 이르자
迺罷守戰備	지키며 싸울 준비하는 것을 그만두고
縱酒	술을 실컷 마시고
且遣使與漢平	또한 사자를 보내어 한나라와 화평을 맺고자 하였다.
漢將韓信已平趙燕	한나라 장수 한신은 이미 조나라와 연나라를 평정하고
用蒯通計	괴통의 계책을 써서
度平原	평원을 지나
襲破齊歷下軍	제나라 역하의 군사를 습격하여 깨뜨리고
因入臨淄	내친김에 임치까지 들어갔다.
齊王廣相橫怒	제왕 전광과 상국 전횡은 노하여
以酈生賣己	역생이 자기들을 팔았다고 여겨
而亨酈生	역생을 삶아 죽였다.
齊王廣東走高密[17]	제왕 전광은 동으로 고밀로 달아났고
相橫走博(陽)	상국 전횡은 박(양)으로 달아났으며
守相田光走城陽	대리 승상 전광은 성양으로 달아났고

---

17 집해 서광은 말하였다. "고(高)는 '가(假)'로 된 판본도 있다."

將軍田既軍於膠東	장군 전기는 교동에서 군진을 쳤다.
楚使龍且救齊	초나라는 용저로 하여금 제나라를 구원하게 하여
齊王與合軍高密	제왕은 (용저와) 함께 고밀에 군진을 쳤다.
漢將韓信與曹參破殺龍且[18]	한나라 장수 한신은 조참(曹參)과 함께 용저를 깨뜨려 죽이고
虜齊王廣	제왕 전광을 사로잡았다.
漢將灌嬰追得齊守相田光	한나라 장수 관영은 제나라 대리 승상 전광을 추격하여 잡았다.
至博(陽)	박(양)에 이르러
而橫聞齊王死	전횡은 제왕이 죽었다는 말을 듣고
自立爲齊王	스스로 제왕에 즉위하고
還擊嬰	다시 관영을 쳤는데
嬰敗橫之軍於嬴下[19]	관영은 영하(嬴下)에서 전횡의 군사를 무찔렀다.
田橫亡走梁	전횡은 양(梁)으로 도망쳐 달아나
歸彭越	팽월에게 귀의하였다.
彭越是時居梁地	팽월은 이때 양(梁) 땅에 있으면서
中立	중립을 지켜
且爲漢	한나라 편이 되기도 하고
且爲楚	초나라 편이 되기도 하였다.
韓信已殺龍且	한신은 이미 용저를 죽이고
因令曹參進兵破殺田既於膠東	
	내친김에 조참으로 하여금 군사를 진격시켜 교동에서 전기를 깨뜨려 죽이게 하고

---

18 集解 서광은 말하였다. "4년 11월이다."

19 正義 천승(千乘)의 옛 성은 임치(淄州) 고원현(高苑縣) 북쪽 25리 지점에 있다.

使灌嬰破殺齊將田吸於千乘[20]

관영으로 하여금 천승에서 제나라 장수 전흡을 깨뜨려 죽이게 하였다.

韓信遂平齊

한신은 마침내 제나라를 평정하고

乞自立爲齊假王[21]

스스로 제나라 가왕(假王)이 되기를 청하였으며

漢因而立之

한나라는 이에 그를 세워 주었다.

後歲餘

한 해 남짓 만에

漢滅項籍

한나라는 항적을 멸하고

漢王立爲皇帝

한왕은 황제로 즉위하였으며

以彭越爲梁王

팽월을 양왕으로 삼았다.

田橫懼誅

전횡은 죽임을 당할까 두려워하여

而與其徒屬五百餘人入海

그의 무리 5백여 명과 함께 바다로 들어가

居島中[22]

섬 안에서 살았다.

高帝聞之

고제는 듣고

以爲田橫兄弟本定齊

전횡 형제가 본래 제나라를 평정하였고

齊人賢者多附焉

제나라의 현자들이 그에게 많이 귀부하였는데

今在海中不收

지금 바다에서 있으며 거두지 않으면

後恐爲亂

나중에 난을 일으킬까 두려워하여

廼使使赦田橫罪而召之

이에 사자를 보내어 전횡의 죄를 용서하고 부르게 하였다.

---

20 집해 진작(晉灼)은 말하였다. "태산(泰山) 영현(嬴縣)이다." 정의 옛 영성(嬴城)은 연주(兗州) 박성현(博城縣) 동북쪽 백 리 지점에 있다.

21 집해 서광은 말하였다. "2월이다."

22 집해 위소(韋昭)는 말하였다. "바다 속의 산을 도(島)라고 한다." 정의 해주(海州) 동해현(東海縣)에 도산(島山)이 있는데 해안에서 80리 떨어져 있다.

田橫因謝曰	전횡은 이에 거절하여 말하였다.
臣亨陛下之使酈生	"신은 폐하의 사신인 역생을 삶아 죽였으며
今聞其弟酈商爲漢將而賢	이제 듣건대 그의 아우 역상이 한나라의 장수로 현명하다 하니
臣恐懼	신은 두려워
不敢奉詔	감히 명을 받들지 못하겠으며
請爲庶人	청컨대 서인이 되어
守海島中	바다의 섬이나 지켰으면 합니다."
使還報	돌아가 알리게 하니
高皇帝迺詔衛尉酈商曰	고황제가 이에 위위(衛尉) 역상에게 명하여 말하였다.
齊王田橫即至	"제왕 전횡이 이르렀는데
人馬從者敢動搖者致族夷	인마와 종자를 감히 동요시키는 자는 멸족을 당할 것이다!"
迺復使使持節具告以詔商狀	이에 다시 사신으로 하여금 부절을 지니게 하여 황제의 명을 전상에게 내린 정상을 그대로 알리게 하여
曰	말하였다.
田橫來	"전횡이 오면
大者王	크게는 왕이 될 것이요
小者迺侯耳	작게는 후(侯)가 될 따름이며,
不來	오지 않으면
且擧兵加誅焉	군사를 동원하여 죽음을 내릴 것이다."
田橫迺與其客二人乘傳詣雒陽[23]	전횡은 이에 빈객 두 사람과 함께 전거를 타고 낙양에 이르렀다.

未至三十里	30리를 채 이르지 못하여
至尸鄕廐置²⁴	시향의 마구간이 있는 역에 이르렀는데
橫謝使者曰	전횡이 사자에게 감사해하며 말하였다.
人臣見天子當洗沐	"신하가 천자를 뵈려면 몸을 씻어야 합니다."
止留	머물렀다.
謂其客曰	그 문객에게 말하였다.
橫始與漢王俱南面稱孤	"나는 처음에는 한왕과 함께 남면하여 고(孤)라 일컬었는데
今漢王爲天子	이제 한왕은 천자가 되고
而橫迺爲亡虜而北面事之	나는 곧 망국의 포로가 되어 북쪽을 보고 그를 섬기니
其恥固已甚矣	그 부끄러움이 실로 이미 심할 것입니다.
且吾亨人之兄	또한 나는 다른 사람의 형을 삶아 죽이고도
與其弟並肩而事其主	그 아우와 어깨를 나란히 하여 그 주인을 섬기니
縱彼畏天子之詔	저들이 천자의 명을 두려워한다 해도
不敢動我	감히 나를 움직이지 못할 것이니
我獨不愧於心乎	내 유독 마음에 부끄럽지 않겠소?
且陛下所以欲見我者	또한 폐하가 나를 보고자 하는 까닭은
不過欲一見吾面貌耳	나의 면모를 한번 보고자 하는 데 지나지 않을 따름이오.
今陛下在洛陽	지금 폐하는 낙양에 계시는데
今斬吾頭	지금 나의 머리를 베어

---

23 **집해** 여순은 말하였다. "사마(四馬)의 하족(下足)이 승전(乘傳)이다."
24 **집해** 응소가 말하였다. "시향(尸鄕)은 언사(偃師)에 있다." 찬(瓚)이 말하였다. "구치(廐置)는 말을 두고 역에 전하는 것이다."

馳三十里閒	30리를 달리면
形容尚未能敗	형체가 아직은 어그러지지 않을 것이니
猶可觀也	오히려 볼 만할 것입니다."
遂自剄	마침내 자결하고
令客奉其頭[25]	문객으로 하여금 그 머리를 받들고
從使者馳奏之高帝	사자를 따라 말을 달려 고제께 아뢰게 하였다.
高帝曰	고제가 말하였다.
嗟乎	"아아,
有以也夫	이유가 있었도다!
起自布衣	평민에서 일어나
兄弟三人更王	형제 세 사람이 번갈아 왕이 되었으니
豈不賢乎哉	어찌 현명하지 않았겠는가!"
爲之流涕	그를 위해 눈물을 흘리고는
而拜其二客爲都尉	그 두 문객을 도위에 임명하고
發卒二千人	군사 2천 명을 보내어
以王者禮葬田橫[26]	왕자의 예로 전횡을 장사 지냈다.
既葬	장사를 지내자

---

25 **정의** 奉의 음은 봉(捧)이다.

26 **정의** 제나라 전횡(田橫)의 묘는 언사(偃師) 서쪽 15리 지점에 있다. (西晉) 최표(崔豹)의 『고금주(古今注)』에서는 말하였다. "「해로(薤露)」와 「호리(蒿里)」는 송별의 애가(哀歌)로 전횡의 문인에게서 나왔다. 전횡이 자살하자 문인들이 슬퍼하며 비가(悲歌)를 지었는데, 사람의 목숨이 염교 위의 이슬과 같아 쉽게 말라서 없어짐을 말하였다. 이연년(李延年)에 이르러 두 곡으로 나누어졌는데, 「해로」는 왕공 귀인을 보내는 것이고, 「호리」는 사대부 서인을 보내는 것으로, 죽은 사람의 상여를 끄는 자에게 부르게 하였으며 속칭 만가(挽歌)라고 한다."

二客穿其冢旁孔	두 문객이 무덤 곁에 구멍을 뚫고
皆自剄	모두 자결하니
下從之	아래에서 그 뒤를 따랐다.
高帝聞之	고제가 듣고는
迺大驚	크게 놀라
以田橫之客皆賢	전횡의 문객이 모두 현명하다고 생각하였다.
吾聞其餘尚五百人在海中	내가 듣건대 그 나머지가 아직 5백여 명으로 바다 가운데 있으며
使使召之	사자를 보내어 부르게 하였다고 하는데
至則聞田橫死	이르러 전횡이 죽었다는 말을 듣고
亦皆自殺	또한 모두 자살하였다고 한다.
於是迺知田橫兄弟能得士也	이에 곧 전횡의 형제가 선비를 잘 얻었음을 알게 되었다.

太史公曰	태사공은 말한다.
甚矣蒯通之謀	심하도다, 괴통의 계책이.
亂齊驕淮陰	제나라를 어지럽히고 회음을 교만하게 하여
其卒亡此兩人[27]	끝내 이 두 사람을 죽게 하였다!
蒯通者	괴통이란 자는
善爲長短說[28]	장단점에 대하여 말함에 뛰어났으며
論戰國之權變	전국시대의 권변을 논하여
爲八十一首[29]	81수(首)를 지었다.

---

27 집해 한신(韓信)과 전횡(田橫)이다.

28 색은 이 일을 좋게 말하고자 한다면 좋게 말하고, 이 일을 좋지 않게 말하고자 한다면 좋지 않게 말하는 것이다. 그러므로 『전국책(戰國策)』에서도 바로 '단장서(短長書)'라고 하였다.

通善齊人安期生	괴통은 제나라 사람 안기생과 친하였는데
安期生嘗干項羽	안기생이 일찍이 항우에게 청하였지만
項羽不能用其筴	항우는 그 계책을 쓸 수 없었다.
已而項羽欲封此兩人	얼마 후 항우는 이 두 사람을 봉하려 하였지만
兩人終不肯受	두 사람은 끝내 받으려 하지 않고
亡去	도망쳐 떠났다.
田橫之高節	전횡의 고상한 절개는
賓客慕義而從橫死	빈객들이 의를 흠모하여 전횡을 따라 죽었으니
豈非至賢	어찌 지극히 현명하지 않겠는가!
余因而列焉	내 이에 그것을 늘어놓는다.
不無善畫者	잘 그리는 자가 없지 않은데도
莫能圖	아무도 그림을 그릴 수 없으니
何哉[30]	어째서인가?

---

29 **집해** 『한서(漢書)』에서는 "『전영(雋永)』이라고 하였다."라 하였다. 영(永) 자는 어떤 판본에는 '구(求)' 자로 되어 있다. **색은** 『전영(雋永)』은 책 이름이다. 雋의 음은 전[松兗反]이다.

30 **색은** 천하에 그림을 잘 그리는 사람이 없지 않으나 전횡 및 그 무리들이 의를 흠모하여 죽음으로 절개를 지킨 일을 그릴 줄 몰랐으니 어찌된 까닭인가? 라는 말이다. 화가가 이를 그릴 줄 모르는 것을 탄식한 것이다.

번·역·등·관열전 樊酈滕灌列傳

舞陽侯[1]樊噲[2]者	무양후 번쾌는
沛人也[3]	패현 사람이다.
以屠狗爲事[4]	개 잡는 일을 생업으로 삼았으며
與高祖俱隱	고조와 함께 은거하였다.
初從高祖起豐	처음에 고조를 따라 풍읍(豐邑)에서 기의하였으며
攻下沛	패현(沛縣)을 함락시켰다.
高祖爲沛公	고조는 패공이 되자
以噲爲舍人	번쾌를 사인으로 삼았다.
從攻胡陵方與[5]	(고조를) 따라 호릉과 방여를 쳤고
還守豐	돌아와 풍읍을 지켰으며
擊泗水監豐下[6]	사수 감군(監軍)을 풍읍 아래에서 쳐서

---

1 **정의** 무양(舞陽)은 허주(許州) 섭현(葉縣) 동쪽 10리 지점에 있다.

2 **정의** 음은 쾌(快)이며, 또한 괴[吉外反]라고도 한다.

3 **정의** 패(沛)는 서주(徐州)의 현이다.

4 **정의** 당시 사람들이 개고기를 먹는 것은 또한 양이나 돼지고기를 먹는 것과 같았으므로 번쾌는 도살을 하여 팔았던 것뿐이다.

5 **정의** 음은 방예(房預)이다.

6 **색은** 생각건대 감(監)은 진나라 때 어사감(御史監)의 군(郡)이다. 풍하(豐下)는 풍현(豐縣) 의 아래이다. **정의** 사수(泗水)는 군 이름이다.

破之	깨뜨렸다.
復東定沛	다시 동으로 패현을 평정하고
破泗水守薛西[7]	설현 서쪽에서 사수 군수(郡守)를 깨뜨렸다.
與司馬[8]戰碭東[9]	사마(司馬) 이(㦺)와 탕현 동쪽에서 싸워
卻敵	적을 물리치고
斬首十五級	15명의 목을 베어
賜爵國大夫[10]	국대부의 작위가 내렸다.
常從	늘 수행하여
沛公擊章邯軍濮陽	패공이 복양에서 장함을 치자
攻城先登	성을 공격하여 먼저 성에 올라
斬首二十三級	23명의 목을 베어
賜爵列大夫[11]	열대부의 작위가 내렸다.
復常從	다시 늘 수행하여
從攻城陽[12]	성양을 치는 일에 따라
先登	먼저 (성에) 올랐다.
下戶牖[13]	호유를 함락시키고

---

7 **색은** 설현(薛縣)의 서쪽에서 그 수비를 깨뜨린 것을 말한다.

8 **집해** 장안(張晏)은 말하였다. "진(秦)나라의 사마(司馬)이다." **정의** 진나라의 장수 장함 (章邯)의 사마 이(㦺)이다.

9 **정의** 탕(碭)은 송주(宋州)의 현이다.

10 **집해** 문영(文穎)은 말하였다. "곧 관대부(官大夫)이다." **정의** 작위는 제6급이다.

11 **집해** 문영은 말하였다. "곧 공대부(公大夫)로 작위는 제7급이다."

12 **집해** 서광(徐廣)은 말하였다. "「연표(年表)」에서는 '2년 7월에 복양(濮陽)의 동쪽에서 진나 라 군사를 깨뜨렸으며 성양(城陽)을 도륙하였다.'고 하였다." **정의** 성양은 복양에 가까우 며, 『한서(漢書)』에는 '양성(陽城)'으로 되어 있는데 크게 잘못되었다.

13 **정의** 호유(戶牖)는 바로 변주(汴州) 동쪽 진류현(陳留縣) 동북쪽 91리 지점 동혼(東昏)의 옛 성이다.

破李由軍	이유의 군사를 깨뜨리어
斬首十六級	16명의 목을 베어,
賜上閒爵[14]	상간의 작위가 내렸다.
從攻圍東郡守尉於成武[15]	따라서 성무에서 동군의 군수와 군위를 치고 에워싸
卻敵	적을 물리치고
斬首十四級	14명의 목을 베었으며
捕虜十一人	11명을 사로잡아
賜爵五大夫	오대부의 작위가 내렸다.
從擊秦軍	따라서 진나라 군사를 쳐
出亳南[16]	박(亳) 남쪽으로 내쫓았다.
河閒守軍於杠里[17]	하간 군수(郡守)가 강리에 군진을 치자
破之	깨뜨렸다.
擊破趙賁軍開封[18]北	개봉 북쪽에서 조분의 군사를 격파하여

---

14 집해 맹강(孟康)이 말하였다. "20작위 가운데 들지 않는 것은 집규(執圭)와 집백(執帛) 따위가 있다." 여순(如淳)은 말하였다. "간(閒)은 간혹 '문(聞)'으로 된 곳도 있다. 『여씨춘추(呂氏春秋)』「하현(下賢)」에서는 '위문후(魏文侯)는 동으로 장성(長城)에서 제(齊)나라에 승을 거두었는데 천자가 문후에게 상간(上閒)의 작위를 상으로 내렸다.'라 하였다." 색은 상간(上聞)의 작위를 내린 것이다. 장안은 말하였다. "임금에게 알려지는 길을 얻은 것이다." 진작(晉灼)은 말하였다. "이름이 천자에게 통한 것이다." 여순은 "'상문(上聞)'이라고도 하였다."라 하였으며, 또한 『여씨춘추』를 인용하여 '상간(上閒)'을 고증하여야 한다. '閒'의 음은 '중간(中閒)'이라고 할 때의 '간(閒)'이다.

15 정의 조주현(曹州縣)이다.

16 색은 박(亳)은 탕(湯)이 도읍으로 삼은 곳으로 지금의 하남(河南) 언사(偃師)에 있는 탕호(湯亳)가 바로 이곳이다. 정의 박(亳)의 옛 성은 송주(宋州) 곡숙현(穀熟縣) 서남쪽 40리 지점에 있다.

17 정의 지명으로 양성(城陽)에 가깝다.

18 정의 변주현(汴州縣)이다.

以卻敵先登	적을 물리치고 성에 먼저 올라
斬候一人	척후(斥候) 한 사람을 참(斬)하고
首六十八級	68명의 목을 베었으며
捕虜二十七人	27명을 사로잡아
賜爵卿	경의 작위가 내렸다.
從攻破楊熊軍於曲遇¹⁹	(한왕을) 따라서 구옹(曲遇)에서 양태의 군사를 쳐서 깨뜨렸다.
攻宛陵²⁰	원릉을 공격할 때에
先登	먼저 성에 올라
斬首八級	여덟 명의 목을 베었으며
捕虜四十四人	44명을 사로잡아
賜爵封號賢成君²¹	현성군의 봉호가 내렸다.
從攻長社轘轅²²	따라서 장사와 환원을 공격하고
絕河津²³	황하의 나루를 끊었으며

---

19 **색은** 음은 우옹(䶂顒)이며, 읍 이름이다. **정의** 曲의 음은 구[丘雨反]이다. 遇의 음은 옹[牛恭反]이다. 정주(鄭州) 중모현(中牟縣)에 구옹취(曲遇聚)가 있다.

20 **색은** 「지리지(地理志)」에서는 하남(河南)에 속한다고 하였다. **정의** 원릉(宛陵)의 옛 성은 정주(鄭州) 신정현(新鄭縣) 동북쪽 38리 지점에 있다.

21 **집해** 서광은 말하였다. "당시에 내린 작위로는 집백(執帛)과 집규(執圭)가 있었으며 또한 작봉(爵封)을 내려 주었는데 아름다운 이름을 더하여 호로 삼았다. 또한 공이 있으면 열후(列侯)에 봉하여 주었다." 내[駰]가 생각건대 장안은 "식록(食祿)이 봉군(封君)과 비슷한데 읍이 없다."라 하였다. 찬(瓚)은 "진(秦)나라의 제도에는 열후(列侯)는 곧 봉작이 있다."고 하였다. **색은** 장안은 말하였다. "식록(食祿)이 봉군(封君)과 비슷한데 읍이 없다." 서광은 말하였다. "내리는 작위에는 집규(執圭)와 집백(執帛)이 있었으며, 또한 작봉을 내리고 아름다운 호칭을 더하였다." 또한 소안(小顔)은 말하였다. "초한(楚漢) 때에는 임의로 총애와 영광을 존영(尊榮)을 만들어서 임시로 작위를 불렀으며 혹은 땅을 얻기도 하고 혹은 작위만 받기도 하였는데 이런 예가 많다. 진나라의 제도를 가지고 묶으면 뜻이 통하지 않는다."

22 **정의** 허주(許州) 이현이다. 환원관(轘轅關)은 구지현(緱氏縣) 동남쪽 30리 지점에 있다.

東攻秦軍於尸[24]	동으로는 시향(尸鄉)에서 진나라 군사를 공격하였고
南攻秦軍於犨[25]	남으로는 주현(犨縣)에서 진나라 군사를 공격하였다.
破南陽守齮於陽城	양성(陽城)에서는 남양 군수(郡守) 여의(呂齮)를 깨뜨렸다.
東攻宛城	동으로 원성을 공격하여
先登	먼저 (성에) 올랐다.
西至酈[26]	서로 척현(酈縣)에 이르러
以卻敵	적을 물리치고
斬首二十四級	24명의 목을 베고
捕虜四十人	40명을 사로잡아
賜重封[27]	거듭 봉하여졌다.
攻武關	무관을 공격하고
至霸上	패상에 이르러
斬都尉一人	도위 한 사람과
首十級	열 명의 목을 베었고
捕虜百四十六人	백46명을 사로잡았으며

---

23 **정의** 옛 평음진(平陰津)은 하남부(河南府) 동북쪽 50리 지점에 있다.

24 **정의** 언사(偃師) 남쪽에 있다.

25 **정의** 여주(汝州) 노산현(魯山縣) 동남쪽에 있다.

26 **정의** 酈의 음은 척(擲)이다. 등주(鄧州) 신성현(新城縣) 서북쪽 40리 지점에 있다.

27 **집해** 장안은 말하였다. "녹(祿)을 더하여 준 것이다." 여순은 말하였다. "정식 작위[正爵] 이름이다." 찬(瓚)은 말하였다. "더하여 봉해 준 것이다." **색은** 장안은 "녹을 더하여 준 것이다."라 하였다. 신찬(臣瓚)은 더하여 봉해 준 것이라 하였는데 뜻은 또한 이에 가깝다. 그러나 여순은 정식 작위 이름이라고 하였는데 틀렸다. 소안(小顏)은 거듭 봉하여 준 것이라고 생각하여 두 가지를 겸하였는데 제대로 본 것 같다.

降卒二千九百人	투항한 군사가 2천9백 명이었다.
項羽在戲下	항우가 희하에서
欲攻沛公	패공을 공격하려 하였다.
沛公從百餘騎因項伯面見項羽	
	패공은 백여 기를 딸리고 항백을 통하여 항우를 만나보고
謝無有閉關事	관문을 닫은 일이 없었음을 사죄했다.
項羽既饗軍士	항우가 군사들에게 주연을 베풀어
中酒28	술에 취하자
亞父謀欲殺沛公29	아부는 패공을 죽이려고 꾀하여
令項莊拔劍舞坐中	항장으로 하여금 좌중에서 칼을 뽑아 춤을 추게 하고
欲擊沛公	패공을 치려 하였으나
項伯常屏蔽之	항백이 늘 가리어 막아 주었다.
時獨沛公與張良得入坐	당시에는 패공과 장량만이 들어가 앉을 수 있었고
樊噲在營外	번쾌는 영외에 있었는데
聞事急	일이 급박하게 돌아감을 듣고
乃持鐵盾入到營	즉시 쇠로 만든 방패를 들고 군영 안으로 들어갔다.
營衛止噲	군영의 호위병이 번쾌를 제지하였으나

---

28 집해 장안은 말하였다. "술이 한창 오른 것이다."

29 아부(亞父)는 아버지 다음가는 사람이라는 뜻으로, 임금이 공신을 존경하여 부르던 말. 항우는 범증을 아끼고 존경하여 아부로 불렀다. 제환공이 관중을 중부(仲父)라 부르는 것과 같다. -옮긴이.

噲直撞入[30]	번쾌는 곧장 치고 들어가
立帳下[31]	휘장 아래에 섰다.
項羽目之	항우가 그를 보고
問爲誰	누구인가 물었다.
張良曰	장량이 말하였다.
沛公參乘[32]樊噲	"패공의 참승인 번쾌입니다."
項羽曰	항우가 말하였다.
壯士	"장사로다."
賜之卮酒彘肩	한잔 술과 돼지 어깻죽지를 내려 주었다.
噲旣飮酒	번쾌는 술을 다 마시고
拔劍切肉食	칼을 뽑아 고기를 썰어 먹었는데
盡之	말끔히 해치웠다.
項羽曰	항우가 말하였다.
能復飮乎	"더 마실 수 있겠는가?"
噲曰	번쾌가 말하였다.
臣死且不辭	"신은 죽더라도 사양치 않을 것이니
豈特卮酒乎	어찌 다만 한잔 술이겠습니까!
且沛公先入定咸陽	또한 패공께서 먼저 함양에 들어가 평정하고
暴師霸上	패상에서 주둔하면서

---

30 **집해** 『한서음의(漢書音義)』에서는 "충(撞)은 종을 치는 소리이다." **정의** 撞의 음은 장[直
江反]이다.

31 **집해** 서광은 말하였다. "어떤 판본에는 '휘장 아래 서서 눈을 부릅뜨고 째려보니 눈초리
에서 피가 다 났다(立帷下, 瞋目而視, 眥皆血出).'로 되어 있다."

32 참승(參乘)은 참승(驂乘)이라고도 하고 곧 배승(陪乘)을 말한다. 3인승 전차를 탈 때 어자
(御者)의 오른편에 탑승하여 마차가 기울지 않도록 수레의 균형을 잡아주는 호위무사로 임
금의 각별한 신뢰를 받는 신하. 옛날의 거우(車右)와 마찬가지이다. – 옮긴이.

以待大王[33]	대왕을 기다렸습니다.
大王今日至	대왕께서 오늘 이르시어
聽小人之言	소인배들의 말을 듣고
與沛公有隙	패공과 틈이 생긴다면
臣恐天下解[34]	신은 천하가 와해되고
心疑大王也	내심 대왕을 의심할까 두렵습니다.”
項羽默然	항우는 잠자코 있었다.
沛公如廁	패공은 변소에 가면서
麾樊噲去	번쾌에게 떠나라는 손짓을 하였다.
既出	나가서
沛公留車騎	패공은 마차와 말을 남겨두고
獨騎一馬	홀로 말 한 마리를 타고
與樊噲等四人步從	번쾌 등 네 사람과 함께 걸어서 따르게 하여
從閒道山下歸走霸上軍	산 아래의 사잇길로 패상의 군진으로 돌아왔으며
而使張良謝項羽	장량으로 하여금 항우에게 사죄하게 하였다.
項羽亦因遂已	항우 또한 이로 인해 마침내 그만두고
無誅沛公之心矣	패공을 죽이려는 마음이 없어졌다.
是日微樊噲奔入營譙讓項羽[35]	이날 번쾌가 진영으로 달려 들어가 항우를 꾸짖지 않았더라면
沛公事幾殆[36]	패공의 일은 위태롭게 되었을 것이다.

---

33 〔정의〕 이때까지만 해도 항우는 아직 왕이 아니었으며 이는 추서(追書)한 것이다.

34 〔정의〕 음은 개[紀買反]이다. 이곳에서 구절이 끊긴다.

35 〔색은〕 譙의 음은 초(誚)로 꾸짖는 것이다. 조[才笑反]라는 음도 있고, 또한 '조(誚)'라고도 한다.

36 〔정의〕 幾의 음은 기(祈)이다.

明日	다음 날
項羽入屠咸陽	항우는 함양으로 들어가 도륙질을 하고
立沛公爲漢王	패공을 한왕으로 세웠다.
漢王賜噲爵爲列侯	한왕은 번쾌에게 열후의 작위를 내리고
號臨武侯[37]	임무후라 불렀다.
遷爲郎中	낭중으로 승진하여
從入漢中	한중으로 따라 들어갔다.
還定三秦	돌아와 삼진을 평정하자
別擊西丞白水北[38]	따로 백수 북쪽에서 서현 현승의 군사를 치고
雍輕車騎於雍南	옹현의 가벼운 거마가 옹현 남쪽을 지나자
破之[39]	깨뜨렸다.
從攻雍䣓[40]城	옹성과 태성을 따라 공격하였는데
先登	먼저 성에 올랐다.
擊章平軍好畤[41]	호치에서 장평의 군사를 쳤는데

---

37 정의 계양(桂陽) 임무현(臨武縣)이다.

38 집해 서광은 말하였다. "농서(隴西)에 서현(西縣)이 있다. 백수(白水)는 무도(武都)에 있다." 여순은 말하기를 "모두 지명이다."라 하였다. 진작(晉灼)은 "백수(白水)는 지금의 광평(廣平) 위현(魏縣)이다. 「지리지(地理志)」에는 '서승(西丞)'이 없는데, 진나라 장수 이름인 것 같다."라 하였다. 색은 서(西)는 농서(隴西)의 서현(西縣)을 말한다. 백수(白水)는 물 이름으로 무도(武都)에서 나와 서현 동남쪽을 거쳐 흐른다. 번쾌가 친 서현의 현승은 백수의 북쪽에 있을 따름임을 말하였으며, 서광 등의 설은 모두 틀렸다. 정의 『괄지지(括地志)』에서는 말하였다. "백마수(白馬水)는 문주(文州) 곡수현(曲水縣) 서남쪽에서 발원하여 만나 손산(孫山) 아래를 거쳐 간다."

39 정의 위의 '雍' 자의 음은 옹[於拱反]이다.

40 집해 음은 태(胎)이다.

41 색은 옹(雍)은 곧 부풍(扶風) 옹현(雍縣)이다. 䣓의 음은 태(台)로 곧 후직(后稷)이 봉하여진 곳이며 지금 무공(武功)의 옛 태성(䣓城)이다. 장평(章平)은 곧 장함(章邯)의 아들이다.

攻城	성을 공격할 때
先登陷陣	먼저 성에 올라 적진을 함락시켰으며
斬縣令丞各一人	현령과 현승 각 한 명을 참하고
首十一級	11명의 목을 베었으며
虜二十人	20명을 사로잡아
遷郎中騎將	낭중기장으로 승진하였다.
從擊秦車騎壤東[42]	따라서 양향(壤鄕)의 동쪽에서 진나라의 기병을 쳐서
卻敵	적을 물리쳐
遷爲將軍	장군으로 승진하였다.
攻趙賁	조분을 공격하여
下郿槐里柳中咸陽[43]	미현과 괴리, 유중, 함양을 함락시켰으며,
灌廢丘	폐구를 수공(水攻)하였는데
最[44]	(공이) 가장 컸다.

---

42 색은 소안(小顏) 또한 지명이라고 생각하였다. 정의 양향(壤鄕)은 무공현(武功縣) 동남쪽 20리 지점에 있다.

43 정의 (下郿는) 기주현(岐州縣)이다.

색은 유중(柳中)은 곧 세류(細柳)로 장안(長安)의 서쪽에 있다.

44 집해 이기(李奇)는 말하였다. "물을 폐구(廢丘)로 끌어다 댄 것이다." 장안은 말하였다. "최(最)는 공이 으뜸이라는 것이다." 진작(晉灼)은 말하였다. "서울을 보좌하는 화음(華陰)으로 북으로 물을 댄 것이다." 색은 관(灌)은 물을 폐구로 끌어다 댄 것으로 성이 함락되었을 때 그 공이 가장 큼을 이른다. 이기(李奇)는 "폐구는 곧 괴리(槐里)이다. 위에 괴리가 있는데 여기서 또 말한 것은 이곳이 소괴리(小槐里)이기 때문일 것이다."라 하였는데 이는 틀렸다. "조분을 공격하여 미현과 괴리, 유중, 함양을 함락시켰다(攻趙賁, 下郿, 槐里, 柳中, 咸陽)."라 하였으니 공격하여 함락시킨 읍을 모두 말하였다. 별도로 물을 끌어다 폐구를 공격하였다고 한 것은 그 공이 특별히 가장 컸기 때문이다. 어째서이겠는가? 처음에는 괴리(槐里)라 하여 새로운 이름을 말하고 나중에는 공이 가장 컸다고 말한 것은 중복하여 든 것으로 그 문장에 다시 보이지 않게 하고자 하여 옛 명칭인 폐구를 따른 것이다.

至櫟陽[45]	역양에 이르러서는
賜食邑杜之樊鄕[46]	식읍으로 두릉의 번향을 내렸다.
從攻項籍	항적을 공격할 때 따라가서
屠煮棗[47]	자조를 도륙하였다.
擊破王武程處軍於外黃	왕무와 정처의 군사를 외황에서 격파하였다.
攻鄒魯瑕丘薛[48]	추현과 노현, 하구와 설현을 공격하였다.
項羽敗漢王於彭城	항우는 팽성에서 한왕을 무찌르고
盡復取魯梁地	노나라와 양나라 땅을 모두 다시 빼앗았다.
噲還至滎陽	번쾌는 형양으로 돌아와
益食平陰二千戶[49]	평음의 식읍 2천 호를 더하여
以將軍守廣武	장수로 광무를 지켰다.
一歲	1년 만에
項羽引而東	항우는 (군사를) 끌고 동으로 갔다.
從高祖擊項籍	고조를 따라 항적을 쳐서
下陽夏[50]	양가(陽夏)를 함락시키고

---

45 정의 옹주현(雍州縣)이다.

46 색은 두릉(杜陵)에 번향(樊鄕)이 있다. 『삼진기(三秦記)』에서는 "장안(長安)의 정남형으로 산 이름으로는 진령(秦嶺)이 있고, 골짜기 이름으로는 자오(子午)가 있으며, 일명 번천(樊川) 이라고도 하고, 일명 어숙(御宿)이라고도 한다."라 하였다. 번향(樊鄕)이 곧 번천(樊川)이다.

47 색은 「지리지(地理志)」를 찾아보면 '자조(煮棗)'가 없으며, 진작(晉灼)의 설이 옳다. 「공신 표(功臣表)」에는 자조후(煮棗侯)가 있는데, 청하(淸河)에 자조성(煮棗城)이 있다고 하였다. 소안(小顏)은 "항적(項籍)을 공격하고 자조를 도륙한 것은 모두 황하 남쪽에 있으며, 청하 (淸河)의 성이 아님이 분명하다."라 하였다. 지금 『속한서(續漢書)』 「군국지(郡國志)」에 있 다. 정의 당시 항우는 황하의 북쪽을 건너지 못하였으며, 기주(冀州) 신도현(信都縣) 동북 쪽 50리 지점은 자조로 틀렸다.

48 정의 우(鄒)는 연주현(兗州縣)으로 주 동남쪽 62리 지점에 있다. 노(魯)는 연주(兗州) 곡부현 (曲阜縣)이다. 하구(瑕丘)는 연주현(兗州縣)이다. 설(薛)은 서주(徐州) 등현(滕縣)의 경계에 있다.

49 정의 평음(平陰)의 옛 성은 제양(濟陽) 동북쪽 5리 지점에 있다.

虜楚周將軍卒四千人	초나라 주장(周將)의 군사 4천 명을 사로잡았다.
圍項籍於陳[51]	진군에서 항적을 에워싸고
大破之	크게 깨뜨렸다.
屠胡陵[52]	호릉을 도륙하였다.
項籍既死	항적이 죽자
漢王爲帝	한왕이 황제가 되어
以噲堅守戰有功	번쾌가 굳게 지키고 싸운 공이 있다 하여
益食八百戶	식읍 8백 호를 더하였다.
從高帝攻反燕王臧荼	고제를 따라 반기를 든 연왕 장도를 공격하여
虜荼	장도를 사로잡고
定燕地	연나라 땅을 평정하였다.
楚王韓信反	초왕 한신이 반기를 들자
噲從至陳	번쾌는 진현까지 따라가
取信	한신을 잡고
定楚[53]	초나라를 평정하였다.
更賜爵列侯	열후의 작위로 고쳐 내렸으며
與諸侯剖符	제후와 함께 부절을 쪼개어
世世勿絕	대대로 끊이지 않게 하였으며
食舞陽	무양을 식읍으로 하여
號爲舞陽侯	무양후라 불렀으며

---

50 **정의** 夏의 음은 가(假)이다. 진주(陳州) 태강현(太康縣)이다.

51 **정의** 진주(陳州)이다.

52 **정의** 연주(兗州) 남쪽에 있다.

53 **정의** 서주(徐州)이다.

除前所食	전의 식읍은 없앴다.
以將軍從高祖攻反韓王信於代	
	장군으로 고제를 따라 대군에서 반기를 든 한왕 신을 공격하였다.
自霍人以往⁵⁴至雲中⁵⁵	사인에서 지운으로 가서
與絳侯等共定之	강후 등과 함께 그곳을 평정하여
益食千五百戶	식읍 천5백 호가 더하여졌다.
因擊陳豨與曼丘臣軍⁵⁶	진희와 만구신의 군사를 치면서
戰襄國⁵⁷	양국(襄國)에서 싸워
破柏人⁵⁸	백인(柏人)을 깨뜨릴 때
先登	먼저 성에 올라
降定清河常山凡二十七縣	청하와 상산의 모두 27개 현을 항복시켜 평정하였으며
殘東垣⁵⁹	동원을 멸하여
遷爲左丞相	좌승상으로 승진하였다.
破得綦毋卬尹潘軍於無終廣昌⁶⁰	
	무종과 광창에서 기무앙과 윤반을 깨뜨리고

---

54 정의 음은 사[先累反], 또는 사[蘇果反], 또는 사[山寡反]이다. 두예(杜預)는 "곽인(霍人)은 진(晉)나라의 읍이다. '곽인(霍人)'은 '사(葰)'가 되어야 하며, 「지리지(地理志)」에서는 사인현(葰人縣)은 태원군(太原郡)에 속한다."고 하였다. 『괄지지』에서는 말하였다. "사인(葰人)의 옛 성은 대주(代州) 번시현(繁時縣) 경계에 있다."

55 정의 운중(雲中)의 군현(郡縣)은 모두 삭주(朔州) 선양현(善陽縣) 북쪽 3백80리 지점인 정양(定襄)의 옛 성에 있다.

56 집해 서광은 말하였다. "만(曼)은 '영(甯)' 자로 된 판본도 있다."

57 정의 형주성(邢州城)이다.

58 정의 형주현(邢州縣)이다.

59 집해 장안은 말하였다. "잔(殘)은 헐음이 있는 것이다." 찬(瓚)은 말하였다. "잔(殘)은 많이 살상된 것을 이른다. 맹자(孟子)는 '의(義)를 해친 것을 잔(殘)이라 한다.'라 하였다."

사로잡았다.

破豨別將胡人王黃軍於代南　대군의 남쪽에서 진희의 별장인 호인(胡人) 왕황의 군사를 깨뜨리고

因擊韓信軍於參合[61]　이어서 삼합에서 한신의 군사를 쳤다.

軍所將卒斬韓信　군의 장수가 마침내 한신을 참(斬)하였으며

破豨胡騎橫谷[62]　횡욕(橫谷)에서 진희의 오랑캐 기마를 깨뜨리고

斬將軍趙既　장군 조기를 베었으며

虜代丞相馮梁守孫奮大將王黃將軍太卜太僕解福[63]等十人
　대군(代軍)의 승상 풍량과 군수(郡守) 손분, 대장 왕황, 장군 태복과 해복 등 열 사람을 사로잡았다.

與諸將共定代鄉邑七十三　여러 장수들과 함께 대국(代國)의 향읍 73개를 평정하였다.

其後燕王盧綰反　그 후 연왕 노관이 반기를 들자

噲以相國擊盧綰　번쾌는 상국으로 노관을 쳐서

破其丞相抵薊南[64]　그 승상 저(抵)를 계현(薊縣)의 남쪽에서 치고

定燕地　연나라 땅을 평정하였는데

凡縣十八　무릇 18개 현과

鄉邑五十一　51개 향읍이었다.

益食邑千三百戶　식읍 천3백 호가 더하여졌으며

定食舞陽五千四百戶　무양의 5천4백 호를 식읍으로 정하였다.

60 　정의　울주(蔚州) 비호현(飛狐縣) 북쪽 7리 지점에 있다.

61 　정의　삭주(朔州) 정양현(定襄縣) 경계에 있다.

62 　정의　谷의 음은 욕(欲)이다. 아마 대군에 있을 것이다.

63 　정의　사람의 이름이다.

64 　색은　抵의 음은 저[丁禮反]이다. 저(抵)의 훈은 이르다이다. 어떤 사람은 저(抵)는 승상의 이름이라고 한다.

356

從	(고조를) 따라
斬首百七十六級	목을 벤 것이 백76급(級)이었으며
虜二百八十八人	2백88명을 사로잡았다.
別	별도로
破軍七	일곱 개의 군대를 깨뜨렸고
下城五	다섯 개 성을 함락시켰으며
定郡六	여섯 개 군과
縣五十二	52개의 현을 평정하였고
得丞相一人	승상 한 명과
將軍十二人	장군 12명,
二千石已下至三百石十一人	2천 석 이하에서 3백 석까지는 11명을 사로잡았다.

噲以呂后女弟呂須爲婦	번쾌는 여후의 여동생 여수(呂須)를 부인으로 삼아
生子伉	아들 항(伉)을 낳았으므로
故其比諸將最親	여러 장수들에 비하여 가장 친하였다.

先黥布反時	앞서 경포가 반기를 들었을 때
高祖嘗病甚	고조는 일찍이 병이 심해서
惡見人	사람을 만나기를 싫어하여
臥禁中	궁궐에 누워
詔戶者無得入群臣	문지기에게 신하들을 들이지 못하게 하였다.
群臣絳灌等莫敢入	강후나 관영 등과 같은 뭇 신하들도 감히 들어가지 못하였다.
十餘日	10여 일 만에

噲乃排闥直入[65]　번쾌가 이에 문을 밀치고 곧장 들어가니

大臣隨之　대신들이 뒤따랐다.

上獨枕一宦者臥　임금은 홀로 환관 하나를 베고 누워 있었다.

噲等見上流涕曰　번쾌 등은 임금을 보고 눈물을 흘리며 말하였다.

始陛下與臣等起豐沛　"처음에 폐하께서 신 등과 함께 풍패(豐沛)에서 기의하여

定天下　천하를 평정하였을 때는

何其壯也　얼마나 씩씩하였습니까!

今天下已定　지금 천하가 이미 평정되었는데

又何憊也　또한 얼마나 고달프십니까!

且陛下病甚　또한 폐하께서 병이 심하여

大臣震恐　대신들이 두려워하는데

不見臣等計事　신 등을 만나 일을 도모하지 않으시고

顧獨與一宦者絕乎　다만 환관 하나와 함께 끊으십니까?

且陛下獨不見趙高之事乎　또한 폐하께서는 조고의 일도 보지 못하였습니까?"

高帝笑而起　고조는 웃으며 일어났다.

其後盧綰反　그 후에 노관이 반기를 들어

高帝使噲以相國擊燕　고제는 번쾌로 하여금 상국으로 연나라를 치게 하였다.

是時高帝病甚　이때 고제는 병이 심하고

人有惡噲黨於呂氏　어떤 사람이 번쾌가 여씨와 당파를 맺었다고 악담하여

---

65 **정의** 달(闥)은 궁중(宮中)의 작은 문이다.

即上一日宮車晏駕	임금이 하루아침에 돌아가시기라도 하면
則噲欲以兵盡誅滅戚氏趙王如意之屬	
	번쾌가 군사를 거느리고 척씨(戚氏)와 조왕 여의의 족속을 모두 죽이려 한다고 하였다.
高帝聞之大怒	고제는 듣고 크게 노하여
乃使陳平載絳侯代將	즉시 진평으로 하여금 강후에게 가서 장수를 대신하고
而即軍中斬噲	즉시 군중(軍中)에서 번쾌를 참(斬)하라고 하였다.
陳平畏呂后	진평은 여후를 두려워하여
執噲詣長安	(차마 죽이지는 못하고) 번쾌를 잡아 장안으로 압송하였다.
至則高祖已崩	이르고 보니 고조는 이미 죽었으며
呂后釋噲	여후는 번쾌를 풀어주고
使復爵邑	작위와 식읍을 회복시켜 주었다.
孝惠六年	효혜제 6년(B.C. 189)에
樊噲卒	번쾌가 죽었는데
諡爲武侯	시호는 무후였다.
子伉代侯	아들 항이 후(의 작위)를 대신하였다.
而伉母呂須亦爲臨光侯	항의 어머니 여수 또한 임광후였는데
高后時用事專權	고후 때 집권하여 전권을 휘두르니
大臣盡畏之	대신들이 모두 두려워하였다.
伉代侯九歲	항이 후작을 대신한 지 9년 만에
高后崩	고후가 죽었다.
大臣誅諸呂呂須婘[66]屬	대신들은 여씨들과 여수의 권속을 죽이고

因誅伉	이어서 항도 죽였다.
舞陽侯中絶數月	무양후는 중간에 몇 달간 단절되었다.
孝文帝既立	효문제가 즉위하자
乃復封噲他庶子市人爲舞陽侯	이에 다시 번쾌의 다른 서자 시인[樊市人]을 무양후에 봉하고
復故爵邑	옛 작위와 식읍을 회복시켰다.
市人立二十九歲卒	시인(市人)은 선 지 29년 만에 죽었으며
諡爲荒侯	시호는 황후(荒侯)이다.
子他廣代侯	아들인 타광이 작위를 대신하였다.
六歲	6년 만에
侯家舍人得罪他廣	무양후의 사인이 타광에게 죄를 짓자
怨之	원망하여
乃上書曰	글을 올려 말하였다.
荒侯市人病不能爲人[67]	"황후(荒侯) 시인(市人)은 병으로 사람 구실을 할 수가 없어서
令其夫人與其弟亂而生他廣	그 부인에게 아우와 음란한 짓을 하게 해서 타광을 낳았으니
他廣實非荒侯子	타광은 기실 황후(荒侯)의 아들이 아니므로
不當代後	뒤를 대신 이어서는 안 됩니다."
詔下吏	관리에게 조사하게 하였다.
孝景中六年	효경제 중원(中元) 6년(B.C. 144)에
他廣奪侯爲庶人	타광은 무양후가 박탈되고 서인이 되어

---

66 색은 두 글자의 음은 수권(須眷)이다.
67 정의 사람의 도리를 행할 수 없음을 말한다.

國除[68]	나라가 없어졌다.
曲周侯[69]酈商者	곡주후 역상은
高陽人[70]	고양 사람이다.
陳勝起時	진승이 기의하였을 때
商聚少年東西略人	역상은 젊은이들을 모아 동서로 사람을 약탈하였으며
得數千	수천 명을 모았다.
沛公略地至陳留	패공이 땅을 빼앗아 진류에 이른 지
六月餘[71]	6개월여 만에
商以將卒四千人屬沛公於岐[72]	역상은 장졸 4천 명을 데리고 기(岐)에서 패공 밑으로 들어갔다.

---

68 **색은** 『한서』에 의하면 평제(平帝) 원시(元始) 2년(A.D. 2)에 번쾌의 현손의 아들 장(章)이 무양후가 되었으며 식읍은 천 호였다.

69 **정의** 옛 성은 낙주(洺州) 곡주(曲周) 서남쪽 15리 지점에 있다.

70 **색은** 酈의 음은 역(歷)이다. 고양(高陽)은 취(聚: 행정 단위)의 이름이며, 진류(陳留)에 속한다. **정의** 옹구(雍丘) 서남쪽 취읍(聚邑)의 사람이다.

71 **집해** 서광은 말하였다. "「월표(月表)」에서는 2세 원년 9월에 패공(沛公)이 군사를 일으켰으며, 2세 3년 2월에 진류(陳留)를 습격하였는데 역이기(酈食其)의 계책을 썼다. 군사를 일으킨 지가 이 시점까지 19개월이 된다. 「역이기전(酈食其傳)」에서는 고제에게 다 말하자 곧 그 아우 역상에게 말하여 패공을 따르게 했다고 하였다." **색은** 사실이 「역생전(酈生傳)」 및 「연표(年表)」와는 조금 다른데 이마 사관의 의견이 달라서일 것이다. **정의** 서광의 주석은 틀렸다. 역상이 먼저 동서로 노략질을 하여 수천 명을 얻었으며 패공이 땅을 빼앗아 진류에 이르렀을 때는 역상이 군사를 일으키어 이에 6개월여 만에 4천 명을 얻어서 장군으로 고조를 따랐다라는 것을 말한다.

72 **색은** 이곳의 지명은 없어졌는데 아마 하남(河南) 진(陳)과 정(鄭)의 경계에 있을 것이다. **정의** 「고조본기(高祖本紀)」에서는 "역이기가 패공을 유세하여 진류를 습격하니 이에 역이기를 광야군(廣野君)으로 삼고 역상은 장수로 삼아 진류의 병력을 가지고 함께 개봉(開封)

從攻長社	따라서 장사를 공격하였는데
先登	먼저 성에 올라
賜爵封信成君	작위를 내려 신성군에 봉하였다.
從沛公攻緱氏	패공을 따라 구지를 공격하여
絕河津	황하의 나루를 끊고
破秦軍洛陽東	낙양의 동쪽에서 진나라 군사를 깨뜨렸다.
從攻下宛穰	따라서 공격하여 원성과 양성을 함락시켜
定十七縣	17개 현을 평정하였다.
別將攻旬關[73]	따로 군사를 거느리고 순관을 공격하여
定漢中	한중을 평정하였다.
項羽滅秦	항우는 진나라를 멸하고
立沛公爲漢王	패공을 한왕(漢王)으로 세웠다.
漢王賜商爵信成君	한왕은 상(商)에게 신성군의 작위를 내리고
以將軍爲隴西都尉	장군으로 농서도위로 삼았다.
別將定北地[74]上郡[75]	따로 군사를 거느리고 북지와 상군을 평정하였다.

을 공격하였다."고 하였다. 「역생전」에서는 "패공이 군사를 이끌고 따라 곧 진류를 함락시키고 광양군(廣陽君)으로 삼았다. 그 아우 역상에게 말하여 수천 명을 데리고 패공을 따라 서남쪽 땅을 침략하게 하였다."라 하였다. 이 전(傳)에서는 "기(岐)에서 패공 밑으로 들어가 따라서 장사를 쳤다."라 하였다. 본기(本紀)와 전(傳)의 이 설에 의하면 기(岐)는 진류(陳留), 고양(高陽)과 서로 가까울 것이다.

73 [집해] 『한서음의(漢書音義)』에서는 "한중(漢中) 순양현(旬陽縣)이다. 음은 순(詢)이다." [색은] 한중(漢中) 순양현(旬陽縣)에 있으며 순수(旬水) 가의 관문이다.

74 [정의] 영주(寧州)이다.

75 [정의] 부주(鄜州)이다.

破雍將軍焉氏[76]	언지에서 옹왕의 장군을,
周類軍枸邑[77]	순읍에서는 주류의 군사를,
蘇駔軍於泥陽[78]	그리고 이양에서는 소장의 군사를 깨뜨렸다.
賜食邑武成六千戶[79]	식읍으로 무성의 6천 호를 내렸다.
以隴西都尉從擊項籍軍五月	농서도위로 항적의 군사를 5개월간 따라서 쳤으며
出鉅野	거야로 나가
與鍾離眛戰	종리매와 싸웠는데
疾鬥	힘껏 싸워
受梁相國印	양나라 승상의 인장을 받아내어
益食邑四千戶	식읍 4천 호가 더하여졌다.
以梁相國將從擊項羽二歲三月	양나라 승상 장수로 따라서 2년 3개월간 항우를 쳐서
攻胡陵	호릉을 공격하였다.
項羽既已死	항우가 죽고 나자

---

76 **집해** 음은 지(支)이다. **색은** 윗 글자의 음은 언[於然反]이고, 아래 글자의 음은 지(支)이다. 현(縣) 이름으로 안정(安定)에 속한다. 『한서』에서는 장함(章邯)의 별장(別將)을 깨뜨렸다고 하였다. **정의** 현은 경주(涇州) 안정현(安定縣) 동쪽 40리 지점에 있다.

77 **색은** 순읍(枸邑)은 빈주(邠州)에 있다. 「지리지(地理志)」에서는 우부풍(右扶風)에 속한다. 枸의 음은 순(荀)이다.

78 **집해** 서광은 말하였다. "장(駔)은 어떤 판본에는 '제(騠)'로 되어 있다." **색은** 북지(北地)의 현 이름이다. 장(駔)은 용마(龍馬)이다. **정의** 옛 성은 영주(寧州) 나천현(羅川縣) 북쪽 31리 지점에 있다. 이곡수(泥谷水)는 나천현(羅川縣) 동북쪽 이양(泥陽)에서 발원한다. 발원지 곁에는 샘이 있는데 진흙 속에서 20여 보를 땅속에서 흘러 이곡(泥谷)으로 유입된다. 또한 이양추(泥陽湫)가 있는데 현의 동쪽 40리 지점에 있다.

79 **정의** 현은 화주(華州) 정현(鄭縣) 동쪽 13리 지점에 있다.

漢王爲帝	한왕이 황제가 되었다.
其秋	그해 가을에
燕王臧荼反	연왕 장도가 반기를 들자
商以將軍從擊荼	역상이 장군으로 따라서 장도를 쳐서
戰龍脫[80]	용탈에서 싸웠는데
先登陷陣	먼저 성에 올라 적진을 함락시키고
破荼軍易下[81]	역현(易縣) 아래에서 장도의 군사를 깨뜨려
卻敵	적을 물리쳐
遷爲右丞相	우승상으로 승진되었고
賜爵列侯	열후의 작위가 내렸으며
與諸侯剖符	제후들과 함께 부절을 쪼개어
世世勿絕	대대로 끊어지지 않게 하였고
食邑涿五千戶[82]	탁현의 5천 호를 식읍으로 내려
號曰涿侯	탁후라 불렀다.
以右丞相別定上谷[83]	우승상으로 따로 상곡을 평정하였으며
因攻代	이어서 대군(代軍)을 공격하여
受趙相國印	조나라 승상의 인장을 받아냈다.
以右丞相趙相國別與絳侯等定代鴈門	
	우승상과 조나라 승상으로 따로 강후 등과 함께 대군(代軍)과 안문을 평정하였으며

---

80 **집해** 서광은 말하였다. "연나라와 조나라의 경계에 있다." 『한서음의(漢書音義)』에서는 '지명'이라 하였다. **색은** 맹강은 '지명'이라 하였으며, 연나라와 조나라의 경계에 있는데 그 땅은 없어졌다.

81 **정의** 역주(易州) 역현(易縣)이다.

82 **정의** 탁(涿)은 유주(幽州)이다.

83 **정의** 규주(嬀州)이다.

得代丞相程縱守相⁸⁴郭同將軍已下至六百石十九人

대군(代軍)의 승상 정종과 수상 곽동, 장군 이하에서 6백 석에 이르기까지 19명을 사로잡았다.

還

돌아와서는

以將軍爲太上皇衞一歲七月　장군으로 1년 7개월 동안 태상황의 호위를 맡았다.

以右丞相擊陳豨

우승상으로 진희를 쳐서

殘東垣

동원에서 죽였다.

又以右丞相從高帝擊黥布

또한 우승상으로 고제를 따라 경포를 쳤는데

攻其前拒⁸⁵

그 전위를 공격하여

陷兩陳

두 진영을 함락시키고

得以破布軍

경포의 군사를 깨뜨렸다.

更食曲周五千一百戶

다시 곡주의 5천백 호의 식읍을 내리고

除前所食

전의 식읍은 거두었다.

凡別破軍三

무릇 별도로 격파한 군사가 셋이요,

降定郡六

항복시켜 평정한 군이 여섯,

縣七十三

현이 일흔셋,

得丞相守相大將各一人

사로잡은 승상, 수상, 대장이 각 하나,

小將二人

소장이 둘,

84　수상(守相)은 국도에 남아 나라를 지키는 상(相)이다. – 옮긴이.

85　**집해** 서광은 말하였다. "'화(和)'로 된 판본도 있다. 배인(裴駰)은 "拒는 방진(方陳)"이라고 하였다. 拒의 음은 구(矩)이다. **색은** 음은 거(巨)이며, 또한 음은 구(矩)이다. 배인은 "거(拒)는 방진(方陳)이다."라 하였다. 추씨(鄒氏)는 『좌전(左傳)』을 인용하여 "좌거(左拒)와 우거(右拒)"가 있다고 하였다. 서씨(徐氏)는 "'화(和)' 자로 된 판본도 있다고 하였다. 화(和)는 군문(軍門)이다."『한서』에는 '전원(前垣)'으로 되어 있다. 소안(小顏)은 누벽의 앞쪽 담을 공격한 것이라 하였다. 이기(李奇)는 "선봉[前鋒]이 담장처럼 견고하게 가려져 있다."라 하였는데 틀렸다.

二千石已下至六百石十九人　2천 석 이하로부터 6백 석까지가 19명이었다.

商事孝惠高后時	역상이 효혜제와 고후를 섬길 때
商病	역상은 병이 들어
不治[86]	다스리지를 못했다.
其子寄	그 아들 기(寄)는
字況[87]	자가 황인데
與呂祿善	여록과 친하였다.
及高后崩	고후가 죽자
大臣欲誅諸呂	대신들이 여씨들을 죽이려 하였는데
呂祿爲將軍	여록은 장군으로
軍於北軍	북군을 통솔하였다.
太尉勃不得入北軍	태위 주발은 북군에 들어갈 수가 없었고
於是乃使人劫酈商	이에 곧 사람을 보내어 역상을 겁박하여
令其子況紿呂祿[88]	그 아들 황에게 여록을 속이게 하였는데
呂祿信之	여록이 믿어
故與出游	함께 나가 놀았고
而太尉勃乃得入據北軍	태위 주발이 이에 들어가 북군을 장악하게 되었고
遂誅諸呂	마침내 여씨들을 죽이게 되었다.
是歲商卒	이해에 역상이 죽었는데

---

86 **집해** 문영은 말하였다. "공무를 다스릴 수 없는 것이다."

87 **색은** 역기(酈寄)의 자이다. 추씨(鄒氏)의 판본에는 '兄'으로 되어 있는데 또한 음은 황(況)이다.

88 **색은** 태(紿)는 속인다는 뜻이고 거짓말하는 것이다.

諡爲景侯	시호는 경후였다.
子寄代侯	아들 기가 후작의 지위를 대신하였다.
天下稱酈況賣交也[89]	천하에서는 역황이 친구를 팔아먹었다고 하였다.

孝景前三年	효경제 전원(前元) 3년(B.C. 154)에
吳楚齊趙反	오나라와 초나라, 제나라, 조나라가 반기를 들자
上以寄爲將軍	임금은 역기(酈寄)를 장군으로 삼아
圍趙城	조나라 성을 에워쌌는데
十月不能下	열 달이 되도록 함락시키지 못하였다.
得兪侯[90]欒布自平齊來	유후 난포가 제나라를 평정하고 오게 되자
乃下趙城	조나라 성을 함락시키고
滅趙	조나라를 멸하였는데
王自殺	왕은 자살하고
除國	나라는 없어졌다.
孝景中二年	효경제 중원(中元) 2년(B.C. 148)에
寄欲取平原君爲夫人[91]	역기가 평원군을 부인으로 삼으려 하자
景帝怒	경제가 노하여
下寄吏	역기를 하옥시키고 심문하였으며
有罪	유죄 판결을 받아
奪侯	후작의 지위를 빼앗겼다.

---

89 **집해** 반고(班固)는 말하였다. "매교(賣交)라는 것은 이익을 보고 의를 잊는 것을 이른다. 역기의 아버지가 공신이고 또 겁박을 하였다면 비록 여록(呂祿)을 억압하여 사직을 편안하게 하였더라도 임금과 친밀함을 보존하였어야 한다는 것이다."

90 **집해** 俞의 음은 서(舒)이다. **색은** 俞의 음은 유(歈)로, 현 이름이며, 또한 음을 수(輸)라고도 하는데 하동(河東)에 있다.

91 **집해** 소림(蘇林)은 말하였다. "경제왕황후(景帝王皇后)의 어머니 장아(臧兒)이다."

景帝乃以商他子堅封爲繆侯⁹²	경제는 이에 역상의 다른 아들 견(堅)을 무후에 봉하여
續酈氏後	역씨의 뒤를 잇게 하였다.
繆靖侯卒	목정후(繆靖侯)가 죽자
子康侯遂成立	아들인 강후 수성이 이었다.
遂成卒	수성이 죽자
子懷侯世宗立⁹³	아들인 회후 세종이 이었다.
世宗卒	세종이 죽자
子侯終根立	아들인 종근이 후의 지위를 계승하여
爲太常	태상이 되었는데
坐法	법에 걸려
國除	나라가 없어졌다.
汝陰侯⁹⁴夏侯嬰	여음후 하후영은
沛人也	패현 사람이다.
爲沛廄司御⁹⁵	패현의 마구간에서 말 부리는 일을 맡았다.
每送使客還	사신과 객을 보내고 돌아올 때마다
過沛泗上亭	패현의 사상정을 지나게 되면
與高祖語	고조와 이야기를 하였는데
未嘗不移日也	일찍이 해가 옮겨가지 않은 적이 없었다.
嬰已而試補縣吏	하후영은 얼마 후 현리에 보하여지게 되었는데

92 **집해** 서광은 말하였다. "목(繆)은 다시 봉한 읍 이름이다. 시호는 정(靖)이다." **색은** 繆의 음은 목(穆)으로 읍이다. 시호는 정후(靖侯)이다. 『한서』에는 시호가 없다.

93 **집해** 서광은 말하였다. "세(世)는 어떤 판본에는 '타(他)'로 되어 있다."

94 **정의** 여음(汝陰)은 지금의 양성(陽城)이다.

95 **색은** 『초한춘추(楚漢春秋)』에서는 등공(滕公)은 어자라고 하였다.

與高祖相愛	고조와 서로 좋아하였다.
高祖戲而傷嬰	고조가 장난으로 하후영을 다치게 하여
人有告高祖[96]	고조를 고발한 사람이 있었다.
高祖時爲亭長	고조는 당시 정장으로
重坐傷人[97]	사람을 다치게 하면 가중 처벌을 받게 되었으며
告故不傷嬰[98]	절대로 하후영을 다치게 하지 않았다고 진술했으며
嬰證之	하후영이 증언을 하였다.
後獄覆[99]	나중에 판결이 번복되어
嬰坐高祖繫歲餘	하후영은 고조의 죄에 연좌되어 1년 남짓 계류되고
掠笞數百	수백 대의 매를 맞았으나
終以是脫高祖	끝내 이로써 고조를 벗어나게 하였다.
高祖之初與徒屬欲攻沛也	고조가 처음에 부하들과 함께 패현을 치려고 할 때
嬰時以縣令史爲高祖使[100]	하후영은 당시 현령의 소리(小吏)로 고조의 심부름꾼이 되었다.

---

96 **집해** 위소(韋昭)는 말하였다. "고(告)는 이르는 것이다. 고조(高祖)가 사람을 다쳤다고 이른 것이다."

97 **집해** 여순은 말하였다. "관리로 사람을 다쳤으니 그 죄가 중하다."

98 **집해** 등전(鄧展)은 말하였다. "법에 연고가 있어 심문할 것을 청한 것이다. 고조가 직접 사람을 다치지 않았다고 한 것이다." **색은** 진령(晉令)은 "옥사가 끝이 나고 죄수를 불러 심문한 죄상을 말하는데 죄수가 잘못되었다 하여 심문할 것을 청하려 하자 허락한 것이다."라 하였다.

99 **색은** 위소는 "고제(高帝)가 직접 영(嬰)을 다치지 않았다고 하고 영이 입증하자 판결이 번복된 것이다."라 하였다.

100 **정의** 爲의 음은 위[于僞反]이다. 使의 음은 시[所吏反]이다.

上降沛一日 [101]	임금은 패현을 항복시킨 지 하루 만에
高祖爲沛公	고조는 패공이 되어
賜嬰爵七大夫	하후영에게 칠대부의 작위를 내리고
以爲太僕	태복으로 삼았다.
從攻胡陵	따라서 호릉을 공격하여
嬰與蕭何降泗水監平 [102]	하후영은 소하와 함께 사수감 평(平)을 항복시켰는데
平以胡陵降	평은 호릉을 가지고 항복하였으며
賜嬰爵五大夫	하후영에게는 오대부의 작위를 내렸다.
從擊秦軍碭東	따라서 탕현의 동쪽에서 진나라 군사를 쳤는데
攻濟陽	제양을 공격하여
下戶牖	호유를 떨어뜨렸으며
破李由軍雍丘下	옹구의 아래에서 이유의 군사를 깨뜨리고
以兵車趣攻戰疾	병거를 가지고 힘껏 싸워
賜爵執帛	집백의 작위를 내렸다.
常以太僕奉車從擊章邯軍東阿濮陽下	일찍이 태복으로 수레에서 모시며 따라서 동아와 복양의 아래에서 장함의 군사를 치고
以兵車趣攻戰疾	병거를 가지고 힘껏 싸워
破之	깨뜨리니
賜爵執珪	집규의 작위를 내렸다.
復常奉車從擊趙賁軍開封	또한 일찍이 수레에서 모시며 따라서 개봉에서 조분의 군사를 치고

---

101 〔정의〕 부로(父老)들이 성문을 열고 고조를 맞이한 것이다.
102 〔집해〕 장안은 말하였다. "호릉(胡陵)은 평(平)이 머물던 곳인데 소하가 준 적이 있으므로 함께 항복하였다."

楊熊軍曲遇	구옹(曲遇)에서는 양웅의 군사를 쳤다.
嬰從捕虜六十八人	하후영은 따라서 68명의 포로를 잡고
降卒八百五十人	항복시킨 졸개가 8백50명이었으며
得印一匱 103	관인 한 상자를 얻었다.
因復常奉車從擊秦軍雒陽東	이어서 일찍이 수레에서 모시며 따라 낙양의 동쪽에서 진나라 군사를 쳤는데
以兵車趣攻戰疾	병거로 힘껏 싸워
賜爵封轉爲滕公104	작위와 봉지를 받고 등공(滕公)으로 승진했다.
因復奉車從攻南陽	이어서 다시 수레에서 모시고 따라서 남양을 공격하여
戰於藍田芷陽105	남전과 지양에서 싸웠는데
以兵車趣攻戰疾	수레로 힘껏 싸워
至霸上	패상에 이르렀다.
項羽至	항우가 이르러
滅秦	진(秦)을 멸하고
立沛公爲漢王	패공을 한왕으로 세웠다.
漢王賜嬰爵列侯	한왕은 하후영에게 열후의 작위를 내렸으며
號昭平侯	소평후라 부르고
復爲太僕	다시 태복으로

---

103 **색은** 『설문(說文)』에서는 "궤(匱)는 상자[匣]이다."라 하였다. 당시 승상의 부서에서 쓰던 관인을 얻은 것을 이른다.

104 **집해** 서광은 말하였다. "령(令)이다." 등극(鄧展)은 "지금의 패군(沛郡) 공구(公丘)이다." 라 하였다. 『한서』에서는 하후영이 등령(滕令)으로 수레에서 모셨기 때문에 등공(滕公)이 라고 불렀다. **정의** 등(滕)은 곧 공구(公丘)의 옛 성으로 지금의 서주(徐州) 등현(滕縣) 서 남쪽 50리 지점에 있다.

105 **색은** 芷의 음은 지(止)로, 지명이며 지금의 패릉(霸陵)인데 경조(京兆)에 있다.

從入蜀漢	따라서 파촉(巴蜀)과 한중(漢中)으로 들어갔다.
還定三秦	다시 삼진을 평정하고
從擊項籍	따라서 항적을 쳤다.
至彭城	팽성에 이르러
項羽大破漢軍	항우는 한나라 군사를 크게 깨뜨렸다.
漢王敗	한왕은 패하여
不利	불리해지자
馳去	수레를 달려 (그곳을) 떠났다.
見孝惠魯元	효혜제와 노원공주를 보자
載之	태웠다.
漢王急	한왕은 다급해지고
馬罷	말이 지쳤으며
虜在後	적이 뒤에서 따르자
常蹶兩兒[106]欲棄之	두 아들을 차서 버리려 한 적이 있는데
嬰常收	하후영이 일찍이 거두어
竟載之	마침내 그들을 태웠는데
徐行面雍樹乃馳[107]	천천히 가다가 다가서 안고는 이에 달렸다.
漢王怒	한왕은 노하여
行欲斬嬰者十餘	가면서 하후영을 죽이려 한 것이 10여 차례였으나
卒得脫	결국 벗어나게 되었으며
而致孝惠魯元於豐	효혜제와 노원공주를 풍읍에 이르게 했다.

---

106 색은 蹶의 음은 궐(厥)이며, 또한 궐[巨月反]이라고도 하고, 귀[居衛反]라고 한 판본도 있다.『한서』에는 '蹳'로 되어 있는데 음은 발(撥)이다.

漢王既至滎陽	한왕은 형양에 이르러
收散兵	흩어진 군사를 거두어
復振	다시 떨쳐 일어났으며
賜嬰食祈陽[108]	하후영에게 기양을 식읍으로 내렸다.
復常奉車從擊項籍	다시 일찍이 수레에서 모시고 따라서 항적을 쳤는데
追至陳	진군까지 쫓아가
卒定楚	마침내 초나라를 평정하고
至魯	노현에 이르러
益食茲氏[109]	자지(茲氏)의 식읍이 더하여졌다.

漢王立爲帝	한왕은 황제로 즉위하였다.
其秋	그해 가을에
燕王臧荼反	연왕 장도가 반기를 들어
嬰以太僕從擊荼	하후영은 태복으로 따라서 장도를 쳤다.
明年	이듬해에

---

107 **집해** 복건(服虔)은 말하였다. "고조가 칼로 베려 했기 때문에 하후영이 나무를 돌며 달아난 것이다. 면(面)은 나무를 향한 것이다." 응소(應劭)는 말하였다. "옛날에는 모두 수레를 서서 탔는데 하후영은 아이가 떨어질까 두려워해서 각각 한쪽에 두고 껴안은 것이다. 수(樹)는 선 것이다." 소림(蘇林)은 말하였다. "남방의 사람들은 아이를 안는 것을 '옹수(雍樹)'라고 한다. 면(面)은 어른이 얼굴을 향하여 다가서는 것이며, 아이는 어른의 목을 안고 나무에 매달린 것 같은 것이다." **색은** 소림(蘇林)과 진작(晉灼)은 모두 남방 및 경사(京師)에서는 아이를 안는 것을 '옹수(擁樹)'라 하였는데 지금은 그렇게 말하지 않으며, 아마 당시에는 그런 말이 있었던 것 같다. 응소와 복건의 설은 소략한 것 같다.

108 **집해** 서광은 말하였다. "기(祈)는 어떤 판본에는 '기(沂)'로 되어 있다." **색은** 아마 향(鄕)의 이름일 것이다. 『한서』에는 '기(沂)'로 되어 있는데, 초(楚)나라에는 이런 현이 없다.

109 **색은** 현 이름이다. 「지리지(地理志)」에는 태원(太原)에 속하여 있다.

從至陳	따라서 진현(陳縣)에 이르러
取楚王信	초왕 신(信)을 잡았다.
更食汝陰	여음으로 식읍을 고쳐 내리고
剖符世世勿絕	부절을 쪼개어 대대로 끊어지지 않게 했다.
以太僕從擊代	태복으로 따라서 대군(代軍)을 쳐서
至武泉雲中110	무천과 운중에까지 이르러
益食千戶	천 호의 식읍이 더하여졌다.
因從擊韓信軍胡騎晉陽旁	이어서 따라 진양의 곁에서 한신 군의 오랑캐 기병을 쳐서
大破之	크게 깨뜨렸다.
追北至平城	북쪽으로 평성까지 추격하였는데
爲胡所圍	오랑캐에 에워싸여
七日不得通	이레 동안이나 소식이 통하지 않게 되었다.
高帝使使厚遺閼氏	고제가 사신을 보내어 연지(閼氏)에게 예물을 두터이 내리자
冒頓開圍一角	묵특이 포위망의 한쪽 귀퉁이를 열어주었다.
高帝出欲馳	고제는 벗어나 빨리 달리고 싶어 했으나
嬰固徐行	하후영은 일부러 천천히 가며
弩皆持滿外向	쇠뇌를 모두 밖을 향하게 잡게 하여
卒得脫	마침내 벗어나게 되었다.
益食嬰細陽111千戶	하후영에게 세양 천 호를 식읍으로 더 내렸다.
復以太僕從擊胡騎句注北	다시 태복으로 따라서 구주의 북쪽에서 오랑캐

---

110 색은 「지리지(地理志)」에는 무천(武泉)이 운중(雲中)에 속하여 있다. 정의 두 현은 삭주 (朔州) 선양현(善陽縣) 경계에 있다.

111 색은 「지리지(地理志)」에서는 여남(汝南)에 속한다 하였다.

	의 기병을 쳐서
大破之	대파하였다.
以太僕擊胡騎平城南	태복으로 평성의 남쪽에서 오랑캐의 기병을 쳐서
三陷陳	적진을 세 번 함락시켜
功爲多	공이 많아
賜所奪邑五百戶[112]	빼앗은 고을의 5백 호를 내렸다.
以太僕擊陳豨黥布軍	태복으로 진희와 경포의 군사를 쳐서
陷陳卻敵	진영을 함락시키고 적을 물리쳐
益食千戶	식읍 천 호를 더하고
定食汝陰六千九百戶	여음 6천9백 호를 식읍으로 확정하고
除前所食	전에 내린 식읍은 취소하였다.
嬰自上初起沛	하후영은 임금이 처음에 패현에서 기의하였을 때부터
常爲太僕	늘 태복이었으며
竟高祖崩	고조가 죽을 때까지 그랬다.
以太僕事孝惠	태복으로 효혜제를 섬겼다.
孝惠帝及高后德嬰之脫孝惠魯元於下邑之閒也[113]	
	효혜제 및 고후는 하후영이 하읍의 사이에서 효혜제 및 노원공주를 벗어나게 한 것을 은덕으로 여겨
乃賜嬰縣北第第一	이에 하후영에게 현 북쪽의 제일 좋은 집을 내리고

---

112 집해 『한서음의(漢書音義)』에서는 말하였다. "당시 죄를 지은 자가 읍을 빼앗았으므로 내렸다."

113 정의 송주(宋州) 탕산현(碭山縣)이다.

曰近我	"나를 가까이하라." 하며
以尊異之	높여서 특별대우를 하였다.
孝惠帝崩	효혜제가 죽자
以太僕事高后	태복으로 고후를 섬겼다.
高后崩	고후가 죽고
代王之來	대왕(代王)이 오자
嬰以太僕與東牟侯入淸宮	하후영은 태복으로 동모후와 함께 궁으로 들어가 깨끗이 정리했으며
廢少帝	소제를 폐하고
以天子法駕迎代王代邸	천자의 법가를 가지고 대왕(代王)의 저택에서 대왕(代王)을 맞아
與大臣共立爲孝文皇帝	대신들과 함께 효문황제로 옹립하고
復爲太僕	다시 태복이 되었다.
八歲卒	8년 만에 죽었는데
諡爲文侯[114]	시호는 문후였다.
子夷侯竈立	아들 이후(夷侯) 하후조(夏侯竈)가 이었는데
七年卒	7년 만에 죽었다.
子共侯賜立	아들인 공후(共侯) 하후사(夏侯賜)가 이었으며
三十一年卒	31년 만에 죽었다.
子侯頗尚平陽公主	아들인 후(侯) 하후파(夏侯頗)는 평양공주의 배

---

114 색은 요씨(姚氏)는 『삼보고사(三輔故事)』에서는 '등문공(滕文公)의 무덤은 음마교(飮馬橋) 동쪽 큰길 남쪽에 있는데 속칭 마총(馬冢)이라고 한다.'라 하였다. 『박물지(博物志)』에서는 '공경들이 하후영을 장송(葬送)할 때 동도문(東都門) 밖에 이르자 말이 가지 않고 땅에 엎드려 슬피 울자 그곳에서 석곽(石槨)을 얻었는데 거기에는 「아름다운 성 빽빽하여 3천 년 만에 밝은 해 보이리니 아아 등공이 이 방에서 살겠도다.」라 하였다. 곧 그곳에 장사지냈다.'라 하였다."

필이었다.

立十九歲	이은 지 19년 만인
元鼎二年	원정(元鼎) 2년(B.C. 115)에
坐與父御婢姦罪	부친의 종과 간통한 죄에 연루되어
自殺	자살하고
國除	봉국은 몰수되었다.

潁陰侯¹¹⁵灌嬰者	영음후 관영은
睢陽販繒者也¹¹⁶	수양에서 비단을 팔던 사람이었다.
高祖之爲沛公	고조가 패공이 되어
略地至雍丘下	땅을 점령하면서 옹구의 아래에 이르렀을 때
章邯敗殺項梁	장함이 항량을 무찔러 죽이자
而沛公還軍於碭	패공은 탕(碭)으로 군사를 돌렸으며
嬰初以中涓從擊破東郡尉於成武及秦軍於扛里	
	관영은 처음에 중연으로 따라서 성무에서 동군 위를 깨뜨렸고 강리에서 진나라 군사를 깨뜨려
疾鬥	힘껏 싸워
賜爵七大夫	칠대부의 작위를 내렸다.
從攻秦軍亳南開封曲遇	따라서 박(亳)의 남쪽과 개봉, 구옹(曲遇)에서 진나라 군사를 공격하였는데
戰疾力¹¹⁷	전투에서 있는 힘을 다해
賜爵執帛	집백의 작위를 내리고

---

115 **정의** 지금의 진주(陳州) 남쪽 영현(潁縣) 서북쪽 13리 지점의 영음(潁陰)의 옛 성이 바로 이곳이다.
116 **정의** 수양(睢陽)은 송주(宋州) 송성현(宋城縣)이다.
117 **집해** 복건은 말하였다. "빨리 공격한 것이다."

號宣陵君	선릉군이라 불렀다.
從攻陽武以西至雒陽	따라서 양무 서쪽에서 낙양까지 공격하여
破秦軍尸北	시향(尸鄕) 북쪽에서 진나라 군사를 깨뜨려
北絶河津	북으로 황하의 나루를 끊고
南破南陽守齮陽城東	남으로 남양 군수(郡守) 여의(呂齮)를 양성의 동쪽에서 깨뜨리고
遂定南陽郡	마침내 남양군을 평정하였다.
西入武關	서로 무관에 들어가
戰於藍田	남전에서 싸웠는데
疾力	힘껏 싸워
至霸上	패상에 이르러
賜爵執珪	집규의 작위를 내리고,
號昌文君[118]	창문군(昌文君)이라 하였다.
沛公立爲漢王	패공이 한왕으로 즉위하자
拜嬰爲郎中	관영을 낭중에 임명하여
從入漢中	따라서 한중으로 들어갔는데
十月	10월에는
拜爲中謁者	중알자(中謁者)에 임명되었다.
從還定三秦	따라서 삼진을 다시 평정하고
下櫟陽	역양을 함락시켰으며
降塞王	새왕(塞王)을 항복시켰다.
還圍章邯於廢丘	다시 폐구에서 장함을 에워쌌는데

---

118 색은 또한 선릉군(宣陵君)이라고도 하는데, 모두 작토(爵土)가 아니며 아름다운 호칭을 더한 것일 따름이다.

未拔	함락은 못 시켰다.
從東出臨晉關	따라서 동쪽으로 나아가 진관에 이르러
擊降殷王	은왕(殷王)을 쳐서 항복시키고
定其地	그 땅을 평정하였다.
擊項羽將龍且魏相項他軍定陶南	
	항우의 장수 용저와 위나라 승상 항타의 군사를 정도의 남쪽에서 쳤는데
疾戰	힘껏 싸워
破之	깨뜨렸다.
賜嬰爵列侯	관영에게 열후의 작위를 내리고
號昌文侯	창문후(昌文侯)라 불렀으며
食杜平鄕[119]	두현의 평향을 식읍으로 내렸다.
復以中謁者從降下碭	다시 중알자로 따라서 탕현을 항복시키고
以至彭城	팽성에 이르렀다.
項羽擊	항우가 공격하여
大破漢王	한왕을 크게 깨뜨렸다.
漢王遁而西	한왕은 달아나 서쪽으로 갔으며
嬰從還	관영도 따라 돌아와
軍於雍丘	옹구에 주둔하였다.
王武魏公申徒反[120]	왕무와 위공 신도가 반기를 들자
從擊破之	따라서 쳐서 깨뜨렸다.
攻下黃[121]	황(黃)을 공격하여 떨어뜨리고

---

119 **색은** 두현(杜縣)의 평향(平鄕)을 식읍으로 내린 것이다.

120 **집해** 장안은 말하였다. "진나라 장수로 항복하여 공이 되었는데 지금 반기를 든 것이다."

西收兵	서쪽에서 군사를 거두어
軍於滎陽	형양에 주둔하였다.
楚騎來眾	초나라의 기병이 크게 몰려와
漢王乃擇軍中可爲騎將者	한왕은 이에 군중에서 기병의 장수가 될 만한 자를 뽑았는데
皆推故秦騎士重泉人¹²²李必駱甲¹²³習騎兵	모두 옛 진나라 기사인 중천 사람 이필과 낙갑이 기병에 능숙하며
今爲校尉	지금은 교위로
可爲騎將	기장으로 삼을 만하다고 추천하였다.
漢王欲拜之	한왕이 임명하려고 하자
必甲曰	이필과 낙갑이 말하였다.
臣故秦民	"신들은 옛 진나라 백성으로
恐軍不信臣	군사들이 신들을 믿지 않을 것 같으니
臣願得大王左右善騎者傅之¹²⁴	신들은 원컨대 대왕의 좌우에서 기병에 뛰어난 자를 얻어 보조하게 하십시오."
灌嬰雖少	관영은 비록 젊었지만
然數力戰	수차례나 힘껏 싸워
乃拜灌嬰爲中大夫	이에 관영을 중대부로 임명하고

---

121 **정의** 옛 성은 조주(曹州) 고성현(考城縣) 동쪽 24리 지점에 있다.

122 **집해** 서광은 말하였다. "중천(重泉)은 풍익(馮翊)에 속한다." **정의** 옛 성은 동주(同州) 포성현(蒲城縣) 동남쪽 45리 지점에 있다.

123 **색은** 필(必)과 갑(甲)은 두 사람의 이름이다. 요씨(姚氏)는 『한기(漢紀)』「환제(桓帝) 연희(延熹) 3년」에 고조의 공신 이필(李必)의 후손 황문승(黃門丞) 이수(李遂)는 진양(晉陽)의 관내후(關內侯)가 되었다고 추록하였다.

124 **집해** 여순은 말하였다. "傅의 음은 부(附)이다. 수행한다는 말과 같다."

令李必駱甲爲左右校尉　이필과 낙갑을 좌우교위로 삼게 하여

將郎中騎兵擊楚騎於滎陽東　낭중기병을 거느리고 형양의 동쪽에서 초나라 기병을 치게 하여

大破之　크게 깨뜨렸다.

受詔別擊楚軍後　조칙을 받아 따로 초나라 군사의 후미를 쳐서

絕其餉道125　향도를 끊고

起陽武至襄邑　양무에서 양읍에까지 이르렀다.

擊項羽之將項冠於魯下　항우의 장수 항관을 노현의 아래에서 쳐서

破之　깨뜨렸는데

所將卒斬右司馬騎將各一人126

　　장수와 졸개가 우사마와 기장 각 한 명을 베었다.

擊破柘公王武127　자공 왕무를 쳐서 깨뜨려

軍於燕西　연나라 서쪽에 주둔하고

所將卒斬樓煩將五人128　장수와 졸개가 누번의 장수 다섯 명과

連尹一人129　연윤 한 사람을 베었다.

擊王武別將桓嬰白馬下　백마 아래에서 왕무의 별장(別將) 환영을 쳐서

---

125 향도(餉道)는 군량(軍糧)을 나르는 길이다. ─ 옮긴이.

126 **집해** 장안은 말하였다. "왕의 오른쪽 말이며 왼쪽도 그렇게 한다."

127 **집해** 서광은 말하였다. "자(柘)는 진(陳)에 속한다." **색은** 무(武)는 자현(柘縣)의 현령이다. 자현(柘縣)은 진군(陳郡)에 속한다. **정의** 자(柘)는 회양국(淮陽國)에 속한다. 활주(滑州) 조성(胙城)은 본래 남연국(南燕國)이다.

128 **집해** 이기(李奇)는 말하였다. "누번(樓煩)은 현 이름이다. 그곳의 사람들이 말을 타고 활을 잘 쏘았으므로 유명한 궁수를 '누번(樓煩)'이라 하였는데, 그 미칭을 취한 것으로 반드시 누번 사람은 아니다." 장안은 말하였다. "누번은 오랑캐 나라 이름이다."

129 **집해** 장안은 말하였다. "대부(大夫)로 초나라 관직이다." **색은** 소림(蘇林)은 말하였다. "초나라 관직이다. 『좌전』의 "막오(莫敖), 연윤(連尹), 궁구윤(宮廐尹)"이다. 초나라의 관직 이름은 다른 나라와 명칭이 달랐는데 재상은 영윤(令尹), 대부는 연윤(連尹)이라 하였다.─옮긴이.

破之	깨뜨렸으며
所將卒斬都尉一人	장수와 졸개가 도위 한 사람을 베었다.
以騎渡河南	기병을 가지고 황하 남쪽을 건너
送漢王到雒陽	한왕을 낙양까지 보내어
使北迎相國韓信軍於邯鄲	북으로 한신의 군사를 한단에서 맞게 하였다.
還至敖倉	돌아와 오창에 이르자
嬰遷爲御史大夫	관영은 어사대부로 승진하였다.
三年	3년에
以列侯食邑杜平鄉	열후로 두현의 평향을 식읍으로 받았다.
以御史大夫受詔將郎中騎兵東屬相國韓信	
	어사대부로 어명을 받아 낭중기병을 거느리고 동으로 가서 상국 한신의 부하가 되어
擊破齊軍於歷下	역하(歷下)에서 제나라 군사를 쳐서 깨뜨렸으며
所將卒虜車騎將軍華毋傷及將吏四十六人	
	장수와 졸개들이 거기장군 화무상 및 장리(將吏) 46명을 사로잡았다.
降下臨菑	임치의 항복을 받아내고
得齊守相田光	제나라 수상 전광을 잡았다.
追齊相田橫至嬴博	제나라 승상 전횡을 영현과 박현까지 쫓아가
破其騎	그 기병을 깨뜨렸으며
所將卒斬騎將一人	장수와 졸개들이 기병 장수 한 명을 베고
生得騎將四人	기병 장수 네 명을 생포했다.
攻下嬴博	영현과 박현을 쳐서 떨어뜨리고
破齊將軍田吸於千乘	천승에서 제나라 장군 전흡을 깨뜨렸으며
所將卒斬吸	장수와 졸개들이 전흡의 목을 베었다.

東從韓信攻龍且留公旋於高密[130]
　　　　　　　　동으로 한신을 따라 고밀에서 용저와 유현의 현령 선(旋)을 쳐서

卒斬龍且[131]　　　마침내 용저를 참하고

生得右司馬連尹各一人　우사마와 연윤 각 한 명,

樓煩將十人　　　누번의 장수 열 명을 생포하였고

身生得亞將周蘭　자신은 아장인 주란을 생포하였다.

齊地已定　　　제나라 땅이 평정되자

韓信自立爲齊王　한신은 스스로 제왕으로 즉위하여

使嬰別將擊楚將公杲於魯北　관영에게 따로 군사를 거느리고 노현의 북쪽에서 초나라 장수 공고를 치게 하여

破之　　　깨뜨렸다.

轉南　　　남쪽으로 선회하여

破薛郡長　　　설군의 군장을 깨뜨리고

身虜騎將一人　직접 기장 한 명을 사로잡았다.

攻傅陽　　　부양을 공격하여

前至下相以東南僮取慮徐[132]　전후로 하상에서 동남쪽으로 동(僮)과 추려(取慮), 서(徐)에 이르렀다.

度淮　　　회수를 건너

---

130 색은 유(留)는 현이다. 영(令)을 공(公)이라 하였고 선(旋)은 그 이름이다. 고밀(高密)은 현이름으로 북해(北海)에 있다. 『한서』에는 '가밀(假密)'로 되어 있다. 가밀(假密)은 지명인데 소재지를 모르며, 누가 옳은지 모른다. 정의 유현(留縣)은 패군(沛郡)에 있다. 공(公)은 그 현령[令]이다.

131 집해 문영이 말하였다. "장졸로 삼은 자이다."

132 색은 取의 음은 추(秋)이다. 慮의 음은 려(閭)이다. 取는 또한 음을 취(趣)라고도 한다. 동(僮)과 제(徐)는 두 현이고, 추려(取慮)는 한 현의 이름이다.

盡降其城邑	그 성읍을 모두 항복시키고
至廣陵[133]	광릉에 이르렀다.
項羽使項聲薛公郯公復定淮北	
	항우는 항성과 설공, 담공을 보내 다시 회수 북쪽을 평정하게 하였다.
嬰度淮北	관영은 회수 북쪽을 건너
擊破項聲郯公下邳[134]	하비에서 항성과 담공을 쳐서 깨뜨리고
斬薛公	설공을 참하였으며
下下邳	하비를 함락시키고
擊破楚騎於平陽[135]	평양에서 초나라 기병을 쳐서 깨뜨려
遂降彭城	마침내 팽성을 항복시키고
虜柱國項佗	주국 항타를 사로잡았으며
降留薛沛酇蕭相	유현과 설현, 패현, 찬현, 소현과 상현을 항복시켰다.
攻苦譙[136]	호현과 초현을 공격하여
復得亞將周蘭	다시 아장 주란을 생포했다.
與漢王會頤鄉[137]	한왕과 이향에서 만났다.

---

133 집해 『한서음의(漢書音義)』에서는 말하였다. "광릉(廣陵)에 머물면서 적을 막았다." 정의 하상(下相)을 따라 동남쪽으로 가서 성읍을 모두 항복시키고 이에 광릉(廣陵)에 이르러 모두 평정한 것을 말한다.

134 정의 郯의 음은 담(談)으로, 동해현(東海縣)이다.

135 색은 소안(小顔)은 "이 평양(平陽)은 동군(東郡)에 있다."라 하였다. 「지리지(地理志)」에서는 태산(太山)에 동평양현(東平陽縣)이 있다고 하였다. 정의 남평양현(南平陽縣) 성은 지금의 연주(兗州) 추현(鄒縣)으로 연주(兗州) 동남쪽 62리 지점에 있다. 추현(鄒縣)은 서주(徐州) 등현(滕縣)의 경계와 40리 남짓 떨어져 있다.

136 정의 음은 호초(戶焦)이다.

137 집해 서광은 말하였다. "호현(苦縣)에 이향(頤鄉)이 있다." 색은 서광은 말하였다. "호현(苦縣)에 이향(頤鄉)이 있다." 음은 이[以之反]이다.

從擊項籍軍於陳下	따라서 진현의 아래에서 항적의 군사를 쳐서
破之	깨뜨렸으며
所將卒斬樓煩將二人	장수와 졸개들이 누번의 장수 두 명과
虜騎將八人	기병 장수 여덟 명을 사로잡았다.
賜益食邑二千五百戶	식읍 2천5백 호를 더하여 내렸다.

項籍敗垓下去也	항적이 해하에서 패한 후에
嬰以御史大夫受詔將車騎別追項籍至東城[138]	관영은 어사대부로 조칙을 받아 기병을 거느리고 따로 항적을 쫓아 동성에까지 이르러
破之	깨뜨렸다.
所將卒五人共斬項籍	장수와 졸개 다섯 명이 함께 항적을 베어
皆賜爵列侯	모두 열후의 작위가 내렸다.
降左右司馬各一人	좌우 사마 각 한 명과
卒萬二千人	졸개 1만 2천 명을 항복시키고
盡得其軍將吏	그 군사의 장령과 군리를 모두 생포했다.
下東城歷陽[139]	동성과 역양을 함락시켰다.
渡江	장강을 건너
破吳郡長吳下[140]	오성 아래서 오군의 군령(郡令)을 깨뜨리고
得吳守	오군 군수(郡守)를 생포했으며

---

138 〔정의〕 현은 호주(濠州) 정원현(定遠縣) 동남쪽 55리 지점에 있다.

139 〔정의〕 화주(和州) 역양현(歷陽縣)은 곧 지금의 주(州) 성(城)이다.

140 〔집해〕 여순은 말하였다. "'웅장(雄長)'의 '장(長)'이다." 〔색은〕 아래에 군수가 있으며, 이 장(長)은 곧 령(令)이다. 여순은 웅장(雄長)이라고 하였는데, 틀렸다. 〔정의〕 지금의 소주(蘇州)이다. 여순의 설은 틀렸다. 오군장(吳郡長)은 곧 오군수(吳郡守也)이다. 오성(吳城)의 아래에서 오군장(吳郡長)의 군사를 깨뜨리고 오군수의 신병을 얻은 것이다.

遂定吳豫章會稽郡	마침내 오(吳)와 예장, 회계군을 평정하였다.
還定淮北	돌아와 회수 북쪽을 평정하였는데
凡五十二縣	모두 52개 현이었다.

漢王立爲皇帝	한왕이 황제로 즉위하여
賜益嬰邑三千戶	영읍의 3천 호를 더하여 내렸다.
其秋	그해 가을에
以車騎將軍從擊破燕王臧荼	거기장군으로 따라서 연왕 장도를 쳐서 깨뜨렸다.
明年	이듬해에는
從至陳	따라서 진현에 이르러
取楚王信	초왕 한신을 잡았다.
還	돌아오자
剖符	부절을 쪼개어
世世勿絕	대대로 끊어지지 않게 하였고
食潁陰二千五百戶	영음의 2천5백 호를 식읍으로 내렸으며
號曰潁陰侯	영음후라 하였다.

以車騎將軍從擊反韓王信於代	
	거기장군으로 따라서 대국(代國)에서 반기를 든 한왕 신을 쳐서
至馬邑	마읍까지 이르렀고
受詔別降樓煩以北六縣	조칙을 받아 따로 누번 이북의 여섯 현을 항복시켰으며
斬代左相	대국(代國)의 좌상을 참수하고
破胡騎於武泉北[141]	무천의 북쪽에서 오랑캐의 기병을 깨뜨렸다.

復從擊韓信胡騎晉陽下	다시 따라서 진양의 아래에서 한신의 오랑캐 기병을 쳤으며
所將卒斬胡白題將一人[142]	장수와 졸개가 호백제의 장수 한 명을 참수하였다.
受詔并將燕趙齊梁楚車騎	조칙을 받고 연과 조, 양, 초나라의 기병을 함께 거느리고
擊破胡騎於砱石[143]	사석에서 오랑캐의 기병을 쳐서 깨뜨렸다.
至平城	평성에 이르렀을 때
爲胡所圍	오랑캐에게 에워싸여
從還軍東垣	(고조를) 따라서 동원으로 군사를 돌렸다.

從擊陳豨	(고조를) 따라서 진희를 쳤으며
受詔別攻豨丞相侯敞軍曲逆下	
	조칙을 받아 따로 곡역의 아래에서 진희의 승상 후창의 군사를 공격하여
破之	깨뜨리고
卒斬敞及特將五人[144]	마침내 후창 및 특장(特將) 다섯 명을 참수하였다.
降曲逆盧奴上曲陽安國安平[145]	
	곡역과 노노, 상곡양, 안국, 안평을 항복시키고
攻下東垣	동원을 공격하여 떨어뜨렸다.

---

141 **정의** 현 이름으로 삭주(朔州) 북쪽 2백20리 지점에 있다.

142 **집해** 복건은 말하였다. "오랑캐 이름이다."

143 **집해** 복건은 말하였다. "砱의 음은 사(沙)이다." **색은** 복건은 음이 사(沙)라고 하였고, 유씨(劉氏)는 음이 차(千臥反)라고 하였다.

144 **집해** 문영은 말하였다. "'특일(特一)'의 '특(特)'이다."

145 **정의** 노노(盧奴)는 곧 정주(定州) 안희현(安喜縣)이다. 곡양(曲陽)은 곧 정주(定州) 곡양현(曲陽縣)이다. 안평(安平)은 정주(定州) 안평현(安平縣)이다.

黥布反	경포가 반기를 들자
以車騎將軍先出	거기장군으로 선봉에 나서
攻布別將於相	상(相)에서 경포의 별장을 공격하여
破之	깨뜨리고
斬亞將樓煩將三人	아장인 누번의 장수 세 명을 참수하였다.
又進擊破布上柱國軍及大司馬軍	
	또한 진격하여 경포의 상주국군 및 대사마군을 깨뜨렸다.
又進破布別將肥誅[146]	또한 나아가 경포의 별장 비주를 깨뜨렸다.
嬰身生得左司馬一人	관영은 친히 좌사마 한 명을 생포하였고
所將卒斬其小將十人	장수와 졸개들은 소장 열 명을 참수하고
追北至淮上	북쪽으로 쫓아가 회상(淮上)에까지 이르렀다.
益食二千五百戶	2천5백 호의 식읍을 더하였다.
布已破	영포(경포)가 격파되고
高帝歸	고제가 돌아오자
定令嬰食潁陰五千戶	관영에게 영음의 5천 호를 식읍으로 하도록 정하고
除前所食邑	전의 식읍은 취소했다.
凡從得二千石二人	무릇 따라서 2천 석 두 명을 생포하였고
別破軍十六	따로 군사를 깨뜨린 것이 열여섯이었으며
降城四十六	46개 성을 항복시켰고
定國一	나라 하나와
郡二	군(郡) 두 개,

---

146 집해 서광은 말하였다. "'수(銖)'로 된 판본도 있다." 색은 『한서』에는 '비수(肥銖)'로 되어 있다.

縣五十二	현(縣) 52개를 항복시켰으며
得將軍二人	장군 두 명과
柱國相國各一人	주국, 상국 각 한 명과
二千石十人	2천 석 열 명을 생포하였다.

嬰自破布歸	관영이 경포를 깨뜨리고 돌아오자
高帝崩	고조는 붕어하였으며
嬰以列侯事孝惠帝及呂太后	관영은 열후로 효혜제 및 여태후를 섬겼다.
太后崩	태후가 죽자
呂祿等以趙王自置爲將軍	여록 등이 조왕으로 장군이라 자처하며
軍長安	장안에 주둔하여
爲亂	난을 일으켰다.
齊哀王聞之	제애왕(齊哀王)이 듣고
舉兵西	군사를 일으켜 서쪽으로 가서
且入誅不當爲王者	부당하게 왕이 된 자를 들어가서 죽이려 하였다.
上將軍呂祿等聞之	상장군 여록 등이 이 말을 듣고
乃遣嬰爲大將	이에 관영을 대장으로 삼아
將軍往擊之	군사를 거느리고 가서 치게 하였다.
嬰行至滎陽	관영은 형양까지 가서
乃與絳侯等謀	곧 강후 등과 의논하고
因屯兵滎陽	이에 형양에 군사를 주둔시키고
風齊王以誅呂氏事[147]	제왕에게 여씨를 죽이는 일을 암시하니
齊兵止不前	제나라 군사는 멈추어 나아가지 않았다.

---

147 **정의** 風의 음은 봉[方鳳反]이다.

絳侯等旣誅諸呂	강후 등이 여씨들을 죽이고 나자
齊王罷兵歸	제왕은 군사를 거두어 돌아갔으며
嬰亦罷兵自滎陽歸	관영 또한 군사를 거두어 형양에서 돌아가
與絳侯陳平共立代王爲孝文皇帝	강후, 진평과 함께 대왕(代王)을 효문황제로 옹립하였다.
孝文皇帝於是益封嬰三千戶	효문황제는 이에 관영에게 3천 호를 더 봉하고
賜黃金千斤	황금 천 근을 내렸으며
拜爲太尉	태위에 임명하였다.
三歲	3년 만에
絳侯勃免相就國	강후 주발이 승상을 그만두고 봉국으로 가자
嬰爲丞相	관영이 승상이 되었으며
罷太尉官	태위의 관직은 폐지하였다.
是歲	이해에
匈奴大入北地上郡	흉노가 북지와 상군으로 크게 쳐들어와
令丞相嬰將騎八萬五千往擊匈奴	승상 관영으로 하여금 8만 5천 기를 거느리고 가서 흉노를 치게 하였다.
匈奴去	흉노가 떠나자
濟北王反	제북왕이 반기를 들어
詔乃罷嬰之兵	조칙으로 즉시 관영의 군사 일을 그만두게 하였다.
後歲餘	한 해 남짓 만에
嬰以丞相卒	관영은 승상으로 죽었으며
諡曰懿侯	시호를 의후라 하였다.

子平侯阿代侯	아들인 평후 관아가 작위를 이었다.
二十八年卒	28년 만에 죽고
子彊代侯	아들 관강이 작위를 이었다.
十三年	13년 만에
彊有罪	관강이 죄를 지어
絕二歲	2년 동안 (작위가) 끊어졌다.
元光三年	원광 3년에
天子封灌嬰孫賢爲臨汝侯	천자가 관영의 손자 관현을 임여후로 봉하여
續灌氏後	관씨의 후사를 잇게 하였는데
八歲	8년 뒤에는
坐行賕有罪	뇌물을 주는 죄에 걸리어
國除	봉국이 폐지되었다.

太史公曰	태사공은 말한다.
吾適豐沛	내가 풍패에 가서
問其遺老	그곳의 늙은이들에게 물어보고
觀故蕭曹樊噲滕公之家	옛 소하와 조참, 번쾌, 등공의 집,
及其素	그리고 평소의 생활을 살폈더니
異哉所聞	들은 것이 기이하였다!
方其鼓刀屠狗賣繒之時	바야흐로 그들이 칼을 휘둘러 개를 잡고 비단을 팔 때는
豈自知附驥之尾	어찌 스스로 천리마의 꼬리에 붙어
垂名漢廷	한나라의 조정에 이름을 드리우고
德流子孫哉	덕이 자손들에까지 미칠 줄 알았겠는가?
余與他廣通	내 번타광과 친하였는데

爲言高祖功臣之興時若此云[148]

　　　　　　고조의 공신들이 흥하였을 때는 이 정도였다고
　　　　　　말해 주었다.

---

148 색은 타광(他廣)은 번쾌의 손자로 나중에는 봉지를 잃었다. 대체로 일찍이 태사공이 소
하와 조참, 번쾌, 등후의 공을 다 갖추어 말한 것에 대하여 의아하게 생각하였는데 번타광
으로부터 그 일을 얻었으므로 갖추어둔 것이다.

張丞相蒼者	승상 장창은
陽武人也¹	양무 사람이다.
好書律曆	책을 좋아하고 율력에 뛰어났다.
秦時爲御史	진나라 때 어사가 되어
主柱下方書²	주하의 지방에서 올라온 문서를 주관하였다.
有罪	죄를 지어
亡歸	도망쳐서 돌아왔다.
及沛公略地過陽武	패공이 땅을 빼앗으며 양무를 지날 때
蒼以客從攻南陽	장창은 빈객으로 따라서 남양을 공격하였다.
蒼坐法當斬	장창이 법을 어겨 참수를 당하게 되어

---

1 **색은** 현(縣) 이름으로 진류(陳留)에 속한다. **정의** 정주(鄭州) 양무현(陽武縣)이다.

2 **집해** 여순(如淳)은 말하였다. "방(方)은 널[版]인데, 글을 쓰는 일이 널 위에서 이루어지는 것을 이른다. 진(秦)나라 이전에는 주하사(柱下史)를 두었는데, 장창이 어사가 되어 그 일을 주관하였다. 혹자는 사방의 문서라고 한다." **색은** 주(周)나라와 진나라에는 모두 주하사를 두었는데 어사를 이른다. 관장하는 일 및 모시고 선 것이 늘 전각의 기둥[殿柱] 아래에서 이루어졌기 때문이며, 노자(老子)는 주하사가 되었다. 지금 장창은 진대(秦代)에 또한 이 직책에 있는 것이다. 방서(方書)를 여순은 방판(方板)이라고 생각하여, 작은 일을 널에 쓰는 것이라고 하였으며 혹은 사방의 문서를 주관한다고 하였다. 요씨(姚氏)는 아래에서 "천하의 도서와 장부에 밝고 익숙하여 군에서 통계를 올리는 것을 주관하였다."라 하였으니 방은 사방의 문서라고 하는 것이 옳다고 하였다.

解衣伏質³	옷을 벗고 모탕에 엎드리자
身長大	몸집이 크고
肥白如瓠	살지고 희기가 박과 같았는데
時王陵見而怪其美士	당시 왕릉이 보고 훌륭한 선비라고 기이하게 여기어
乃言沛公	이에 패공에게
赦勿斬	용서하여 참수하지 말라고 하였다.
遂從西入武關	마침내 따라서 서쪽으로 무관으로 들어가
至咸陽	함양에 이르렀다.
沛公立爲漢王	패공은 한왕이 되어
入漢中	한중으로 들어갔다가
還定三秦	돌아와 삼진을 평정하였다.
陳餘擊走常山王張耳	진여가 상산왕 장이를 쳐서 패주시켜
耳歸漢	장이가 한나라로 귀순하자
漢乃以張蒼爲常山守	한나라는 이에 장창을 상산 군수(郡守)로 삼았다.
從淮陰侯擊趙	회음후를 따라 조나라를 쳤는데
蒼得陳餘	장창은 진여를 생포했다.
趙地已平	조나라 땅이 이미 평정되자
漢王以蒼爲代相	한왕은 장창을 대국(代國)의 승상으로 삼아
備邊寇	변방의 오랑캐를 대비케 했다.
已而徙爲趙相	얼마 후 조나라 승상으로 옮기어
相趙王耳	조왕 장이를 보좌했다.
耳卒	장이가 죽자
相趙王敖	조왕 오(敖)를 보좌하였다.

---

3 **색은** 소안(小顔)은 말하였다. "질(質)은 모탕[椹: 도끼로 나무 따위를 팰 때 밑에 받치는 나무]이다."

復徙相代王	다시 옮겨 대왕을 보좌하였다.
燕王臧荼反	연왕 장도가 반기를 들자
高祖往擊之	고조가 가서 쳤는데
蒼以代相從攻臧荼有功	장창은 대(代)의 승상으로 따라서 장도를 치는 데 공을 세워
以六年中封爲北平侯	6년(B.C. 201)에 북평후에 봉하여지고
食邑千二百戶	천2백 호의 식읍을 받았다.

遷爲計相[4]	계상으로 승진하였는데
一月	한 달 만에
更以列侯爲主計四歲[5]	바뀌어 열후로 4년간 주계가 되었다.
是時蕭何爲相國	이때 소하가 상국이었는데
而張蒼乃自秦時爲柱下史	장창은 곧 진나라 때의 주하사(柱下史)여서
明習天下圖書計籍	천하의 도서와 장부에 밝고 익숙하였다.
蒼又善用算律曆	장창은 또 회계와 율력에 뛰어나
故令蒼以列侯居相府	장창을 열후로 승상부에 머물면서
領主郡國上計者	군국에서 통계를 올리는 것을 주관하게 하였다.
黥布反亡	경포가 반기를 들고 도망가자
漢立皇子長爲淮南王	한나라는 황자인 유장을 회남왕으로 세웠는데
而張蒼相之	장창이 그를 보좌하였다.

---

4 **집해** 문영(文穎)은 말하였다. "셈에 능하였으므로 계상(計相)이라 부른 것이다."
5 **집해** 장안(張晏)은 말하였다. "열후로 군국의 장부를 (관리하는 일을) 맡아보았다."라 하였다. 여순은 말하였다. "그 주관하는 것을 가지고 그대로 관직의 호칭으로 삼은 것으로 계상(計相)과 같다. 당시 마지막으로 된 것으로 오랫동안 시행하지 않았다." **색은** 계상(計相)이란 명칭을 고쳐서 주계(主計)라는 이름으로 고쳤다는 말이다. 이는 아마 임기응변으로 만든 호칭일 것이다.

十四年	14년(B.C. 193)에
遷爲御史大夫	어사대부로 승진하였다.
周昌者	주창은
沛人也	패현 사람이다.
其從兄曰周苛	그의 종형은 주가라 하였는데
秦時皆爲泗水卒史	진나라 때 모두 사수의 졸사가 되었다.
及高祖起沛	고조가 패현에서 기의하여
擊破泗水守監	사수의 수감을 쳐서 깨뜨리자
於是周昌周苛自卒史從沛公	이에 주창과 주가는 졸사에서 패공을 따랐는데
沛公以周昌爲職志6	패공은 주창을 직지로 삼고
周苛爲客7	주가는 빈객으로 삼았다.
從入關	따라서 관(關)으로 들어가
破秦	진나라를 깨뜨렸다.
沛公立爲漢王	패공이 한왕이 되자
以周苛爲御史大夫	주가는 어사대부로 삼고
周昌爲中尉	주창은 중위로 삼았다.
漢王四年	한왕 4년에
楚圍漢王滎陽急	초나라가 형양에서 한왕을 에워싸 (사태가) 급박하여져
漢王遁出去	한왕은 숨어서 도망가고

---

6 **집해** 서광(徐廣)은 말하였다. "기치(旗幟) 따위를 주관한다." **색은** 관직 이름이다. 직(職)은 주관하는 것이다. 지(志)는 기치로, 기치를 관장하는 관직을 이른다. 음은 치[昌志反]이다.

7 **집해** 장안은 말하였다. "장하(帳下)의 빈객으로 관직은 맡지 않았다."

而使周苛守滎陽城	주가에게 형양성을 지키게 하였다.
楚破滎陽城	초나라는 형양성을 깨뜨리고
欲令周苛將	주가를 장수로 삼으려 했다.
苛罵曰	주가가 꾸짖어 말하였다.
若趣降漢王	"너는 빨리 한왕에게 항복하라!
不然	그렇지 않으면
今爲虜矣	지금 사로잡히게 될 것이다!"
項羽怒	항우는 노하여
亨周苛[8]	주가를 삶아 죽였다.
於是乃拜周昌爲御史大夫	이에 곧 주창을 어사대부에 임명하였다.
常從擊破項籍	늘 따라서 항적을 쳐서 깨뜨렸다.
以六年中與蕭曹等俱封	6년에 소하, 조참 등과 함께 봉하여졌는데,
封周昌爲汾陰侯	주창은 분음후에 봉하여졌고,
周苛子周成以父死事	주가의 아들 주성은 부친이 죽은 일로
封爲高景侯[9]	고경후에 봉하여졌다.
昌爲人彊力	주창은 사람됨이 강경하였고
敢直言	감히 곧은 말을 하여
自蕭曹等皆卑下之	소하와 조참 같은 사람조차 모두 그 아래였다.
昌嘗燕時入奏事[10]	주창이 일찍이 연회 때 들어가 일을 아뢰었는데
高帝方擁戚姬	고제는 막 척희를 껴안고 있어서

---

8 **집해** 서광은 말하였다. "4년 3월이다."

9 **집해** 서광은 말하였다. "9년에 봉하였으며 봉해진 지 39년 만인 문제(文帝) 후원(後元) 4년에 모반을 일으켜 죽었으며 나라는 없어졌다."

10 **집해** 『한서음의(漢書音義)』에서는 말하였다. "임금이 연회를 할 때 들어가 일을 아뢴 것이다."

昌還走	주창은 돌아서 나갔으며
高帝逐得	고제가 쫓아가
騎周昌項	주창의 목을 타고
問曰	물어보았다.
我何如主也	"나는 어떤 임금인가?"
昌仰曰	주창이 우러러 말하였다.
陛下即桀紂之主也	"폐하는 곧 걸주(桀紂) 같은 임금입니다."
於是上笑之	이에 임금은 웃었지만
然尤憚周昌	주창을 더욱 꺼리게 되었다.
及帝欲廢太子	임금이 태자를 폐하고
而立戚姬子如意爲太子	척희의 아들 여의를 태자로 세우려 하자
大臣固爭之	대신들이 굳이 간언하였지만
莫能得	어쩔 수가 없었으며,
上以留侯策即止	임금은 유후의 계책 때문에 곧 그만두었다.
而周昌廷爭之彊	주창은 조정에서 간쟁함이 강직하여
上問其說	임금이 그의 말을 묻자
昌爲人吃	주창은 사람이 말을 더듬는 데다
又盛怒	더욱 노하여
曰	말하였다.
臣口不能言	"신은 말을 잘하지는 못하지만
然臣期期知其不可[11]	신은 그것이 불가함을 아…압니다.
陛下雖欲廢太子	폐하께서 비록 태자를 폐하시고자 하나
臣期期不奉詔	신은 명을 바…받들지 않을 것입니다."

---

11 **정의** 주창은 말을 더듬어 말을 할 때마다 말을 두 번씩 더듬더듬했다.

上欣然而笑	임금은 흔연히 웃었다.
旣罷	조회가 끝나자
呂后側耳於東箱聽[12]	여후는 동상(東箱)에서 귀 기울여 들었는데
見周昌	주창을 보자
爲跪謝曰	무릎을 꿇고 고마워하며 말하였다.
微君	"그대가 아니었더라면,
太子幾廢[13]	태자는 폐위될 뻔했소."
是後戚姬子如意爲趙王	이 뒤에 척희의 아들 여의는 조왕이 되었는데
年十歲	나이가 13세로
高祖憂卽萬歲之後不全也	고조는 자신이 죽은 후 목숨을 보전하지 못할까 근심하였다.
趙堯年少	조요는 나이가 어렸는데도
爲符璽御史	부절과 인장을 관리하는 어사가 되었다.
趙人方與公[14]謂御史大夫周昌曰	조나라 사람 방여공이 어사대부 주창에게 말하였다.
君之史趙堯	"그대의 어사 조요는
年雖少	나이는 비록 어리지만
然奇才也	재주가 기이하니

---

12 집해 위소(韋昭)는 말하였다. "전(殿)의 동당(東堂)이다." 색은 위소는 말하였다. "전의 동당이다." 소안(小顏)은 말하였다. "정침(正寢)의 동쪽과 서쪽 방을 모두 상(箱)이라 하는데, 상자의 형태와 비슷하게 때문이다."

13 색은 幾의 음은 기[鉅依反]이다.

14 집해 맹강(孟康)은 말하였다. "방여(方與)는 현 이름이고, 공은 그 호이다." 찬(瓚)은 말하였다. "방여는 현령이다."

君必異之	그대가 반드시 특별히 대한다면
是且代君之位	앞으로 그대의 지위를 대신할 것입니다."
周昌笑曰	주창이 웃으며 말하였다.
堯年少	"조요는 나이 어린
刀筆吏耳[15]	도필리(刀筆吏)일 따름인데
何能至是乎	어떻게 여기까지 이를 수 있겠습니까!"
居頃之	얼마 후
趙堯侍高祖	조요는 고조를 모셨다.
高祖獨心不樂	고조 혼자 마음이 즐겁지 않아
悲歌	슬피 노래 부르니
群臣不知上之所以然	신하들은 임금이 그러는 까닭을 알지 못하였다.
趙堯進請問曰	조요가 나아가 묻기를 청하여 말하였다.
陛下所爲不樂	"폐하께서 즐거워하시지 않는 것은
非爲趙王年少而戚夫人與呂后有卻邪	조왕은 나이가 어리고 척부인은 여후와 틈이 있기 때문이 아닙니까?
備萬歲之後而趙王不能自全乎	만세의 뒤를 대비해 놓았으나 조왕이 스스로 보전할 수 없기 때문이 아닙니까?"
高祖曰	고조가 말하였다.
然	"그렇다.
吾私憂之	내 가만히 걱정이 되는데
不知所出[16]	낼 계책을 모르겠다."

---

15 정의 옛날에는 간독(簡牘)을 썼으며, 기록에 착오가 있으면 칼로 깎아내었기 때문에 '도 필리(刀筆吏)'라고 한다.

16 색은 내야 할 계책을 모르겠다는 것을 이른다.

堯曰	조요가 말하였다.
陛下獨宜爲趙王置貴彊相	"폐하께서는 다만 조왕을 위해 고귀하고 굳센 재상을 두시되
及呂后太子群臣素所敬憚乃可	여후와 태자, 신하들이 평소에 공경하고 꺼리는 자라면 됩니다."
高祖曰	고조가 말하였다.
然	"그렇다.
吾念之欲如是	나도 이렇게 하고자 생각하였는데
而群臣誰可者	신하들 가운데 누구면 될까?"
堯曰	조요가 말하였다.
御史大夫周昌	"어사대부 주창은
其人堅忍質直	사람이 굳고 참을성 있으며 바탕이 곧은 데다가
且自呂后太子及大臣皆素敬憚之	또한 여후와 태자부터 대신들까지 모두 평소에 공경하고 꺼립니다.
獨昌可	주창만이 괜찮습니다."
高祖曰	고조가 말하였다.
善	"좋다."
於是乃召周昌	이에 곧 주창을 불러
謂曰	말하였다.
吾欲固煩公	"내 실로 공을 번거롭게 하고자 하니
公彊爲我相趙王[17]	공은 억지로라도 나를 위하여 조왕을 보좌해

---

17 정의 환담(桓譚)의 『신론(新論)』에서는 말하였다. "주창으로 하여금 조나라 상국이 되게 하는 것이 여후 집의 딸을 왕비로 삼음만 못하였으며, 척부인으로 하여금 여후를 잘 섬기게 하였다면 여의(如意)는 죽지 않았을 것이다."

	주시오."
周昌泣曰	주창이 눈물을 흘리며 말하였다.
臣初起從陛下	"신은 처음부터 공을 따랐사온데
陛下獨奈何中道而棄之於諸侯乎	
	폐하께서는 무슨 일로 중도에 제후들을 버리시는지요?"
高祖曰	고조가 말하였다.
吾極知其左遷[18]	"내 이것이 좌천시키는 것인 줄은 아오만
然吾私憂趙王	내 가만히 조왕이 걱정되니
念非公無可者	공이 아니면 안 된다고 생각하오.
公不得已彊行	공이 가는 수밖에 없겠소!"
於是徙御史大夫周昌爲趙相	이에 어사대부 주창을 조나라 상국으로 옮겼다.

既行久之	간 지 오래되어
高祖持御史大夫印弄之曰	고조는 어사대부의 인장을 가지고 어루만지며 말하였다.
誰可以爲御史大夫者	"누가 어사대부가 될 만할까?"
孰視趙堯	조요를 눈여겨보고는
曰	말하였다.
無以易堯	"요(堯)와 바꿀 수는 없겠다."
遂拜趙堯爲御史大夫[19]	마침내 조요를 어사대부로 임명하였다.

---

18 색은 「제후왕표(諸侯王表)」[『한서(漢書)』]에는 좌관(左官)의 법이 있다. 위소는 말하였다. "좌(左)는 아래[下]와 같으며, 금하여 제후왕의 아래에서 벼슬을 살지 못하게 하는 것이다." 그러나 지도(地道)에는 오른쪽을 높이며, 오른쪽이 귀하고 왼쪽이 천하므로 녹봉이 깎이는 것을 '좌천(左遷)'이라고 한다. 다른 것도 모두 이와 비슷하다.

19 집해 서광은 말하였다. "10년이다."

堯亦前有軍功食邑	조요 또한 전에 군공을 세워 식읍이 있는데
及以御史大夫從擊陳豨有功	어사대부로 따라서 진희를 치는 데 공을 세워
封爲江邑侯[20]	강읍후에 봉하여졌다.
高祖崩	고조가 죽자
呂太后使使召趙王	여태후는 사자를 보내어 조왕을 불렀는데
其相周昌令王稱疾不行	상국인 주창이 왕으로 하여금 병이라 하고 가지 못하게 했다.
使者三反	사자가 세 번이나 돌아왔는데도
周昌固爲不遣趙王	주창은 굳이 조왕을 보내지 않았다.
於是高后患之	이에 고후는 근심하여
乃使使召周昌	곧 사자를 보내어 주창을 불렀다.
周昌至	주창은 이르러
謁高后	고후를 뵈었는데
高后怒而罵周昌曰	고후는 노하여 주창을 꾸짖으며 말하였다.
爾不知我之怨戚氏乎	"너는 내가 척씨를 원망하는 것을 알지 못하느냐?
而不遣趙王	그런데도 조왕을 보내지 않는 것은
何	어째서냐?"
昌既徵	주창이 불리어오자
高后使使召趙王	고후는 사자를 보내어 조왕을 불렀는데
趙王果來	조왕은 과연 왔다.
至長安月餘	장안에 이른 지 달포 만에
飲藥而死	약을 마시고 죽었다.

---

20 **집해** 서광은 말하였다. "11년에 봉하여졌다."

周昌因謝病不朝見	주창은 이에 병으로 물러나고 조현하지 않았으며
三歲而死[21]	3년 만에 죽었다.

後五歲[22]	5년 뒤에
高后聞御史大夫江邑侯趙堯高祖時定趙王如意之畫	
	고후는 어사대부 강읍후 조요가 고조 때 조왕 여의의 계책을 정하였다는 것을 듣고
乃抵堯罪[23]	이에 조요에게 죄를 씌우고
以廣阿侯任敖爲御史大夫	광아후 임오를 어사대부로 삼았다.

任敖者	임오는
故沛獄吏	옛 패현의 옥리였다.
高祖嘗辟吏[24]	고조가 일찍이 옥리를 피하자
吏繫呂后	옥리는 여후를 계류시킨 적이 있는데
遇之不謹	대우를 신중하지 않게 하였다.
任敖素善高祖	임오는 평소에 고조와 친하였으므로
怒	노하여
擊傷主呂后吏	여후를 담당한 옥리를 쳐서 다치게 하였다.
及高祖初起	고조가 막 기의하였을 때

---

21 **집해** 서광은 말하였다. "시호는 도(悼)이다." **색은** 『한서』「열전(列傳)」 및 「표(表)」에서는 모두 주창의 시호를 도(悼)라고 하였으며, 위소는 "시호를 혜(惠)라고도 한다."라 하였는데, 틀렸다. 『한서』에서는 또한 말하였다. "아들에게 전하고 손자 의(意)까지 이르렀는데 죄를 지어 나라가 없어졌다. 경제(景帝)가 다시 주창의 손자 좌거(左車)를 안양후(安陽侯)에 봉하였는데, 죄를 지어 나라가 없어졌다."

22 **정의** 고후(高后)의 해이다.

23 **집해** 서광은 말하였다. "여후(呂后) 원년에 나라가 없어졌다."

24 **정의** 辟의 음은 피(避)이다.

敖以客從爲御史	임오는 빈객으로 좇아서 어사가 되었으며
守豐二歲	풍읍의 유수가 된 지 2년 만에
高祖立爲漢王	고조는 한왕으로 즉위하여
東擊項籍	동으로 항적을 쳤고
敖遷爲上黨守	임오는 상당 군수(郡守)로 승진하였다.
陳豨反時	진희가 반기를 들었을 때
敖堅守	임오는 굳게 지켜
封爲廣阿侯	광아후에 봉하여지고
食千八百戶	천8백 호의 식읍이 내려졌다.
高后時爲御史大夫	고후 때는 어사대부가 되었다.
三歲免²⁵	3년 만에 물러나고
以平陽侯曹窋爲御史大夫	평양후 조줄을 어사대부로 삼았다.
高后崩	고후가 죽자
與大臣共誅呂祿等	대신들과 함께 여록 등을 죽였다.
免	물러나자
以淮南相張蒼爲御史大夫	회남상 장창을 어사대부로 삼았다.

---

25 **집해** 서광은 말하였다. "문제(文帝) 2년에 임오가 죽었는데 시호는 의후(懿侯)이다. 증손자인 월인(越人)이 원정(元鼎) 2년에 태상(太常)이 되었는데 술과 식초의 일에 연좌되어 나라를 없앴다." 『한서(漢書)』에서는 임오는 효문제 원년에 죽었다 하였는데 서광이 틀렸다. **색은** 이는 서광이 『한서』를 근거로 말한 것으로 '2년'이라 잘못 말하였으며, 배인은 또한 임안(任安)의 편지 등을 증거로 끌어다 썼는데 사실을 얻었다. **정의** 『사기(史記)』의 서(書)와 표(表)에서는 효문제 2년에 죽었다 하였고 『한표(漢表)』에서는 또한 봉해진 지 19년 만에 죽었다고 하였는데 고조 11년에 봉하여 진 것으로 계산하여 보면 문제 2년까지가 19년이 된다. 그러나 『한서』의 오류를 배인은 고찰하지 않고 곧 서광이 틀렸다고 하였으니 어찌 이중(二重)의 과실이 아니겠는가!

蒼與絳侯等尊立代王爲孝文皇帝

장창과 강후 등은 대왕(代王)을 효문황제로 옹립하였다.

四年

4년에

丞相灌嬰卒

승상 관영이 죽자

張蒼爲丞相

장창이 승상이 되었다.

自漢興至孝文二十餘年

한나라는 흥기하고서부터 효문제 20여 년에 이르러서야

會天下初定

천하가 비로소 안정되었으며,

將相公卿皆軍吏

장수와 재상, 공경이 모두 군리(軍吏)였다.

張蒼爲計相時

장창은 계상이 되었을 때

緖正律曆²⁶

율력과 역법을 정하고 바로잡았다.

以高祖十月始至霸上

고조가 10월에 비로소 패상에 이르렀으므로

因故秦時本以十月爲歲首

옛 진나라 때 본래 10월을 한 해의 처음으로 한 것을 따라

弗革

고치지 않았다.

推五德之運

오덕의 운행을 추산하여

以爲漢當水德之時

한나라는 수덕의 때에 해당한다고 생각하여

尙黑如故²⁷

옛날처럼 흑색을 숭상하였다.

吹律調樂

율관을 불어 음계를 조율하여

---

26 **집해** 문영은 말하였다. "서(緖)는 찾는다는 뜻이다. 혹자는 말하기를 서(緖)는 업(業)이라고 하였다."

27 **정의** 요찰(姚察)은 말하였다. "장창은 진(秦)나라 사람으로 여전히 오승(五勝)으로 추산하는 방법을 써서 주나라는 적오(赤烏)로 화(火)이며, 한나라는 화(火)을 이김으로써 수(水)라고 하였다."

入之音聲	음성을 넣어
及以比定律令²⁸	아울러 비율대로 율령을 정하였다.
若百工	백공을 같게 하여
天下作程品²⁹	천하에 정품을 만들었다.
至於爲丞相	승상이 됨에 이르러
卒就之	마침내 이루었으므로
故漢家言律曆者	한나라에서 율력을 말하는 자들은
本之張蒼	장창을 근본으로 삼는다.
蒼本好書	장창은 원래 책을 좋아하여
無所不觀	보지 않은 것이 없었고
無所不通	통하지 않은 것이 없었으며
而尤善律曆³⁰	음률과 역법에 더욱 뛰어났다.
張蒼德王陵	장창은 왕릉의 은혜를 입었다.
王陵者	왕릉은
安國侯也	안국후이다.
及蒼貴	장창은 귀하여져서
常父事王陵	늘 왕릉을 부친처럼 섬겼다.

---

28 **집해** 여순은 말하였다. "비(比)는 오음(五音)의 청탁(淸濁)에 각기 비율이 있는 것을 이른다. 이를 가지고 12월의 율의 법령을 악관에다 정하여 길이 행하게 한 것이다." 찬(瓚)은 말하였다. "비율대로 비슷한 것을 취하여 법률과 조령을 정한 것을 이른다." **정의** 比의 음은 비(鼻)이며, 혹은 비[必履反]라고도 하는데 비방(比方)을 말한다.

29 **집해** 여순은 말하였다. "약(若)은 순(順)의 뜻이다. 백공(百工)은 기물을 만들 때 모두 척(尺)과 촌(寸), 근(斤)과 냥(兩)이 있는데 모두 알맞게 하는 것으로, 이를 일러 순(順)이라고 한다." 진작(晉灼)은 말하였다. "약(若)은 미리 미친다는 말이다." **색은** 진작은 "약(若)은 미리 미친다는 말이다."라 하였는데 옳게 보았다.

30 **집해** 『한서』에서는 말하였다. "저서(著書)가 80편으로, 음양과 율력의 일을 말하였다."

陵死後	왕릉이 죽은 뒤에
蒼爲丞相	장창은 승상이 되었는데
洗沐	휴가를 받으면
常先朝陵夫人上食	늘 먼저 왕릉의 부인을 찾아뵙고 음식을 올렸으며
然后敢歸家	그런 다음에야 감히 집으로 돌아갔다.

蒼爲丞相十餘年	장창이 승상이 된 지 10여 년 만에
魯人公孫臣上書言漢土德時	노나라 사람 공손신이 글을 올려 한나라는 토덕(土德)의 때이며
其符有黃龍當見	조짐이 황룡이 나타나야 한다고 하였다.
詔下其議張蒼	조칙을 내려 장창에게 의논해 보라고 하였는데
張蒼以爲非是	장창은 옳지 않다고 여겨
罷之	그만두게 하였다.
其後黃龍見成紀	그 후에 황룡이 기성에서 보이자
於是文帝召公孫臣以爲博士	이에 문제는 공손신을 불러 박사로 삼고
草土德之曆制度	토덕의 역법 제도를 초하게 하여
更元年	또한 개원을 하였다.
張丞相由此自絀	장승상은 이로 말미암아 스스로 물러나
謝病稱老	병으로 사퇴하고 은퇴하였다.
蒼任人爲中候[31]	장창은 어떤 사람을 중후에 임명하였는데
大爲姦利	크게 간사하게 이익을 취하여
上以讓蒼	임금이 장창을 꾸짖으니

---

31 **집해** 장안은 말하였다. "뽑아서 추천하여 임용한 자이다." 찬(瓚)은 말하였다. "중후(中候)는 관직 이름이다."

蒼遂病免	장창은 마침내 병이라 하고 면직을 청하였다.
蒼爲丞相十五歲而免	장창은 승상이 된 지 15년 만에 면직되었다.
孝景前五年	효경제 전원(前元) 5년(B.C. 152)에
蒼卒	장창은 죽었으며
諡爲文侯	시호는 문후이다.
子康侯代	아들인 강후가 대를 이었는데
八年卒	8년 만에 죽었다.
子類³²代爲侯	아들 류(類)가 후(侯)의 지위를 이었는데
八年	8년 만에
坐臨諸侯喪後就位不敬	제후의 상(喪)에 가서 신위에 나아가 불경한 짓을 한 것에 걸려
國除³³	나라가 없어졌다.
初	처음에
張蒼父長不滿五尺	장창의 아버지는 키가 5척이 되지 않았는데
及生蒼	장창을 낳자
蒼長八尺餘	장창은 키가 8척 남짓이었고
爲侯´丞相	후(侯)가 되고 승상이 되었다.
蒼子復長³⁴	장창의 아들은 더 컸다.
及孫類	손자인 류(類)는
長六尺餘	키가 6척 남짓이고

---

32 [집해] 서광은 말하였다. "어떤 판본에는 '顜'로 되어 있는데, 음은 귀이다."

33 [색은] 『한서』에서는 아들에게 전하고 손자 의(毅)에 이르러 죄를 지어 나라가 없어졌다고 하였는데 여기서는 강후(康侯)가 대를 이어 8년 만에 죽고 아들 유가 후의 지위를 이었다 하였으니 유(類)가 곧 의(毅)로 『한서』와 대략 같다.

34 [집해] 『한서』에서는 신장이 8척이라 하였다.

坐法失侯	법에 걸려 후(侯)의 지위를 잃었다.
蒼之免相後	장창은 승상에서 면직된 후
老	늙어서
口中無齒	입에 이가 남아 있지 않아
食乳	젖을 먹었는데
女子爲乳母	여자를 유모로 삼았다.
妻妾以百數	처첩은 백을 헤아렸고
嘗孕者不復幸	잉태를 했던 자는 다시는 총애 받지 못하였다.
蒼年百有餘歲而卒	장창은 백여 세를 살다가 죽었다.
申屠丞相嘉者	승상 신도가는
梁人	양(梁) 땅 사람으로
以材官蹶張[35]從高帝擊項籍	재관으로 강궁을 잘 당겨 고제를 따라 항적을 쳐서
遷爲隊率[36]	대솔로 승진하였다.
從擊黥布軍	따라서 경포의 군사를 쳐서
爲都尉	도위가 되었다.
孝惠時	효혜제 때
爲淮陽守	회양 군수(郡守)가 되었다.
孝文帝元年	효문제 원년에

---

35 **집해** 서광은 말하였다. "용감하고 굳세어 재력이 활을 당긴다는 것이다." 여순은 "재관
(材官)이 힘이 세어 발로 강궁을 밟고 당길 수 있으므로 궐장(蹶張)이라 하였다. 율(律)에 궐
장사(蹶張士)가 있다." **색은** 맹강은 말하였다. "강노 당기는 것을 조관하였다." 또한 여순
은 말하였다. "재관(材官)이 힘이 세어 발로 강궁을 밟고 당길 수 있으므로 궐장(蹶張)이라
하였다." 蹶의 음은 궐이다. 『한령(漢令)』에 궐장사 백 명이 있다는 것이 이를 말한다.
36 **색은** 음은 수[所類反]이다.

舉故吏士二千石從高皇帝者	옛 2천 석의 관리로 고황제를 따른 자를 천거하여,
悉以爲關內侯	모두 관내후로 삼아
食邑二十四人	식읍을 받은 자가 24명이었는데
而申屠嘉食邑五百戶	신도가는 식읍이 5백 호였다.
張蒼已爲丞相	장창이 승상을 그만두었을 때
嘉遷爲御史大夫	신도가는 어사대부로 옮겼다.
張蒼免相37	장창이 승상에서 면직되었을 때
孝文帝欲用皇后弟竇廣國爲丞相	효문제는 황후의 아우 두광국을 승상으로 삼고자 하여
曰	말하였다.
恐天下以吾私廣國	"천하에서 내가 광국을 편애한다고 생각할까 걱정된다."
廣國賢有行	광국은 어진 데다 행실이 올곧아
故欲相之	승상으로 삼고 싶어 했지만
念久之不可	오랫동안 생각해 봐도 될 수 없었으며
而高帝時大臣又皆多死	고제 때의 대신들은 또한 모두 거의 죽었고
餘見無可者	나머지는 쓸 만한 자가 없어
乃以御史大夫嘉爲丞相	이에 어사대부 신도가를 승상으로 삼았으며
因故邑封爲故安侯38	옛 읍을 가지고 고안후에 봉하였다.
嘉爲人廉直	신도가는 사람됨이 청렴하고 정직하여

---

37 **집해** 서광은 말하였다. "2년 뒤 8월이다."
38 **정의** 지금의 역주(易州)의 경계 무양성(武陽城) 안의 동남쪽 모서리의 옛 성이 이곳이다.

門不受私謁	문전에서 사적인 방문은 받지 않았다.
是時太中大夫鄧通方隆愛幸	이때 태중대부 등통이 바야흐로 총애를 많이 받았는데
賞賜累巨萬	상으로 받은 것이 누만금이었다.
文帝嘗燕飮通家	문제(文帝)가 일찍이 등통의 집에서 연회를 하였을 정도이니
其寵如是	그 총애가 이 정도였다.
是時丞相入朝	이때 승상이 입조하였는데
而通居上傍	등통이 임금의 곁에 있으면서
有怠慢之禮	오만한 예법을 보였다.
丞相奏事畢	승상은 아뢰는 일을 끝내고
因言曰	이어서 말하였다.
陛下愛幸臣	"폐하께서 총신을 사랑하여
則富貴之	부귀하게 만들었는데,
至於朝廷之禮	조정의 예법에 있어서는
不可以不肅	엄숙하지 않을 수 없습니다!"
上曰	임금이 말하였다.
君勿言	"그대는 말하지 마라.
吾私之	내가 총애한다."
罷朝坐府中	조회를 끝내고 부중에 앉아
嘉爲檄召鄧通詣丞相府	신도가는 격문을 써서 등통을 승상부로 불렀는데
不來	오지 않자
且斬通	등통을 참하려고 했다.
通恐	등통은 두려워하여

入言文帝	들어가서 문제에게 말하였다.
文帝曰	문제가 말하였다.
汝第往	"네가 잠시만 가 있으면
吾今使人召若	내가 금방 사람을 시켜 너를 부르겠다."
通至丞相府	등통은 승상부에 이르러
免冠	관모를 벗고
徒跣	맨발로
頓首謝	머리를 조아리고 사죄했다.
嘉坐自如	신도가는 태연자약하게 앉아
故不爲禮	일부러 예의도 갖추지 않고
責曰	꾸짖어 말하였다.
夫朝廷者	"저 조정은
高皇帝之朝廷也	고황제의 조정이다.
通小臣	통(通)은 소신으로
戲殿上	전상에서 제멋대로 굴어
大不敬	크게 불경한 짓을 하였으니
當斬	참수함이 마땅하다.
吏今行斬之[39]	관리는 지금 참수를 행하라!"
通頓首	등통은 머리를 조아리고
首盡出血	머리에서 피가 다 날 때까지
不解	그만두지 않았다.
文帝度丞相已困通	문제는 승상이 이미 등통을 난처하게 하였다고 생각해서

---

39 집해 여순은 말하였다. "신도가가 그 관리에게 말하기를 '지금 당장 참해야 한다.'라 하였다."

使使者持節召通	사자로 하여금 부절을 지니고 가서 등통을 부르게 하고
而謝丞相曰	승상에게 사과하여 말하였다.
此吾弄臣	"이는 나의 무람없는 신하이니
君釋之	그대는 풀어주라."
鄧通旣至	등통은 이르러
爲文帝泣曰	문제에게 눈물을 흘리며 말하였다.
丞相幾殺臣	"승상이 신을 죽일 뻔했습니다."
嘉爲丞相五歲	신도가가 승상이 된 지 5년 만에
孝文帝崩	효문제가 죽고
孝景帝卽位	효경제가 즉위하였다.
二年	2년에
晁錯爲內史	조조가 내사가 되었는데
貴幸用事	귀하여져 총애를 받아 권력을 행사하여
諸法令多所請變更	여러 법령을 변경하도록 청한 것이 많았고
議以謫罰侵削諸侯	처벌을 논하여 제후들을 삭탈하였다.
而丞相嘉自絀所言不用	승상 신도가는 말한 것이 내침을 당해 쓰이지 않고부터
疾錯	조조를 미워하였다.
錯爲內史	조조는 내사로
門東出	문이 동쪽으로 나서
不便	불편하여
更穿一門南出	다시 남쪽으로 난 문을 뚫었다.
南出者	남쪽으로 난 문은

太上皇廟壖垣[40]	태상황의 사당이 있는 빈터의 담이었다.
嘉聞之	신도가가 듣고
欲因此以法錯擅穿宗廟垣爲門	
	이에 조조가 제멋대로 종묘의 담을 뚫어 문을 만든 것을 다스리고
奏請誅錯	조조를 죽이게끔 주청하려 하였다.
錯客有語錯	조조의 문객이 조조에게 말하니
錯恐	조조가 두려워하여
夜入宮上謁	밤에 궁궐에 들어가 임금을 뵙고
自歸景帝[41]	(처리를) 스스로 경제(景帝)에게 맡겼다.
至朝	조정에 이르러
丞相奏請誅內史錯	승상이 내사 조조를 죽일 것을 주청하였다.
景帝曰	경제가 말하였다.
錯所穿非真廟垣	"조조가 뚫은 곳은 진짜 종묘의 담이 아니라
乃外壖垣	바로 바깥쪽 빈터의 담으로
故他官居其中[42]	다른 관원들도 그 안에 머무르며
且又我使爲之	또한 내가 그렇게 하도록 하였으니
錯無罪	조조는 죄가 없다."
罷朝	조회가 끝나자
嘉謂長史曰	신도가는 장사에게 말하였다.
吾悔不先斬錯	"내가 먼저 조조를 베지 않은 것이 후회되니

---

40 집해 복건(服虔)은 말하였다. "궁궐 바깥의 담이다." 여순은 말하였다. "壖의 음은 '외연(畏壖)'의 '연(壖)'이다." 색은 여순은 '외연(畏壖)'의 '연(壖)'이라 하였다. 위소는 음은 연[而緣反]이라 하였다. 또한 연(壖)의 뜻으로 읽기도 한다.

41 정의 스스로 황제에게 죄를 인정한 것이다.

42 색은 『한서』에는 '용관(宂官)'으로 되어 있는데, 산관(散官)을 이른다.

乃先請之	곧 먼저 청하였는데
爲錯所賣	조조에게 넘어갔다."
至舍	관사에 이르러
因歐血而死	피를 토하고 죽었다.
謚爲節侯	시호는 절후이다.
子共侯蔑代	아들인 공후(共侯) 말[蔑: 신도말(申屠蔑)]이 대를 이었는데
三年卒	3년 만에 죽었다.
子侯去病代	아들인 후(侯) 거병(去病)이 대를 이었으며
三十一年卒[43]	31년 만에 죽었다.
子侯臾代	아들인 후(侯) 유(臾)가 대를 이었는데
六歲	6년 만에
坐爲九江太守受故官送有罪	구강태수로 옛 관원이 보낸 뇌물을 받은 죄에 걸려
國除	나라가 없어졌다.
自申屠嘉死之後	신도가가 죽은 뒤에
景帝時開封侯陶青桃侯劉舍爲丞相[44]	경제 때 개봉후 도청과 도후 유사가 승상이 되었다.
及今上時	지금의 임금까지

---

43 집해 서광은 말하였다. "어떤 판본에는 후(侯) 거병(去病)이 없고, 공후(共侯) 말(蔑) 33년에 아들인 유(臾)가 정안후(靖安侯)로 고쳐 봉해졌다고 하였다."

44 집해 서광은 말하였다. "도청은 고조의 공신 도사(陶舍)의 아들로 시호는 이(夷)다. 유사(劉舍)는 본래 항씨(項氏)의 친속인데 유씨의 성을 하사받았다. 부친인 양(襄)은 고조를 보좌하여 공을 세웠다. 유사의 시호는 애후(哀侯)이다."

柏至侯許昌[45]平棘侯薛澤[46]武彊侯莊青翟[47]高陵侯趙周[48]等爲丞相.

백지후 허창과 평극후 설택, 무강후 장청적, 고 릉후 조주 등이 승상이 되었다.

皆以列侯繼嗣

모두 열후로 (승상직을) 이어받았는데

媞媞[49]廉謹

잘 정돈하여 청렴하고 삼가

爲丞相備員而已

승상의 자리만 채우고 있었을 뿐

無所能發明功名有著於當世者

공명을 발휘하여 당세에 드러낼 만한 것이 없 었다.

太史公曰

태사공은 말한다.

張蒼文學律曆

장창은 문학과 율려로

爲漢名相

한나라의 명 승상이 되었으며

而絀賈生公孫臣等言正朔服色事而不遵

가생과 공손신 등이 말한 정삭과 복색의 일을 물리치고 따르지 않았고

明用秦之顓頊曆

진나라의 전욱력(顓頊曆)을 밝게 썼으니

---

45 **집해** 서광은 말하였다. "고조의 공신 허온(許溫)의 손자이며, 시호는 애후(哀侯)이다."

46 **집해** 서광은 말하였다. "고조의 공신 광평후(廣平侯) 설구(薛歐)의 손자 평극절후(平棘節侯) 설택(薛澤)이다."

47 **집해** 서광은 말하였다. "고조의 공신 장불식(莊不識)의 손자이다."

48 **집해** 서광은 말하였다. "조주(趙周)의 부친 이오(夷吾)는 초왕(楚王) 무(戊)의 태부(太傅)가 되어 간쟁하다가 죽었다."

49 **집해** 서광은 말하였다. "媞의 음은 착[七角反]이다. 어떤 판본에는 '단(斷)'으로 되어 있고, 어떤 판본에는 '착(足齒)'으로 되어 있다. **색은** 媞의 음은 착[側角反]이다. 소안(小顏)은 "가지런히 가지고 있는 모습니다."라 하였다. 『한서』에는 '足齒'으로 되어 있다. 足齒의 음은 착[初角反]이다. 斷의 음은 단 [都亂反]이다. 뜻은 『상서(尙書)』「진서(秦誓)」의 "정말로 다른 재주가 없다(斷斷猗無他技)."는 것과 같다.

何哉[50]	어째서였을까?
周昌	주창은
木彊人也[51]	나무처럼 강직한 사람이다.
任敖以舊德用[52]	임오는 옛 덕으로 임용되었다.
申屠嘉可謂剛毅守節矣	신도가는 강의하고 절개를 지킨다고 할 수 있지만
然無術學	도술(道術)과 학식이 없어
殆與蕭曹陳平異矣	소하와 조참, 진평과는 다를 것이다.
孝武時丞相多甚	효무제 때의 승상은 매우 많은데
不記	기록을 해두지 않아
莫錄其行起居狀略	그 행실과 기거, 행장의 대략은 아무도 적지 않고,
且紀征和以來[53]	다만 정화 이래로만 기록한다.
有車丞相	차(車) 승상은
長陵人也[54]	장릉 사람이다.
卒而有韋丞相代[55]	죽자 위(韋) 승상이 대를 이었다.
韋丞相賢者	위 승상 현(賢)은
魯人也	노나라 사람이다.

---

50 집해 장안은 말하였다. "경전(經典)은 고찰해 보지 않고 오로지 전욱력(顓頊曆)만 썼는데, 어째서일까?"

51 정의 그 바탕이 곧고 굳세기가 목석 같다는 말이다.

52 집해 장안은 말하였다. "여후의 관리를 다치게 하고 욕보인 것을 이른다."

53 정화(征和)는 무제(武帝)의 열 번째 연호로 B.C. 92~B.C. 89까지 4년간 사용되었다. – 옮긴이.

54 집해 이름은 천추(千秋)이다.

55 색은 차천추(車千秋) 이하는 모두 저선생(褚先生) 등의 기록이지만 「승상전(丞相傳)」에서는 모두 생략하였고, 『한서』에는 갖추어 놓았다.

以讀書術爲吏	독서술로 관리가 되었으며
至大鴻臚	대홍려에 이르렀다.
有相工相之	관상쟁이가 관상을 보더니
當至丞相	승상에 이를 것이라 하였다.
有男四人	4남을 두어
使相工相之	관상쟁이에게 관상을 보게 하였는데
至第二子	둘째 아들에 이르게 되었으며
其名玄成	이름은 현성이었다.
相工曰	관상쟁이가 말하였다.
此子貴	"이 아이는 귀하여져
當封	봉하여질 것입니다."
韋丞相言曰	위 승상이 말하였다.
我即爲丞相	"내가 승상이 된다면
有長子	장자가 있는데
是安從得之	어찌 그렇게 될 수 있겠는가?"
後竟爲丞相	나중에 마침내 승상이 되었는데
病死	병사하였고
而長子有罪論	장자는 죄를 지어
不得嗣	이을 수가 없게 되어
而立玄成	현성을 세웠다.
玄成時佯狂	현성은 당시 미친 척하고
不肯立	자리에 오르려 하지 않았으나
竟立之	결국 올라
有讓國之名	나라를 양보하였다는 명성을 얻었다.
後坐騎至廟	나중에 말을 타고 태묘에 이르렀다가
不敬	불경죄를 지어

有詔奪爵一級	조칙으로 작위 한 등급을 빼앗겨
爲關內侯	관내후가 되어
失列侯	열후의 지위를 잃고
得食其故國邑	옛 나라를 식읍으로 얻었다.
韋丞相卒	위(韋) 승상이 죽자
有魏丞相代	위(魏) 승상이 대를 이었다.

魏丞相相者	위(魏) 승상 상(相)은
濟陰人也	제음 사람이다.
以文吏至丞相	법을 집행하는 관리로 승상에까지 이르렀다.
其人好武	그는 사람됨이 무(武)를 좋아하여
皆令諸吏帶劍	속관들에게 칼을 차게 하여
帶劍前奏事	칼을 차고 나서서 일을 아뢰었다.
或有不帶劍者	어쩌다 칼을 차지 않은 자가
當入奏事	들어가 일을 아뢰려면
至乃借劍而敢入奏事	심지어 칼을 빌려야 감히 들어가 일을 아뢸 정도였다.
其時京兆尹趙君[56]	그때 경조윤은 조군이었는데
丞相奏以免罪	승상이 아뢰어 죄를 지어 면직하여야 한다고 아뢰자
使人執魏丞相	사람을 시켜 위 승상을 붙잡고
欲求脫罪而不聽	죄에서 벗어나게 해주기를 구하였으나 듣지 않았다.
復使人脅恐魏丞相	다시 사람을 보내 위 승상을 협박 공갈하여
以夫人賊殺侍婢事而私獨奏請驗之	부인이 시비를 죽인 일을 사사로이 홀로 조사하도록 청하여

---

56 **집해** 이름은 광한(廣漢)이다.

發吏卒至丞相舍	이졸을 보내어 승상의 집에 이르게 하여
捕奴婢笞擊問之	노비를 잡아 볼기를 쳐서 물어보았는데
實不以兵刃殺也	사실은 칼로 죽인 것이 아니었다.
而丞相司直繁君[57]奏京兆尹趙君迫脅丞相	승상 사직 파군이 경조윤 조군이 승상을 협박하고
誣以夫人賊殺婢	부인이 노비를 죽였다고 무고하였으며
發吏卒圍捕丞相舍	이졸을 보내어 승상의 집을 에워싸고 체포하였으니
不道	도리에 어긋나며,
又得擅屛騎士事	또한 제멋대로 기병을 보낸 일을 숨겼다고 아뢰어
趙京兆坐要斬	조 경조는 연좌되어 요참형을 당했다.
又有使掾陳平等劾中尚書	또한 사연(使掾) 진평 등이 중상서를 탄핵한 일이 있었는데
疑以獨擅劫事而坐之	독단적으로 일을 협박하여 연좌시켰다고 의심하였고
大不敬	크게 불경한 짓을 하였다 하여
長史以下皆坐死	장사 이하는 모두 사형을 당했으며
或下蠶室	혹자는 잠실에 감금되기도 하였다.
而魏丞相竟以丞相病死	그러나 위 승상은 끝내 승상으로 병사하였다.
子嗣	아들이 이었다.
後坐騎至廟	나중에 말을 타고 태묘에 이르렀다가
不敬	불경죄를 지어
有詔奪爵一級	조칙으로 작위 한 등급을 삭탈당하여
爲關內侯	관내후가 되어
失列侯	열후의 지위를 잃었으며
得食其故國邑	옛 나라를 식읍으로 얻었다.

---

57 색은 繁은 성이며, 음은 파(婆)이다.

魏丞相卒	위 승상이 죽자
以御史大夫邴吉代	어사대부 병길이 대를 이었다.
邴丞相吉者	승상 병길(邴吉)은
魯國人也	노국 사람이다.
以讀書好法令至御史大夫	독서와 법령을 좋아하여 어사대부가 되었다.
孝宣帝時	효선제 때
以有舊故	옛 연고가 있어서
封爲列侯	열후에 봉하여졌으며
而因爲丞相	이어서 승상이 되었다.
明於事	일에 밝았고
有大智	크게 지혜로워
後世稱之	후세에서 칭찬하였다.
以丞相病死	승상으로 병사하였다.
子顯嗣	아들 병현이 뒤를 이었다.
後坐騎至廟	나중에 말을 타고 태묘에 이르러
不敬	불경죄를 지어
有詔奪爵一級	조칙으로 작위 한 등급을 삭탈당하여
失列侯	열후의 지위를 잃었으며
得食故國邑	옛 나라를 식읍으로 얻었다.
顯爲吏至太僕	병현은 관리로 태복까지 이르렀는데
坐官秏亂	관직을 남용하고
身及子男有姦臧	자신 및 아들 남(男)이 부정하게 뇌물을 받아
免爲庶人	면직되어 서인이 되었다.

邴丞相卒	병(邴) 승상이 죽자
黃丞相代	황(黃) 승상이 대를 이었다.
長安中有善相工田文者	장안에는 뛰어난 관상쟁이 전문(田文)이 있었는데
與韋丞相魏丞相邴丞相微賤時會於客家	
	위(韋) 승상과 위(魏) 승상, 병(邴) 승상이 미천했을 때 손님이 되었는데
田文言曰	전문이 말하였다.
今此三君者	"지금 이 세 분은
皆丞相也	모두 승상이오."
其後三人竟更相代爲丞相	그 후 세 사람이 마침내 번갈아 승상이 되었으니
何見之明也	소견이 얼마나 밝은가!
黃丞相霸者	승상 황패(黃霸)는
淮陽人也	회양 사람이다.
以讀書爲吏	독서로 소리(小吏)가 되어
至潁川太守	영천 태수에 이르렀다.
治潁川	영천을 다스림에
以禮義條敎喩告化之	예의와 법조로 교화시켰다.
犯法者	범법자는
風曉令自殺	자살하도록 권면하였다.
化大行	교화가 크게 행하여지고
名聲聞	명성이 알려졌다.
孝宣帝下制曰	효선제가 조령을 내려 말하였다.
潁川太守霸	"영천 태수 패(霸)는
以宣布詔令治民	조령을 선포하여 백성을 다스려
道不拾遺	길에 떨어진 물건이 있어도 줍지 않고

男女異路	남녀가 길을 달리하며
獄中無重囚	옥중에는 중형을 받은 죄수가 없다.
賜爵關內侯	관내후의 작위와
黃金百斤	황금 백 근을 내리노라."
徵爲京兆尹而至丞相	경조윤으로 불렀으며 승상에 이르렀다,
復以禮義爲治	다시 예와 의로 다스렸다.
以丞相病死	승상으로 병사하였다.
子嗣	아들이 대를 이었으며
後爲列侯	나중에 열후가 되었다.
黃丞相卒	황 승상이 죽자
以御史大夫于定國代	어사대부 우정국이 대를 이었다.
于丞相已有廷尉傳	우(于) 승상에게는 이미 「정위전(廷尉傳)」이 있는데
在張廷尉語中	「장정위전(張廷尉傳)」에 있다.
于丞相去	우 승상이 떠나자
御史大夫韋玄成代	어사대부 위현성이 대를 이었다.
韋丞相玄成者	승상 위현승은
即前韋丞相子也	곧 전(前) 위(韋) 승상의 아들이다.
代父	아버지의 대를 이었는데
後失列侯	나중에 열후의 지위를 잃었다.
其人少時好讀書	사람됨이 젊어서부터 책 읽기를 좋아하여
明於詩´論語	『시경』과 『논어』에 밝았다.
爲吏至衛尉	소리(小吏)로 위위(衛尉)에까지 이르렀으며
徙爲太子太傅	태자태부로 옮겼다.
御史大夫薛君免[58]	어사대부 설군이 면직되자
爲御史大夫	어사대부가 되었다.

于丞相乞骸骨免	우 승상이 은퇴를 요청하여 면직되자
而爲丞相	승상이 되었으며
因封故邑爲扶陽侯	그대로 옛 읍에 봉하여져 부양후가 되었다.
數年	여러 해 만에
病死	병사하였다.
孝元帝親臨喪	효원제가 친히 문상을 하였으며
賜賞甚厚	상을 매우 두터이 내렸다.
子嗣後	아들이 뒤를 이었다.
其治容容隨世俗浮沈	그 다스림은 남을 따라 부화뇌동하였고 세속에 따라 부침하였으며
而見謂諂巧	아첨하여 교태를 부린다는 말을 들었다.
而相工本謂之當爲侯代父	관상쟁이가 본래 그를 일러 후작이 되어 부친을 잇는다 하였는데
而後失之	나중에 지위를 잃었으며,
復自游宦而起	다시 벼슬길에 나서 일어나
至丞相	승상에 이르렀다.
父子俱爲丞相	부자가 모두 승상이 되어
世聞美之	세간에서 찬미하였으니
豈不命哉	어찌 운명이 아니겠는가!
相工其先知之	관상쟁이가 먼저 알았던 것이다.
韋丞相卒	위 승상이 죽자
御史大夫匡衡代	어사대부 광형이 대를 이었다.
丞相匡衡者	승상 광형은
東海人也	동해 사람이다.

---

58 **집해** 이름은 광덕(廣德)이다.

好讀書	독서를 좋아하였으며
從博士受詩	박사에게 『시경』을 전수받았다.
家貧	집이 가난하여
衡傭作以給食飮	광형이 품을 팔아 먹을 것과 마실 것을 댔다.
才下	재주가 없어
數射策不中	여러 번이나 대책(對策) 시험을 보았으나 합격하지 못하다가
至九	아홉 번 만에
乃中丙科	병과에 합격하였다.
其經以不中科故明習	그 경학은 격에 맞지 않아 밝게 익혔다.
補平原文學卒史	평원군의 문학졸사에 보하여졌다.
數年	여러 해가 되도록
郡不尊敬	군에서 존경을 받지 못하였다.
御史徵之	어사가 그를 불러
以補百石屬薦爲郎	백석에 보하고 낭(郎)으로 추천하였으며
而補博士	박사에 보하여지고
拜爲太子少傅	태자소부에 임명되어
而事孝元帝	효원제를 섬겼다.
孝元好詩	효원제가 『시경』을 좋아하여
而遷爲光祿勳	광록훈으로 옮겼으며
居殿中爲師	궁중에서 스승이 되어
授教左右	좌우를 가르쳐주었으며
而縣官坐其旁聽	천자도 그 곁에 앉아 듣고는
甚善之	매우 훌륭하게 여겨
日以尊貴	날로 존귀해졌다.
御史大夫鄭弘坐事免	어사대부 정홍이 죄를 지어 면직되자

而匡君爲御史大夫	광군이 어사대부가 되었다.
歲餘	한 해 남짓 만에
韋丞相死	위 승상이 죽자
匡君代爲丞相	광군이 승상을 잇고
封樂安侯	안락후에 봉하여졌다.
以十年之間	10년 사이에
不出長安城門而至丞相	장안의 성문을 나서지 않고 승사에 이르렀으니
豈非遇時而命也哉	어찌 때를 만난 것이 운명이 아니겠는가!

太史公曰	태사공은 말한다.
深惟[59]士之游宦所以至封侯者	선비가 벼슬을 해서 봉후에 이른 자를 깊이 생각해 보니
微甚[60]	매우 적었다.
然多至御史大夫即去者	그러나 어사대부에 이르러 떠난 자는 많았다.
諸爲大夫而丞相次也	여러 대부가 된 사람은 승상의 다음 차례로
其心冀幸丞相物故也[61]	그 마음은 승상이 일이 없기를 바란다.
或乃陰私相毀害	혹자는 이에 몰래 가만히 서로 헐뜯고 해치면서까지
欲代之	대를 잇고자 하였다.
然守之日久不得	그러나 오래도록 지키고 있어도 얻지 못하기도 하고
或爲之日少而得之	혹은 며칠만 하고도 얻기도 하여
至於封侯	봉후에까지 이르니

---

59 **색은** 이는 광형 이래의 일을 논한 것이니 후인이 말한 것인데도 또한 '태사공'이라 하였는데, 그 서술이 천루하니 그 얼마나 망령되었는가!

60 **집해** 서광은 말하였다. "미(微)는 '징(徵)' 자로 된 판본도 있다."

61 **집해** 고당륭(高堂隆)은 위조방(魏朝訪)에게 답하여 말하였다. "물(物)은 없다는 뜻이다. 고(故)는 일이다. 일에 더 잘하는 것이 없다는 말이다."

真命也夫	실로 운명이로다!
御史大夫鄭君守之數年不得	어사대부 정군은 수년이나 지켜도 얻지 못하였는데
匡君居之未滿歲	광군은 거기에 있은 지 채 1년도 되지 않아
而韋丞相死	위 승상이 죽어
即代之矣	바로 그의 대를 이었으니
豈可以智巧得哉	어찌 지혜와 재주로 얻을 수 있겠는가!
多有賢聖之才	현성한 재주를 가진 사람이 많으며
困厄不得者衆甚也	곤액을 당하여 지위를 얻지 못한 자는 매우 많다.

역생·육가 열전 酈生陸賈列傳

酈生食其者[1]	역이기[酈食其: 역생(酈生)]는
陳留高陽人也[2]	진류 고양 사람이다.
好讀書	책 읽기를 좋아하였으나
家貧落魄[3]	집이 가난하여 실의에 빠져
無以爲衣食業	의식을 해결할 일을 찾지 못해
爲里監門吏[4]	마을의 문을 감독하는 소리가 되었다.
然縣中賢豪不敢役	그러나 현의 현사와 호걸들이 감히 부리지를 못해
縣中皆謂之狂生	현에서는 모두 미치광이라 하였다.

---

1 **정의** 세 글자의 음은 역이기(歷異幾)이다.

2 **집해** 서광(徐廣)은 말하였다. "지금의 어현(圉縣)에 있다." **색은** 고양(高陽)은 진류(陳留)의 어현(圉縣)에 속한다. 고양은 향(鄕) 이름으로, 옛 『기구전(耆舊傳)』에서는 "이기(食其)는 고양향(高陽鄕) 사람이다."라 하였다. **정의** 『진류풍속전(陳留風俗傳)』에서는 "고양은 옹병(雍兵)의 서남쪽에 있다."고 하였다. 『괄지지(括地志)』에서는 "어성(圉城)은 변주(汴州) 옹구현(雍丘縣) 서남쪽에 있다. 역이기의 무덤은 옹구(雍丘) 서남쪽 28리 지점에 있다."라 하였다. 아마 이를 이를 것이다.

3 **집해** 응소(應劭)는 말하였다. "낙탁(落魄)은 지행(志行)이 쇠악(衰惡)한 모양이다." 진작(晉灼)은 말하였다. "낙탁(落魄)은 낙탁(落託)과 뜻이 같다." **색은** 정씨(鄭氏)는 "魄의 음은 박(薄)이다."라 하였다. 응소는 말하기를 "지행(志行)이 쇠악(衰惡)한 모양이다."라 하였다.

4 **정의** 監의 음은 감[甲衫反]이다. 『전국책(戰國策)』에서는 제선왕(齊宣王)이 안촉(顏斶)에게 말하기를 "저 마을의 문을 감독하는 것은 선비 가운데 천한 자이다."라 하였다.

及陳勝, 項梁等起	진승과 항량 등이 기의하여
諸將徇地過高陽者數十人[5]	땅을 빼앗으며 고양을 지난 장수가 수십 명이 있는데
酈生聞其將皆握齱[6]好苛禮[7]自用	역생은 장수들이 모두 도량이 좁고 번다한 예를 좋아하며 자기가 옳다고 여기고
不能聽大度之言	크게 헤아리는 말을 들을 수 없다는 말을 듣고
酈生乃深自藏匿	역생(酈生)은 이에 깊숙이 스스로 몸을 숨겼다.
後聞沛公將兵略地陳留郊	나중에 패공이 군사를 이끌고 진류의 교외에서 땅을 빼앗는다는 말을 들었는데
沛公麾下騎士適酈生里中子也[8]	패공 휘하의 기병이 마침 역생의 마을 사람이라
沛公時時問邑中賢士豪俊	패공은 때때로 읍중의 현사와 호걸에 대하여 물어보았다.
騎士歸	기병이 돌아왔을 때
酈生見謂之曰	역생이 찾아보고 그에게 말하였다.
吾聞沛公慢而易人	"내가 듣기에 패공은 오만하고 사람을 깔보지만
多大略	원대한 책략이 많다는데
此真吾所願從游	이야말로 정말 내가 따르기를 바라던 사람으로

---

5 **정의** 순(徇)은 빼앗는다는 뜻이다.

6 **집해** 응소는 말하였다. "악착(握齱)은 촉급한 모양이다." **색은** 응소는 齱의 음은 '촉(促)'과 같다고 하였다. 추씨(鄒氏)는 음을 착[麤角反]이라고 하였다. 위소(韋昭)는 "악착(握齱)은 작은 절개이다."라 하였다.

7 **색은** 苛는 또한 '하(荷)'라고도 한다. 가규(賈逵)는 "가(苛)는 번거롭다는 뜻이다." 소안(小顏)은 "가(苛)는 잗달다는 뜻이다."라 하였다.

8 **집해** 복건(服虔)은 말하였다. "역이기의 마을에 사는 사람이 마침 패공(沛公)의 기병이었다." **색은** 역이기의 마을 사람이다. 適의 음은 석(釋)이다. 복건과 소림(蘇林)은 모두 패공의 기병이 마침 역이기의 마을 사람이라고 하였다. 마침 가까이하여 기병이 되었다는 말이다.

莫爲我先[9]	나를 위해 먼저 소개해 준 사람이 없었소.
若見沛公	패공을 뵙는다면
謂曰臣里中有酈生	'신이 사는 마을에 역생이라는 사람이 있는데
年六十餘	나이가 60여 세이며
長八尺	키는 8척에 달하고
人皆謂之狂生	사람들이 모두 그를 미치광이라고 하는데
生自謂我非狂生	그 스스로 이르기를 나는 미치광이가 아니다.'라 한다고 말해 주시오."
騎士曰	기병이 말하였다.
沛公不好儒	"패공은 선비를 좋아하지 않아
諸客冠儒冠來者	유관을 쓴 손님들이 찾아오면
沛公輒解其冠	패공은 바로 그 관을 벗기고
溲溺[10]其中	그 속에 오줌을 눕니다.
與人言	사람과 말을 하면
常大罵	늘 크게 욕을 해댑니다.
未可以儒生說也	유생으로 말을 할 수는 없습니다."
酈生曰	역생이 말하였다.
弟言之	"아우가 말씀드리게."
騎士從容言如酈生所誡者	기병은 조용히 역생이 일러준 대로 말하였다.
沛公至高陽傳舍[11]	패공은 고양의 객관에 이르러

---

9 **색은** 선(先)은 선용(先容)으로, 나를 소개해 주는 사람이 없다는 것을 말한다. **정의** 爲의 음은 위[于僞反]이다.

10 **색은** 위의 글자는 음이 수[所由反]이다. 아래의 글자는 음이 뇨[乃弔反]이며, 또한 글자 그 대로이다. 수(溲)는 곧 오줌이다.

11 **집해** 서광은 말하였다. "2세 3년 2월이다."

使人召酈生	사람을 시켜 역생을 불렀다.
酈生至	역생이 이르러
入謁	들어가 뵈려 할 때
沛公方倨床使兩女子洗足[12]	패공은 바야흐로 침상 모서리에서 두 여자에게 발을 씻게 하면서
而見酈生	역생을 만나보았다.
酈生入	역생은 들어가
則長揖不拜	길게 읍만 할 뿐 절은 하지 않고
曰	말하였다.
足下欲助秦攻諸侯乎	"족하께서는 진나라를 도와 제후를 치고자 하십니까?
且欲率諸侯破秦也	아니면 제후를 거느리고 진나라를 깨뜨리고 싶습니까?"
沛公罵曰	패공이 꾸짖어 말하였다.
豎儒[13]	"비천한 선비 녀석!
夫天下同苦秦久矣	천하에서 함께 진나라를 괴롭게 여긴 지가 오래되어서
故諸侯相率而攻秦	제후들이 서로 이끌고 진나라를 공격하는데
何謂助秦攻諸侯乎	어째서 진나라를 도와 제후를 친다고 하느냐?"
酈生曰	역생이 말하였다.
必聚徒合義兵誅無道秦	"무리를 모으고 의병을 모아 무도한 진나라를 없애려 한다면
不宜倨見長者	침상 모서리에 (앉아)서 연장자를 만나지는 않

---

12 **색은** 악산(樂産)은 말하였다. "침상의 모서리를 거(倨)라고 한다."

13 **색은** 수(豎)는 동복(僮僕)을 일컫는다. 패공이 깔보고 종에다 비유하였으므로 '수유(豎儒)' 라고 한 것이다.

습니다."

於是沛公輟洗	이에 패공은 씻는 일을 그만두고
起攝衣[14]	일어나 옷을 여미고
延酈生上坐	역생을 윗자리로 끌어들이면서
謝之	사과하였다.
酈生因言六國從橫時	역생은 이에 육국이 합종연횡(合從連橫) 할 때를 말하였다.
沛公喜	패공은 기뻐하면서
賜酈生食	역생에게 먹을 것을 내리고
問曰	물었다.
計將安出	"계책을 어디서 내겠소?"
酈生曰	역생이 말하였다.
足下起糾合之眾[15]	"족하께서는 오합지졸을 일으키고
收散亂之兵	어지러이 흩어진 군사들을 모으셨는데
不滿萬人	만 명이 되지 않으며
欲以徑入強秦	지름길로 강한 진나라로 들어가려 하시니
此所謂探虎口者也	이것이 이른바 호랑이 입을 찾아간다는 것입니다.
夫陳留	진류는
天下之衝	천하의 요충지요
四通五達之郊也[16]	사통오달한 교외로
今其城又多積粟	지금 성에는 또한 곡식이 많이 쌓여 있습니다.

---

14 **정의** 섭(攝)은 옷을 여민다는 말과 같다.

15 **집해** '오합(烏合)'으로 된 판본도 있고, '와합(瓦合)'으로 된 판본도 있다.

16 **집해** 여순(如淳)은 말하였다. "4면의 중앙이면 무릇 다섯 곳으로 이르게 된다." 찬(瓚)이 말하였다. "사통오달은 험한 곳이 없다는 말이다."

臣善其令[17]	신이 그 현령과 친하니
請得使之	청컨대 사신으로 가게 해주신다면,
令下足下[18]	족하의 밑에 들도록 하겠습니다.
即不聽	듣지 않을 경우
足下擧兵攻之	족하께서 군사를 일으켜 치시면
臣爲內應	신은 내응하겠습니다."
於是遣酈生行	이에 역생을 보내고
沛公引兵隨之	패공은 군사를 끌고 따라
遂下陳留	마침내 진류를 함락시켰다.
號酈食其爲廣野君	역이기를 광야군이라 불렀다.

酈生言其弟酈商	역이기는 그 아우 역상에게 말하여
使將數千人從沛公西南略地	수천 명을 거느리고 패공을 따라 서남쪽에서 땅을 빼앗게 하였다.
酈生常爲說客	역생은 늘 세객이 되어
馳使諸侯	제후들에게 사신으로 달려갔다.

漢三年秋	한나라 3년(B.C. 204) 가을에
項羽擊漢	항우가 한나라를 쳐서
拔滎陽	형양을 함락시키자
漢兵遁保鞏洛	한나라 군사는 달아나 공현(鞏縣)과 낙양을 지켰다.
楚人聞淮陰侯破趙	초나라 사람은 회음후가 조나라를 깨뜨렸고

---

17 정의 역이기가 진류(陳留)의 현령과 친하다는 것을 말한다.
18 정의 음은 령[力征反]이다. 하(下)는 항복시킨다는 말이다.

彭越數反梁地[19]	팽월이 대량에서 자주 반란을 일으켰다는 말을 듣고
則分兵救之	군사를 나누어 구원하였다.
淮陰方東擊齊	회음후가 바야흐로 동으로 제나라를 칠 때
漢王數困滎陽成皋	한왕은 수차 형양과 성고에서 곤경에 처해
計欲捐成皋以東	성고 동쪽을 버리고
屯鞏洛以拒楚	공현과 낙양에 주둔하면서 초나라에 맞서려고 하였다.
酈生因曰	역생이 이에 말하였다.
臣聞知天之天者	"신이 듣건대 하늘의 하늘을 아는 자는
王事可成	제왕의 일을 이룰 수 있으며,
不知天之天者	하늘의 하늘을 모르는 자는
王事不可成	제왕의 일을 이룰 수 없다고 하였습니다.
王者以民人爲天[20]	왕자는 백성을 하늘로 여기며
而民人以食爲天	백성들은 먹을 것을 하늘로 여깁니다.
夫敖倉	저 오창(敖倉)은
天下轉輸久矣	천하의 운수처(運輸處)가 된 지 오래며
臣聞其下迺有藏粟甚多	신이 듣건대 그 아래는 곧 곡식을 저장한 곳이 매우 많은데
楚人拔滎陽	초나라 사람이 형양을 함락시키면서
不堅守敖倉	오창(敖倉)을 단단히 지키지 않고
迺引而東	이에 이끌고 동으로 가서
令適卒[21]分守成皋	죄를 지어 유배된 군사들로 나누어 성고를 지

---

19 색은 數의 음은 삭(朔)이다.

20 색은 왕자(王者)는 사람을 하늘로 생각한다. 이 말은 『관자(管子)』에서 나왔다.

키게 하니

此乃天所以資漢也	이는 곧 하늘이 한나라를 도와주는 것입니다.
方今楚易取而漢反郤	지금 초나라는 취하기 쉬운데 한나라가 도리어 물러나
自奪其便²²	유리한 형국을 스스로 잃게 하니
臣竊以爲過矣	신은 가만히 잘못이라고 생각합니다.
且兩雄不俱立	아울러 두 영웅이 함께 서지를 못해
楚漢久相持不決	초나라와 한나라는 오래도록 맞서 결단을 내지 못해
百姓騷動	백성들은 동요하고 있고
海內搖蕩	천하는 흔들리고 있으며
農夫釋耒	농부들은 쟁기를 놓고
工女²³下機	베 짜는 여인은 베틀에서 내려오니
天下之心未有所定也	천하의 마음은 아직 정해진 것이 없습니다.
願足下急復進兵	원컨대 족하께서는 급히 다시 출병하시어
收取滎陽	형양을 거두어 취하시고
據敖倉之粟²⁴	오창(敖倉)의 곡식을 차지하시고

21 　색은　윗 글자의 음은 적[直革反]이다. (後漢 服虔의) 『통속문(通俗文)』에서는 "죄를 지어 벌 받는 것을 적(讁)이라고 한다."라 하였으며, 곧 이른바 적수(謫戍)라는 것이다. 또한 음을 적 [陟革反]이라고도 한다. 卒의 음은 졸[租忽反]이다.

22 　색은　한나라가 도리어 물러나 스스로 유리함을 빼앗는 것이다. 오창(敖倉)을 빼앗지 않는 것이 한나라가 물러나는 것이며 스스로 그 유리함을 빼앗는 것이라는 말이다.

23 　색은　여공(女工)의 솜씨가 좋은 것이다. 『한서(漢書)』에는 '紅'으로 되어 있는데, 음은 공 (工)이다.

24 　정의　오창(敖倉)은 정주(鄭州) 형양현(滎陽縣) 서쪽 15리 지점, 석문(石門)의 동쪽에 있는 데, 북으로 변수(汴水)에 임하여 있고, 남으로는 삼황산(三皇山)을 띠고 있다. 진시황 때 오 산(敖山) 위에 창고를 설치하였으므로 오창(敖倉)이라고 부른다.

塞成皐之險[25]	성고의 험지를 막으시고
杜大行之道[26]	태항의 길을 틀어막으시고
距蜚狐之口[27]	비호의 입구를 여시고
守白馬之津	백마의 나루를 지키시어
以示諸侯效實形制之勢	제후들에게 성의와 형세를 제압한 형국을 보여 주신다면
則天下知所歸矣	천하는 귀의할 곳을 알게 될 것입니다.
方今燕趙已定	지금 연나라와 조나라는 이미 평정되었고
唯齊未下	제나라만 항복하지 않았습니다.
今田廣據千里之齊	지금 전광이 천 리의 제나라를 차지하고 있으며
田閒將二十萬之眾	전간이 20만의 무리를 거느리고
軍於歷城	역성에 주둔하고 있는데
諸田宗彊	여러 전씨의 종족이 강하여
負海阻河濟	바다의 험함과 황하·제수를 업고
南近楚	남으로는 초나라와 가까우며
人多變詐	사람들은 변덕이 많고 속이기를 잘하니
足下雖遣數十萬師	족하께서 비록 수십만의 군사를 보내신다 해도
未可以歲月破也	단기간에는 깨뜨릴 수 없을 것입니다.
臣請得奉明詔說齊王	신은 청컨대 밝은 조칙을 받들고 제왕을 유세하여
使爲漢而稱東藩	한나라를 위하고 동쪽 울타리가 되도록 하겠습니다."

---

25 **정의** 곧 범수현(氾水縣)의 산이다.

26 **집해** 위소는 말하였다. "하내(河內) 야왕(野王)의 북쪽이다."

27 **집해** 여순은 말하였다. "상당(上黨) 호관(壺關)이다." 내[裴駰]가 생각건대 비호(蜚狐)는 대군(代郡)의 서남쪽에 있다. **정의** 울주(蔚州) 비호현(飛狐縣) 북쪽 백50리 지점에 진·한의 옛 군의 성이 있다. 서남쪽에 산이 있는데 속칭 비호구(飛狐口)라고 한다.

上曰	임금이 말하였다.
善	"좋소."
迺從其畫	곧 그 계책을 좇아
復守敖倉	다시 창오를 지키고
而使酈生說齊王曰	역생으로 하여금 제왕을 설득하게 하여 말하였다.
王知天下之所歸乎	"왕께서는 천하가 돌아갈 곳을 아시는지요?"
王曰	왕이 말하였다.
不知也	"알지 못하오."
曰	말하였다.
王知天下之所歸	"왕께서 천하가 돌아갈 곳을 아신다면
則齊國可得而有也	제나라는 (나라를) 가질 수 있게 될 것이며,
若不知天下之所歸	천하가 돌아갈 곳을 알지 못하신다면
即齊國未可得保也	제나라는 보존하지 못하게 될 것입니다."
齊王曰	제왕이 말하였다.
天下何所歸	"천하는 어디로 돌아가게 될 것 같소?"
曰	말하였다.
歸漢	"한나라로 돌아갑니다."
曰	말하였다.
先生何以言之	"선생께서 어떻게 그렇게 말하오?"
曰	말하였다.
漢王與項王戮力西面擊秦	"한왕과 항왕은 힘껏 서쪽을 향해 진나라를 쳐서
約先入咸陽者王之	먼저 함양에 들어가는 자가 왕이 되기로 약속하였습니다.

漢王先入咸陽	한왕이 먼저 함양으로 들어갔는데
項王負約不與而王之漢中	항왕은 약속을 저버리어 주지 않고 한중왕이 되게 하였습니다.
項王遷殺義帝	항왕이 의제를 옮기어 죽이자
漢王聞之	한왕이 듣고
起蜀漢之兵擊三秦	촉한의 군사를 일으켜 삼진을 쳤으며
出關而責義帝之處	(함곡)관을 나와 의제를 죽인 죄를 물었고
收天下之兵	천하의 군사를 거두어
立諸侯之後	제후의 후대를 세웠습니다.
降城即以侯其將	성을 항복시키면 그 장수를 봉하였으며
得賂即以分其士	재물을 얻으면 그 군사들에게 나누어 주어
與天下同其利	천하와 그 이익을 함께하였으며
豪英賢才皆樂爲之用	영웅호걸과 현명한 인재들이 모두 쓰임을 즐거워합니다.
諸侯之兵四面而至	제후의 군사들이 사방에서 이르고
蜀漢之粟方船而下[28]	촉한의 양식이 배를 나란히 하여 내려옵니다.
項王有倍約之名	항왕은 약속을 어겼다는 오명과
殺義帝之負	의제를 죽인 잘못이 있으며,
於人之功無所記	남의 공로는 적어두지 않고
於人之罪無所忘	남의 죄악은 잊지 않으며,
戰勝而不得其賞	싸움에 이겨도 상을 주지 못하고
拔城而不得其封	성을 함락시켜도 봉하지 않으며,
非項氏莫得用事	항씨가 아니면 집정을 하지 못하고,

---

28 색은 방선(方船)은 병주(並舟: 배를 나란히 함)를 말한다. 『전국책(戰國策)』에서 "배를 나란히 하고 곡식을 싣고 강을 따라 내려옵니다(方船積粟, 循江而下)."라 한 것이다.

爲人刻印	남의 도장을 파놓고도
刓而不能授[29]	닳을 때까지 줄 수 없으며,
攻城得賂	성을 공격하여 재물을 얻으면
積而不能賞	쌓아놓고 상을 줄 수 없습니다.
天下畔之	천하에서 배반하고
賢才怨之	현능한 인재들이 원망하며
而莫爲之用	아무도 그를 위해 쓰지 않습니다.
故天下之士歸於漢王	그러므로 천하의 선비가 한왕에게 귀의할 것이라는 것은
可坐而策也	앉아서도 생각할 수 있습니다.
夫漢王發蜀漢	저 한왕은 촉한을 떠나
定三秦	삼진을 평정하였으며,
涉西河之外	서하의 바깥을 건너
援上黨之兵[30]	상당의 군사를 취하였고,
下井陘	정형으로 내려가
誅成安君	성안군을 죽였으며,
破北魏[31]	북위를 깨뜨리고
舉三十二城	32개의 성을 점령하였습니다.

---

29 **집해** 맹강(孟康)은 말하였다. "닳아져 없어져 모서리가 없어진 것이다." 찬(瓚)이 말하였다. "항우는 작위를 내리고 상을 주는 데 인색하여 제후의 인장을 아끼어 남을 봉할 수 없었던 것이다." **색은** 刓의 음은 완[五官反]이다. 곽상(郭象)은 『장자(莊子)』의 주에서 "주무르느라 둥글어져 규홀의 모서리가 없어졌다(刓團無圭角)."라 하였다. 『한서』에는 '완(玩)'으로 되어 있으며, 아끼어 차마 남에게 주지 못하는 것이다.

30 **정의** 援의 음은 원(爰)이다.

31 **색은** 위표(魏豹)를 이른다. 표(豹)가 하북(河北)에 있기 때문이다. 또한 '서위(西魏)'라고도 하는데, 대량(大梁)이 황하의 남쪽에 있기 때문이다.

此蚩尤之兵也	이는 치우의 병사로
非人之力也	사람의 힘이 아니며
天之福也	하늘의 복입니다.
今已據敖倉之粟	지금 이미 오창(敖倉)의 곡식을 차지하였고
塞成皋之險	성고의 험지를 막았으며
守白馬之津	백마의 나루를 지키고
杜大行之阪	태항의 길을 틀어막았으며
距蜚狐之口	비호의 입구를 열었으니
天下後服者先亡矣	천하에서 나중에 복종하는 자는 먼저 망하게 될 것입니다.
王疾先下漢王	왕께서 빨리 먼저 한왕의 밑으로 들어가시면
齊國社稷可得而保也	제나라의 사직은 보존되게 될 것이며,
不下漢王	한왕의 밑으로 들어가지 않으시면
危亡可立而待也	위망을 서서 기다리게 될 것입니다.”
田廣以爲然	전광은 그럴듯하게 생각하여
迺聽酈生	이에 역생의 말을 따라
罷歷下兵守戰備	역하를 지키고 싸우던 군사를 해체하고
與酈生日縱酒	역생과 함께 날로 술잔치를 벌였다.

淮陰侯聞酈生伏軾下齊七十餘城	
	회음후는 역생이 수레 앞턱에 기대어 제나라의 70여 성을 항복시켰다는 말을 듣고
迺夜度兵平原襲齊	즉시 밤에 평원으로 군사를 건너 보내 제나라를 쳤다.
齊王田廣聞漢兵至	제왕 전광은 한나라 군사가 이르렀다는 말을 듣고

以爲酈生賣己	역생이 자기를 속였다고 생각하여
迺曰	이에 말하였다.
汝能止漢軍	"네가 한나라 군사를 저지할 수 있으면
我活汝	내 너를 살려줄 것이며,
不然	그렇지 못하면
我將亨汝	내 너를 삶아 죽일 것이다!"
酈生曰	역생이 말하였다.
擧大事不細謹	"큰일을 행함에는 자잘하게 삼가지 않으며
盛德不辭讓	큰 덕은 꾸짖음을 사양치 않는다.
而公不爲若更言	그러니 그대는 다시는 말을 바꾸지 않을 것이오!"
齊王遂亨酈生	제왕은 마침내 역생을 삶아 죽이고
引兵東走	군사를 거느리고 동쪽으로 달아났다.
漢十二年	한(漢) 12년(B.C. 195)에
曲周侯酈商以丞相將兵擊黥布有功	
	곡주후 역상이 승상으로 군사를 거느리고 경포를 쳐서 공을 세웠다.
高祖擧列侯功臣	고조가 공신들을 열후로 봉할 때
思酈食其	역이기가 생각났다.
酈食其子疥³²數將兵	역이기의 아들 개(疥)는 수차례 군사를 통솔하였으나
功未當侯	공이 열후에는 해당하지 않았는데

---

32 색은 疥의 음은 개(界)이다. 나중에 무수(武遂)로 고쳐서 봉한 것이 3대였다. 「지리지(地理志)」에서는 무수는 하간(河間)에 속한다고 하였다. 『한서』에는 "무양자수(武陽子遂)"로 되어 있는데, 연문(衍文)이다.

上以其父故	임금이 그 아비의 공을 생각하여
封疥爲高梁侯	개(疥)를 고량후에 봉하였다.
後更食武遂	나중에 무수를 식읍으로 고쳐 받아
嗣三世	3대를 이었다.
元狩元年中	원수(元狩) 원년(B.C. 122)에
武遂侯平³³坐詐詔衡山王取百斤金	무수후 평(平)은 조칙을 사칭하여 형산왕에게서 금 백 근을 빼앗는 죄를 지어
當棄市	기시의 형에 해당하였는데
病死	병사하였으며
國除也	나라는 몰수되었다.
陸賈者	육가(陸賈)는
楚人也³⁴	초나라 사람이다.
以客從高祖定天下	빈객으로 고조를 따라 천하를 평정하였는데
名爲有口辯士	입심 좋은 선비로 이름이 났으며
居左右	곁에 있으면서
常使諸侯	항상 제후의 사신이 되었다.

---

33 [정의] 「연표(年表)」에서는 "죽자 아들 발(敎)이 이었다. 즉자 아들 평(平)이 이었으며, 원년에 죄를 지어 나라가 없어졌다."라 하였다. 그러나 『한서』에서는 "무양으로 식읍을 고쳤으며 아들 수(遂)가 이었다."라 하였는데 『한서』가 잘못된 것 같다.

34 [색은] 『진류풍속전(陳留風俗傳)』에서는 "육씨(陸氏)는 춘추시대 육혼국(陸渾國)의 후예이다. 진후(晉侯)가 정벌하였으므로 육혼은 초나라로 달아났다. 육가는 그 후손이다."라 하였다. 또한 『육씨보(陸氏譜)』에서는 "제선공(齊宣公)의 지자(支子: 적장자를 제외한 차자 이하 첩의 자식들까지를 모두 말함) 달이 육(陸)을 채읍으로 하였다. 달은 발을 낳았고, 발은 고(皋)를 낳았는데 초나라로 갔다. 육가는 그 손자이다."라 하였다.

及高祖時	고조 때
中國初定	중국이 막 평정되자
尉他[35]平南越	위타가 남월을 평정하고
因王之	왕이 되었다.

高祖使陸賈賜尉他印爲南越王

고조는 육가로 하여금 위타에게 인장을 내리고 남월왕이 되게 하였다.

陸生至	육생[陸生: 육가(陸賈)]이 이르자
尉他魋結[36]箕倨見陸生	위타는 상투를 하고 두 다리를 쭉 뻗고 앉아 육생을 만났다.
陸生因進說他曰	육생은 곧 나아가 위타에게 일러 말하였다.
足下中國人	"족하는 중국인이며
親戚昆弟墳在眞定[37]	친척과 형제의 무덤은 진정(眞定)에 있사옵니다.
今足下反天性	지금 족하께서는 천성에 반하여
棄冠帶	관대를 버리고

欲以區區之越與天子抗衡[38]爲敵國

구구한 월나라를 가지고 천자에 맞서 적국이 되고자 하니

| 禍且及身矣 | 화가 몸에 미치게 될 것입니다. |

---

35 색은 조타(趙他)가 남월위(南越尉)였으므로 '위타(尉他)'라 하였다. 他의 음은 타(駝)이다.

36 집해 복건은 말하였다. "魋의 이름은 추(椎)이다. 지금 병사들이 추발(椎髮)을 하고 있는 것이다." 색은 魋의 음은 추[直追反]이다. 結의 음은 계(計)이다. 상투를 틀어 모은 것이 뭉치 비슷하게 묶었으므로 글자가 결(結) 자를 따른 것이다. 또한 생각건대 '추결(魋結)' 두 자는 본 글자의 뜻으로 읽어도 통한다. 오랑캐들은 본래 머리를 풀어헤치고 옷깃을 왼쪽으로 여미는데 지금 위타가 그 풍속과 같이하였지만 그 머리만은 상투를 엮은 것이다.

37 색은 조(趙)나라 땅이다. 본명은 동원(東垣)이며, 상산(常山)에 속한다.

38 색은 최호(崔浩)는 "항(抗)은 맞서는 것이다. 형(衡)은 수레의 가로막이 나무이다. 항형(抗衡)은 두 개의 가로막이 나무가 서로 맞서듯이 서로 피하지 않는 것을 말한다."라 하였다.

且夫秦失其政	또한 저 진나라는 실정을 하여
諸侯豪桀並起	제후들 및 호걸이 함께 일어났는데
唯漢王先入關	한왕만이 먼저 관으로 들어가
據咸陽	함양을 차지하였습니다.
項羽倍約	항우는 약조를 어기고
自立爲西楚霸王	스스로 즉위하여 서초패왕이 되었으며
諸侯皆屬	제후들이 모두 복속하였으니
可謂至彊	지극히 강하다 할 수 있습니다.
然漢王起巴蜀	그러나 한왕은 파촉에서 일어나
鞭笞天下	천하를 힘으로 제압하고
劫略諸侯	제후들을 을러
遂誅項羽滅之	마침내 항우를 죽여 멸하였습니다.
五年之閒	5년 안에
海內平定	해내가 평정되었으니
此非人力	이는 사람의 힘이 아니라
天之所建也	하늘이 세운 것입니다.
天子聞君王王南越	천자께서는 군왕이 남월의 왕이 되어
不助天下誅暴逆	천하가 포악한 역도를 죽이는 데 돕지 않았다는 말을 들었으며
將相欲移兵而誅王	장상이 군사를 움직여 왕을 죽이려고 하자
天子憐百姓新勞苦	천자는 백성들이 막 (전란으로) 고생하였음을 불쌍히 여기시어
故且休之	잠깐 쉬게 하고
遣臣授君王印	신을 보내어 군왕의 인장을 주고
剖符通使	부절을 쪼개어 사절을 통하게 하였습니다.

君王宜郊迎	군왕께서는 마땅히 교외에 나가 맞이하고
北面稱臣	북쪽을 보고 신하로 칭하여야 하거늘
迺欲以新造未集之越	이에 갓 생겨 정비도 되지 않은 월나라를 가지고
屈彊於此	이곳에서 뻣뻣하게 맞서려 하십니다.
漢誠聞之	한나라에서 실로 알게 되면
掘燒王先人冢	왕의 선인의 무덤을 파서 태우고
夷滅宗族	종족을 멸족시킬 것이며
使一偏將將十萬衆臨越	편장을 시켜 10만의 무리를 거느리고 월나라에 임한다면
則越殺王降漢	월나라가 왕을 죽이고 한나라에 항복하는 것은
如反覆手耳	손바닥을 뒤집는 것과 같을 따름이오."
於是尉他迺蹶然[39]起坐	이에 위타는 곧 벌떡 일어나 앉아
謝陸生曰	육생에게 사과하여 말하였다.
居蠻夷中久	"오랑캐의 나라에 오래 있다 보니
殊失禮義	다만 예의를 잃었을 뿐이오."
因問陸生曰	이에 육생에게 물었다.
我孰與蕭何曹參韓信賢	"나를 소하 · 조참 · 한신에 비한다면 누가 현명하겠소?"
陸生曰	육생이 말하였다.
王似賢	"왕이 현명할 것입니다."
復曰	다시 말하였다.

---

39 색은 소림(蘇林)은 음이 궐(厥)이라고 하였다. 『예기(禮記)』「공자한거(孔子閒居)」에 "자하는 벌떡 일어났다(子夏蹶然而起)."라는 말이 있다. (魏나라 張揖의) 『비창(埤蒼)』에서는 "궐(蹶)은 일어나는 것이다."라 하였다.

我孰與皇帝賢	"내 황제에 비해서는 누가 더 현명하겠소?"
陸生曰	육생이 말하였다.
皇帝起豐沛	"황제께서는 패현과 풍읍에서 일어나셔서
討暴秦	포악한 진나라를 토벌하고
誅彊楚	강한 초나라를 멸하였으며
爲天下興利除害	천하를 위해 이로움을 일으키고 해를 없앴으며
繼五帝三王之業	오제와 삼왕의 업적을 이어
統理中國	중국을 통할하여 다스리고 있습니다.
中國之人以億計	중국 사람은 억(億)을 헤아리고
地方萬里	땅은 사방 만 리(里)이며
居天下之膏腴	천하의 기름진 땅을 차지하고
人眾車舉	사람은 많고 수레는 남아돌며
萬物殷富	만물이 풍부하고
政由一家	정치는 한 왕가에서 나오니
自天地剖泮未始有也	천지가 개벽한 이래 한 번도 없던 일입니다.
今王眾不過數十萬	지금 왕께서는 무리가 수십만을 넘지 못하는 데다
皆蠻夷	모두 오랑캐이며
崎嶇山海閒	험악하게 산과 바다 사이에 있어서
譬若漢一郡	비유컨대 한나라의 한 군과 같으니
王何乃比於漢	왕께서 어찌 곧 한나라에 비하겠습니까!"
尉他大笑曰	위타가 크게 웃으면서 말하였다.
吾不起中國	"나는 중국에서 일어나지 않아서
故王此	이곳의 왕이 된 것이오.
使我居中國	나를 중국에 거주하게 하였다면

何渠不若漢[40]	어째서 한나라만 못하겠소?”
迺大說陸生	이에 육생을 크게 좋아하여
留與飲數月	머물게 하고 그와 함께 술을 마셨다.
曰	말하였다.
越中無足與語	“월나라에는 더불어 말할 만한 자가 없었는데
至生來	그대가 와서
令我日聞所不聞	날마다 듣지 못하던 것을 듣게 하였소.”
賜陸生橐中裝[41]直千金	육생에게 자루에 천금을 넣어서 내리고
他送亦千金[42]	달리 보낸 것 또한 천금이었다.
陸生卒拜尉他爲南越王	육생은 마침내 위타를 남월왕에 임명하고
令稱臣奉漢約	신하를 일컫고 한나라와의 약속을 받들도록 하였다.
歸報	돌아와 보고하니
高祖大悅	고조는 크게 기뻐하여
拜賈爲太中大夫	육가를 태중대부에 임명하였다.
陸生時時前說稱詩書	육생은 이따금 나아가 말하며 『시경』과 『서경』을 말하였다.

---

40 **집해** 渠의 음은 거(詎)이다. **색은** 渠는 유씨(劉氏)는 음이 거(詎)라고 하였다. 『한서』에는 '거(遽)' 자로 되어 있는데, 소안(小顏)은 “어찌 접근하여 한나라만 못하겠는가!”라 하였다.

41 **집해** 장안(張晏)은 말하였다. “주(珠)는 옥 가운데 보배로운 것이다. 장(裝)은 싸는 것[裏]이다.” **색은** 橐의 음은 탁(托)이다. 여순은 명월주(明月珠) 따위라 생각하였다. 또한 『시전(詩傳)』에서는 “큰 자루를 탁(橐)이라 하고, 작은 자루를 낭(囊)이라고 한다.”라 하였다. 『비창(埤蒼)』에서는 “바닥이 있는 것을 낭(囊)이라 하고 바닥이 없는 것을 탁(橐)이라 한다.”라 하였다. 보물을 자루에 넣어준 것을 말한다.

42 **집해** 소림(蘇林)은 말하였다. “자루 속의 물건이 아니므로 ‘달리 보낸 것(他送)’이라 하였다.”

高帝罵之曰	고제가 꾸짖어 말하였다.
迺公居馬上而得之	"이 몸은 말 위에서 천하를 얻었거늘
安事詩書	『시경』과 『서경』으로 무슨 일을 하겠느냐!"
陸生曰	육생이 말하였다.
居馬上得之	"말 위에서 얻었으나
寧可以馬上治之乎	어찌 말 위에서 다스리시겠습니까?
且湯武逆取而以順守之	또한 탕왕과 무왕은 거슬러 취하였지만 순리로 지켰으니
文武並用	문과 무를 아울러 쓰는 것이
長久之術也	오래가는 술책입니다.
昔者吳王夫差智伯極武而亡	옛날 오왕 부차와 지백은 무를 과도하게 써서 망하였으며,
秦任刑法不變	진나라는 형법에 맡겨두고 개혁을 하지 않아
卒滅趙氏43	마침내 진나라를 멸하게 하였습니다.
鄉使秦已并天下	저번에 가령 진나라가 이미 천하를 병탄하여
行仁義	인의를 행하고
法先聖	선성을 본받았더라면
陛下安得而有之	폐하께서 어찌 천하를 차지하여 가질 수 있었 겠습니까?"
高帝不懌而有慚色	고제는 기뻐하지 않고 부끄러운 기색을 띠면서
迺謂陸生曰	이에 육생에게 일러 말하였다.
試爲我著秦所以失天下	"나를 위해 진나라가 천하를 잃고

---

43 집해 조씨(趙氏)는 진(秦)나라의 성이다. 색은 위소는 "진(秦)나라 백익(伯益)의 후예는 조씨와 함께 비렴(非廉)에서 나와 조보(造父)에 이르러 목왕(穆王) 때 공을 세워 조성(趙城)에 봉하여졌는데 이로 인해 조씨(趙氏)라고도 한다."라 하였다.

吾所以得之者何	내가 어째서 천하를 얻었으며
及古成敗之國	아울러 옛 성공하고 망한 나라를 대충 말해 보라."
陸生迺粗述存亡之徵	육생은 이에 존망의 조짐을 개괄적으로 서술하여
凡著十二篇	모두 12편을 지었다.
每奏一篇	한 편씩 바칠 때마다
高帝未嘗不稱善	고제는 칭찬하지 않은 적이 없었고
左右呼萬歲	좌우에서는 만세를 불렀으며
號其書曰新語[44]	그 책을 『신어(新語)』라고 불렀다.

孝惠帝時	효혜제 때
呂太后用事	여태후가 정권을 장악하여
欲王諸呂	여씨들을 왕으로 세우고자 하였으나
畏大臣有口者	대신들이 입을 댈까 두려워하였는데
陸生自度不能爭之	육생은 스스로 다툴 수 없다고 헤아리고
迺病免家居	이에 병을 핑계로 물러나 집에 있었다.
以好畤田地善[45]	호치의 전지(田地)가 훌륭하여
可以家焉	집으로 삼을 수 있다고 생각하였다.
有五男	5남이 있었는데
迺出所使越得橐中裝賣千金[46]	이에 월나라에 사신으로 갔을 때 얻은 자루의 것을 천금에 팔아

---

44 **정의** (南朝 梁나라 阮孝緖의) 『칠록(七錄)』에서는 "『신어(新語)』는 2권으로 육가(陸賈)가 지었다."라 하였다.

45 **정의** 畤의 음은 치(止)이다. 옹주현(雍州縣)이다.

46 **정의** 한나라 제도에 1금(一金)은 천 관(千貫)의 값어치가 나간다.

分其子	그 아들들에게 나누어 주었는데
子二百金	아들 1인당 2백금을 주고
令爲生産	생계로 삼게 하였다.
陸生常安車馴馬	육생은 늘 사두마차를 편안히 타고
從歌舞鼓琴瑟侍者十人	가무에 능하고 금과 슬을 연주하는 시종 열 명을 딸렸으며
寶劍直百金	보검은 백금에 달하였는데
謂其子曰	그 아들들에게 일러 말하였다.
與汝約[47]	"너희와 약속하겠다.
過汝	너희의 집을 들를 테니
汝給吾人馬酒食	너희는 내가 데리고 있는 사람과 말에게 술과 먹을 것을 주어
極欲	욕망을 극도로 채워줄 것이며
十日而更	열흘 후에는 바꾸겠다.
所死家	내가 죽는 집에서는
得寶劍車騎侍從者	보검이며 수레, 시종을 얻게 될 것이다.
一歲中往來過他客	1년 중 다른 손님에게도 들를 것이니
率不過[48]再三過	대략 두세 번 들르는 것을 넘기지는 않을 것이며
數見不鮮[49]	자주 보면 신선하지 않을 것이니
無久慁公爲也[50]	오래도록 나를 귀찮게 여기지는 말라."

---

47 집해 서광은 말하였다. "여(汝)는 '공(公)'으로 된 판본도 있다."

48 색은 率의 음은 율(律)이다. 過의 음은 과(戈)이다.

49 색은 數見의 음은 삭현(朔現)이다. 때때로 와서 너희를 본다는 것을 말한다. 불선(不鮮)은 반드시 신선하고 맛있는 음식을 할 것이며 신선하지 않은 것은 보이지 말게 하라는 것을 말한다. 『한서』에는 '삭격선(數擊鮮)'으로 되어 있으며, 여순은 "신쇄(新殺)한 것을 선(鮮)이라 한다."라 하였다.

呂太后時	여태후 때
王諸呂	여씨들을 왕으로 봉하자
諸呂擅權	여씨들이 권력을 주무르고
欲劫少主	어린 임금을 위협하고
危劉氏	유씨를 위험에 빠뜨리려 하였다.
右丞相陳平患之	우승상 진평이 이를 근심하였지만
力不能爭	힘으로 다툴 수가 없고
恐禍及己	화가 자신에게 미칠 것을 두려워하여
常燕居深念	늘 집에 틀어박혀 깊이 생각하였다.
陸生往請51	육생이 가서 문안을 드리러 가서
直入坐	곧장 들어가 앉았더니
而陳丞相方深念52	진(陳) 승상이 바야흐로 깊이 생각하느라
不時見陸生	제때에 육생을 보지도 못하였다.
陸生曰	육생이 말하였다.
何念之深也	"무엇을 그리 깊이 생각하십니까?"
陳平曰	진평이 말하였다.
生揣我何念53	"그대는 내가 무슨 생각을 하는지 알겠소?"
陸生曰	육생이 말하였다.
足下位爲上相	"족하께서는 지위가 상상이고

---

50 **[집해]** 위소는 말하였다. "흔(愍)은 오욕(汚辱)이라는 뜻이다." **[색은]** 흔(愍)은 근심하는 것이다. 공(公)은 육가가 자신을 이른 것이다. 너희 여러 아들들은 공을 오래도록 싫어하지 말라는 말이다.

51 **[집해]** 『한서음의(漢書音義)』에서는 말하였다. "청(請)은 문안을 여쭙는 것과 같은 말이다."

52 **[색은]** 심념(深念)은 깊이 생각하는 것이다.

53 **[집해]** 맹강은 말하였다. "췌(揣)는 헤아리는 것이다." 위소는 말하였다. "揣의 음은 췌[初委反]이다."

452

食三萬戶[54]侯	식읍이 3만 호인 열후이시니
可謂極富貴無欲矣	부귀가 극에 달해 욕구는 없다 할 것입니다.
然有憂念	그러나 근심스런 생각이 있으시니
不過患諸呂少主耳	여씨들과 어린 임금의 근심에 지나지 않을 것입니다."
陳平曰	진평이 말하였다.
然	"그렇소.
爲之柰何	그것을 어찌해야 하겠소?"
陸生曰	육생이 말하였다.
天下安	"천하가 편안하면
注意相	승상이 중시되고,
天下危	천하가 위태로우면
注意將	장수가 중시되는 법입니다.
將相和調	장수와 승상이 잘 맞으면
則士務附	경사(卿士)들이 힘껏 귀부할 것이며,
士務附[55]	경사들이 귀부하면
天下雖有變	천하에 비록 변고가 있다고 하더라도
即權不分	권력이 나누어지지 않을 것입니다.
爲社稷計	사직을 위한 계책은
在兩君掌握耳	(승상과 장수) 두 사람이 장악하는 데 있을 따름입니다.
臣常欲謂太尉絳侯	신은 늘 태위 강후에게 말하고자 하였으나

---

54 **색은** 「진평전(陳平傳)」[『한서(漢書)』]에서는 식읍이 5천이라 하였는데, 곡역(曲逆)으로 진(秦)나라 때 3만 호를 가졌는데 아마 다시 공업이 이에 이르렀으므로 이렇게 말하였을 것이다.
55 **집해** 서광은 말하였다. "무(務)는 어떤 판본에는 '예(豫)'로 되어 있다."

絳侯與我戲	강후는 나와 농담이나 하여
易吾言	나의 말을 쉽게 여깁니다.
君何不交驩太尉	그대는 어찌하여 태위와 교유를 맺고
深相結	깊이 서로 결탁하지 않으십니까?"
爲陳平畫呂氏數事	진평을 위하여 여씨(를 꺾을)의 여러 일을 획책해 주었다.
陳平用其計	진평은 그 계책을 써서
迺以五百金爲絳侯壽	마침내 5백금으로 강후를 축수하고
厚具樂飮	두터이 갖추어 즐겁게 마셨으며,
太尉亦報如之	태위 또한 그렇게 보답하였다.
此兩人深相結	이 두 사람이 깊이 서로 결탁하자
則呂氏謀益衰	여씨의 계책은 점점 쇠퇴해졌다.
陳平迺以奴婢百人	진평은 이에 노비 백 명과
車馬五十乘	거마 50승,
錢五百萬	5백만 전을
遺陸生爲飮食費	육생에게 생활비로 주었다.
陸生以此游漢廷公卿閒	육생은 이로 인해 한나라 조정의 공경 사이에서 교유하면서
名聲藉甚56	명성이 성대해졌다.
及誅諸呂	여씨들을 죽이고
立孝文帝	효문제를 옹립하였는데
陸生頗有力焉	육생이 자못 힘을 보탰다.
孝文帝即位	효문제가 즉위하자

---

56 집해 『한서음의(漢書音義)』에서는 말하였다. "낭자함이 매우 성하여졌다는 말이다."

欲使人之南越	남월로 사신을 보내려 하였다.
陳丞相等乃言陸生爲太中大夫	
	진 승상 등이 이에 육생을 태중대부로 삼아
往使尉他	위타에게 사신으로 가도록 말하였으며
令尉他去黃屋稱制	위타로 하여금 황금 집과 황제의 명을 내리는 것을 그만두게 하고
令比諸侯	제후에 비견되게끔 하였는데
皆如意旨	모두 뜻대로 되었다.
語在南越語中	이 일은 「남월열전(南越列傳)」의 기록에 있다.
陸生竟以壽終	육생은 마침내 천수를 누리고 죽었다.

平原君朱建者	평원군 주건은
楚人也	초나라 사람이다.
故嘗爲淮南王黥布相	원래는 일찍이 회남왕 경포의 승상이 되었었는데
有罪去	죄를 지어 떠났다가
後復事黥布	나중에 다시 경포를 섬겼다.
布欲反時	경포가 반기를 들려 할 때
問平原君	평원군에게 물었는데
平原君非之	평원군이 옳지 않다고 하자
布不聽而聽梁父侯	경포는 듣지 않고 양보후의 말을 듣고
遂反[57]	마침내 반기를 들었다.
漢已誅布	한나라가 이미 경포를 죽이고

---

57 **색은** 양보후(梁父侯)는 사서에 이름이 실전되었다. 여순은 『한서』에 주석을 달고 "수(遂) 는 경포의 신하이다."라 하였는데, 틀렸다. 신찬(臣瓚)은 "경포는 양보후의 계책을 듣고 마 침내 반기를 들었을 따름이다."라 하였는데, 그 설이 옳다.

聞平原君諫不與謀[58]	평원군이 간하여 모반에 끼이지 않았다는 말을 듣고
得不誅	죽지 않게 되었다.
語在黥布語中[59]	이 일은 「경포열전(黥布列傳)」의 기록에 있다.

平原君爲人辯有口	평원군은 사람됨이 구변이 좋았으며
刻廉剛直	엄정 청렴하였으며 강직하였고
家於長安	장안에서 살았다.
行不苟合	행실은 구차하게 부합하지 않았으며
義不取容	의를 지켜 비위를 맞추지 않았다.
辟陽侯行不正	벽양후는 행실이 바르지 못하였는데
得幸呂太后	여태후의 총애를 받았다.
時辟陽侯欲知平原君	당시 벽양후는 평원군을 알고자 하였으나
平原君不肯見	평원군은 만나려 하지 않았다.
及平原君母死	평원군의 어머니가 죽자
陸生素與平原君善	육생은 평소에 평원군과 친하여
過之	들러보았다.
平原君家貧	평원군은 집이 가난하여
未有以發喪[60]	아직 발상을 하지 못하여
方假貸服具	바야흐로 상구(喪具)를 빌리려 하였는데
陸生令平原君發喪	육생은 평원군에게 발상을 하게 하였다.

---

58 정의 與의 음은 예(預)이다.

59 집해 「경포열전(黥布列傳)」에는 이 말이 없다.

60 색은 유씨(劉氏)가 말하기를 장례를 치르려 할 때는 모름지기 빈궁(殯宮)을 열어야 하므로 '발상(發喪)'이라고 한다라 하였다.

陸生往見辟陽侯	육생은 벽양후를 가서 만나보고
賀曰	축하하며 말하였다.
平原君母死	"평원군의 어머니가 죽었습니다."
辟陽侯曰	벽양후가 말하였다.
平原君母死	"평원군의 어머니가 죽었는데
何乃賀我乎	어째서 나를 축하하는 것이오?"
陸賈曰	육가가 말하였다.
前日君侯欲知平原君	"전날 군후께서는 평원군과 알고 지내려 하였지만
平原君義不知君	평원군은 의를 내세워 그대를 모른다고 하였는데
以其母故[61]	그 어머니 때문이었습니다.
今其母死	지금 그 어머니가 죽었으니
君誠厚送喪	그대가 실로 두터이 송장(送葬)을 해준다면
則彼爲君死矣	저 사람은 그대를 위해 죽을 것입니다."
辟陽侯乃奉百金往稅[62]	벽양후는 이에 백금을 받들고 가서 수(稅)의 비용으로 보내주었다.
列侯貴人以辟陽侯故	열후와 귀인들은 벽양후 때문에
往稅凡五百金	수(稅)의 비용으로 모두 5백금을 보내주었다.
辟陽侯幸呂太后	벽양후는 여태후의 총애를 받아
人或毀辟陽侯於孝惠帝	어떤 사람이 효혜제에게 벽양후를 헐뜯자

---

61 집해 장안은 말하였다. "서로 알고 있어서 마땅해 재앙과 위기를 함께 근심해야 하는데 어머니가 살아계셔서 의리상 벽양후를 모른다고 한 것이다." 색은 최호는 "주건은 어머니가 살아 있어서 의리상 몸을 다른 사람에게 허락하지 않은 것이다."라 하였다.

62 집해 위소는 말하였다. "의복(衣服)을 세(稅)라고 하며, 세(稅)는 '수(襚)'가 되어야 한다." 색은 『설문(說文)』에서 "세(稅)는 상복을 보내주는 것이다."라 하였다. 襚의 음은 수[式芮反]이며, 또한 수(遂)라고도 한다.

孝惠帝大怒	효혜제는 크게 노하여
下吏	관리를 보내어 조사하여
欲誅之	죽이려 하였다.
呂太后慚	여태후는 부끄러워하여
不可以言	말해 줄 수가 없었다.
大臣多害辟陽侯行	대신들은 벽양후의 행실로 많은 해를 입어
欲遂誅之	마침내 그를 죽이려 하였다.
辟陽侯急	벽양후는 다급해져서
因使人欲見平原君	사람을 보내어 평원군을 만나려 하였다.
平原君辭曰	평원군은 사절하며 말하였다.
獄急	"옥사가 급박하게 돌아가니
不敢見君	그대를 감히 만나지 못합니다."
迺求見孝惠幸臣閎籍孺[63]	이에 효혜제의 총신 굉적유를 만날 것을 청하여
說之曰	설득하여 말하였다.
君所以得幸帝	"그대가 황제의 총애를 얻은 것은
天下莫不聞	천하에서 모르는 사람이 없습니다.
今辟陽侯幸太后而下吏	지금 벽양후는 태후의 총애를 받아 조사를 받고 있는데
道路皆言君讒	길거리에서는 모두 그대가 참소를 하여
欲殺之	죽이려고 한다고 합니다.
今日辟陽侯誅	오늘 벽양후가 죽임을 당하면
旦日太后含怒	다음 날 태후가 노기를 품고
亦誅君	또한 그대를 죽일 것입니다.

---

63 색은 「영행전(佞幸傳)」(『한서(漢書)』)에서는 고조(高祖) 때는 적유(籍孺)가 있었고, 효혜제 때는 굉유(閎孺)가 있다고 하였다. 지금 뭉뚱그려 '굉적유(閎籍孺)'라고 하였는데, 잘못되었다.

何不肉袒爲辟陽侯言於帝	어째서 웃통을 벗고 벽양후를 위하여 황제께 말씀드리지 않습니까?
帝聽君出辟陽侯	황제께서 그대의 말을 듣고 벽양후를 꺼내준다면
太后大驩	태후께서는 크게 기뻐할 것입니다.
兩主共幸君	두 임금이 모두 그대를 총애한다면
君貴富益倍矣	그대의 부귀는 배가 될 것입니다."
於是閎籍孺大恐	이에 굉적유는 크게 두려워하여
從其計	그 계책을 따라
言帝	황제에게 말하여
果出辟陽侯	결국 벽양후를 석방시켰다.
辟陽侯之囚	벽양후가 수감되었을 때
欲見平原君	평원군을 만나려 하였지만
平原君不見辟陽侯	평원군은 벽양군을 만나려 하지 않아
辟陽侯以爲倍己	벽양후는 자신을 배신하였다고 생각하여
大怒	크게 노하였었다.
及其成功出之	그가 성공하여 나오게 하자
迺大驚	이에 크게 놀랐다.

呂太后崩	여태후가 죽자
大臣誅諸呂	대신들이 여씨들을 죽였으며
辟陽侯於諸呂至深[64]	벽양후는 여씨들과 관계가 깊었는데도
而卒不誅	끝내 죽임을 당하지 않았다.

---

64 집해 여순은 말하였다. "벽양후는 여씨들과 서로 친하여 신임을 얻어 죄를 지어 죽일 까닭이 매우 깊었다." 색은 여순의 설은 죽여야 한다고 생각한 것인데 틀렸다. 소안(小顏)은 벽양후는 여씨들과 서로 알고 지낸 관계가 매우 깊다고 하였는데 제대로 보았다.

計畫所以全者	계획이 온전하게 된 것은
皆陸生平原君之力也	모두 육생과 평원군의 힘이었다.

孝文帝時	효문제 때
淮南厲王殺辟陽侯	회남여왕이 벽양후를 죽였는데
以諸呂故	여씨들 때문이었다.
文帝聞其客平原君爲計策	문제는 그 빈객인 평원군이 계책을 세웠다는 것을 듣고
使吏捕欲治	옥리를 보내 체포하여 다스리려 하였다.
聞吏至門	옥리가 문에 이르렀다는 말을 듣고
平原君欲自殺	평원군은 자살하려 하였다.
諸子及吏皆曰	여러 아들과 옥리가 모두 말하였다.
事未可知	"일을 아직 알 수 없는데
何早自殺爲	어찌하여 일찌감치 자살하려 합니까?"
平原君曰	평원군이 말하였다.
我死禍絕	"나만 죽으면 화가 끊기어
不及而身矣	너희들 몸까지 미치지 않는다."
遂自剄	마침내 스스로 목을 쳤다.
孝文帝聞而惜之	효문제가 듣고는 안타까워하면서
曰	말하였다.
吾無意殺之	"내 그를 죽일 생각은 없었다."
迺召其子	이에 그 아들을 불러
拜爲中大夫[65]	중대부에 임명하였다.
使匈奴	흉노로 사신을 갔는데

---

65 색은 아래에서 이른바 태사공과 친한 자이다.

單于無禮	선우가 무례하게 굴자
迺罵單于	이에 선우를 꾸짖다가
遂死匈奴中	마침내 흉노 땅에서 죽었다.
初	처음에
沛公引兵過陳留	패공이 군사를 끌고 진류를 지날 때
酈生踵軍門上謁曰	역생은 군문에 이르러 명패를 올리며 말하였다.
高陽賤民酈食其	"고양의 천민 역이기가
竊聞沛公暴露	패공께서 햇빛과 이슬을 무릅쓰고
將兵助楚討不義	군사를 거느리고 초나라를 도와 불의한 자를 친다는 말을 듣고
敬勞從者	종자들의 노고를 경하하고
願得望見	알현하고
口畫天下便事	천하를 위해 해야 할 일을 알려드렸으면 합니다."
使者入通	사자가 들어가 통보하였는데
沛公方洗	패공은 바야흐로 씻고 있는 중이었으며
問使者曰	사자에게 물었다.
何如人也	"어떤 사람인가?"
使者對曰	사자가 대답하여 말하였다.
狀貌類大儒	"외모는 큰 선비와 같아
衣儒衣	유생의 옷을 입고
冠側注[66]	측주관을 쓰고 있습니다."
沛公曰	패공이 말하였다.

---

66 **집해** 서광은 말하였다. "측주관(側注冠)은 일명 고산관(高山冠)이라고도 하며, 제왕(齊王)이 입는 것으로 알자(謁者)에게 내렸다."

爲我謝之	"내 대신 사절하고
言我方以天下爲事	내 바야흐로 천하를 위해 일을 하느라
未暇見儒人也	유생을 만날 겨를이 없다고 말하라."
使者出謝曰	사자가 나와서 사절하여 말하였다.
沛公敬謝先生	"패공은 삼가 선생을 사절하며,
方以天下爲事	바야흐로 천하를 위해 일을 하시느라
未暇見儒人也	유생을 만나볼 겨를이 없습니다."
酈生瞋目案劍叱使者曰	역생은 눈을 부릅뜨고 칼을 어루만지며 사자를 꾸짖어 말하였다.
走	"가라!
復入言沛公	다시 들어가 패공께
吾高陽酒徒也[67]	나는 고양의 술 마시는 무리이지
非儒人也	유생이 아니라고 말하여라."
使者懼而失謁	사자는 두려워서 명패를 떨어뜨렸으며
跪拾謁	꿇어앉아 명패를 줍고
還走	돌아가서
復入報曰	다시 들어가 알리어 말하였다.
客	"손님은
天下壯士也	천하의 장사로
叱臣	신을 꾸짖어
臣恐	신이 두려워하여
至失謁	명패를 떨어뜨리기까지 하였습니다.
曰走!	말하기를 '가라!

---

67 집해 서광은 말하였다. "어떤 판본에는 '네가 모시는 분은 고양의 술 마시는 무리이다(而公高陽酒徒).'로 되어 있다."

復入言	다시 들어가 말하기를
而公高陽酒徒也	공은 고양의 술 마시는 무리이다.'라 하게 하였습니다."
沛公遽雪足杖矛曰	패공은 급히 발을 닦고 창을 잡고 말하였다.
延客入	"손님을 모시고 들여오라!"
酈生入	역생은 들어가
揖沛公曰	패공에게 읍하고 말하였다.
足下甚苦	"족하께서는 매우 고생하시며
暴衣露冠	옷은 햇볕을 쪼이고 모자는 이슬에 젖어가며
將兵助楚討不義	군사를 거느리고 초나라를 도와 불의한 자를 치는데
足下何不自喜也	족하께서는 어찌 스스로 기뻐하지 않으십니까?
臣願以事見	신이 일이 있어 뵙고자 하였는데
而曰"吾方以天下爲事	'내 바야흐로 천하를 위해 일을 하느라,
未暇見儒人也"	유생을 만날 겨를이 없다.'라 하셨습니다.
夫足下欲興天下之大事而成天下之大功	족하께서는 천하의 큰일을 일으키고 천하의 큰 공을 이루시고자 하시는데
而以目皮相	눈으로 겉모습만 살피시니
恐失天下之能士	천하의 현능한 선비를 놓칠까 걱정됩니다.
且吾度足下之智不如吾	또한 내가 헤아리건대 족하의 지혜는 저보다 못하고
勇又不如吾	용기 또한 저보다 못한데
若欲就天下而不相見	천하에 나아가고자 하시면서도 만나주지 않으시니

竊爲足下失之	가만히 족하께 실망하였습니다."
沛公謝曰	패공이 사과하여 말하였다.
鄕者聞先生之容	"아까는 선생의 모습을 들었고
今見先生之意矣	지금은 선생의 뜻을 알았소."
迺延而坐之	이에 이끌어 앉혔다.
問所以取天下者	천하를 취하는 방법에 대하여 물었다.
酈生曰	역생이 말하였다.
夫足下欲成大功	"대체로 족하께서 큰 공을 이루시려 하신다면
不如止陳留	진류에 머무름만 못합니다.
陳留者	진류는
天下之據衝也	천하가 의거하는 요충지이며
兵之會地也	군사가 모이는 곳이며,
積粟數千萬石	비축된 곡식이 수천만 석이고
城守甚堅	성을 지킴이 매우 견고합니다.
臣素善其令	신은 평소에 그 현령과 친하니
願爲足下說之	원컨대 족하를 위해 설득해 보겠습니다.
不聽臣	신의 말을 듣지 않으면
臣請爲足下殺之	신은 청컨대 족하를 위해 그를 죽이고
而下陳留	진류를 떨어뜨리도록 하겠습니다.
足下將陳留之衆	족하께서는 진류의 무리를 거느리시어
據陳留之城	진류의 성을 차지하고
而食其積粟	그 쌓아놓은 곡식을 먹고
招天下之從兵	천하의 따르는 군사를 부르시며,
從兵已成	따르는 군사가 이루어져
足下橫行天下	족하께서 천하를 횡행하시면

莫能有害足下者矣	아무도 족하를 해칠 수 없을 것입니다."
沛公曰	패공이 말하였다.
敬聞命矣	"삼가 명을 따르겠소이다."

於是酈生迺夜見陳留令	이에 역생은 곧 밤에 진류 현령을 만나
說之曰	설득하여 말하였다.
夫秦爲無道而天下畔之	"대체로 진나라가 무도하여 천하가 배반하였는데
今足下與天下從則可以成大功	
	지금 족하가 천하와 함께 따른다면 큰 공을 이룰 수 있습니다.
今獨爲亡秦嬰城而堅守	이제 다만 망한 진나라를 위하여 성을 두르고 굳게 지킨다면
臣竊爲足下危之	신은 가만히 족하가 위태하다고 생각합니다."
陳留令曰	진류 현령은 말하였다.
秦法至重也	"진나라의 법은 매우 중하여
不可以妄言	망언을 할 수 없으며
妄言者無類	망언을 하는 자는 살아남을 수 없으니
吾不可以應	나는 응할 수 없소.
先生所以教臣者	선생께서 신을 가르친 것은
非臣之意也	신의 뜻이 아니니
願勿復道	더 말하지 않았으면 하오."
酈生留宿臥	역생은 머물러 잠을 자면서
夜半時斬陳留令首	한밤중에 진류 현령의 목을 베어
踰城而下報沛公	담을 넘어 내려와 패공에게 알렸다.

沛公引兵攻城	패공은 군사를 이끌고 성을 공격하였는데
縣令首於長竿以示城上人	현령의 머리를 긴 장대에 매달아 성의 사람들에게 보여주고
曰	말하였다.
趣下	"속히 항복하라,
而令頭已斷矣	현령의 머리는 이미 잘렸다!
今後下者必先斬之	이제 나중에 항복하는 자는 반드시 먼저 벨 것이다!"
於是陳留人見令已死	이에 진류의 사람들은 현령이 이미 죽은 것을 보고
遂相率而下沛公	마침내 서로 이어 패공에게 항복하였다.
沛公舍陳留南城門上	패공은 진류현의 남쪽 성문에서 머물면서
因其庫兵	그 창고의 무기를 쓰고
食積粟	비축한 곡식을 먹었으며
留出入三月	3개월을 머물며 출입하여
從兵以萬數	따르는 군사가 만(萬)을 헤아렸으며
遂入破秦	마침내 들어가 진나라를 깨뜨렸다.
太史公曰	태사공은 말한다.
世之傳酈生書	세상에 전하는 역생(酈生)의 기록은
多曰漢王已拔三秦	거의가 한왕이 이미 삼진을 차지하고
東擊項籍而引軍於鞏洛之閒	동으로 항적을 치고 공현(鞏縣)과 낙양(洛陽) 사이에서 군사를 이끌 때에야
酈生被儒衣往說漢王	역생이 유생의 옷을 입고 한왕에게 가서 유세하였다고 한다.
迺非也	이는 틀렸다.

自沛公未入關	패공이 아직 관에 들어가지 않고
與項羽別而至高陽	항우와 헤어져 고양에 이르렀을 때
得酈生兄弟	역생 형제를 얻었다.
余讀陸生新語書十二篇	내 육생(陸生)의 『신어서(新語書)』 12편을 읽어 보니
固當世之辯士	실로 당세의 변사였다.
至平原君子與余善	평원군의 아들은 나와 친하였으므로
是以得具論之	이에 갖추어 논하게 되었다.

陽陵侯¹傅寬	양릉후 부관은
以魏五大夫騎將從	위나라의 오대부 기장으로 (고조를) 따라
爲舍人	사인이 되어
起橫陽²	횡양에서 기의하였다.
從攻安陽³杠里	따라서 안양과 강리를 공격하여
擊趙賁軍於開封	개봉에서 조분의 군사를 치고
及擊楊熊曲遇⁴陽武⁵	아울러 구옹(曲遇)과 양무에서 양웅을 쳐서
斬首十二級	수급 12개를 베어
賜爵卿	경의 작위가 내렸다.

---

1 **집해** 「지리지(地理志)」에서는 풍익(馮翊) 양릉현(陽陵縣)이라고 하였다.

2 **색은** 횡양(橫陽)은 읍 이름으로 한(韓)나라에 있다. 한 공자(韓公子) 성(成)이 처음으로 횡양군에 봉하여졌으며 장량(張良)이 한왕(韓王)이 되었다. **정의** 『괄지지(括地志)』에서는 말하였다. "옛 횡성(橫城)은 송주(宋州) 송성현(宋城縣) 서남쪽 30리 지점에 있는데, 생각건대 아마 횡양일 것이다."

3 **정의** 『후위지형지(後魏地形志)』에서는 "기지(己氏)에 안양성(安陽城)이 있는데, 수(隋)나라 때 기지를 초구(楚丘)로 고쳤다."라 하였다. 지금의 송주 초구현 서쪽 10리 지점의 안양 옛 성이 바로 이곳이다.

4 **정의** 曲의 음은 구[丘羽反]이다. 遇의 음은 옹[牛恭反]이다. 사마표(司馬彪)의 「군국지(郡國志)」[『속한서(續漢書)』]에서는 "중모(中牟)에는 구옹취(曲遇聚)가 있다."라 하였다. 정주(鄭州) 중모현(中牟縣)이다.

5 **정의** 정주현(鄭州縣)이다.

從至霸上	따라서 패상에까지 이르렀다.
沛公立爲漢王	패공이 한왕이 되자
漢王賜寬封號共德君[6]	한왕은 부관에게 공덕군이란 봉호를 내렸다.
從入漢中	따라서 한중으로 들어가
遷爲右騎將	우기장으로 승진하였다.
從定三秦	따라서 삼진을 평정하여
賜食邑雕陰[7]	조음을 식읍으로 내렸다.
從擊項籍	따라서 항적을 치면서
待懷[8]	회현에서 기다려
賜爵通德侯	통덕후의 작위가 내렸다.
從擊項冠周蘭龍且	따라서 항관과 주란, 용저를 쳤는데
所將卒斬騎將一人敖下[9]	그 장수와 졸개들이 기장 한 명을 오(敖)의 아래에서 참하여
益食邑	식읍이 더하여졌다.
屬淮陰[10]	회음후에게 예속되어

---

6 **색은** 아름다운 호칭을 이르는 것일 따름으로 지명의 읍이 아니다. 共은 공(恭)의 뜻으로 읽는다.

7 **집해** 서광(徐廣)은 말하였다. "상군(上郡)에 속하였다." **색은** 맹강(孟康)과 서광은 현 이름이며 상군에 속한다고 하였다. **정의** 부주(鄜州) 낙교현(洛交縣) 30리 지점의 조음(雕陰)의 옛 성이 바로 이곳이다.

8 **집해** 복건(服虔)은 말하였다. "회현에서 고제(高帝)를 기다린 것이다." **색은** 복건은 "회현에서 고제를 기다린 것이다."라 하였다. 소안(小顔)은 「지리지(地理志)」에 의거하여 회현은 하내(河內)에 속한다고 하였는데, 지금의 회주(懷州)이다.

9 **집해** 서광은 말하였다. "오창(敖倉)의 아래이다."

10 **색은** 장안(張晏)은 말하였다. "한신(韓信)은 당시 상국(相國)이었으며, '회음(淮陰)'이라 한 것은 마지막 신분을 가지고 말한 것이다."

擊破齊歷下軍	제나라 역하의 군사를 격파하고
擊田解	전해를 쳤다.
屬相國參	상국 조참에게 예속되어서는
殘博[11]	박현을 꺾어
益食邑	식읍이 더하여졌다.
因定齊地	제나라 땅을 평정하여
剖符世世勿絕	부절을 쪼개어 대대로 (작위가) 끊어지지 않게 하였고
封爲陽陵侯	양릉후가 되어
二千六百戶	2천6백 호에 봉하여졌으며
除前所食	전에 받은 식읍은 소멸되었다.
爲齊右丞相	제나라의 우승상이 되어
備齊[12]	제나라를 정비하였다.
五歲爲齊相國[13]	5년 만에 제나라 상국이 되었다.
四月	4월에
擊陳豨	진희를 쳤는데
屬太尉勃	태위 주발에 예속되어
以相國代丞相噲擊豨	상국으로 승상 번쾌를 대신하여 진희를 쳤다.
一月	1월에
徙爲代相國	대왕(代王)의 상국으로 옮겨

---

11 [색은] 박(博)은 태산현(太山縣)이다. 고비감(顧祕監)은 말하였다. "조참군(曹參郡)에 속하여 박현(博縣)을 꺾고 부순 것이다."

12 [집해] 장안은 말하였다. "이때 전횡(田橫)이 아직 항복하지 않았으므로 둔병을 설치하여 대비하였다." [정의] 제왕(齊王) 한신의 승상이 되었다.

13 [정의] 제나라 도혜왕(悼惠王) 유비(劉肥)의 승상이 된 지 5년째이다.

將屯[14]	(군사를) 거느리고 주둔하였다.
二歲	2년 만에
爲代丞相	대왕의 승상이 되어
將屯	거느리고 주둔하였다.

孝惠五年卒	효혜왕 5년(B.C. 190)에 죽었으며
謚爲景侯	시호는 경후(景侯)였다.
子頃侯精立	아들 경후(頃侯) 정(精)이 이었는데
二十四年卒	24년 만에 죽었다.
子共侯則立	아들 공후(共侯) 칙(則)이 이었는데
十二年卒	12년 만에 죽었다.
子侯偃立	아들 후(侯) 언(偃)이 이었는데
三十一年	31년 만에
坐與淮南王謀反	회남왕의 모반에 연루되어
死	죽어
國除	나라가 없어졌다.

信武侯靳歙[15]	신무후 근흡은
以中涓從	중연으로 (패공을) 따라
起宛朐[16]	원구에서 기의하였다.

---

14 집해 여순(如淳)은 말하였다. "이미 상국이 되었으며 비상시에는 군사를 거느리고 주둔하며 지켰다." 군율에서 군사를 훈련시키어 지키는 것을 둔(屯)이라고 하였다. 색은 여순은 말하였다. "한나라 초기의 여러 제후왕의 관속들은 한나라 왕조와 같았기 때문에 대국(代國)에 승상이 있었다." 공문상(孔文祥)은 "변방의 군(郡)에는 둔병이 있었는데 부관은 대국의 상국이 되어 아울러 둔병을 거느렸으며 나중에는 둔병을 두어 장군이 되었다."라 하였다.

15 색은 歙의 음은 '흡연(翕然)'의 '흡(翕)'이다.

攻濟陽[17]	제양을 쳤다.
破李由軍	이유의 군대를 깨뜨렸다.
擊秦軍亳南開封東北	박(亳)의 남쪽과 개봉의 동북쪽에서 진나라 군사를 쳐서
斬騎千人將一人[18]	기병의 천인장(千人將) 한 사람과
首五十七級	수급 57개를 베고
捕虜七十三人	73명을 사로잡아
賜爵封號臨平君	관작이 내려져 봉호를 임평군이라 하였다.
又戰藍田北	또한 남전의 북쪽에서 싸워
斬車司馬二人[19]	거사마 두 명과
騎長一人[20]	기장 한 명,
首二十八級	수급 28개를 베고
捕虜五十七人	57명을 사로잡았다.
至霸上	패상에까지 이르렀다.
沛公立爲漢王	패공이 한왕이 되자
賜歙爵建武侯	근흡에게 건무후(建武侯)의 작위를 내렸으며
遷爲騎都尉	기도위로 승진하였다.

從定三秦	따라서 삼진을 평정하였다.
別西擊章平軍於隴西	따로 서쪽으로 농서(隴西)에서 장평군(章平軍)을 쳐서

---

16 **정의** 앞의 글자는 음이 원[於元反]이고, 뒤의 글자는 구[求俱反]이다. 조주현(曹州縣)이다.
17 **정의** 조주(曹州) 원구현(宛朐縣) 서남쪽 35리 지점의 제양(濟陽)의 옛 성이다.
18 **집해** 서광은 말하였다. "장(將)은 '후(候)'로 된 판본도 있다."
19 **집해** 장안은 말하였다. "관거(官車)를 주관한다"
20 **집해** 장안은 말하였다. "기병의 우두머리이다."

破之	깨뜨리고
定隴西六縣	농서의 여섯 현을 평정하였는데
所將卒斬車司馬候各四人	휘하의 장졸이 거사마와 척후 각 네 명과
騎長十二人	기장 12명을 베었다.
從東擊楚	따라서 동쪽으로 초나라를 쳐서
至彭城	팽성에 이르렀다.
漢軍敗還	한나라 군사가 패하여 돌아가자
保雍丘	옹구를 지켰으며
去擊反者王武等	떠나서 반역자 왕무 등을 쳤다.
略梁地	양(梁) 땅을 빼앗았으며
別將擊邢說軍²¹菑南²²	따로 군사를 거느리고 치현(菑縣)의 남쪽에서 형열의 군사를 쳐서
破之	깨뜨렸는데
身得說都尉二人	직접 형열의 도위 두 명과
司馬候十二人	사마(司馬), 척후 12명을 사로잡고
降吏卒四千一百八十人	군리와 졸개 4천백80명을 항복시켰다.
破楚軍滎陽東	형양의 동쪽에서 초나라 군사를 깨뜨렸다.
三年	3년에
賜食邑四千二百戶	식읍 4천2백 호를 내렸다.
別之河內	별도로 하내로 가서

---

21 **집해** 장안은 말하였다. "특히 군사를 일으킨 자이다. 說의 음은 열(悅)이다." **색은** 형(邢)은 성(姓)이다. 열(說)은 이름으로 음은 열(悅)이다.

22 **집해** 서광은 말하였다. "지금은 고성(考城)이라 한다." **색은** 앞 글자의 음은 재(災)이다. 지금은 고성(考城)이며, 제음(濟陰)에 속한다.

擊趙將賁郝軍[23]朝歌	조가에서 조나라 장수 비석(賁郝)의 군사를 쳐서
破之	깨뜨렸으며
所將卒得騎將二人	휘하의 장졸들이 기장 두 명을 사로잡고
車馬二百五十匹	거마 2백50필을 얻었다.
從攻安陽以東	따라서 안양 동쪽을 공격하여
至棘蒲	극포까지 이르렀으며
下七縣	일곱 현을 떨어뜨렸다.
別攻破趙軍	달리 조나라 군사를 쳐서 깨뜨리고
得其將司馬二人	장사마 두 명과
候四人	척후 네 명을 잡고
降吏卒二千四百人	이졸(吏卒) 2천4백 명을 항복시켰다.
從攻下邯鄲	따라서 한단을 쳐서 떨어뜨렸다.
別下平陽[24]	별도로 평양을 떨어뜨리고
身斬守相	직접 수상을 베었으며
所將卒斬兵守郡守各一人[25]	휘하의 장졸들이 병수와 군수 각 한 명을 베고
降鄴	업성을 항복시켰다.
從攻朝歌邯鄲	따라서 조가와 한단을 공격하였으며,
及別擊破趙軍	아울러 따로 조나라 군사를 쳐서
降邯鄲郡六縣[26]	한단 군의 6현을 항복시켰다.

---

23 집해 앞 글자의 음은 비(肥)이고, 뒷 글자의 음은 석(釋)이다. 색은 『한서(漢書)』에는 '조비군(趙賁軍)'으로 되어 있다. 이곳은 하북(河北)에 있어서 조참(曹參)과 번쾌(樊噲)가 친 곳이 아니다.

24 집해 서광은 말하였다. "업현(鄴縣)에는 평양성(平陽城)이 있다." 정의 『괄지지』에서는 말하였다. "평양(平陽)의 옛 성은 상주(相州) 임장현(臨漳縣) 서쪽 25리 지점에 있다."

25 집해 맹강은 말하였다. "장병(將兵)과 군수(郡守)이다."

26 집해 서광은 말하였다. "한단(邯鄲)은 고제(高帝)가 조국(趙國)으로 고쳤다."

還軍敖倉	오창(敖倉)으로 군사를 돌려
破項籍軍成皋南	성고의 남쪽에서 항적의 군사를 깨뜨렸으며
擊絕楚饟道	초나라의 양도(糧道)를 끊었는데
起滎陽至襄邑	형양에서 시작하여 양읍까지 이르렀다.
破項冠軍魯下[27]	노성 아래에서 항관의 군사를 깨뜨렸다.
略地東至繒郯下邳[28]	땅을 빼앗아 동으로 증, 담, 하비에까지 이르렀으며
南至蘄竹邑[29]	남으로는 기(蘄)와 죽읍에까지 이르렀다.
擊項悍濟陽下	제양의 아래에서 항한을 쳤다.
還擊項籍陳下	또한 진현 아래에서 항적을 쳐서
破之	깨뜨렸다.
別定江陵	별도로 강릉을 평정하고
降江陵柱國大司馬以下八人	강릉 주국과 대사마 이하 여덟 명을 항복시켰으며
身得江陵王[30]	직접 강릉왕을 사로잡아
生致之雒陽	산 채로 낙양으로 보냈으며
因定南郡	이어서 남군을 평정하였다.
從至陳	따라서 진나라에 이르러
取楚王信	초왕 신을 잡아
剖符世世勿絕	부절을 쪼개어 대대로 끊어지지 않게 하였고

---

27 정의 노성(魯城)의 아래는 지금의 연주(兗州) 곡부현(曲阜縣)이다.

28 색은 「지리지(地理志)」에 의하면 증(繒)은 동해(東海)에 속한다. 정의 지금의 증성(繒城)은 기주(沂州) 승현(丞縣)에 있다. 하비(下邳)는 사수현(泗水縣)이다. 담현(郯縣)은 해주(海州)에 속한다.

29 색은 기(蘄)와 죽(竹)은 두 읍의 이름이다. 윗 글자의 음은 기(機)이다. 죽(竹)은 곧 죽읍(竹邑)이다.

30 색은 공문상(孔文祥)은 "공오(共敖)의 아들 공위(共尉)이다."라 하였다.

定食四千六百戶	식읍 4천6백 호를 정하고
號信武侯	신무후라 불렀다.
以騎都尉從擊代	기도위로 따라서 대국(代國)을 쳤으며
攻韓信平城下	평성 아래에서 한신을 치고
還軍東垣	동원으로 군사를 되돌렸다.
有功	공을 세워
遷爲車騎將軍	거기장군으로 승진하였으며
并將梁趙齊燕楚車騎	아울러 양, 조, 제, 연, 초나라의 기병을 거느리고
別擊陳豨丞相敞	달리 진희의 승상 창(敞)을 쳐서
破之[31]	깨뜨리고
因降曲逆	이어서 곡역을 항복시켰다.
從擊黥布有功	따라서 경포를 치는 데 공을 세워
益封定食五千三百戶	더하여 봉하여져 5천3백 호로 정하여졌다.
凡斬首九十級	무릇 수급을 벤 것이 90개,
虜百三十二人	사로잡은 병사가 백32명이었으며,
別破軍十四	별도로 군사를 깨뜨린 것이 열네 차례,
降城五十九	항복시킨 성(城)이 59개,
定郡國各一	군과 나라를 평정한 것이 각기 한 번이었고
縣二十三	현이 23개였으며,
得王柱國各一人	왕과 주국 각 한 명과
二千石以下至五百石[32]三十九人	
	2천 석 이하에서 5백 석까지 39명을 사로잡았다.

---

31 색은 소안(小顏)은 후창(侯敞)이라 하였다.

32 집해 서광은 말하였다. "어떤 판본에는 이 다섯 자가 없다."

高后五年	고후 5년에
歆卒	근흡은 죽었으며
謚爲肅侯	시호는 숙후이다.
子亭代侯	아들인 정(亭)이 대를 이었다.
二十一年	21년에
坐事國人過律[33]	백성을 요역에 동원한 일이 법도를 넘어서는 죄를 지어
孝文後三年	효문제 후원(後元) 3년(B.C. 177)에
奪侯	작위를 박탈당하고
國除	나라가 없어졌다.
蒯成侯緤者[34]	괴성후 설(緤)은
沛人也	패현 사람으로
姓周氏	성은 주씨이다.

---

33 색은 유씨(劉氏)는 "사(事)는 역사(役使)이다. 사람을 부리는 데 법도를 어긴 것이 많았다는 말이다."라 하였다.

34 집해 복건은 말하였다. "蒯의 음은 '관괴(菅蒯)'의 '괴(蒯)'이다." 색은 성은 주(周)이고, 이름은 설(緤)이며 음은 설(薛)이다. 괴(蒯)는 향(鄕) 이름이다. 삼창(三蒼)은 "괴향(蒯鄕)은 성보현(城父縣)에 있으며, 음은 배(裴)이다."라 하였다. 『한서』에는 '배(鄁)'로 되어 있는데 붕(崩)의 음을 따르고, 읍(邑)의 뜻을 따른다. 지금 책의 판본에는 모두 '蒯'로 되어 있는데, 음은 '관괴(菅蒯)'의 '괴(蒯)'라 하였는데, 아니다. 소림(蘇林)은 음이 배[薄催反]라고 하였다. 진작(晉灼)은 「공신표(功臣表)」에 따르면 장사(長沙)에 속한다고 하였다. 최호(崔浩)는 음은 배[薄壞反]라고 하였다. 『초한춘추(楚漢春秋)』에는 '빙성후(憑成侯)'로 되어 있으니, 배(裴)와 빙(憑)이 소리가 닮았으며, 이는 실질을 터득하였다. 정의 『괄지지』에서는 말하였다. "괴정(蒯亭)은 하남(河南) 서쪽 14리의 동산 안에 있다고 하였다. 『여지지(輿地志)』에서는 괴성현(蒯成縣)은 옛 진창현(陳倉縣)의 옛 향취(鄕聚)의 이름으로 주설이 봉하여진 곳이라고 하였다. 진무제(晉武帝) 함녕(咸寧) 4년에 진창(陳倉)을 나누어 괴성현(蒯成縣)을 세웠는데 시평군(始平郡)에 속한다."

常爲高祖參乘	늘 고조의 참승(參乘)이 되어서
以舍人從起沛	사인으로 따라서 패현에서 기의하였다.
至霸上	패상에 이르러
西入蜀漢	서(西)로 촉과 한으로 들어갔고
還定三秦	돌아가 삼진을 평정하였으며
食邑池陽35	식읍은 지양이다.
東絶甬道	동으로 용도를 끊었으며
從出度平陰	따라나서 평음진을 건너
遇淮陰侯兵襄國	양국(襄國)에서 회음후의 군사를 만나게 되었으며
軍乍利乍不利	군사의 일은 이로울 때도 있고 불리할 때도 있는데
終無離上心36	끝내 임금의 마음을 떠나지 않았다.
以緤爲信武侯	주설을 신무후(信武侯)로 삼았으며
食邑三千三百戶	식읍이 3천3백 호였다.
高祖十二年	고조 12년(B.C. 195)에
以緤爲蒯成侯	주설을 괴성후로 삼고
除前所食邑	전의 식읍은 없앴다.
上欲自擊陳豨	임금이 직접 진희를 치려고 하자
蒯成侯泣曰	괴성후가 눈물을 흘리며 말하였다.
始秦攻破天下	"처음에 진나라가 천하를 공격하여 깨뜨릴 때

---

35 **정의** 옹주(雍州) 경양현(涇陽縣) 서북쪽 3리 지점의 지양(池陽)의 옛 성이 이곳이다.

36 **집해** 서광은 말하였다. "괴성후(蒯成侯)는 「표(表)」에서 회음후(淮陰侯)의 군사를 양국(襄國)에서 만났다고 하였으며, 초나라와 한나라가 홍구(鴻溝)를 나누어서 주설을 신무후(信武侯)로 삼게 약정하였다. 전세가 불리하여 감히 임금을 떠나지 않은 것이다."

未嘗自行	일찍이 직접 가신 적이 없습니다.
今上常自行	지금 임금께서 직접 가심은
是爲無人可使者乎	부릴 만한 사람이 없어서입니까?”
上以爲愛我	임금은 주설이 “나를 아낀다.”고 생각하여
賜入殿門不趨[37]	전각의 문에 들 때도 추보(趨步)를 하지 않고
殺人不死	사람을 죽여도 죽지 않게 하였다.
至孝文五年	효문제 5년(B.C. 175)이 되어
緤以壽終	주설은 천수를 누리고 죽었는데
諡爲貞侯[38]	시호가 정후였다.
子昌代侯	아들인 창(昌)이 대를 이었는데
有罪	죄를 지어
國除	나라가 없어졌다.
至孝景中二年	효경제 중원 2년(B.C. 148)
封緤子居代侯[39]	주설의 아들 거(居)가 후(侯)의 지위를 이었다.
至元鼎三年	원정 3년에
居爲太常	거(居)는 태상이 되었는데

---

37 추(趨)는 곧 추보(趨步)를 말하며, 뒤꿈치를 들고 종종걸음으로 달리듯이 빨리 걷는 것을 말한다. 신하들이 궁궐에서 걸을 때 걷는 방법이다. ─ 옮긴이.

38 **정의** 시호는 존후(尊侯)이다. 어떤 판본에는 '탁(卓)' 자로 되어 있다.

39 **집해** 서광은 말하였다. “「표(表)」에서는 '효경(孝景) 중원(中元) 연간에 주설의 아들 응(應)을 한후(䣄侯)로 봉하였으며, 시호는 강(康)이다. 중2년(中二年)에는 거(居)가 후(侯)를 이었다.'라 하였다. 패군(沛郡)에 운현(䣄縣)이 있다. 운(䣄)은 어떤 판본에는 '단(鄲)'으로 되어 있다.” **색은** 䣄은 소림(蘇林)은 음이 다(多)라고 하였으며 진(陳)나라에 속한다고 하였다. 「지리지(地理志)」에서는 패군(沛郡)에 단현(鄲縣)이 있다고 하였다. 여기서는 '자거(子居)'라 하였고, 「표(表)」에서는 '자응(子應)'이라 하여 같지 않다.

有罪	죄를 지어
國除	나라가 없어졌다.

太史公曰	태사공은 말한다.
陽陵侯傅寬信武侯靳歙皆高爵[40]	양릉후 부관과 신무후 근흡은 모두 작위가 높은데
從高祖起山東	고조를 따라 산동에서 기의하여
攻項籍	항적을 쳐서
誅殺名將	이름난 장수들을 죽이고
破軍降城以十數	군사를 깨뜨리고 성을 항복시킨 것이 열을 헤아렸으며
未嘗困辱	일찍이 곤욕을 당하지 않았으니
此亦天授也	이 또한 하늘이 준 것이다.
蒯成侯周緤操心堅正[41]	괴성후 주설은 조심하고 굳고 곧아
身不見疑	몸이 의심을 받지 않았으며
上欲有所之	임금이 출정하려 하면
未嘗不垂涕	눈물을 흘리지 않은 적이 없으니
此有傷心者[42]然	이는 마음 아파함이 있어야 그렇게 되는 것이니
可謂篤厚君子矣	독실하고 도타운 군자라 할 만하겠다.

---

40 집해 서광은 말하였다. "어떤 판본에는 '고(高)' 자가 없다. 또 어떤 판본에는 '모두 고조를 따랐다(皆從高祖).'로 되어 있다."

41 색은 操의 음은 조[倉高反]이다.

42 집해 서광은 말하였다. "차(此)는 어떤 판본에는 '비(比)' 자로 되어 있다."

劉敬[1]者	유경(劉敬)은
齊人也	제나라 사람이다.
漢五年	한나라 5년(B.C. 202)에
戍隴西	농서를 지키게 되어
過洛陽	낙양을 지나게 되었는데
高帝在焉	고제가 그곳에 있었다.
婁敬脫輓輅[2]	누경[婁敬: 유경(劉敬)]은 끄는 수레의 가로막대를 풀고
衣其羊裘	양털 갓옷을 입고
見齊人虞將軍曰	제나라 사람 우(虞) 장군을 만나보고 말하였다.
臣願見上言便事	"신은 주상 전하를 뵙고 나라에 이로운 일을 말씀드렸으면 합니다."
虞將軍欲與之鮮衣[3]	우 장군이 그에게 좋은 옷을 주려고 하자

---

1 **색은** 경(敬)의 본래 성은 누(婁)이며, 『한서(漢書)』에는 '누경(婁敬)'으로 되어 있다. 고조(高祖)가 말하기를 "누(婁)는 곧 유(劉)이다."라 하였으므로 유(劉)를 성으로 삼았을 따름이다.

2 **집해** 소림(蘇林)은 말하였다. "한 나무를 녹거(鹿車)의 앞에 가로 댄 것으로 한 사람이 민다." 맹강(孟康)은 말하였다. "輅의 음은 핵[胡格反]이다. 輓의 음은 만(晩)이다." **색은** 만(輓)은 끄는 것이다. 음은 만(晩)이다. 輅은 녹거(鹿車)의 앞에 댄 횡목으로 두 사람은 앞에서 끌고 한 사람은 뒤에서 민다. 음은 핵[胡格反]이다.

3 **색은** 앞 글자의 음은 선(仙)이다. 선의(鮮衣)는 아름다운 복장이다.

婁敬曰	누경이 말하였다.
臣衣帛	"신은 비단옷을 입었으면
衣帛見	비단옷으로 뵙고,
衣褐	베옷을 입었으면
衣褐見	베옷으로 뵙지
終不敢易衣	끝내 감히 옷을 갈아입지 않겠습니다."
於是虞將軍入言上	이에 우 장군이 들어가 임금께 말하였다.
上召入見	임금이 불러서 들여 만나보고
賜食	먹을 것을 내렸다.
已而問婁敬	조금 있다가 누경에게 물었더니
婁敬說曰	누경이 말하였다.
陛下都洛陽	"폐하께서 낙양에 도읍을 두시니
豈欲與周室比隆哉	아마 주나라 왕실과 융성함을 견주려 하시는지요?"
上曰	임금이 말하였다.
然	"그렇다."
婁敬曰	누경이 말하였다.
陛下取天下與周室異	"폐하께서 천하를 취하심은 주나라 왕실과는 다르옵니다.
周之先自后稷	주나라의 선조는 후직을
堯封之邰⁴	요임금이 태(邰)에 봉한 후로부터

---

4 **정의** 邰의 음은 태(胎)이다. 바로 옹주(雍州) 무공현(武功縣) 서남쪽 23리 지점의 옛 태성(斄城)이다. 『설문(說文)』에서는 말하였다. "태(邰)는 염제(炎帝)의 후손으로 강성(姜姓)에게 봉한 나라이며 기(弃)의 외가이다." 모장(毛萇)은 말하였다. "태(邰)는 강원(姜嫄)의 나라로 요(堯)가 하늘을 보고 태에 인하여 후직(后稷)을 낳았으므로 태에 봉하였다."

積德累善十有餘世	덕을 쌓고 선행을 쌓은 지 10여 대가 됩니다.
公劉避桀居豳	공류는 걸(桀)을 피하여 빈(豳)에 거처하였습니다.
太王以狄伐故	태왕께서는 적족이 친 까닭으로
去豳	빈을 떠나
杖馬箠居岐⁵	말을 채찍질하여 기(岐)에서 거처하자
國人爭隨之	백성들이 다투어 그를 따랐습니다.
及文王爲西伯	문왕이 서백이 되자
斷虞芮之訟	우(虞)와 예(芮)의 소송을 해결하여
始受命	비로소 천명을 받아
呂望伯夷自海濱來歸之⁶	여망과 백이가 바닷가에서 와서 귀의하였습니다.
武王伐紂	무왕이 주(紂)를 벌하자
不期而會孟津之上八百諸侯	기약하지 않고도 맹진의 가에서 8백 제후들과 회합하니
皆曰紂可伐矣	모두 말하기를 주(紂)를 칠 만하다고 하였으며
遂滅殷	마침내 은나라를 멸하였습니다.
成王即位	성왕이 즉위하자
周公之屬傅相焉	주공 등이 그를 보좌하여
迺營成周洛邑⁷	이에 낙읍에 성주의 왕성을 세웠는데

---

5 **집해** 장안(張晏)은 말하였다. "말채찍을 말하는데 약속을 보이는 것이다."

6 **정의** 여망(呂望)의 집 및 묘(廟)는 소주(蘇州) 해염현(海鹽縣) 서쪽에 있다. 백이(伯夷)의 고죽국(孤竹國)은 평주(平州)에 있다. 모두 동해의 가에 있다.

7 **정의** 『괄지지(括地志)』에서는 말하였다. "옛 왕성(王城)은 일명 하남성(河南城)으로 본래 겹욕(郟鄏)이며, 주공(周公)이 세운 것으로 낙주(洛州) 하남현(河南縣) 북쪽 9리 지점의 원중(苑中) 동북쪽 모퉁이에 있다. 『제왕기(帝王紀)』에서는 무왕(武王)이 주(紂)를 치고 낙읍(洛邑)을 경영하여 정(鼎)을 안치하였다고 하였다." 생각건대 이것은 곧 도성(都城)을 짓는 것이다. 『서경(書)』에서는 "이에 성주를 세웠다(乃營成周)."고 하였다. 『괄지지』에서는 말하였다. "낙양(洛陽)의 옛 성은 낙주(洛州) 낙양성(洛陽城) 동쪽 26리 지점에 있으며 주공이 지었는데

以此爲天下之中也	이곳을 천하의 가운데라고 생각하였으며
諸侯四方納貢職	제후들이 사방에서 조공을 바쳐
道里均矣	길이 고르게 되었으며,
有德則易以王	덕이 있으면 쉬 왕이 되었고
無德則易以亡	덕이 없으면 쉬 망하였습니다.
凡居此者	무릇 이곳에 머무는 것은
欲令周務以德致人	주나라로 하여금 덕으로 백성을 이르게 하고자 함이고
不欲依阻險	험난한 데 기대어
令後世驕奢以虐民也	후세로 하여금 교만하고 사치로움으로 백성을 학대하지 않게 하려는 것이었습니다.
及周之盛時	주나라가 흥성하였을 때는
天下和洽	천하가 화목하고 합치되었으며
四夷鄕風	사방의 오랑캐가 교화를 따랐고
慕義懷德	의를 흠모하고 덕을 그리워하여
附離[8]而並事天子	붙어서 함께 천자를 섬겼으며
不屯一卒	군졸 하나도 주둔하지 않았고
不戰一士	군사 하나도 싸우지 않았는데도
八夷大國之民莫不賓服	팔방의 오랑캐와 대국(大國)의 백성들이 귀순하지 않음이 없이

곧 성주성(成周城)이다. 『상서(尙書)』[의 서(序)]에서는 '성주가 이루어지자 은나라의 완고한 백성을 옮겼다(成周旣成, 遷殷頑民).'라 하였다. 『제왕세기(帝王世紀)』에서는 '비옹의 무리를 거처하게 하였다(居邸鄘之衆).'라 하였다." 유경(劉敬)은 주나라의 아름다움을 말한 것이지 어찌 완고한 백성들의 거처를 말하였겠는가? 이로써 보건대 「서서(書序)」는 틀렸다.

8 **집해** 『장자(莊子)』[「변무(騈拇)」]에서는 "달라붙어도 갓풀이나 옻칠에 의하지 않는다(附離 不以膠漆)."라 하였다. **색은** 떨어지는 것을 서로 붙게 하는 것이다. 뜻이 『장자』에 보인다.

效其貢職	조공을 바쳤습니다.
及周之衰也	주나라가 쇠락하여
分而爲兩[9]	나뉘어 둘이 되자
天下莫朝	천하에서는 아무도 조현하지 않았고
周不能制也	주나라는 통제할 수 없었습니다.
非其德薄也	그 덕이 박한 것이 아니라
而形勢弱也	형세가 약한 것이었습니다.
今陛下起豐沛	지금 폐하께서는 풍현과 패읍에서 기의하시어
收卒三千人	3천의 군사를 거두어
以之徑往而卷蜀漢	그들을 데리고 지름길로 가서 촉한을 석권하였고
定三秦	삼진을 평정하였사오며
與項羽戰滎陽	항우와 형양에서 싸우고
爭成皋之口	성고의 입구를 다투어
大戰七十	크게 싸운 것이 70회이고
小戰四十	작게 싸운 것이 40회로
使天下之民肝腦塗地	천하의 백성들로 하여금 간과 뇌를 땅에 쏟게 하고
父子暴骨中野	부자가 들판에 뼈를 드러내게 한 것이
不可勝數	이루 헤아릴 수 없고
哭泣之聲未絕	통곡하고 흐느끼는 소리가 끊이지 않았으며

---

9 **정의** 『공양전(公羊傳)』에서는 말하였다. "동주(東周)는 무엇인가? 성주(成周)이다. 서주(西周)는 무엇인가? 왕성(王城)이다." 주나라는 평왕(平王)이 동쪽으로 천도를 한 이래 12왕이 모두 왕성(王城)에 도읍을 하였고, 경왕(敬王)에 이르러 성주(成周)로 도읍을 옮겼는데 난왕(赧王)은 또한 왕성에 거처하였다.

傷痍者未起	부상을 당한 자가 아직 일어서지도 못하였는데
而欲比隆於成康之時	성강 때의 융성함에 비견되기를 바라시니
臣竊以爲不侔也	신은 가만히 뜻을 함께할 수 없습니다.
且夫秦地被山帶河	또한 저 진나라 땅은 산에 둘러싸이고 강을 끼고 있어
四塞以爲固	사방이 막혀 견고하며
卒然有急	갑작스레 위급한 일이 생긴다 해도
百萬之衆可具也	백만의 무리를 갖출 수 있습니다.
因秦之故	진나라의 옛 땅에 의지하여
資甚美膏腴之地	매우 훌륭하고 기름진 땅을 바탕으로 삼아야 하니
此所謂天府[10]者也	이것이 이른바 하늘의 곳간이라는 것입니다.
陛下入關而都之	폐하께옵서 관(關)으로 들어가 도읍을 정하신다면
山東雖亂	산동이 어지러워진다 하여도
秦之故地可全而有也	진나라의 옛 땅은 온전히 가질 수 있습니다.
夫與人鬥	대체로 사람과 싸우는 데
不搤其亢[11]	그 목을 조르고
拊其背	등을 치지 않는다면
未能全其勝也	그 승리를 온전히 할 수 없습니다.

---

10 **색은** 『전국책(戰國策)』에서는 소진(蘇秦)이 혜왕(惠王)을 유세하여 "대왕의 나라는 지세가 유리하니 이것이 이른바 하늘의 곳간이라는 것입니다."라 하였다. 고유(高誘)의 주에서는 "부(府)는 모인다는 것이다."라 하였다.

11 **집해** 장안은 말하였다. "항(亢)은 목구멍이다." **색은** 搤의 음은 액(戹)이다. 亢의 음은 항[胡朗反]이며, 또한 항[胡剛反]이라고도 한다. 소림(蘇林)은 항(亢)은 목의 큰 줄기로 속칭 '호맥(胡脈)'이라는 것이라 하였다.

今陛下入關而都	지금 폐하께서 관(關)으로 들어가 도읍을 정하여
案秦之故地	진나라의 옛 땅을 차지하면
此亦搤天下之亢而拊其背也	이 또한 천하의 목을 조르고 등을 치는 것이 됩니다."

高帝問群臣	고제가 신하들에게 물어보니
群臣皆山東人	신하들이 모두 산동의 사람들이라
爭言周王數百年	다투어 말하기를 주나라는 수백 년을 다스렸고
秦二世即亡	진나라는 2세 만에 망하였으므로
不如都周	주나라의 도읍만 못하다고 하였다.
上疑未能決	임금은 미심쩍어 결정을 내릴 수 없었다.
及留侯明言入關便	유후가 관(關)으로 들어가는 것이 좋다고 분명히 말하자
即日車駕西都關中 12	그날로 수레를 타고 서쪽으로 가서 관중에 도읍을 정하였다.

於是上曰	이에 임금이 말하였다.
本言都秦地者婁敬	"본래 진나라 땅에 도읍을 정하자 한 것은 누경이니
婁者乃劉也	'누(婁)'는 곧 '유(劉)'이다."
賜姓劉氏	유씨 성을 하사하고
拜爲郎中	낭중에 임명하였으며
號爲奉春君 13	봉춘군이라 불렀다.

---

12 색은 그날로 서쪽에 도읍을 정할 계책을 세웠음을 말한다.

13 색은 장안은 말하였다. "봄은 한 해의 시작인데, 처음으로 관중(關中)에 도읍을 둘 계책을 내었으므로 봉춘군(奉春君)이라고 부른 것이다."

漢七年	한나라 7년(B.C. 200)에
韓王信反	한왕 신이 반기를 들어
高帝自往擊之	고제가 직접 가서 쳤다.
至晉陽	진양에 이르러
聞信與匈奴欲共擊漢	한신이 흉노와 함께 한나라를 치려 한다는 것을 듣고
上大怒	임금이 크게 노하여
使人使匈奴	사람을 흉노에 사신으로 보냈다.
匈奴匿其壯士肥牛馬	흉노는 장사와 살진 우마를 숨기고
但見老弱及羸畜[14]	노약자 및 야윈 가축만 보여주었다.
使者十輩來	사자 열 무리가 와서는
皆言匈奴可擊	모두 흉노는 칠 만하다고 하였다.
上使劉敬復往使匈奴	임금은 유경을 다시 흉노에 사자로 보내었는데
還報曰	돌아와 보고하여 말하였다.
兩國相擊	"두 나라가 서로 치면
此宜夸矜見所長[15]	이는 마땅히 장점을 자랑삼아 보일 것입니다.
今臣往	지금 신이 가보니
徒見羸瘠[16]老弱	다만 비쩍 마른 노약자만 보이는데
此必欲見短	이는 반드시 단점을 보여주고
伏奇兵以爭利	정예병을 숨겨놓은 채 승리를 다투려는 것입니다.

---

14 **정의** 위의 글자의 음은 리[力爲反]이고, 아래의 글자의 음은 휵[許又反]이다.

15 **집해** 위소(韋昭)는 말하였다. "과(夸)는 넓히는 것이며, 긍(矜)은 크게 하는 것이다."

16 **색은** 위의 글자의 음은 리[力爲反]이다. 瘠의 음은 척이다. 척(瘠)은 마른 것이다. 『한서』에는 '자(胾)'로 되어 있다. 자(胾)는 고기라는 뜻이므로 아닐 것이다.

愚以爲匈奴不可擊也	제 생각으로는 흉노는 칠 수 없을 것 같습니다."
是時漢兵已踰句注¹⁷	이때 한나라 군사는 이미 구주산을 넘었으며
二十餘萬兵已業行	20여만의 한나라 군사는 이미 행군하였다.
上怒	임금이 노하여
罵劉敬曰	유경을 꾸짖으며 말하였다.
齊虜	"제나라 종놈아!
以口舌得官	입과 혀를 놀려 관직을 얻은 주제에
今迺妄言沮吾軍¹⁸	지금 곧 망언으로 우리 군사를 막느냐."
械繫敬廣武¹⁹	광무에서 유경에게 형구를 채우고 묶었다.
遂往	마침내 가서
至平城	평성에 이르니
匈奴果出奇兵圍高帝白登	흉노는 과연 정예병을 내어 백등에서 고제를 에워싸
七日然後得解	이레 뒤에야 풀려나게 되었다.
高帝至廣武	고제는 광무에 이르러
赦敬	유경을 용서하고
曰	말하였다.
吾不用公言	"내 그대의 말을 쓰지 않아
以困平城	평성에서 곤경에 처하였소.
吾皆已斬前使十輩言可擊者矣	내 모두 이미 (흉노를) 칠 수 있다고 한 전의 사

---

17 **정의** 구주산(句注山)은 대주(代州) 안문현(鴈門縣) 서북쪽 30리 지점에 있다.

18 **색은** 沮의 음은 저[才敍反]이다. 『시전(詩傳)』에서는 "저(沮)는 그치는 것이다, 무너뜨리는 것이다."라 하였다.

19 **색은** 「지리지(地理志)」에서는 현(縣) 이름이며, 안문(鴈門)에 속한다고 하였다. **정의** 광무 (廣武)의 옛 현은 구주산(句注山) 남쪽에 있다.

자 10여 무리를 참하였소."

迺封敬二千戶	이에 유경을 2천 호에 봉하고
爲關內侯	관내후로 삼았으며
號爲建信侯	건신후라 불렀다.

高帝罷平城歸	고제가 평성에서 군사를 돌려 돌아오자
韓王信亡入胡	한왕 신이 오랑캐로 도망쳐 들어갔다.
當是時	이때
冒頓爲單于	묵특이 선우(單于)였는데
兵彊	군사력이 강하여
控弦三十萬[20]	활을 당기는 자가 30만이었으며
數苦北邊	자주 북쪽 변경을 괴롭혔다.
上患之	임금이 이를 근심하여
問劉敬	유경에게 물었다.
劉敬曰	유경이 말하였다.
天下初定	"천하가 막 안정되어
士卒罷於兵	사졸들이 군사 일로 피로하니
未可以武服也	무(武)로는 복속시킬 수 없습니다.
冒頓殺父代立	묵특은 아비를 죽이고 대신 즉위하여
妻群母	여러 모친을 아내로 삼았으며
以力爲威	무력을 위세로 생각하고 있으니
未可以仁義說也	인의를 가지고 말할 수도 없습니다.
獨可以計久遠子孫爲臣耳	다만 먼 자손을 신하로 만들 계책뿐이온데

---

20 **집해** 응소(應劭)는 말하였다. "공(控)은 당긴다는 뜻이다."

然恐陛下不能爲	폐하께서 할 수 없으실까 걱정되옵니다."
上曰	임금이 말하였다.
誠可	"되기만 한다면야
何爲不能	어찌할 수 없겠는가!
顧爲柰何	도대체 어찌하려는 건가?"
劉敬對曰	유경이 대답하여 말하였다.
陛下誠能以適長公主妻之	"폐하께서 실로 적실에게서 난 장공주를 시집 보내고
厚奉遺之	(예물을) 두터이 받들어 보낼 수만 있다면
彼知漢適女送厚	저들은 적실의 딸에 예물을 두터이 보내는 것을 알고
蠻夷必慕以爲閼氏²¹	오랑캐들은 반드시 흠모하여 연지로 삼을 것이며
生子必爲太子	아들을 낳으면 반드시 태자가 될 것이니
代單于	선우의 대를 잇게 될 것입니다.
何者	어째서이겠습니까?
貪漢重幣	한나라의 두터운 폐백을 탐해서입니다.
陛下以歲時漢所餘彼所鮮數問遺	폐하께서는 해마다 철로 한나라에서는 남고 저들에게는 드문 것으로 자주 문안하고 보내주고
因使辯士風諭以禮節	말 잘하는 선비를 보내어 예절을 깨우치게 합니다.
冒頓在	묵특이 살아 있으면
固爲子壻	실로 사위가 되는 것이고,

---

21 閼氏는 연지로 읽으며, 흉노의 왕 선우(單于)의 비(妃)를 일컫는 말이다. – 옮긴이.

死	죽으면
則外孫爲單于	외손자가 선우가 되는 것입니다.
豈嘗聞外孫敢與大父抗禮者哉	어찌 일찍이 외손이 감히 외조부와 예를 동등히 함을 들었겠습니까?
兵可無戰以漸臣也	군사를 써서 싸우지 않아도 점차 신하가 될 수 있습니다.
若陛下不能遣長公主	폐하께서 장공주를 보내실 수 없으시어
而令宗室及後宮詐稱公主	종실(의 딸) 및 후궁을 공주로 사칭한다면
彼亦知	저들도 알아
不肯貴近	기꺼이 공경하여 가까이하지 않으려 할 것이니
無益也	도움이 되지 않습니다."
高帝曰	고제가 말하였다.
善	"훌륭하다."
欲遣長公主	장공주를 보내려 하였다.
呂后日夜泣	여후가 밤낮으로 울면서
曰	말하였다.
妾唯太子一女	"첩에게는 오직 태자와 딸 하나뿐인데
奈何棄之匈奴	어떻게 흉노로 가게 버려두겠습니까!"
上竟不能遣長公主	임금은 결국 장공주를 보낼 수가 없어
而取家人子名爲長公主	민가의 여인을 취하여 장공주라 하고
妻單于	선우에게 시집보냈다.
使劉敬往結和親約	유경으로 하여금 가서 화친의 조약을 맺게 하였다.

劉敬從匈奴來	유경이 흉노에게서 돌아와서
因言匈奴河南白羊樓煩王[22]	말하기를 "흉노의 하남과 백양, 누번왕은
去長安近者七百里	장안에서 가까이는 7백 리 떨어져 있는데
輕騎一日一夜可以至秦中	가벼운 기마로 하루 밤낮이면 진중에 이를 수 있습니다.
秦中新破	진중은 막 격파당하고
少民	백성이 적은데
地肥饒	땅은 비옥하니
可益實	더 채워야 합니다.
夫諸侯初起時	제후들이 처음 일어났을 때
非齊諸田	제나라의 전씨들과
楚昭屈景莫能興	초나라의 소씨, 굴씨, 경씨가 아니면 일어날 수 없었습니다.
今陛下雖都關中	지금 폐하께서는 비록 관중에 도읍을 두셨지만
實少人	실로 사람이 적습니다.
北近胡寇	북으로는 오랑캐에 가깝고
東有六國之族	동으로는 여섯 나라의 족속이 있어
宗彊	종족이 강하여져
一日有變	어느 날 변고라도 생긴다면
陛下亦未得高枕而臥也	폐하께서는 또한 베개를 높이 하고 주무실 수 없게 됩니다.
臣願陛下徙齊諸田	신은 바라건대 폐하께옵서는 제나라의 전씨(田氏)들과

---

22 집해 장안은 말하였다. "백양(白羊)은 흉노(匈奴)의 나라 이름이다." 색은 장안은 백양은 나라 이름이라고 하였다. 둘은 모두 하남(河南)에 있다. 하남(河南)은 생각건대 삭방(朔方)에 있는 하남으로 옛날에는 모두 흉노의 땅이었으며, 지금은 또한 신진중(新秦中)이라 이른다.

楚昭屈景	초나라의 소(昭), 굴(屈), 경씨(景氏),
燕趙韓魏後	연나라와 조나라, 한나라, 위나라의 후손들
及豪桀名家居關中	및 호걸들과 명가를 옮기어 관중에 살게 하십시오.
無事	일이 없으면
可以備胡	오랑캐에 대비할 수 있으며,
諸侯有變	제후들에게 변고가 있으면
亦足率以東伐	또한 족히 거느리고 동쪽을 칠 수 있습니다.
此彊本弱末之術也	이것이 근본을 강하게 하고 지엽을 약하게 하는 방법입니다."라 하였다.
上曰	임금이 말하였다.
善	"훌륭하다."
迺使劉敬徙所言關中十餘萬口²³	이에 유경으로 하여금 말한 관중의 10여만 명을 옮기게 하였다.

叔孫通者²⁴	숙손통은
薛人也²⁵	설현 사람이다.
秦時以文學徵	진나라 때 문학으로 불리어
待詔博士	대조박사가 되었다.
數歲	수년 뒤

---

23 색은 소안(小顔)은 말하기를 "지금 고릉(高陵)과 역양(櫟陽)의 전씨(田氏)들, 화음(華陰)과 호치(好時)의 경씨(景氏)들 및 삼보(三輔)의 굴씨(屈氏)들과 회씨(懷氏)들이 여전히 많은데, 모두 이때 옮긴 것이다."라 하였다.

24 집해 진작(晉灼)은 말하였다. "『초한춘추(楚漢春秋)』에서는 이름이 하(何)라고 하였다."

25 색은 『초한춘추(楚漢春秋)』에서는 이름이 하(何)라고 하였다. 설(薛)은 현(縣) 이름으로, 노(魯)나라에 속한다.

陳勝起山東	진승이 산동에서 기의했다.
使者以聞	사자가 알리자
二世召博士諸儒生問曰	2세는 박사와 여러 유생을 불러 물었다.
楚戍卒攻蘄入陳	"초나라의 수자리 서는 군졸들이 기현을 치고 진군으로 들어갔다는데
於公如何	그대들은 어떻게 생각하는가?"
博士諸生三十餘人前曰	박사 유생 30여 명이 앞으로 나와 말하였다.
人臣無將	"신하는 반역을 일으킬 수 없으며
將即反	반란을 일으키려 한다면
罪死無赦²⁶	사형에 처하여 용서하지 않아야 합니다.
願陛下急發兵擊之	원컨대 폐하께서는 급히 군사를 일으켜 그들을 치십시오."
二世怒	2세는 노하여
作色	안색이 변하였다.
叔孫通前曰	숙손통이 앞으로 나아가 말하였다.
諸生言皆非也	"유생들의 말은 모두 틀렸습니다.
夫天下合爲一家	천하가 하나의 집으로 합쳐졌으니
毀郡縣城	군현의 성을 허물고
鑠其兵	병기를 녹여
示天下不復用	천하에 다시는 쓰지 않을 것이라는 것을 보여 주어야 합니다.
且明主在其上	또한 영명한 임금이 그 위에 있고

---

26 **집해** 찬(瓚)은 말하였다. "장(將)은 역란(逆亂)을 이른다. 『공양전(公羊傳)』「장공 32년(莊公 32年)」에서는 '임금과 어버이에게 할 일이 없으며 할 일이 있으면 반드시 죽인다(君親無將, 將而必誅).'라 하였다."

法令具於下	법령이 아래에 구비되어 있으며
使人人奉職	사람을 보내어 직책을 받들게 하면
四方輻輳	사방에서 (조정을 향하여) 폭주할 것이니
安敢有反者	어찌 감히 모반하는 자가 있겠습니까!
此特群盜鼠竊狗盜耳	이들은 다만 도둑 떼에 도둑 쥐 도둑 개일 따름이니
何足置之齒牙閒	어찌 언급할 만한 것이 있겠습니까?
郡守尉今捕論	군수와 군위가 지금 체포하여 논죄할 것이니
何足憂	어찌 근심할 것이 있겠습니까."
二世喜曰	2세가 기뻐하여 말하였다.
善	"훌륭하다."
盡問諸生	여러 유생들에게 다 물어보았더니
諸生或言反	유생들 가운데 혹자는 모반이라 하고
或言盜	혹자는 도적이라 하였다.
於是二世令御史案諸生言反者下吏	
	이에 2세는 어사로 하여금 유생들 중 모반하였다고 한 자들은 모두 하옥시키게 하였는데
非所宜言	말해서는 안 될 것이었기 때문이다.
諸言盜者皆罷之	도적이라고 말한 자들은 모두 방면하였다.
迺賜叔孫通帛二十匹	이에 숙손통에게 비단 24필과
衣一襲²⁷	옷 1습(한 벌)을 내리고
拜爲博士	박사에 임명하였다.

---

27 **색은** 『국어(國語)』에서는 '일칭(一稱)'이라 하였으며, 가규(賈逵)는 『예기(禮記)』에 의하여 "핫옷은 반드시 겉이 있어서 홑겹이 아니며 상의에는 반드시 아랫도리가 있어서 일칭(一稱)이라 하였다."라 하였다. 두예(杜預)는 "옷이 홑옷과 겹옷을 모두 갖추는 것을 칭(稱)이라 한다."라 하였다.

叔孫通已出宮	숙손통이 궁을 나서서
反舍	집으로 돌아가자
諸生曰	유생들이 말하였다.
先生何言之諛也	"선생께서는 어찌 그리 아첨을 하오?"
通曰	숙손통이 말하였다.
公不知也	"그대는 알지 못하오!
我幾不脫於虎口²⁸	나는 거의 호랑이 입에서 벗어나지 못할 뻔하였소."
迺亡去	이에 도망쳐
之薛	설현으로 갔는데
薛已降楚矣	설현은 이미 초나라에 항복을 하였다.
及項梁之薛	항량이 설현으로 가자
叔孫通從之	숙손통은 그를 따랐다.
敗於定陶	정도에서 패하자
從懷王	회왕을 따랐다.
懷王爲義帝	회왕은 의제가 되어
徙長沙	장사로 옮겼는데
叔孫通留事項王	숙손통은 머물러 항왕을 섬겼다.
漢二年	한나라 2년(B.C. 205)에
漢王從五諸侯入彭城	한왕은 다섯 제후를 따라 팽성으로 들어갔는데
叔孫通降漢王	숙손통은 한왕에게 항복하였다.
漢王敗而西	한왕이 패하여 서쪽으로 가자
因竟從漢	이에 마침내 한나라를 따랐다.

---

28 **정의** 幾의 음은 기(祈)이다.

叔孫通儒服	숙손통은 유생의 복장을 하고 있었는데
漢王憎之	한왕이 그것을 싫어하였다.
迺變其服	이에 복장을 바꾸어
服短衣	짧은 옷을 입고
楚製²⁹	초나라 복장의 제도를 따르자
漢王喜	한왕은 기뻐하였다.
叔孫通之降漢	숙손통이 한나라에 항복할 때
從儒生弟子百餘人	따른 유생 제자가 백여 명이나 되었지만
然通無所言進	속손통은 진언하는 것이 없었고
專言諸故群盜壯士進之	다만 옛 도둑 떼와 장사만 말하여 추천하였다.
弟子皆竊罵曰	제자들이 모두 가만히 욕하여 말하였다.
事先生數歲	"선생을 섬긴 지가 여러 해나 되고
幸得從降漢	따라서 한나라에 항복하게 되었는데
今不能進臣等	이제 우리는 추천하지를 못하고
專言大猾³⁰	크게 교활한 말만 해대니
何也	어째서입니까?"
叔孫通聞之	숙손통이 그 말을 듣고
迺謂曰	이에 말하였다.
漢王方蒙矢石爭天下³¹	"한왕이 바야흐로 화살과 돌을 무릅쓰고 천하를 다투는데

---

29 **색은** 공문상(孔文祥)은 "짧은 옷은 일하는 데 편하며 유자의 의복이 아니다. 고조가 초나라 사람이므로 그 풍속과 옷 입는 제도를 따른 것이다."라 하였다.

30 **색은** 『유집(類集)』에서는 "猾은 교활한 것이다. 음은 활(滑)이다."라 하였다..

31 **집해** 『한서음의(漢書音義)』에서는 말하였다. "돌을 들어서 사람에게 집어던지는 것이다."라 하였다.

498

諸生寧能鬥乎	그대들이 어찌 싸울 수 있겠는가?
故先言斬將搴旗[32]之士	그래서 먼저 장수를 베고 깃발을 뽑을 수 있는 장사들을 말하는 것이다.
諸生且待我	그대들이 잠깐만 나를 기다려준다면
我不忘矣	내 잊지 않을 것이다."
漢王拜叔孫通爲博士	한왕은 숙손통을 박사에 임명하고
號稷嗣君[33]	직사군이라 불렀다.
漢五年	한나라 5년(B.C. 202)에
已幷天下	천하를 병탄하자
諸侯共尊漢王爲皇帝於定陶	제후들은 함께 정도에서 한왕을 황제로 높였으며
叔孫通就其儀號	숙손통이 그 의식과 명호를 맡았다.
高帝悉去秦苛儀法	고제는 진나라의 가혹한 의법을 모두 없애고
爲簡易	간편하고 쉽게 행하게 하였다.
群臣飮酒爭功	신하들이 술을 마시고 공을 다투는데
醉或妄呼	취하여 혹자는 함부로 고함을 치고
拔劍擊柱	검을 뽑아 기둥을 치기도 하니

---

32 **집해** 장안은 말하였다. "건(搴)은 걷어 올리는 것이다." 찬(瓚)은 말하였다. "뽑아서 취하는 것을 건(搴)이라고 한다. 『초사(楚辭)』에서는 '아침에 비산의 목란을 뽑는다(朝搴阰之木蘭).'라 하였다." **색은** 搴의 음은 건[起焉反]이며, 또한 건[己勉反]이라고도 한다. 『방언(方言)』에서는 "남방에서는 물건을 취하는 것을 건(搴)이라고 한다."라 하였다. 허신(許愼)은 말하기를 "건(搴)은 취하는 것이다."라 하였다. 왕일(王逸)은 "비(阰)는 산 이름이다."라 하였다. 또한 『비창(埤蒼)』에서는 "산은 초나라에 있으며 음은 비(毗)이다."라 하였다.

33 **집해** 서광은 말하였다. "대체로 그 덕업이 충분히 제나라 직하(稷下)의 풍류를 이을 만하다는 것을 말할 것이다." 내가 생각건대 『한서음의(漢書音義)』에서는 "직사(稷嗣)는 읍 이름이다."라 하였다.

高帝患之	고제가 근심하였다.
叔孫通知上益厭之也	숙손통은 임금이 이를 더욱 싫어함을 알고서
說上曰	임금에게 말하였다.
夫儒者難與進取	"유자는 진공하여 빼앗는 데 함께하기는 어렵지만
可與守成	더불어 이룬 것을 지킬 수는 있습니다.
臣願徵魯諸生	신은 바라건대 노나라의 유생들을 불러
與臣弟子共起朝儀	신의 제자들과 함께 조정의 의례를 일으켜보겠습니다."
高帝曰	고제가 말하였다.
得無難乎	"어렵지 않게 할 수 있겠소?"
叔孫通曰	숙손통이 말하였다.
五帝異樂	"오제는 음악을 달리하였고
三王不同禮	삼왕은 예를 함께하지 않았습니다.
禮者	예라는 것은
因時世人情爲之節文者也	시대와 인정에 따라 의례를 제정해 주는 것입니다.
故夏殷周之禮所因損益可知者	그래서 하·은·주의 예의 덜고 더한 것을 알 수 있다는 것은
謂不相復也	서로 같지 않다는 것을 이릅니다.
臣願頗采古禮與秦儀雜就之	신은 옛 예법을 자못 취하여 진나라의 의례에 섞었으면 합니다."
上曰	임금이 말하였다.
可試爲之	"시험 삼아 해보되
令易知	알기 쉽게 하여

度吾所能行爲之	내가 그것을 시행할 수 있는지 헤아리게 하라."

於是叔孫通使徵魯諸生三十餘人
이에 숙손통은 노나라의 유생 30여 명을 부르게 하였다.

魯有兩生不肯行	노나라의 유생 두 명이 가지 않으려 하면서
曰	말하였다.
公所事者且十主	"공이 섬긴 자는 거의 열 주인인데
皆面諛以得親貴	모두 면전에서 아첨하여 친하여지고 귀하여졌소.
今天下初定	이제 천하가 막 안정되어
死者未葬	죽은 자의 장례도 아직 치르지 못하고
傷者未起	다친 자는 아직 일어서지 못하고 있는데
又欲起禮樂	또 예악을 일으키려 하오.
禮樂所由起	예악이 일어나게 되는 것은
積德百年而後可興也	백 년간 덕을 쌓은 다음이라야 일어날 수 있소.
吾不忍爲公所爲	내 차마 그대가 하는 것을 하지 못하겠소.
公所爲不合古	그대가 하는 것은 옛 일에 맞지 않으므로
吾不行	나는 가지 않겠소.
公往矣	그대는 떠나서
無汙我	나를 더럽히지 마시오!"
叔孫通笑曰	숙손통은 웃으면서 말하였다.
若真鄙儒也	"그대들은 실로 비루한 선비로
不知時變	시대의 변화를 알지 못하오."

遂與所徵三十人西
마침내 부른 30인과 서(西)로 가서

及上左右爲學者與其弟子百餘人爲綿蕞³⁴野外

임금 곁의 학자와 제자 백여 명과 함께 야외에서 밧줄로 줄을 만들고 풀을 엮어 표시하였다.

習之月餘

달포 간 익힌 다음에

叔孫通曰

숙손통이 말하였다.

上可試觀

"임금께서 보실 만하다."

上既觀

임금이 보고 나서

使行禮

예를 행하게 하니

曰

말하였다.

吾能爲此

"내 이렇게 할 수 있겠다."

迺令群臣習肄³⁵

이에 뭇 신하들에게 익히게 하여

會十月

10월에 조회하기로 했다.

漢七年

한나라 7년에

長樂宮成

장락궁이 완성되자

諸侯群臣皆朝十月³⁶

제후와 뭇 신하들은 모두 10월에 조회하였다.

儀

의식은 이러하였다.

---

34 **집해** 서광은 말하였다. "위(位)의 표준(標準)을 나타낸 것이다. 음은 최[子外反]이다." 여순(如淳)은 "줄을 이어 설치하여 연습할 곳을 만든 것이다. 최(蕞)는 띠를 잘라 땅에 세워 찬위(纂位)를 만든 것이다. 『춘추전(春秋傳)』에서는 '띠를 묶어 표하여 두었다.'라 하였다."라 하였다. **색은** 서[徐廣]는 음을 최[子外反]라고 하였다. 여순은 "띠를 잘라 땅에 세워 찬위(纂位)와 존비(尊卑)의 차서를 만든 것이다."라 하였다. 소림(蘇林)은 음이 찬(纂)이라 하였다. 위소는 "밧줄을 당겨 길게 이어지도록 만들어 표를 세워 모양을 만든 것이다. 음은 최[茲會反]이다."라 하였다. 가규는 "띠를 묶어 자리를 표시한 것을 절(蕝)이라 한다."라 하였다. 또한 『찬문(纂文)』에서는 "절(蕝)은 지금의 '찬(纂)' 자이다. 포개(包愷)는 음이 절[即悅反]이라고 하였다. 또한 음을 찬(纂)이라고도 한다."라 하였다.

35 **색은** 肄 또한 익힌다는 뜻이며 음은, 이(異)이다.

先平明	해가 뜨기 전에
謁者治禮	알자(謁者)가 예를 다스리어
引以次入殿門	이끌어 차례로 전문으로 들이고
廷中陳車騎步卒衛宮	내정에는 거기와 보병을 늘어세워 궁을 호위하며
設兵張旗志[37]	병기를 설치하고 기치를 세웠다.
傳言趨[38]	전하여 말하기를 "종종걸음"이라고 하였다.
殿下郞中俠陛	전각 아래에는 낭중이 섬돌을 끼고 섰으며
陛數百人	섬돌마다 수백 명이 섰다.
功臣列侯諸將軍軍吏以次陳西方	공신과 열후, 장군들과 군리들은 차례로 서쪽에 늘어서서
東鄕	동쪽을 향하였고,
文官丞相以下陳東方	문관과 승상 이하는 동쪽에 늘어서서
西鄕	서쪽을 향하였다.
大行設九賓	대행은 구빈을 설치하여
臚傳[39]	황제의 명을 전하였다.

---

36 【색은】 소안(小顔)은 "한나라는 10월을 정삭(正朔)으로 삼았기 때문에 새해의 조회를 받는 예를 행하였으며, 사가(史家)들이 10월을 추서한 것이다."라 하였다. 여러 책에서는 모두 10월이 한 해의 첫 달이라 하였고 10월을 정월이라고는 말하지 않았다. 『고금주(古今注)』에서도 또한 "뭇 신하들이 비로소 10월에 조현하였다."라 하였다.

37 【집해】 서광은 말하였다. "'치(幟)'로 된 판본도 있다."

38 【색은】 소안(小顔)은 "소리를 전하여 들어가는 사람에게 모두 종종걸음을 걷게 한 것이다. 추(趨)는 빨리 가서 공경을 나타내는 것이다."라 하였다.

39 【집해】 『한서음의(漢書音義)』에서는 말하였다. "위에서 아래로 전하는 것이 여(臚)이다." 【색은】 『한서』에서는 "구빈(九賓)을 설치하여 아래위로 전하였다."라 하였다. 소림(蘇林)은 "위에서 아래로 말을 알리어 전하는 것을 여(臚)라 하며, 아래로 말을 전하는 것을 구(句)라고 한다."라 하였다. 여(臚)는 행(行)과 같다. 위소는 "대행인(大行人)은 빈객(賓客)의 예를

於是皇帝輦出房[40]　　　　　이에 황제의 연(輦)이 방을 나왔는데

百官執職[41]傳警[42]　　　　　백관이 기치를 잡고 조심하라 전하니

引諸侯王以下至吏六百石以次奉賀

　　　　　　　　　　　　제후왕 이하 6백 석을 거느리고 차례로 경하하
　　　　　　　　　　　　게 하였다.

自諸侯王以下莫不振恐肅敬　제후왕 이하로 두려워하며 엄숙히 공경하지 않
　　　　　　　　　　　　는 자가 없었다.

至禮畢　　　　　　　　　　예가 끝나자

復置法酒[43]　　　　　　　　다시 주법의 영을 두었다.

諸侍坐殿上皆伏抑首[44]　　　전각 위에서 모시고 앉을 수 있는 자들은 모두
　　　　　　　　　　　　엎드려 고개를 숙이고

以尊卑次起上壽　　　　　　존비에 따라 차례로 일어서 축수를 올렸다.

관장하는데 지금은 홍려(鴻臚)라 한다. 구빈(九賓)은 『주례(周禮)』의 구의(九儀)이며, 공(公),
후(侯), 백(伯), 자(子), 남(男), 고(孤), 경(卿), 대부(大夫), 사(士)이다.”라 하였다. 한나라는 이
것에 의거하여 명령을 하달하였으며 차례대로 명령을 전달하려 올리게 하였다. 상수(向秀)
는 『장자』의 주석에서 “위에서 아래로 말하는 것이 여(臚)이다.”라 하였는데 음은 여(閭)이
다. 句의 음은 구[九注反]이다.

40 【색은】 「여복지(輿服志)」에서는 “은나라와 주나라에서는 연(輦)에 군대의 기물을 실었으며
　　벼슬아치들은 가축에 탔는데, 진(秦)나라에 이르러서야 바퀴를 없애고 수레를 높였다.”라
　　하였다.

41 【집해】 서광은 말하였다. “어떤 판본에는 ‘치(幟)’로 되어 있다.”

42 【색은】 職의 음은 치(幟)이며, 또한 시(試)라고도 한다. 전경(傳警)은 『한의(漢儀)』에서는 “임
　　금의 연(輦)이 움직이면 좌우의 유악(帷幄)에서 모시는 자들이 경계하게 하는 것이다.”라
　　하였는데 옳다.

43 【집해】 문영(文穎)은 말하였다. “주령(酒令)의 법을 만든 것이다.” 소림(蘇林)은 말하였다.
　　“보통 모임에서는 모름지기 천자가 중간에 일어나 옷을 갈아입은 다음에 들어가 술자리를
　　차린다.” 【색은】 문영은 “주령(酒令)의 법을 만든 것이다.”라 하였다. 요씨(姚氏)는 “술을 올
　　리는 데 예가 있는 것이다. 옛날 사람들은 술을 마시는데 석 잔을 넘지 않았으며 임금과 신
　　하는 백 번 절하며 종일 연회를 열어도 그것 때문에 어지러워지지 않았다.”라 하였다.

44 【집해】 여순은 말하였다. “눌러서 굽힌 것이다.”

觴九行	술이 아홉 차례가 돌자
謁者言罷酒	알자가 "술 그만"이라 말하였다.
御史執法擧不如儀者輒引去	어사가 법을 집행하여 의식대로 행하지 않으면 바로 끌고 나갔다.
竟朝置酒	마침내 조정에 술을 차려놓아도
無敢讙譁失禮者	감히 떠들썩하게 예를 잃는 자가 없었다.
於是高帝曰	이에 고제가 말하였다.
吾迺今日知爲皇帝之貴也	"내 오늘에야 황제가 되는 것이 귀한 것임을 알았도다."
迺拜叔孫通爲太常	이에 숙손통을 태상에 임명하고
賜金五百斤	금 5백 근을 내렸다.

叔孫通因進曰	숙손통이 이에 진언하였다.
諸弟子儒生隨臣久矣	"제자 유생들이 저를 따른 지가 오래되어
與臣共爲儀	신과 함께 의례를 만들었사오니
願陛下官之	원컨대 폐하께서는 관직을 주십시오."
高帝悉以爲郎	고제는 모두 낭으로 삼았다.
叔孫通出	숙손통은 나가서
皆以五百斤金賜諸生	금 5백 근을 유생들에게 내렸다.
諸生迺皆喜曰	유생들이 이에 모두 기뻐하여 말하였다.
叔孫生誠聖人也	"숙손 선생은 실로 성인으로
知當世之要務	당세의 중요한 일을 안다."

漢九年	한나라 9년(B.C. 198)에
高帝徙叔孫通爲太子太傅	고제는 숙손통을 태자태부로 옮겼다.

漢十二年	한나라 12년(B.C. 195)에
高祖欲以趙王如意易太子	고조가 조왕 여의로 태자를 바꾸려고 하자
叔孫通諫上曰	숙손통이 간언하여 말하였다.
昔者晉獻公以驪姬之故廢太子	"옛날 진헌공은 여희 때문에 태자를 폐하고
立奚齊	해제를 세워
晉國亂者數十年	진나라가 어지러워진 것이 수십 년이나 되어
爲天下笑	천하의 웃음거리가 되었습니다.
秦以不蚤定扶蘇	진나라가 빨리 부소를 (태자로) 정하지 못하여
令趙高得以詐立胡亥	조고로 하여금 속여서 호해를 세우게 하여
自使滅祀	절로 제사가 없어지게 하였으니
此陛下所親見	이는 폐하께서 친히 본 것입니다.
今太子仁孝	지금 태자가 어질고 효성스러움은
天下皆聞之	천하가 모두 알고 있으며,
呂后與陛下攻苦食啖⁴⁵	여후는 폐하와 동고동락하였으니
其可背哉	어찌 저버릴 수 있겠습니까!
陛下必欲廢適而立少	폐하께서 필히 적자를 폐하고 어린 사람을 세우고자 하신다면
臣願先伏誅	신은 바라건대 먼저 엎어져 죽어
以頸血汙地⁴⁶	목의 피로 땅을 더럽히고자 합니다."
高帝曰	고제가 말하였다.

---

45 집해 서광은 말하였다. "공(攻)은 지금 사람들이 말하는 격(擊)과 같다. 담(啖)은 어떤 판본에는 '담(淡)'으로 되어 있다." 여순은 말하기를 "식사에 채소가 없는 것이 담(啖)이다."라 하였다. 색은 공문상(孔文祥)은 "황제와 함께 공격하고 어려움을 무릅쓰느라 식사 때 채소도 갖추기 어려웠던 것이다."라 하였다. 『설문』에서는 "담(淡)은 싱거운 맛이다."라 하였다. 음은 담[唐敢反]이다.

506

公罷矣	"공은 그만두라,
吾直戲耳	내 다만 농담하였을 뿐이다."
叔孫通曰	숙손통이 말하였다.
太子天下本	"태자는 천하의 근본이며
本一搖天下振動	근본이 흔들렸다 하면 천하가 진동할 것인데
奈何以天下爲戲	어찌 천하를 가지고 농담을 하십니까?"
高帝曰	고제가 말하였다.
吾聽公言	"내 공의 말을 따르겠소."
及上置酒	임금이 주연을 베풀 때
見留侯所招客從太子入見	유후가 부른 객이 태자를 따라 들어와 알현하는 것을 보고
上迺遂無易太子志矣	임금은 이에 마침내 태자를 바꿀 뜻이 없어졌다.
高帝崩	고제가 붕어하고
孝惠即位	효혜제가 즉위하여
迺謂叔孫生曰	이에 숙손생에게 말하였다.
先帝園陵寢廟	"선제의 원릉과 침묘에 대해
群臣莫習	뭇 신하들이 아무도 알지 못하오."
徙爲太常	태상으로 옮기어
定宗廟儀法	종묘의 의법을 정하게 하였다.
及稍定漢諸儀法	한나라의 여러 가지 의례의 법이 조금이라도 정하여진 것은

---

46 **색은** 『초한춘추(楚漢春秋)』에서는 말하였다. "숙손하(叔孫何)가 말하기를 '신이 세 번 간하였으나 따르지 않으니 몸으로 맞섰으면 합니다.'라 하였다. 그러고는 칼을 어루만지며 자살하려 하였다. 임금이 자리를 뜨면서 말하기를 '내 그대의 계책을 따라 태자를 바꾸지 않겠다.'라 하였다."

皆叔孫生爲太常所論箸也	모두 숙손생이 태상이 되어 논의하여 지은 것이다.
孝惠帝爲東朝長樂宮[47]	효혜제는 동으로 장락궁에 (여후를) 조현하기 위하여
及閒往	한가로이 갈 때
數蹕[48]煩人	자주 통행을 금하여 사람을 번거롭게 하였으므로
迺作複道	이에 복도를 지어
方築武庫南[49]	바야흐로 무고의 남쪽에 쌓았다.
叔孫生奏事	숙손생이 일을 아뢰어
因請閒曰	이에 한가로울 때 청하여 말하였다.
陛下何自築複道高寢	"폐하께서는 어찌 스스로 고침에 복도를 쌓고
衣冠月出游高廟	(고조의) 의관을 매월 고묘에서 행차하게 하십니까?
高廟	고묘는
漢太祖	한나라 태조이온데
奈何令後世子孫乘宗廟道上行哉[50]	
	어찌 후세의 자손들이 종묘의 길 위로 다니게 합니까?"

---

47 **집해** 『관중기(關中記)』에서는 말하였다. "장락궁(長樂宮)은 본래 진(秦)나라의 흥락궁(興樂宮)인데 한나라의 (여)태후가 항상 그곳에 거처하였다."

48 **색은** 위소는 말하였다. "필(蹕)은 사람이 다니는 것을 멈추게 하는 것이다." 장락궁과 미앙궁(未央宮)은 동서로 거리가 조금 멀다. 한왕(閒往)은 제때가 아님을 말한다. 가끔씩 때가 아닌데 왕래하면서 길을 깨끗이 하여 사람을 번거롭게 하는 것이다.

49 **집해** 위소는 말하였다. "각도(閣道)이다." 여순은 말하였다. "복도를 지어 바야흐로 무고(武庫) 남쪽에 쌓기 시작한 것이다."

孝惠帝大懼	효혜제가 크게 두려워하여
曰	말하였다.
急壞之	"속히 허물라."
叔孫生曰	숙손생이 말하였다.
人主無過擧51	"임금은 잘못된 행동을 하지 않습니다.
今已作	지금 이미 지어서
百姓皆知之	백성들도 모두 알고 있는데
今壞此	지금 이를 허물면
則示有過擧	잘못된 행동이 있음을 보여주는 것입니다.
願陛下原廟渭北	원컨대 폐하께옵서는 위수 북쪽에 원묘를 지어
衣冠月出游之	의관을 매월 행차하게 하여
益廣多宗廟	종묘를 더욱 넓고 많게 함이
大孝之本也	큰 효의 근본입니다."
上迺詔有司立原廟	임금이 이에 유사에게 원묘를 세우게 하였다.
原廟起	원묘가 세워진 것은
以複道故	복도 때문이다.
孝惠帝曾春出游離宮	효혜제가 일찍이 봄에 이궁으로 나들이를 하자
叔孫生曰	숙손생이 말하였다.

---

50 **집해** 응소는 말하였다. "매월 고제의 의관을 꺼내는데 법가(法駕)를 갖추는 것을 유의관 (游衣冠)이라 한다." 여순은 말하였다. "『삼보황도(三輔黃圖)』에 의하면 고침(高寢)은 고묘 (高廟)의 서쪽에 있으며, 고조의 의관은 고침에 간직되어 있다." 매월 고묘에서 출유하여 그 길에 복도를 짓는 아래와 만나게 되기 때문에 종묘의 길 위를 타고 간다고 말하였다.

51 **색은** 거동(擧動)에 잘못이 있는 것이다. 『좌전(左傳)』에서는 "임금의 거동은 반드시 기록 한다(君擧必書)."고 하였다.

古者有春嘗果	"옛날에는 봄에 과일을 맛보게 하는 것이 있었는데
方今櫻桃孰	지금 바야흐로 앵도가 익어
可獻[52]	바칠 만하오니
願陛下出	폐하께서는 나가시어
因取櫻桃獻宗廟	이에 앵도를 따서 종묘에 바쳤으면 합니다."
上迺許之	임금은 이에 허락하였다.
諸果獻由此興	여러 가지 과일을 바치는 것이 여기에서 시작되었다.

太史公曰	태사공은 말한다.
語曰千金之裘	속담에 "천금이 나가는 갖옷은
非一狐之腋也	여우 한 마리의 겨드랑이가 아니며,
臺榭之榱	정자의 서까래는
非一木之枝也	나무 한 그루의 가지가 아니고,
三代之際	삼대가 이루어진 것은
非一士之智也	한 선비의 지모가 아니다."라는 말이 있다.
信哉	실로 그렇다!
夫高祖起微細	저 고조는 한미한 신분에서 일어나
定海內	해내를 평정하고
謀計用兵	계모로 용병하였으니
可謂盡之矣	힘을 다하였다 할 수 있다.

---

52 색은 『여씨춘추(呂氏春秋)』에서는 "중춘에는 함도(含桃)를 먼저 침묘(寢廟)에 바쳤다."라 하였다. 고유(高誘)는 "함도(含桃)를 바치는 것이다. 꾀꼬리가 품은 것이므로 함도(含桃)라 한다."라 하였다. 지금의 주앵(朱櫻)이 바로 이것이다.

510

然而劉敬脫輓輅一說	그러나 유경은 멍에를 벗고 한번 말하여
建萬世之安	만세의 평안함을 세웠으니
智豈可專邪	지혜가 어찌 오로지할 수 있겠는가!
叔孫通希世度務	숙손통은 시세에 영합하여 시무를 헤아려
制禮進退	제도와 예법을 드나들게 하여
與時變化	때에 맞춰 변화시킴으로써
卒爲漢家儒宗	마침내 한나라 왕조의 유가의 종사가 되었다.
大直若詘[53]	"크게 곧은 것은 굽어보이며
道固委蛇[54]	길은 원래부터 구불구불하다." 하였으니
蓋謂是乎	이를 이름이 아니겠는가?

---

53 색은 음은 굴(屈)이다.

54 색은 음은 이(移)이다.

季布者	계포는
楚人也	초나라 사람이다.
爲氣任俠¹	의기(意氣)와 임협으로
有名於楚	초나라에서 이름을 떨쳤다.
項籍使將兵	항적이 그에게 군사를 거느리게 하여
數窘漢王²	수차례나 한왕을 곤경에 빠뜨렸다.
及項羽滅	항우가 망하자
高祖購求布千金	고조는 천금을 내걸고 그를 찾았으며
敢有舍匿	감히 집에 숨겨주는 일이 있으면
罪及三族	죄가 삼족에 미쳤다.
季布匿濮陽周氏	계포는 복양의 주씨에게 숨어 있었다.
周氏曰	주씨가 말하였다.

---

1 **집해** 맹강(孟康)은 말하였다. "신의로 사귀는 것을 임(任)이라고 한다." 여순(如淳)은 말하였다. "서로 신의를 함께하는 것이 임(任)이고, 시비(是非)를 함께하는 것이 협(俠)이다. 이른바 '권세가 주리(州里)에서 행하여지고 힘이 공후를 꺾는' 자이다." 혹자는 말하기를 임은 기력(氣力)이며, 협(俠)은 빙[傳: 호협(豪俠)]이라고 하였다. **색은** 任의 음은 임[而禁反]이다. 俠의 음은 협(協)이다. 여순은 "서로 신의를 함께하는 것이 임(任)이고, 시비(是非)를 함께하는 것이 협(俠)이다. 권세가 주리에서 행하여지고 힘이 공후를 꺾는 자이다."라 하였는데 그 설이 근사하다. 傳의 음은 빙[普丁反]이며, 그 뜻은 알기 어렵다.

2 **집해** 여순은 말하였다. "군(窘)은 곤란하게 한다는 뜻이다."

漢購將軍急	"한나라가 장군께 현상금을 걸어 사태가 급박하여져
跡且至臣家	자취가 곧 저희 집에 이를 것이니
將軍能聽臣	장군께서 제 말을 들으실 수 있다면
臣敢獻計	신이 감히 계책을 바칠 것이며,
即不能	할 수 없다면
願先自剄	먼저 스스로 목을 칠까 합니다."
季布許之	계포가 허락하였다.
迺髡鉗季布	이에 계포의 머리를 깎고 칼을 씌운 뒤
衣褐衣	베옷을 입히고
置廣柳車中[3]	큰 영구차에 태워
并與其家僮數十人	그 집의 종 수십 명과 함께
之魯朱家所賣之	노나라의 주가가 있는 곳으로 가서 팔았다.
朱家心知是季布	주가는 내심 계포라는 것을 알고
迺買而置之田	곧 사서 밭에(서 일하게) 두었다.

---

3 **집해** 복건(服虔)은 말하였다. "동군(東郡)에서는 바퀴가 넓은 수레를 '유(柳)'라 한다." 등전(鄧展)은 말하였다. "모두 관(棺)의 장식이다. 영구차에 태워 남들이 알지 못하게 하려는 것이다." 이기(李奇)는 말하였다. "큰 우차(牛車)이다. 수레 위를 버들로 덮은 것이다." 찬(瓚)은 말하였다. "「무릉서(茂陵書)」에 광류거(廣柳車)가 있는데 매 현마다 수백 대가 있었으며 지금의 큰 수레로 짐을 운반하는 것이 바로 이것이다." **색은** 복건과 신찬(臣瓚)이 근거한 것에 따르면 동군에서는 바퀴가 넓은 수레를 광류거라 한다 하였고, 「무릉서」에서는 매 현에 광류거가 수백 대씩 있다고 하였으며 무릇 큰 수레에 짐을 싣고 옮기는 것을 통틀어 광류거라 한 것이니 그렇다면 유(柳)는 수레의 통칭이다. 등전이 말한 "류(柳)는 모두 관(棺)의 장식으로, 영구차에 태워 남들이 알지 못하게 하려는 것이다."라 한 것이 사리로나 의미로나 모두 잘 맞아 가장 무난하게 통한다. 그러므로 『예(禮)』에서 "버드나무 덮개를 설치한 것은 남들로 하여금 나쁘게 하지 않게 하기 위함이다."라 하였다. 정현(鄭玄)의 『주례(周禮)』주(注)에서는 "유(柳)는 모으는 것으로, 여러 장식을 모으는 것이다."라 하였으니 곧 영구차[喪車]를 유(柳)라 하고, 후인들은 수레를 통틀어 유(柳)라고 하였다.

誡其子曰	그 아들에게 훈계하여 말하였다.
田事聽此奴	"농사일은 이 종의 말을 듣고
必與同食	반드시 함께 밥을 먹도록 하여라."
朱家迺乘輜車[4]之洛陽	주가는 즉시 초거를 타고 낙양으로 가서
見汝陰侯滕公	여음후 등공을 만나보았다.
滕公留朱家飮數日	등공은 주가를 붙들어두고 며칠씩이나 주연을 베풀었다.
因謂滕公曰	이에 등공에게 일러 말하였다.
季布何大罪	"계포가 무슨 큰 죄를 지었기에
而上求之急也	임금께서 그렇게 급히 찾습니까?"
滕公曰	등공이 말하였다.
布數爲項羽窘上	"계포는 여러 번이나 항우를 위하여 임금을 곤경에 빠뜨려
上怨之	임금이 원망하여
故必欲得之	반드시 그를 잡았으면 하는 것입니다."
朱家曰	주가가 말하였다.
君視季布何如人也	"그대는 계포를 어떤 사람으로 보십니까?"
曰	말하였다.
賢者也	"현자입니다."
朱家曰	주가가 말하였다.
臣各爲其主用	"신하는 각기 그 주인을 위해 쓰이며
季布爲項籍用	계포는 항적에게 쓰였으니
職耳	직책일 따름입니다.

---

4 **집해** 서광(徐廣)은 말하였다. "마차이다." **색은** 가벼운 수레를 말하며 마차 한 대이다.

項氏臣可盡誅邪	항씨의 신하는 거의 다 죽이지 않았습니까?
今上始得天下	지금 임금께서 비로소 천하를 얻었는데
獨以己之私怨求一人	다만 자신의 사적인 원한으로 한 사람을 구하니
何示天下之不廣也	어찌하여 천하에 (도량이) 넓지 않음을 보여주는 것입니까!

且以季布之賢而漢求之急如此

또한 계포의 현명함으로 한나라가 이렇게 급박하게 구한다면

此不北走胡即南走越耳	이에 북으로 오랑캐에게로 달아나지 않는다면 남으로 월나라로 달아날 뿐입니다.
夫忌壯士以資敵國	대체로 장사를 꺼려 적국에 도움을 주는 것이니

此伍子胥所以鞭荊平王之墓也

이는 오자서가 초평왕의 무덤에 채찍질을 한 까닭입니다.

君何不從容爲上言邪	그대는 어찌하여 조용히 임금께 말씀드리지 않습니까?"
汝陰侯滕公心知朱家大俠	여음후 등공은 속으로 주가가 대협이라는 것을 알았으며
意季布匿其所	계포가 그의 집에 숨어 있다고 생각하여
迺許曰	이에 허락하여 말하였다.
諾	"좋소."
待間	얼마 후
果言如朱家指	과연 주가가 가리킨 대로 이야기하였다.
上迺赦季布	임금은 이에 계포를 사면하였다.
當是時	이때
諸公皆多季布能摧剛爲柔	사람들은 모두 계포가 굳셈을 꺾어 부드럽게

할 수 있음을 훌륭하게 보았고

朱家亦以此名聞當世	주가 또한 이 때문에 당세에 이름이 알려졌다.
季布召見	계포는 불리어 뵙자
謝	사죄하였으며
上拜爲郎中	임금이 낭중에 임명하였다.

孝惠時	효혜제 때
爲中郎將	중랑장이 되었다.
單于嘗爲書嫚呂后	선우가 일찍이 편지를 써서 여후를 업신여기고
不遜	불손하게 굴자
呂后大怒	여후는 크게 노하여
召諸將議之	여러 장수들을 불러 논의하였다.
上將軍樊噲曰	상장군 번쾌가 말하였다.
臣願得十萬眾	"신이 바라건대 10만의 무리만 주신다면
橫行匈奴中	흉노의 땅을 종횡무진 누비겠습니다."
諸將皆阿呂后意	여러 장수들은 모두 여후의 뜻에 아부하여
曰然	"그렇습니다."라 하였다.
季布曰	계포가 말하였다.
樊噲可斬也	"번쾌는 참수해야 합니다!
夫高帝將兵四十餘萬眾	대체로 고제께서 40여만이나 되는 군사를 거느리고서도
困於平城	평성에서 곤경에 처하였는데
今噲柰何以十萬眾橫行匈奴中	
	지금 번쾌가 어떻게 10만의 무리로 흉노의 진중을 종횡무진하겠습니까?

面欺	면전에서 기만하는 것입니다!
且秦以事於胡	또한 진나라는 오랑캐와 전쟁을 치르고
陳勝等起	진승 등이 봉기하였습니다.
于今創痍未瘳	지금 다친 상처도 아직 낫지 않았는데
噲又面諛	번쾌는 또 면전에서 아첨하여
欲搖動天下	천하를 동요시키려 합니다."
是時殿上皆恐	이때 전상에서는 모두 두려워하였고
太后罷朝	여후는 조회를 끝내
遂不復議擊匈奴事	마침내 다시는 흉노 치는 일을 논의하지 않았다.
季布爲河東守	계포가 하동 군수(郡守)가 되었는데
孝文時	효문제 때
人有言其賢者	어떤 사람이 그를 현자라고 말하여
孝文召	효문제가 불러
欲以爲御史大夫	어사대부로 삼고자 하였다.
復有言其勇	다시 어떤 사람이 말하기를 그는 용감하지만
使酒難近5	주사를 부려 가까이하기 어렵게 한다고 하였다.
至	이르러
留邸一月	관저에 한 달간 머무르다가
見罷	파면되었다.
季布因進曰	계포가 이에 나아가 말하였다.
臣無功竊寵	"신은 공로도 없이 총애를 입어

---

5 색은 사(使)는 자의대로이다. 近의 음은 근[其靳反]이다. 술 때문에 방종해지는 것을 주사라 하는데 곧 술주정하는 것이다.

待罪河東[6]	하동에서 대죄하게 되었습니다.
陛下無故召臣	폐하께서는 까닭도 없이 신을 부르시었으니
此人必有以臣欺陛下者	이는 남이 필시 신을 가지고 폐하를 기만한 것이며,
今臣至	이제 신이 이르러
無所受事	받은 일도 없이
罷去	관두고 떠나게 되었으니
此人必有以毀臣者	이는 남이 반드시 신을 헐뜯은 것일 것입니다.
夫陛下以一人之譽而召臣	폐하께서 한 사람이 칭찬하여 신을 불렀다가
一人之毀而去臣	한 사람이 헐뜯어 신을 떠나보낸다면
臣恐天下有識聞之有以闚陛下也[7]	신은 천하에서 알고 들어 폐하를 엿볼까 두렵사옵니다."
上默然慚	임금은 묵묵히 부끄러워하며
良久曰	한참 있다가 말하였다.
河東吾股肱郡	"하동은 나의 고굉의 군이어서
故特召君耳	특별히 그대를 부른 것일 따름이다."
布辭之官	계포는 벼슬을 그만두고 떠났다.
楚人曹丘生	초나라 사람 조구생은
辯士	변사로
數招權顧金錢[8]	자주 권귀에게 구하고 금전으로 돌보게 하였다.

---

6 **색은** 계포는 자기는 공을 세우지도 않았는데 성은을 입어 하동에서 죄를 기다리게 된 것이라고 하였다. 그 말이 살피어 쓴 글이다.

7 **집해** 위소(韋昭)는 말하였다. "폐하의 깊고 얕음을 엿보는 것이다."

事貴人趙同等[9]	귀인 조동 등을 섬겼으며
與竇長君善	두장군(竇長君)과 친하였다.
季布聞之	계포가 듣고
寄書諫竇長君曰	편지를 부쳐 두장군에게 간하여 말하였다.
吾聞曹丘生非長者	"내 들건대 조구생은 뛰어난 사람이 아니니
勿與通	내왕하지 마십시오."
及曹丘生歸	조구생이 돌아오자
欲得書請季布[10]	글을 얻어 계포에게 청하고자 하였다.
竇長君曰	두장군이 말하였다.
季將軍不說足下	"계(季) 장군은 족하를 좋아하지 않으니
足下無往	족하는 가지 마십시오."
固請書	굳이 글을 청하여
遂行	마침내 갔다.
使人先發書	사람을 시켜 먼저 글을 발송하였더니
季布果大怒	계포는 과연 크게 노하여
待曹丘	조구를 기다렸다.
曹丘至	조구는 이르러

---

8 〔집해〕 맹강은 말하였다. "초(招)는 구하는 것이다. 금전을 써서 권귀(權貴)를 섬기며 그 형세를 구하여 스스로 빛나게 하는 것이다." 문영(文穎)은 말하였다. "권귀를 섬기는 것이다. 세력 있는 자와 통하여 모든 재리(財利)를 가지고 금전을 청하여 스스로 돌보게 하는 것이다." 〔색은〕 맹강과 문영이 말한 뜻과 같다. 較의 음은 고각(姑角)이다. 〔정의〕 조구생(曹丘生)이 귀인에게 기대어 권세를 이용하여 청하고 수차례나 다른 사람에게 구한 것이다. 고전(顧錢)은 금전을 상으로 주는 것이다.

9 〔집해〕 서광은 말하였다. "『한서(漢書)』에는 '조담(趙談)'으로 되어 있는데, 사마천(司馬遷)이 부친의 이름이 담(談)이라 하여 이렇게 고친 것이다."

10 〔집해〕 장안(張晏)은 말하였다. "두장군(竇長君)으로 하여금 계포와의 사이에 매개가 되어 뵙기를 청하고자 한 것이다."

即揖季布曰	계포에게 읍하고 말하였다.
楚人諺曰得黃金百	"초나라 사람들의 속담에 '황금 백 근을 얻는 것이
不如得季布一諾	계포의 한마디 승낙을 얻음만 못하다.'라 하였는데
足下何以得此聲於梁楚閒哉	족하께서는 어찌 양(梁)과 초(楚) 사이에서 이 성망을 얻지 못하였소?
且僕楚人	또한 저는 초나라 사람이고
足下亦楚人也	족하 또한 초나라 사람입니다.
僕游揚足下之名於天下	저는 천하에 족하의 이름을 선양하였는데
顧不重邪	어찌 중요하지 않겠습니까?
何足下距僕之深也	어찌하여 족하께서는 저를 배척함이 이렇게 심하십니까!"
季布迺大說	계포는 이에 크게 기뻐하며
引入	끌어들여
留數月	수개월을 머물게 하여
爲上客	상객으로 삼았으며
厚送之	두터이 환송하였다.
季布名所以益聞者	계포의 이름이 더욱 알려진 것은
曹丘揚之也	조구가 선양해서이다.
季布弟季心[11]	계포의 아우 계심은
氣蓋關中	기개가 관중을 덮었는데도
遇人恭謹	남들을 공손하게 대하고

---

11 집해 서광은 말하였다. "'자(子)'로 된 판본도 있다."

爲任俠	임협의 뜻을 행하여
方數千里	사방 수천 리에서
士皆爭爲之死	선비들이 모두 다투어 그를 위해 죽으려 하였다.
嘗殺人	일찍이 사람을 죽여
亡之吳	오나라로 도망친 적이 있었는데
從袁絲¹²匿	원사를 따라 숨었다.
長事袁絲	원사를 어른으로 섬기어
弟畜灌夫籍福之屬	관부와 적복같이 아우로 길렀다.
嘗爲中司馬¹³	일찍이 중위(中尉)의 사마가 된 적이 있는데
中尉郅都不敢不加禮	중위인 질도마저 감히 예를 표하지 않을 수 없었다.
少年多時時竊籍其名¹⁴以行	젊은이들이 왕왕 그 이름을 빙자하여 일을 행하기에 이르렀다.
當是時	이때
季心以勇	계심은 용력으로,
布以諾	계포는 승낙하는 말로
著聞關中	관중에서 이름이 드러났다.
季布母弟丁公¹⁵	계포의 외삼촌 정공은
爲楚將	초나라의 장수였다.

---

12 색은 원앙(袁盎)의 자가 사(絲)이다.

13 집해 여순은 말하였다. "중위(中尉)의 사마(司馬)이다." 색은 『한서』에는 '중위사마(中尉司馬)'로 되어 있다.

14 색은 籍의 음은 적[子亦反]이다.

15 집해 진작(晉灼)은 말하였다. "『초한춘추(楚漢春秋)』에서는 설(薛) 사람이라 하였고 이름은 고(固)라고 하였다." 색은 계포의 외삼촌을 이른다.

丁公爲項羽逐窘高祖彭城西	정공은 항우를 위하여 팽성의 서쪽에서 고조를 쫓아 곤경에 빠뜨려
短兵接	짧은 병기가 닿을 정도였는데
高祖急	고조가 조급하여져서
顧丁公曰	정공을 돌아보며 말하였다.
兩賢豈相厄哉	"두 현자가 어찌 서로 곤액에 빠지겠는가!"
於是丁公引兵而還	이에 정공은 병기를 거두고 돌아갔으며
漢王遂解去	한왕은 마침내 풀려나 떠났다.
及項王滅	항왕이 죽었을 때
丁公謁見高祖	정공은 고조를 알현하였다.
高祖以丁公徇軍中	고조는 정공을 군중에 조리돌리고는
曰	말하였다.
丁公爲項王臣不忠	"정공은 항왕의 신하로 불충하여
使項王失天下者	항왕이 천하를 잃게 한 것은
迺丁公也	바로 정공이다."
遂斬丁公	마침내 정공을 참수하고
曰	말하였다.
使後世爲人臣者無效丁公	"후세의 신하된 자는 정공을 본받는 일이 없도록 하라!"
欒布者	난포는
梁人也	양(梁) 땅 사람이다.
始梁王彭越爲家人時[16]	처음에 양왕 팽월이 평민이었을 때
嘗與布游	일찍이 난포와 교유하였다.

---

16 **색은** 집에 거처하는 사람으로 관직이 없음을 말한다.

窮困	(집이) 곤궁하여
賃傭於齊	제나라에서 품을 팔아
爲酒人保[17]	술집의 피고용인이 되었다.
數歲	몇 년 후
彭越去之巨野中爲盜	팽월은 그곳을 떠나 거야에서 도적이 되었으며
而布爲人所略賣	난포는 사람에게 빼앗겨 팔려서
爲奴於燕	연나라에서 노예가 되었다.
爲其家主報仇	그 집 주인의 원수를 갚아주었는데
燕將臧荼擧以爲都尉	연나라 장수 장도가 뽑아 도위로 삼았다.
臧荼後爲燕王	장도는 나중에 연왕이 되었으며
以布爲將	난포를 장수로 삼았다.
及臧荼反	장도가 반기를 들자
漢擊燕	한나라는 연나라를 치고
虜布	난포를 사로잡았다.
梁王彭越聞之	양왕 팽월이 듣고
迺言上	곧 임금에게 말하여
請贖布以爲梁大夫	난포를 용서하고 양나라 대부로 삼기를 청하였다.
使於齊	제나라에 사신으로 가서
未還	돌아오지 않았는데
漢召彭越	한나라에서 팽월을 불러
責以謀反	반기를 꾀한 책임을 물어

---

17 집해 『한서음의(漢書音義)』에서는 말하였다. "술집에서 보용(保傭: 피고용인)이 된 것이다. 믿음을 보증할 수 있기 때문에 보(保)라고 한다."

夷三族	삼족을 멸하였다.
已而梟彭越頭於雒陽下	곧이어 팽월을 낙양에 효수하고
詔曰	조칙을 내려 말하였다.
有敢收視者	"감히 거두어 돌봐주는 자가 있으면
輒捕之	바로 체포하겠다."
布從齊還	난포가 제나라에서 돌아와
奏事彭越頭下	팽월의 머리 아래서 일을 아뢰고
祠而哭之	제사를 지내주고 곡을 하였다.
吏捕布以聞	관리는 난포를 체포하고 알렸다.
上召布	임금이 난포를 불러
罵曰	꾸짖으며 말하였다.
若與彭越反邪	"너는 팽월과 반란을 일으키려 했느냐?
吾禁人勿收	내가 사람들에게 금하여 거두지 말게 하였는데
若獨祠而哭之	너는 유독 제사를 지내주고 곡을 하였으니
與越反明矣	팽월과 모반을 한 것이 분명하다.
趣亨[18]之	빨리 저놈을 삶아 죽여라."
方提趣[19]湯	막 끓는 물에 끌고 가려는데
布顧曰	난포가 돌아보며 말하였다.
願一言而死	"한마디만 하고 죽었으면 합니다."
上曰	임금이 말하였다.

---

18 색은 위의 글자는 음이 촉(促)이고, 아래 글자의 음은 팽[普盲反]이다. 속히 가마솥에 가게
한 것을 이른다.

19 집해 서광은 말하였다. "'주(走)'로 된 판본도 있다." 색은 위 글자의 음은 제(嚌)이고 아
래 글자의 음은 추(趣)이다. 서광은 '주(走)'로 된 판본도 있다고 하였는데, 주(走) 또한 향하
여 간다는 뜻이다.

何言	"무슨 말이냐?"
布曰	난포가 말하였다.
方上之困於彭城	"바야흐로 임금께서 팽성에서 곤경에 처하고
敗滎陽, 成皋閒	형양과 성고에서 패하였는데도
項王所以不能遂西	항왕이 끝내 서진할 수 없었던 까닭은
徒以彭王居梁地	다만 팽왕이 양(梁) 땅에 있으면서
與漢合從苦楚也	한나라와 연합하여 초나라를 괴롭혔기 때문입니다.
當是之時	당시에
彭王一顧	팽왕이 한번 돌아보아
與楚則漢破	초나라 편이 되었다면 한나라가 깨졌을 텐데
與漢而楚破	한나라 편을 들어 초나라가 깨졌습니다.
且垓下之會	또한 해하의 회전(會戰)에서도
微彭王	팽왕이 없었더라면
項氏不亡	항씨는 망하지 않았을 것입니다.
天下已定	천하가 이미 평정되고
彭王剖符受封	팽왕은 부절을 쪼개어 봉하여졌는데
亦欲傳之萬世	또한 만세토록 전하고자 하였을 것입니다.
今陛下一徵兵於梁	지금 폐하께서 양(梁)에서 한번 징병을 하였는데
彭王病不行	팽왕이 병들어 가지 못하자
而陛下疑以爲反	폐하께서는 반기를 들었다고 의심하였으며,
反形未見	반기의 형세가 드러나지도 않았는데
以苛小²⁰案誅滅之	잗단 일로 그를 죽여 버렸으니

---

20 [집해] 서광은 말하였다. "소(小)는 '초(峭)'로 된 판본도 있다."

臣恐功臣人人自危也	신은 공신들이 모두 스스로 위태롭게 여길까 걱정됩니다.
今彭王已死	이제 팽왕은 이미 죽었고
臣生不如死	신은 살아 있음이 죽음만 못하니
請就亨	팽형을 받을 것을 청하겠습니다."
於是上逎釋布罪	이에 임금은 즉시 난포의 죄를 풀어주고
拜爲都尉	도위에 임명하였다.
孝文時	효문제 때
爲燕相	연나라의 승상이 되었으며
至將軍	장군에 이르렀다.
布逎稱曰	난포가 이에 칭하여 말하였다.
窮困不能辱身下志	"곤궁할 때 몸을 욕되게 하여 뜻을 낮출 수 없으면
非人也	사람이 아니며,
富貴不能快意	부귀할 때 뜻을 만족시킬 수 없으면
非賢也	현명한 것이 아니다."
於是嘗有德者厚報之	이에 일찍이 덕을 베푼 자에게 두터이 보답하였으며
有怨者必以法滅之	원한이 있는 자는 반드시 법으로 멸하였다.
吳楚反時	오·초(7국)가 반란을 일으켰을 때
以軍功封俞侯[21]	군공을 세워 유후에 봉하여졌으며
復爲燕相	다시 연나라 승상이 되었다.

---

21 **집해** 서광은 말하였다. "제나라를 치는 데 공을 세웠다."

| 燕齊之閒皆爲欒布立社 | 연과 제나라 사이에서는 모두 난포를 위해 생사(生祠)를 세웠는데 |
| 號曰欒公社 | 난공사라고 하였다. |

景帝中五年薨	경제 5년(B.C. 152)에 죽었다.
子賁嗣	아들 난분이 후사를 이어
爲太常	태상이 되었는데
犧牲不如令	희생 제물을 명대로 하지 않아
國除	나라가 없어졌다.

太史公曰	태사공은 말한다.
以項羽之氣	항우의 기세로
而季布以勇顯於楚	계포는 용력으로 초나라에서 드러내어
身屨軍²²搴旗者數矣	몸소 여러 전투에서 (적의) 깃발을 뽑은 것이 여러 차례나 되니
可謂壯士	장사라 할 만하였다.
然至被刑戮	그러나 형벌을 받아
爲人奴而不死	남의 노예가 되어서도 죽지 않기에 이르렀으니
何其下也	얼마나 비루하였던가!
彼必自負其材	그는 반드시 그 재능을 자부하였으므로
故受辱而不羞	욕을 당하면서도 부끄럽게 여기지 않았으며,

---

22 **집해** 서광은 말하였다. "구(屨)는 '누(屢)'로 된 판본도 있으며, '복(覆)'이라고도 한다." 맹강은 "구(屨)는 밟는다는 뜻이다."라 하였다. 찬(瓚)은 "누(屢)는 자주라는 뜻이다."라 하였다. **색은** 몸소 군에 들어간 것이다. 서씨(徐氏)는 '복(覆)'으로 된 판본도 있다고 하였는데, 아래에서 "깃발을 뽑았다(搴旗)."라 하였으니 '복군(覆軍)'이 옳으며, '누(屢)'와 '이(屨)'로 하는 것보다 낫다.

欲有所用其未足也	그 충분치 못하였던 것을 쓰려고 하였기 때문에
故終爲漢名將	끝내 한나라의 명장이 되었다.
賢者誠重其死	현명한 자라야 실로 그 죽음을 중히 여긴다.
夫婢妾賤人感慨而自殺者[23]	저 비첩과 천인이 감개하여 자살하는 것은
非能勇也	용감하다고 할 수 없으며
其計畫無復之耳[24]	그 계획이 그렇게 회복하지 못하기 때문일 따름이다.
欒布哭彭越	난포가 팽월을 위해 곡을 하고
趣湯如歸者	끓는 물에 달려가는 것을 (집으로) 돌아가듯이 한 것은
彼誠知所處[25]	그가 실로 처할 곳을 알아서였으니
不自重其死	스스로 죽음을 중시하지 않은 것이다.
雖往古烈士	비록 옛날의 열사라 하더라도
何以加哉	어떻게 더 낫겠는가!

---

23 **집해** 서광은 말하였다. "어떤 판본에는 '개(概)' 자로 되어 있는데, 음과 뜻이 같다."
24 **집해** 서광은 말하였다. "복(復)은 '기(冀)'로 된 판본도 있다."
25 **집해** 여순은 말하였다. "죽지 않는 것도 어렵고, 죽음에 처하는 것도 어렵다."

원앙·조조 열전 袁盎晁錯列傳

袁盎[1]者	원앙은
楚人也	초나라 사람으로
字絲	자는 사(絲)이다.
父故爲群盜	부친이 옛날에 도적 떼였으므로
徙處安陵	안릉으로 옮겨서 살았다.
高后時	고후 때
盎嘗爲呂祿舍人	원앙은 여록의 사인이 되었었다.
及孝文帝即位	효문제가 즉위하자
盎兄噲任盎爲中郞[2]	원앙의 형 원쾌는 원앙을 중랑에 임명하였다.
絳侯爲丞相	강후가 승상이 되었을 때
朝罷趨出	조회가 끝나면 종종걸음으로 나가면서
意得甚	득의만만하였다.
上禮之恭	임금이 그를 공손하게 예우하여
常自送之[3]	늘 친히 전송하였다.
袁盎進曰	원앙이 나아가 말하였다.

---

1 **색은** 음은 『주례(周禮)』의 '앙제(盎齊)'와 같으며, 앙[烏浪反]이다.
2 **집해** 여순(如淳)은 말하였다. "원앙은 형의 임용 보증을 받았으므로 중랑(中郞)이 되었다."
3 **집해** 서광(徐廣)은 말하였다. "자(自)는 '목(目)'으로 된 판본도 있다."

陛下以丞相何如人	"폐하께서는 승상은 어떤 사람이라 생각하십니까?"
上曰	임금이 말하였다.
社稷臣	"사직을 짊어진 신하지."
盎曰	원앙이 말하였다.
絳侯所謂功臣	"강후는 이른바 공신이지
非社稷臣	사직을 짊어진 신하는 아닙니다.
社稷臣主在與在[4]	사직의 신하는 임금이 있으면 함께 있고
主亡與亡[5]	임금이 죽으면 함께 죽습니다.
方呂后時	바야흐로 여후 때
諸呂用事	여씨들이 정권을 잡고
擅相王	제멋대로 서로 왕이라 칭하였는데
劉氏不絕如帶	유씨들은 띠처럼 끊어지지 않았습니다.
是時絳侯爲太尉	이때 강후는 태위로
主兵柄	군권을 장악하고 있으면서도
弗能正	바로잡을 수가 없었습니다.
呂后崩	여후가 죽자
大臣相與共畔諸呂	대신들이 서로 함께 여씨들에게 반기를 들었는데
太尉主兵	태위는 병권을 장악하고 있어서
適會其成功	마침 성공을 시켰으니
所謂功臣	이른바 공신이지

---

4 **집해** 여순은 말하였다. "임금이 살아 있을 때 살아 있을 때의 일을 함께 다스리는 일에 참여하였다." **색은** 여순은 "임금이 살아 있을 때 살아 있을 때의 일을 함께 다스리는 일에 참여하였다."라 하였다.

5 **집해** 여순은 말하였다. "임금이 죽지 않아서 그 정령을 행하지 않은 것이다." **색은** 여순은 "임금이 죽지 않아서 그 정령을 행하지 않은 것이다."라 하였다. 여순의 설이 제대로 보았다.

非社稷臣	사직의 신하는 아닙니다.
丞相如有驕主色	승상은 임금께 교만한 기색이 있는 것 같습니다.
陛下謙讓	폐하께서는 겸양하시니
臣主失禮	신하와 임금이 예를 잃은 것이며
竊爲陛下不取也	가만히 폐하께서는 취하지 않으셔야 한다고 생각합니다.”
後朝	나중에 조회를 함에
上益莊[6]	임금이 더욱 위엄을 보일수록
丞相益畏	승상은 더 두려워하였다.
已而絳侯望袁盎曰[7]	얼마 후 강후는 원앙을 원망하여 말하였다.
吾與而兄善	“내 네 형과 친하였는데
今兒廷毀我	지금 아이 녀석이 조정에서 나를 헐뜯는구나!”
盎遂不謝	원앙은 끝내 대꾸하지 않았다.
及絳侯免相之國	강후가 승상에서 면직되어 봉국으로 갔을 때
國人上書告以爲反	봉국의 사람이 글을 올려 모반하였다고 고발하여
徵繫清室[8]	구속하여 감옥에 가두었는데
宗室諸公莫敢爲言	종실의 여러 공들은 아무도 감히 말하지 못하고
唯袁盎明絳侯無罪	원앙만이 강후가 죄가 없음을 밝혔다.
絳侯得釋	강후는 풀려나게 되었는데
盎頗有力	원앙이 자못 힘을 썼다.

6　**색은** 장(莊)은 엄하다는 뜻이다.

7　**정의** 망(望)은 원망한다는 뜻이다.

8　**집해** 『한서(漢書)』에는 '청실(請室)'로 되어 있다. 응소(應劭)는 말하였다. "청실(請室)은 죄를 청하는 집이다. 지금의 종하(鍾下)와 같다." 여순은 말하였다. "청실은 옥(獄)이다. 옛날의 전사씨(甸師氏)에게서 형벌을 받음과 같다."

絳侯乃大與盎結交	강후는 이에 원앙과 크게 교유를 맺었다.
淮南厲王朝	회남여왕이 조현할 때
殺辟陽侯	벽양후를 죽이어
居處驕甚	행동거지가 매우 교만하였다.
袁盎諫曰	원앙이 간하여 말하였다.
諸侯大驕必生患	"제후가 지나치게 교만하면 반드시 근심이 생기는 법이니
可適削地	봉지를 삭감함이 좋을 듯합니다."
上弗用	임금은 듣지 않았다.
淮南王益橫	회남왕은 더욱 거리낌이 없어졌다.
及棘蒲侯柴武太子謀反事覺	극포후 시무의 태자가 모반한 사실이 발각되어
治	다스리는데
連淮南王	회남왕이 연루되어
淮南王徵	회남왕도 불려와
上因遷之蜀	임금이 이 때문에 촉(蜀) 땅으로 귀양을 보내며
輻車傳送	함거로 전송하였다.
袁盎時爲中郎將	원앙은 이때 중랑장이었는데
乃諫曰	이에 간하여 말하였다.
陛下素驕淮南王	"폐하께서 평소에 회남왕을 총애하여
弗稍禁	조금도 금하지 않아
以至此	이 지경에 이르렀사온데
今又暴摧折之	이제 또 갑자기 그를 꺾어버렸습니다.
淮南王爲人剛	회남왕은 사람이 굳센데
如有遇霧露行道死	안개와 이슬을 만나 길을 가다가 죽기라도 한다면

陛下竟爲以天下之大弗能容	폐하께서는 마침내 천하의 크게 용인하지 못한 사람으로 인식될 것이며
有殺弟之名	아우를 죽였다는 오명이라도 생기면
奈何	어쩌시렵니까?"
上弗聽	임금은 듣지 않고
遂行之	마침내 그렇게 행하였다.
淮南王至雍	회남왕은 옹현에 이르러
病死	병사하였으며
聞	(소식이) 알려지자
上輟食	임금은 식사를 그치고
哭甚哀	매우 슬피 곡하였다.
盎入	원앙이 들어가
頓首請罪	머리를 조아리고 죄를 청하였다.
上曰	임금이 말하였다.
以不用公言至此	"공의 말을 쓰지 않아 이렇게 되었소."
盎曰	원앙이 말하였다.
上自寬	"임금님께서는 스스로 마음을 너그럽게 가지십시오.
此往事	이는 지난 일이니
豈可悔哉	어찌 후회를 할 만하겠습니까!
且陛下有高世之行者三	또한 폐하께서는 세속을 뛰어넘은 것을 행하신 것이 셋 있으니
此不足以毀名	이것으로 명성을 헐 만하지 않습니다."
上曰	임금이 말하였다.

吾高世行三者何事	"내가 세속을 뛰어넘은 것을 행한 세 가지가 무슨 일이오?"
盎曰	원앙이 말하였다.
陛下居代時	"폐하께서 대(代)에 계실 때
太后嘗病	태후께서 일찍이 병환이 들어
三年	3년이나 앓으셨는데
陛下不交睫	폐하께서는 눈을 붙이시지도 않으셨고
不解衣	옷을 벗지도 않으셨으며
湯藥非陛下口所嘗弗進	탕약은 폐하께서 입으로 맛보시지 않은 것은 들이지 않았습니다.
夫曾參以布衣猶難之	저 증삼이 평민으로도 오히려 어려워한 것을
今陛下親以王者脩之	지금 폐하께서는 친히 왕자의 신분으로 하셨으니
過曾參孝遠矣	증삼의 효(孝)보다 훨씬 뛰어납니다.
夫諸呂用事	여씨들이 정권을 잡고
大臣專制	대신들이 전제를 하였지만
然陛下從代乘六傳馳不測之淵[9]	
	폐하께서는 대(代)에서 육두 마차를 타고 예측할 수 없는 심연으로 가셨으니
雖賁育之勇[10]不及陛下	맹분과 하육의 용맹함이라도 폐하께 미치지 못

---

9 집해 찬(瓚)은 말하였다. "대신들이 함께 여씨들을 죽였는데 화복을 아직 알 수 없었으므로 헤아릴 수가 없다고 말한 것이다."

10 집해 맹강(孟康)은 말하였다. "맹분(孟賁)과 하육(夏育)은 모두 옛날의 용자(勇者)이다." 색은 분(賁)은 맹분(孟賁)이고, 육(育)은 하육(夏育)이다. (尸校의)『시자(尸子)』에서는 "맹분은 물길을 가면서 교룡을 피하지 않았고 뭍으로 가면서 무소와 범을 피하지 않았다."라 하였다. 『전국책(戰國策)』에서는 "하육은 삼군을 꾸짖어 호통 쳐서 놀라게 하였는데 몸은 범부에게 죽였다."라 하였다. 고유(高誘)는 "하육은 신수(申繻)에게 죽임을 당하였다."라 하였다. 賁의 음은 분이다.

할 것입니다.

陛下至代邸	폐하께서는 대(代)의 관저에 이르시어
西向讓天子位者再	서쪽을 향하여 천자의 제위를 사양한 것이 두 번이고
南面讓天子位者三	남쪽을 보고 천자의 제위를 사양한 것이 세 번입니다.
夫許由一讓	저 허유도 한번 양위하였는데
而陛下五以天下讓	폐하께서는 다섯 번이나 천하를 양위하셨으니
過許由四矣	허유보다 네 번이 넘습니다.
且陛下遷淮南王	또한 폐하께서 회남왕을 귀양 보낸 것도
欲以苦其志	그 뜻을 괴롭게 하여 가며
使改過	잘못을 고치게 하고자 한 것이었는데
有司衛不謹	유사가 돌봄이 신중하지 못하여
故病死	병사한 것입니다."
於是上乃解	이에 임금은 마음이 풀렸으며
曰	말하였다.
將奈何	"어찌하면 되겠는가?"
盎曰	원앙이 말하였다.
淮南王有三子	"회남왕에게는 세 아들이 있는데
唯在陛下耳	오직 폐하께 달려 있을 따름입니다."
於是文帝立其三子皆爲王	이에 문제(文帝)는 그 세 아들을 모두 왕으로 세웠다.
盎由此名重朝廷	원앙은 이 일로 명성이 조정에서 크게 떨쳤다.
袁盎常引大體忼慨	원앙은 늘 대체를 획정할 때는 강개하였다.

宦者趙同[11]以數幸	환관 조동이 가까이서 총애 받음을 가지고
常害袁盎	늘 원앙을 해하여
袁盎患之	원앙은 근심하였다.
盎兄子種爲常侍騎[12]	원앙의 조카인 원종은 상시기(常侍騎)였다.
持節夾乘	부절을 지니고 수레 곁에서 모셨는데
說盎曰[13]	원앙에게 말하였다.
君與鬭	"숙부께서 함께 다투어
廷辱之	조정에서 그를 욕보이고는
使其毀不用	그의 헐뜯음이 쓰이지 않게 하십시오."
孝文帝出	효문제가 외출하는데
趙同參乘	조동이 함께 수레에 타니
袁盎伏車前曰	원앙이 수레 앞에 엎드려 말하였다.
臣聞天子所與共六尺輿者	"신이 듣건대 천자가 6척의 수레를 함께 타는 사람은
皆天下豪英	모두 천하의 영웅호걸이라고 합니다.
今漢雖乏人	지금 한나라에 비록 사람이 없다 해도
陛下獨奈何與刀鋸餘人載	폐하께서 다만 어찌 형여지인(刑餘之人)과 함께 타십니까!"
於是上笑	이에 임금이 웃으며
下趙同	조동을 내리게 하였다.
趙同泣下車	조동은 울면서 수레에서 내렸다.

---

11 **집해** 서광은 말하였다. "『한서』에는 '담(談)' 자로 되어 있다."

12 **색은** (後漢 衛宏의) 『한구의(漢舊儀)』에서는 "부절을 지니고 말을 타고 수레의 좌우에서 모시는 거기(車騎) 종자를 상시기라 한다."라 하였다.

13 **집해** 서광은 말하였다. "설(說)은 어떤 판본에는 '모(謀)'로 되어 있다."

536

文帝從霸陵上	문제가 패릉에서
欲西馳下峻阪	서쪽으로 달려 험한 비탈을 달려 내려오고자 하였다.
袁盎騎	원앙이 말을 달려
並車擥轡	수레와 나란히 하여 고삐를 잡았다.
上曰	임금이 말하였다.
將軍怯邪	"장군은 겁이 나는가?"
盎曰	원앙이 말하였다.
臣聞千金之子坐不垂堂¹⁴	"신이 듣건대 천금을 가진 집의 아들은 처마 아래에 앉지 않으며
百金之子不騎衡¹⁵	백금을 가진 집의 아들은 난간에 기대지 않는다고 하니
聖主不乘危而徼幸	성주께서는 위험한 곳에 올라 요행을 바라서는 안 됩니다.
今陛下騁六騑¹⁶	지금 폐하께서 여섯 마리 말을 달려
馳下峻山	험준한 산을 달려 내려가시다가
如有馬驚車敗	말이 놀라거나 수레가 부서지기라도 한다면

---

14 【색은】 장읍(張揖)은 "처마의 기와가 떨어져 사람을 맞힐까 두려워하는 것이다."라 하였다. 혹자는 대청의 가장자리에서 내려 보면 떨어질지도 모른다는 것이라고 하였다.

15 【집해】 서광은 말하였다. "'행(行)'으로 된 판본도 있다." 복건(服虔)은 "스스로 몸을 아끼어 난간에 기대지 않는 것이다."라 하였다. 여순은 "기(騎)는 기대는 것이다. 형(衡)은 누전(樓殿)의 가장자리에 있는 난간이다."라 하였다. 위소(韋昭)는 "형(衡)은 거형(車衡)이다."라 하였다. 【색은】 장안(張晏)은 "횡목(衡木)은 말을 가하는 것이다."라 하였다. 여순은 "騎의 음은 의[於岐反]이다. 형(衡)은 누전의 가장자리에 있는 난간이다."라 하였다. 위소는 "형은 거형이다. 騎의 음은 의이며 걸터앉는 것을 말한다."라 하였다. 여순의 설이 뛰어나다. 『찬요(纂要)』에서는 "궁전(宮殿)에는 사방에 난간이 있는데 세로로 된 것을 함(檻)이라 하고, 가로로 된 것을 순(楯)이라 한다."라 하였다.

16 【집해】 여순은 말하였다. "여섯 마리 말이 나는 듯이 빠른 것이다."

陛下縱自輕	폐하께서 스스로 가벼이 처신한 것은 그렇다 치더라도
奈高廟太后何	고조와 태후는 어찌하시렵니까?"
上乃止	임금이 이에 그만두었다.
上幸上林	임금이 상림원에 행차하였는데
皇后慎夫人從	황후와 신부인(慎夫人)이 따랐다.
其在禁中	그들은 금중에서
常同席坐	늘 함께 자리에 앉았다.
及坐	앉으려 할 때
郎署長布席¹⁷	낭서장이 자리를 깔았는데
袁盎引卻慎夫人坐¹⁸	원앙이 신부인의 자리를 당겨서 뺐다.
慎夫人怒	신부인은 노하여
不肯坐	앉으려 하지 않았다.
上亦怒	임금도 노하여
起	일어나
入禁中	금중으로 들어갔다.
盎因前說曰	원앙이 나아가 말하였다.
臣聞尊卑有序則上下和	"신이 듣건대 존비에 차서가 있으면 상하가 화목하다 하였습니다.
今陛下既已立后	지금 폐하께서는 이미 황후를 세우셨고
慎夫人乃妾	신부인은 곧 첩인데

---

17 **정의** 소림(蘇林)은 말하였다. "낭서(郎署)는 상림원에서 숙직하며 호위하는 관서이다."
18 **집해** 여순은 말하였다. "원앙은 당시 중랑장이었는데 천자가 관서에 행차하여 미리 장막을 쳐놓고 기다리고 있었으므로 신부인의 자리를 뺄 수 있었다."

妾主豈可與同坐哉	첩과 주인이 어찌 함께 앉을 수가 있습니까!
適所以失尊卑矣	실로 존비를 잃은 것입니다.
且陛下幸之	또한 폐하께서 총애하신다면
即厚賜之	곧 물건을 많이 내리십시오.
陛下所以爲愼夫人	폐하께서 신부인을 위한다는 것은
適所以禍之	실로 불행하게 하는 것입니다.
陛下獨不見人彘乎[19]	폐하께서는 '인체'를 보시지도 않으셨습니까?"
於是上乃說	이에 임금은 곧 기뻐하며
召語愼夫人	신부인을 불러 말해 주었다.
愼夫人賜盎金五十斤	신부인은 원앙에게 금 50근을 내렸다.
然袁盎亦以數直諫	그러나 원앙은 또한 자주 직간을 하여
不得久居中	금중(禁中)에 오래 머무를 수가 없어
調爲隴西都尉[20]	농서도위로 뽑혀갔다.
仁愛士卒	사졸들을 인애로 대하니
士卒皆爭爲死	사졸들이 모두 다투어 죽으려 하였다.
遷爲齊相	제나라 승상으로 옮기어갔다.
徙爲吳相	오나라 승상으로 옮기게 되어

---

19 **집해** 장안은 말하였다. "척부인(戚夫人)이다." 인체(人彘)는 사람을 돼지 모양으로 만드는 혹형(酷刑)의 일종. 두 팔과 두 다리를 모두 자르고, 두 눈을 칼로 후벼서 뽑고, 구리를 녹여 뜨거운 구리물을 귓속에 집어넣어 귀를 멀게 만들고, 벙어리 약을 목구멍 속에 집어넣어 성대를 못 쓰게 만들고, 혀를 잘라 말을 못하게 한 다음, 몸뚱이를 측소(廁所, 변소) 안에 버려두는 혹형. 고조(高祖) 유방(劉邦)이 죽자 여후(呂后)가 고조의 총희(寵姬)인 척부인(戚夫人)이 낳은 조왕(趙王) 여의(如意)를 짐새의 독[鴆毒]으로 죽이고 척부인을 투옥한 뒤, 이 혹형을 내리고 인체(人彘, 사람돼지)라 불렀다. – 옮긴이.
20 **집해** 여순은 말하였다. "조장되어 뽑힌 것이다."

辭行	작별을 하고 떠나려는데
種謂盎日	원종이 원앙에게 말하였다.
吳王驕日久	"오왕이 교만해진 지가 오래되어
國多姦	나라에 간사한 자가 많습니다.
今苟欲劾治	지금 실로 일일이 다스리려 하면
彼不上書告君	저들은 글을 올려 숙부님을 고발하지 않으면
即利劍刺君矣	날카로운 칼로 숙부님을 찌를 것입니다.
南方卑溼	남방은 낮고 습하니
君能日飲	숙부님은 매일 술이나 마시면서
毋何	아무 일도 하지 마시고
時說王曰毋反而已	이따금 왕에게 모반하지 말라고만 말하시면 될 따름입니다.
如此幸得脫	이렇게 하시면 아마 벗어날 수 있을 것입니다."
盎用種之計	원앙이 원종의 계책을 쓰니
吳王厚遇盎	오왕은 원앙을 후대하였다.
盎告歸	원앙이 아뢰고 (서울로) 돌아가는데
道逢丞相申屠嘉	길에서 승상 신도가를 만나
下車拜謁	수레에서 내려 절을 하고 뵈었더니
丞相從車上謝袁盎	승상은 수레 위에서 원앙에게 사례하였다.
袁盎還	원앙은 돌아가
愧其吏	아전들에게 부끄러움을 느끼고
乃之丞相舍上謁	이에 승상의 집으로 가서 이름을 아뢰고
求見丞相	승상을 뵙기를 청하였다.
丞相良久而見之	승상은 한참 있다가 그를 만났다.

盎因跪曰	원앙이 무릎을 꿇고 말하였다.
願請閒	"원컨대 한가할 때를 청합니다."
丞相曰	승상이 말하였다.
使君所言公事	"그대가 말할 것이 공적인 일이라면
之曹與長史掾議	관서로 가서 장사연과 의논하면
吾且奏之	내 곧 상주할 것이며,
即私邪	만약 사적인 것이라면
吾不受私語	내 사적인 말은 받아들이지 않겠네."
袁盎即跪說曰	원앙은 곧 무릎을 꿇고 말하였다.
君爲丞相	"그대는 승상으로
自度孰與陳平絳侯	진평과 강후에 비해 어떨 것인지 스스로 생각해 보셨습니까?"
丞相曰	승상이 말하였다.
吾不如	"내가 못하오."
袁盎曰	원앙이 말하였다.
善	"좋습니다.
君即自謂不如	그대는 스스로 못하다고 말씀하셨습니다.
夫陳平絳侯輔翼高帝	저 진평과 강후는 고제를 보좌하여
定天下	천하를 평정하고
爲將相	장수와 승상이 되었으며
而誅諸呂	여씨들을 죽이고
存劉氏	유씨(의 세상)를 지켰습니다.
君乃爲材官蹶張	그대는 곧 재관으로 강궁을 잘 당겨
遷爲隊率	대솔로 승진하였으며
積功至淮陽守	공을 쌓아 회양 군수(郡守)에 이르렀는데

非有奇計攻城野戰之功	기이한 계책으로 성을 공격하고 들판에서 싸운 공로가 없습니다.
且陛下從代來	또한 폐하께서 대(代)에서 오시어
每朝	조회를 할 때마다
郎官上書疏	낭관이 상소를 올리면
未嘗不止輦受其言	연을 멈추고 그 말을 받아들이지 않으신 적이 없었으며
言不可用置之	말이 쓸 만하지 않으면 한쪽에 두고
言可受採之	말이 받아들일 만하면 채납(採納)하여
未嘗不稱善	훌륭하다고 칭찬을 하지 않은 적이 없습니다.
何也	어째서이겠습니까?
則欲以致天下賢士大夫	곧 천하의 현사와 대부를 초치하고자 해서입니다.
上日聞所不聞	임금께서는 날로 듣지 못한 것을 듣고
明所不知	알지 못한 것을 환히 알아
日益聖智	날로 더욱 성스럽고 지혜롭게 되는데,
君今自閉鉗天下之口而日益愚	그대는 지금 스스로 천하의 입을 닫아 잠가 날로 더욱 어리석어지고 있습니다.
夫以聖主責愚相	성명하신 임금께서 어리석은 승상을 책벌하시면
君受禍不久矣	그대가 화를 입을 날은 오래지 않을 것입니다."
丞相乃再拜曰	승상이 이에 두 번 절하고 말하였다.
嘉鄙野人	"저는 비루한 촌사람이어서
乃不知	알지 못하였는데
將軍幸教	장군께서 다행히 가르쳐주셨습니다."
引入與坐	끌어들여 앉히고

爲上客	상객으로 삼았다.
盎素不好晁錯	원앙은 평소에 조조를 좋아하지 않아
晁錯所居坐	조조가 머물러 앉았던 곳이면
盎去	원앙이 떠났고,
盎坐	원앙이 앉으면
錯亦去	조조 또한 떠나서
兩人未嘗同堂語	두 사람은 한 집에서 이야기를 한 적이 없었다.
及孝文帝崩	효문제가 죽고
孝景帝即位	효경제가 즉위하자
晁錯爲御史大夫	조조는 어사대부가 되어
使吏案袁盎受吳王財物	관리를 시켜 원앙이 오왕의 재물을 받은 사실을 조사하게 하여
抵罪	죄에 걸렸는데
詔赦以爲庶人	조칙으로 사면하여 서인이 되었다.
吳楚反	오 · 초(吳楚)가 반란을 일으켜
聞	(조정에) 알려지자
晁錯謂丞史曰[21]	조조가 승사에게 말하였다.
夫袁盎多受吳王金錢	"원앙은 오왕의 돈을 많이 받아먹고
專爲蔽匿	오로지 숨겨주어
言不反	반기를 들지 않는다고 말하였다.
今果反	지금 실제 반기를 들었으니

---

21 집해 여순은 말하였다. "「백관표(百官表)」[『한서(漢書)』]에 의하면 어사대부는 두 승(丞)이 있다. 승사(丞史)는 승(丞) 및 사(史)이다."

欲請治盎宜知計謀	원앙이 계모를 알았으리라고 치죄를 청해야겠다."
丞史曰	승사가 말하였다.
事未發	"일이 발생하기 전에
治之有絕²²	다스렸다면 근절되었을 것입니다.
今兵西鄉	지금 군사가 서쪽을 향하였으니
治之何益	다스린들 무슨 도움이 되겠습니까!
且袁盎不宜有謀²³	또한 원앙은 모반에 가담하지 않았을 것입니다."
晁錯猶與未決	조조는 미적거리며 결단을 내리지 못하였다.
人有告袁盎者	어떤 사람이 원앙에게 알리자
袁盎恐	원앙은 두려워하여
夜見竇嬰	밤에 두영을 만나
爲言吳所以反者	오나라가 반란을 일으킨 까닭을 말하고
願至上前口對狀	임금 앞에서 구두로 상황을 말하기를 바랐다.
竇嬰入言上	두영이 들어가 임금에게 말하니
上乃召袁盎入見	임금이 즉시 원앙을 불러들여 만났다.
晁錯在前	조조도 앞에 있었는데
及盎請辟人賜閒	원앙이 사람을 물리쳐 틈을 내주기를 청하자
錯去	조조는 떠나면서
固恨甚	매우 원망하였다.
袁盎具言吳所以反狀	원앙은 오나라가 반란을 일으킨 상황을 다 말하였는데

---

22 집해 여순은 말하였다. "일이 발생하기 전에 다스렸으므로 이에 근절된 것이다."
　　색은 오나라가 반기를 들려는 마음을 근절함이 있었다는 말이다.
23 집해 여순은 말하였다. "원앙은 대신으로 간사한 음모를 꾸미지 않았을 것이다."

以錯故	조조 때문이며
獨急斬錯以謝吳	다만 빨리 조조를 참하여 오나라에 사의만 표하면
吳兵乃可罷	오나라 군사는 곧 물러날 것이라 하였다.
其語具在吳事中²⁴	그 말은 모두 오나라의 일에 있다.
使袁盎爲太常	원앙을 태상으로 삼고
竇嬰爲大將軍	두영을 대장군으로 삼았다.
兩人素相與善	두 사람은 평소에 서로 친하였다.
逮吳反	오나라가 반란을 일으켰을 때
諸陵長者長安中賢大夫爭附兩人	여러 능의 장자들 및 장안의 현대부들이 다투어 두 사람에게 붙었는데
車隨者日數百乘	수레 뒤에 따르는 자가 매일 수백 대나 되었다.
及晁錯已誅	조조가 사형을 당한 뒤에
袁盎以太常使吳	원앙은 태상으로 오나라에 사행(使行)하였다.
吳王欲使將	오왕이 장수로 삼고자 하였으나
不肯	따르려 하지 않았다.
欲殺之	죽이고자 하여
使一都尉以五百人圍守盎軍中	도위에게 5백 명으로 원앙의 군중을 에워싸고 지키게 하였다.
袁盎自其爲吳相時	원앙이 오나라 승상으로 있을 때
有從史嘗盜愛盎侍兒²⁵	어떤 종사가 원앙의 시녀를 몰래 사랑한 적이

---

24 오사(吳事)는 「오왕비열전(吳王濞列傳)」을 말한다. – 옮긴이.
25 집해 문영(文穎)은 말하였다. "여종[婢]이다."

	있는데
盎知之	원앙은 알고서도
弗泄	누설하지 않고
遇之如故	옛날처럼 대해 주었다.
人有告從史	어떤 사람이 종사에게 알리어
言君知爾與侍者通	"승상이 너와 시녀가 사통하는 것을 알고 있다."라 하자
乃亡歸	바로 도망쳐 돌아갔다.
袁盎驅自追之	원앙은 말을 달려 직접 그를 쫓아가
遂以侍者賜之	결국 시녀를 그에게 내려 주었으며
復爲從史	다시 종사가 되었다.
及袁盎使吳見守	원앙이 오나라의 감시를 받게 되었을 때
從史適爲守盎校尉司馬	종사가 마침 원앙을 지키는 교위의 사마가 되어
乃悉以其裝齎置二石醇醪	이에 그가 가진 것을 모두 팔아 진한 술 2석(石)을 차렸는데
會天寒	마침 날이 추워
士卒飢渴	사졸들이 허기지고 목이 말라
飮酒醉	술을 마시고 취하여
西南陬卒皆臥	서남쪽 모서리의 군졸들이 모두 잠들자
司馬夜引袁盎起	사마가 밤을 틈타 원앙을 일으켜 세우면서
曰	말하였다.
君可以去矣	"그대는 떠나셔야 될 것입니다.
吳王期旦日斬君	오왕이 내일 아침 그대를 참수하기로 했습니다."
盎弗信	원앙은 믿지 않고
曰	말하였다.

公何爲者	"그대는 무엇 하는 자인가?"
司馬曰	사마가 말하였다.
臣故爲從史盜君侍兒者	"저는 옛 종사로 그대의 시녀를 훔친 자입니다."
盎乃驚謝曰	원앙은 이에 놀라 고마워하며 말하였다.
公幸有親[26]	"공에게는 어버이가 있을 텐데
吾不足以累公	나는 공이 연루되지 않았으면 하오."
司馬曰	사마가 말하였다.
君弟去	"그대가 떠나기만 하면
臣亦且亡	저도 곧 도망을 칠 것이며
辟吾親[27]	저의 어버이는 도피시켜 놓았으니
君何患	그대가 무엇을 근심하겠습니까!"
乃以刀決張[28]	즉시 칼로 장막을 찢어서
道[29]從醉卒隧直出	이끌고 취한 병졸 사이를 뚫고 곧장 나갔다.
司馬與分背	사마와 헤어지자
袁盎解節毛懷之[30]	원앙은 깃발의 장식 털을 풀어 그것을 가슴에 품고
杖	지팡이를 짚고서
步行七八里	7~8리를 걸었는데
明	날이 밝자

---

26 **집해** 문영은 말하였다. "너에게는 노친이 있다는 말이다."
27 **집해** 여순은 말하였다. "내 어버이를 숨기어 화를 당하지 않게 한 것이다." **색은** 장안은 "피(辟)는 숨는다는 뜻이다. 스스로 어버이를 숨기어 피하게 하여 화를 당하지 않게 하였다는 말이다."라 하였다.
28 **집해** (張은) 장(帳)의 뜻으로 읽는다. **색은** 장(帳)은 군막(軍幕)이다. 찢고서 나간 것이다.
29 **집해** 여순은 말하였다. "찢어서 열어 도망자가 따를 길을 만든 것이다."
30 **집해** 여순은 말하였다. "남들이 보지 못하게 하려는 것이다."

見梁騎	양나라 기병이 보여
騎馳去[31]	말을 타고 달려 그곳을 떠나
遂歸報	마침내 돌아가 보고하였다.
吳楚已破	오·초가 격파되자
上更以元王子平陸侯禮爲楚王	
	임금은 다시 원왕(元王)의 아들 평륙후 유예를 초왕으로 삼았으며
袁盎爲楚相	원앙은 초나라의 승상이 되었다.
嘗上書有所言	일찍이 글을 올려 말한 적이 있었으나
不用	쓰이지 않았다.
袁盎病免居家	원앙은 병으로 사직하고 집에 거처하면서
與閭里浮沈	마을에서 하는 대로 하면서
相隨行	서로 따라 다녔는데
鬪雞走狗	닭싸움을 시키고 개 경주를 하기도 했다.
雒陽劇孟嘗過袁盎	낙양의 극맹이 원앙의 집에 들른 적이 있는데
盎善待之	원앙이 잘 대해 주었다.
安陵富人有謂盎曰	안릉의 부자 중에 어떤 사람이 원앙에게 말하였다.
吾聞劇孟博徒[32]	"내가 듣기에 극맹은 도박꾼이라는데
將軍何自通之	장군은 어찌하여 스스로 교통하십니까?"
盎曰	원앙이 말하였다.

---

31 **집해** 문영은 말하였다. "양나라 기병[梁騎]은 오·초(吳楚)를 치는 자이다. 혹자는 양나라의 말을 얻어 타고 달려서 떠난 것"이라 하였다.

32 **집해** 여순은 말하였다. "노름을 하는 무리이다." 혹자는 말하기를 바둑[博戱]을 두는 무리라고 하였다.

劇孟雖博徒	"극맹이 비록 도박꾼이긴 하지만
然母死	모친이 죽었을 때
客送葬車千餘乘	빈객이 송장한 수레가 천여 대나 되니
此亦有過人者	이 사람 또한 남보다 뛰어난 것이 있는 사람입니다.
且緩急人所有	또한 위급한 일은 있게 마련입니다.
夫一旦有急叩門	하루아침에 급한 일로 문을 두드리면
不以親爲解[33]	어버이를 핑계대지 않으며
不以存亡爲辭	존망으로 거절하지 않고
天下所望者	천하에서 바라는 자는
獨季心劇孟耳	다만 계심과 극맹뿐입니다.
今公常從數騎[34]	지금 그대는 늘 여러 말 탄 사람이 따르지만
一旦有緩急	하루아침에 위급한 일이 생기면
寧足恃乎	어찌 믿을 수 있겠습니까!"
罵富人	부자를 꾸짖으며
弗與通	그와 교통하지 않았다.
諸公聞之	여러 사람들이 듣고는
皆多袁盎	모두 원앙을 칭찬하였다.
袁盎雖家居	원앙은 비록 집에 머물러 있었지만
景帝時時使人問籌策	경제는 때때로 사람을 시켜 계책을 물었다.

---

33 집해 장안은 말하였다. "'친히 듣지 않는다.'라 말하지 않는 것이다." 찬(瓚)은 말하였다. "무릇 사람이 어려움에 처하고 위험에서 구제해 줄 때는 거의 부모가 있다는 말로 핑계를 대는데 극맹은 겸하여 행하였다." 색은 어버이를 핑계대고 거절하지 않은 것이다. 지금 여기서 해(解)라고 한 것은 또한 어버이가 살아 계시다고 스스로 해명하지 않은 것이다.

34 집해 서광은 말하였다. "상(常)은 '상(詳)'으로 된 판본도 있다."

梁王欲求爲嗣	양왕이 (왕위를) 잇기를 구하고자 하였지만
袁盎進說	원앙이 나아가 말을 하자
其後語塞[35]	그 후로 말이 막혔다.
梁王以此怨盎	양왕은 이 때문에 원앙에게 원한을 품고
曾使人刺盎	사람을 시켜 원앙을 척살하려 한 적이 있었다.
刺者至關中	자객이 관중에 이르러
問袁盎	원앙에 대해 물어보았더니
諸君譽之皆不容口	여러 사람들이 칭찬하여 모두 말이 끊이지 않았다.
乃見袁盎曰	이에 원앙을 만나 말하였다.
臣受梁王金來刺君	"저는 양왕이 준 금을 받고 그대를 찔러 죽이러 왔는데
君長者	그대는 장자이니
不忍刺君	차마 그대를 찌르지 못하겠습니다.
然後刺君者十餘曹[36]	그러나 나중에 그대를 척살하려는 무리가 10여 무리는 되니
備之	대비하십시오!"
袁盎心不樂	원앙은 마음이 즐겁지 못했고
家又多怪	집안에서는 또한 많이 이상하게 여겨
乃之棓生[37]所問占	이에 배생에게 가서 점을 쳐서 물어보았다.

---

35 **색은** 추씨(鄒氏)에 의하면 '색(塞)'은 '로(露)'가 되어야 한다고 하였는데 틀렸다. 원앙이 아우를 세워서는 안 된다는 뜻을 말하여 그 후로는 양왕을 세우자는 말이 막히어 끊어진 것이다.

36 **집해** 여순은 말하였다. "조(曹)는 무리라는 뜻이다."

37 **집해** 서광은 말하였다. "배(棓)는 '복(服)'으로 된 판본도 있다." 문영은 "棓의 음은 배(陪)이다. 진(秦)나라 대의 현사(賢士)로 점술에 뛰어난 자이다."라 하였다. **색은** 문영은 棓의 음은 배(陪)라고 하였다. 위소는 배(棓)는 성(姓)이라고 하였다.

還	돌아오는 길에
梁刺客後曹輩果遮刺殺盎安陵郭門外	양나라에서 나중에 보낸 자객의 무리가 과연 안릉의 성곽 문밖에서 길을 막고 원앙을 찔러 죽였다.
晁錯[38]者	조조는
潁川人也	영천 사람이다.
學申商刑名於軹張恢先所[39]	지현의 장회선생에게서 신불해와 상앙의 형명지학을 배웠으며
與雒陽宋孟及劉禮同師	낙양의 송맹 및 유례와 함께 동문수학하였다.
以文學爲太常掌故[40]	문학으로 태상장고가 되었다.
錯爲人陗直刻深[41]	조조는 사람됨이 엄하고 곧았으며 매우 각박하였다.
孝文帝時	효문제 때는

---

38 **색은** 위 글자의 음은 조(朝)이고 아래 글자의 음은 조(厝)이며, 일설에는 글자 그대로 읽기도 한다. 조씨(朝氏)는 남양(南陽)에서 나왔으며, 지금의 서악(西鄂) 조씨(晁氏)는 자조(子朝)의 후예라고 한다.

39 **집해** 서광은 말하였다. "선(先)은 곧 선생(先生)이다." **색은** 지장회생소(軹張恢生所)이다. 지현(軹縣) 사람 장회선생(張恢先生)에게서 신불해와 상앙의 법을 배운 것이다.

40 **집해** 응소는 말하였다. "장고(掌故)는 백석리(百石吏)로 고사(故事)를 주관한다." **색은** 복건은 말하기를 "백석(百石)의 졸리(卒吏)이다."라 하였다. 『한구의(漢舊儀)』에서는 "태상박사(太常博士)의 제자들은 대책 시험을 치는데 갑과(甲科)에 합격하면 낭(郎)에 보해지고, 을과(乙科)에 합격하면 장고(掌故)에 보해진다."라 하였다.

41 **집해** 위소는 말하였다. "술(術)과 언덕이 높은 것을 초(陗)라고 한다." 찬(瓚)은 말하였다. "험준한 것이다." **색은** 위소의 주에는 본래 '술(術)' 자가 없었다. 혹자가 말하기를 술(術)은 도로(道路)라고 하였다. 陗의 음은 초[七笑反]이다. 초(陗)는 높다[峻]는 뜻이다.

天下無治尚書者	천하에 『상서』를 연구하는 사람이 없었고
獨聞濟南伏生故秦博士	다만 제남의 복생이 옛날 진나라의 박사로
治尚書	『상서』를 연구하였다는 말이 들렸는데
年九十餘	나이가 90여 세로
老不可徵	늙어서 부를 수가 없어
乃詔太常使人往受之	이에 태상에게 조칙으로 사람을 보내 배우게 하였다.
太常遣錯受尚書伏生所⁴²	태상은 조조를 보내 복생에게서 『상서』를 배우게 했다.
還	돌아와
因上便宜事	이에 곧 해야 할 일을 아뢰며
以書稱說	『서경』에서 말한 것을 가지고 말하였다.
詔以爲太子舍人門大夫家令⁴³	조칙으로 태자사인과 문대부, 가령으로 삼았다.
以其辯得幸太子	그 변설로 태자의 총애를 받았으며
太子家號曰智囊	태자의 집에서는 "지혜주머니"라고 불렀다.
數上書孝文時	효문제 때 수차례나 글을 올려
言削諸侯事	제후를 삭감하는 일과
及法令可更定者	법령을 개정할 만한 것을 말하였다.
書數十上	글을 수십 번이나 올렸는데
孝文不聽	효문제는 듣지는 않았지만

---

42 정의 위굉(衛宏)의 「조정고문상서서(詔定古文尙書序)」에서는 말하였다. "불렀는데 늙어서 갈 수가 없어 태상장고 조조를 보내어 가서 배우게 하였다. 나이가 90여 세라 바르게 말을 할 수가 없어 말을 알아들을 수가 없었으므로 그 딸로 하여금 말을 전하게 하여 조조를 가르쳤다. 제(齊)나라 사람의 말은 영천(潁川)과는 많이 달라 조조가 알지 못한 것이 무릇 10 중 2~3이나 되어 대략 그 뜻을 이어서 읽을 따름이었다."

43 집해 복건은 말하였다. "태자(太子)를 가(家)라 칭하였다." 찬(瓚)은 말하였다. 「무릉서 (茂陵書)」에서는 태자의 가령(家令)은 질8백 석(秩八百石)이라고 하였다."

然奇其材	그 재주를 기이하게 여겨
遷爲中大夫	중대부로 승진시켰다.
當是時	이때
太子善錯計策	태자가 조조의 계책을 훌륭하게 여겼는데
袁盎諸大功臣多不好錯	원앙과 여러 큰 공신들은 대부분 조조를 좋아하지 않았다.

景帝卽位	경제가 즉위하자
以錯爲內史	조조를 내사로 삼았다.
錯常數請閒言事	조조는 늘 수차례나 단독으로 일을 말하기를 청하였는데
輒聽	그때마다 들어주어
寵幸傾九卿⁴⁴	총애가 구경(九卿)을 기울였고
法令多所更定	법령도 개정된 것이 많았다.
丞相申屠嘉心弗便	승상 신도가는 속으로 그것을 불편하게 여겼지만
力未有以傷	다치게 할 힘이 없었다.
內史府居太上廟壖中	내사부는 태상묘의 공지 안에 있었는데
門東出	문이 동쪽으로 나
不便	불편하여
錯乃穿兩門南出	조조가 이에 문 두 개를 뚫어 남쪽으로 내어
鑿廟壖垣⁴⁵	태상묘 공지의 담을 뚫었다.

---

44 **집해** 서광은 말하였다. "구(九)는 '공(公)'으로 된 판본도 있다."

45 **색은** 윗 글자의 음은 연[乃戀反]이다. 담 밖의 짧은 담이다. 또한 음을 연[而緣反]이라고도 한다. **정의** 위의 글자는 음이 연[人緣反]이다. 연(壖)은 종묘[廟] 안에 있는 담 바깥의 노는 땅이다.

丞相嘉聞	승상 신도가가 듣고
大怒	크게 노하여
欲因此過爲奏請誅錯	이 과오를 가지고 조조를 죽일 것을 주청하고자 했다.
錯聞之	조조가 듣고
即夜請閒	그날 밤에 독대를 청하여
具爲上言之	모두 임금에게 말하였다.
丞相奏事	승상이 일을 아뢰어
因言錯擅鑿廟垣爲門	조조가 멋대로 태상묘의 담을 뚫어 문을 만든 것을 말하고
請下廷尉誅	정위에게 넘겨 죽일 것을 청하였다.
上曰	임금이 말하였다.
此非廟垣	"이는 태상묘의 담이 아니라
乃壖中垣	곧 공지 안의 담이니
不致於法	법에 저촉되지 않는다."
丞相謝	승상은 사죄하였다.
罷朝	조회가 끝나자
怒謂長史曰	노하여 장사에게 말하였다.
吾當先斬以聞	"내 마땅히 먼저 죽이고 알렸어야 하는데
乃先請	이에 먼저 청하여
爲兒所賣	그 녀석에게 넘어갔으니
固誤	실로 그르쳤다."
丞相遂發病死	승상은 결국 발병하여 죽고 말았다.
錯以此愈貴	조조는 이 일로 더욱 현귀해졌다.

遷爲御史大夫	어사대부로 승진하여
請諸侯之罪過	제후의 죄과를 청하여
削其地⁴⁶	그 땅을 삭감시켰으며
收其枝郡	속군을 몰수하였다.
奏上	상소가 올라가면
上令公卿列侯宗室集議	임금은 공경, 열후와 종실에게 모여서 의논하게 하였는데
莫敢難	아무도 감히 난색을 표명치 못하였으나
獨竇嬰爭之	두영(竇嬰)만은 이에 맞서
由此與錯有卻	이 때문에 조조와 틈이 생겼다.
錯所更令三十章	조조가 고친 법령은 30장이나 되었으며
諸侯皆諠譁疾晁錯	제후들은 모두 와자하게 조조를 미워하였다.
錯父聞之	조조의 부친이 듣고
從潁川來	영천에서 와서
謂錯曰	조조에게 말하였다.
上初即位	"임금께서 막 즉위하시어
公爲政用事	네가 정사를 맡아 실권을 쥐고
侵削諸侯	제후들을 삭탈하고
別疏人骨肉	따로 골육 간의 관계를 멀게 하여
人口議⁴⁷多怨公者	사람들이 논하여 너를 많이 원망하니
何也	어째서냐?"

---

46 **집해** 서광은 말하였다. "어떤 판본에서는 경제에게 말하기를 '제후들이 혹 여러 군을 동시에 갖고 있으니 옛 제도가 아니고 장구한 계책이 아니니 이롭지 못하므로 삭탈하기를 청합니다.'라 하니 임금이 공경으로 하여금……이라 하였다."

47 **집해** 서광은 말하였다. "'시끄러울 환(譁)' 자로 된 판본도 있다."

晁錯曰	조조가 말하였다.
固也	"실로 그렇습니다.
不如此	이렇게 하지 않으면
天子不尊	천자가 높아지지 않고
宗廟不安	종묘가 안정되지 못하게 됩니다."
錯父曰	조조의 부친이 말하였다.
劉氏安矣	"유씨는 안정되겠지만
而晁氏危矣	조씨는 위태롭게 될 것이니
吾去公歸矣	내 너를 떠나 돌아가겠다!"
遂飮藥死	마침내 약을 마시고 죽으면서
曰	말하였다.
吾不忍見禍及吾身	"내 차마 화가 내 몸에 미치는 것을 보지 못하겠다."
死十餘日	죽은 지 10여 일 만에
吳楚七國果反	오·초의 일곱 나라가 반란을 일으켰는데
以誅錯爲名	조조를 죽이는 것을 명분으로 삼았다.
及竇嬰袁盎進說	두영과 원앙이 나아가 말하여
上令晁錯衣朝衣斬東市	임금은 조조에게 조복을 입게 하고 동쪽 저자에서 참수하였다.
晁錯已死	조조가 죽고 나자
謁者僕射鄧公[48]爲校尉	알자복야(謁者僕射) 등공이 교위가 되어
擊吳楚軍爲將	오·초의 군사를 치고 장수가 되었다.

---

48 정의 『한서』에는 '등선(鄧先)'으로 되어 있다. 공문상(孔文祥)은 이름이 선(先)이라고 하였다.

還	돌아와서
上書言軍事	글을 올려 군사의 일을 말하고
謁見上	임금을 알현하였다.
上問曰	임금이 물었다.
道軍所來[49]	"전장에서 왔으니
聞晁錯死	조조가 죽었다는 말을 듣고
吳楚罷不	오와 초가 (싸움을) 그만두던가?"
鄧公曰	등공이 말하였다.
吳王爲反數十年矣	"오왕이 반란을 획책한 지는 수십 년이 되었으며
發怒削地	땅을 삭감시킨 것에 화를 내어
以誅錯爲名	조조를 죽이는 것을 명분으로 삼았을 뿐
其意非在錯也	그 저의는 조조에 있지 않았습니다.
且臣恐天下之士噤口[50]	또한 신은 천하의 선비들이 입을 다물게 될까 걱정되므로
不敢復言也	감히 더 이상 말하지 않겠습니다!"
上曰	임금이 말하였다.
何哉	"어째서인가?"
鄧公曰	등공이 말하였다.
夫晁錯患諸侯彊大不可制	"조조는 제후들이 강대해져 제어할 수 없을까 걱정하였으므로
故請削地以尊京師	땅을 삭감할 것을 청하여 서울을 높이려 했는데
萬世之利也	이는 만세의 이로움이 있습니다.

---

49 **집해** 여순은 말하였다. "도로가 오군(吳軍)이 있는 곳에서 온 것이다." 찬(瓚)은 말하였다. "도(道)는 말미암는다는 뜻이다."

50 **색은** 위의 글자는 음이 금[其錦反]이며, 또한 금[其禁反]이라고도 한다.

計畫始行	계획이 막 시행되려는데
卒受大戮	마침내 사형을 당하고 말았으니
內杜忠臣之口	안으로는 충신의 입을 막고
外爲諸侯報仇	밖으로는 제후의 원수를 갚아준 것이니
臣竊爲陛下不取也	신은 가만히 폐하께서 취하지 않으셔야 했다고 생각합니다.”
於是景帝默然良久	이에 경제는 한참이나 잠자코 있다가
曰	말하였다.
公言善	“공의 말이 훌륭하며
吾亦恨之	나 또한 유감스럽게 생각하오.”
乃拜鄧公爲城陽中尉	이에 등공을 성양 중위에 임명하였다.

鄧公	등공은
成固人也[51]	성고 사람으로
多奇計	기이한 계책이 많았다.
建元中	건원 연간에
上招賢良	임금이 현량한 자를 초치하자
公卿言鄧公	공경이 등공을 말하였으며
時鄧公免	당시 등공은 면직되었으나
起家爲九卿	집에서 나와 구경이 되었다.
一年	1년 만에
復謝病免歸	다시 병으로 사양하여 면직되어 돌아갔다.

---

51 **정의** 양주(梁州) 성고현(成固縣)이다. 『괄지지(括地志)』에서는 말하였다. “성고의 옛 성은 양주 성고현 동쪽 6리 지점에 있으며, 한(漢)나라 성고성(城固城)이다.”

其子章以脩黃老言顯於諸公閒[52]

　　그 아들 등자장이 황로의 말을 연구하여 여러
　　공들 사이에서 알려졌다.

太史公曰　　　　　　　　　　태사공은 말한다.

袁盎雖不好學　　　　　　　　원앙은 비록 학문을 좋아하지는 않았지만

亦善傅會　　　　　　　　　　또한 부회를 잘하였으며

仁心爲質　　　　　　　　　　어진 마음을 바탕으로 하고

引義慷慨　　　　　　　　　　의리를 끌어 쓸 때는 강개하였다.

遭孝文初立　　　　　　　　　효문제가 막 즉위한 때를 만나

資適逢世[53]　　　　　　　　재주가 마침 제 세상을 만났다.

時以變易[54]　　　　　　　　때가 변하고 바뀌어

及吳楚一說　　　　　　　　　오·초(의 난) 때 한번 말하니

說雖行哉　　　　　　　　　　말이 비록 행하여졌지만

然復不遂　　　　　　　　　　다시 이루어지지는 않았다.

好聲矜賢　　　　　　　　　　명성을 좋아하고 현명함을 자랑하였지만

竟以名敗　　　　　　　　　　결국 명성 때문에 죽고 말았다.

晁錯爲家令時　　　　　　　　조조는 가령(家令)이었을 때

數言事不用　　　　　　　　　수차례나 시사를 말하였지만 쓰이지 않았으며,

後擅權　　　　　　　　　　　나중에는 권력을 천단하여

多所變更　　　　　　　　　　바꾸고 고친 것이 많았다.

---

52 황로(黃老)는 도가(道家)에서 시조(始祖)로 추앙하는 황제(黃帝)와 노자(老子)를 아울러 일컫는 말이다. 곧 도가를 가리키는 말로 쓰인다. – 옮긴이.

53 (집해) 장안은 말하였다. "자(資)는 재주이다. 마침 그때를 만나 재주를 펼칠 수 있게 된 것이다."

54 (집해) 장안은 말하였다. "경제(景帝)가 즉위한 것을 말한다."

諸侯發難	제후들이 난을 일으키자
不急匡救	(잘못된 일을) 바로잡고 구난하는 일은 서두르지 않았으며
欲報私讎	사적인 원수를 갚으려다
反以亡軀	도리어 목숨을 잃었다.
語曰變古亂常	속담에 "옛것을 바꾸고 상법(常法)을 어지럽히면
不死則亡	죽지 않으면 망한다." 하였는데
豈錯等謂邪	아마 조조 등을 이른 것일 것이다!

장석지·풍당 열전 張釋之馮唐列傳

張廷尉釋之者	정위 장석지는
堵陽人也[1]	도양 사람이며
字季	자는 계이다.
有兄仲同居	형인 장중과 함께 살았다.
以訾爲騎郎[2]	(형의) 재물로 기랑이 되어
事孝文帝	효문제를 섬겼는데
十歲不得調	10년이 되도록 승진이 되지 않아
無所知名	이름이 알려지지 않았다.
釋之曰	장석지가 말하였다.
久宦減仲之産	"오래도록 벼슬을 하면서 형의 재산만 축내었을 뿐
不遂	이룬 것이 없구나."

---

1 **색은** 위소(韋昭)는 堵의 음은 자(赭)이며, 또한 음이 글자 그대로 쓰기도 하는데 지명이며 남양(南陽)에 속한다고 하였다. **정의** 응소(應劭)는 말하였다. "애제(哀帝)가 순양(順陽)으로 고쳤으며, 물이 동남쪽으로 채(蔡)로 든다."『괄지지(括地志)』에서는 말하였다. "순양의 옛 성은 등주(鄧州) 양현(穰縣) 서쪽 30리 지점에 있으며 초나라의 순읍(郇邑)이다. 「소진전(蘇秦傳)」에서는 '초나라 북쪽에 순양이 있다.'라 하였는데, 모두 이것을 이른다."

2 **집해** 소림(蘇林)은 말하였다. "돈을 돌아보는 것을 곡식을 내는 것같이 한 것이다." 여순(如淳)은 말하였다. "『한의(漢儀)』의 주(注)에서는 5백만 전을 쓰면 상시랑(常侍郎)을 얻을 수 있었다." **색은** 訾의 음은 자[子移反]이다. 『자원(字苑)』에서는 "자(訾)는 재물을 모으는 것이다."라 하였다.

欲自免歸	스스로 사퇴하고 돌아가고자 하였다.
中郎將袁盎知其賢	중랑장 원앙이 그 현명함을 알고
惜其去	그가 떠나는 것을 안타깝게 여겨
乃請徙釋之補謁者³	이에 장석지를 옮겨 알자에 보해 줄 것을 청하였다.
釋之旣朝畢	장석지는 조회를 마친 후
因前言便宜事	나아가 해야 할 일을 말하였다.
文帝曰	문제가 말하였다.
卑之	"비근하게 하여
毋甚高論	너무 고담준론을 하지 말고
令今可施行也⁴	지금 시행할 수 있게 하라."
於是釋之言秦漢之閒事	이에 장석지는 진·한 사이의 일을 말하여
秦所以失而漢所以興者久之	진나라가 실패한 원인과 한나라가 흥한 원인을 한참 말하였다.
文帝稱善	문제는 훌륭하다고 칭찬을 하고
乃拜釋之爲謁者僕射	이에 장석지를 알자복야에 임명하였다.
釋之從行	장석지가 수행하여
登虎圈⁵	호권에 올랐다.
上問上林尉⁶諸禽獸簿	임금이 상림원의 위(尉)에게 여러 동물의 기록을 묻는데

---

3 **정의** 「백관지(百官志)」에서는 "알자(謁者)는 의식을 진행하여 끌고 가는 일을 관장하였으며, 17인의 인원을 두었으며 질(秩)은 거의 6백 석이다."라 하였다.

4 **색은** 비(卑)는 낮은 것이다. 그 뜻을 낮추게 하여 너무 높은 담론을 하지 못하게 하려는 것으로 다만 시사(時事)에만 의거하게 할 뿐 옛날의 먼 것은 이야기하지 못하게 한 것이다.

5 **정의** (圈의) 음은 권[求遠反]이다.

十餘問	10여 개나 물으니
尉左右視	위는 좌우를 돌아보며
盡不能對	모두 대답할 수가 없었다.
虎圈嗇夫[7]從旁代尉對上所問禽獸簿甚悉	호권의 색부가 곁에서 위 대신 임금이 물은 짐승의 기록에 모두 대답하여
欲以觀其能口對響應無窮者	입에서 나오는 대로 메아리처럼 끝없이 대답할 수 있음을 보여주고자 하였다.
文帝曰	문제가 말하였다.
吏不當若是邪	"관리가 이래서는 안 되는 것 아닌가?
尉無賴[8]	위는 믿지 못하겠다!"
乃詔釋之拜嗇夫爲上林令	이에 장석지더러 색부를 상림령에 임명하게 하였다.
釋之久之前曰	장석지는 한참 있다가 나아가 말하였다.
陛下以絳侯周勃何如人也	"폐하께서는 강후 주발이 어떤 사람이라고 보십니까?"
上曰	임금이 말하였다.
長者也	"장자(長者)이다."
又復問	또다시 물었다.
東陽侯張相如何如人也	"동양후 장상여는 어떤 사람입니까?"
上復曰	임금이 다시 말하였다.

---

6 **색은** 『한서(漢書)』의 「표(表)」에서는 상림(上林)에는 승(丞) 여덟 명과 위(尉) 열두 명이 있다고 하였다. 「백관지(百官志)」에 의하면 위는 질(秩)3백 석(石)이다.

7 **정의** 호권(虎圈)을 관장한다. 「백관표(百官表)」에 향색부(鄉嗇夫)가 있는데 이것이 그 류(類)이다.

8 **집해** 장안(張晏)은 말하였다. "재주가 믿을 것이 없다는 것이다."

長者	"장자지."
釋之曰	장석지가 말하였다.
夫絳侯東陽侯稱爲長者	"저 강후와 동양후는 장자로 일컬어지지만
此兩人言事曾不能出口	이 두 사람은 일을 말할 때 일찍이 입을 열 수가 없었으니
豈敩此嗇夫諜諜⁹利口捷給哉	어찌 이 색부가 절절이 좋은 말솜씨로 응대함을 본받겠습니까!
且秦以任刀筆之吏	또한 진나라는 도필리를 임용하여
吏爭以亟疾苛察相高	관리들이 다투어 급박하게 다그치고 가혹하게 조사하는 것을 훌륭하게 여겼지만
然其敝徒文具耳¹⁰	그 폐단은 다만 문을 갖추기만 하였을 뿐
無惻隱之實	측은히 여기는 실질은 없었습니다.
以故不聞其過	그런 까닭에 그 과실을 듣지 못하여
陵遲而至於二世	쇠퇴해져서 2세에 이르자
天下土崩	천하는 흙덩이처럼 무너졌습니다.
今陛下以嗇夫口辯而超遷之	지금 폐하께서 색부의 구변 때문에 등급을 넘어 승진시키시니
臣恐天下隨風靡靡	신은 천하가 바람에 따라 쓸리듯
爭爲口辯而無其實	다투어 구변만 일삼으며 실질은 없게 될까 두렵습니다.
且下之化上疾於景響	또한 아랫사람이 윗사람에 따라 변함은 빛과 소리보다 빠르니
舉錯不可不審也	일거일동을 살피지 않을 수 없습니다."

---

9 **집해** 진작(晉灼)은 말하였다. "음은 첩(牒)이다." **색은** 음은 첩(牒)이다. 『한서』에는 '첩첩 (喋喋)'으로 되어 있으며, 말이 많은 것이다.

10 **색은** 헛되이 문을 갖추어 놓았지만 실질은 없는 것을 말한다.

文帝曰	문제가 말하였다.
善	"좋소."
乃止不拜嗇夫	이에 그만두고 색부를 임명하지 않았다.
上就車	임금이 수레에 오르고
召釋之參乘	장석지가 곁에 탔는데
徐行	천천히 가면서
問釋之秦之敝	장석지에게 진나라의 폐정(弊政)에 대하여 물었다.
具以質言[11]	모두 성실히 대답하였다.
至宮	궁에 이르자
上拜釋之爲公車令	임금이 장석지를 공거령에 임명하였다.
頃之	얼마 후
太子與梁王共車入朝	태자와 양왕이 같은 수레로 입조하면서
不下司馬門[12]	사마문에서 내리지 않았는데
於是釋之追止太子梁王無得入殿門	
	이에 장석지가 태자와 양왕을 쫓아가 멈추게 하여 궁전의 문에 들어가지 못하게 하였다.
遂劾不下公門不敬	마침내 공문에서 내리지 않은 불경을 탄핵하여
奏之	상주하였다.
薄太后聞之	박태후(薄太后)가 이를 듣게 되자
文帝免冠謝曰	문제는 관을 벗어 사죄하여 말하였다.

---

11 **집해** 여순은 말하였다. "질(質)은 성실하다는 뜻이다."

12 **집해** 여순은 말하였다. "궁위(宮衛)의 영에서 '모든 전문(殿門)의 공거사마문(公車司馬門) 을 드나드는 사람들로 수레와 역마를 탄 자들은 모두 내려야 하며 영대로 하지 않으면 4냥 의 벌금을 내야 한다.'라 하였다."

教兒子不謹	"아들을 가르침이 신중하지 못하였습니다."
薄太后乃使使承詔赦太子梁王	
	박태후는 곧 사자를 시켜 태자와 양왕을 용서 한다는 조서를 받게 하였고
然後得入	그런 다음에야 들어가게 되었다.
文帝由是奇釋之	문제는 이로 말미암아 장석지를 기특하게 여겨
拜爲中大夫	중대부에 임명하였다.
頃之	얼마 후
至中郎將	중랑장에 이르렀다.
從行至霸陵	수행하여 패릉에 이르러
居北臨廁 13	북쪽을 굽어보는 땅에 머물렀다.
是時愼夫人從	이때 신부인이 따랐는데
上指示愼夫人新豐道	임금이 신부인에게 신풍의 길을 가리켜 보여주 면서
曰	말하였다.
此走邯鄲道也 14	"이 길이 한단으로 가는 길이오."
使愼夫人鼓瑟	신부인에게 슬을 타게 하고

---

13 집해 이기(李奇)가 말하였다. "패릉(霸陵) 북쪽 어귀의 패수(霸水)에 가까운 곳인데 황제가
그 위에 올라 먼 곳을 바라보았다." 여순은 말하였다. "높은 곳에서 아래의 변두리를 내려
다보는 것을 측(廁)이라 한다." 소림(蘇林)은 말하였다. "측(廁)은 가장자리의 곁이다." 위소
는 말하였다. "높은 언덕이 물을 끼고 있는 것이 측(廁)이다." 색은 유씨(劉氏)는 廁의 음
은 치[初吏反]라고 하였다. 이기(李奇)는 "패릉 북쪽 어귀의 패수에 가까운 곳"이라 하였다.
소림(蘇林)은 말하기를 "측(廁)은 가장자리의 곁"이라 하였다. 포개(包愷)는 음은 측(側)이
라 하였으며, 뜻은 또한 둘 다 통한다고 하였다.

14 집해 장안은 말하였다. "신부인(愼夫人)은 한단(邯鄲) 사람이다." 여순은 말하였다. "走의
음은 주(奏)이며 달린다는 뜻이다." 색은 음은 주(奏)이다. 주(走)는 향(向)과 같은 뜻이다.

566

上自倚瑟而歌[15]	임금이 친히 슬에 기대어 노래를 하였는데
意慘悽悲懷	뜻이 매우 애처로워 마음을 슬프게 하였으며
顧謂群臣曰	뭇 신하들을 돌아보며 말하였다.
嗟乎	"아!
以北山石爲椁[16]	북산의 바위를 곽으로 삼고
用紵絮[17]斳陳	묵은 모시 솜을 잘라
蔡漆其閒[18]	그 틈을 옻칠하여 바르면
豈可動哉	어찌 움직일 수 있겠는가!"
左右皆曰	좌우에서 모두 말하였다.
善	"훌륭합니다."
釋之前進曰	장석지가 앞으로 나아가 말하였다.
使其中有可欲者	"그 안에 욕심을 낼 만한 것이 있으면
雖錮南山猶有郄[19]	남산에 쇳물을 부어 놓아도 틈이 생길 것이며,

---

15 집해 『한서음의(漢書音義)』에서는 말하였다. "목소리를 슬(瑟)에 의지한 것이다. 『서경[書]』에 '목소리를 노래에 기대었다(聲依永).'는 말이 있다." 색은 倚의 음은 의[於綺反]이다. 노래 소리를 슬의 소리에 맞춘 것으로 서로에게 기대는 것이다.

16 정의 안사고(顔師古)는 말하였다. "아름다운 돌은 서울의 북쪽 산에서 나는데 지금의 의주(宜州)의 돌이 바로 이것이다."

17 색은 앞의 글자의 음은 저[張呂反]이고, 아래의 글자의 음은 서[息慮反]이다.

18 집해 서광(徐廣)은 말하였다. "착(斳)은 어떤 판본에는 '착(錯)'으로 되어 있다. 『한서음의(漢書音義)』에서는 "착서(斳絮)는 옻칠로 그 틈을 붙이는 것이다."라 하였다. 색은 묵은 솜을 잘라 그 틈을 옻칠하여 붙이는 것이다. 斳의 음은 착[側略反]이다. 絮의 음은 여[女居反]이다. 묵은 솜을 잘라 그 틈을 옻칠로 붙이는 것이다.

19 집해 장안은 말하였다. "고(錮)는 쇳물을 붓는 것이다. 황제가 북쪽을 향하여 있으므로 '북산(北山)'이라 하였으며, 고개를 돌려 남쪽을 향하였으므로 '남산(南山)'이라 하였다." 색은 장안은 "고(錮)는 쇳물을 붓는 것이다. 황제가 북쪽을 향하여 있으므로 '북산(北山)'이라 하였으며, 고개를 돌려 남쪽을 향하였으므로 '남산(南山)'이라 하였다."라 하였다. 지금 생각건대 대안(大顔)은 "북산(北山)의 청석(靑石)은 결이 조밀하여 비석과 곽을 만들 만하며 지금까지도 그렇다. 그러므로 「진본기(秦本紀)」에서 아방궁(阿房宮)을 짓거나 여산(酈

使其中無可欲者	그 안에 욕심을 낼 만한 것이 없다면
雖無石槨	석곽이 없다 한들
又何戚焉	또한 무엇을 근심하겠습니까!"
文帝稱善	문제는 칭찬하였다.
其後拜釋之爲廷尉	그 후 장석지를 정위에 임명하였다.
頃之	얼마 후
上行出中渭橋[20]	임금이 중위교로 외출하였는데
有一人從橋下走出	어떤 사람이 다리 아래서 뛰쳐나와
乘輿馬驚	수레를 맨 말이 놀랐다.
於是使騎捕	이에 기마로 하여금 붙잡게 하여
屬之廷尉	정위에게 넘겼다.
釋之治問	장석지가 다스려 심문하니
曰	말하였다.
縣人來[21]	"현에서 온 사람인데
聞蹕[22]	벽제(辟除)하는 소리를 듣고

山)의 석곽을 만든다 한 것이 바로 이를 말한다."라 하였다. 옛날의 황제들이 북산(北山)의 돌을 가지고 곽을 만들려 한 것은 그 정하고 단단함을 취한 것이다. 장석지의 대답은 다만 장례를 간소하게 하여 무덤 안에 탐낼 만한 것이 없으면 석곽이 없다 하더라도 무엇을 근심하겠느냐는 것이다. 만약 장례를 두터이 하여 무덤 속에 물건이 있으면 비록 남산에 쇳물을 부어 만들더라도 오히려 사람들에게 파헤쳐질 것이라는 것이다. '남산(南山)'을 말한 것은 그 높고 두텁다는 뜻을 취한 것이며, 장안은 다만 그 뜻을 놓쳤다.

20 **집해** 장안은 말하였다. "위교(渭橋)에 있는 길이다." 찬(瓚)이 말하였다. "중위교(中渭橋) 양쪽 기슭의 중간이다." **색은** 장안과 신찬(臣瓚)의 설은 모두 틀렸다. 지금 위교(渭橋)는 세 군데 있다. 한 군데는 성의 서북쪽 함양로(咸陽路)에 있는데, 서위교(西渭橋)라 하며, 한 군데는 동북쪽의 고릉도(高陵道)에 있는데 동위교(東渭橋)라 하고, 중위교(中渭橋)는 옛 성의 북쪽에 있다.

21 **집해** 여순은 말하였다. "장안현(長安縣) 사람이다."

匿橋下	다리 밑에 숨었습니다.
久之	한참 있다가
以爲行已過	행차가 이미 지나갔다고 생각하여
卽出	나왔는데
見乘輿車騎	수레와 거기(車騎)를 보고
卽走耳	바로 달아났을 따름입니다.”
廷尉奏當	정위는 판결 내용을 알리고
一人犯蹕	한 사람이 벽제를 어긴 것으로
當罰金²³	벌금형에 해당한다고 하였다.
文帝怒曰	문제는 노하여 말하였다.
此人親驚吾馬	“이 사람이 바로 나의 말을 놀라게 하였는데
吾馬賴柔和	내 말이 다행히 온순해서 그만이지
令他馬	다른 말이었다면
固不敗傷我乎	실로 나를 다치게 하지 않았겠는가?
而廷尉乃當之罰金	그런데도 정위는 벌금형만 내리는가!”
釋之曰	장석지가 말하였다.
法者天子所與天下公共也²⁴	“법이란 것은 천자께서 천하와 공유하는 것입니다.

---

22 필(蹕)은 곧 벽제(辟除)이다. 지위가 높은 사람이 행차할 때, 구종(驅從) 별배(別陪)가 잡인의 통행을 금하던 일을 말한다. ‒ 옮긴이.

23 집해 여순은 말하였다. “을령(乙令)에 ‘벽제 시에 먼저 이르러 침범하는 자는 벌금 네 냥을 부과한다.’라 하였다. 필(蹕)은 사람의 통행을 금하는 것이다.” 색은 최호(崔浩)는 “당(當) 은 그 죄를 처벌하는 것을 말한다.”라 하였다. 「백관지(百官志)」에서는 “정위는 형벌을 공평하게 하여 상응하여 처벌하고 아뢴다. 군국(郡國)에서는 그 혐의를 평의하여 모두 처벌 내용을 보고한다.”라 하였다.

24 색은 소안(小顏)은 말하였다. “공(公)은 사사롭지 않음을 말한다.”

今法如此而更重之	지금 법이 이러한데 가중처벌하신다면
是法不信於民也	이런 법은 백성들이 불신할 것입니다.
且方其時	또한 바야흐로 그 당시
上使立誅之則已	임금께서 즉시 죽이셨다면 그만이었을 것입니다.
今既下廷尉	지금 이미 정위에게 보내셨사옵고
廷尉	정위는
天下之平也	천하의 공평함을 지녀야 하니
一傾而天下用法皆爲輕重	한번 기울어 천하의 법을 적용함이 가벼웠다 무거웠다 하면
民安所措其手足	백성들이 어디에 그 수족을 두겠습니까?
唯陛下察之	폐하께옵서는 살펴주십시오."
良久	한참 있다가
上曰	임금이 말하였다.
廷尉當是也	"정위의 판결이 옳다."
其後有人盜高廟坐前玉環	그 후에 어떤 사람이 고묘의 자리 앞에 있는 옥가락지를 훔치다
捕得	잡혔는데
文帝怒	문제가 노하여
下廷尉治	정위에게 보내어 다스리게 하였다.
釋之案律盜宗廟服御物者爲奏	
	장석지는 종묘의 복식과 거마의 기물을 훔친 자에 해당하는 법대로 아뢰어
奏當棄市	기시의 판결을 내려야 한다고 아뢰었다.
上大怒曰	임금이 크게 노하여 말하였다.

人之無道	"사람이 무도하여
乃盜先帝廟器	선제의 종묘의 기물을 훔치기에 이르렀는데
吾屬廷尉者	내가 정위에게 넘긴 것은
欲致之族	멸족을 시키게 하려는 것이거늘
而君以法奏之 ²⁵	그대는 법대로 아뢰니
非吾所以共承宗廟意也	내가 종묘를 공경히 받들려는 뜻이 아니오."
釋之免冠頓首謝曰	장석지는 관모를 벗고 머리를 조아리며 사죄하여 말하였다.
法如是足也 ²⁶	"법이 이 정도면 충분합니다.
且罪等 ²⁷	또한 죄는 같지만
然以逆順爲差	역이냐 순이냐의 정도 차이만 있을 뿐입니다.
今盜宗廟器而族之	지금 종묘의 기물을 훔쳤는데 멸족을 시킨다면
有如萬分之一	만에 하나
假令愚民取長陵一抔土 ²⁸	가령 백성들이 장릉의 흙 한 줌을 가져간다면
陛下何以加其法乎	폐하께서는 어찌 그 법에다 더할 수 있겠습니까?"

---

25 **색은** 법이라는 것은 법률[律]에 의거하여 판단하는 것이다.

26 **집해** 서광은 말하였다. "목(足)은 어떤 판본에는 '지(止)'로 되어 있다."

27 **집해** 여순은 말하였다. "다 같이 죽을죄이지만 옥가락지를 훔친 것이 장릉의 흙을 훔친 것만 같지 못하다는 것이다."

28 **집해** 장안은 말하였다. "가리켜 말하고자 하지 않았으므로 흙을 가지고 비유를 하였다." **색은** 抔의 음은 부[步侯反]이다. [『예기(禮記)』] 「예운(禮運)」에 "웅덩이를 파서 잔을 만들고 손으로 움켜서 마셨다(汙尊而抔飮)."라는 말이 있는데, 정씨(鄭氏)는 "부(抔)는 손으로 움키는 것이며 손 수(手) 자를 따르는 글자이다."라 하였다. 이 글자는 본래 '배(盃)'라고도 하였는데, 한 구기[勺] 한 잔[杯]이라는 말로, 두 음 모두 통한다. 또한 음을 배[普迴反]라고도 한다. 배(坏)는 아직 굽지 않은 벽돌을 이른다. 장안이 "가리켜 말하고자 하지 않았으므로 흙을 가지고 비유를 하였다." 한 것은 대체로 장릉을 도굴하는 것을 말하여 선제를 다치게 하는 말을 하려고 하지 않아서일 것이다.

久之	한참 있다가
文帝與太后言之	문제는 태후에게 말하여
乃許廷尉當	곧 정위의 판결을 허락하였다.
是時	이때
中尉條侯周亞夫與梁相山都侯王恬開²⁹見釋之持議平	
	중위 조후 주아부와 양나라 승상 산도후 왕염개는 장석지의 지론이 공평한 것을 보고
乃結爲親友	이에 친밀한 우정을 맺었다.
張廷尉由此天下稱之	장 정위는 이로 말미암아 천하에서 일컬어졌다.
後文帝崩	나중에 문제가 죽고
景帝立	경제가 즉위하자
釋之恐³⁰	장석지는 두려워하여
稱病	병 핑계를 대었다.
欲免去	면직하고 떠나고 싶었지만
懼大誅至	사형을 당할까 두려워하였으며,
欲見謝	뵙고 사죄를 하고 싶었지만
則未知何如	어떻게 될지 알지 못하였다.
用王生計	왕생의 계책으로
卒見謝	마침내 뵙고 사죄를 하였는데
景帝不過也	경제는 나무라지 않았다.

---

29 집해 서광은 말하였다. "어떤 판본에는 '간(開)'으로 되어 있다. 『한서』에는 '계(啓)'로 되어 있다. 계(啓)는 경제(景帝)의 휘이기 때문에 '개(開)'라고도 한다."

30 색은 황제가 태자였을 때 양왕과 함께 입조하면서 사마문에서 내리지 않아 장석지가 탄핵한 적이 있으므로 두려워한 것이다.

王生者	왕생은
善爲黃老言	황로의 말에 뛰어났으며
處士也	처사였다.
嘗召居廷中	일찍이 불리어 조정에 있게 되었는데
三公九卿盡會立	삼공과 구경이 모두 모여 서 있었고
王生老人	왕생은 노인이었는데
曰吾韤解[31]	"내 버선이 풀렸다."라 하고는
顧謂張廷尉	장 정위를 돌아보며 말하였다.
爲我結韤[32]	"내 버선 끈을 매어주게!"
釋之跪而結之	장석지는 꿇어앉아 매어주었다.
旣已	얼마 후
人或謂王生曰	어떤 사람이 왕생에게 말하였다.
獨奈何廷辱張廷尉	"유독 어찌 조정에서 장 정위를 욕보여
使跪結韤	꿇어앉아 버선을 매게 하였소?"
王生曰	왕생이 말하였다.
吾老且賤	"내 늙고 미천한데
自度終無益於張廷尉	스스로 헤아리건대 끝내 장 정위에게 도움이 되지 못했소.
張廷尉方今天下名臣	장 정위는 바야흐로 지금 천하의 명신인데
吾故聊辱廷尉	내가 일부러 짐짓 정위를 욕되게 하여
使跪結韤	무릎을 꿇고 버선을 매게 하여
欲以重之	그가 중시되게끔 한 것이오."
諸公聞之	여러 사람들이 듣고는

---

31 **정의** 앞의 글자는 음이 말[萬越反]이고 아래 글자는 음이 해[下閑買]이다.

32 **색은** 結의 음은 글자대로이며, 또한 계(計)라고도 읽는다.

賢王生而重張廷尉	왕생을 현명하게 여기고 장 정위를 중히 여겼다.

張廷尉事景帝歲餘	장 정위는 경제를 1년 남짓 섬기고
爲淮南王相	회남왕의 승상이 되었는데
猶尙以前過也	여전히 이전의 과실 때문이었다.
久之	한참 있다가
釋之卒	장석지는 죽었다.
其子曰張摯	그 아들은 장지라 하였으며
字長公	자는 장공으로
官至大夫	관직은 대부에 이르렀으나
免	면직되었다.
以不能取容當世	당세에 용납될 수가 없었으므로
故終身不仕³³	죽을 때까지 벼슬을 하지 않았다.

馮唐者	풍당은
其大父趙人	조부가 조나라 사람이다.
父徙代	부친은 대(代)로 옮겼다.
漢興徙安陵	한나라가 흥하자 안릉으로 옮겼다.
唐以孝著	풍당은 효행으로 알려져
爲中郎署長³⁴	중랑서장이 되었으며
事文帝	문제를 섬겼다.

---

33 **색은** 성품이 공정하고 곧아 굽히어 당세에 용납될 수가 없으므로 면직되어 벼슬을 하지 않게 된 것이다.

34 **집해** 응소는 말하였다. "이는 효자랑(孝子郎)을 이른다." 혹자는 지극한 효도로 알려졌다고 한다. **색은** 낭서(郎署)의 우두머리가 되었음을 이른다.

文帝輦過[35]	문제가 연(輦)을 타고 지나다 들러
問唐曰	풍당에게 물었다.
父老何自爲郎[36]	"노인장은 어디에서 낭이 되었는가?
家安在	집은 어디에 있는가?"
唐具以實對	풍당은 사실대로 다 대답하였다.
文帝曰	문제가 말하였다.
吾居代時	"내가 대(代)에 있을 때
吾尙食監高祛數爲我言趙將李齊之賢	
	나의 상식감(尙食監)인 고거가 수차례나 조나라 장수 이제(李齊)가 현명하다고 말해 주었는데
戰於鉅鹿下	거록의 아래에서 싸웠다고 하였소.
今吾每飯	지금껏 밥을 먹을 때마다
意未嘗不在鉅鹿也[37]	뜻이 거록에 있지 않은 적이 없었소.
父知之乎	노인장은 그를 아오?"
唐對曰	풍당이 대답하였다.
尙不如廉頗李牧之爲將也	"그래도 염파나 이목이 장군이 됨만은 못합니다."
上曰	임금이 말하였다.
何以	"어째서요?"
唐曰	풍당이 말하였다.
臣大父在趙時	"신의 조부가 조나라에 있을 때는

---

35 **색은** 過의 음은 과(戈)이다. 문제(文帝)가 연(輦)을 타고 마침 낭서에 들른 것이다.

36 **색은** 최호는 "자(自)는 종(從)과 같은 뜻이다. 황제가 풍당이 어디에서 낭이 된 것인가 묻는 것이다."라 하였다. 또한 소안(小顔)이 말하기를 "연로한데 곧 스스로 낭이 되었으니 이상하게 여긴 것이다."라 하였다.

37 **집해** 장안은 말하였다. "밥을 먹을 때마다 상식감이 이제(李齊)가 거록에 있을 때를 말한 것이 생각난다는 것이다."

爲官率將[38]	관솔장으로
善李牧	이목과 친하였습니다.
臣父故爲代相	신의 부친은 옛 대(代)나라 승상이었는데
善趙將李齊	조나라의 장수 이제와 친하여
知其爲人也	그 사람됨을 압니다.”
上既聞廉頗李牧爲人	임금은 염파와 이목의 사람됨을 듣고는
良[39]說	매우 기뻐하여
而搏髀曰	넓적다리를 치면서 말하였다.
嗟乎	“아뿔싸!
吾獨不得廉頗李牧時爲吾將	내 유독 염파와 이목을 때맞춰 내 장수로 삼지 못하였구나.
吾豈憂匈奴哉	내 어찌 흉노를 근심하겠는가!”
唐曰	풍당이 말하였다.
主臣[40]	“황공하옵니다!
陛下雖得廉頗李牧	폐하께옵서는 염파와 이목을 얻는다 하여도

---

38 집해 서광은 말하였다. “어떤 판본에는 ‘관사장(官士將)’으로 되어 있다.” 진작(晉灼)은 “백 명이 (1행인 것이) 철행(徹行)인데 또한 모두 솔장(帥將)이다.” 색은 주(注)에서는 “백 명이 철행이 되는데 장수이다.”라 하였는데, 『국어(國語)』에 의하면 “백 명이 철행인데 행의 선두에는 모두 관사(官師)가 있다.”라 하였다. 가규(賈逵)는 “백 명이 1대(隊)가 된다. 관사 (官師)는 대(隊)의 대부(大夫)이다.”라 하였다.

39 집해 여순은 말하였다. “양(良)은 훌륭하다는 뜻이다.”

40 색은 악언(樂彦)은 “신하가 나아가 앞에서 마주할 때는 ‘주신(主臣)’이라 하는데 글을 올릴 때 앞에 ‘매사(昧死: 죽음을 무릅쓰고)’라 하는 것과 같다.”라 하였다. 『지림(志林)』에서는 “풍당(馮唐)은 면전에서 만승을 꺾었으니 어찌 두려워하지 않는다 말하겠는가’라 하였다. 주신(主臣)은 경포[驚怖: 황공(惶恐)]라고 하면 그 말이 더욱 잘 드러난다. 또한 위무제[魏武 帝: 조조(曹操)]가 진림(陳琳)에게 이르기를 “경은 애초에 격문을 지으면서 어찌 상조(上祖) 를 언급하는가?” 하니 진림이 ‘주신(主臣)’이라 하였는데, 주신이 경포(驚怖)의 뜻임이 더욱 밝게 드러난다. 해석이 이미 앞의 기록에 보인다.

弗能用也	그들을 쓸 수 없을 것입니다."
上怒	임금이 노하여
起入禁中	일어나 금중으로 들어갔다.
良久	한참 있다가
召唐讓曰	풍당을 불러 꾸짖어 말하였다.
公柰何眾辱我	"그대는 어찌하여 여럿 앞에서 나를 욕보였는가?
獨無閒處乎	아무도 없는 곳도 있지 않았는가?"
唐謝曰	풍당이 사죄하여 말하였다.
鄙人不知忌諱	"비루한 인간이라 꺼릴 줄을 알지 못하였습니다."

當是之時	이때
匈奴新大入朝那[41]	흉노가 막 조나(朝那)로 크게 쳐들어와
殺北地[42]都尉卬[43]	북지 도위 앙(卬)을 죽였다.
上以胡寇爲意	임금이 오랑캐 문제를 생각하다가
乃卒復問唐曰	이에 마침내 다시 풍당에게 물었다.
公何以知吾不能用廉頗李牧也	
	"공은 무엇 때문에 내가 염파와 이목을 쓸 수 없다는 것을 알았소?"
唐對曰	풍당이 대답하여 말하였다.
臣聞上古王者之遣將也	"신이 듣건대 옛날의 제왕들은 장수를 파견함에
跪而推轂	꿇어앉아 수레바퀴를 밀어주면서

---

41 **색은** 앞 글자의 음은 조(朝), 조(무)이다. 뒤 글자의 음은 나[乃何反]이며, 현 이름으로 안정(安定)에 속하였다. **정의** 원주(原州) 백천현(百泉縣) 서북쪽 10리 지점에 있으며 곧 한조(漢朝) 나라의 나현(那縣)이다.

42 **정의** 북지군(北地郡)은 지금의 영주(寧州)이다.

43 **색은** 도위(都尉)의 성은 손(孫)이고 이름은 앙(卬)이다.

曰閫以內者[44]	말하기를 성문 안의 것은
寡人制之	과인이 통제하고,
閫以外者	성문 바깥의 것은
將軍制之	장군이 통제하라 한다고 하였습니다.
軍功爵賞皆決於外	전공과 작록, 상을 내림은 모두 바깥에서 결정되었으며
歸而奏之	돌아와서 아뢰기만 하면 되었습니다.
此非虛言也	이는 빈말이 아닙니다.
臣大父言	신의 조부가 말하기를
李牧爲趙將居邊	이목은 조나라 장수가 되어 변방에 머물면서
軍市之租皆自用饗士[45]	군중의 장에서 걷는 구실은 모두 스스로 군사들을 호궤하는 데 썼으며
賞賜決於外	상을 내림은 바깥에서 결정되었고
不從中擾也	조정의 어지러운 의견은 따르지 않았습니다.
委任而責成功	맡겨두고 공을 세울 것만 독려하였으므로
故李牧乃得盡其智能	이목은 곧 그 지혜와 능력을 다하게 되어
遣選車千三百乘[46]	전차 천3백 대와
轂騎萬三千[47]	활 쏘는 기병 1만 3천 명
百金之士十萬[48]	백금의 상을 받을 만한 군사 10만을 뽑게 하여
是以北逐單于	이 때문에 북으로는 선우를 쫓고
破東胡[49]	동호를 깨뜨리고

---

44 집해 위소는 말하였다. "이는 곽문(郭門)의 문지방이다. 문의 문지방을 곤(閫)이라 한다."
색은 橛의 음은 궐[其月反]이다. 정의 閫의 음은 곤(苦本反)이다. 문한(門限: 문지방)을 이른다.

45 색은 군중(軍中)에 장을 세워 장에서 세금을 걷는 것을 말한다. 세(稅)는 곧 조(租)이다.

46 색은 (太公望이 지었다고 하는) 『육도(六韜)』에 수레를 선발하는 방법이 있다.

47 색은 여순은 말하였다. "轂의 음은 구(構)이다. 구기(轂騎)는 활을 당기는 기병이다."

滅澹林[50]	담림을 멸하였으며
西抑彊秦	서(西)로는 강한 진나라를 누르고
南支韓魏	남(南)으로는 한나라와 위나라를 붙들어두었습니다.
當是之時	이때
趙幾霸[51]	조나라는 거의 패권을 차지할 뻔하였습니다.
其後會趙王遷立	그 후 마침 조왕 천(遷)이 즉위하였는데
其母倡也[52]	그 어머니는 가기(歌妓)였습니다.
王遷立	왕 천이 즉위하자
乃用郭開讒	곧 곽개의 참소를 들어
卒誅李牧[53]	결국 이목을 죽이고
令顔聚代之[54]	안취로 대신하게 하였습니다.
是以兵破士北	그리하여 군사는 격파되어 패배하고

---

48 [집해] 복건(服虔)은 말하였다. "백금의 가치가 있는 훌륭한 군사이다." 혹자는 말하기를 백금의 가치가 있다는 것은 중시한다는 말이라고 하였다. [색은] 진작(晉灼)은 말하였다. "백금은 귀중하다는 뜻을 취한 것이다." 복건은 말하였다. "백금의 가치가 있는 훌륭한 군사이다." 유씨(劉氏)는 말하였다. "그 공이 백금의 상을 내릴 만한 자이다." 『관자(管子)』 및 『소이아(小爾雅)』에 보인다.

49 [색은] 최호는 "오환(烏丸)의 선조이다. 나라가 흉노의 동쪽에 있으므로 동호(東胡)라고 하였다."라 하였다.

50 [집해] 서광은 말하였다. "담(澹)은 '첨(襜)'으로 된 판본도 있다." [색은] 澹의 음은 잠[丁甘反]이다. 어떤 판본에는 '첨함(襜襤)'으로 되어 있다.

51 [색은] 幾의 음은 기(祈)이다.

52 [색은] (前漢 劉向의) 『열녀전(列女傳)』에는 "한단의 가기(邯鄲之倡)"라 하였다. [정의] 조유왕(趙幽王)의 모친은 음악 하는 집의 딸이었다.

53 [색은] 곽개(郭開)는 조나라의 총신이다. 『전국책(戰國策)』에서는 진(秦)나라에서 곽개에게 금을 듬뿍 주고 반간계를 쓰도록 하였다고 한다.

54 [색은] 聚의 음은 수[似喩反]이다. 『한서』에는 '취(聚)'로 되어 있다. 본래 제나라의 장수였다. [정의] 음은 취[絕庚反]이다.

爲秦所禽滅	진나라에 사로잡혀 죽었습니다.
今臣竊聞魏尙爲雲中守[55]	지금 신이 가만히 듣건대 위상이 운중의 태수가 되었을 때
其軍市租盡以饗士卒	군중의 장에서 걷는 구실로 사졸들을 호궤하였으며
出私養錢[56]	개인의 가족을 봉양하는 돈을 내어
五日一椎牛[57]	닷새마다 소를 한 마리 잡았으며
饗賓客軍吏舍人	빈객과 군리, 사인들을 대접하니
是以匈奴遠避	이 때문에 흉노가 멀리 피하여
不近雲中之塞	운중의 변경으로는 가까이하지 않았다 합니다.
虜曾一入	오랑캐가 일찍이 한번 쳐들어왔는데
尙率車騎擊之	위상이 거마를 이끌고 격퇴하여
所殺其眾	그 무리를 죽였습니다.
夫士卒盡家人子[58]	저 사졸들은 모두 평민의 집 자식들로
起田中從軍	전야에서 일어나 종군하였으니
安知尺籍伍符[59]	어찌 군율과 군법을 알았겠습니까?
終日力戰	종일토록 힘껏 싸워
斬首捕虜	목을 베고 적을 사로잡아
上功莫府[60]	막부에 공을 보고할 때

---

55 **집해** 『한서』에서는 "상(尙)은 괴리(槐里) 사람이다."라 하였다. **정의** 운중군(雲中郡)의 옛 성은 승주(勝州) 유림현(榆林縣) 동북쪽 30리 지점에 있다.

56 **집해** 복건은 말하였다. "개인 곳간에서 돈을 꾼 것이다." **색은** 『한서』에서는 "저자의 가게에서 거둔 조세의 수입으로 사적인 봉양으로 삼은 것이다."라 하였다. 복건은 "개인 곳간에서 돈을 꾼 것이다."라 하였는데 옳다. 혹자는 말하기를 관청에서 별도의 곡식을 대준 것이라 하였다.

57 **색은** 椎의 음은 추[直追反]이며, 쳐 죽인다는 뜻이다.

58 **색은** 서인(庶人) 집의 자식을 말한다.

一言不相應[61]	한번 상응하지 않게 말했다 하여
文吏以法繩之	문관이 법대로 포박하였습니다.
其賞不行而吏奉法必用	상은 행하여지지 않고 관리는 법을 준수하여 반드시 씁니다.
臣愚	신은 어리석어
以爲陛下法太明	폐하께서는 법에 너무 밝고
賞太輕	상은 너무 가벼우며
罰太重	벌은 너무 중하다고 생각합니다.
且雲中守魏尙坐上功首虜差六級	또한 운중태수 위상은 공을 보고하면서 적을 참수한 것이 여섯 개가 차이 나는 데 연좌되어
陛下下之吏	폐하께서 옥리에게 넘겨
削其爵	관작을 삭탈하고
罰作之	노역에 처하였습니다.
由此言之	이로써 말씀드리건대
陛下雖得廉頗李牧	폐하께서 비록 염파와 이목을 얻는다 하더라도

---

59 **집해** 여순은 말하였다. "한나라의 군법에서는 이졸(吏卒)이 (적의) 목을 베면 한 자 되는 문서에 속현과 옮긴 군을 기록하였으며, 사람들로 하여금 그렇게 행하게 하였는데 행하지 않으면 2년간 노역에 종사하게 하였다. 오부(五符) 또한 십오(什伍)의 부절로 절도를 요약한 것이다." 혹자는 한 자의 간독에 쓰므로 척적(尺籍)이라고 한다고 하였다. **색은** 척적은 (적의) 목을 벤 공을 한 자 되는 판에 적은 것을 이른다. 오부는 군인들에게 대오를 맞추어 서로 지키게 명하여 간사하게 속이는 것을 허용치 않는 것을 말한다. 주[집해(集解)]의 '고 행불행(故行不行)'은 사람들에게 명을 내렸는데 스스로 행하지 않으면 2년 동안 노역에 종사하게 한다. '고(故)'와 '고(雇)'는 같다.

60 **색은** 막(莫) 자의 훈은 크다는 것이다. 또한 최호는 "옛날에는 출정을 하면 정처가 없어 천막으로 부사(府舍)를 삼았으므로 막부라고 하였다."라 하였다. '莫' 자는 '幕'이 되어야 하는데, 옛 글자의 용례가 적을 따름이다.

61 **색은** (應의) 음은 응[乙陵反]이며, 숫자가 같지 않음을 말한다.

弗能用也[62]	그들을 쓸 수 없을 것입니다.
臣誠愚	신은 실로 어리석어
觸忌諱	기휘를 저촉하였으니
死罪死罪	죽을죄를 졌습니다, 죽을죄를 졌습니다!"
文帝說	문제는 기뻐하였다.
是日令馮唐持節赦魏尙	그날로 풍당에게 부절을 지니고 가서 위상을 사면하고
復以爲雲中守	다시 운중태수로 삼게 하였으며
而拜唐爲車騎都尉	풍당을 거기도위에 임명하여
主中尉及郡國車士[63]	중위 및 군국의 전차 부대를 주관하게 하였다.
七年	7년 만에
景帝立	경제가 즉위하여
以唐爲楚相	풍당을 초나라 승상으로 삼았는데
免	면직되었다.
武帝立	무제가 즉위하여
求賢良	현량한 인재를 구하였는데
舉馮唐	풍당을 천거하였다.
唐時年九十餘	풍당은 당시 나이가 90이 넘어서
不能復爲官	다시 벼슬을 할 수가 없어서
乃以唐子馮遂爲郎	이에 풍당의 아들 풍수를 낭으로 삼았다.

---

62 **집해** 반고(班固)는 "양자(楊子)가 말하기를 효문제(孝文帝)는 친히 황제의 존엄을 굽혀 아부(亞夫)의 군사를 믿었다고 하였으니 어찌 염파와 이목을 쓰지 못하였겠는가? 저기에는 격함이 있을 것이다."라 하였다.

63 **집해** 복건은 말하였다. "전차로 싸우는 군사이다."

遂字王孫	풍수의 자는 왕손으로
亦奇士	또한 기재인데
與余善	나와 친하다.

太史公曰	태사공은 말한다.
張季之言長者	장계는 장자에 대하여 말하면서
守法不阿意	법을 지켜 (임금의) 뜻에 아부를 하지 않았으며,
馮公之論將率	풍공이 장수의 인솔에 대하여 논한 것은
有味哉	의미가 있도다!
有味哉	의미가 있도다!
語曰不知其人	속담에 "그 사람을 알지 못하면
視其友	그 친구를 보라."는 말이 있다.
二君之所稱誦	두 사람이 칭송받는 것은
可著廊廟	조정과 종묘에 기록할 만하다.
書曰不偏不黨	『서경』에서는 "치우치지 않고 당파를 이루지 않으면
王道蕩蕩	임금의 길은 넓고 넓으며,
不黨不偏	당파를 이루지 않고 치우치지 않으면
王道便便[64]	임금의 길은 편편하다."라 하였다.
張季馮公近之矣	장계와 풍공이 그에 가깝다 하겠다.

---

64 **집해** 서광은 말하였다. "어떤 판본에는 '변(辨)'으로 되어 있다." 『서경』의 「홍범(洪範)」에 나오는 말인데, 원문은 "無偏無黨, 王道蕩蕩, 無黨無偏, 王道平平"으로 되어 있다.

萬石君¹名奮	만석군의 이름은 분(奮)으로
其父趙人也²	부친은 조나라 사람이며
姓石氏	성은 석씨이다.
趙亡	조나라가 망하자
徙居溫³	온현으로 옮겨서 살았다.
高祖東擊項籍	고조가 동으로 항적을 칠 때
過河內	하내를 지났는데
時奮年十五	당시 석분은 15세로
爲小吏	소리(小吏)가 되어
侍高祖	고조를 모셨다.
高祖與語	고조는 더불어 말을 해보고
愛其恭敬	그 공경함을 사랑하여
問曰	물었다.
若何有	"너의 집에는 어떤 사람이 있느냐?"
對曰	대답하였다.
奮獨有母	"저는 모친밖에 없사온데

---

1 **정의** 부친 및 네 아들이 모두 2천 석이었으므로 석분을 만석군(萬石君)이라 하였다.
2 **정의** 낙주(洛州) 한단(邯鄲)은 본래 조나라의 군이었다.
3 **정의** 옛 온성(溫城)은 회주(懷州) 온현(溫縣) 30리 지점에 있으며, 한나라의 현이 있다.

不幸失明	불행히도 시력을 잃었습니다.
家貧	집은 가난합니다.
有姊	누이가 있사온데
能鼓琴	거문고를 잘 탑니다."
高祖曰	고조가 말하였다.
若能從我乎	"너 나를 따를 수 있겠느냐?"
曰	말하였다.
願盡力	"힘을 다하겠습니다."
於是高祖召其姊爲美人[4]	이에 고조는 그 누이를 불러 미인으로 삼고
以奮爲中涓[5]	석분은 중연으로 삼아
受書謁	아뢰는 글을 받게 하였으며
徙其家長安中戚里[6]	그 집을 장안의 중척리로 옮겼는데
以姊爲美人故也	누이를 미인으로 삼았기 때문이었다.
其官至孝文時	그 관직은 효문제 때에 이르러
積功勞至大中大夫	공로가 쌓여 태중대부에 이르렀다.
無文學	학문은 없었지만
恭謹無與比	공손하고 삼가기가 비길 데가 없었다.
文帝時	문제 때
東陽侯張相如爲太子太傅	동양후 장상여가 태자태부가 되었다가

---

4 미인(美人)은 한(漢)나라 때 궁녀의 직급이다. ─옮긴이.

5 [정의] 안사고(顔師古)가 말하였다. "중연(中涓)은 관직 이름이다. 궁중에 있으면서 청결을 담당하였다." 여순(如淳)은 말하였다. "통서(通書)를 주관하여 출입의 명을 아뢴다."

6 [색은] 소안(小顔)은 말하였다. "임금과 인척이 있는 자들이 모두 거처하므로 마을의 이름을 척리(戚里)라 하였다." 장안(長安) 기척리(記戚里)는 성안에 있다.

免	면직되었다.
選可爲傅者	태부가 될 만한 사람을 뽑았는데
皆推奮	모두가 석분을 추천하여
奮爲太子太傅	석분이 태자태부가 되었다.
及孝景即位	효경제가 즉위하였을 때는
以爲九卿	구경이 되었으며,
迫近	너무 가깝다고
憚之[7]	꺼리어
徙奮爲諸侯相	석분을 제후의 승상으로 옮겼다.
奮長子建	석분의 장자는 석건이고
次子甲	그 다음 아들은 갑이며
次子乙[8]	그 다음 아들은 을,
次子慶	그 다음 아들은 석경이었는데
皆以馴行孝謹[9]	모두 순종하였고 효성스러웠으며
官皆至二千石	관직이 모두 2천 석에 이르렀다.
於是景帝曰	이에 경제가 말하기를
石君及四子皆二千石	"석군 및 네 아들이 모두 2천 석이니
人臣尊寵乃集其門	신하의 존중과 총애가 곧 그 집에 모였도다."라 하여
號奮爲萬石君	석분을 만석군이라 불렀다.

---

7 집해 장안(張晏)은 말하였다. "(스승으로) 공경하고 법도를 따라야 했으므로 어려워한 것이다."

8 집해 서광(徐廣)은 말하였다. "어떤 판본에는 '인(仁)'으로 되어 있다." 정의 안사고는 말하였다. "사관이 이 이름을 실전하였으므로 갑을이라 한 것일 뿐 그 이름은 아니다."

9 집해 서광은 말하였다. "馴은 '훈(訓)'으로 된 판본도 있다." 색은 馴의 음은 순(巡)이다.

孝景帝季年	효경제 만년에
萬石君以上大夫祿歸老于家	만석군은 상대부의 봉록으로 집에서 은퇴하여
以歲時爲朝臣	세시로 조신이 되었다.
過宮門闕	궁궐의 문을 지날 때
萬石君必下車趨	만석군은 반드시 수레에서 내려 종종걸음으로 갔으며
見路馬必式焉	(임금의) 길가는 말을 보면 반드시 예의를 표했다.
子孫爲小吏	자손들은 소리(小吏)였는데
來歸謁	돌아와 뵐 때면
萬石君必朝服見之	만석군은 반드시 조복을 입고 보았으며
不名	이름을 부르지 않았다.
子孫有過失	자손 중에 과실이 있으면
不譙讓¹⁰	꾸짖지 않고
爲便坐¹¹	편실에 앉았으며
對案不食	식탁을 마주하고 식사를 하지 않았다.
然后諸子相責	그런 다음에 자식들이 서로 꾸짖어
因長老肉袒固謝罪	나이 든 사람이 살을 드러내고 실로 사죄를 하여
改之	고치면

---

10 **색은** 앞의 글자는 음이 초[才笑反]이다. 초양(譙讓)은 곧 책양(責讓)과 같다.

11 **색은** 앞의 글자의 음은 위[于僞反]이고, 아래의 '便'은 음이 변[婢綿反]이다. 아마 정실(正室)에 처하지 않고 달리 다른 곳에 앉기 때문에 편좌라고 한다. 坐의 음은 글자 그대로이다. 편좌는 바르게 앉는 곳이 아니다. 옛날 왕자(王者)가 거처하는 곳에 편전(便殿)과 편방이 있는데 뜻이 또한 마찬가지이다. 음을 변[婢見反]이라 하여도 또한 뜻이 통한다. '便'은 편리하다고 할 때는 원래 음이 변[婢面切]으로 거성이고, 편안하다고 할 때는 음이 편[房連切]으로 하평성에 속한다. 우리나라에서는 현재 편리하다고 할 때도 모두 '변'이라 읽지 않고 '편'으로 읽는다. – 옮긴이.

乃許	이에 허락하였다.
子孫勝冠者在側	자손 가운데 관례를 치를 만한 자가 곁에 있으면
雖燕¹²居必冠	비록 한가로이 거처하여도 반드시 관을 써서
申申如也	근엄하게 있었다.
僮僕訢訢如也¹³	종들에게도 온화하게 대하였으며
唯謹	반드시 삼갔다.
上時賜食於家	임금이 이따금 집에 음식을 내리면
必稽首俯伏而食之	반드시 머리를 조아리고 엎드려 먹었는데
如在上前	마치 임금 앞에 있는 듯이 하였다.
其執喪	상을 거행할 때는
哀戚甚悼	슬퍼하며 매우 애도하였다.
子孫遵教	자손들도 가르침을 준수하여
亦如之	또한 그렇게 하였다.
萬石君家以孝謹聞乎郡國	만석군의 집은 효순과 근신으로 군국에 알려져
雖齊魯諸儒質行	비록 제와 노나라의 선비들의 질박한 행실도
皆自以爲不及也	모두 스스로 미치지 못한다고 생각하였다.
建元二年	건원 2년(B.C. 139)에
郎中令¹⁴王臧以文學獲罪	낭중령 왕장이 문학(文學)으로 죄를 짓게 되었다.
皇太后以爲儒者文多質少	황태후는 유자들은 겉치레만 많고 바탕은 적은데

---

12 **색은** 연(燕)은 한연(閒燕: 한가로움)한 때이다. 연(燕)은 편안하다는 뜻이다.

13 **집해** 진작(晉灼)은 말하였다. "흔(訢)에 대해 허신(許慎)은 옛 '흔(欣)' 자라고 하였다." 위소(韋昭)는 말하였다. "음성이 부드러운 모양이다."

14 **정의** 「백관표(百官表)」에서는 낭중령(郎中令)은 진(秦)나라의 관직으로 궁전의 문호에 거처하는 것을 관장한다고 하였다. 무제(武帝) 태초(太初) 원년에 광록훈(光祿勳)으로 이름을 고쳤다.

今萬石君家不言而躬行	이제 만석군의 집은 말을 하지 않고 몸소 행한다 하여
乃以長子建爲郎中令	이에 장자 석건을 낭중령으로 삼고
少子慶爲內史¹⁵	작은 아들 석경을 내사로 삼았다.

建老白首	석건이 백발이 되도록
萬石君尚無恙	만석군은 여전히 무양하였다.
建爲郎中令	석건은 낭중령이 되어
每五日洗沐歸謁親¹⁶	닷새마다 쉬면서 돌아와 어버이를 뵈었는데
入子舍¹⁷	작은 방으로 들어가
竊問侍者	시종에게 몰래 물어보고
取親中裙廁牏	어버이의 속옷과 변기를 가져다
身自浣滌¹⁸	직접 깨끗이 씻어서

---

15 정의 「백관표(百官表)」에서 말하기를 내사(內史)는 주(周)나라의 관직인데 진(秦)나라에서도 그대로 따랐으며 경사(京師)를 다스리는 일을 관장한다. 경제(景帝)는 좌내사(左內史)를 나누어 설치하였다. 무제 태초 원년에 경조윤(京兆尹)으로 이름을 고쳤으며, 좌내사는 좌풍익(左馮翊)이라 하였다.

16 집해 문영(文穎)은 말하였다. "낭(郎)은 닷새 근무하고 하루 쉰다." 정의 공문상(孔文祥)은 말하였다. "석건은 낭중령으로 곧 광록훈(光祿勳)인데 구경(九卿)의 직책이다. 닷새 동안 근무하고 하루 퇴근하는 것이다." 닷새에 한 번씩 조정에서 퇴청하여 휴가를 지냈다.

17 색은 유씨(劉氏)는 작은 방안이라 하였으며 정당(正堂)이 아니라고 하였다. 소안(小顏)은 여러 아들의 집이라고 하였는데 지금의 제방(諸房)과 같다.

18 집해 서광은 말하였다. "牏는 담을 쌓는 짧은 널빤지로, 음은 주(住)이다. 측주(廁牏)는 측간의 담장으로 석건이 몰래 측간에서 씻은 것이다. '牏'는 '竇'로 읽기도 하는데, 竇의 음은 두(豆)이다. 석건이 또한 스스로 측두(廁竇)를 씻은 것을 말한다. 측두는 오물을 쏟아 내려가게 하는 구멍이다." 여정(呂靜)은 말하였다. "楲窬는 변기로 음은 위두(威豆)이다." 소림(蘇林)은 "牏의 음은 투(投)이다. 가규(賈逵)는 「주관(周官)」을 풀이하면서 위(楲)는 요강[虎子]이다. 窬는 청소하는 것이다."라 하였다. 맹강(孟康)은 "측(廁)은 행청(行淸)이며, 유(窬)는 行에서 똥을 받는 것이다. 동남방의 사람들은 나무의 중간에 구멍을 뚫어 조(曹)와 같이

復與侍者	다시 시종에게 주었는데
不敢令萬石君知	감히 만석군이 알지 못하게 하였으며
以爲常	늘 이렇게 하였다.
建爲郎中令	석건은 낭중령이 되었을 때
事有可言	말할 만한 일이 있으면
屛人恣言	사람을 물리치고 정성껏 말하였는데
極切	매우 간절하였으며,
至廷見	조정에 이르러 뵈면
如不能言者	말을 할 수 없는 사람인 듯하였다.
是以上乃親尊禮之	이 때문에 임금이 곧 친히 높이고 예우하였다.
萬石君徙居陵里[19]	만석군은 능리로 옮겨 살았다.
內史慶醉歸	내사 석경이 취하여 돌아와
入外門不下車	바깥문을 들어오면서 수레에서 내리지 않았다.

한 것이며, 이를 유(窬)라고 하였다.”라 하였다. 진작(晉灼)은 “지금 세상에서는 반폐(反閉)의 작은 소매를 ‘후유(侯窬)’라 하며, 이는 측간에 갈 때 가장 가까이하는 옷이다.”라 하였다. **색은** 친은 부친이다. 중군(中帬)은 몸에 가장 가까운 옷이다. 소림(蘇林)은 “牏의 음은 투(投)이고, 또한 두(豆)라고도 한다.”라 하였다. 맹강은 “측(廁)은 행청(行淸)이며, 유(牏)는 행청의 똥을 받는 통이다. 석건이 또한 스스로 변기 구멍을 씻은 것을 말한다. 두(竇)는 오물이 내려가는 구멍을 씻는 것이다.”라 하였다. 또한 진작(晉灼)은 “지금 세상에서는 반개(反開)의 작은 소매를 ‘후유(侯牏)’라 하는데 이는 측간에 갈 때 가장 가까이하는 옷이다.”라 하였다. 그런데 서광은 “牏는 짧은 널빤지로 측간의 담을 쌓은 것이다.”라 하였는데, 그 뜻이 어디에서 온 것인지 모르겠으며 아마 틀린 것 같다.

19 **집해** 서광은 말하였다. “릉(陵)은 어떤 판본에는 ‘린(鄰)’으로 되어 있다.” **색은** 소안(小顏)은 말하였다. “능리(陵里)는 마을 이름으로 무릉(茂陵)에 있으며, 장안(長安)의 척리(戚里)가 아니다.” **정의** 무릉읍(茂陵邑)에 있는 마을이다. 무릉의 옛 성은 한나라 무릉현(茂陵縣)으로, 옹주(雍州) 시평현(始平縣) 동북쪽 20리 지점에 있다.

萬石君聞之	만석군이 듣고
不食	식사를 하지 않았다.
慶恐	석경은 두려워하여
肉袒請罪	웃통을 벗고 살을 드러내어 죄를 청하였으나
不許	허락하지 않았다.
擧宗及兄建肉袒	온 종족 및 형인 석건이 웃통을 벗고 살을 드러내자
萬石君讓曰	만석군은 꾸짖어 말하였다.
內史貴人	"내사는 귀인으로
入閭里	골목으로 들어서면
里中長老皆走匿	마을의 장로들은 모두 달아나 숨고
而內史坐車中自如	내사는 수레에 앉아 자득한 듯하니
固當	실로 마땅하겠는가!"
乃謝罷慶	이에 석경을 용서해 주었다.
慶及諸子弟入里門	석경 및 여러 자제들은 마을의 문에 들어설 때
趨至家	종종걸음으로 집에 이르렀다.
萬石君以元朔五年中卒	만석군은 원삭 5년(B.C. 124)에 죽었다.
長子郎中令建哭泣哀思	장자인 낭중령 석건은 곡읍하며 슬퍼하였고
扶杖乃能行	지팡이를 짚어야 걸을 수 있었다.
歲餘	한해 남짓 만에
建亦死	석건 또한 죽었다.
諸子孫咸孝	여러 자손들이 모두 효성스러웠지만
然建最甚	석건이 가장 뛰어났으며
甚於萬石君	만석군보다 뛰어났다.

建爲郎中令	석건이 낭중령이 되어
書奏事	글을 써서 일을 아뢰었는데
事下	(비답하여) 일이 내려오자
建讀之	석건이 읽어보고는
曰	말하기를
誤書	"잘못 썼구나!
馬者與尾當五	'말 마' 자는 꼬리까지 다섯 획이 되어야 하는데
今乃四	지금 곧 네 획이니
不足一[20]	한 획이 부족하다.
上譴死矣	황상께서 꾸짖으면 죽었도다!"라 하며
甚惶恐	매우 두려워하였다.
其爲謹愼	그 근신함이
雖他皆如是	다른 일도 모두 이러하였다.

萬石君少子慶爲太僕	만석군의 작은 아들 석경이 태복이 되어
御出	수레를 몰고 나갔는데
上問車中幾馬	임금이 말이 몇 마리냐고 묻자
慶以策數馬畢	석경은 채찍으로 말의 수를 다 센 뒤
擧手曰	손을 들고 말하였다.
六馬	"여섯 마리입니다."
慶於諸子中最爲簡易矣[21]	석경은 여러 아들 중에서 가장 (예절이) 소략하고 평이하였는데도

---

20 **집해** 복건(服虔)은 말하였다. "'말 마(馬)' 자를 쓸 때는 아래쪽의 갈고리까지 5획인데 석건이 당시 일을 아뢸 때 잘못하여 4획으로 한 것이다." **정의** 안사고가 말하였다. "'말 마(馬)' 자의 아래쪽 갈고리는 꼬리이며, 점 네 개는 모두 네 다리로 합하면 모두 5획이다."

然猶如此	오히려 이 정도였다.
爲齊相	제나라 승상이 되었는데
擧齊國皆慕其家行	온 제나라가 모두 그 집에서의 품행을 흠모하여
不言而齊國大治	말을 하지 않아도 제나라는 잘 다스려졌으며
爲立石相祠	석상사를 세워주었다.

元狩元年	원수 원년(B.C. 122)에
上立太子	임금이 태자를 세웠는데
選群臣可爲傅者	뭇 신하들 가운데서 스승이 될 만한 자를 선발하여
慶自沛守爲太子太傅	석경은 패군 군수(郡守)에서 태자태부가 되었으며
七歲遷爲御史大夫	7년 만에 어사대부로 승진하였다.

元鼎五年秋	원정 5년(B.C. 112) 가을에
丞相有罪	승상이 죄를 지어
罷[22]	파면되었다.
制詔御史	조서를 내려 어사에게 말하였다.
萬石君先帝尊之	"만석군은 선제께서 존중하였고
子孫孝	자손들은 효순하니
其以御史大夫慶爲丞相	어사대부 석경을 승상으로 삼고

---

21 **정의** 『한서(漢書)』에서는 "석경이 태복이 되어 수레를 몰고 나갔는데 임금이 수레의 말이 몇 마리냐고 묻자 석경은 채찍으로 말을 다 센 후에 손을 들어 '여섯 마리입니다.'라 하였다."라 하였다. 석경이 형제 가운데 가장 소략하고 평이하였지만 오히려 이 정도였다.

22 **집해** 조주(趙周)가 주금[酎金: 제후가 조정에 제사 비용으로 바치는 공금(貢金)]의 일에 연좌되어 파면되었다. **색은** 『한서』에 의하여 알 수 있다.

封爲牧丘侯	목구후에 봉하도록 하라."
是時漢方南誅兩越	이때 한나라는 바야흐로 남으로는 양월을 토벌하고
東擊朝鮮	동으로는 조선을 쳤으며
北逐匈奴	북으로는 흉노를 쫓고
西伐大宛	서로는 대원을 정벌하여
中國多事	중국에는 일이 많았다.
天子巡狩海內	천자는 해내를 순수하며
修上古神祠	옛 신사를 수축하고
封禪	봉선제를 올렸으며
興禮樂	예악을 일으켰다.
公家用少	국가의 재정은 부족하였고
桑弘羊等致利	상홍양 등은 (나라의) 이권을 추구하였고
王溫舒之屬峻法	왕온서의 무리는 엄준한 법을 시행하였으며
兒寬等推文學至九卿²³	예관 등은 문학을 미루어 넓혀 구경에 이르러
更進用事	번갈아 나아가 실권을 장악하여
事不關決於丞相	모든 일이 승상의 결정을 거치지 않았는데
丞相醇謹而已	승상은 순후하여 삼갈 뿐이었다.
在位九歲	재직한 9년 동안
無能有所匡言	(시정을) 바로잡는 말을 할 수가 없었다.
嘗欲請治上近臣所忠九卿咸²⁴宣罪	일찍이 근신 소충과 구경 감선의 죄를 다스릴 것을 청하려 하였지만

---

23 兒는 예(倪)로 읽는다. – 옮긴이.
24 **집해** 복건은 말하였다. "음은 '감손(減損)'이라 할 때의 '감(減)'이다."

不能服	복속시킬 수 없었고
反受其過	오히려 죄를 덮어써
贖罪	금전을 내고 풀려났다.

元封四年中	원봉 4년(B.C. 107) 중에
關東流民二百萬口	관동의 유민은 2백 만을 헤아렸고
無名數者四十萬[25]	(그중) 호적이 없는 자가 40만이었는데
公卿議欲請徙流民於邊以適之	
	공경들이 유민들을 변경으로 옮겨 징벌하게끔 청하고자 하는 것을 건의하였다.
上以爲丞相老謹	임금은 승상이 연로한 데다 삼가서
不能與其議	더불어 논의할 수 없다고 생각하여
乃賜丞相告歸	이에 승상에게 돌아가게 하고
而案御史大夫以下議爲請者	어사대부 이하 논의를 청한 자들에게만 안을 내게 하였다.
丞相慚不任職	승상은 직책을 맡지 못함을 부끄러워하여
乃上書曰	이에 글을 올려 말하였다.
慶幸得待罪丞相	"저는 다행히 승상의 직무를 수행하게 되었습니다만
罷駑無以輔治	비루먹은 말처럼 다스리심에 보좌할 수가 없어
城郭倉庫空虛	성곽과 창고는 텅 비었으며
民多流亡	백성은 유리하여 떠도는 자가 많으니
罪當伏斧質	죄가 사형에 해당하오나
上不忍致法	황상께서 차마 법을 집행하지 못하고 계십니다.

---

25 색은 소안(小顔)은 "무명수(無名數)는 지금의 무호적(無戶籍)과 같다."라 하였다.

願歸丞相侯印	승상과 열후의 인장을 돌려드리고
乞骸骨歸	은퇴하여 물러나
避賢者路	현자들에게 길을 내주고자 합니다."
天子曰	천자가 말하였다.
倉廩旣空	"창고는 이미 비었으며
民貧流亡	백성들은 가난하여 유리하여 떠돌아다니는데
而君欲請徙之	그대는 그들을 옮기길 청하여
搖蕩不安	그렇지 않아도 흔들려 불안한데
動危之	그들을 흔들어 위태롭게 하고
而辭位	직위를 내놓으면
君欲安歸難乎[26]	그대는 어려움을 어디로 돌리려 하오?"
以書讓慶	글로 석경을 꾸짖으니
慶甚慚	석경은 매우 부끄러워하며
遂復視事	마침내 다시 일을 보았다.
慶文深審謹	석경은 문식(文識)이 깊고 살피어 삼갔지만
然無他大略	별다른 원대한 모략이라든가
爲百姓言	백성을 위하여 말하는 것이 없었다.
後三歲餘	3년여가 지나
太初二年中	태초 2년(B.C. 103) 중에
丞相慶卒	승상 석경이 죽었는데
諡爲恬侯	시호는 염후이다.
慶中子德	석경의 가운데 아들은 석덕이었는데

---

26 색은 難의 음은 난[乃彈反]이다. 어떤 사람에게 돌아가겠느냐는 말이다.

慶愛用之	석경이 그를 아껴 써서
上以德爲嗣	임금이 석덕을 후사로 삼아
代侯	후작을 대신 잇게 하였다.
後爲太常	나중에 태상이 되었는데
坐法當死	법에 저촉되어 죽을죄를 지었으나
贖免爲庶人	재물로 죄에서 벗어나 평민이 되었다.
慶方爲丞相	석경이 바야흐로 승상이었을 때
諸子孫爲吏更至二千石者十三人	
	자손들 중 관리가 되어 번갈아 2천 석에 이른 자가 열세 명이었다.
及慶死後	석경이 죽자
稍以罪去	조금씩 죄로 없어졌으며
孝謹益衰矣	효순하고 근신하던 기풍은 더욱 쇠하여졌다.

建陵侯[27]衛綰者	건릉후 위관은
代大陵人也[28]	대(代)의 대릉 사람이다.
綰以戲車爲郎[29]	위관은 수레에서 재주를 잘 부려 낭이 되었다,

---

27 **정의** 『괄지지(括地志)』에서는 말하였다. "한나라 건릉현(建陵縣)의 옛 성은 기주(沂州) 승현(丞縣) 경계에 있다."

28 **색은** 「지리지(地理志)」에서는 현 이름이며 대(代)에 있다고 하였다. **정의** 『괄지지』에서는 말하였다. "대릉현(大陵縣)의 성은 병주(幷州) 문수현(文水縣) 북쪽 12리 지점에 있다." 대왕(代王) 이(耳) 때 중도(中都)를 도읍으로 삼았으며 대릉이 그곳에 속하였으므로 대릉 사람이라고 한 것이다.

29 **집해** 응소(應劭)는 말하였다. "좌우에서 수레에 뛰어오르기를 잘한 것이다." 여순은 말하였다. "굴대의 끝에서 뛰어넘는 것 따위이다." **색은** 응소는 "좌우에서 수레에 뛰어오르기를 잘한 것이다."라 하였다. 지금도 수레에서 재주를 부리는 것이 있다. 櫟의 음은 역(歷)이며, 뛰어넘는 것을 말한다. 轊의 음은 위(衛)이며 차축의 끄트머리이다.

事文帝	문제를 섬겼는데
功次遷爲中郞將	공을 세워 차례로 중랑장까지 승진하였으며
醇謹無他	순일하고 삼감이 달리 비할 데가 없었다.
孝景爲太子時	효경제가 태자였을 때
召上左右飮	임금 좌우의 사람을 불러 연회를 열었는데
而綰稱病不行30	위관은 병을 칭탁하여 가지 않았다.
文帝且崩時	문제가 죽으려 할 때
屬孝景曰	효경제에게 부탁하였다.
綰長者	"위관은 장자이니
善遇之	잘 대해 줘라."
及文帝崩	문제가 죽고
景帝立	경제가 즉위하여
歲餘不譙呵31綰	한 해 남짓 위관을 꾸짖지 않았으며
綰日以謹力	위관은 날로 삼가 힘을 다하였다.
景帝幸上林	경제는 상림에 행차하면서
詔中郞將參乘	중랑장에게 수레를 같이 타도록 하였으며
還而問曰	돌아오는 길에 물었다.
君知所以得參乘乎	"그대는 수레를 같이 타게 된 까닭을 아는가?"
綰曰	위관이 말하였다.

---

30 집해 장안은 말하였다. "문제(文帝)가 미리 두 마음을 가지고 태자를 섬겼다고 할까 두려워한 것이다."

31 색은 음은 수하(誰何)이다. 수하(誰何)는 차방(借訪: 방문함)과 같은 뜻이다. 어떤 판본에는 '초가(譙呵)'로 되어 있다. 초(譙)는 꾸짖는다는 뜻이며, 성내어 위관을 꾸짖지 않았음을 말한다.

臣從車士幸得以功次遷爲中郎將

"저는 수레를 모는 사람에서 다행히 공을 세워 차례로 중랑장까지 승진하였으니

不自知也

스스로 알지 못하겠습니다."

上問曰

임금이 물었다.

吾爲太子時召君

"내가 태자였을 때 그대를 불렀는데

君不肯來

오려 하지 않은 것은

何也

어째서인가?"

對曰

대답하였다.

死罪

"죽을죄를 졌습니다만

實病

실제 병이 들었었습니다!"

上賜之劍

임금이 그에게 검을 내렸다.

綰曰

위관이 말하였다.

先帝賜臣劍凡六

"선제께서 신에게 내린 검이 모두 여섯 자루나 되어

劍不敢奉詔

검은 감히 명을 받들지 못하겠습니다."

上曰

임금이 말하였다.

劍

"검은

人之所施易³²

사람들이 옮기어가며 바꾸는 것인데

獨至今乎

지금까지 있는가?"

綰曰

위관이 말하였다.

具在

"모두 있습니다."

---

32 **집해** 여순은 말하였다. "施는 이(移)의 뜻으로 읽는다. 검은 사람들이 좋아하는 것이므로 많이 바꾸고 간다는 것을 말한다." **색은** 윗 글자의 음은 이(移)이고 아래의 음도 마찬가지이다.

上使取六劍	임금이 검 여섯 자루를 가져오게 하였는데
劍尙盛	검은 아직도 멀쩡하였으며
未嘗服也	찬 적도 없는 것이었다.
郞官有譴	낭관이 견책을 당하면
常蒙其罪	늘 그 죄를 덮어써
不與他將爭	다른 장수와 다투지 않았으며,
有功	공이 있으면
常讓他將	늘 다른 장수에게 양보하였다.
上以爲廉	임금이 청렴하고
忠實無他腸[33]	충실하여 다른 마음을 품지 않았다고 생각하여
乃拜綰爲河間王太傅	이에 위관을 하간왕 태부에 임명하였다.
吳楚反	오·초가 반란을 일으키자
詔綰爲將	조서를 내려 위관을 장수로 삼았으며
將河間兵擊吳楚有功	하간의 군사를 거느리고 오·초를 침에 공을 세워
拜爲中尉	중위에 임명하였다.
三歲	3년 만에
以軍功	군공을 세워
孝景前六年中封綰爲建陵侯	효경제 전원(前元) 6년(B.C. 151)에 위관을 건릉후에 봉하였다.
其明年	그 이듬해에
上廢太子	임금은 태자를 폐하고

---

33 색은 소안(小顔)은 말하였다. "마음속에 다른 악함이 없는 것이다."

誅栗卿之屬[34]	율경의 무리를 죽였다.
上以爲綰長者	임금은 위관이 장자라 하여
不忍	차마 체포하지 못하고
乃賜綰告歸	위관에게 돌아가게 하였으며
而使郅都治捕栗氏	질도로 하여금 율씨를 다스려 체포하게 하였다.
既已	얼마 후
上立膠東王爲太子	임금은 교동왕을 태자로 세웠으며
召綰	위관을 불러
拜爲太子太傅	태자태부에 임명하였다.
久之	한참 있다가
遷爲御史大夫	어사대부로 승진하였다.
五歲	5년 만에
代桃侯舍[35]爲丞相	도후 사(舍)를 대신하여 승상이 되었는데
朝奏事如職所奏[36]	조정에서 아뢸 때는 직분상 아뢸 것만 아뢰었다.
然自初官以至丞相	그리하여 처음 관직을 맡아서부터 승상에 이르기까지
終無可言	끝내 말할 만한 것이 없었다.
天子以爲敦厚	천자는 돈후하여
可相少主	젊은 임금을 도울 만하다고 여겨

---

34 **집해** 소림(蘇林)은 말하였다. "율태자(栗太子)의 외삼촌이다." 여순은 말하였다. "율씨(栗氏)의 친속이며, 경은 그 이름이다." **색은** 율희(栗姬)의 형제이다. 소림(蘇林)은 율태자의 외삼촌이라 하였다. **정의** 안사고는 말하였다. "태자가 폐하여져 임강왕(臨江王)이 되었으므로, 그 외가의 친속을 죽인 것이다."

35 **정의** 옛 도성(桃城)은 위주(渭州) 조성현(胙城縣) 동쪽 30리 지점에 있으며 유사(劉舍)가 봉하여진 곳이다.

36 **색은** 다만 직분을 지켰을 따름이지 달리 아뢴 것이 없다는 것을 말한다.

尊寵之	높이고 총애하였으며
賞賜甚多	상으로 내린 것이 매우 많았다.
爲丞相三歲	승상이 된 지 3년 만에
景帝崩	경제가 죽고
武帝立	무제가 즉위하였다.
建元年中	건원 연간에
丞相以景帝疾時諸官囚多坐不辜者	
	승상이 경제가 병들었을 때 여러 관청에서 무고한 사람을 많이 가두었는데
而君不任職	직책을 제대로 수행하지 못했다 하여
免之	파면시켰다.
其後綰卒	그 후 위관이 죽자
子信代	아들인 위신이 대를 이었다.
坐酎金失侯	종묘 때 바치는 제수(祭需) 비용이 맞지 않아 후작의 지위를 잃었다.
塞侯[37]直不疑者	새후 직불의는
南陽人也[38]	남양 사람이다.
爲郞	낭이 되어
事文帝	문제를 섬겼다.

---

37 정의 앞 글자의 음은 새[先代反]이다. 옛 새국(塞國)은 지금의 섬주(陝州) 도림현(桃林縣) 서쪽에서 동관(潼關)에 이르기까지인데 모두 도림새(桃林塞)의 땅이다.

38 색은 새(塞)는 나라 이름으로 지금의 도림지새(桃林之塞)이다. 직(直)은 성이고, 불의(不疑)는 이름이다. 준불의(雋不疑)와 같은 글자이다.

其同舍有告歸	같은 사옥을 쓰는 자가 돌아간다고 알리고
誤持同舍郞金去	잘못 같은 사옥의 낭의 금을 가지고 갔는데
已而金主覺	얼마 후 금의 주인이 깨닫고
妄意不疑[39]	함부로 직불의를 마음에 두자
不疑謝有之	직불의는 그랬노라고 사과하고
買金償	금을 사서 갚아주었다.
而告歸者來而歸金	그런데 돌아간다고 했던 자가 와서 금을 돌려주어
而前郞亡金者大慚	전에 낭으로 금을 잃었던 자가 크게 부끄러워하였으며
以此稱爲長者	이 때문에 장자로 일컬어졌다.
文帝稱擧	문제도 칭찬하여 천거하여
稍遷至太中大夫[40]	조금씩 승진하여 태중대부가 되었다.
朝廷見	조정에서 뵐 때
人或毁曰	어떤 사람이 비방하여 말하였다.
不疑狀貌甚美	"직불의는 외모는 매우 잘생겼지만
然獨無奈其善盜嫂[41]何也	형수와 곧잘 사통하는 것은 어쩌지 못할 따름이다!"
不疑聞	직불의가 듣고
曰	말하기를
我乃無兄	"나에게는 형이 없소."라 하였으며

---

39 **색은** 제멋대로 그가 도둑질하여 가져갔다고 의심한 것을 말한다.

40 **집해** 서광은 말하였다. "『한서』에서는 장자라 칭찬하고 조금씩 승진하여 태중대부가 되었다고 하였으며, '문제칭거(文帝稱擧)'의 네 자는 없다."

41 **색은** 소안(小顏)은 도(盜)는 사통한 것을 이른다고 하였다.

然終不自明也	끝내 스스로 해명하지 않았다.
吳楚反時	오 · 초가 반란을 일으켰을 때
不疑以二千石將兵擊之	직불의는 2천 석으로 군사를 거느리고 쳤다.
景帝後元年	경제 원년에
拜爲御史大夫	어사대부에 임명되었다.
天子修吳楚時功	천자가 오 · 초의 반란 때 공을 정리하면서
乃封不疑爲塞侯	이에 직불의를 새후에 봉하였다.
武帝建元年中	무제 건원 연간에
與丞相綰俱以過免	승상 위관과 함께 과실로 면직되었다.
不疑學老子言	직불의는 노자의 학설을 배웠다.
其所臨	그가 임하는 곳마다
爲官如故	옛날과 같이 다스렸으며
唯恐人知其爲吏跡也	다만 사람들이 그가 관리로 행한 치적을 알까 걱정했다.
不好立名稱	명칭을 세우는 것을 좋아하지 않았으며
稱爲長者	장자로 일컬어졌다.
不疑卒	직불의가 죽자
子相如代	아들인 직상여가 대를 이었다.
孫望	손자 직망은
坐酎金失侯[42]	종묘 때 바치는 제수 비용이 맞지 않아 후작의 지위를 잃었다.

---

42 색은 『한서』에는 팽조(彭祖)로 되어 있으며, 종묘에 바치는 제수 비용을 착복하여 나라가 없어졌다고 하였다.

郞中令周文者	낭중령 주문은
名仁	이름은 인이며
其先故任城人也[43]	그 선조는 옛 임성 사람이다.
以醫見	의술로 이름이 났다.
景帝爲太子時	경제가 태자일 때
拜爲舍人	사인에 임명되었으며
積功稍遷	공이 쌓임에 차츰 승진하여
孝文帝時至太中大夫	효문제 때 태중대부에 이르렀다.
景帝初卽位	경제가 즉위하자마자
拜仁爲郞中令	주인을 낭중령에 임명하였다.

| 仁爲人陰重不泄 | 주인은 사람됨이 신중하고 침착하여 (비밀을) 누설하지 않았고 |
| 常衣敝補衣溺袴[44] | 늘 기운 옷을 입고 오줌이 묻은 바지를 입었는데 |

---

43 **정의** 임성(任城)은 연주현(兗州縣)이다.

44 **집해** 복건은 말하였다. "인품이 성실하고 돈후하여 남의 음모(陰謀)를 누설하지 않았다." 장안은 말하였다. "음중불설(陰重不泄)은 아래가 축축하기 때문에 바지에 오줌이 묻었고 이 때문에 환관과 같은 취급을 받아 후궁에 드나들었다. 주인에게는 자손이 있었는데 이 병이 생기기 전에 낳았다." 위소(韋昭)는 말하였다. "음중(陰重)은 지금의 대하병(帶下病)으로 설사를 하는 것이다." **색은** 해석이 두 가지가 있는데 각기 일리가 있다. 복건은 "주인(周仁)은 인품이 성실하고 돈후하여 남의 음모(陰謀)를 누설하지 않았다."라 하였다. 소안(小顏)은 "음(陰)은 비밀이란 뜻이다. 성품이 비밀을 잘 지켜 돈후하여 남의 말을 누설하지 않는 것이다. 곽거병(霍去病)이 말이 적고 누설을 하지 않았다는 것 또한 같은 유(類)이다."라 하였다. 그 사람이 또한 늘 해져 기운 옷 및 오줌이 묻은 바지를 입고 있었기 때문에 청결하지 못한 옷이었으며 이 때문에 침실까지 들어갈 수 있게 된 것이다. 또한 장안은 "음중불설(陰重不泄)은 아래가 축축하기 때문에 바지에 오줌이 묻었고 이 때문에 환관과 같은 취급을 받아 후궁에 드나들었다. 주인에게는 자손이 있었는데 이 병이 생기기 전에 낳았다."라 하였다. 두 가지 가운데 누가 사실을 제대로 파악하였는지 모른다.

期爲不絜清⁴⁵	청결하지 않게 하려 하였으므로
以是得幸	이로써 은총을 받았다.
景帝入臥內	경제가 침실로 들어가
於後宮祕戲⁴⁶	후궁들과 음탕한 놀이를 할 때도
仁常在旁	주인은 늘 곁에 있었다.
至景帝崩	경제가 죽었을 때도
仁尙爲郎中令	주인은 여전히 낭중령으로
終無所言	끝내 말한 것이 없었다.
上時問人⁴⁷	임금이 가끔 사람에 대하여 묻자
仁曰	주인이 말하였다.
上自察之	"황상께서 직접 살피십시오."
然亦無所毁	그러나 또한 폄훼함이 없었다.
以此景帝再自幸其家	이 때문에 경제는 거듭 친히 그 집까지 행차하였다.
家徙陽陵	집을 양릉으로 옮겼다.
上所賜甚多	임금이 내린 것이 매우 많았으나
然常讓	늘 사양하여
不敢受也	감히 받지 않았다.
諸侯群臣賂遺	제후들이 뇌물을 보내주었으나
終無所受	끝내 받은 것이 없었다.

---

45 **색은** 심중에 늘 불결한 옷을 기약한 것을 말한 것이니 '기(期)'는 '고(故)'의 뜻이다. 소안(小顏) 또한 같다. **정의** 청(淸)은 청정(淸淨)의 뜻이며, 기(期)는 상(常)과 같은 뜻이다. 정결하지 못하고 아래가 습하였기 때문에 후궁의 침실을 드나들 수 있었으며 환관과 같은 취급을 당하였다는 말이다.

46 **색은** 후궁에서 희롱하는 것을 비밀에 부쳐야 할 것이라는 말이다.

47 **정의** 안사고는 말하였다. "다른 사람의 선악을 물었다."

武帝立	무제가 즉위하자
以爲先帝臣	선제 때의 신하라 하여
重之	중용하였다.
仁乃病免	주인은 병으로 면직되어
以二千石祿歸老	2천 석의 녹봉으로 은퇴하였는데
子孫咸至大官矣	자손들이 모두 고관에 이르렀다.

御史大夫張叔者	어사대부 장숙은
名歐·48	이름이 우(歐)이며
安丘侯說之庶子也49	안구후 장열의 서자이다.
孝文時以治刑名言50事太子	효문제 때 형명학설을 연구하여 태자를 섬겼다.
然歐雖治刑名家51	그러나 장우(張歐)가 비록 형명가를 연구하긴 하였지만
其人長者	그 사람됨은 장자였다.
景帝時尊重	경제 때 존중받아
常爲九卿	늘 구경이었다.

---

48 집해 『사기음은(史記音隱)』에서는 말하였다. "歐의 음은 우·[於友反]이다." 색은 歐의 음은 우[烏後反]이다. 『한서』에는 '오(吳)'로 되어 있으며 우강(孟康)은 음을 구(驅)라 하였다.

49 집해 서광은 말하였다. "장열(張說)은 방여현(方與縣)에서 일어나 고조를 따라 한나라로 들어왔다." 색은 說의 음은 열(悅)이다.

50 집해 위소는 말하였다. "형명(刑名)의 책이 있어서 명실상부하게 하려는 것이다." 색은 유향(劉向)의 『별록(別錄)』에서는 "신자(申子)의 학설을 '형명가(刑名家)'라고 하는 것은 그 명분에 따라 명실상부하는 것으로 임금은 높이고 신하는 낮추며 윗사람은 높이고 아랫사람은 눌러서 '육경(六經)'에 부합하는 것이다."라 하였다. 논자가 말하기를 형명가는 곧 태사공이 말한 육가(六家)의 두 번째이다.

51 정의 형(刑)은 형가(刑家)이다. 명(名)은 명가(名家)이다. 「태사공 자서(太史公自序)」에서는 형법 및 명실을 연구하였다고 하였다.

至武帝元朔四年	무제 원삭 4년(B.C. 125)에
韓安國免	한안국이 면직되자
詔拜歐爲御史大夫	조칙으로 장우를 어사대부에 임명하였다.
自歐爲吏	장우는 관리가 된 이래
未嘗言案人	사람을 심리하는 말은 한 적이 없고
專以誠長者處官	오로지 성실한 장자로 관직에 임하였다.
官屬以爲長者	관속들은 장자라 생각하여
亦不敢大欺	또한 감히 크게 속이지 않았다.
上具獄事	위에서 판결한 옥사를
有可卻	물릴 수 있으면
卻之	물렸고,
不可者	어쩔 수 없는 것은
不得已	어찌하지 못하였는데
爲涕泣面對而封之	눈물을 흘리며 마주 보고 봉하였다.
其愛人如此	그가 사람을 사랑함이 이와 같았다.
老病篤	늙어서 병이 위독하여져서
請免	면직을 청하였다.
於是天子亦策罷	이에 천자가 또한 책서로 면직시켜
以上大夫祿歸老于家	상대부의 녹봉으로 은퇴하여 귀향하였다.
家於陽陵	양릉에서 살았다.
子孫咸至大官矣	자손들이 모두 고관에 이르렀다.
太史公曰	태사공은 말한다.

仲尼有言曰君子欲訥於言⁵²而敏於行

　　　　　　　　공자는 "군자는 말은 어눌하게 하고 행동은 민
　　　　　　　　첩해야 한다."라 말하였다.

其萬石建陵張叔之謂邪　아마 만석과 건릉, 장숙을 이른 것 아니겠는가?

是以其敎不肅而成　　　그런 까닭에 그 가르침은 엄숙하지 않아도 이
　　　　　　　　루어졌고

不嚴而治　　　　　　　엄격하지 않아도 다스려졌다.

塞侯微巧⁵³　　　　　　새후는 공이 미약하였고

而周文處讇⁵⁴　　　　　주문은 아첨을 하여

君子譏之　　　　　　　군자들이 기롱하였는데

爲其近於佞也　　　　　그들이 아첨에 가까웠기 때문이다.

然斯可謂篤行君子矣　　그러나 이들은 행실이 도타운 군자라 하겠다!

──────────

52 **집해** 서광은 말하였다. "'訥' 자는 '굴(詘)' 자로 많이 되어 있다. 음이 같을 따름이다. 고자
(古字)는 가차하였다."

53 **색은** 공이 작은 것이다. 직불의는 오·초(吳·楚)가 반란을 일으켰을 때 2천 석의 장수였
는데 경제(景帝)가 봉하였으니 공이 작은 것이다. **정의** 직불의는 『노자(老子)』를 배웠는데
부임한 관직 때문에 사람들이 관리가 된 흔적을 알게 될까 두려워하여 명칭을 일컫는 것을
좋아하지 않아 장자(長者)라 칭하였으니 이것이 미교(微巧)라는 것이다.

54 **색은** 주문처첨(周文處讇)이라는 것은 낭중령이 되어 신중하고 침착하여 침실까지 드나들
수 있게 된 것을 말한다. **정의** 임금이 이따금 사람에 대하여 물으면 주인은 "황상께서 직
접 살피십시오."라 하였으며, 임금이 하사하는 것을 늘 받지 않았고, 또한 제후와 뭇 신하
들이 뇌물을 보내주어도 끝내 받지 않았는데 이것이 처첨(處讇)이다. 그러므로 군자들이
이 두 사람을 기롱하였는데 아첨에 가까웠기 때문이다.

전숙 열전 田叔列傳

田叔[1]者	전숙은
趙陘城人[2]也	조나라 형성 사람이다.
其先	그 선조는
齊田氏苗裔也	제나라 전씨의 아득한 후예이다.
叔喜劍	전숙은 검술을 좋아하였으며
學黃老術於樂巨公[3]所	악거공에게서 황로(黃老)의 학술을 배웠다.
叔爲人刻廉自喜	전숙은 사람됨이 엄정하고 청렴하였으며 자기를 애호하였고
喜游諸公[4]	윗사람들과 교유하기를 좋아했다.
趙人擧之趙相趙午	조나라 사람이 그를 조나라 승상 조오에게 천거하니
午言之趙王張敖所	조오는 조왕 장오에게 말하였으며
趙王以爲郎中	조왕은 낭중으로 삼았다.
數歲	몇 년 동안
切直廉平	간절하고 솔직하였으며 청렴하고 공평하니

---

1 **색은** 아래의 내용에 의하면 자는 소경(少卿)이다.

2 **색은** 陘의 음은 형(刑)이다. 현(縣) 이름으로 중산(中山)에 속한다.

3 **색은** 본래 연(燕)나라 사람으로 악의(樂毅)의 후손이다. **정의** 악(樂)은 성이고 거공(巨公)은 이름이다.

4 **정의** 喜의 음은 희[許記反]이다. 제공(諸公)은 장인항(丈人行: 웃어른의 연배)을 이른다.

趙王賢之	조왕이 현명하게 여겼지만
未及遷	미처 승진은 하지 못하였다.
會陳豨反代⁵	마침 진희가 대(代)에서 반기를 들자
漢七年	한(漢) 7년에
高祖往誅之	고조가 가서 토벌하면서
過趙	조나라를 지나게 되었는데
趙王張敖自持案進食	조왕 장오가 직접 상을 들고 음식을 들이며
禮恭甚	예와 공경이 지나쳐
高祖箕踞罵之	고조는 두 다리를 뻗고 앉아 그를 꾸짖었다.
是時趙相趙午等數十人皆怒	이때 조나라 승상 장오 등 수십 인이 모두 노하여
謂張王曰	장왕에게 말하였다.
王事上禮備矣	"왕께서 임금을 섬기는 예가 갖추어졌는데
今遇王如是	지금 왕을 이렇게 대하니
臣等請爲亂	신 등이 청컨대 난을 일으키겠습니다."
趙王齧指出血	조왕은 손가락을 깨물어 피를 내며
曰	말하였다.
先人失國	"선인께서 나라를 잃었을 때
微陛下	폐하가 아니었더라면
臣等當蟲出⁶	신 등은 (죽어 몸에서) 벌레가 기어 나왔을 것이다.
公等柰何言若是	그대들은 어찌하여 이런 말을 하느냐!

---

5 **집해** 서광(徐廣)은 말하였다. "7년에 한왕 신(韓王信)이 반기를 들어 고제(高帝)가 정벌하였다. 10년에는 대상(代相) 진희(陳豨)가 반기를 들었다."

6 **색은** 죽어서 (몸에서) 벌레가 나오는 것을 이른다. 『좌전(左傳)』의 "제환공(齊桓公)이 죽었는데 장례를 치르지도 않았는데 벌레가 집 밖으로 흘러나왔다."라 한 것이 바로 이를 말한다.

毋復出口矣	다시는 입 밖에 내지 말라!"
於是貫高等曰	이에 관고 등이 말하였다.
王長者	"왕께서는 장자로
不倍德	은덕을 저버리지 않았습니다."
卒私相與謀弒上	마침내 몰래 함께 임금을 죽일 계략을 꾸몄다.
會事發覺7	마침 일이 발각되어
漢下詔捕趙王及群臣反者	한나라에서는 조왕 및 반란을 도모한 신하들을 체포하게 하였다.
於是趙午等皆自殺	이에 조오 등은 모두 자살하고
唯貫高就繫	관고만이 포박되었다.
是時漢下詔書	이때 한나라에서는 조서를 내렸다.
趙有敢隨王者罪三族	"조나라에서 감히 조왕을 따르는 자는 3족을 멸한다."
唯孟舒田叔等十餘人赭衣自髡鉗	
	맹서와 전숙 등 10여 인만이 (수의인) 붉은 옷을 입고 스스로 머리를 깎고 칼을 쓴 채
稱王家奴	왕가의 종이라 하고
隨趙王敖至長安	조왕 오를 따라 장안에 이르렀다.
貫高事明白	관고가 일을 명백히 밝히자
趙王敖得出	조왕 오는 풀려나
廢爲宣平侯	폐위되어 선평후가 되었으며
乃進言田叔等十餘人	이에 전숙 등 10여 명을 추천하였다.
上盡召見	임금이 모두 불러 만나보고
與語	말을 해보았는데

---

7 **집해** 서광은 말하였다. "9년 12월에 관고(貫高) 등을 체포하였다."

漢廷臣毋能出其右者	한나라의 정신(廷臣)들로 그들을 뛰어넘을 자가 없자
上說	임금이 기뻐하며
盡拜爲郡守諸侯相	모두 군수와 제후의 승상에 임명하였다.
叔爲漢中守十餘年	전숙이 한중 군수(郡守)가 된 지 10여 년 만에
會高后崩	고후가 죽었는데
諸呂作亂	여씨들이 난을 일으키자
大臣誅之	대신들이 그들을 죽이고
立孝文帝	효문제를 옹립하였다.
孝文帝旣立	효문제가 즉위하자
召田叔問之曰	전숙을 불러 물어보았다.
公知天下長者乎	"공은 천하의 장자를 아는가?"
對曰	대답하였다.
臣何足以知之	"신이 어찌 알 만하겠습니까!"
上曰	임금이 말하였다.
公	"공이
長者也	장자임은
宜知之	알고 있소."
叔頓首曰	전숙은 머리를 조아리고 말하였다.
故雲中守孟舒	"옛 운중 군수(郡守) 맹서야말로
長者也	장자입니다."
是時孟舒坐虜大入塞盜劫	당시 맹서는 오랑캐가 대대적으로 변방에 쳐들어와 약탈하였는데
雲中尤甚	운중이 더욱 심했던 관계로

免	면직되었다.
上曰	임금이 말하였다.
先帝置孟舒雲中十餘年矣	"선제께서 맹서를 운중에 둔 지 10여 년째인데
虜曾一入	오랑캐가 일찍이 한번 쳐들어오자
孟舒不能堅守	맹서는 굳게 지킬 수 없었고
毋故士卒戰死者數百人	까닭도 없이 싸우다 죽은 사졸들만 수백 명이나 되오.
長者固殺人乎	장자가 실로 사람을 죽이겠소?
公何以言孟舒爲長者也	공은 어찌하여 맹서를 장자라 하는 것이오?"
叔叩頭對曰	전숙이 머리를 조아리고 대답하였다.
是乃孟舒所以爲長者也	"이것이 곧 맹서가 장자인 까닭입니다.
夫貫高等謀反	저 관고 등이 모반하였을 때
上下明詔	황상께서 영명한 조서를 내리시어
趙有敢隨張王	조나라에 감히 장왕을 따른다면
罪三族	3족을 멸하는 벌을 내린다고 하였습니다.
然孟舒自髡鉗	그러나 맹서는 스스로 머리를 깎고 칼을 차고
隨張王敖之所在	장왕 오가 있는 곳을 따라
欲以身死之	몸을 바쳐 죽으려 했는데
豈自知爲雲中守哉	운중 군수가 될 줄을 어찌 알았겠습니까!
漢與楚相距	한나라는 초나라와 서로 맞서
士卒罷敝	사졸들이 피로해졌습니다.
匈奴冒頓新服北夷	흉노의 묵특이 막 북쪽의 오랑캐를 복속시키고
來爲邊害	쳐들어와 변방의 해가 되었으며
孟舒知士卒罷敝	맹서는 사졸이 피로한 것을 알고
不忍出言	차마 나가(싸우)라는 말을 못하였는데

士爭臨城死敵	군사들이 다투어 성에 임하여 적과 싸우다 죽기를
如子爲父	자식이 아비를 위하듯
弟爲兄	아우가 형을 위하듯 하여
以故死者數百人	이 때문에 죽은 자가 수백 명이나 되었습니다.
孟舒豈故驅戰之哉	맹서가 어찌 일부러 그들을 싸움으로 내몰았겠습니까!
是乃孟舒所以爲長者也	이것이 곧 맹서가 장자인 까닭입니다.”
於是上曰	이에 임금이 말하였다.
賢哉孟舒	“어질도다, 맹서여!”
復召孟舒以爲雲中守	다시 맹서를 불러 운중 군수로 삼았다.
後數歲	몇 년 뒤
叔坐法失官	전숙은 법에 저촉되는 일로 관직을 잃었다.
梁孝王使人殺故吳相袁盎	양효왕이 사람을 시켜 옛 오상(吳相) 원앙을 죽였는데
景帝召田叔案梁	경제가 전숙을 불러 양나라의 일을 조사하게 하자
具得其事	그 사실을 모두 갖추어
還報	돌아와 보고하였다.
景帝曰	경제가 말하였다.
梁有之乎	“양나라에서 그런 일이 있었던가?”
叔對曰	전숙이 대답하여 말하였다.
死罪	“죽을죄를 졌습니다!
有之	그런 일이 있었습니다.”
上曰	임금이 말하였다.

其事安在	"그 일이 어디에 있는가?"
田叔曰	전숙이 말하였다.
上毋以梁事爲也	"황상께서는 양나라의 일에 대해서 생각지 마옵소서."
上曰	임금이 말하였다.
何也	"어째서인가?"
曰	말하였다.
今梁王不伏誅	"지금 양왕이 죽음에 처하여지지 않는 것은
是漢法不行也	한나라의 법이 행하여지지 않는 것이며,
如其伏法	법대로 처형한다면
而太后食不甘味	태후는 음식을 먹어도 단 맛을 느끼지 못할 것이고
臥不安席	잠을 청하여도 자리가 편치 않을 것이니
此憂在陛下也	이 근심은 폐하께 있게 될 것입니다."
景帝大賢之	경제는 그를 매우 현명하게 생각하여
以爲魯相	노상(魯相)으로 삼았다.
魯相初到	노상이 갓 이르자
民自言相	백성들이 직접 승상에게 말하여
訟王取其財物百餘人	왕이 백여 명의 재물을 약취하였다고 소송을 걸었다.
田叔取其渠率二十人	전숙은 그 우두머리 20명을 붙잡아
各笞五十	각기 태형 50대를 치고
餘各搏二十[8]	나머지는 각기 20대를 친 후
怒之曰	노하여 말하였다.

---

8 **색은** 搏의 음은 박(博)이다.

王非若主邪	"왕은 너희의 주인이 아니냐?
何自敢言若主	어찌 직접 너희 주인에 대해 감히 말하느냐!"
魯王聞之大慚	노왕(魯王)은 듣고 크게 부끄러워하여
發中府錢[9]	부고의 돈을 풀어
使相償之	승상에게 배상해 주게 하였다.
相曰	승상이 말하였다.
王自奪之	"왕께서 빼앗으시고
使相償之	승상에게 배상해 주라니
是王爲惡而相爲善也	이는 왕께서 악행을 저지르고 승상이 선행을 하는 것입니다.
相毋與償之	승상은 배상해 줄 수 없습니다."
於是王乃盡償之	이에 왕이 곧 모두 배상해 주었다.
魯王好獵[10]	노왕은 사냥을 좋아하여
相常從入苑中[11]	승상은 늘 원림으로 따라 들어갔는데
王輒休相就館舍	왕은 번번이 승상을 쉬게 하여 관사에 가게 하였으며
相出	승상은 나가서
常暴坐[12]待王苑外	늘 노천에 앉은 채로 왕의 원림 바깥에서 기다렸다.

---

9 **정의** 왕의 재물을 갈무리하는 곳이다.

10 **정의** 노공왕(魯共王)은 경제(景帝)의 아들로 연주(兗州) 곡부현(曲阜縣) 옛 노성(魯城)을 통괄했다.

11 **정의** 『괄지지(括地志)』에서는 말하였다. "확상포(矍相圃)는 연주(兗州) 곡부현(曲阜縣) 남쪽 30리 지점에 있다. 『예기(禮記)』「사의(射義)」에서는 공자(孔子)가 확상포에서 활을 쏘니 구경꾼이 담장처럼 둘러쳤다고 하였다."

12 **색은** 위 글자의 음은 폭[步卜反]이다.

王數使人請相休	왕은 여러 번이나 사람을 시켜 승상에게 쉬라고 했지만
終不休	끝내 쉬지 않고
曰	말하였다.
我王暴露苑中	"제 왕께서 원림에서 몸을 드러내고 계신데
我獨何爲就舍	저만 어찌 관사로 가겠습니까!"
魯王以故不大出游	노왕은 이 때문에 그다지 사냥을 나가지 않았다.
數年	몇 년 만에
叔以官卒	전숙은 재직 중에 죽었는데
魯以百金祠	노나라에서는 백금으로 제사를 지내주려 하였지만
少子仁不受也	작은 아들 전인(田仁)은 받지 않으면서
曰	말하였다.
不以百金傷先人名	"백금으로 선인의 이름을 다치게 할 수 없습니다."
仁以壯健爲衛將軍¹³舍人	전인은 건장함으로 위(衛) 장군의 사인이 되어
數從擊匈奴	여러 차례나 따라서 흉노를 쳤다.
衛將軍進言仁	위 장군이 전인을 말씀드려
仁爲郎中	전인은 낭중이 되었다.
數歲	몇 년 만에
爲二千石丞相長史	2천 석의 승상 장사가 되었다가
失官	관직을 잃었다.

---

13 집해 장안(張晏)은 말하였다. "위청(衛靑)이다."

其後使刺舉三河¹⁴	그 후에 삼하를 감찰하러 보냈다.

其後使刺舉三河[14]　　　그 후에 삼하를 감찰하러 보냈다.

上東巡　　　임금이 동쪽을 순수할 때

仁奏事有辭　　　전인이 일을 조리 있게 아뢰어

上說　　　상이 기뻐하여

拜爲京輔都尉[15]　　　경보도위에 임명하였다.

月餘　　　달포 만에

上遷拜爲司直[16]　　　임금이 사직으로 승진시켜 임명하였다.

數歲　　　몇 년 만에

坐太子事[17]　　　태자의 일에 연루되었다.

時左相自將兵[18]　　　당시 좌승상은 직접 군사를 거느렸고

令司直田仁主閉守城門　　　사직 전인에게 성문을 닫고 지키는 일을 맡겼는데

坐縱太子　　　태자를 풀어주어

下吏誅死　　　옥리에 넘겨져 죽게 되었다.

---

14 **정의** 「백관표(百官表)」에서는 말하였다. "감어사(監御史)는 진(秦)나라 때의 관직으로 군을 감찰하는 일을 관장하였으며, 한(漢)나라의 성(省)에서는 승상이 어사를 나누어 주로 파견하여 감찰하였으며 늘 설치되지는 않았다." 삼하(三河)는 하남(河南)과 하동(河東), 그리고 하내(河內)이다.

15 **정의** 「백관표(百官表)」에서는 말하였다. "우부풍(右扶風)과 좌풍익(左馮翊), 경주윤(京兆尹)이 삼보(三輔)이다. 원정(元鼎) 4년에 삼보도위(三輔都尉)를 두었다." 복건(服虔)은 말하였다. "모두 장안(長安) 성중을 다스린다."

16 **집해** 『한서(漢書)』「백관표(百官表)」에서는 말하였다. "무제(武帝) 원수(元狩) 5년(B.C. 118)에 처음으로 사직(司直)을 두었는데 녹봉은 2천 석에 가까웠으며 좌승상을 보좌하여 불법을 다스리는 일을 관장하였다." **정의** 「백관표(百官表)」에서는 말하였다. "무제 원수 5년에 처음으로 사직을 두었는데 녹봉은 2천 석에 가까웠으며 좌승상을 보좌하여 불법을 다스리는 일을 관장하였다."

17 **정의** 여 태자(戾太子)를 이른다.

18 **집해** 서광은 말하였다. "유굴리(劉屈氂)가 당시 승상이었다."

仁發兵	전인이 군사를 내자
長陵令車千秋上變仁	장릉령 차천추가 전인이 변고를 일으킨다고 보고하여
仁族死	전인은 멸족당하였다.
陘城今在中山國[19]	형성은 지금 중산국에 있다.
太史公曰	태사공은 말한다.
孔子稱曰居是國必聞其政	공자는 "이 나라에 있으면 반드시 그 정사를 듣는다." 하셨는데
田叔之謂乎	전숙을 이른 것일 것이다!
義不忘賢	의로움이 현자를 잊지 않았으며
明主之美以救過	주인의 훌륭함을 밝혀 과실을 구하였다.
仁與余善	전인은 나와 친하였는데
余故幷論之	내 그런 까닭에 함께 논하였다.
褚先生曰	저선생(褚先生)은 말한다.
臣爲郎時	내가 낭이었을 때
聞之曰田仁故與任安相善	듣기를 전인은 원래 임안과 친하였다 한다.
任安	임안은
滎陽人也	형양 사람이다.
少孤貧困	어려서 고아가 되고 가난하고 어려웠으며
爲人將車[20]之長安	남의 수레를 끌다가 장안으로 가서
留	머물러

---

19 집해 서광은 말하였다. "형성(陘城)은 현 이름이다." 정의 지금의 정주(定州)이다.
20 색은 장거(將車)는 어거(御車)와 같은 뜻이다.

求事爲小吏	일을 구하여 소리가 되고자 하였으나
未有因緣也	인연이 없어서
因占著名數[21]	호적에 기록된 인원수에 따라야 했다.
武功	무공은
扶風西界小邑也	부풍 서쪽 변경의 작은 고을이며
谷口蜀刻道近山[22]	곡구에는 촉의 잔도가 산 가까이에 있다.
安以爲武功小邑	임안은 무공이 작은 고을이고
無豪	호걸이 없어
易高也[23]	(이름을) 높이기 쉽다고 생각하였으며,
安留	임안은 (그곳에) 머물러
代人爲求盜亭父[24]	사람들을 위해 도둑을 잡는 정졸(亭卒)이 되었다.
後爲亭長[25]	나중에 정장이 되었다.
邑中人民俱出獵	고을의 백성들이 함께 사냥을 나갔는데
任安常爲人分麇鹿雉兔	임안은 늘 사람들에게 (잡은) 고라니와 사슴, 꿩과 토끼를 나누어 주었으며

---

21 **색은** 점을 쳐서 스스로 가구의 명수(名數)를 점쳐 무공에 예속되었음을 말하며, 지금의 부적(附籍)과 같은 것이다. 占의 음은 점[之豔反]이다.

22 **정의** 『괄지지』에서는 말하였다. "한나라 무공현(武功縣)은 위수(渭水)의 남쪽에 있으며 지금의 주질현(盩厔縣) 서쪽 경계이다. 낙곡간(駱谷間)은 옹주(雍州)의 주질현 서남쪽 20리 지점에 있으며 낙곡도(駱谷道)를 열어 양주(梁州)와 통하게 한다." 가는 골짜기에는 잔도(棧道)가 있다.

23 **색은** 易의 음은 이[以豉反]이다. 고을이 작고 호걸이 없어 쉽게 이름을 높일 수 있음을 말한다.

24 **집해** 곽박(郭璞)은 말하였다. "정졸(亭卒)이다." **정의** 임인이 무공에 머물러 사람들을 위해 도둑을 잡는 정부(亭父)가 된 것이다. 응소(應劭)는 말하였다. "옛날에 정(亭)에는 2졸(卒)이 있었는데, 그중 하나는 정부(亭父)로 관문을 잠그고 청소하는 일을 관장하였으며, 하나는 구도(求盜)인데 도적을 추적하여 체포하는 일을 관장하였다."

25 **정의** 「백관표(百官表)」에서는 말했다. "10리가 1정(亭)이며, 정에는 장(長)이 있다."

部署老小當壯劇易處	노소와 건장한 자에 따라 어렵고 쉬운 일을 안배하여 주니
眾人皆喜	뭇 사람들이 다 기뻐하며
曰	말하였다.
無傷也	"거리낄 것 없다.
任少卿²⁶分別平	임소경은 분변이 공평하고
有智略	지략이 있다."
明日復合會	다음 날 다시 모임을 가졌는데
會者數百人	모인 자가 수백 명이었다.
任少卿曰	임소경이 말하였다.
某子甲何爲不來乎	"아무개의 아들 갑은 어째서 오지 않았소?"
諸人皆怪其見之疾也	여러 사람들은 모두 그가 (파악하여) 봄이 빠름에 놀랐다.
其後除爲三老²⁷	그 후에 삼로에 임명되었으며
擧爲親民	백성을 가까이함으로 천거되어
出爲三百石長²⁸	3백 석의 장으로 나가
治民	백성을 다스렸다.
坐上行出游共帳不辦	임금이 사냥을 나가는데 장막을 제때 준비하지 못하여
斥免	추궁당하여 면직되었다.

---

26 **정의** 소경(少卿)은 임안의 자이다.
27 **정의** 「백관표(百官表)」에서는 말했다. "10정이 1향(鄕)이며 향에는 삼로 1인이 있는데 교화를 관장한다."
28 **정의** 「백관표(百官表)」에서는 말했다. "만 호(萬戶) 이상은 영(令)이며 봉록은 천 석에서 6백 석 사이이다. 만 호 아래로는 장(長)이며 봉록은 5백 석에서 3백 석이다. 모두 승(丞)과 위(尉)가 있다."

乃爲衛將軍舍人	이에 위 장군의 사인이 되어
與田仁會	전인과 만났는데
俱爲舍人	모두 사인으로
居門下	문하에 거처하면서
同心相愛	마음을 함께하고 서로 아꼈다.
此二人家貧	이 두 사람은 집이 가난하여
無錢用以事將軍家監	장군의 가신을 섬길 돈이 없어서
家監使養惡齧馬	가신은 성질이 사나운 말을 기르게 하였다.
兩人同床臥	두 사람이 함께 침상에 누웠는데
仁竊言曰	전인이 가만히 말하였다.
不知人哉家監也	"사람을 알아보지 못하는도다, 가신이여!"
任安曰	임안이 말하였다.
將軍尚不知人	"장군도 오히려 사람을 알아보지 못하는데
何乃家監也	어찌 가신이겠는가!"
衛將軍²⁹從此兩人過平陽主	위 장군은 이 두 사람을 딸려 평양공주의 집에 들렀는데
主家令兩人與騎奴同席而食	주인집에서는 두 사람을 기마를 따르는 종들과 동석시켜 밥을 먹게 했으며
此二子拔刀列斷席別坐	이 두 사람은 칼을 뽑아 자리를 잘라 따로 앉았다.
主家皆怪而惡之	주인집에서는 놀라고 미워하였지만
莫敢呵	감히 꾸짖지 못하였다.

其後有詔募擇衛將軍舍人以爲郎	
	그 후 조칙으로 위 장군의 사인을 낭으로 뽑게 되자
將軍取舍人中富給者	장군은 사인 중에 부유하고 풍족한 자를 취하여

令具鞍馬絳衣玉具劍	안장을 지운 말과 붉은 옷, 옥장식한 검을 갖추게 하여
欲入奏之	들여보내 아뢰려 했다.
會賢大夫少府趙禹來過衛將軍	
	마침 현명한 대부(大夫)인 소부(少府) 조우가 위 장군에게 들르게 되어
將軍呼所舉舍人以示趙禹	장군은 뽑힌 사인을 불러 조우에게 보여주었다.
趙禹以次問之	조우는 차례로 그들에게 물어보았으나
十餘人無一人習事有智略者	10여 명 가운데 일에 익숙하고 지략이 있는 자가 하나도 없었다.
趙禹曰	조우가 말하였다.
吾聞之	"내가 듣건대
將門之下必有將類	장수의 문하에는 반드시 장수감이 있다고 하였소.
傳曰不知其君視其所使	전하는 말에 '그 임금을 모르면 그 부리는 사람을 보고
不知其子視其所友	그 자식을 모르면 그 사귀는 벗을 보라.'고 하였소.
今有詔舉將軍舍人者	지금 조칙으로 장군의 사인을 천거하라는 것은
欲以觀將軍而能得賢者文武之士也	
	장군을 보고 현명한 문무의 선비를 얻을 수 있기를 바랍입니다.
今徒取富人子上之	지금 한낱 부자의 자식만 취하여 올리는데
又無智略	또한 지략도 없어서
如木偶人衣之綺繡耳	나무 인형에 수놓은 비단옷을 입힌 것과 같을 따름이니
將奈之何	그것을 어찌하려 하오?"
於是趙禹悉召衛將軍舍人百餘人	
	이에 조우는 위 장군의 사인 백여 명을 모두 불러
以次問之	차례로 물어보고

得田仁任安	전인과 임안을 얻어서
曰	말하였다.
獨此兩人可耳	"이 두 사람만 괜찮을 뿐
餘無可用者	나머지는 쓸모없는 자들입니다."
衛將軍見此兩人貧	위 장군은 이 두 사람이 가난한 것을 보고
意不平	부적합하다고 생각하였다.
趙禹去	조우가 떠나자
謂兩人曰	두 사람에게 일러 말하였다.
各自具鞍馬新絳衣	"각자 안장 지운 말과 붉은 옷을 갖추도록 하라."
兩人對曰	두 사람이 대답하였다.
家貧無用具也	"집이 가난하여 갖출 수가 없습니다."
將軍怒曰	장군이 노하여 말하였다.
今兩君家自爲貧	"지금 두 사람의 집이 가난한 것은 가난한 것이고
何爲出此言	어째서 이 말을 꺼내는가?
鞅鞅如有移德於我者	불만스러운 것이 마치 내 탓인 듯하니
何也[30]	어째서인가?"
將軍不得已	장군은 어쩔 수 없어
上籍以聞	문서를 올려 보고하였다.
有詔召見衛將軍舍人	조칙으로 위 장군의 사인을 불러서 접견하자
此二人前見	이 두 사람은 나아가 알현하였는데
詔問能略相推第也	황제가 능력과 책략을 묻자 서로 차제를 추천하였다.
田仁對曰	전인이 대답하였다.
提枹鼓立軍門	"북채와 북을 들고 군문에 서서
使士大夫樂死戰鬥	사대부들로 하여금 전투에서 기꺼이 죽게 함은

---

30 **집해** 서광은 말하였다. "이(移)는 시(施)와 같다."

仁不及任安	제가 임안에 미치지 못합니다."
任安對曰	임안이 대답하였다.
夫決嫌疑	"대체로 혐의를 판결하고
定是非	시비를 정하며
辯治官	공무를 다스려
使百姓無怨心	백성들로 하여금 원한을 갖지 않게 함은
安不及仁也	제가 전인에 미치지 못합니다."
武帝大笑曰	무제가 크게 웃으면서 말하였다.
善	"훌륭하다."
使任安護北軍	임안은 북군을 지키게 했고
使田仁護邊田穀於河上	전인에게는 하상의 변경의 전곡을 지키게 하였다.
此兩人立名天下	이로써 두 사람은 천하에 이름을 떨쳤다.
其後用任安爲益州刺史[31]	그 후 임안은 익주자사에 임용되었고
以田仁爲丞相長史[32]	전인은 승상 장사로 삼았다.
田仁上書言	전인이 글을 올려 말하였다.
天下郡太守多爲姦利	"천하의 군수들이 많이 간사하고 이익을 탐하는데
三河尤甚	삼하가 더욱 심하니
臣請先刺擧三河	신은 청컨대 먼저 삼하부터 검거(檢擧)하였으면 합니다.

---

31 **정의** 「지리지(地理志)」에서는 무제(武帝)가 양주(梁州)로 고쳤다고 한다. 「백관표(百官表)」
에서는 말하였다. "원봉(元封) 5년(B.C. 106)에 처음을 부자사(部刺史)를 두었는데, 황제의
명령을 받들어 고을을 다스리는 일을 관장하며 녹봉은 6백 석이고 13인을 두었다." 지금의
채방사(採訪使)가 안찰(按察)하는 6조(條)와 같다.

32 **정의** 「백관표(百官表)」에서는 말하였다. "승상에게는 장사(長史) 둘이 있는데, 녹봉은 천
석이다."

三河太守皆內倚中貴人	삼하의 태수들은 모두 안으로 궁중의 귀인에게 의지하고
與三公有親屬	삼공과 친속 관계가 있어
無所畏憚	두려워하고 거리낌이 없으니
宜先正三河以警天下姦吏	먼저 삼하를 바로잡아 천하의 간사한 관리들에게 경종을 울려야 합니다."
是時河南河內太守皆御史大夫杜父兄子弟也[33]	이때 하남과 하내의 태수들은 모두 어사대부 두주의 부형의 자제들이었으며
河東太守石丞相子孫也[34]	하동 태수는 석(石) 승상의 손자였다.
是時石氏九人爲二千石	이때 석씨는 아홉 명이 2천 석이었으므로
方盛貴	한창 고귀하였다.
田仁數上書言之	전인은 여러 차례나 글을 올려 말하였다.
杜大夫及石氏使人謝	두 대부 및 석씨는 사람을 시켜 안부를 묻고
謂田少卿曰	전(田) 소경에게 말하였다.
吾非敢有語言也	"우리가 감히 할 말은 없지만
願少卿無相誣汙也	소경께서 무고하여 더럽히지 않았으면 하오."
仁已刺三河	전인이 이미 삼하(의 비리)를 적발하자
三河太守皆下吏誅死	삼하의 태수들은 모두 옥리에게 넘겨져 죽임을 당하였다.
仁還奏事	전인이 돌아와 아뢰자
武帝說	무제는 기뻐하며
以仁爲能不畏彊禦	전인이 강포함을 두려워하지 않을 수 있다 하여
拜仁爲丞相司直	전인을 승상사직에 임명하니

---

33 집해 두(杜)는 두주(杜周)이다.
34 정의 석경(石慶)을 이른다.

威振天下	위세가 천하를 뒤흔들었다.
其後逢太子有兵事	그 후 태자가 병란을 일으키자
丞相自將兵	승상 자신은 군사를 끌고 갔으며
使司直主城門	사직에게 성문을 맡겼다.
司直以爲太子骨肉之親	사직은 태자가 (황제와) 골육지친인데
父子之間不甚欲近	부자지간에 그다지 가까이하지 않으려 한 것이라 하여
去之諸陵過	떠나보내 여러 능을 지나게 하였다.
是時武帝在甘泉	이때 무제는 감천에 있었으며
使御史大夫暴君[35]下責丞相何爲縱太子	어사대부 폭군으로 하여금 승상에게 "어째서 태자를 풀어줬는가?"라며 책임을 추궁하게 하자
丞相對言使司直部守城門而開太子	승상은 "사직부에 성문을 지키게 하였는데 태자에게 문을 열어주었습니다."라 대답하였다.
上書以聞	글을 올려 알리고
請捕繋司直	사직을 체포할 것을 청하였다.
司直下吏	사직은 하옥되어
誅死	죽임을 당하였다.
是時任安爲北軍使者護軍	이때 임안은 북군사자호군이었는데
太子立車北軍南門外	북군의 남문 바깥에 수레를 세우고
召任安	임안을 불러
與節令發兵	부절을 주며 군사를 내게 하였다.

---

35 집해 서광은 말하였다. "폭승(暴勝)이 어사대부가 되었다."

安拜受節	임안은 절하고 부절을 받아
入	들어가더니
閉門不出	문을 닫고 나오지 않았다.
武帝聞之	무제는 듣고
以爲任安爲詳邪³⁶	임안이 (부절을) 거짓으로 받고
不傅事	부회하지 않은 것은
何也³⁷	어째서일까? 생각하였다.
任安笞辱北軍錢官小吏	임안은 북군의 돈을 관리하는 소리(小吏)를 태형으로 욕보여
小吏上書言之	소리가 글을 올려 말하기를
以爲受太子節	태자의 부절을 받고
言'幸與我其鮮好者'³⁸	"나에게 잘 대해 주기를 바랍니다."라 말하였다고 하였다.
書上聞	글이 올라오자
武帝曰	무제가 말하였다.
是老吏也	"이자는 노련한 관리로
見兵事起	병란이 일어나는 것을 보고
欲坐觀成敗	앉아서 성패를 관망하다가
見勝者欲合從之	승자가 보이면 연합하려는 것으로
有兩心	두 마음을 품고 있다.
安有當死之罪甚衆	임안에게는 죽을죄가 매우 많은데도
吾常活之	내가 늘 살려주었는데

---

36 **집해** 서광은 말하였다. "佯은 '詳'으로 된 판본도 있다." **색은** 詳의 음은 양(羊)이다. 속임수로 부절을 받아 군사를 내지 않아 태자에게 부회하지 않은 것을 이른다.

37 **색은** 부회하지 않는 것이 옳다. 傅의 음은 부(附)로 부회하지 않음을 이른다.

38 **색은** 鮮의 음은 선(仙)이다. 태자가 아름답고 좋은 갑병을 청한 것을 이른다.

今懷詐	이제 마음으로 속이니
有不忠之心	불충한 마음을 가졌도다."
下安吏	임안은 옥리에게 넘겨져
誅死	죽임을 당하였다.

夫月滿則虧	대체로 달은 차면 이지러지고
物盛則衰	사물은 성해지면 쇠하는 것이
天地之常也	천지의 떳떳한 이치이다.
知進而不知退	나아갈 줄만 알고 물러날 줄을 몰라
久乘富貴	오래도록 부귀를 누리면
禍積爲祟	재화가 쌓여 빌미가 된다.
故范蠡之去越	그러므로 범려가 월나라를 떠나
辭不受官位	사퇴하고 관직을 받지 않아
名傳後世	이름이 후세에 전하여져
萬歲不忘	만세토록 잊혀지지 않음을
豈可及哉	어찌 미칠 수 있겠는가!
後進者愼戒之	나중에 오는 자들은 삼가고 경계할지니.

편작·창공 열전 扁鵲倉公列傳[1]

扁鵲者[2]	편작은
勃海郡鄭人也[3]	발해군 정현(鄭縣) 사람으로
姓秦氏	성은 진씨이고
名越人	이름은 월인이다.
少時爲人舍長[4]	젊었을 때 남의 집 사장(舍長)이 되었다.
舍客長桑君[5]過[6]	장상군이란 손님이 지나다가 묵었는데
扁鵲獨奇之	편작만이 기이하게 여기어

---

1 **색은** 왕소(王劭)는 말하였다. "이는 의방(醫方)으로 「일자(日者)」, 「귀협(龜筴)」과 서로 연결되는 것이 옳으며 여기에 넣는 것은 맞지 않은데 후인이 잘못 배열한 것이다." **정의** 이 전(傳)은 의방으로 「귀책(龜策)」, 「일자(日者)」와 함께 배치하여야 한다. 순우의(淳于意)는 효문제(孝文帝) 때의 의원이었는데 조칙을 받들어 물었고 또 제(齊)나라 태창령(太倉令)이 되었으므로 태사공이 서술한 것이다. 편작은 곧 춘추시대의 훌륭한 의원으로 따로 편차할 수가 없었으므로 전(傳)의 첫머리에 끌어다 놓았고 태창공(太倉公)은 그 다음에 놓았다.

2 **정의** 「황제팔십일난서(黃帝八十一難序)」에서는 말하였다. "진월인(秦越人)이 헌원(軒轅) 때의 편작(扁鵲)과 닮았다고 하여 이에 편작이라 불렀다. 또한 노국(盧國)에서 살았으므로 이에 노의(盧醫)라 명명하였다."

3 **집해** 서광(徐廣)은 말하였다. "'정(鄭)' 자는 '막(鄚)' 자가 되어야 한다. 막(鄚)은 현 이름으로 지금의 하간(河間)에 속한다." **색은** 발해(勃海)에는 정현(鄭縣)이 없으니 막현(鄚縣)이 되어야 한다. 음은 막(莫)이며 지금의 하간(河間)에 속한다.

4 **색은** 사장(舍長)이 된 것이다. 유씨(劉氏)는 말하였다. "객관(客館)을 지키는 우두머리이다." **정의** 長의 음은 장[丁丈反]이다.

5 **색은** 은자(隱者)로 신인(神人)일 것이다.

6 **정의** 過의 음은 과(戈)이다.

常謹遇之	늘 신경을 써서 대하였다.
長桑君亦知扁鵲非常人也	장상군 또한 편작이 보통 사람이 아님을 알았다.
出入十餘年	10여 년을 드나들다가
乃呼扁鵲私坐	이에 편작을 불러 혼자 앉히고
閒與語曰[7]	한가로이 그에게 말하였다.
我有禁方	"내게 비방이 있는데
年老	연로하여
欲傳與公	그대에게 전해 주려고 하니
公毋泄	그대는 누설하지 마시오."
扁鵲曰	편작이 말하였다.
敬諾	"삼가 따르겠습니다."
乃出其懷中藥予扁鵲	그러자 품속에서 약을 꺼내어 편작에게 주며 말하였다.
飲是以上池之水	"이것을 땅에 떨어지지 않은 물과 함께 마시면
三十日當知物矣[8]	30일이면 귀신을 보게 될 걸세."
乃悉取其禁方書盡與扁鵲	곧 비방이 적힌 책을 있는 대로 가져다 몽땅 편작에게 주었다.
忽然不見	(장상군은) 홀연 보이지 않게 되었는데
殆非人也	아마 사람이 아닌 듯하였다.
扁鵲以其言飲藥三十日	편작은 그 말대로 약을 먹고 30일이 되자
視見垣一方人[9]	담 저쪽의 사람이 보였다.
以此視病	이것으로 병을 보니

---

7 정의 閒의 음은 한(閑)이다.

8 색은 구설(舊說)에서 상지수(上池水)는 아직 땅에 떨어지지 않은 물이라 하였는데, 대체로 승로반이나 대나무 등의 물을 취한 것일 것이며, 그것을 가져다 약에 섞어 30일간 복용하면 귀신이 보인다는 것이다.

盡見五藏癥結[10]	오장의 체증이 맺힌 것이 모두 보였는데
特以診脈[11]爲名耳	다만 진맥이라고 둘러댈 따름이었다.
爲醫或在齊[12]	의원이 되어 제나라에 있기도 하였고
或在趙	조나라에 있기도 하였다.
在趙者名扁鵲	조나라에 있을 때 이름을 편작이라고 하였다.

當晉昭公時[13]	진소공 때
諸大夫彊而公族弱	대부들은 강하고 공족은 약하여
趙簡子爲大夫	조간자는 대부였는데도
專國事	나라 일을 제멋대로 하였다.
簡子疾	간자가 병이 들어
五日不知人[14]	닷새 동안 사람을 알아보지 못하자
大夫皆懼	대부들이 모두 두려워하여

---

9 **색은** 방(方)은 변(邊)과 같다. 담 넘어 저쪽에 있는 사람을 볼 수 있었다는 것으로 곧 눈이 신통해진 것이라는 말이다.

10 **정의** 오장(五藏)은 심장[心], 폐(肺), 비장[脾], 간(肝), 신장[腎]이다. 육부(六府)는 대소장(大小腸)과 위(胃), 쓸개[膽], 방광(膀胱), 삼초(三焦)를 말한다. (西晉) 왕숙화(王叔和)의 『맥경(脈經)』에서는 말하였다. "왼손의 맥횡(脈橫)은 적취[癥]가 왼쪽에 있고, 오른손의 맥횡은 적취가 오른쪽에 있다. 맥은 머리가 큰 자는 위에 있고 머리가 작은 자는 아래에 있다. 양 손의 맥은 상부(上部)에 맺힌 자는 젖어 있고, 중부에 맺힌 자는 느슨하며 삼리(三里)에 맺힌 자는 일어난다. 양사(陽邪)가 오면 크게 뜨는 것이 보이고, 음사(陰邪)가 오면 가늘게 가라앉는 것이 보이며, 수곡(水穀)이 오면 단단한 열매가 보인다."

11 **색은** 診은 추씨(鄒氏)는 음이 진[丈忍反]이라 하였으며, 유씨(劉氏)는 진[陳忍反]이라 하였다. 사마표(司馬彪)는 말하였다. "진(診)은 점을 치는 것이다."

12 **정의** 노의(盧醫)라 불렸다. 지금의 제주(濟州) 노현(盧縣)이다.

13 **색은** 『좌씨(左氏)』에 의하면 간자(簡子)는 정공(定公)과 경공(頃公) 때에 나라를 오로지하였으며 소공(昭公) 때에는 해당되지 않는다. 또한 『조계가(趙系家)』에서는 이 일을 정공(定公) 초년에 서술하고 있다.

14 **색은** 『한자(韓子)』에서는 "열흘 동안 사람을 알아보지 못했다."라 하여 기록이 다르다.

於是召扁鵲	이에 편작을 불렀는데
扁鵲入視病	편작이 들어가 병세를 살펴보고
出	나오자
董安于問扁鵲	동안우가 편작에게 물어보니
扁鵲曰	편작이 말하였다.
血脈治也	"혈맥이 정상인데
而何怪	어째서 놀라십니까!
昔秦穆公嘗如此	옛날에 진목공이 이와 같았었는데
七日而寤	이레 만에 깨어났습니다.
寤之日	깨어나는 날
告公孫支與子輿¹⁵曰	공손지와 자여에게 일러 말하였습니다.
我之帝所甚樂	'내 천제에게 갔는데 아주 즐거웠소.
吾所以久者	내가 오래 걸린 이유는
適有所學也¹⁶	마침 배울 것이 있어서였소.
帝告我	천제가 내게 말했소.
晉國且大亂	「진(晉)나라는 크게 어지러워져
五世不安	5세 동안 불안할 것이다.
其後將霸	그 후 패권을 잡을 것인데
未老而死	오래지 않아 죽을 것이다.
霸者之子且令而國男女無別	패자의 아들은 또한 그 나라의 남녀들이 구별이 없게 할 것이다.」'

---

15 색은 두 사람은 모두 진(秦)나라의 대부(大夫)이다. 공손지(公孫支)는 자상(子桑)이다. 자여(子輿)는 미상이다.

16 색은 適의 음은 석(釋)이다. 내가 마침 와서 교명(教命)을 받은 것이 있기 때문에 배웠다고 한 것이다.

公孫支書而藏之	공손지가 적어서 간직하였는데
秦策於是出	진나라의 역사는 여기서 나왔습니다.
夫獻公之亂	저 헌공의 어지러움이라든가
文公之霸	문공의 칭패며
而襄公敗秦師於殽而歸縱淫	양공이 효에서 진나라를 무찌르고 돌아와 방종하고 음탕했던 것은
此子之所聞	그대가 아는 대로요.
今主君之病與之同	지금 주군의 병이 그와 같으니
不出三日必間	사흘이 넘지 않아 반드시 안정될 것이고
間必有言也	안정이 되면 말을 할 것입니다.”

居二日半	이틀 반 만에
簡子寤	간자가 깨어나
語諸大夫曰	대부들에게 말하였다.
我之帝所甚樂	“내 천제에게 갔는데 아주 즐거웠소.
與百神游於鈞天	온갖 신들과 함께 균천에서 놀았는데
廣樂九奏萬舞	성대한 음악이 연주되고 온갖 춤을 추는 것이
不類三代之樂	삼대의 음악과 같지 않았으며
其聲動心	그 소리가 마음을 움직였소.
有一熊欲援我	웬 곰 한 마리가 나를 당기려 하자
帝命我射之	천제가 나보고 그놈을 쏘라고 하여
中熊	곰을 맞혀
熊死	곰은 죽었소.
有羆來	웬 말곰이 오자
我又射之	내가 또 쏘아

中羆	말곰을 맞혀
羆死	말곰이 죽었소.
帝甚喜	천제는 몹시 기뻐하며
賜我二笥	나에게 상자 두 개를 내렸는데
皆有副	모두 장식품이 있었소.
吾見兒在帝側	내 웬 아이가 천제 곁에 있는 것을 보았는데
帝屬我一翟犬	천제가 적족의 개 한 마리를 나에게 주면서
曰	말하였소.
及而子之壯也以賜之	'네 아이가 장성해지면 그에게 주거라.'
帝告我	천제가 나에게 일러주었소.
晉國且世衰	'진(晉)나라는 대대로 쇠퇴해질 것이며
七世而亡¹⁷	7대 만에 망할 것이다.
嬴姓將大敗周人於范魁之西¹⁸	영씨(嬴氏) 성이 범괴의 서쪽에서 주나라 사람을 크게 무찌르겠지만
而亦不能有也	또한 가질 수는 없을 것이다.'"
董安于受言	동안우는 말을 받아
書而藏之	적어서 간직하였다.
以扁鵲言告簡子	편작이 한 말을 간자에게 일렀더니
簡子賜扁鵲田四萬畝	간자는 편작에게 4만 무의 전지를 내렸다.

---

17 정의 진(晉)나라 정공(定公)과 출공(出公), 애공(哀公), 유공(幽公), 열공(烈公), 효공(孝公), 정공(靜公)이 7세이다. 정공 2년 삼진(三晉)에게 멸망당하였다. 이곳 및 「조세가(趙世家)」에 의하면 간자(簡子)가 병에 걸렸던 것은 정공(定公) 11년이다.

18 정의 영(嬴)은 조씨(趙氏)의 본성(本姓)이다. 주나라 사람들은 위(衛)라고 하였다. 진(晉)나라가 망한 후 조성후(趙成侯) 3년에 위(衛)나라를 쳐서 향읍(鄕邑) 73개를 빼앗은 것이다. 가규(賈逵)는 "작은 언덕을 괴(魁)라고 한다."라 하였다.

其後扁鵲過虢[19]　　　　　그 후에 편작은 괵(虢)나라에 들렀다.

虢太子[20]死[21]　　　　　괵(虢)나라 태자가 죽었는데

扁鵲至虢宮門下　　　　　편작이 괵나라 궁문 아래에 이르러

問中庶子喜方者[22]曰　　　의술을 아는 중서자에게 물었다.

太子何病　　　　　　　　"태자가 무슨 병이었길래

國中治穰過於衆事　　　　나라에서 기도만 하며 뭇 일들을 건너뜁니까?"

中庶子曰　　　　　　　　중서자가 말하였다.

太子病血氣不時　　　　　"태자의 병은 혈기가 때에 맞지 않은 것으로

交錯而不得泄　　　　　　서로 엇섞여 새나올 수가 없게 되어

暴發於外　　　　　　　　밖으로 터져서

則爲中害　　　　　　　　해를 입힌 것입니다.

精神不能止邪氣　　　　　정신이 사악한 기운을 멈출 수가 없었고

邪氣畜積而不得泄　　　　사악한 기운이 쌓여서 새나갈 수 없었으며

是以陽緩而陰急　　　　　이 때문에 양기는 느슨해지고 음기가 촉급해져서

---

19 정의 섬주성(陝州城)이 옛 괵(虢)나라이다. 또한 섬주 하북현(河北縣) 동북쪽의 하양(下陽)의 옛 성이 옛 괵나라라고도 하는데 곧 진헌공(晉獻公)이 멸한 곳이다. 또한 낙주(洛州) 범수현(氾水縣)이 옛 동괵국(東虢國)이라고도 한다. 그러나 편작이 들렀던 곳은 어디인지 알 수가 없는데 대체로 괵나라는 이 시점에 이르러 모두 멸망당하였을 것이다.

20 집해 부현(傅玄)은 말하였다. "괵나라는 진헌공 때인 이보다 백20년 앞서 멸망당하는데 이때 어찌 괵나라가 있을 수 있겠는가?" 색은 부현은 "괵나라는 진헌공에 의하여 멸망당하는데 이보다 백20년 앞이니 이때 어찌 괵나라가 있을 수 있겠는가?"라 하였으니 여기서 '괵 태자'라 한 것은 틀렸다. 그러나 생각건대 괵나라는 나중에 곽(郭)으로 개칭하였고 춘추시대에 곽 공(郭公)도 있으니 아마 곽(郭)의 태자일 것이다.

21 정의 아래에서 '색폐맥란(色廢脈亂)'이라 하였으므로 육신이 조용하여 죽은 것처럼 보이는 것이다.

22 색은 喜의 음은 희[許既反]이다. 희(喜)는 좋아한다, 사랑한다는 뜻이다. 방(方)은 방기(方技)를 가진 사람이다. 정의 중서자(中庶子)는 옛날의 관직 이름이다. 희방(喜方)은 방술(方術)을 좋아하는 것이며, 성명은 기록하지 않았다.

故暴蹶而死[23]	갑자기 고꾸라져 죽었습니다."
扁鵲曰	편작이 말하였다.
其死何如時	"죽은 지는 얼마나 되었소?"
曰	말하였다.
雞鳴至今	"닭이 운 때로부터 지금까지입니다."
曰	말하였다.
收乎[24]	"염을 하였소?"
曰	말하였다.
未也	"아직요.
其死未能半日也	죽은 지가 한나절도 채 되지 않았습니다."
言臣齊勃海秦越人也	"신은 제나라 발해의 진월인으로
家在於鄭	집은 정주에 있으며
未嘗得望精光侍謁於前也	일찍이 풍채를 바라고 앞에서 모시며 뵐 수 없었다고 말하시오.
聞太子不幸而死	태자가 불행히 죽었지만
臣能生之	신이 살릴 수 있습니다."
中庶子曰	중서자가 말하였다.
先生得無誕之乎	"선생께서 거짓말을 하는 것은 아니시지요?
何以言太子可生也	어찌 태자를 살릴 수 있다고 말하십니까!
臣聞上古之時	제가 듣건대 상고시대에
醫有俞跗[25]	유부라는 의원이 있었는데

---

23 **색은** 蹶의 음은 궐(厥)이다. **정의** (後漢 劉熙의) 『석명(釋名)』에서는 말하였다. "궐(蹶)은 기운이 아래에서 위로 다 올라가 밖으로 심장과 가슴까지 미친 것이다."

24 **집해** 수(收)는 관에 입렴한 것을 이른다.

25 **색은** 음은 유부(臾附)이다. 아래 글자의 음은 또 부(跗)라고도 한다. **정의** 음은 유부(臾附)이다. 응소(應劭)는 말하였다. "황제(黃帝) 때의 장수이다."

治病不以湯液醴灑[26]	병을 치료하는 데 탕약이나 약주,
鑱石撟引	침석이나 교인(撟引),
案扤毒熨[27]	안마[안올(案扤)]와 약을 붙이지도 않고
一撥見病之應	한번 헤쳐 병이 응하는 것을 보기만 하면
因五藏之輸[28]	이에 오장의 경혈에 따라
乃割皮解肌	곧 피부를 베고 살갗을 갈라
訣脈結筋	혈맥을 틔우고 힘줄을 이으며
搦髓腦	골수와 뇌수를 누르고
揲荒[29] 爪幕[30]	고황을 짚고 횡경막을 터뜨리며
湔浣[31] 腸胃	장과 위를 씻고
漱滌五藏	오장을 세척하며
練精易形	정기를 단련시키고 육신을 바꾼다고 합니다.

---

26 **정의** 앞의 글자는 음이 예(禮)이고, 뒤의 글자는 쇄[山解反]이다.

27 **색은** 鑱의 음은 삼[士咸反]이며, 석침(石針)을 말한다. 撟의 음은 교[九兆反]이며 안마(按摩) 하는 법을 이른다. 몸을 굽혔다 폈다 하고 당기어 곰이 돌아보는 듯 새가 기지개를 펴듯 하는 것이다. 扤의 음은 완(玩)이며, 또한 안마를 하여 신체를 놀려 조절하게 하는 것이다. 독위(毒熨)는 독으로 병이 난 곳에 약을 눌러서 붙이는 것을 이른다.

28 **색은** 음은 수[束注反]이다. **정의** 『팔십일난(八十一難)』에서는 말하였다. "폐(肺)의 근원은 태연(太淵)에서 나오고, 심장[心]의 근원은 태릉(太陵)에서 나오며, 간(肝)의 근원은 태충(太衝)에서, 비장[脾]의 근원은 태백(太白)에서, 신장[腎]의 근원은 태계(太谿)에서, 소음(少陰)의 근원은 태골(兌骨)에서, 쓸개[膽]의 근원은 구허(丘虛)에서, 위(胃)의 근원은 충양(衝陽)에서, 삼초(三焦)의 근원은 양지(陽池)에서, 방광(膀胱)의 근원은 경골(京骨)에서, 대장(大腸)의 근원은 합곡(合谷)에서, 소장(小腸)의 근원은 완골(腕骨)에서 나온다. 12경(經)은 모두 수혈(輸穴)을 근원으로 한다." 이는 오장육부의 경혈[輸穴]이다.

29 **집해** 서광은 말하였다. "揲의 음은 설(舌)이다." **색은** 搦의 음은 닉[女角反]이다. 揲의 음은 설(舌)이다. 황(荒)은 고황(膏荒)이다.

30 **색은** 幕의 음은 막(漠)이다. 막(漠)은 병(病)이다. 손톱으로 터뜨리는 것을 말한다. **정의** 손톱으로 둘러싼 막을 터뜨리는 것이다.

31 **정의** 앞 글자의 음은 전[子錢反]이며, 아래 글자의 음은 환[胡管反]이다.

先生之方能若是	선생의 처방이 이 정도만 될 수 있으면
則太子可生也	태자를 살릴 수 있을 것이며,
不能若是而欲生之	이럴 수 없는데 살리고자 한다면
曾不可以告咳嬰之兒	젖먹이 아이에게도 알릴 수 없을 것입니다.”
終日	종일 그러다가
扁鵲仰天歎曰	편작이 하늘을 우러러 탄식하며 말하였다.
夫子之爲方也	“선생이 처방을 함은
若以管窺天	대롱으로 하늘을 살피고
以郄視文	틈으로 무늬를 보는 것과 같습니다.
越人之爲方也	저의 처방은
不待切脈[32]望色[33]聽聲[34]寫形[35]	
	맥을 짚고 안색을 보고 소리를 듣고 안팎을 보지 않아도
言病之所在	병이 있는 곳을 말합니다.
聞病之陽	병의 양을 들으면
論得其陰	그 음을 논하게 되고,

---

32 [정의] 『황제소문(黃帝素問)』『[황제내경(皇帝內經)』 「소문(素門)」편]에서는 말하였다. “진맥을 짚어보면 병을 안다. 촌구(寸口: 맥을 짚는 부위를 말함)는 여섯 맥인데 셋은 음이고 셋은 양으로 모두 춘하추동에 따라 그 맥의 변화를 관찰하면 병의 역순(逆順)을 안다.” 양현조(楊玄操)는 말하였다. “절(切)은 누른다는 뜻이다.”

33 [정의] 『소문(素問)』『[황제소문(黃帝素問)』]에서는 말하였다. “안색이 푸르면 맥이 팽팽하고 급할 것이며, 안색이 붉으면 맥이 떠 있고 짧을 것이고, 안색이 검으면 맥이 가라앉았다 떴다가 매끄러울 것이다.”

34 [정의] 『소문(素問)』에서는 말하였다. “잘 우는 자는 폐병이 있고, 노래를 잘하는 자는 비장에 병이 있으며, 헛소리를 잘하는 자는 심장에 명이 있고, 신음을 잘하는 자는 신장에 병이 있으며 잘 부르짖는 자는 간에 병이 있다.”

35 [정의] 『소문(素問)』에서는 말하였다. “따뜻함을 얻고자 하나 남을 만나려 하지 않는 자는 가병(家病)을 숨기며, 차가움을 얻고자 하나 남을 만나는 자는 가병을 모은다.”

聞病之陰	병의 음을 들으면
論得其陽³⁶	그 양을 논하게 됩니다.
病應見於大表	병이란 것은 겉으로 드러나게 마련이니
不出千里	천 리를 벗어나지 않고도
決者至衆	결정을 내릴 것이 매우 많아
不可曲止也³⁷	곡진히 할 수가 없습니다.
子以吾言爲不誠	그대가 내 말이 진실하지 않다고 생각할 경우
試入診太子	들어가 태자를 진찰해 볼 것이니
當聞其耳鳴而鼻張³⁸	귀에서는 소리가 나고 귀는 활짝 열려 있을 것이며
循其兩股以至於陰	두 다리를 따라 음부에 이르면
當尚溫也	아직도 따뜻할 것이오."

中庶子聞扁鵲言	중서자는 편작의 말을 듣자
目眩然而不瞬³⁹	눈이 휘둥그레져 눈도 깜짝이지 못하고
舌撟然而不下⁴⁰	혀가 위로 들러붙어 내릴 수가 없어

---

36 정의 『팔십일난(八十一難)』에서는 말하였다. "음의 병에 양을 행하고 양의 병에 음을 행하므로 막(幕)이 음에 있게 하고 유(俞)는 양에 있게 한다." 양현조는 말하였다. "배[腹]는 음이며 오장의 막은 배에 있으므로 막은 모두 음에 있다고 하였다. 등[背]은 양이고 오장의 유(俞)는 모두 등에 있으므로 유는 모두 양에 있다고 하였다. 내장에 병이 있으면 나와 양으로 행하는데 양유(陽俞)는 등에 있다. 신체의 바깥에 병이 있으면 들어가 음에서 행하는데 음막(陰幕)은 배에 있다." 『침법(鍼法)』에서는 말하였다. "양에서 음을 당기고 음에서 양을 당기는 것이다."

37 색은 지(止)는 어조사이다. 곡진하게 다 말할 수 없는 것이다. 정의 모두 나타나는 현상이 있어서 병이 머무르는 소재처를 곡진하게 다 말할 수 없다는 것이다.

38 정의 음은 창(漲)이다.

39 색은 眩의 음은 현(縣)이다. 瞬의 음은 순(舜)이다.

40 색은 撟의 음은 교[紀兆反]이다. 교(撟)는 드는 것이다.

乃以扁鵲言入報虢君	이에 편작이 말한 대로 들어가 괵군에게 보고 하였다.
虢君聞之大驚	괵군이 듣고 크게 놀라
出見扁鵲於中闕	대궐 한가운데로 나와 편작을 만나
曰	말하였다.
竊聞高義之日久矣	"가만히 고상하고 의로움을 들은 날이 오래되었습니다만
然未嘗得拜謁於前也	면전에서 배알을 한 적이 없습니다.
先生過小國	선생께서 작은 나라를 지나는 길에
幸而舉之	다행히 (태자를) 일으켜 주신다면
偏國寡臣⁴¹幸甚	구석진 나라의 과인에게는 정말 다행이겠습니다.
有先生則活	선생이 계시면 살아날 것이고
無先生則棄捐填溝壑	선생이 없으면 (목숨을) 버려 골짜기나 채워
長終而不得反	죽어서 돌아오지 못하게 될 것입니다."
言未卒	말을 채 마치지 못하고
因噓唏服臆⁴²	이어서 흐느끼며 비분해하는데
魂精泄橫	혼비백산한 듯하였으며
流涕長潸⁴³	눈물이 줄줄 흘러
忽忽承睫⁴⁴	속눈썹에 대롱대롱 맺혔고

---

41 색은 괵군(虢君)이 스스로 겸사한 말로 자기는 치우치고 먼 나라의 보잘것없는 신하라는 말이다.

42 색은 앞 글자의 음은 픽[皮力反]이고, 아래 글자의 음은 억(憶)이다.

43 집해 서광은 말하였다. "어떤 판본에는 '말이 채 끝나지도 않아 눈물이 마구 흐르며 흐느끼며 스스로 주체할 수 없었다(言未卒, 因涕泣交流, 嘘唏不能自止).'로 되어 있다." 색은 潸의 음은 산이다. 장산(長潸)은 눈물이 길게 떨어지는 것이다.

44 색은 음은 접(接)이다. 睫은 곧 첩(睫)이다. 승접(承睫)은 눈물이 드리워 속눈썹에 매달려 있는 것이다.

悲不能自止	슬픔을 주체할 수 없어
容貌變更	용모까지 바뀌었다.
扁鵲曰	편작이 말하였다.
若太子病	"태자의 병과 같은 것은
所謂尸蹶者也	이른바 '시궐(尸蹶)'이라는 것입니다.
夫以陽入陰中	대체로 양기가 음으로 들어가
動胃45繵46緣47	위를 움직여 맥이 위에 얽히어 돌고
中經維絡48	경맥과 낙맥을 막게 하며
別下於三焦膀胱49	따로 삼초와 방광으로 내려가
是以陽脈下遂50	이 때문에 양맥은 내려가 떨어지고
陰脈上爭51	음맥은 올라와 다투며

---

45 **정의** 『팔십일난(八十一難)』에서는 말하였다. "맥이 음부(陰部)에 있는데 오히려 양맥이 보이는 것은 양이 음으로 들어가기 때문인데 이것이 양이 음을 타는 것으로 맥이 비록 때로 가라앉지만 짧은데 이를 일러 양의 속에 음이 엎드려 있다는 것이라 한다. 맥이 양부에 있으면서 음맥이 보이는 것은 음이 양을 타는 것이며 맥이 비록 때때로 가라앉아 매끄럽고 길게 되는데 이를 일러 음 가운데 양이 엎드려 있다는 것이다. 위는 수곡(水穀)의 바다이다."

46 **색은** 음은 전[直延反]이다.

47 **정의** 繵의 음은 전[直延反]이다. 전연(繵緣)은 맥이 위를 얽히어 도는 것이다. 『소문(素問)』에서는 "천천히 떨어지는 것으로 낙맥(絡脈)이다."라 하였는데, 이 뜻이 아닐 것이다.

48 **집해** 서광은 말하였다. "유(維)는 '결(結)'로 된 판본도 있다." **정의** 『팔십일난(八十一難)』에서는 말하였다. "12경맥(經脈)과 15낙맥(絡脈)은 양유(陽維)와 음유(陰維)의 맥이다."

49 **정의** 『팔십일난(八十一難)』에서는 말하였다. "삼초(三焦)라는 것은 수곡(水穀)의 도로로 기의 처음과 끝이 있는 곳이다. 상초(上焦)는 심장 아래에 있으며, 하격(下鬲)은 위(胃)의 상구(上口)에 있다. 중초(中焦)는 위의 가운데 밥통에 있는데 올라가지도 않고 내려가지도 않는다. 하초(下焦)는 배꼽 아래에 있는데 방광(膀胱)의 상구를 마주하고 있다. 방광은 진액(津液)이 모이는 곳이다. 오줌은 9되 9홉이다." 경락이 삼초 및 방광으로 내려간다는 것을 말한다.

50 **집해** 서광은 말하였다. "어떤 판본에는 '추(隊)'로 되어 있다."

51 **정의** 遂의 음은 추[直類反]이다. 『소문(素問)』에서는 말하였다. "양맥이 아래로 떨어져 돌아오기 어렵고 음맥은 위로 다툼이 시위와 같다."

會氣閉而不通[52]	기가 모여 닫혀 통하지 않게 됩니다.
陰上而陽內行	음기는 올라가고 양기는 안으로 가며
下內鼓而不起	내려가 안에서 고동(鼓動)하지만 일어나지 못하고
上外絕而不爲使	올라가 밖에서 끊어지지만 부리지는 못하게 되며,
上有絕陽之絡	위로는 양의 맥락을 끊게 되고
下有破陰之紐[53]	아래로는 음의 적맥(赤脈)을 깨뜨리며
破陰絕陽	음이 깨지고 양이 끊기며
色廢[54]脈亂	색이 폐하여지고 맥이 어지러워지면
故形靜如死狀	신체가 고요해져서 죽은 모습처럼 됩니다.
太子未死也	태자는 아직 죽지 않았습니다.
夫以陽入陰支蘭藏者生[55]	대체로 양기가 음으로 들어가 맥락이 숨는 자는 살고
以陰入陽支蘭藏者死	음기가 양으로 들어가 맥락이 숨는 자는 죽습니다.
凡此數事	무릇 이 여러 가지 일이
皆五藏蹷中之時暴作也	모두 오장이 안에서 넘어질 때 갑자기 일어나는 것입니다.
良工取之[56]	훌륭한 의원은 그것을 취하며

---

52 **정의** 『팔십일난(八十一難)』에서는 말하였다. "부회(府會)는 태창(太倉)이고, 장회(藏會)는 계협(季脅)이며, 근회(筋會)는 양릉천(陽陵泉), 수회(髓會)는 절골(絕骨), 혈회(血會)는 격유(鬲俞), 골회(骨會)는 대저(大杼), 맥회(脈會)는 대연(大淵), 기회(氣會)는 삼초(三焦)인데, 이것을 일러 팔회(八會)라 한다."

53 **정의** 음은 뉴[女九反]이다. 『소문(素問)』에서는 말하였다. "뉴(紐)는 적맥(赤脈)이다."

54 **집해** 서광은 말하였다. "어떤 판본에는 '발(發)'로 되어 있다."

55 **정의** 『소문(素問)』에서는 말하였다. "지(支)는 순절(順節)이고 난(蘭)은 횡절(橫節)인데, 음의 지란(支蘭)이 쓸개에 숨는 것이다."

| 拙者疑殆 | 서툰 자는 위태롭다고 의심하게 됩니다." |

扁鵲乃使弟子子陽[57]厲鍼砥石[58]	편작은 이에 제자 자양으로 하여금 숫돌에 침을 갈게 하여
以取外三陽五會[59]	바깥의 삼양과 오회를 찾아내어 찔렀다.
有閒	얼마 있다가
太子蘇	태자는 깨어났다.
乃使子豹爲五分之熨	이에 자표로 하여금 절반으로 나눈 붙이는 약을 조제하게 하여
以八減之齊[60]和煮之	8할의 약제를 섞어서 끓인 다음
以更[61]熨兩脅下	양 겨드랑이 아래에 번갈아 붙이게 하였다.
太子起坐	태자는 일어나 앉았다.
更適陰陽	다시 음양을 적절히 하여
但服湯二旬而復故	탕약만 20일 복용하게 하였는데 옛날처럼 회복되었다.

---

56 **정의** 『팔십일난(八十一難)』에서는 말하였다. "하나를 아는 것은 하공(下工)이고 둘을 아는 것은 중공(中工), 셋을 아는 것은 상공(上工)이다. 상공은 열에 아홉은 완전하고, 중공은 열에 여덟이 완전하며 하공은 열에 여섯이 완전하다." 여광(呂廣)은 말하였다. "오장은 한번 앓으면 곧 다섯인데, 1장을 풀면 하공이고 3장을 풀면 중공, 5장을 풀면 상공이다."

57 **색은** 양(陽)은 편작의 제자이다.

58 **색은** 鍼의 음은 침(針)이다. 려(厲)는 가는 것을 말한다. 砥의 음은 지(脂)이다.

59 **정의** 『소문(素問)』에서는 말하였다. "수족에는 각기 삼음(三陰)과 삼양(三陽)이 있는데, 태음(太陰)과 소음(少陰), 궐음(厥陰), 그리고 태양(太陽)과 소양(少陽), 양명(陽明)이다. 오회(五會)는 백회(百會)와 흉회(胸會), 청회(聽會), 기회(氣會), 노회(臑會)이다."

60 **색은** 오분(五分)의 위(熨)와 팔감(八減)의 제(齊)이다. 오분(五分)의 위라는 것은 위(熨)를 온난하게 한 기운이 오분(五分)이 들어가는 것을 말한다. 팔감(八減)의 제(齊)라는 것은 약의 조제를 섞어 감하여 8이 되는 것이다. 모두 월인 당시에 이런 처방이 있었다.

61 **정의** 음은 갱[格彭反]이다.

故天下盡以扁鵲爲能生死人	그래서 천하에서는 모두 편작이 죽은 사람을 살릴 수 있다고 하였다.
扁鵲曰	편작이 말하였다.
越人非能生死人也	"저는 죽은 사람을 살릴 수 있는 것이 아니라
此自當生者	이 당연히 살 사람을
越人能使之起耳	제가 일어나게 할 수 있었을 뿐입니다."
扁鵲過齊	편작이 제나라를 지나게 되었는데
齊桓侯客之[62]	제환후가 그를 빈객으로 삼았다.
入朝見	들어가 조현하고
曰	말하였다.
君有疾在腠理[63]	"임금께서는 피하의 살결에 병이 있사온데
不治將深	치료하지 않으면 깊어질 것입니다."
桓侯曰	환후가 말하였다.
寡人無疾	"과인은 병이 없소."
扁鵲出	편작이 나가자
桓侯謂左右曰	환후는 좌우에 말하였다.
醫之好利也	"의원이 이익을 좋아하여
欲以不疾者爲功	병 없는 사람을 가지고 공을 세우려 하는군."
後五日	닷새 뒤에
扁鵲復見	편작이 다시 뵙고

---

62 집해 부현은 말하였다. "이때 제나라에는 환후(桓侯)가 없었다." 내[駰]가 생각건대 제후 (齊侯) 전화(田和)의 아들 환공오(桓公午)이다. 색은 부현은 "이때 제나라에는 환후가 없었 다."라 하였다. 배인(裴駰)은 "생각건대 제후 전화의 아들 환공오이다."라 하였다. 대체로 조간자(趙簡子)와 자못 또한 상당하다.

63 정의 앞 글자의 음은 주(湊)이고 피부를 말한다.

曰	말하였다.
君有疾在血脈	"임금께서는 혈맥에 병이 있사온데
不治恐深	치료하지 않으면 깊어질 것입니다."
桓侯曰	환후가 말하였다.
寡人無疾	"과인은 병이 없소."
扁鵲出	편작이 나가자
桓侯不悅	환후는 기뻐하지 않았다.
後五日	닷새 후
扁鵲復見	편작이 다시 뵙고
曰	말하였다.
君有疾在腸胃閒	"임금께서는 장과 위 사이에 병이 있사온데
不治將深	치료하지 않으면 깊어질 것입니다."
桓侯不應	환후는 대꾸하지 않았다.
扁鵲出	편작이 나가자,
桓侯不悅	환후는 기뻐하지 않았다.
後五日	닷새 후
扁鵲復見	편작이 다시 뵙고
望見桓侯而退走	환후를 바라보고는 물러나 달아났다.
桓侯使人問其故	환후가 사람을 시켜 그 까닭을 물어보게 하였다.
扁鵲曰	편작이 말하였다.
疾之居腠理也	"병이 피하의 살결에 있을 때는
湯熨之所及也	탕약과 고약이 미칠 만하며,
在血脈	혈맥에 있을 때는
鍼石之所及也	침석이 미칠 만하고,
其在腸胃	위와 장에 있을 때는

酒醪之所及也	약주가 미칠 만하며
其在骨髓	골수에 있을 때는
雖司命無奈之何[64]	사명이라 하더라도 그것을 어찌할 수 없습니다.
今在骨髓	지금은 골수에 있으니
臣是以無請也	신은 이 때문에 청을 하지 않은 것입니다."
後五日	닷새 후
桓侯體病	환후는 몸에 병이 났는데
使人召扁鵲	사람을 시켜 편작을 불렀으나
扁鵲已逃去	편작은 이미 도망쳐 떠났다.
桓侯遂死	환후는 결국 죽었다.

使聖人預知微	만약 성인이 기미를 미리 알고
能使良醫得蚤從事	훌륭한 의원으로 하여금 일찍 일을 처리하게 할 수 있다면
則疾可已	병은 나을 것이고
身可活也	몸은 살 것이다.
人之所病	사람들이 걱정하는 것은
病疾多[65]	질병이 많은 것이고,
而醫之所病	의원이 걱정하는 것은
病道少[66]	병을 고칠 방법이 적은 것이다.
故病有六不治	그러므로 병에는 여섯 가지 불치병이 있다.

---

64 사명(司命)은 전설상으로 내려오는 인간의 수명을 주관한다는 궁중의 작은 신을 말한다.
　　—옮긴이.

65 **정의** 병이 많은 것을 싫어하고 근심하는 것으로, 사람들은 질병이 많은 것을 싫어하고 근심한다는 말이다.

66 **집해** 서광은 말하였다. "근심하는 것은 오히려 병을 치료하는 것이다."

驕恣不論於理	교만 방자하여 이치를 따지지 않는 것이
一不治也	첫 번째 불치병이며,
輕身重財	몸을 가벼이 여기고 재물을 중시하는 것이
二不治也	두 번째 불치병이고,
衣食不能適	입고 먹는 것을 적절히 하지 않는 것이
三不治也	세 번째 불치병이며,
陰陽并	음양이 함께 있어
藏氣不定	오장의 기운이 정하여지지 않은 것이
四不治也	네 번째 불치병이고,
形羸不能服藥	몸이 약하여 약을 복용할 수 없는 것이
五不治也	다섯 번째 불치병이며,
信巫不信醫	무당을 믿고 의원을 믿지 않는 것이
六不治也	여섯 번째 불치병이다.
有此一者	이 한 가지만 있으면
則重難治也	중하여 고치기가 어렵다.
扁鵲名聞天下	편작의 이름은 천하에 알려졌다.
過邯鄲	한단을 지나면서
聞貴婦人	부인을 귀히 여긴다는 말을 듣고
即爲帶下醫	즉시 대하(帶下)를 고치는 의원이 되었으며,
過雒陽	낙양을 지날 때는
聞周人愛老人	주나라 사람이 노인을 아낀다는 말을 듣고
即爲耳目痺⁶⁷醫	즉시 귀와 눈 마비를 고치는 의원이 되었고,

---

67 색은 음은 비[必二反]이다.

來入咸陽	함양에 들어와서는
聞秦人愛小兒	진나라 사람들이 아이를 사랑한다는 말을 듣고
即爲小兒醫	소아를 고치는 의원이 되었으니
隨俗爲變	풍속에 따라 변화하였다.
秦太醫令李醯自知伎不如扁鵲也	
	진나라 태의령 이혜가 자기의 기술이 편작만 못함을 알고
使人刺殺之	사람을 시켜 찔러 죽이게 하였다.
至今天下言脈者	지금까지 천하에서 맥을 말하는 것은
由扁鵲也	편작에게서 비롯되었다.

太倉公者	태창공은
齊太倉長	제나라 태창장이며,
臨菑人也	임치 사람으로
姓淳于氏	성은 순우씨고
名意[68]	이름은 의(意)이다.
少而喜醫方術	젊어서부터 의술을 좋아하였다.
高后八年	고후 8년에
更受師同郡元里公乘陽慶[69]	같은 고을의 원리와 공승 양경을 번갈아 사사했다.

---

68 정의 『괄지지(括地志)』에서는 말하였다. "순우국(淳于國)의 성은 밀주(密州) 안구현(安丘縣) 동북쪽 30리 지점에 있는데 옛 짐관국(斟灌國)이다. 『춘추(春秋)』에 '주공(州公)이 조(曹)나라에 갔다.'라는 말이 있는데 『전(傳)』에서는 '겨울에 순우공(淳于公)이 조(曹)나라로 갔다.'라 하였다. (北魏 酈道元의)『수경주(水經注)』에는 '순우현(淳于縣)은 옛 하후씨(夏后氏)의 짐관국(斟灌國)이며, 주무왕(周武王)이 순우공(淳于公)에게 봉하여 순우국(淳于國)이라 불렀다.'라 하였다."

慶年七十餘	양경은 나이가 70 남짓 되었는데
無子	아들이 없어
使意盡去其故方	순우의에게 그의 옛 의방(醫方)을 모두 버리게 하고
更悉以禁方予之	다시 비방을 모두 그에게 주어
傳黃帝扁鵲之脈書	황제와 편작의 맥에 관한 책을 전하였는데
五色診病[70]	다섯 가지 안색으로 병을 진단하고
知人死生	사람이 죽을지 살지를 알았으며
決嫌疑	의심 가는 증세를 결정하여
定可治	치료할 수 있는 것을 정하고
及藥論	아울러 약론도 전하였는데
甚精	매우 정미(精微)로웠다.
受之三年	배운 지 3년 만에
爲人治病	남의 병을 치료해 주고
決死生多驗	죽을지 살지를 결단함에 효험이 많았다.
然左右行游諸侯	그러나 이리저리 제후국을 놀러 다녀
不以家爲家	집을 집으로 삼지 않고
或不爲人治病	어떨 때는 남의 병을 치료해 주지도 않아
病家多怨之者	환자들 가운데 원망하는 자가 많았다.
文帝四年中	문제 4년 중에

---

69 **정의** 「백관표(百官表)」에서는 공승(公乘)은 여덟째 작위라고 하였다. 안사고(顔師古)는 말하였다. "공(公)의 수레에 탄 것을 말한다."

70 **정의** 『팔십일난(八十一難)』에서는 말하였다. "오장(五藏)에는 색이 있는데 모두 얼굴에 드러나며 또한 촌구(寸口)의 척(尺) 내에서 서로 상응한다." 그 얼굴색과 상응하는 것은 이미 앞에 보인다.

人上書言意	어떤 사람이 글을 올려 순우의를 고발하여
以刑罪當傳西之長安[71]	형법에 의해 역마로 서안에 보내지게 되었다.
意有五女	순우의에게는 딸이 다섯 있었는데
隨而泣	따라서 눈물을 흘렸다.
意怒	순우의가 노하여
罵曰	꾸짖어 말하였다.
生子不生男	"자식을 낳아도 사내를 낳지 못하여
緩急無可使者	급한 일이 생겨도 부릴 만한 놈이 없다니!"
於是少女緹縈傷父之言[72]	이에 막내딸인 제영이 아버지의 말을 가슴 아프게 여겨
乃隨父西	이에 아버지를 따라 서쪽으로 갔다.
上書曰	글을 올려 말하였다.
妾父爲吏	"첩의 부친은 관리로
齊中稱其廉平	제나라에서 청렴하고 공평하다는 칭찬을 들었는데
今坐法當刑	지금 죄에 걸려 형벌을 받게 되었습니다.
妾切痛死者不可復生而刑者不可復續[73]	첩은 죽은 자는 다시 살 수 없고 형벌을 받은 자는 죄를 씻을 수 없다는 것을 절실히 통감하여
雖欲改過自新	비록 잘못을 고쳐 스스로 새로워지려고 해도
其道莫由	그리 할 방도가 없으니
終不可得	끝내 할 수가 없습니다.
妾願入身爲官婢	첩은 원컨대 몸이 관비가 되어

---

71 색은 傳의 음은 전[竹戀反]이다. 전(傳)은 역마에 태워 보내는 것이다.

72 색은 緹의 음은 제(啼)이다. 縈의 음은 영[紆營反]이다.

73 집해 서광은 말하였다. "어떤 판본에는 '속(贖)'으로 되어 있다."

以贖父刑罪	부친의 형벌을 속죄하여
使得改行自新也	행실을 고쳐 스스로 새롭게 되도록 하였으면 합니다."
書聞	글이 보고되자
上悲其意	임금은 그 뜻을 슬프게 여겨
此歲中亦除肉刑法[74]	그해 안에 육형(肉刑)의 법을 없앴다.

意家居	순우의가 집에 있는데
詔召問所爲治病死生驗者幾何人也	조령으로 불러 병을 치료하고 죽을지 살지에 대한 효험이 있었던 자가 몇이나 되는지
主名爲誰	당사자의 이름은 무엇인지 물어보았다.

詔問故太倉長臣意	조령으로 옛 태창장 순우의에게 묻는다.
方伎所長	"뛰어난 의료 기술과
及所能治病者[75]	잘 치료하는 병은 무엇인가?

---

74 **집해** 서광은 말하였다. "「연표(年表)」에 의하면 효문(孝文) 12년에 육형을 없앴다."
정의 『한서(漢書)』 「형법지(刑法志)」에서는 "효문제(孝文帝) 즉위 13년에 육형 세 가지를 없앴다."라 하였다. 맹강(孟康)은 말하였다. "경형(黥刑)과 의형(劓刑) 두 가지, 좌우의 발을 자르는 것이 한 가지로 모두 세 가지이다." 반고(班固)의 시에서는 말하였다. "삼왕의 덕 오래되어 엷어져, 후대에는 육형 썼다네. 태창령 죄 지어, 장안성에 보내졌다네. 스스로 아들 없음 한스러워하여, 곤경에 처해 급해지자 다만 외로웠다네. 막내 딸 아비의 말 애통해하여, 죽은 자는 살아날 수 없다 하였네. 글 올려 대궐에 이르니, 옛 노래 「계명(雞鳴)」 생각게 하네. 근심스런 마음 꺾이고 찢어지는데, 새벽바람 일어 격한 소리 내네. 성스러운 한나라의 효문제, 슬피 지극한 감정 느끼셨다네. 온갖 남자들 아무리 요란 떨어도, 제영 하나만 못하다네!(三王德彌薄, 惟後用肉刑. 太倉令有罪, 就遞長安城. 自恨身無子, 困急獨煢煢. 小女痛父言, 死者不可生. 上書詣闕下, 思古歌雞鳴. 憂心摧折裂, 晨風揚激聲. 聖漢孝文帝, 惻然感至情. 百男何憒憒, 不如一緹縈)"

有其書無有	거기에 관련된 책은 있는가?
皆安受學	모두 어디서 배웠는가?
受學幾何歲	배운 지는 몇 년이나 되는가?
嘗有所驗	효험이 있었다면
何縣里人也	무슨 현의 마을 사람인가?
何病	무슨 병인가?
醫藥已	치료하고 약을 썼다면
其病之狀皆何如	그 병의 증상은 모두 어떠하였는가?
具悉而對	모두 아는 대로 대답하라."
臣意對曰	순우의가 대답하여 말하였다.

自意少時	저는 젊어서부터
喜醫藥	의약을 좋아했는데
醫藥方試之多不驗者	의약 처방을 시험해 보았으나 거의 효험을 보지 못했습니다.
至高后八年[76]	고후 8년이 되어
得見師臨菑元里公乘陽慶	스승인 임치의 원리와 공승 양경을 만나게 되었습니다.
慶年七十餘	양경은 연세가 일흔 남짓 되었는데
意得見事之	제가 뵙고 섬기게 되었습니다.
謂意曰	제게 말하였습니다.
盡去而方書	"네 처방책은 모두 버려라.
非是也	옳지 않은 것이다.

---

75 【집해】 서광은 말하였다. "어떤 판본에는 '위(爲)'로 되어 있는데, 위(爲) 또한 치료[治]한다는 뜻이다."

76 【집해】 서광은 말하였다. "의(意)의 나이 36세 때이다."

慶有古先道遺傳黃帝扁鵲之脈書

> 나는 옛 선세(先世)의 의원이 물려준 황제와 편작의 맥서를 가지고 있는데

五色診病

> 다섯 가지 안색으로 병을 진단하고

知人生死

> 사람이 죽을지 살지를 알며

決嫌疑

> 의심 가는 증세를 결정하여

定可治

> 치료할 수 있는 것을 정하고

及藥論書

> 아울러 약론도 전하는데

甚精

> 매우 정미롭다.

我家給富

> 우리 집은 부유하고

心愛公

> 진심으로 그대를 사랑하니

欲盡以我禁方書悉教公

> 나의 비방의 책을 모두 그대에게 가르쳐주고자 한다."

臣意即曰

> 저는 곧 대답하였습니다.

幸甚

> "매우 다행입니다.

非意之所敢望也

> 제가 감히 바랄 것이 아닙니다."

臣意即避席再拜謁

> 저는 곧 자리를 피하고 두 번 절하여 뵙고

受其脈書上下經五色診奇咳⁷⁷術揆度陰陽外變藥論石神接陰陽禁書

> 그 맥서(脈書) 상·하경(上·下經)과 오색진(五色診), 기해술(奇咳術), 규도음양외변(揆度陰陽外變), 약론(藥論), 석신(石神), 접음양(接陰陽) 등의 비방의 책을 받았으며

---

77 **집해** 奇의 음은 기(羈)이다. 咳의 음은 해(該)이다. **정의** 『팔십일난(八十一難)』에서는 말하였다. "기경팔맥(奇經八脈)이라는 것은 양유(陽維)가 있고 음유(陰維)가 있으며, 양교(陽蹻), 음교(陰蹻), 충(衝), 독(督), 임(任), 대(帶)의 맥(脈)이 있다. 무릇 이 여덟 가지는 모두 경(經)에 구애되지 않으므로 기경팔맥(奇經八脈)이라고 하는 것이다." 고야왕(顧野王)은 말하였다. "해(胲)는 宊에 해당한다." 또한 말하였다. "발가락과 손가락, 털과 가죽이다." 「예문지(蓺文志)」[『한서(漢書)』]에 『오음기해용병(五音奇胲用兵)』 26권이 있다. 허신(許愼)은 말하였다. "해(胲)는 군중(軍中)의 약속이다."

受讀解驗之	받아서 읽고 이해하고 징험해 본 것이
可一年所	1년 남짓 되었을 것입니다.
明歲卽驗之	이듬해에 즉시 시험해 보았는데
有驗	효험이 있었으나
然尙未精也	아직 정통하지 않았습니다.
要事之三年所	3년쯤 섬기고
卽嘗已爲人治	곧 일찍이 제가 남을 치료해 보았더니
診病決死生	병을 진찰하고 죽고 사는 것을 결정하는 데
有驗	효험이 있었고
精良	정통하고 훌륭해졌습니다.
今慶已死十年所	지금 양경은 이미 죽은 지 10년쯤 되었으며
臣意年盡三年	저는 꼬박 3년을 배웠는데
年三十九歲也	나이가 39세였습니다.

齊侍御史成自言病頭痛	제나라의 시어사 성(成)이 스스로 두통이 있다고 하여
臣意診其脈	제가 진맥을 해보고
告曰	알려 주었습니다.
君之病惡	"그대의 병은 악성이어서
不可言也	말할 수가 없소."
卽出	곧 나와서
獨告成弟昌曰	성의 아우 창(昌)에게만 알려주었습니다.
此病疽78也	"이것은 등창으로
內發於腸胃之間	몸 안의 장과 위 사이에서 발병하여

---

78 **집해** 음은 저[七如反]이다.

後五日當臛腫⁷⁹	닷새 뒤에는 옹종이 되었다가
後八日嘔膿⁸⁰死	여드레 후에는 피고름을 토하며 죽습니다."
成之病得之飮酒且內	성의 병은 음주와 방사로 얻은 것입니다.
成即如期死	성은 곧 때가 되어 죽었습니다.
所以知成之病者	성의 병을 안 것은
臣意切其脈	제가 그 맥을 짚었을 때
得肝氣	간의 기(氣)를 알았기 때문입니다.
肝氣濁⁸¹而靜⁸²	간의 기가 혼탁한데도 조용하면
此內關之病也⁸³	이는 내관의 병입니다.
脈法曰脈長而弦	맥법에서는 말하기를 "맥이 길고 시위 같아
不得代四時者⁸⁴	사철에 따라 대사(代謝)가 이루어지지 못하는 것은
其病主在於肝	그 병의 원인이 간(肝)에 있다.
和即經主病也⁸⁵	고르면 경맥이 병의 원인이며

---

79 정의 앞의 글자[臛]는 음이 옹이고 뒤의 글자[腫]는 음이 종이다.

80 정의 음은 농[女東反]이다.

81 집해 서광은 말하였다. "'민(電)'으로 된 판본도 있다."

82 집해 서광은 말하였다. "'청(淸)'으로 된 판본도 있다."

83 정의 『팔십일난(八十一難)』에서는 말하였다. "관(關)이 마침내 한 자[尺] 들어간 것이 내관 (內關)이다." 여광(呂廣)은 말하였다. "맥이 관(關)에서 척택(尺澤)에 이른 것을 내관(內關)이 라고 한다."

84 정의 왕숙화의 『맥경』에서는 말하였다. "오는 것이 잦고 중간에 그치어 스스로 돌아올 수 없고 이어서 다시 움직이는 것을 대라고 한다. 대(代)를 하는 사람은 죽는다." 『소문(素問)』 에서는 말하였다. "병이 마음에 있으면 여름에는 낫고 겨울에는 심해지며, 병이 비장에 있 으면 가을에 낫고 봄에 심해지고, 병이 폐에 있으면 겨울에 낫고 여름에는 심해지며, 병이 신장에 있으면 봄에는 낫고 여름에 심해지고, 병이 간에 있으면 여름에는 낫고 가을에 심 해진다."

85 정의 왕숙화의 『맥경』에서는 말하였다. "맥이 길고 팽팽하면 간에 병이 있는 것이다." 『소 문(素問)』에서는 말하였다. "근육에서 병을 얻으면 간이 화(和)한 것이다."

代則絡脈有過[86]	대사가 이루어지면 낙맥이 지나침이 있는 것이다." 라 하였습니다.
經主病和者	경맥이 병의 원인인데 고른 것은
其病得之筋髓裏	그 병은 근수(筋髓)에서 얻은 것입니다.
其代絕而脈賁者	끊어졌다가 다시 맥박이 급히 뛰는 것은
病得之酒且內	그 병을 술과 방사에서 얻은 것입니다.
所以知其後五日而癰腫	닷새 뒤에는 옹종이 되었다가,
八日嘔膿死者	여드레 후에는 피고름을 토하며 죽는 것을 안 까닭은
切其脈時	맥을 짚었을 때
少陽初代	소양맥에 처음으로 대맥이 나타나서였습니다.
代者經病	대맥에 병이 거치면
病去過人	병이 가서 사람을 잘못되게 하여
人則去	사람이 죽습니다.
絡脈主病	낙맥이 병의 원인이 되면
當其時	이때는

---

86 정의 『소문(素問)』에서는 말하였다. "맥에는 미치지 못하는 것이 있고 너무 지나친 것이 있으며 경(經)이 있고 낙(絡)이 있다. 화(和)하면 경이 병의 원인이고 대맥[代]이 있으면 낙에 탈이 있다." 『팔십일난(八十一難)』에서는 말하였다. "관(關)의 앞이라는 것은 양이 움직이는 것이며, 맥은 9할이 보이며 뜬다. 지나친 것은 맥법에서 태과(太過)라 하였으며, 모자란 것은 맥법에서 불급(不及)이라 하였다. 마침내 어제[魚際: 혈위명(穴位名)]로 올라 넘치게 되며 외관(外關)과 내격(內格)이 되는데 이는 음이 타는 맥이다. 관(關) 이후의 것은 음이 움직이는 것이며 맥은 마땅히 한 치만 보이는데 가라앉는다. 지나친 것은 맥법에서 태과(太過)라 하며, 모자란 것은 맥법에서 불급(不及)이라 한다. 마침내 한 자만큼 들어가 복(覆)이 되어 내관과 외격이 되는데 이는 양이 타는 맥이다. 그러므로 복일(覆溢)이라 하며 이는 진장(真藏)의 맥으로 사람들은 병이 들지 않고도 죽는다." 여광(呂廣)은 말하였다. "9분(九分)이 넘고 1촌(一寸)을 넘어서는 것은 각기 너무 지나친 것이라 한다. 구분에 미치지 못하고 이분이나 4~5분에 이르면 이는 너무 지나친 것이다. 1촌(寸)이 차지 않고 8분이나 5~6분이 보이면 이는 미치지 못하는 것이다."

少陽初關一分	소양이 초관의 일분(一分)이므로
故中熱而膿未發也	속에 열만 있고 피고름은 아직 나지 않으며
及五分	오분(五分)이 되면
則至少陽之界[87]	소양의 경계에 이르며
及八日	8일 만에
則嘔膿死	피고름을 토하고 죽게 되므로
故上二分而膿發	위로 이분(二分)이면 피고름이 나고
至界而臛腫	경계에 이르면 옹종이 나서
盡泄而死	몽땅 쏟아내고 죽습니다.
熱上則熏陽明	열이 오르면 양맥이 찌게 하며
爛流絡	유락이 문드러지게 하는데
流絡動則脈結發	유락이 움직이면 맥이 이어진 곳에서 병이 나고
脈結發則爛解	맥이 이어진 곳에서 병이 나면 문드러지고 풀려서
故絡交	낙에 엇섞이게 됩니다.
熱氣已上行	열기가 이미 위로 가서
至頭而動	머리에 이르러 움직이므로
故頭痛	머리가 아픈 것입니다.

---

87 집해 서광은 말하였다. "'분(分)'으로 된 판본도 있다. 위에서 '간과 심장이 서로 오분만큼 떨어져 있으므로 닷새면 다하게 될 것이다.'라 하였다." 정의 왕숙화의 『맥경』에서는 말하였다. "삼문(三門)의 경계의 맥의 조짐을 주관하는 것을 분별하여 어제(魚際)에서 팔의 뼈까지 1촌을 물려서 가며 그 가운데 이름을 촌구(寸口)라 하며, 그 자신의 팔의 뼈는 촌에서 척에 이르러 척택(尺澤)이라 하므로 척(尺)이라 한다. 촌의 뒤 척의 앞을 관(關)이라고 한다. 양은 나오고 음은 들어가며 관을 경계로 삼고 양은 삼분(三分)에서 나오므로 삼음삼양(三陰三陽)이라고 한다. 양은 척에서 나고 촌에서 움직이며, 음은 촌에서 나고 척에서 움직인다. 촌은 상초(上焦)를 쏘는 것을 주관하고 머리에서 나와 피부의 털에 이르며 손에서 끝난다. 관은 중초를 쏘는 것을 주관하며 배에서 허리에 미친다. 척은 하초를 쏘는 것을 주관하는데 아랫배에서 발까지 이른다."

齊王中子諸嬰兒小子病	제왕의 삼형제 가운데 둘째아들의 아이들 중 막내가 병이 들어
召臣意診切其脈	저를 불러 진맥을 하게 하여
告曰	아뢰었습니다.
氣鬲病	"기격병(氣鬲病)입니다.
病使人煩懣	병은 사람을 번민케 하고
食不下	음식을 삼키지 못하며
時嘔沫	이따금 거품을 토하게 됩니다.
病得之心憂	병은 근심에서 얻은 것으로
數忔食飲[88]	자주 먹고 마시는 것을 싫어해서입니다."
臣意即爲之作下氣湯以飲之	저는 즉각 하기탕(下氣湯)을 지어 마시게 하였는데
一日氣下	첫날에는 기가 내려가고
二日能食	둘째 날에는 먹을 수 있게 되고
三日即病愈	셋째 날에는 병이 나았습니다.
所以知小子之病者	막내아들의 병을 알게 된 것은
診其脈	그 맥을 진단하여
心氣也	마음의 기가
濁[89]躁而經也	탁하고 조급하여 빨랐기 때문인데
此絡陽病也	이는 낙양의 병입니다.
脈法曰脈來數疾去難而不一者	
	맥법에서는 "맥이 옴은 자주 빠르고 감은 어려워 일정치 않은 것은
病主在心	병의 원인이 마음에 있는 것이다."라 하였습니다.
周身熱	몸에 두루 열이 나고

---

88 색은 忔의 음은 흘[疑乙反]이다. 흘(忔)은 풍으로 마비가 되어 싫어하여 움직일 수 없는 것이다.
89 집해 서광은 말하였다. "'민(黽)'으로 된 판본도 있으며, 또한 '맹(猛)'으로 된 판본도 있다."

脈盛者	맥이 성한 것은
爲重陽90	중양입니다.
重陽者	중양이라는 것은
逿心主91	마음을 두근거리게 하는 원인입니다.
故煩滿食不下則絡脈有過	그러므로 번민하여 음식을 삼키지 못하면 낙맥에 잘못이 생기며
絡脈有過則血上出	낙맥이 잘못되면 피가 위로 솟고
血上出者死	피가 위로 솟는 자는 죽습니다.
此悲心所生也	이는 슬픈 마음에서 생기는 것으로
病得之憂也	병은 근심에서 얻은 것입니다.

齊郎中令循病	제나라의 낭중령 순(循)이 병이 들자
眾醫皆以爲蹶入中	뭇 의원들은 모두 기가 거슬러 올라 몸 안으로 들어갔다 하며
而刺之	침을 놓았습니다.
臣意診之	신이 진찰을 해보고
曰	말하였습니다.
湧疝也92	"용산(湧疝)으로
令人不得前後溲93	사람이 대소변을 볼 수 없게 합니다."

---

90 **색은** 앞 글자의 음은 종[直隴反]이다.

91 **집해** 서광은 말하였다. "逿의 음은 당(唐)이다. 탕(逿)은 탕(盪)이다. 탕심(盪心)의 병을 앓는다는 것은 심장을 찌르는 것과 같다." **색은** 탕(逿)은 글자대로 읽는다. **정의** 『팔십일난 (八十一難)』에서는 말하였다. "손바닥 복판은 중궁(中宮)을 주관하며, 중부(中部)에 있다." 양현조는 말하였다. "손바닥 복판은 포락(胞絡)을 주관한다. 배꼽 위에서 대격(帶鬲)에 이르기까지가 중초(中焦)이다."

92 **색은** 앞의 글자는 음이 용(勇)이다. 아래 글자의 음은 산(訕), 산[所諫反]이다. 추탄생(鄒誕 生)은 疝의 음은 산(山)이라고 하였다.

循曰	순이 말하였습니다.
不得前後溲三日矣	"대소변을 못 본 지가 사흘 되었습니다."
臣意飮以火齊湯[94]	신이 화제탕을 마시게 하였는데
一飮得前後溲	한 번 마시니 대소변을 보게 되었고
再飮大溲	두 번 마시니 대소변을 아주 잘 보았으며
三飮而疾愈	세 번 마시니 병이 나았습니다.
病得之內	병은 여색으로부터 얻은 것입니다.
所以知循病者	순의 병을 알게 된 것은
切其脈時	그 맥을 짚었을 때
右口氣急[95]	오른손의 촌구(寸口)가 기가 급박하여
脈無五藏氣	맥에서 오장의 기운이 없었고
右口[96]脈大而數	오른손의 촌구맥이 크고 촉급했기 때문입니다.
數者中下熱而湧	(맥이) 촉급한 것은 가운데의 아래에서 열이 끓어오르며
左爲下	왼쪽이 아래가 되고
右爲上	오른쪽은 위가 되어
皆無五藏應	모두 오장에 응함이 없으므로
故曰湧疝	용산이라고 하였습니다.
中熱	체내에 열이 있어서
故溺赤也[97]	오줌이 붉었던 것입니다.

---

93 **색은** 溲의 음은 수[所留反]이다. 전수(前溲)는 소변(小便)을 말한다. 후수(後溲)는 대변(大便)이다.

94 **정의** 飮의 음은 음[於禁反]이다.

95 **집해** 서광은 말하였다. "右는 어떤 판본에는 '유(有)'로 되어 있다." **정의** 왕숙화의 『맥경』에서는 말하였다. "오른손의 촌구(寸口)는 곧 기구(氣口)이다."

96 **정의** 오른손의 촌구(寸口)를 이른다.

97 **정의** 溺의 음은 도[徒弔反]이다.

662

齊中御府長信病	제나라 중어부의 장(長)인 신(信)이 병이 나서
臣意入診其脈	신(臣)이 들어가 진맥을 해보고
告曰	일러주었습니다.
熱病氣也	"열병의 맥기(脈氣)입니다.
然暑汗	그러나 더우면 땀이 나고
脈少衰	맥이 조금 쇠약해지긴 하지만
不死	죽지는 않습니다."
曰	또 말하였습니다.
此病得之當浴流水而寒甚	"이 병은 흐르는 물에 몸을 씻어 한기가 심한 데서 얻었을 것이며
已則熱	얼마 후에는 열이 났을 것입니다."
信曰	신(信)이 말하였습니다.
唯	"예,
然⁹⁸	그렇습니다!
往冬時	지난해 겨울에
爲王使於楚	왕을 위해 초나라에 사신으로 갔다가
至莒縣⁹⁹陽周水	거현의 양주수에 이르렀는데
而莒橋梁頗壞	거현의 교량이 자못 부서져
信則擘¹⁰⁰車轅未欲渡也	저는 수레의 끌채를 잡고서 건너고자 하지 않았는데
馬驚	말이 놀라는 바람에
即墮	그대로 떨어져
信身入水中	제 몸이 물속에 빠졌고
幾死	거의 죽을 뻔하던 차에

---

98 **정의** 唯의 음은 유[惟癸反]이다.

99 **정의** 거(莒)는 밀주현(密州縣)이다.

100 **정의** 음은 견(牽)이다.

吏即來救信	수행 관리들이 와서 저를 구하여
出之水中	물속에서 꺼내었는데
衣盡濡	옷이 다 젖어
有閒而身寒	조금 후에 몸이 으슬으슬해지더니
已熱如火	얼마 후부터 불처럼 열이 나
至今不可以見寒	저는 지금까지 추위를 당할 수가 없습니다."
臣意即爲之液湯火齊逐熱	신(臣)은 즉시 그에게 화제 탕약을 지어주어 열을 쫓았는데
一飮汗盡	한 번 마시자 땀이 없어졌고
再飮熱去	두 번 마시니 열이 물러났고
三飮病已	세 번 마시자 병이 나았습니다.
即使服藥	바로 약을 복용하게 하였더니
出入二十日	20일 전후로
身無病者	몸에 병이 없어졌습니다.
所以知信之病者	신의 병을 알게 된 것은
切其脈時	맥을 짚었을 때
并陰	모두 음(陰)이어서였습니다.
脈法曰熱病陰陽交者死	맥법에서는 '열병에 음양이 번갈아 나타나면 죽는다'고 하였습니다.
切之不交	맥을 짚어보니 번갈아 나타나지는 않았고
并陰	모두 음이었습니다.
陰者	음은
脈順清而愈	맥이 순하고 맑으면 낫고
其熱雖未盡	그 열이 다 가셔지지 않더라도
猶活也	그래도 삽니다.
腎氣有時閒濁[101]	신장의 기운이 이따금 탁해지기도 하고

在太陰脈口而希	태음의 맥구에 있으며 희박하면
是水氣也	이는 수기(水氣)입니다.
腎固主水	신장은 실로 물을 주관하므로
故以此知之	이 때문에 알게 되었습니다.
失治一時	치료할 때를 놓치면
即轉爲寒熱	한열증으로 전이됩니다.

齊王太后病	제왕의 태후가 병이 들어
召臣意入診脈	신을 부르기에 들어가 진맥을 해보고
曰	말하였습니다.
風癉客脬[102]	"풍단(風癉)이 방광에 들어가
難於大小溲	대소변을 보기가 어렵고
溺赤	오줌이 붉습니다."
臣意飮以火齊湯	신이 화제탕을 마시게 하였더니
一飮即前後溲	한 번 마시고는 대소변을 보게 되었고
再飮病已	두 번 마시자 병이 나았는데
溺如故	오줌은 그대로였습니다.
病得之流汗出潃[103]	병은 땀을 흘릴 때 순(潃)이 나온 데서 얻은 것입니다.
潃者	순이라는 것은
去衣而汗晞也	옷을 벗을 때 땀이 마르는 것입니다.
所以知齊王太后病者	제왕의 태후의 병을 안 것은

---

101 **집해** 서광은 말하였다. "'민(黽)'으로 된 판본도 있다."

102 **색은** 癉은 병으로 음은 단(亶)이다. 脬의 음은 보[普交反]이며, '포(胞)'라고도 한다. **정의** 癉의 음은 단[單旱反]이다. 脬는 또한 '포(胞)'라고도 하는데, 방광이다. 풍단(風癉)의 병은 방광에 와서 깃드는 것이라는 말이다.

103 **색은** 유씨(劉氏)는 음이 순(巡)이라고 하였다.

臣意診其脈	신이 진맥을 하면서
切其太陰之口	태음맥의 맥구를 짚었을 때
溼然風氣也	습한 풍기가 있어서였습니다.
脈法曰沈之而大堅[104]	맥법에서는 "가라앉으면 크고 단단해지며
浮之而大緊者[105]	뜨면 크고 팽팽해지면
病主在腎	병의 원인은 신장에 있다."라 하였습니다.
腎切之而相反也	신장은 짚어보면 상반되어
脈大而躁	맥이 크고 조급해집니다.
大者	크다는 것은
膀胱氣也	방광의 기운이고,
躁者	조급하다는 것은
中有熱而溺赤	안에 열이 있고 오줌이 붉게 됩니다.
齊章武里曹山跗病[106]	제나라 장무리의 조산부(曹山跗)가 병이 들어
臣意診其脈	신이 진맥을 해보고는
曰	말하였습니다.
肺消癉也	"폐의 소단(消癉)에
加以寒熱	한열까지 더하여졌습니다."
即告其人曰	즉시 그 사람에게 알렸습니다.
死	"죽을 것이며
不治	치료를 하지 못합니다.

---

104 정의 沈은 어떤 판본에는 '심(深)'으로 되어 있다. 왕숙화의 『맥경』에서는 말하였다. "맥이 크고 단단하면 병은 신장에서 나온다."

105 정의 緊의 음은 긴[吉忍反]이다. 『소문(素問)』에서는 말하였다. "맥이 짧고 실하며 잦은 것은 끈을 끊는 것과 비슷하므로 긴(緊)이라고 한 것이다."

106 색은 跗의 음은 부[方符反]이다.

適其共養	그들이 공양(供養)을 해주기는 하지만
此不當醫[107]治	치료는 못합니다."
法曰後三日而當狂	맥법에서는 "사흘이 지나면 미치고
妄起行	함부로 일어나 돌아다니며
欲走	달리려 할 것이고,
後五日死	닷새가 지나면 죽는다."라 하였습니다.
即如期死	곧 정한 날대로 죽었습니다.
山跗病得之盛怒而以接內	산부의 병은 크게 성을 내고 방사를 한 데서 얻었습니다.
所以知山跗之病者	산부의 병을 알게 된 것은
臣意切其脈	신이 맥을 짚었을 때
肺氣熱也	폐의 기운이 뜨거워서였습니다.
脈法曰不平不鼓 形獘[108]	맥법에서 말하기를 "고르지 않고 고동치지 않는다면 몸이 쇠약한 것이다."라 하였습니다.
此五藏高之遠數以經病也	이는 오장이 높은 데서 멀리 가 차례로 거치면서 병이 난 것이므로
故切之時不平而代[109]	맥을 짚었을 때는 맥이 고르지 않았고 대맥이 나타

---

107 색은 適의 음은 석(釋)이다. 共의 음은 공(恭)이다. 산부(山跗)의 집에서는 가진 재물로 나를 공양해 주지만 나는 감당을 할 수 없다는 것으로 그 사람의 치료를 감당하지 못한다는 말이다.

108 집해 서광은 말하였다. "어떤 판본에는 '산(散)'으로 되어 있다." 정의 왕숙화의 『맥경』에서는 말하였다. "평(平)은 봄은 간으로 목(木)이 주관하고, 그 맥이 가늘고 길며, 여름은 심장으로 화(火)가 주관하며, 그 맥이 크고 흩어지고, 6월은 비장으로 토(土)가 주관하며, 그 맥이 아주 크면서도 느리고, 가을은 폐로 금(金)이 주관하는데 그 맥은 뜨고 껄끄러우며 짧고, 겨울은 신장으로 수(水)가 주관하는데 그 맥은 가라앉고 매끄러운데 평맥(平脈)이라고 한다."

109 정의 『소문(素問)』에서는 말하였다. "혈기가 바뀌는 곳을 불평(不平)이라 하고, 맥후(脈候)가 움직여 고정되지 않는 것을 대(代)라고 한다."

난 것입니다.

不平者	고르지 않다는 것은
血不居其處	피가 그곳에 머물지 않는다는 것이며,
代者	대맥은
時參擊並至	그때 한꺼번에 치고 함께 이르러
乍躁乍大也	조급해지는 듯하다가 커지게 된 것입니다.
此兩絡脈絶	이는 두 낙맥이 끊어진 것이므로
故死不治	죽을 것이며 치료를 하지 못하는 것입니다.
所以加寒熱者	한열이 더하여졌다는 것은
言其人尸奪	그 사람이 시체처럼 몸이 야위었다는 것을 말합니다.
尸奪者	시체처럼 몸이 야위었다는 것은
形獘	몸을 약하게 하며,
形獘者	몸이 약해지면
不當關灸鑱石及飮毒藥也	뜸과 침 및 약도 쓸 수 없는 것입니다.
臣意未往診時	신이 아직 진맥을 하러 가지 않았을 때
齊太醫先診山跗病	제나라 태의가 먼저 산부의 병을 진찰하고
灸其足少陽脈口	그 발의 소양 맥구에 뜸을 뜨고
而飮之半夏丸	반하환을 먹게 하였는데
病者即泄注	병자는 바로 설사로 쏟아내어
腹中虛	배 속이 비게 되었고,
又灸其少陰脈	또한 그 소음맥에 뜸을 떴는데
是壞肝剛絶深	이는 간의 강함을 파괴함이 매우 심하였으며
如是重損病者氣	이렇게 하여 병자의 기운을 거듭 손상시켜
以故加寒熱	이 때문에 한열이 더하여진 것입니다.
所以後三日而當狂者	사흘 뒤에 미치게 되는 것은
肝一絡連屬結絶乳下陽明[110]	간의 한 낙맥이 유방 밑의 양명에 이어져 연결되어

	있는데
故絡絶	낙맥이 끊어져
開陽明脈	양명의 맥을 열어놓았고
陽明脈傷	양명의 맥이 상하여
即當狂走	곧 미친 듯 달리게 된 것입니다.
後五日死者	닷새 뒤에 죽는 것은
肝與心相去五分	간과 심장이 서로 오분(五分)만큼 떨어져 있으므로
故曰五日盡	닷새면 다하게 될 것이고
盡即死矣	다하게 되면 죽게 됩니다.

齊中尉潘滿如病少腹痛[111]	제나라 중위 반만여가 아랫배의 복통을 앓았는데
臣意診其脈	신이 진맥을 해보고
曰	말하였습니다.
遺積瘕也[112]	"유적하(遺積瘕)입니다."
臣意即謂齊太僕臣饒內史臣繇曰	
	신은 즉시 제나라 태복인 요(饒)와 내사인 요(繇)에게 말하였습니다.
中尉不復自止於內	"중위가 스스로 다시 방사를 그만두지 않으면
則三十日死	30일 만에 죽을 것입니다."
後二十餘日	20여 일 뒤에
溲血死	피오줌을 누면서 죽었습니다.

---

110 **정의** 『소문(素問)』에서는 말하였다. "유방 아래의 양명(陽明)으로 위락(胃絡)이다."

111 **정의** 少의 음은 소[式妙反]이다. 왕숙화의 『맥경』에서는 말하였다. "맥이 급하여져 아랫배가 아픈 것이 소복통이다."

112 **색은** 유씨(劉氏)는 음을 가[加雅反]라 하였으며, 옛 음은 하(遐)이고, 추씨(鄒氏)는 음이 가(嫁)리고 하였다. **정의** 『용어하도(龍魚河圖)』에서는 말하였다. "개고기와 어류, 조류를 익혀서 먹지 않으면 복통이 생긴다."

病得之酒且內	병은 술과 방사에서 얻었습니다.
所以知潘滿如病者	반만여의 병을 안 것은
臣意切其脈深小弱	신이 맥을 짚었을 때 가라앉고 가늘고 약하였는데
其卒然合¹¹³也	마침내 한꺼번에 합쳐졌으니
是脾氣也¹¹⁴	이는 비기(脾氣)입니다.
右脈口氣至緊小¹¹⁵	오른손 맥구의 기운이 지극히 긴장되고 가는데
見瘕氣也	이는 하기(瘕氣)입니다.
以次相乘	차례로 서로 타기 때문에
故三十日死	30일 만에 죽습니다.
三陰俱搏者¹¹⁶	삼음의 맥이 한꺼번에 모여서 엉기면
如法	맥법대로 될 것이며,
不俱搏者	한꺼번에 모여서 엉기지 않으면
決在急期	죽음이 정해진 기간보다 빨라질 것이고,
一搏一代者	한번은 엉기었다가 한번은 대맥이 나타나고 하면
近也	(죽음이) 가까운 것입니다.
故其三陰搏	삼음이 한꺼번에 뭉쳐서 나타났으므로
溲血如前止¹¹⁷	전에 말씀드린 것처럼 피오줌을 누면서 죽은 것입니다.

---

113 **집해** 서광은 말하였다. "어떤 판본에는 '내연합(來然合)'으로 되어 있다."

114 **정의** 卒의 음은 졸[蔥忽反]이다. 졸(卒)은 어떤 판본에는 '래(來)'로 되어 있다. 『소문(素問)』에서는 말하였다. "질병이 발생하는 것은 오장에서 생겨난다. 오장이 합쳐지는 것은 육부(六府)에서 합쳐진다. 간은 쓸개에서 합쳐지고, 십장은 소장에서 기운이 합쳐지며, 비장은 위에서 기운이 합쳐지고, 폐는 대장에서 기운이 합쳐지며 신장은 방광에서 기가 합쳐진다. 삼초(三焦)의 안이 피로의 원인이다."

115 **정의** 앞의 글자는 음이 긴[結忍反]이다.

116 **정의** 여순(如淳)은 말하였다. "음은 단[徒端反]이다." 『소문(素問)』에서는 말하였다. "좌맥구(左脈口)를 소음(少陰)이라 하고, 소음의 앞을 궐음(厥陰)이라 하며, 우맥구(右脈口)를 태음이라 하는데, 이 세 가지 음의 맥이다."

陽虛侯相趙章病	양허후의 승상인 조장이 병들어
召臣意	신을 불렀습니다.
衆醫皆以爲寒中	뭇 의원들은 모두 한중(寒中)이라고 하였는데
臣意診其脈曰	신은 진맥을 해보고
迵風118	"동풍입니다."라 하였습니다.
迵風者	동풍이라는 것은
飮食下嗌119而輒出不留	음식이 목구멍으로 내려가자마자 나와 머무르지 않는 것입니다.
法曰五日死	의서에서는 "닷새 만에 죽는다."고 하였는데
而後十日乃死	열흘이 지나서 죽었습니다.
病得之酒	병은 술에서 얻었습니다.
所以知趙章之病者	조장의 병을 안 것은
臣意切其脈	신이 그 맥을 짚어보니
脈來滑	맥이 매끄러워서인데
是內風氣也	이는 내풍(內風)의 기입니다.
飮食下嗌而輒出不留者	음식이 목구멍으로 내려가자마자 나와 머무르지 않는 것은
法五日死	의서대로라면 닷새 만에 죽는데
皆爲前分界法120	모두 분계법 때문입니다.
後十日乃死	열흘이 지나서야 죽어
所以過期者	기한을 넘긴 것은

---

117 **집해** 서광은 말하였다. "전(前)은 어떤 판본에는 '근(筋)'으로 되어 있다."

118 **집해** 迵의 음은 동(洞)이다. 관통하여 사지(四支)로 들어가는 것을 말한다. **색은** 아래에서 "음식이 목구멍으로 내려가자마자 나온다."고 하였는데 이는 풍질(風疾)이 오장으로 관통하므로 동풍이라 하였다.

119 **집해** 음은 익이며, 목구멍으로 내려가는 것을 이른다.

120 **정의** 分의 음은 분[扶問反]이다.

其人嗜粥	그 사람이 죽 먹는 것을 좋아하여
故中藏實	내장이 차서인데
中藏實故過期	내장이 찼기 때문에 기한을 넘긴 것입니다.
師言曰安穀者過期	스승이 말하기를 "곡기를 잘 받아들이는 자는 기한을 넘기고
不安穀者不及期	곡기를 받아들이지 못하는 자는 기한에 미치지 못한다."라 하였습니다.

濟北王病	제북왕이 병들어
召臣意診其脈	신을 불러 진맥을 하게 하였는데
曰	말하였습니다.
風蹶胸滿	"풍궐로 가슴이 꽉 찼습니다."
即爲藥酒	곧 약주로 치료하였는데
盡三石	세 섬을 다 복용하자
病已	병이 나았습니다.
得之汗出伏地	땀을 흘리고 땅에 엎드려서 얻은 것입니다.
所以知濟北王病者	제북왕의 병을 안 것은
臣意切其脈時	신이 그 맥을 짚었을 때
風氣也	풍기였고
心脈濁[121]	심맥이 탁해서였습니다.
病法過入其陽	의법에 "병이 양으로 들어가면
陽氣盡而陰氣入	양기가 다하고 음기가 들어간다."고 하였습니다.
陰氣入張	양기가 들어가 확장되면
則寒氣上而熱氣下	한기는 올라가고 열기는 내려오므로

---

121 **집해** 서광은 말하였다. "어떤 판본에는 '민(黽)'으로 되어 있다."

故胸滿	가슴이 꽉 차는 것입니다.
汗出伏地者	땀을 흘리고 바닥에 엎드렸다고 한 것은
切其脈	그 맥을 짚었을 때
氣陰	기가 음이어서였습니다.
陰氣者	음기는
病必入中	병이 반드시 안으로 들어가며
出及瀺水也[122]	미치면 손발에 땀을 흘리게 됩니다.

齊北宮司空命婦[123]出於[124]病	제나라 북궁 사공의 부인인 출오가 병이 들었는데
衆醫皆以爲風入中	뭇 의원들은 모두 풍(風)이 안으로 들어간 것이며
病主在肺[125]	병의 원인이 폐에 있다고 하여
刺其足少陽脈	그 발의 소양맥에 침을 놓았습니다.
臣意診其脈	신이 진맥을 하여보고는
曰	말하였습니다.
病氣疝	"기산병(氣疝病)으로
客於膀胱	방광에 깃들어
難於前後溲	대소변을 보기 어렵고
而溺赤	오줌이 붉습니다.
病見寒氣則遺溺	병이 한기에 노출되면 오줌을 자제하지 못하며
使人腹腫	사람의 배를 붓게 합니다."

---

122 **색은** 瀺의 음은 삼[士咸反]이다. **정의** 고야왕은 말하였다. "수족의 땀이 신체에 흐르는 것이다. 음은 삭[常灼反]이다."

123 **집해** 서광은 말하였다. "어떤 판본에는 '노(奴)'로 되어 있다. 노(奴)는 아마 여노(女奴)일 것이다."

124 **정의** 명부(命婦)의 이름이다.

125 **집해** 서광은 말하였다. "어떤 판본에는 '간(肝)'으로 되어 있다."

出於病得之欲溺不得	출오의 병은 오줌을 누려고 해도 누지 못하는데
因以接內	방사를 행하였기 때문입니다.
所以知出於病者	출오의 병을 안 것은
切其脈大而實	맥을 짚었더니 크고 실하여
其來難	그 오는 것이 어려운 것인데
是蹶陰之動也[126]	이는 궐음이 움직인 것입니다.
脈來難者	맥이 오는 것이 어렵다는 것은
疝氣之客於膀胱也	산기가 방광에 깃들기 때문입니다.
腹之所以腫者	배가 붓게 되는 것은
言蹶陰之絡結小腹也	궐음의 낙맥이 아랫배와 이어져 있기 때문입니다.
蹶陰有過則脈結動	궐음에 탈이 나면 낙맥이 이어져 있는 곳도 움직이게 되고
動則腹腫	움직이면 배가 붓습니다.
臣意即灸其足蹶陰之脈	신이 즉시 발의 궐음의 맥과
左右各一所	좌우의 각각 한 곳에 뜸을 떴더니
即不遺溺而溲淸	곧 소변을 자제하지 못함이 없게 되었고 맑게 되었으며
小腹痛止	아랫배의 통증이 멎었습니다.
即更爲火齊湯以飮之	곧 다시 화제탕을 지어 마시게 하였더니
三日而疝氣散	사흘 만에 산기가 흩어져서
即愈	바로 나았습니다.

故濟北王阿母[127]自言足熱而懣

옛 제북왕의 유모가 발에 열이 나고 번민(煩悶)스럽다고 하여

---

126 **정의** 추(鄒)는 말하였다. "궐음(厥陰)의 맥이다."

臣意告曰	신이 알려 주었습니다.
熱蹶也	"열궐입니다."
則刺其足心各三所	발바닥 각기 세 곳에 침을 놓고
案之無出血	눌러 피가 나지 않게 하였더니
病旋已[128]	병이 곧 나았습니다.
病得之飲酒大醉	병은 술을 마셔 크게 취한 데서 얻었습니다.
濟北王召臣意診脈諸女子侍者	제북왕이 신을 불러 여러 여자 시종들의 진맥을 하게 하여
至女子豎	여자 수(豎)에까지 이르렀는데
豎無病	수는 병색이 없었습니다.
臣意告永巷長曰[129]	신은 영항의 우두머리에게 말하였습니다.
豎傷脾	"수는 비장이 상하여
不可勞	일을 할 수 없고
法當春嘔血死	의법대로라면 봄이면 피를 토하고 죽을 것입니다."
臣意言王曰	신이 왕에게 말하였습니다.
才人女子豎何能	"재인 여자 수는 무엇에 뛰어납니까?"
王曰	왕이 말하였다.
是好爲方	"이 아이는 방술[方術: 의술(醫術)]을 좋아하여
多伎能	재주가 많아

---

127 **집해** 서광은 말하였다. "제(濟)는 어떤 판본에는 '제왕(齊王)'으로 되어 있다." **색은** 왕의 유모이다. **정의** 복건(服虔)은 말하였다. "유모(乳母)이다." 정(鄭)은 말하였다. "자기를 길러주는 자이다."

128 **색은** 조금 있으면 나아서 그친다는 말이다. **정의** 조금만 있으면 병이 나아서 그친다는 말이다.

129 영항(永巷)은 궁녀가 거처하는 곳이다. – 옮긴이.

爲所是案法新[130]	이 방법을 가지고 새로운 방법을 더할 줄 알며,
往年市之民所	지난해에 민간에서 샀는데
四百七十萬	4백70만 전이 들었고
曹偶四人[131]	네 사람 몫과 같소."
王曰	왕이 말하였다.
得毋有病乎	"병은 없겠지?"
臣意對曰	신이 대답하였습니다.
竪病重	"수의 병은 위중하여
在死法中	의법상 죽는 쪽에 있습니다."
王召視之	왕이 불러서 보았으나
其顏色不變	안색이 변하지 않아
以爲不然	그렇지 않다고 생각하여
不賣諸侯所	제후에게 팔지 않았습니다.
至春	봄이 되자
竪奉劍從王之廁	수가 검을 받들고 왕이 변소에 갈 때 따랐는데
王去	왕이 떠나고
竪後	수는 뒤에 남았는데
王令人召之	왕이 사람을 시켜 부르니
卽仆於廁[132]	곧 변소에 엎어져
嘔血死	피를 토하고 죽었습니다.
病得之流汗	병은 다한증에서 얻었습니다.
流汗者	다한증이라는 것은

---

130 **집해** 서광은 말하였다. "소(所)는 어떤 판본에는 '취(取)'로 되어 있다." **색은** 옛 의술의
기능에 새 뜻을 내는 것을 말한다.

131 **색은** 지금의 4천7백 관(貫)이다. 조우(曹偶)는 같은 등배(等輩)와 같은 뜻이다.

132 **색은** 仆의 음은 부(赴)이며, 또한 복[步北反]이라고도 한다.

法病內重	의법에 의하면 병이 내부에서 중한 것으로
毛髮而色澤	모발이 풍성하고 안색에는 윤기가 흐르며
脈不衰	맥은 쇠하지 않는데
此亦內關之病也	이 또한 내관의 병입니다.

齊中大夫病齲齒[133]	제나라 중대부가 충치를 앓았는데
臣意炙其左大陽明脈	신이 그 좌대양명맥에 뜸을 뜨고
即爲苦參湯	즉시 고삼탕을 지어
日嗽三升	하루에 세 되씩 헹구게 하였더니
出入五六日	전후로 5, 6일 만에
病已	병이 나았습니다.
得之風	풍에서 얻은 것으로
及臥開口	잠잘 때 입을 벌리고
食而不嗽	먹고는 (입을) 헹구지 않아서였습니다.

菑川王美人懷子而不乳[134]	치천왕의 미인이 회임을 하였으나 난산이라
來召臣意	와서 신을 불렀습니다.
臣意往	신이 가서
飮以莨蕩[135]藥一撮	낭탕약을 조금 마시게 하고
以酒飮之	술을 마시게 하였더니
旋乳[136]	곧 낳았습니다.

---

133 **정의** 위의 음은 구[丘羽反]이다. 『석명(釋名)』에서는 말하였다. "우(齲)는 썩는 것이다. 벌레가 파먹어서 이지러지고 썩는 것이다."

134 **색은** 乳의 음은 유[人喻反]이다. 유(乳)는 낳는 것이다.

135 **정의** 음은 낭탕(浪宕)이다.

136 **색은** 선유(旋乳)라는 것은 얼마 후 낳았다는 것이다.

臣意復診其脈	신이 다시 진맥을 해보니
而脈躁	맥이 조급하였습니다.
躁者有餘病	조급하다는 것은 남은 병이 있는 것으로
即飲以消石一齊	곧 소석 한 제를 마시게 하였더니
出血	피가 났는데
血如豆比五六枚[137]	피가 콩과 같았고 5~6개는 됨 직했습니다.

齊丞相舍人奴從朝入宮	제나라 승상의 사인의 종이 따라서 조정으로 입궐할 때
臣意見之食閨門外	신이 그가 궁문 밖에서 먹는 것을 보았는데
望其色有病氣	그 안색을 바라보니 병기가 있었습니다.
臣意即告宦者平	신은 바로 환관 평(平)에게 알려 주었습니다.
平好爲脈	평은 진맥을 좋아하여
學臣意所	신에게 배우고 있었는데
臣意即示之舍人奴病	신이 곧 사인의 종의 병을 보여주고
告之曰	알려 주었습니다.
此傷脾氣也	"이는 비장의 기운이 상한 것으로
當至春鬲塞不通	봄이 되면 막히어 통하지 않게 되어
不能食飲	음식을 먹을 수 없게 될 것이며
法至夏泄血死	의법대로라면 여름에 혈변을 보고 죽을 것이다."
宦者平即往告相曰	환관 평이 바로 승상에게 가서 일러 말하였습니다.
君之舍人奴有病	"그대의 사인의 종에게 병이 있는데
病重	병이 중하여
死期有日	죽을 날이 얼마 남지 않았습니다."

---

137 색은 比의 음은 비[必利反]이다.

相君曰	상군이 말하였다.
卿何以知之	"경은 어떻게 아오?"
曰	말하였습니다.
君朝時入宮	"그대가 조현하러 입궐할 때
君之舍人奴盡食閨門外	그대의 사인의 종들이 모두 궁문 밖에서 음식을 먹고 있었으며
平與倉公立	저는 창공과 서 있었는데
即示平曰	곧 제게 보여주며 말하기를
病如是者死	이런 병을 앓는 자는 죽는다 하였습니다."
相即召舍人而謂之曰	승상이 즉시 사인을 불러 일러 말하였습니다.
公奴有病不	"그대의 종에게 병이 있는가?"
舍人曰	사인이 말하였습니다.
奴無病	"종은 병이 없고
身無痛者	몸에 아픈 곳도 없습니다."
至春果病	봄이 되어
至四月	4월이 되자
泄血死	혈변을 보고 죽었습니다.
所以知奴病者	종의 병을 안 것은
脾氣周乘五藏	비장의 기운이 두루 오장을 타면
傷部而交	상한 부위가 번갈아 들므로
故傷脾之色也	비장이 상한 기색을 띠며
望之殺然黃[138]	바라보면 누런빛이 보이는 듯하다가
察之如死青之玆	살펴보면 죽은 듯 푸른색이 늘어납니다.
眾醫不知	뭇 의원들은 알지도 못하고

---

138 집해 서광은 말하였다. "殺의 음은 살[蘇葛反]이다." 정의 殺의 음은 쇄[蘇亥反]이다.

以爲大蟲[139]	원충(蚖虫)이라 여겼으며
不知傷脾	비장이 상한 것은 알지 못하였습니다.
所以至春死病者	봄이 되면 죽을 병이라는 것은
胃氣黃	위의 기운은 황색이며
黃者土氣也	황은 흙의 기운이고
土不勝木	흙은 나무를 이기지 못하기 때문에
故至春死	봄이 되면 죽는 것입니다.
所以至夏死者	여름이 되면 죽는 것은
脈法曰病重而脈順淸者曰內關	
	맥법에서 "병이 중한데 맥이 순하고 맑은 것을 내관이라 한다."라 하였는데
內關之病	내관의 병은
人不知其所痛	사람은 그 통증을 알지 못하며
心急然無苦	마음이 급해지지만 고통은 없습니다.
若加以一病	한 가지 병이 더하여진다면
死中春	중춘에 죽을 것이며,
一愈順	한번 유쾌하고 순하게 된다면
及一時	한 철까지 미칩니다.
其所以四月死者	그가 4월에 죽은 것은
診其人時愈順	그 사람을 진맥하였을 때 유쾌하고 순해서였습니다.
愈順者	유쾌하고 순하게 되면
人尙肥也	사람은 오히려 살이 찝니다.
奴之病得之流汗數出	종의 병은 다한증이 자주 발생한 데서 얻은 것으로
炙於火而以出見大風也	불을 쬐고 나가 큰 바람을 만나서였습니다.

---

139 **색은** 곧 원충(蚖虫)이다.

菑川王病	치천왕이 병에 걸려
召臣意診脈	신을 불러 진맥을 하게 하였는데
曰	말하였습니다.
蹶上[140]爲重	"역기가 올라옴이 중(重)하여
頭痛身熱	두통에 신열이 나서
使人煩懣[141]	사람을 번민케 하는 것입니다."
臣意即以寒水拊其頭[142]	신은 곧 차가운 물로 그 머리를 어루만지고
刺足陽明脈	발의 양명맥과
左右各三所	좌우의 각 세 곳에 침을 놓으니
病旋已	병은 곧 나았습니다.
病得之沐髮未乾而臥	병은 머리를 감고 말리지 않고 누운 데서 얻었습니다.
診如前	진단은 전과 같았으나
所以蹶	역기 때문에
頭熱至肩	머리의 열이 어깨에까지 이르렀습니다.

齊王黃姬兄黃長卿家有酒召客	제왕의 첩 황희의 오빠인 황장경이 집에서 주연을 베풀고 손님을 불렀는데,
召臣意	신도 불렀습니다.
諸客坐	여러 손님들이 앉았는데
未上食	아직 음식은 올라오지 않았습니다.
臣意望見王后弟宋建	신은 왕후의 동생 송건(宋建)을 바라보고
告曰	일러주었습니다.

---

140 **정의** 음은 상[時掌反]이다. 궐(蹶)은 역기(逆氣)가 올라오는 것이다.
141 **정의** 음은 만[亡本反]이다. 다만 번민만 있는 것이 아니다.
142 **색은** 拊의 음은 부(附)이고, 또한 무(撫)라고도 한다.

君有病	"그대는 병이 있어
往四五日	지난 4~5일간
君要脅痛不可俛仰[143]	그대의 허리와 늑골이 아파 굴신을 할 수 없었을 것이며
又不得小溲	또한 소변을 볼 수 없었을 것입니다.
不亟治	빨리 치료하지 않으면
病即入濡腎	병이 곧 신장까지 침투할 것입니다.
及其未舍五藏	오장에 자리 잡기 전에
急治之	급히 치료하십시오.
病方今客腎濡[144]	병은 지금 바야흐로 신장에 머물러 있으니
此所謂腎痹也	이것이 이른바 '신비(腎痹)'라는 것입니다."
宋建曰	송건이 말하였습니다.
然	"그렇소,
建故有要脊痛	내 원래 허리와 척추의 통증이 있었소.
往四五日	지난 4~5일간
天雨	비가 내려
黃氏諸倩[145]見建家京下方石[146]	황씨의 사위들이 우리 집 곳간에 네모난 돌이 있는 것을 보고
即弄之	그것을 가지고 놀았는데
建亦欲效之	나도 따라하려 했지만

---

143 정의 앞의 글자는 음이 면(免)이다.

144 정의 유(濡)는 오줌이다. 병이 바야흐로 신장에 깃들어 있으며 오줌을 누려고 하는 것은 신장이다.

145 집해 서광은 말하였다. "천(倩)은 여서(女婿)이다." 『방언(方言)』에서 말하기를 "동제(東齊) 사이에서는 사위를 천(倩)이라고 한다."라 하였다. 곽박(郭璞)은 "빌릴 수 있다는 말이다."라 하였다. 정의 倩의 음은 청[七姓反]이다.

146 집해 서광은 말하였다. "경(京)은 창름(倉廩: 미곡 곳간) 따위이다."

效之不能起	따라하려 해도 들 수가 없어
即復置之	그대로 다시 두었소.
暮	저녁에
要脊痛	허리와 척추가 아프고
不得溺	오줌을 누지 못하게 되어
至今不愈	지금까지도 낫지 않습니다."
建病得之好持重	건(建)의 병은 무거운 것을 들기 좋아하는 데서 나왔습니다.
所以知建病者	건의 병을 안 것은
臣意見其色	신이 그의 얼굴을 보니
太陽色乾	광대뼈의 색이 말라
腎部上及界要以下者枯四分所	
	신장 위와 허리 부위 이하가 4할쯤 말랐으므로
故以往四五日知其發也	지난 4~5일에 발병하였음을 알았습니다.
臣意即爲柔湯使服之	신이 즉시 부드러운 탕약을 지어 복용케 했더니
十八日所而病愈	18일쯤 되어 병이 나았습니다.

濟北王侍者韓女病要背痛	제북왕의 시녀인 한녀는 허리와 등의 통증을 앓아
寒熱	냉했다가 열이 났다 하였는데
衆醫皆以爲寒熱也	뭇 의원들은 모두 한열증이라 하였습니다.
臣意診脈	신이 진맥을 해보고
曰	말하였습니다.
內寒	"안이 냉해서
月事不下也	월경이 나오지 않는 것입니다."
即竄以藥[147]	즉시 가만히 약을 썼더니

---

147 색은 연기를 가지고 훈증을 하였기 때문에 이렇게 말하였다. 竄은 음이 찬[七亂反]이다.

旋下	월경도 나오고
病已	병이 나았습니다.
病得之欲男子而不可得也	병은 남자를 갖고 싶으나 가질 수 없는 데서 얻은 것입니다.
所以知韓女之病者	한녀의 병을 안 것은
診其脈時	진맥을 했을 때
切之	짚어보니
腎脈也	신장의 맥이
嗇而不屬	막혀서 이어지지 않아서였습니다.
嗇而不屬者	막혀서 이어지지 않는 것은
其來難	맥이 오는 것이 어렵고
堅	굳어졌기 때문에
故曰月不下	월경이 내려가지 않는다고 하였습니다.
肝脈弦	간의 맥이 팽팽하면
出左口	좌촌구로 나오기 때문에
故曰欲男子不可得也	남자를 갖고 싶으나 가질 수 없다고 하였습니다.
臨菑氾[148]里女子薄吾病甚	임치 범리의 여자 박오가 병이 심하여
衆醫皆以爲寒熱篤	뭇 의원들은 모두 한열증이 심해진 것으로
當死	죽을 것이며
不治	고치지 못한다고 하였습니다.
臣意診其脈	신이 진맥을 해보고
曰	말하였습니다.
蟯瘕[149]	"요충입니다."
蟯瘕爲病	요충이 병을 일으키면

---

148 색은 氾의 음은 범(凡)이다.

腹大	배가 커지고
上膚黃麤	살갗은 누렇고 거칠어지며
循之戚戚然	만져보면 쭈글쭈글합니다.
臣意飮以芫華一撮¹⁵⁰	신이 완화(芫華) 1촬(一撮)을 마시게 했더니
卽出蟯可數升	바로 몇 되는 됨 직한 요충이 나왔으며
病已	병이 나아
三十日如故	30일 만에 옛날과 같아졌습니다.
病蟯得之於寒溼	요충병은 차고 습한 데서 얻으며
寒溼氣宛¹⁵¹篤不發	차고 습한 기운이 쌓여 심해져 퍼지 못하면
化爲蟲	변하여 기생충이 됩니다.
臣意所以知薄吾病者	신이 박오의 병을 안 것은
切其脈	그 맥을 짚었을 때
循其尺¹⁵²	척부의 살갗을 만져보니
其尺索刺麤	척부의 살갗이 꺼칠하고
而毛美奉髮¹⁵³	머리카락은 말라서 말렸는데

---

149 (집해) 서광은 말하였다. "蟯의 음은 요(饒)이다." (색은) 음은 요가(饒檟)이며, 옛 음은 요하(遶遐)이다. (정의) 사람 배 속의 단충(短蟲)이다.

150 완화(芫華)는 팔꽃나무의 꽃이다. 일촬(一撮)의 촬은 단위사로 은 한 줌, 한 움큼이라는 뜻이다. - 옮긴이.

151 (집해) 音은 울(鬱)이다. (색은) 또한 글자 그대로 읽는다.

152 (정의) 왕숙화는 말하였다. "촌(寸)과 관(關), 척(尺)이다. 촌(寸)은 3분(分)이고, 척(尺)은 8분(分)이다. 촌구(寸口)는 관(關) 위에 있고, 척(尺)은 관(關) 아래에 있다. 촌과 관 척은 모두 1촌 9분이다."

153 (집해) 서광은 말하였다. "봉(奉)은 '주(奏)'로 된 판본도 있으며, 또한 '진(秦)'으로도 되어 있다." (색은) 循의 음은 순(巡)이다. 손으로 그 척색(尺索)을 만지는 것이다. 刺의 음은 자[七賜反]이다. 麤의 음은 추[七胡反]이다. 그 척색을 만지니 사람의 손을 찔러 거칠다는 말이다. 부인의 병이다. 서씨(徐氏)은 봉(奉)은 '주(奏)'로 된 판본도 있다고 하였는데 올바른 뜻이 아니다. 또한 어떤 판본에는 '진(秦)'으로 되어 있다고 하였는데, 진(秦)은 진수(蟒首)를 말하며, 머리카락이 굼벵이[蟒蟭]와 같다는 것인데, 사리상 그런대로 가까운 뜻이다.

是蟲氣也	기생충의 기운입니다.
其色澤者	안색이 윤택한 것은
中藏無邪氣及重病	내장에는 나쁜 기운 및 중병이 없어서였습니다.
齊淳于司馬病	제나라의 순우(淳于) 사마(司馬)가 병이 들어
臣意切其脈	신이 그 맥을 짚어보고
告曰	일러주었습니다.
當病迴風	"동풍의 병일 것입니다.
迴風之狀	동풍의 증상은
飲食下嗌輒後之 154	음식을 삼켰다 하면 바로 뒷간으로 달려가게 됩니다.
病得之飽食而疾走	병은 배불리 먹고 빨리 달린 데서 얻었습니다."
淳于司馬曰	순우 사마가 말하였습니다.
我之王家食馬肝	"내 왕실에 가서 말의 간을 먹었는데
食飽甚	아주 배불리 먹었으며
見酒來	술이 나오는 것을 보고
即走去	바로 도망쳐
驅疾至舍	빨리 달려 집에 이르렀으며
即泄數十出	바로 설사를 수십 차례나 했습니다."
臣意告曰	신이 알려 주었습니다.
爲火齊米汁飲之	"화제탕과 쌀뜨물을 만들어 마시면
七八日而當愈	7~8일이면 낫습니다."
時醫秦信在旁	당시 의원 진신이 곁에 있었는데
臣意去	신이 떠나자
信謂左右閣都尉 155 曰	진신은 곁의 각도위에게 일러 말하였습니다.

---

154 집해 서광은 말하였다. "측간에 가는 것이다."

意以淳于司馬病爲何	"순우의가 순우 사마의 병이 어떻다고 하던가요?"
曰	말하였다.
以爲迵風	"동풍으로
可治	치료할 수 있다고 하였소."
信即笑曰	진신은 바로 웃으며 말하였습니다.
是不知也	"이 사람은 알지 못합니다.
淳于司馬病	순우 사마의 병은
法當後九日死	의법대로라면 9일이 지나면 죽습니다."
即後九日不死	9일이 지났는데도 죽지 않자
其家復召臣意	그 집에서 다시 신을 불렀습니다.
臣意往問之	신은 가서 물어보고
盡如意診	모두 저의 진단대로 하였습니다.
臣即爲一火齊米汁	신은 곧 화제탕 한 그릇과 쌀뜨물을 만들어
使服之	복용케 하였으며
七八日病已	7~8일 만에 병이 나았습니다.
所以知之者	그리 안 것은
診其脈時	진맥을 할 때
切之	짚어보니
盡如法	모두다 의법대로였고
其病順	병이 순응하였으므로
故不死	죽지 않은 것입니다.
齊中郞破石病	제나라 중랑 파석이 병들었는데

---

155 색은 각(閣)은 성이며, 도위(都尉)가 되었다. 어떤 판본에는 각(閣)은 곧 궁각(宮閣)으로 도위가 관장하므로 각도위라 한다고 하였다.

臣意診其脈	신이 진맥을 해보고
告曰	일러주었습니다.
肺傷	"폐가 상하였으니
不治	치료를 하지 못하며
當後十日丁亥溲血死	열흘 뒤 정해일에 혈변을 보고 죽을 것입니다."
即後十一日	곧 열하루 뒤에
溲血而死	혈변을 보고 죽었습니다.
破石之病	파석의 병은
得之墮馬僵石上	말에서 떨어져 돌 위에 쓰러져 얻은 것입니다.
所以知破石之病者	파석의 병을 알게 된 것은
切其脈	맥을 짚어보니
得肺陰氣	폐의 음기가 느껴져
其來散	와서 흩어지는데
數道至而不一也	여러 맥도로 이르러 하나가 아니어서였습니다.
色又乘之	안색도 거기에 편승하였습니다.
所以知其墮馬者	말에서 떨어졌음을 안 것은
切之得番陰脈[156]	맥을 짚어보고 번음맥(番陰脈)을 감지했기 때문입니다.
番陰脈入虛裏	번음맥이 빈속으로 들어가면
乘肺脈	폐의 맥을 탑니다.
肺脈散者	폐의 맥이 흩어진 것은
固色變也乘也	본래의 색이 변하였고 올라타서입니다.
所以不中期死者	죽을 날을 맞추지 못한 것에 대해서는
師言曰	스승이 다음과 같이 말하였습니다.

---

156 색은 番의 음은 번[芳袁反]이다.

病者安穀即過期	"병자가 곡기를 편안히 받아들이면 기한을 넘길 것이고
不安穀則不及期	곡기를 편안히 받아들이지 못하면 기한에 미치지 못할 것이다."
其人嗜黍	그 사람은 기장을 좋아하였는데
黍主肺	기장은 폐를 주관하므로
故過期	기한을 넘긴 것입니다.
所以溲血者	혈변을 본 것은
診脈法曰病養喜陰處者順死	진맥법에서 말하기를 "병을 조리할 때 음의 장소를 좋아하면 순하게 쏟고 죽으며
養喜陽處者逆死	조리할 때 양의 장소를 좋아하면 거꾸로 쏟고 죽는다."라 해서였습니다.
其人喜自靜	그 사람은 혼자 조용히 있기를 좋아하고
不躁	조급하지 않았으며
又久安坐	또한 오래도록 편안히 앉아
伏几而寐	안석(案席)에 엎드려 잤으므로
故血下泄	피를 아래로 쏟은 것입니다.
齊王侍醫遂病	제왕의 시의(侍醫) 수(遂)가 병이 나서
自練五石服之	스스로 오석산을 달여 복용하였습니다.
臣意往過之	신이 가는 길에 들렀더니
遂謂意曰	수가 제게 말하였습니다.
不肖有病	"내게 병이 있는데
幸診遂也	나를 진단해 주면 좋겠소."
臣意即診之	신이 즉시 진맥을 해보고
告曰	일러주었습니다.
公病中熱	"그대는 체내의 열병을 앓고 있습니다.

論曰中熱不溲者	논하기를 '체내의 열로 소변을 보지 못하는 자는
不可服五石	오석산을 복용해서는 안 된다.'라 하였습니다.
石之爲藥精悍	석은 약 성분이 아주 맹렬하여
公服之不得數溲	그대가 복용하여 자주 소변을 볼 수 없었으니
亟勿服	빨리 복용을 끊으십시오.
色將發臃	안색을 보니 악창(惡瘡)이 날 것 같습니다."
遂曰	수는 말하였습니다.
扁鵲曰陰石以治陰病[157]	"편작이 말하기를 '성질이 찬 석약은 음의 병을 고칠 수 있고
陽石以治陽病	성질이 따뜻한 석약은 양의 병을 고칠 수 있다.'라 하였습니다.
夫藥石者有陰陽水火之齊[158]	약석에는 음과 양, 수와 화의 화제(和劑)가 있으므로
故中熱	체내의 열병은
即爲陰石柔齊治之	즉시 성질이 찬 석약의 부드러운 화제로 치료하고,
中寒	체내가 냉한 병은
即爲陽石剛齊治之	즉시 성질이 따뜻한 석약의 굳센 화제로 치료합니다."
臣意曰	신은 말하였습니다.
公所論遠矣	"그대가 논한 것은 거리가 머오.
扁鵲雖言若是	편작이 이렇게 말을 했다고 하지만
然必審診	반드시 자세히 진단하고
起度量	양을 헤아림을 세워야 하며
立規矩	법도를 세우고
稱權衡	저울로 달아서

---

157 석약(石藥)은 돌 따위의 광물질로 만든 약재이다. – 옮긴이.
158 약석(藥石)은 약과 석침(石鍼)이라는 뜻으로, 여러 가지 약재와 치료를 통틀어 일컫는 말이다. – 옮긴이.

合色脈¹⁵⁹表裏有餘不足順逆之法

안색과 맥, 겉과 안, 남음과 부족함, 순과 역의 법을 결합하여

參其人動靜與息相應

그 사람의 동정과 호흡이 상응하는가를 참작하여

乃可以論

이에 논할 수 있소.

論曰陽疾處內

논하기를 '양기의 병이 안에 있는데

陰形應外者

음기가 밖으로 드러나면

不加悍藥及鑱石

맹렬한 약과 침석은 쓸 수 없다.'라 하였소.

夫悍藥入中

맹렬한 약이 체내로 들어가면

則邪氣辟矣¹⁶⁰

사악한 기운이 모이게 되고

而宛氣愈深¹⁶¹

답답한 기운이 더욱 심해집니다.

診法曰二陰應外

진법에서는 말하기를 '(전후의) 2음(二陰)은 밖에서 응하고

一陽接內者

1양(一陽)은 안에서 접하는 것은

不可以剛藥

굳센 약을 쓸 수 없다.'라 하였소.

剛藥入則動陽

굳센 약은 들어가면 양을 움직여

陰病益衰

음한 병은 더욱 약해지고

陽病益箸

양의 병은 더욱 드러나며

邪氣流行

사악한 기운이 유행하여

爲重困於俞¹⁶²

거듭 수혈(俞穴)을 어렵게 하여

忿發爲疽

분이 발하여 악창이 납니다."

意告之後百餘日

제가 알려 준 후 백여 일 만에

---

159 **집해** 서광은 말하였다. "합(合)은 어떤 판본에는 '점(占)'으로 되어 있다."

160 **색은** 辟의 음은 벽[必亦反]이며 취(聚)와 같은 뜻이다.

161 **색은** 愈의 음은 유(庾)이다.

162 **집해** 서광은 말하였다. "음은 수[始喩反]이다."

果爲疽發乳上	과연 악창이 유두에서 나
入缺盆	쇄골로 들어가
死[163]	죽었습니다.
此謂論之大體也	이를 일러 논한 것은 대체이나
必有經紀	반드시 원칙이 있다는 것입니다.
拙工有一不習	솜씨가 서투르면 익히지 못한 것이 하나 있어
文理陰陽失矣	문리에 음양을 잃음이 있습니다.
齊王故爲陽虛侯時	제왕이 옛날에 양허후였을 때
病甚[164]	병이 심하였는데
衆醫皆以爲蹶	뭇 의원들은 모두 궐증(蹶症)이라 하였습니다.
臣意診脈	신은 진맥을 해보고
以爲痺	비증(痺症)이라 생각하였는데,
根在右脅下	병의 뿌리는 오른쪽 늑골 아래에 있었고
大如覆杯	크기는 술잔을 엎어놓은 듯하여
令人喘	사람의 숨을 헐떡이게 하였으며
逆氣不能食	기가 역행하여 먹을 수가 없습니다.
臣意即以火齊粥且飲	신은 즉시 화제 죽을 만들어 조금 마시게 하였더니
六日氣下	엿새 만에 기가 내려갔으며,
即令更服丸藥	곧 환약으로 바꾸어 복용하게 하였더니
出入六日	엿새 안팎에
病已	병이 나았습니다.
病得之內	병은 방사에서 얻었습니다.

---

163 색은 결분(缺盆)은 사람의 유방(乳房) 위에 있는 뼈의 이름이다.

164 집해 서광은 말하였다. "제도혜왕(齊悼惠王)의 아들로 이름은 장려(將廬)이며, 문제(文帝) 16년에 제왕(齊王)이 되었고 즉위 11년 만에 죽었는데 시호는 효왕(孝王)이다."

| 診之時不能識其經解 | 진맥할 때는 그 경맥을 풀이할 줄 몰랐고 |
| 大識其病所在 | 대충 그 병이 있는 곳만 알았습니다. |

臣意嘗診安陽武都里成開方	신이 일찍이 안양 무도리의 성개방(成開方)을 진찰한 적이 있는데
開方自言以爲不病	개방 자신은 병이 없다고 생각하였지만
臣意謂之病苦沓風¹⁶⁵	신은 답풍(沓風)을 앓고 있다고 했으며

臣意謂之病苦沓風[165]

三歲四支不能自用	3년이면 사지를 마음대로 쓸 수가 없게 되고
使人瘖[166]	사람을 벙어리가 되게 하며
瘖即死	벙어리가 되면 곧 죽습니다.
今聞其四支不能用	이제 들으니 사지를 쓸 수가 없었고
瘖而未死也	벙어리가 되었지만 아직 죽지는 않았습니다.
病得之數飮酒以見大風氣	병은 자주 술을 마시고 큰 바람 기운을 받은 데서 왔습니다.
所以知成開方病者	성개방의 병을 안 것은
診之	진맥을 해보니
其脈法奇咳言曰藏氣相反者死[167]	맥법과 기해에서 말한 "장의 기운이 상반된 자는 죽는다."는 것과 같았습니다.
切之	짚어 보니
得腎反肺[168]	신장이 폐와 반대인 것을 얻었는데

---

165 색은 沓의 음은 답[徒合反]이며, 풍병(風病)의 이름이다.

166 집해 서광은 말하였다. "어떤 판본에는 '척(奔)'으로 되어 있는데, 음은 척[才亦反]이다." 색은 음(瘖)은 음성을 잃는 것이며, 음은 음(音)이다. 또한 '조(厝)'라고도 한다. 조(厝)는 둔다는 뜻이다. 사람이 그 수족을 두게 하는 것을 말한다.

167 집해 서광은 말하였다. "반(反)은 어떤 판본에는 '급(及)'으로 되어 있다."

168 집해 서광은 말하였다. "반(反)은 어떤 판본에는 '급(及)'으로 되어 있다."

法曰三歲死也	의법에서는 "3년 만에 죽는다."라 하였습니다.
安陵阪里公乘項處病[169]	안릉 관리의 공승인 항처(項處)가 병이 들어
臣意診脈	신이 진맥을 해보고
曰	말하였습니다.
牡疝[170]	"모산(牡疝)입니다."
牡疝在鬲下	모산은 횡격막 아래에 있으며
上連肺	위로는 폐에 연결되어 있습니다.
病得之內	병은 방사에서 얻은 것입니다.
臣意謂之	신이 말하였습니다.
慎毋爲勞力事	"부디 힘이 드는 일은 하지 말 것이며
爲勞力事則必嘔血死	힘 드는 일을 하면 반드시 피를 토하고 죽습니다."
處後蹴[171]踘[172]	항처는 나중에 축국을 하다가
要蹶寒	허리에서 갑자기 한기를 느껴
汗出多	땀을 많이 흘리고
即嘔血	곧 피를 토하였습니다.
臣意復診之	신이 다시 진맥을 해보고
曰	말하였습니다.
當旦日日夕死[173]	"내일 저녁에 죽을 것입니다."
即死	그대로 죽었습니다.

---

169 **색은** 공승(公乘)은 관직 이름이다. 항(項)은 성이고, 처(處)는 이름이다. 위에서는 창공(倉公)의 스승이라 하였으며, 원리(元里)의 공승(公乘) 양경(陽慶) 또한 그러하다.

170 **색은** 위의 음은 모(母)이고, 아래 글자의 음은 산[色諫反]이다.

171 **집해** 서광은 말하였다. "어떤 판본에는 '답(蹹)'으로 되어 있다."

172 **정의** 위의 글자의 음은 축[千六反]이고, 아래 글자의 음은 국[九六反]인데, 타구(打毬)를 말한다.

173 **색은** 단일(旦日)은 명일(明日)이다. 명일 저녁에 죽는다는 말이다.

病得之內	병은 방사에서 얻었습니다.
所以知項處病者	항처의 병을 안 것은
切其脈得番陽[174]	그의 맥을 짚어 번양의 맥을 얻었기 때문입니다.
番陽入虛裏	번양이 빈속으로 들어가서
處旦日死	항처는 다음 날 죽은 것입니다.
一番一絡者[175]	번이 되었다가 낙이 되었다가 하는 것이
牡疝也	모산입니다.

臣意曰	신은 말합니다.
他所診期決死生及所治已病眾多	
	다른 생사의 시기를 결정한 진맥 및 치료하여 병을 낫게 한 것이 매우 많은데
久頗忘之	오래되어 자못 잊어버려
不能盡識	다 알 수가 없어
不敢以對	감히 대답하지 못하나이다.

問臣意	신에게 물었습니다.
所診治病	"진단하고 치료한 병은
病名多同而診異	병 이름이 거의 같은데 진단이 다르고
或死或不死	어떤 사람은 죽고 어떤 사람은 사니
何也	어째서인가?"
對曰	대답하였습니다.
病名多相類	"병 이름이 거의 서로 비슷하여

---

174 색은 맥병(脈病)의 이름을 번양(番陽)이라 하는 것은 양맥(陽脈)이 빈속으로 뒤집혀 들어가는 것을 말한다.

175 집해 서광은 말하였다. "낙(絡)은 어떤 판본에는 '결(結)'로 되어 있다."

不可知	알 수가 없으므로
故古聖人爲之脈法	옛 성인들이 거기에 맥법을 만들어
以起度量	도량을 세우고
立規矩	규구를 세웠으며
縣權衡	권형으로 달고
案繩墨	승묵에 의거하였으며
調陰陽	음양을 조화시켜
別人之脈各名之	사람의 맥을 구별하여 각기 명명하였으며
與天地相應	천지와 상응하고
參合於人	사람(의 정황)을 참고하였으므로
故乃別百病以異之	이에 온갖 병을 구별하여 달리하였으니
有數者能異之[176]	의술에 정통한 자는 구별할 수 있고
無數者同之	정통하지 않은 자는 혼동합니다.
然脈法不可勝驗	그러나 맥법은 이루 다 영험할 수 없으며
診疾人以度異之	병을 진단하는 사람은 헤아려서 달리하고
乃可別同名	이에 같은 이름을 구별할 수 있으며
命病主在所居	병의 원인이 있는 곳을 명명하였습니다.
今臣意所診者	지금 신이 진단한 것은
皆有診籍	모두 진단한 기록이 있습니다.
所以別之者	그것을 구별한 것은
臣意所受師方適成	신이 배운 스승의 처방이 막 이루어졌을 때
師死	스승이 돌아가시어
以故表籍所診	이 때문에 진단한 것을 모두 기록하여

---

176 색은 數의 음은 수[色住反]이다. 기술이 있는 사람은 증상을 달리할 수 있음을 말한다.

期決死生	사생을 결정하기를 기대하였고
觀所失所得者合脈法	실수한 것과 잃은 것이 맥법에 부합하는가를 보았기 때문에
以故至今知之	지금 그것을 아는 것입니다."
問臣意曰	신에게 물었습니다.
所期病決死生	"병으로 죽고 사는 날짜를 판단함이
或不應期	혹 날짜가 맞지 않을 때도 있었는데
何故	어째서인가?"
對曰	대답하였습니다.
此皆飮食喜怒不節	"이는 모두 음식과 희로를 절제하지 못하여
或不當飮藥	혹 약을 복용함이 맞지 않았거나
或不當鍼灸	혹 침과 뜸이 맞지 않았기 때문에
以故不中期死也	죽을 날을 맞추지 못한 것입니다."
問臣意	신에게 물었습니다.
意方能知病死生	"그대의 의술은 병으로 죽을지 살지
論藥用所宜	알맞은 약의 쓰임을 논할 줄 아는데
諸侯王大臣有嘗問意者不	제후왕의 대신 가운데 그대에게 일찍이 물어본 자는 없었소?
及文王病時[177]	문왕이 병들었을 때
不求意診治	그대를 찾아 진료하여 치료하지 않은 것은
何故	어째서인가?"
對曰	대답하였습니다.

---

177 집해 서광은 말하였다. "제문왕(齊文王)으로, 문제(文帝) 15년에 죽었다."

趙王膠西王濟南王吳王皆使人來召臣意
　　　　　　　　　　　"조왕 · 교서왕 · 제남왕 · 오왕이 모두 사람을
　　　　　　　　　　　보내와 신을 불렀는데

臣意不敢往　　　　　　신은 감히 가지 않았습니다.

文王病時　　　　　　　문왕이 병들었을 때

臣意家貧　　　　　　　신은 집이 가난하여

欲爲人治病　　　　　　남의 병을 치료해 주고자 하였으나

誠恐吏以除拘臣意也[178]　실로 관리가 벼슬로 신을 구류할까 두려워하
　　　　　　　　　　　였으므로

故移名數　　　　　　　호적을 옮겨

左右[179]不脩家生　　　이리저리 가산을 돌보지 않고

出行游國中　　　　　　나가서 나라 안을 돌아다니며

問善爲方數者事之久矣[180]　의술에 뛰어난 자를 물어 섬긴 지가 오래되었으며

見事數師[181]　　　　　여러 스승을 뵙고 섬겨

悉受其要事　　　　　　모두 그 중요한 일을 배우고

盡其方書意　　　　　　그 의서의 뜻을 다하였으며

及解論之　　　　　　　아울러 풀이하고 논하였습니다.

身居陽虛侯國　　　　　신은 양허후국에 거처하며

因事侯　　　　　　　　내친김에 양허후를 섬겼습니다.

侯入朝　　　　　　　　양허후가 입조하자

臣意從之長安　　　　　신이 따라 장안에 갔는데

以故得診安陵項處等病也　그런 까닭에 안릉의 항처 등의 병을 진찰하게

---

178 집해 서광은 말하였다. "당시 제후들이 얻어 스스로 관리에 임명하였다."

179 정의 명적(名籍)을 좌우의 사람에게 소속시킨 것이다.

180 색은 數의 음은 '술수(術數)'의 '수(數)'이다.

181 정의 위 글자의 음은 수[色庚反]이다.

되었습니다."

問臣意	신에게 물었습니다.
知文王所以得病不起之狀	"문왕이 병을 얻어 일어나지 못할 증상을 알았는가?"
臣意對曰	신이 대답하였습니다.
不見文王病	"문왕의 병을 보지는 못했습니다만
然竊聞文王病喘	문왕이 숨을 헐떡거리는 병을 앓고
頭痛	두통이 있으며
目不明	눈이 밝지 못하다는 것은 가만히 들었습니다.
臣意心論之	신이 내심 따져보고는
以爲非病也	병이 아니라고 생각하였습니다.
以爲肥而蓄精	비만하여 정기가 쌓여
身體不得搖	신체를 움직이지 못하게 되었고
骨肉不相任	골육이 서로 마음대로 하지 못하였으므로
故喘	숨을 헐떡였으며
不當醫治	의원의 치료가 맞지 않았다고 생각하였습니다.
脈法曰年二十脈氣當趨	맥법에서는 말하기를 '20세에는 맥기가 왕성해야 하고
年三十當疾步	30세에는 걸음이 빨라야 하며
年四十當安坐	40세에는 편안히 앉아야 하고
年五十當安臥	50세에는 편안히 누워야 하며
年六十已上氣當大董[182]	60세 이상은 기를 크게 거두어야 한다.'라 하였

---

182 **집해** 서광은 말하였다. "동(董)은 깊이 감추는 것을 말하며, '근(堇)'으로 된 판본도 있다." **색은** 董의 음은 근(謹)이다.

습니다.

文王年未滿二十	문왕은 나이가 20세도 채 되지 않아
方脈氣之趨也而徐之	막 맥기가 왕성하여야 하는데 느려졌으니
不應天道四時	천도의 사시(四時)에 적응을 하지 못하였습니다.
後聞醫灸之即篤	나중에 듣자니 의원이 뜸을 뜨니 곧 위독해졌다는데
此論病之過也	이는 병을 논함이 잘못된 것입니다.
臣意論之	신이 논하건대
以爲神氣爭而邪氣入	신기가 다투어서 사기(邪氣)가 들어온 것인데
非年少所能復之也	젊은 나이가 회복할 수 있는 것이 아니어서
以故死	이 때문에 죽은 것입니다.
所謂氣者	이른바 기라는 것은
當調飲食	음식을 조절해야 하며
擇晏日	편안한 날을 택하고
車步廣志	수레를 타거나 걸을 때 뜻을 널리 가져야 하며
以適筋骨肉血脈	힘줄과 뼈, 살과 혈맥을 적절히 하여
以瀉氣	기를 쏟아내야 합니다.
故年二十	그러므로 20세를
是謂易貿[183]	'역원(易貿)'이라고 합니다.
法不當砭灸	의법상 침이나 뜸을 뜨면 안 되며
砭灸至氣逐	침이나 뜸을 뜨면 기를 쫓아내게 됩니다."
問臣意	신에게 물었습니다.

---

183 집해 서광은 말하였다. "'하(賀)'로 된 판본도 있고, 또한 '질(質)'로 된 판본도 있다."

師慶安受之	"스승인 양경은 어디서 의술을 배웠는가?
聞於齊諸侯不	(어찌하여) 제나라 제후들에게 알려지지 않았는가?"
對曰	대답하였습니다.
不知慶所師受	"양경이 배운 스승은 알지 못합니다.
慶家富	양경은 집이 부유하였으며
善爲醫	의술에 뛰어나
不肯爲人治病	남의 병을 치료해 주지 않으려 했으며
當以此故不聞	이 때문에 알려지지 않게 된 것입니다.
慶又告臣意曰	양경은 또한 신에게 일러 말하였습니다.
慎毋令我子孫知若學我方也	'부대 내 자손들이 네가 나의 의술을 배운 것을 알게 하지 말라.'"

問臣意	신에게 물었습니다.
師慶何見於意而愛意	"스승 양경이 어떻게 그대를 만나 그대를 좋아하게 되어
欲悉教意方	그대에게 의술을 다 가르쳐주려고 하였는가?"
對曰	대답하였습니다.
臣意不聞師慶爲方善也	"신은 스승 양경이 의술이 뛰어난지 듣지 못하였습니다.
意所以知慶者	제가 양경을 알게 된 것은
意少時好諸方事	제가 젊어서부터 제가(諸家)의 의술을 좋아하여
臣意試其方	신이 그 의술을 시험해 보아
皆多驗	모두 매우 영험하였고
精良	정미하고 훌륭해서였습니다.

臣意聞菑川唐里公孫光善爲古傳方[184]

신은 치천 당리의 공손광이 옛 의술을 잘 전한다는 것을 듣고

臣意即往謁之

신은 즉시 가서 뵈었습니다.

得見事之

뵙고 섬기게 되어

受方化陰陽及傳語法[185]

음양을 변화시키고 전하는 말하는 법을 배우게 되었는데

臣意悉受書之

신은 모두 그것을 배워서 적었습니다.

臣意欲盡受他精方

신이 다른 정묘한 의술도 배우려 하자

公孫光曰

공손광이 말하였습니다.

吾方盡矣

'내 의술은 다했으니

不爲愛公所[186]

그대에게 아낀 것은 없다.

吾身已衰

내 몸은 이미 쇠약하니

無所復事之

더 이상 섬기지 말라.

是吾年少所受妙方也

이는 내가 젊었을 때 배운 정묘한 의술로

悉與公

그대에게 모두 주노니

毌以教人

남을 가르치지 마라.'

臣意曰

신이 말하였습니다.

得見事侍公前

'공의 앞에서 뵙고 섬기며 모시어

悉得禁方

비방을 모두 얻게 되었으니

幸甚

매우 다행입니다.

意死不敢妄傳人

저는 죽을 때까지 감히 함부로 남에게 전하지

---

184 색은 옛 의술을 전할 수 있는 것을 좋아하는 것을 말한다. 정의 고인의 의서[方書]를 온전히 베껴서 전하게 된 것을 말한다.

185 집해 서광은 말하였다. "법(法)은 '오(五)'로 된 판본도 있다."

186 색은 순우의에게 말하는 것으로 의술[方術]을 애석히 여기지 않는 것이다.

	않겠습니다.'
居有閒	얼마 있다가
公孫光閒處[187]	공손광이 한가할 때
臣意深論方	신은 의술에 대해 깊이 논하였는데
見言百世爲之精也	백세(百世)토록 행하여질 정묘한 것이라는 말을 듣게 되었습니다.
師光喜曰	스승 공손광은 기뻐서 말하였습니다.
公必爲國工	'공은 반드시 나라에서 가장 빼어난 의원이 될 것이다.
吾有所善者皆疏	내가 가진 뛰어난 것은 모두 소략하고
同產處臨菑	동기(同氣)가 임치에 사는데
善爲方	의술에 뛰어나
吾不若	내 그만 못하며
其方甚奇	그 의술은 모두 신기하여
非世之所聞也	세상에 알려진 것이 아니다.
吾年中時[188]	내가 중년이었을 때
嘗欲受其方	일찍이 그 의술을 배우고자 했는데
楊中倩[189]不肯	양중천이 기꺼이 가르쳐주지 않으려 하며
曰'若非其人也'	말하기를「너는 그 사람이 아니다.」라 하였다.
胥與公往見之[190]	모름지기 그대와 가서 만나보면
當知公喜方也	그대가 의술을 좋아함을 알 것이다.

---

187 **정의** 앞 글자의 음은 한(閑)이고, 아래의 글자는 음이 처[昌汝反]이다.

188 **색은** 연중(年中)은 중년의 때를 말한다. 중년은 또한 장년인데 고인이 스스로 그렇게 말한 것이다.

189 **색은** 倩의 음은 천[七見反]이며, 사람의 성명이다.

190 **집해** 서광은 말하였다. "서(胥)는 수(須)라는 말과 같다."

其人亦老矣	그 사람도 늙었고
其家給富	그 집은 부자이다.'
時者未往	당시에는 가지 않았는데
會慶子男殷來獻馬	마침 양경의 아들 은(殷)이 와서 말을 바쳐
因師光奏馬王所	이에 스승 공손광을 통하여 왕에게 말을 바치게 되어
意以故得與殷善	저는 이 때문에 은과 친하게 되었습니다.
光又屬意於殷曰	공손광은 또한 은에게 저를 부탁하여 말하였습니다.
意好數191	'순우의는 의술을 좋아하여
公必謹遇之	그대는 반드시 그를 삼가 대해 줄 것이니
其人聖儒192	그 사람은 성인(의 도를 흠모하는) 선비이다.'
即爲書以意屬陽慶	곧장 편지를 써서 저를 양경에게 부탁하여
以故知慶	그 때문에 양경을 알게 되었습니다.
臣意事慶謹	신이 양경을 섬김이 삼갔으므로
以故愛意也	저를 사랑한 것입니다."
問臣意曰	신에게 물었습니다.
吏民嘗有事學意方	"관리와 백성 가운데 일찍이 그대의 의술을 섬기며 배우고
及畢盡得意方不	아울러 그대의 의술을 다 터득한 자가 있던가?
何縣里人	어느 고을 사람인가?"
對曰	대답하였습니다.

臨菑人宋邑[193]	"임치 사람 송읍(宋邑)입니다.
邑學	송읍이 배울 때
臣意教以五診[194]	신은 오진법을 가르쳐
歲餘	1년 남짓 하였습니다.
濟北王遣太醫高期王禹[195]學	제북왕이 태의인 고기와 왕우를 보내 배우게 했는데
臣意教以經脈高下及奇絡結[196]	
	신은 경맥의 고하 및 기락결을 가르치고
當論俞[197]所居	유혈이 있는 곳
及氣當上下出入邪正逆順	및 기가 (체내에서) 오르내리고 그르고 바르며 역행과 순행하여
以宜鑱石	침석이 마땅한 곳을 찾는 것을 논하였고
定砭灸處	침을 놓고 뜸을 뜰 곳을 정하기를
歲餘	1년 남짓 하였습니다.
菑川王時遣太倉馬長馮信正方	
	치천왕은 때때로 태창의 마장(馬長)인 풍신을 보내어 의술을 바로잡게 하였는데
臣意教以案法逆順	신은 역과 순의 안마법으로 가르쳤으며
論藥法	약을 조제하는 법을 논하고
定五味及和齊湯法	오미 및 탕약을 조제하는 법을 정하였습니다.
高永侯家丞杜信	고영후의 가승인 두신은

---

193 집해 서광은 말하였다. "어떤 판본에는 '곤(昆)'으로 되어 있다."

194 정의 오장(五藏)을 진맥하는 것을 말한다.

195 집해 서광은 말하였다. "어떤 판본에는 '우(齲)'로 되어 있다."

196 정의 『소문(素問)』에서는 말하였다. "기경(奇經) 팔맥(八脈)이 편안하게 왕래할 때 한번 멈추었다가 다시 오는 것을 결(結)이라고 한다."

197 정의 음은 수[式喩反]이다.

喜脈	맥법을 좋아하여
來學	와서 배웠는데
臣意教以上下經脈五診	신은 상하의 경맥과 오진법을 가르치기를
二歲餘	2년 남짓하였습니다.
臨菑召里唐安來學	임치 소리(召里)의 당안이 와서 배웠는데
臣意教以五診上下經脈	신은 오진법과 상하의 경맥,
奇咳	기해술 및
四時應陰陽重	사시의 음양의 중요함에 상응하는 것을 가르 쳤는데
未成	채 이루지 못하고
除爲齊王侍醫	제왕의 시의에 임명되었습니다."
問臣意	신에게 물었습니다.
診病決死生	"병을 진단하여 죽고 삶의 결정을 내림에
能全無失乎	완전히 실수가 없을 수 있는가?"
臣意對曰	신이 대답하였습니다.
意治病人	"저는 남의 병을 치료할 때
必先切其脈	반드시 먼저 맥을 짚어보고
乃治之	곧 치료를 합니다.
敗逆者不可治	(진맥이) 패역한 자는 치료할 수 없고
其順者乃治之	순조로운 사람은 곧 치료합니다.
心不精脈	심중에 맥이 정통하지 않으면
所期死生視可治	죽고 사는 기한을 봐가며 치료할 수 있는데
時時失之	때때로 실수를 하기도 하여
臣意不能全也	신이 완전히 할 수 없습니다."

太史公曰	태사공은 말한다.
女無美惡	여인은 미추를 따지지 않고
居宮見妒	궁중에 있으면 시샘을 받으며,
士無賢不肖	선비는 현불초를 따지지 않고
入朝見疑	조정에 들어가면 의심을 받는다.
故扁鵲以其伎見殃	그러므로 편작은 그 재주 때문에 재앙을 당하였고
倉公乃匿跡自隱而當刑	창공은 곧 자취를 숨기고 스스로 숨었는데도 형을 당하였다.
緹縈通尺牘	제영이 편지를 보내어
父得以後寧	부친은 나중에 편안해지게 되었다.
故老子曰	그러므로 노자가 말한
美好者不祥之器	"아름답고 예쁜 것은 상서롭지 못한 것이다." 라 한 것은
豈謂扁鵲等邪	아마 편작 같은 사람을 이름이 아니겠는가?
若倉公者	창공 같은 자는
可謂近之矣	그에 가깝다 할 수 있겠다.

오왕 비 열전 吳王濞列傳

吳王濞¹者	오왕 유비(劉濞)는
高帝兄劉仲之子也²	고제의 형 유중의 아들이다.
高帝已定天下七年	고제가 이미 천하를 평정한 지 7년에
立劉仲爲代王	유중을 대왕(代王)으로 세웠다.
而匈奴攻代	그런데 흉노가 대(代)를 공격하여
劉仲不能堅守	유중이 굳게 지킬 수가 없어
棄國亡	나라를 버리고 도망쳐
閒行³走雒陽	다른 길로 낙양으로 달아나
自歸天子	혼자 천자에게 돌아갔다.
天子爲骨肉故	천자는 골육이라는 이유로
不忍致法	차마 법대로 처벌하지 못하고
廢以爲郃陽侯⁴	폐하여 합양후로 삼았다.
高帝十一年秋	고제 11년 가을에
淮南王英布反	회남왕 영포가 반기를 들어

---

1 **색은** 팽비(澎濞)라고 할 때의 (비) 자이다. 음은 비[披位反]이다.

2 **집해** 서광(徐廣)은 말하였다 "중(仲)의 이름은 희(喜)이다."

3 **색은** 홀로 다른 길로 가서 달아난 것을 말한다. 閒의 음은 간[紀閑反]이다.

4 **색은** 「지리지(地理志)」에서 풍익(馮翊)의 현 이름이라고 하였으며, 합수(郃水)의 북쪽에 있다. 음은 합(合)이다. **정의** 합양(郃陽)의 옛 성은 동주(同州) 하서현(河西縣) 남쪽 30리 지점에 있다.

東幷荊地	동으로 형(荊)나라 땅을 합병하고
劫其國兵	그 나라의 군사를 겁박하여
西度淮	서(西)로 회수를 건너
擊楚	초나라를 치니
高帝自將往誅之	고제가 몸소 군사를 거느리고 가서 토벌하였다.
劉仲子沛侯濞年二十	유중의 아들 패후 유비는 나이 20세로
有氣力	기력이 있었으며
以騎將從破布軍蘄西會甀⁵	기장으로 수행하여 영포의 군사를 기현(蘄縣)의 서쪽 회추(會甀)에서 깨뜨리니
布走	영포는 달아났다.
荊王劉賈爲布所殺	형왕 유가는 영포에게 피살되어
無後	후사가 없었다.
上患吳會稽輕悍	임금은 오군과 회계(의 民風)가 날래고 용감한데
無壯王以塡之⁶	건장한 왕으로 진압할 수가 없고
諸子少	아들들은 어린 것을 걱정하여
乃立濞於沛爲吳王⁷	이에 패(沛)에서 유비를 세워 오왕으로 삼고
王三郡五十三城	3개 군과 53개의 성을 다스리게 하였다.
已拜受印	인장을 배수하고
高帝召濞相之	고제는 유비를 불러 관상을 보이고는
謂曰	일러 말하였다.
若狀有反相	"너의 상에는 모반할 상이 있다."
心獨悔	내심 다만 후회가 되었으나

---

5 색은 지명이다. 기현(蘄縣) 서쪽에 있다. 會의 음은 계[古兌反]이다. 甀의 음은 추(錘)이다.

6 색은 塡은 진(鎭)의 뜻으로 읽는다.

7 집해 서광은 말하였다. "12년 10월 신축일(辛丑日)이다."

業已拜	일이 이미 임명되었으므로
因拊其背[8]	이에 그 등을 어루만지며
告曰	일러 말하였다.
漢後五十年東南有亂者	"한나라에서 50년 후에 동남쪽에서 난을 일으키는 자가
豈若邪[9]	어찌 너이겠느냐?
然天下同姓爲一家也	그러나 천하가 같은 성으로 한 집안이니
愼無反	부디 모반하지 말지니라!"
濞頓首曰	유비는 머리를 조아리며 말하였다.
不敢	"감히 하지 않겠습니다."

會孝惠高后時	효혜제와 고후 때가 되어
天下初定	천하가 막 안정되자
郡國諸侯各務自拊循其民	군국의 제후들은 각자 그 백성을 위무하는 데 힘썼다.
吳有豫章郡銅山[10]	오나라에는 예장의 구리 광산이 있어서
濞則招致天下亡命者盜鑄錢	유비는 천하의 망명자들을 불러들여 사사로이

---

8 **색은** 拊의 음은 무(撫)이다.

9 **집해** 서광은 말하였다. "한나라 원년에서 경제(景帝) 3년까지는 53년이다." 응소(應劭)는 "기약한 50년을 점쟁이가 안 것이다. 진시황(秦始皇)이 동순(東巡)하기를 싫어한 것이나 나중에 유방과 항우가 동남쪽에서 기의한 것 같은 것이 이와 같을 따름일 것이다."라 하였다. 여순(如淳)은 "그 축적된 것을 헤아려 충분히 쓰기는 어려우며 또한 오·초(吳楚)는 대대로 복종하지 않았다."라 하였다. **색은** 응소의 뜻은 50년 뒤에 동남쪽에서 난이 일어나는 것은 본래 기상을 보고 점을 치는 자가 말한 것으로 고조가 평소부터 이 설을 듣고 이전의 어려움이 그치지 않기가 어려울 것이라 생각하고 나중에 재화가 다시 발생하리라는 것을 두려워하였으므로 이 말을 하여 다시 유비를 경계한 것이라는 것이다. 여순의 설이 또한 사리에 맞다.

	돈을 주조하고
煮海水爲鹽	바닷물을 끓여 소금을 만들어
以故無賦	이 때문에 세금을 거두지 않아도
國用富饒¹¹	나라의 경비가 부유하였다.

孝文時	효문제 때
吳太子入見¹²	오(吳) 태자가 들어와 조현하고
得侍皇太子飲博	황태자를 모시고 술을 마시고 바둑을 두게 되었다.
吳太子師傅皆楚人	오(吳) 태자의 사부는 모두 초나라 사람으로
輕悍	가볍고 사나운 데다
又素驕	또한 평소에 교만하여
博	바둑을 두면서
爭道	길을 다투다

---

10 集解 위소(韋昭)는 말하였다. "지금의 고장(故鄣)이다." 索隱 장군(鄣郡)은 나중에 고장(故鄣)으로 고쳤다. 혹자는 '예장(豫章)'이라고도 하는데 연문[衍字]이다. 正義 『괄지지(括地志)』에서는 말하였다. "진(秦)나라가 천하를 겸병하여 장군(鄣郡)으로 삼았는데, 지금의 호주(湖州) 장성현(長城縣) 서남쪽 80리 지점의 옛 장성(章城)이 바로 이곳이다." 동산(銅山)은 지금의 의주(宜州) 및 윤주(潤州) 구용현(句容縣)에 있는데 모두 장(章)에 속한다.

11 集解 여순은 말하였다. "돈을 주조하고 소금을 구워 그 이익을 거두어들여 나라의 경비가 충분하기 때문에 백성에게 세금을 거두지 않은 것이다." 正義 이미 사사로이 몰래 돈을 주조하는데 무엇 때문에 그 이익을 거두어 나라의 경비를 충족하게 하겠는가? 오나라 백성들이 또한 어찌하여 세금을 내지 않게 된단 말인가? 여순의 설은 틀렸다. 오나라의 산에서 이미 구리가 나고 백성들이 거의 사사로이 돈을 주조하며 바닷물을 끓여 소금을 만들어 산과 바다의 이익으로 세금을 내지 않으므로 세금을 내지 않는다고 말한 것이다. 백성들이 세금을 내지 않아도 나라의 비용이 곧 풍요롭다는 것이다.

12 索隱 요씨(姚氏)는 『초한춘추(楚漢春秋)』에서는 "오태자의 이름은 현(賢)이며, 자는 덕명(德明)이다."라 하였다.

不恭	불손하자
皇太子引博局提吳太子殺之[13]	황태자가 바둑판을 끌어당겨 오(吳) 태자를 잡고 죽여버렸다.
於是遣其喪歸葬	이에 그 시신을 가지고 돌아가 장사 지내게 하였다.
至吳	오나라에 이르자
吳王慍[14]曰	오왕은 원망하여 말하였다.
天下同宗	"천하가 같은 종족이니
死長安即葬長安	장안에서 죽었으면 장안에서 장사를 지내야지
何必來葬爲	하필 와서 장사를 지내라고 하는가!"
復遣喪之長安葬	다시 시신을 가지고 장안에 가서 장사 지내게 하였다.
吳王由此稍失藩臣之禮	오왕은 이로 말미암아 차츰 번신의 예를 잃어
稱病不朝	병이라 칭하고 조현하지 않게 되었다.
京師知其以子故稱病不朝	경사에서는 아들 때문에 병이라 칭하고 조현하지 않음을 알고
驗問實不病	조사하여 보니 사실 병이 아니었으므로
諸吳使來	오나라 사자들이 오기만 하면
輒繫責治之	족족 붙잡아 심문하여 다스렸다.
吳王恐	오왕은 두려워하여
爲謀滋甚	모반을 일으키려는 마음이 점점 심하여졌다.
及後使人爲秋請[15]	나중에 사람을 시켜 가을 조빙을 하자
上復責問吳使者	임금이 다시 오나라 사자에게 책문하니

---

13 **색은** 提의 음은 제(隄)이고, 또한 저(底)라고도 하며, 또한 제(弟)라고도 한다.
14 **정의** 음은 온[於問反]이며, 원망하는 것이다.

使者對曰	사자가 대답하였다.
王實不病	"왕은 사실 병이 난 것이 아니라
漢繫治使者數輩	한나라에서 사자들 여러 무리를 붙잡아두자
以故遂稱病	이 때문에 마침내 병 핑계를 대게 된 것입니다.
且夫察見淵中魚	또한 저 '깊은 못 속의 물고기를 살펴보는 것은
不祥[16]	상서롭지 못하다.' 하였습니다.
今王始詐病	지금 왕이 비로소 병이라 속이는데
及覺	발각되어
見責急	책망을 받음이 급하여지자
愈益閉	더욱 문을 꽉 닫고
恐上誅之	임금께서 죽이실까 두려워
計乃無聊	꾀하는 것이 어찌할 수 없게 된 것입니다.
唯上棄之而與更始	황상께서는 내버려두고 더불어 다시 시작하도록 하십시오."
於是天子乃赦吳使者歸之	이에 천자는 곧 오나라 사자를 용서하고 돌려보냈으며
而賜吳王几杖	오왕에게 안석(案席)과 지팡이를 내리고

---

15 **집해** 응소는 말하였다. "겨울에는 판결을 내려야 하며 가을에 먼저 그 (죄의) 경중을 택하게끔 청하는 것이다." 맹강(孟康)은 말하였다. "율(律)에 봄은 조(朝)라 하며, 가을은 청(請)이라 하는데, 옛 제후들이 조빙(朝聘)하는 것과 같다." 여순은 말하였다. "유비가 가지 못하게 되었으므로 사람을 시켜 자기 대신 청하는 예를 드리게 한 것이다." **색은** 음은 정(淨)이다. 맹강의 설이 옳다. 응소가 말한 판결에 앞서 청하는 것이라는 것은 어디에 근거한 것인지 모르겠다. 여순이 말한 자기 대신 청하게 한 것 또한 억설이다. 또한 본문에서 '使人爲秋請'이라 하였으니 사인(使人)이 이 추청(秋請)의 예를 행한 것을 이른다.

16 **집해** 장안(張晏)은 말하였다. "임금이 아랫사람의 사사로운 사정까지 다 아는 것은 옳지 않음을 비유한다." **색은** 이 말은 『한비자(韓子)』 및 『문자(文子)』에 보인다. 위소는 "신하의 은밀한 일을 알게 되면 근심하게 되어 변란을 일으키게 하여 상서롭지 못하다는 것이다. 그러므로 마땅히 용서해 주어 스스로 새로 시작하게 하자는 것이다."라 하였다.

老	연로하니
不朝	조회하지 않게끔 하였다.
吳得釋其罪	오나라는 그 죄에서 풀려나게 되자
謀亦益解	모반 역시 갈수록 풀어졌다.
然其居國以銅鹽故	그러나 나라에서 구리와 소금 때문에
百姓無賦[17]	백성들은 세금을 내지 않았다.
卒踐更	군사들은 천경으로
輒與平賈[18]	그에 상응하는 대가를 지불하였다.
歲時存問茂材	세시(歲時)에는 인재들에게 안부를 묻고
賞賜閭里	여항에 상을 내렸다.

---

17 색은 오나라에는 돈을 주조하고 소금을 굽는 이익이 있으므로 백성들이 별도로 요역과 세금을 내지 않는 것이다.

18 집해 『한서음의(漢書音義)』에서는 말하였다. "돌아가며 군졸이 되어야 하는데 3백 문(文)의 돈을 내는 것을 '과경(過更)'이라 한다. 스스로 가서 군졸이 되는 것을 '천경(踐更)'이라 한다. 오왕은 민심을 얻고자 하여 군졸이 되는 자를 고용하여 때에 따라 달마다 가격을 쳐주었는데, 한(漢) 환제(桓帝)와 영제(靈帝) 때에 일어난 것으로 소부(少府)의 돈을 백성들에게 빌려주는 것과 비슷하다." 색은 한나라의 법률에 의하면 군사에는 세 가지가 있는데 천경(踐更)과 거경(居更), 과경(過更)이다. 여기서 말하는 천경에게 문득 가격을 쳐주었다는 것은 천경(踐更)을 위해 스스로 돈을 내준 것으로 지금 왕이 인심을 얻으려 하는 것이다. 곧 가격을 쳐준 것은 관에서 갚아준다는 것이다. 정의 천경은 지금의 창경(唱更), 행경(行更)과 같은 것이다, 백성들이 스스로 군졸이 된 것이다. 경(更)에는 3품(品)이 있는데, 졸경(卒更)이 있고, 천경(踐更)이 있으며, 과경(過更)이 있다. 옛날에는 정졸(正卒)에는 상인(常人)이 없었으며 모두 번갈아가며 되었는데 이것이 졸경이다. 가난한 자들은 돌아보아 돈으로 바꾸려 하며 다음에 수자리 서는 자에게 돈을 내어 돌보는데 월 2천이었으며 이것이 천경이다. 천하의 사람들은 모두 변경에 수자리를 3개월씩 서면서 또한 각자 교대를 하여야 하는데 법률에서 이른바 요수(繇戍)이다. 비록 승상의 아들이라 하여도 또한 변경에서 수자리를 서는 것은 사람마다 3개월씩 수자리를 설 수가 없었으므로 또한 가는 자는 3백의 돈을 내어 관가에 들이고 관가에서는 수자리 서는 자에게 지급하는데 이것이 과경이다. 이는 한나라 초기에는 진나라의 법을 따라 행하였다가 나중에 적(謫)으로 고쳐 1년 동안 변방에 수자리를 섰다.

佗郡國吏欲來捕亡人者	다른 군국의 관리가 도망자를 잡으러 오면
訟共禁弗予[19]	공공연하게 금하여 넘겨주지 않았다.
如此者四十餘年[20]	이렇게 한 것이 40여 년이나 되므로
以故能使其眾	이 때문에 그 무리를 부릴 수 있는 것이었다.

晁錯爲太子家令	조조(晁錯)가 태자가령이 되어
得幸太子	태자의 총애를 얻었는데
數從容言吳過可削	여러 번이나 조용히 오나라가 과오를 저질렀으므로 (봉지를) 삭감하여야 한다고 말하였다.
數上書說孝文帝	여러 번이나 효문제에게 글을 올렸으나
文帝寬	문제는 너그러워
不忍罰	차마 처벌을 못하였으며
以此吳日益橫	이 때문에 오나라는 날이 갈수록 횡포해졌다.
及孝景帝即位	효경제가 즉위하자
錯爲御史大夫	조조는 어사대부가 되었으며
說上曰	임금에게 말하였다.
昔高帝初定天下	"옛날 고조께서 막 천하를 평정하였을 때
昆弟少	형제가 적고
諸子弱	아이들은 어려서
大封同姓	같은 성씨를 대거 봉하였으므로

---

19 **집해** 서광은 말하였다. "訟의 음은 송(松)이다." 여순은 말하였다. "송(訟)은 공(公)이라고 하였다." **정의** 訟의 음은 용(容)이다. 수용하여 금지하여 넘겨주지 않은 것을 말한다.

20 **정의** 40여 년이라고 한 것은 태사공이 오왕의 일대의 일을 다 말한 것이다. 『한서(漢書)』 에는 "30여 년"으로 되어 있는데, 반고(班固)는 그 말이 효문제 때 있는 것을 보고 이에 10 년을 줄인 것으로 반고는 그 이치를 깨닫지 못한 것이다.

故王孽子悼惠王王齊七十餘城	왕의 서자인 도혜왕이 제나라의 성 70여 개를 다스렸고
庶弟元王王楚四十餘城	서제인 원왕은 초나라의 성 40여 개를 다스렸으며
兄子濞王吳五十餘城	형의 아들 유비는 오나라의 성 50여 개를 다스렸습니다.
封三庶孽	세 서얼을 봉하여
分天下半	천하의 반을 나누어 준 것입니다.
今吳王前有太子之郤	지금 오왕은 전에 태자와 틈이 생겨
詐稱病不朝	병을 사칭하고 조회를 않고 있는데
於古法當誅	옛 법대로라면 사형을 당해야 하나
文帝弗忍	문제께서 차마 그렇게 하지 못하여
因賜几杖	이에 안석과 지팡이를 내렸습니다.
德至厚	덕이 지극히 두터우니
當改過自新	잘못을 고치고 스스로 새로워져야 합니다.
乃益驕溢	그런데 더욱 교만함이 넘쳐
即山²¹鑄錢	즉산에서 돈을 주조하고
煮海水爲鹽	바닷물을 끓여 소금을 만들어
誘天下亡人	천하의 망명자들을 꾀어
謀作亂	난을 꾸밀 작당을 하고 있습니다.
今削之亦反	지금 삭감을 하여도 반란을 일으킬 것이고
不削之亦反	삭감을 하지 않아도 반란을 일으킬 것입니다.
削之	삭감을 하면

---

21 **색은** 즉산(即山)은 산 이름이다. 또한 즉(即)은 나아간다는 뜻이다.

其反亟	반란을 빨리 일으켜
禍小	화가 작을 것이며,
不削	삭감을 하지 않으면
反遲	반란을 천천히 일으켜
禍大	화가 클 것입니다."
三年冬	3년 겨울에
楚王朝	초왕이 조현하자
晁錯因言楚王戊往年爲薄太后服	
	조조는 이에 초왕 유무가 지난해 박태후의 거상 때
私姦服舍²²	빈소에서 사사로이 간통을 하였다 하여
請誅之	죽일 것을 청하였다.
詔赦	조칙으로 사면하고
罰削東海郡	벌로 동해군을 삭감하였다.
因削吳之豫章郡會稽郡	내친김에 오나라의 예장군과 회계군도 삭감하였다.
及前二年趙王有罪	2년 전에 조왕이 죄를 짓자
削其河間郡²³	하간군도 삭감하였다.
膠西王印以賣爵有姦	교서왕 유앙이 관작을 팔아 간사한 짓을 하자
削其六縣	그 6현도 삭감하였다.
漢廷臣方議削吳	한나라 정신(廷臣)들은 바야흐로 오나라를 삭감할 것을 논의하였다.

---

22 **집해** 복건(服虔)은 말하였다. "복사(服舍)는 거상(居喪)하는 곳으로, 사사로이 궁중에서 간통하는 것이다."

23 **색은** 『한서』에는 '평산군(常山郡)'으로 되어 있다.

吳王濞恐削地無已	오왕 유비는 봉지의 삭감이 그치지 않을까 두려워하여
因以此發謀	이에 모반을 일으켜
欲舉事	거사를 하고자 하였다.
念諸侯無足與計謀者	제후 중에는 함께 모반을 꾀할 만한 자가 없음을 생각하던 중
聞膠西王勇	교서왕이 용감하고
好氣	혈기 쓰는 일을 좋아하며
喜兵	군사를 좋아하여
諸齊²⁴皆憚畏	제나라에서 모두 꺼리고 두려워한다는 말을 듣고
於是乃使中大夫應高誂²⁵膠西王	이에 곧 중대부 응고에게 교서왕을 회유하게 하였다.
無文書	문서는 남기지 않고
口報曰	입으로만 알리어 말하였다.
吳王不肖	"오왕은 불초하여
有宿夕之憂	조석 간의 근심이 있어도
不敢自外	감히 자신을 외인으로 간주할 수 없어서
使喻其驩心	그 기쁜 마음을 알리게 하였습니다."
王曰	왕이 말하였다.
何以教之	"무엇으로 가르침을 주려 하오?"
高曰	응고가 말하였다.

---

24 집해 위소는 말하였다. "옛날에 제나라를 다스리는 자가 나라를 교동(膠東)과 제북(濟北) 따위로 나누었다."

25 색은 음은 도[徒鳥反]이다.

今者主上興於姦	"지금 주상께서는 간신에 휘둘리고
飾於邪臣	사악한 신하에게 속아
好小善	작은 선을 좋아하고
聽讒賊	참소하는 말만 듣고
擅變更律令	율령을 멋대로 고치고
侵奪諸侯之地	제후의 땅을 침탈하여
徵求滋多	요구가 점점 많아지고
誅罰良善	선량한 사람을 죽이고 징벌함이
日以益甚	날로 더욱 심해지고 있습니다.
里語有之	속담에서 말하기를
舐糠及米 26	'겨를 핥다 쌀에 이른다.'라 하였습니다.
吳與膠西	오나라와 교서는
知名諸侯也	이름이 알려진 제후인데
一時見察	한번 감찰을 당하면
恐不得安肆矣	편안하여 마음대로 할 수 없게 될 것입니다.
吳王身有內病	오왕께서는 몸에 속병이 있어
不能朝請二十餘年	춘추로 조현할 수 없게 된 지가 20여 년으로
嘗患見疑	일찍이 의심을 받을까 근심하여
無以自白	스스로 표현할 방법이 없어
今脅肩累足	어깨를 움츠리고 발을 포개어
猶懼不見釋	아직도 풀려나지 못할까 두려워하고 있습니다.
竊聞大王以爵事有適 27	가만히 듣자 하니 대왕께서는 관작을 판 일로 처벌을 받고

---

26 **색은** 겨를 다 핥으면 쌀에 이른다는 말로, 봉토가 다 깎이면 나라가 멸하게 될 경지에 이르게 될 것임을 이른다.

所聞諸侯削地	소문으로는 제후들도 봉지가 삭감되었다는데
罪不至此	죄가 이 정도까지 이르지는 않았으니
此恐不得削地而已	이에 아마 봉지의 삭감으로만 그치지 않을 것 같습니다."
王曰	왕이 말하였다.
然	"그렇소,
有之	그럴 것이오.
子將奈何	그대는 어찌하려 하오?"
高曰	응고가 말하였다.
同惡相助	"함께 미워하면 서로 돕고
同好相留	함께 좋아하면 서로 그리워하며
同情相成	정취가 같으면 서로 이루어주고
同欲相趨	욕구가 같으면 함께 달리며
同利相死	이익이 같으면 같이 죽습니다.
今吳王自以爲與大王同憂	지금 오왕은 스스로 대왕과 근심이 같다고 생각하여
願因時循理	원컨대 때에 맞추어 이를 따라
棄軀以除患害於天下	몸을 버려 천하에서 근심과 해를 제거하신다면
億亦可乎	생각건대 또한 되겠는지요?"
王瞿然駭曰[28]	왕은 깜짝 놀라 말하였다.
寡人何敢如是	"과인이 어찌 감히 이렇게 하겠소?
今主上雖急	지금 주상께서 비록 다급하게 구시지만

---

27 정의 음은 적[張革反]이다.

28 색은 유씨(劉氏)는 瞿의 음은 구[九具反]라고 하였다. 또한 『설문(說文)』에서는 "구(瞿)는 멀리 보는 모양"이라고 하였다. 음은 각[九縛反]이다.

固有死耳	실로 죽음만 있을 따름이니
安得不戴	어찌 받들지 않을 수 있겠소?"
高日	응고가 말하였다.
御史大夫晁錯	"어사대부 조조가
熒惑天子	천자를 현혹시켜
侵奪諸侯	제후들을 침탈하고
蔽忠塞賢	충신을 가리고 현자를 막아
朝廷疾怨	조정에서 미워하고 원망하여
諸侯皆有倍畔之意	제후들이 모두 배반하려는 뜻이 있으니
人事極矣	사람의 일이 극에 달하였습니다.
彗星出	혜성이 나오고
蝗蟲數起	황충이 자주 일어나니
此萬世一時	이는 만년에 한번 있는 기회이며
而愁勞聖人之所以起也[29]	근심과 수고는 성인이 일어날 이유입니다.
故吳王欲內以晁錯爲討	그러므로 오왕은 안으로는 조조를 토벌하는 것을 명분으로 삼고
外隨大王後車	밖으로는 대왕의 수레를 뒤따라
彷徉天下	천하를 누비고자 하니
所鄉者降	향하는 곳은 항복할 것이고
所指者下	가리키는 곳은 함락되어
天下莫敢不服	천하에서 복종하지 않음이 없을 것입니다.
大王誠幸而許之一言	대왕께서 실로 다행히 한마디만 허락해 주신다면
則吳王率楚王略函谷關	오왕이 초왕을 거느리고 함곡관을 공략하고
守滎陽敖倉之粟	형양(滎陽), 오창(敖倉)의 곡식을 지켜

---

29 색은 이른바 "근심으로 밝고 성스러움을 연다."는 것이다.

距漢兵	한나라 군사를 막을 것입니다.
治次舍	다스리어 머물러
須大王	대왕님을 기다릴 것입니다.
大王有幸而臨之	대왕께서 다행히 임하시면
則天下可幷	천하를 아우를 수 있고
兩主分割	두 임금이 분할하면
不亦可乎	또한 되지 않겠습니까?"
王曰	왕이 말하였다.
善	"좋소."
高歸報吳王	응고가 돌아가 오왕에게 보고하였는데도
吳王猶恐其不與	오왕은 여전히 그가 참여하지 않을까 걱정하여
乃身自爲使	이에 몸소 사자가 되어
使於膠西	교서로 사행하고
面結之	대면하여 (맹약을) 맺었다.
膠西群臣或聞王謀	교서왕의 신하들 중 누가 왕이 모반하려는 것을 듣고
諫曰	간언하였다.
承一帝	"한 황제를 받드는 것은
至樂也	지극한 즐거움입니다.
今大王與吳西鄕	지금 대왕께서 오나라와 함께 서쪽을 향하여
弟令事成	일이 성공한다 해도
兩主分爭	두 임금이 갈라서서 다툰다면
患乃始結	근심은 곧 비로소 얽히게 됩니다.
諸侯之地不足爲漢郡什二	제후들의 땅은 한나라 군의 10분의 2도 되지

	않으며
而爲畔逆以憂太后	반역을 일으켜 태후를 근심케 하는 것은
非長策也30	상책이 아닙니다."
王弗聽	왕은 그 말을 듣지 않았다.
遂發使約齊菑川膠東濟南濟北	
	마침내 제(齊)와 치천, 교동, 제남, 제북에 사람을 보내 맹약하게 하니
皆許諾	모두 허락하고
而曰城陽景王有義	말하기를 "성양경왕은 의롭고
攻諸呂	여씨들을 공격하였으니
勿與	참여시키지 말고
事定分之耳31	일이 정해지면 나누어 주면 될 따름이다."라 하였다.

諸侯既新削罰	제후들은 막 삭감의 벌을 받자
振恐	두려워하면서
多怨晁錯	조조를 매우 원망하였다.
及削吳會稽豫章郡書至	오나라의 회계와 예장을 삭감한다는 조서가 이르자
則吳王先起兵	오왕이 먼저 군사를 일으켰으며
膠西正月丙午誅漢吏二千石以下	
	교서왕은 정월 병오일에 한나라 관리 2천 석 이하를 죽였고
膠東菑川濟南楚趙亦然	교동과 치천, 제남, 초, 조나라 또한 그러하였으며

---

30 **집해** 문연(文穎)은 말하였다. "왕의 태후(太后)이다."
31 **집해** 서광은 말하였다. "그때 성양공왕희(城陽恭王喜)는 경왕(景王)의 아들이었다."

遂發兵西	마침내 군사를 일으켜 서(西)로 향하였다.
齊王後悔	제왕은 후회하고
飮藥自殺	음독자살하여
畔約	맹약을 저버렸다.
濟北王城壞未完	제북왕은 도성이 허물어져 보수가 채 끝나지 않아
其郎中令劫守其王	낭중령이 왕에게 지키도록 겁박하여
不得發兵	군사를 일으키지 못하였다.
膠西爲渠率	교서왕이 우두머리가 되어
膠東菑川濟南共攻圍臨菑	교동과 치천, 제남왕이 함께 임치를 공격하여 포위하였다.
趙王遂亦反	조왕(趙王) 수(遂) 또한 반기를 들고
陰使匈奴與連兵	몰래 흉노로 하여금 연합군에 들라고 하였다.
七國之發也	7국이 군사를 일으킴에
吳王悉其士卒	오왕은 그 군사를 총동원하고
下令國中曰	나라에 영을 내려 말하였다.
寡人年六十二[32]	"과인은 나이가 62세인데
身自將	몸소 장수가 되었다.
少子年十四	막내 아이는 나이가 열넷인데
亦爲士卒先	또한 사졸의 선봉이 되었다.
諸年上與寡人比	여러 나이가 위로는 과인과 같고
下與少子等者	아래로는 막내 아이와 같은 자는
皆發	모두 출동할지어다."

---

32 집해 서광은 말하였다. "오왕이 오나라에 봉하여진 지 42년째이다."

發二十餘萬人	20여만 명을 출동시켰다.
南使閩越, 東越	남으로 민월과 동월에 사자를 보내니
東越亦發兵從	동월 또한 군사를 내어 따랐다.

孝景帝三年正月甲子	효경제 3년(B.C. 154) 정월 갑자일에
初起兵於廣陵[33]	광릉에서 처음으로 군사를 일으켰다.
西涉淮	서(西)로 회수(淮水)를 건너
因并楚兵	바로 초나라 군사와 합쳤다.
發使遺諸侯書曰	사신을 보내어 제후들에게 편지를 보내어 말하였다.
吳王劉濞敬問膠西王膠東王菑川王濟南王趙王楚王淮南王衡山王廬江王故長沙王子[34]	"오왕 유비가 삼가 교서왕과 교동왕, 치천왕, 제남왕, 조왕, 초왕, 회남왕, 형산왕, 여강왕, 고(故) 장사왕의 아들에게 묻습니다.
幸教寡人	과인에게 가르침을 주기 바라오!
以漢有賊臣	한나라에 적신(賊臣)이 있어
無功天下	천하에 공도 없으면서
侵奪諸侯地	제후의 땅을 침탈하고
使吏劾繫訊治	관리로 하여금 탄핵 구금하고 심리하여 다스리게 함으로써

---

33 **집해** 서광은 말하였다. "형왕(荊王) 유가(劉賈)가 오(吳)에 도읍을 두었으며, 오왕이 광릉(廣陵)으로 옮겼다."

34 **집해** 서광은 말하였다. "오예(吳芮)의 현손 정왕저(靖王著)는 문제(文帝) 7년에 죽었는데 후사가 없어 나라가 없어졌다." 여순은 "오예는 4세 뒤에 자손이 없어 나라가 없어졌다. 서자 두 사람이 열후가 되었는데 후사를 잇지 못하게 되자 뜻에 불만이 있어 반란에 참여하도록 꾄 것이다."라 하였다.

以僇辱之爲故[35]	모욕하는 것을 일삼아
不以諸侯人君禮遇劉氏骨肉	제후 임금으로 유씨의 골육을 예우하지 않아
絶先帝功臣	선제의 공신을 끊고
進任姦宄	간사한 도둑을 임용하여
詿亂天下[36]	천하를 그르치고 어지럽혀
欲危社稷	사직을 위태롭게 하려 합니다.
陛下多病志失	폐하께서는 다병하여 뜻을 잃어
不能省察	살피실 수가 없습니다.
欲擧兵誅之	군사를 일으켜 토벌하려 하니
謹聞敎	삼가 가르침을 듣고자 합니다.
敝國雖狹	우리나라가 비록 좁으나
地方三千里	땅이 사방 3천 리이고,
人雖少	사람이 비록 적다 하나
精兵可具五十萬	정병 50만을 갖출 수 있습니다.
寡人素事南越三十餘年	과인은 평소에 남월을 30여 년 섬겼는데
其王君皆不辭分其卒以隨寡人	
	그 군왕들이 모두 그 군사를 나누어 과인을 따르기를 불사하니
又可得三十餘萬	또 30여만을 얻을 수 있습니다.
寡人雖不肖	과인이 비록 불초하나
願以身從諸王	이 몸이 여러 왕들을 따르기를 원합니다.
越直[37]長沙者[38]	월나라는 장사에 맞닿아 있으니

---

35 집해 『한서음의(漢書音義)』에서는 말하였다. "고(故)는 사(事)의 뜻이다." 정의 오로지 제후를 모욕하는 것을 일삼는 것이다.

36 정의 詿의 음은 괘(挂)이다.

因王子定長沙以北³⁹	왕자를 따라 장사 이북을 평정하고

因王子定長沙以北³⁹　왕자를 따라 장사 이북을 평정하고

西走蜀漢中⁴⁰　서로 촉과 한중으로 향합니다.

告越⁴¹楚王淮南三王　월과 초왕, 회남의 세 왕에게 알려

與寡人西面⁴²　과인과 함께 서쪽으로 향하고,

齊諸王與趙王定河閒河內　제나라의 여러 왕과 조왕은 하간과 하내를 평정하고

或入臨晉關⁴³　혹은 임진관으로 들어가거나

或與寡人會雒陽　혹은 과인과 낙양에서 만나며,

燕王趙王固與胡王有約　연왕과 조왕은 본래 호왕과 맹약하였으니

燕王北定代雲中　연왕은 북으로 대(代)와 운중을 평정하고

搏胡眾⁴⁴入蕭關⁴⁵　오랑캐의 무리를 거느리고 소관으로 들어가

走長安　장안으로 향하여

匡正天子　천자를 바로잡고

以安高廟　고묘를 안정시킵니다.

---

37 **집해** 음은 치(値)이다.

38 **색은** 복건은 말하였다. "直의 음은 치(値)이다. 경계가 서로 맞닿아 있음을 말한다."

39 **집해** 여순은 말하였다. "남월(南越)은 장사(長沙)에 경계가 맞닿아 있으므로 왕자를 따라 평정한다는 것이다." **색은** 남월의 땅은 장사의 땅과 서로 맞닿아 있다는 말이다. 치(値)는 장사왕(長沙王)의 아들을 따라 장사 이북 지역을 평정한다는 것이다.

40 **정의** 走의 음은 주(奏)로, 향한다는 뜻이다. 왕자는 장사왕의 아들이다. 남월의 땅은 장사의 남쪽과 마주하고 있어 그 백성들이 왕자의 군사를 따라 장사 이북을 진압하여 평정시키고 서로 촉(蜀) 및 한중(漢中)을 향함을 모두 왕자에게 맡겨 평정하는 것이다.

41 **집해** 여순은 말하였다. "동월에게 평정하게끔 알리는 것이다."

42 **정의** 월(越)은 동월(東越)이다. 또 동월과 초, 회남(淮南)의 세 왕에게 오왕과 함께 서쪽으로 향하여 치라는 것이다. 삼왕은 회남과 형산(衡山), 여강(廬江)이다.

43 **정의** 지금의 포진관(蒲津關)이다.

44 **색은** 搏의 음은 전(專)이다. 전(專)은 호병(胡兵)을 오로지 통령하는 것이다.

45 **정의** 지금 이름은 농산관(隴山關)으로, 원주(原州) 평량현(平涼縣) 경계에 있다,

願王勉之	왕들께서는 힘써주시기를 바랍니다.
楚元王子淮南三王或不沐洗十餘年	초원왕의 아들과 회남의 세 왕은 혹 10여 년간 목욕도 하지 못할 정도로
怨入骨髓	원한이 골수에 사무쳐
欲一有所出之久矣	한번 나아가고자 한 것이 오래되었을 것이나
寡人未得諸王之意	과인이 여러 왕들의 뜻을 얻지 못하여
未敢聽	감히 듣지 못하였습니다.
今諸王苟能存亡繼絕	지금 왕들께서 실로 망해 가는 나라를 보존시키고 끊어진 것을 이을 수 있고
振弱伐暴	약한 것을 떨쳐 포악함을 벌하여
以安劉氏	유씨를 안정시키기만 한다면
社稷之所願也	사직이 바라는 것입니다.
敝國雖貧	우리나라가 비록 가난하다지만
寡人節衣食之用	과인이 의식의 비용을 절감하여
積金錢	금전을 쌓고
脩兵革	병기를 수선하고
聚穀食	양식을 모으기를
夜以繼日	밤낮으로 이어서 한 것이
三十餘年矣	30여 년째입니다.
凡爲此	무릇 이렇게 한 것은
願諸王勉用之	여러 왕들께서 쓰시게끔 면려하고자 해서입니다.
能斬捕大將者	대장을 참하거나 사로잡는 자에게는
賜金五千斤	금 5천 근을 내리고
封萬戶	만 호에 봉할 것이며,

列將	장수들이라면
三千斤	3천 근에
封五千戶	5천 호를 봉할 것이고,
裨將	비장은
二千斤	2천 근에
封二千戶	2천 호를 봉할 것이며,
二千石	2천 석은
千斤	1천 근에
封千戶	천 호에 봉할 것이고,
千石	천 석은
五百斤	5백 근에
封五百戶	5백 호에 봉할 것이니
皆爲列侯	모두 열후가 됩니다.
其以軍若城邑降者	군사를 거느리거나 성읍을 가지고 항복하는 자로
卒萬人	군사가 만 명에
邑萬戶	만 호의 읍이라면
如得大將	대장을 잡은 것과 마찬가지일 것이며,
人戶五千	5천 호의 사람이라면
如得列將	장수들을 잡은 것과 마찬가지일 것이고,
人戶三千	3천 호의 사람이라면
如得裨將	비장을 잡은 것과 마찬가지일 것이며,
人戶千	천 호의 사람이라면
如得二千石	2천 석을 잡은 것과 마찬가지일 것이고,
其小吏皆以差次受爵金	소리(小吏)는 모두 차등에 따라 관작과 금을 받

게 될 것입니다.

他封賜皆倍軍法[46]   다른 봉작과 상은 모두 군법의 배로 하겠습니다.

其有故爵邑者   옛 관작과 봉지가 있는 자는

更益勿因   더 보태어 (옛 봉작을) 따르지 않겠습니다.

願諸王明以令士大夫   원컨대 왕들께서는 분명히 사대부들에게 명하실 것이니

弗敢欺也   감히 속이지 않겠습니다.

寡人金錢在天下者往往而有   과인의 금전은 천하 곳곳 어디에나 있고

非必取於吳   반드시 오나라에서만 취하는 것이 아니며

諸王日夜用之弗能盡   왕들께서 밤낮으로 써도 다 쓰지 못할 것입니다.

有當賜者告寡人   상을 내려야 할 사람이 있을 경우 과인에게 알려만 주신다면

寡人且往遺之   과인이 곧 가서 주도록 하겠습니다.

敬以聞   삼가 알려드립니다."

七國反書聞天子   7국이 반기를 들었다는 소식이 천자에게 알려지자

天子乃遣太尉條侯周亞夫將三十六將軍

    천자는 이에 태위 조후 주아부를 보내어 장군 36명을 거느리고

往擊吳楚   가서 오·초(吳楚)를 치게 하였으며,

遣曲周侯酈寄擊趙   곡주후 역기를 보내어 조나라를 치게 하였고,

將軍欒布擊齊   장군 난포는 제나라를 치게 하였으며,

大將軍竇嬰屯滎陽   대장군 두영은 형양에 진을 치고

---

46 집해 복건은 말하였다. "봉작과 상을 내림이 한나라의 상법(常法)보다 배라는 말이다."

監齊趙兵	제나라와 조나라 군사를 감시하게 하였다.
吳楚反書聞	7국이 반기를 들었다는 소식만 알려지고
兵未發	군사는 아직 내지 않았을 때
竇嬰未行	두영은 아직 가지 않고
言故吳相袁盎	옛 오왕의 승상 원앙을 말하였다.
盎時家居	원앙은 집에 있었는데
詔召入見	조칙으로 들어가 알현하였다.
上方與晁錯調兵筭軍食	임금은 막 조조와 군사 조발 및 군량 문제를 따지고 있었는데
上問袁盎曰	임금이 원앙에게 말하였다.
君嘗爲吳相	"그대는 일찍이 오나라 승상이었으니
知吳臣田祿伯爲人乎	오나라 신하 전록백의 사람됨을 알겠지요?
今吳楚反	지금 오·초가 반기를 들었는데
於公何如	그대가 보기에 어떠하오?"
對曰	대답하였다.
不足憂也	"근심하실 것 없습니다.
今破矣	곧 격파될 것입니다."
上曰	임금이 말하였다.
吳王即山鑄錢	"오왕은 즉산에서 돈을 주조하고
煮海水爲鹽	바닷물을 끓여 소금을 만들어
誘天下豪桀	천하의 호걸들을 꾀었으며
白頭擧事	흰 머리에 거사를 하였소.
若此	이럴진대
其計不百全	그 계책이 온전히 100%가 아니라면

豈發乎	어찌 일으키겠소?
何以言其無能爲也	어찌 그가 할 수 없다고 말하는 것이오?"
袁盎對曰	원앙이 대답하였다.
吳有銅鹽利則有之	"오나라가 동전과 소금의 이익은 있겠지만
安得豪桀而誘之	어찌 호걸을 얻어 꾈 수 있겠습니까!
誠令吳得豪桀	실로 오나라가 호걸을 얻는다고 하더라도
亦且輔王爲義	또한 왕을 보좌하고 의를 행하려 할 것이며
不反矣	반기를 들지는 않을 것입니다.
吳所誘皆無賴子弟	오나라가 꾄 자들은 모두 무뢰배의 자제들이고
亡命鑄錢姦人	망명하여 돈이나 주조하는 간사한 사람들이므로
故相率以反	서로 이끌어 모반한 것입니다."
晁錯曰	조조가 말하였다.
袁盎策之善	"원앙의 분석이 훌륭합니다."
上問曰	임금이 물었다.
計安出	"계책은 어떻게 하면 되겠는가?"
盎對曰	원앙이 대답하였다.
願屛左右	"좌우를 물리쳤으면 합니다."
上屛人	임금이 사람을 물리치고
獨錯在	조조만 있게 되었다.
盎曰	원앙이 말하였다.
臣所言	"신이 말하는 것은
人臣不得知也	신하가 알아서는 안 되는 것입니다."
乃屛錯	이에 조조를 물리쳤다.
錯趨避東廂	조조는 동상(東廂)으로 피하면서

恨甚	매우 원망하였다.
上卒問盎	임금이 마침내 원앙에게 물으니
盎對曰	원앙이 대답하여 말하였다.
吳楚相遺書	"오나라와 초나라가 서로 편지를 보내어
曰高帝王子弟各有分地	말하기를 '고제께서 자제들을 왕으로 삼아 각기 땅을 나누어 주었는데
今賊臣晁錯擅適過諸侯[47]	지금 적신 조조가 제멋대로 제후들을 견책하여
削奪之地	그 땅을 삭탈하고 있다.'라 하였습니다.
故以反爲名	그러므로 반기를 들 명분으로 삼아
西共誅晁錯	서진하여 함께 조조를 죽이고
復故地而罷	옛 땅을 회복하려는 것일 따름입니다.
方今計獨斬晁錯	지금의 계책으로는 다만 조조만 참수하고
發使赦吳楚七國	사신을 보내 오·초 7국을 용서하여
復其故削地	그 옛 삭탈한 땅을 회복시켜 주면
則兵可無血刃而俱罷	병기의 칼날에 피를 묻히지 않고 모두 끝날 수 있을 것입니다."
於是上嘿然良久	이에 임금이 묵묵히 한참 동안이나 있다가
曰	말하였다.
顧誠何如	"그러니 실로 어쩐다?
吾不愛一人以謝天下	내 한 사람(조조)을 아껴서 천하에 미안하게는 않겠소."
盎曰	원앙이 말하였다.
臣愚計無出此	"신의 어리석은 계책은 이것보다 나을 수 없으니
願上孰計之	황상께서는 숙고해 보시기를 바랍니다."

---

47 **색은** 適의 음은 적[直革反]이며, 또한 택(宅)이라고도 한다.

乃拜盎爲太常[48]	이에 원앙을 태상에 임명하고
吳王弟子德侯爲宗正[49]	오왕의 조카 덕후를 종정으로 삼았다.
盎裝治行	원앙은 사행할 차림을 꾸리게 했다.
後十餘日	10여 일 후
上使中尉召錯	임금이 중위로 하여금 조조를 소환하게 하고
紿載行東市	속여서 수레에 태워 동시(東市)로 갔다.
錯衣朝衣斬東市	조조는 조복을 입은 채 동시에서 참수되었다.
則遣袁盎奉宗廟	곧 원앙을 보내어 종묘를 받들게 하고
宗正輔親戚[50]	종정은 친척을 보좌하게 하였으며
使告吳如盎策	오나라에 원앙의 계책대로 알리게 하였다.
至吳	오나라에 이르렀을 때
吳楚兵已攻梁壁矣	오·초의 군사는 이미 양나라의 누벽을 공격하였다.
宗正以親故	종정은 친척이었으므로
先入見	먼저 들어가 (오왕을) 뵙고
諭吳王使拜受詔	오왕에게 사자임을 알리고 조서를 받들게 하였다.
吳王聞袁盎來	오왕은 원앙이 온다는 말을 듣자
亦知其欲說己	또한 자기를 설복시키려 한다는 것을 알고
笑而應曰	웃으면서 대꾸하였다.
我已爲東帝	"내 이미 동제이거늘
尙何誰拜	오히려 무엇 때문에 누구에게 절한단 말인가?"

---

48 정의 원앙을 태상(太常)으로 삼아 종묘를 받드는 지의(指意)를 보인 것이다.

49 집해 서광은 말하였다. "이름은 통(通)이고, 그 아비의 이름은 광(廣)이다." 『한서』에서는 "오왕(吳王)의 조카 덕후(德侯) 광(廣)은 종정(宗正)이 되었다."라 하였다.

50 정의 친척의 뜻으로 한나라의 훈유(訓諭)를 보좌하게 하였다.

不肯見盎而留之軍中	원앙을 만나려 하지 않고 군영에 억류시켜 놓고
欲劫使將	겁박하여 장수로 삼고자 하였다.
盎不肯	원앙이 응하려 하지 않자
使人圍守	사람을 시켜 에워싸고 지키다가
且殺之	곧 죽이려 하였는데
盎得夜出	원앙은 야음을 틈타 탈출하여
步亡去	도보로 도망쳐
走梁軍	양나라 군대로 도망쳤으며
遂歸報	마침내 돌아가 알렸다.
條侯將乘六乘傳[51]	조후는 육두 마차를 타고
會兵滎陽	형양의 군영에서 (제후들과) 만나기로 하였다.
至雒陽	낙양에 이르러
見劇孟	극맹을 만나
喜曰	기뻐 말하였다.
七國反	"7국이 반기를 들어
吾乘傳至此	내 마차를 타고 예까지 이르렀는데
不自意全[52]	스스로 온전히 지키지 못하리란 생각이 드오.
又以爲諸侯已得劇孟	또한 제후들이 이미 극맹을 얻었으리라 생각하였는데
劇孟今無動	극맹은 지금 움직이지 않았습니다.
吾據滎陽	내 형양을 근거로 한다면

---

51 **정의** 앞 글자의 음은 승(乘)이고, 아래 글자의 음은 전[竹戀反]이다.
52 **정의** 스스로 낙양을 온전히 지킬 수 없다고 생각하여 극맹(劇孟)을 만나보게 되었다는 말이다.

以東無足憂者	동쪽은 근심할 만한 것이 없다고 생각하오."
至淮陽	회양에 이르러
問父絳侯故客鄧都尉曰	부친인 강후의 옛 빈객 등도위에게 물어보았다.
策安出	"무슨 계책을 낼까요?"
客曰	빈객이 말하였다.
吳兵銳甚	"오나라 군사는 매우 날카로워
難與爭鋒	더불어 예봉을 다투기는 어려울 것이오.
楚兵輕[53]	초나라 군사는 가벼워
不能久	오래갈 수 없습니다.
方今爲將軍計	지금 장군을 위한 계책으로는
莫若引兵東北壁昌邑	군사를 이끌고 동북쪽으로 가서 창읍에 벽을 쌓고
以梁委吳	양나라를 오나라에게 맡기는 것만 한 것이 없으니
吳必盡銳攻之	오나라는 반드시 정예병을 총동원하여 공격할 것입니다.
將軍深溝高壘	장군께서는 도랑을 깊이 파고 누벽을 높여
使輕兵絕淮泗口[54]	가벼운 군사로 회사의 입구를 막게 하여
塞吳饟道	오나라의 양도(饟道)를 막습니다.
彼吳梁相敝而糧食竭	저 오나라와 양나라는 서로 피폐해지고 양식은 끊길 것이니
乃以全彊制其罷極	이에 강병(强兵)을 총동원하여 피로가 극에 달한 군사를 치면
破吳必矣	오나라를 깨뜨리는 것은 필연적일 것입니다."

---

53 **정의** 음은 경[遣正反]이다.

54 회사(淮泗)는 곧 회수(淮水)와 사수(泗水)를 함께 일컬은 것이다. -옮긴이.

條侯曰	조후가 말하였다.
善	"좋소."
從其策	그 계책을 좇아
遂堅壁昌邑南[55]	마침내 창읍의 남쪽에 벽을 쌓고
輕兵絶吳饟道	날랜 병사로 오나라의 양도를 끊게 했다.
吳王之初發也	오왕이 막 출발하였을 때
吳臣田祿伯爲大將軍	오나라의 신하 전록백이 대장군이었다.
田祿伯曰	전록백이 말하였다.
兵屯聚而西	"군사의 주둔을 집중시켜 서진하며
無佗奇道	다른 기이한 방법을 내지 않으면
難以就功	공을 이루기가 어렵습니다.
臣願得五萬人	신은 원컨대 5만 명을 얻어
別循江淮而上	별도로 강회를 따라 올라가
收淮南長沙	회남과 장사를 거두고
入武關	무관으로 들어가
與大王會	대왕과 만나게 된다면
此亦一奇也	이는 또한 한 가지 기계(奇計)가 될 것입니다."
吳王太子諫曰	오왕의 태자가 간하였다.
王以反爲名	"왕께서는 반기를 명분으로 삼으셨는데
此兵難以藉人	이런 군사는 남에게 의탁하기 어려우며
藉人亦且反王	남에게 의탁한다면 또한 왕께 반기를 들게 될 것이니

---

55 정의 조주(曹州) 성무현(城武縣) 동북쪽 42리 지점에 있다.

柰何	어찌하시렵니까?
且擅兵而別	또한 병권을 장악하게 하여 헤어지면
多佗利害	다른 이로움과 해악이 얼마나 될지
未可知也[56]	알 수 없게 될 뿐 아니라
徒自損耳	스스로 손실만 있을 따름입니다."
吳王即不許田祿伯	오왕은 바로 전록백을 허락지 않았다.
吳少將桓將軍說王曰	오나라 소장 환(桓) 장군이 왕에게 말하였다.
吳多步兵	"오나라는 보병이 많은데
步兵利險	보병은 험지에서 유리하고,
漢多車騎	한나라는 거마가 많은데
車騎利平地	거마는 평지에서 유리합니다.
願大王所過城邑不下	원컨대 대왕께서 지나치는 성읍 가운데 함락시키지 못하는 것은
直棄去	곧장 버리고 떠나시어
疾西據雒陽武庫	신속하게 서향하여 낙양의 무기고를 차지하고
食敖倉粟	오창(敖倉)의 곡식을 먹으며
阻山河之險以令諸侯	산하의 험요함을 막고 제후에게 영을 내리면
雖毋入關	비록 관에 들지는 못할지라도
天下固已定矣	천하(의 대세)는 실로 이미 정하여질 것입니다.
即大王徐行	대왕께서 행동을 천천히 하시어
留下城邑	남아 성읍을 함락시키신다면
漢軍車騎至	한나라의 거마가 이르러

---

56 **집해** 소림(蘇林)은 말하였다. "전록백(田祿伯)이 군사를 거느리고 한나라에 항복이라도 한다면 절로 자신에게 이롭게 되고 오나라에는 근심이 생길 것이라는 것이다."

馳入梁楚之郊	양나라와 초나라의 교외로 들이닥친다면
事敗矣	일은 그르치고 말게 됩니다."
吳王問諸老將	오왕이 노장들에게 물어보았더니
老將曰	노장이 말하였다.
此少年推鋒之計可耳	"이는 소년이 예봉을 꺾는 계책으로나 쓸 만할 따름이니
安知大慮乎	어찌 원대한 생각을 알겠습니까!"
於是王不用桓將軍計	이에 왕은 환 장군의 계책을 쓰지 않았다.
吳王專并將其兵	오왕이 그 군사를 오로지 합병하여
未度淮	아직 회수를 건너지 않았을 때
諸賓客皆得爲將校尉候司馬	여러 빈객들은 모두 장수며 교위, 후, 사마가 되었으나
獨周丘不得用	주구(周丘)만은 임용되지 못하였다.
周丘者	주구는
下邳人	하비 사람으로
亡命吳	오나라에 망명하였는데
酤酒無行	술을 팔고 행실이 좋지 않아
吳王濞薄之	오왕 비(濞)가 천박하게 여겨
弗任	임용하지 않았다.
周丘上謁	주구가 통첩을 넣어 뵙고
說王曰	왕을 유세하여 말하였다.
臣以無能	"신은 무능하여
不得待罪行閒	행렬에서 임용되지 못하였습니다.
臣非敢求有所將	신은 감히 (군사를) 거느리는 것을 구하는 것이

아니라

願得王一漢節	원컨대 왕께 한나라의 부절 하나만 얻는다면
必有以報王	반드시 왕께 보답할 길이 있을 것입니다."
王乃予之	왕이 이에 그에게 주었다.
周丘得節	주구는 부절을 얻어
夜馳入下邳	밤에 하비로 달려 들어갔다.
下邳時聞吳反	하비에서는 당시 오나라가 반기를 들었다는 말을 듣고
皆城守	모두 성을 지켰다.
至傳舍	여관에 이르자
召令	현령을 불렀다.
令入戶	현령이 문으로 들어서자
使從者以罪斬令	종자를 시켜 죄를 대고 현령을 참수하게 하였다.
遂召昆弟所善豪吏告曰	마침내 형제며 친했던 호족 관리들을 불러 말하였다.
吳反兵且至	"오나라의 반군이 곧 이르게 될 것인데
至	이르면
屠下邳不過食頃	하비를 도륙하는 것쯤은 한 식경도 걸리지 않게 될 것이다.
今先下	지금 먼저 항복하면
家室必完	가문은 반드시 온전하게 될 것이고
能者封侯矣	능력 있는 자는 제후에 봉해질 것이다."
出乃相告	나가서 곧 서로 알리니
下邳皆下	하비는 모두 항복했다.
周丘一夜得三萬人	주구는 하룻밤에 3만 명을 얻었으며

使人報吳王	사람을 보내 오왕에게 알리게 하고
遂將其兵北略城邑	마침내 그 군사를 거느리고 북쪽으로 가서 성읍을 공략하였다.
比至城陽[57]	성양에 이를 무렵에
兵十餘萬	10여만의 군사로
破城陽中尉軍	성양 중위의 군사를 깨뜨렸다.
聞吳王敗走	오왕이 패주하였다는 말을 듣고
自度無與共成功	스스로 함께 공을 이룰 수 없다고 헤아려
即引兵歸下邳	즉시 군사를 이끌고 하비로 돌아갔다.
未至	채 이르지 않아
疽發背死	악창이 터져 죽었다.
二月中	2월 중에
吳王兵既破	오왕의 군사는 모두 깨져
敗走	패주하였으며
於是天子制詔將軍曰	이에 천자는 장군들에게 어명을 내려 말하였다.
蓋聞爲善者	"대체로 듣건대 착한 일을 하는 자에게는
天報之以福	하늘이 복으로 보답하고,
爲非者	그른 일을 하는 자에게는
天報之以殃	하늘이 재앙으로 갚는다고 하였소.
高皇帝親表功德	고황제께서 친히 공덕이 있는 자를 표창하고
建立諸侯	제후를 세웠소.
幽王悼惠王絕無後	유왕과 도혜왕은 대가 끊기어 후사가 없었는데

---

57 <u>정의</u> 「지리지(地理志)」에서는 성양국(城陽國)은 옛 제(齊)나라로, 한문제 2년 별도의 국가가 되었으며 연주(兗州)에 속한다.

孝文皇帝哀憐加惠	효문황제가 불쌍히 여겨 은혜를 베풀어
王幽王子遂悼惠王子卬等	유왕의 아들 수(遂)와 도혜왕의 아들 앙(卬) 등을 왕으로 세워
令奉其先王宗廟	선왕의 종묘를 받들게 하고
爲漢藩國	한나라의 번국이 되게 하였으니
德配天地	덕은 천지와 짝하고
明並日月	밝기는 일월을 합친 것과 같소.
吳王濞倍德反義	오왕 비는 덕을 저버리고 인의를 배반하여
誘受天下亡命罪人	천하의 망명한 죄인들을 꾀어 받아들이고
亂天下幣[58]	천하의 화폐를 어지럽혔으며
稱病不朝二十餘年	병을 핑계로 20여 년이나 조회하지 않아
有司數請濞罪	유사가 여러 차례나 비의 죄를 청하였으나
孝文皇帝寬之	효문황제는 관용을 베풀어
欲其改行爲善	선한 일을 하도록 고치려 하였소.
今乃與楚王戊趙王遂膠西王卬濟南王辟光菑川王賢膠東王雄渠約從反	지금 곧 초왕 무(戊)와 조왕 수(遂), 교서왕 앙(卬), 제남왕 벽광(辟光), 치천왕 현(賢), 교동왕 웅거(雄渠)와 맹약하여 반기를 들어
爲逆無道	대역무도한 죄를 지었으며,
起兵以危宗廟	군사를 일으켜 종묘를 위험에 빠뜨렸고
賊殺大臣及漢使者	대신 및 한나라의 사자를 죽였으며
迫劫萬民	만민을 겁박하고
夭殺無罪	무고한 자를 죽였으며

---

58 **집해** 여순은 말하였다. "폐(幣)는 돈이다. 사전(私錢)을 가지고 천하의 돈을 어지럽힌 것이다."

燒殘民家	민가를 불태우고
掘其丘冢	무덤을 파혜치는 등
甚爲暴虐	매우 포학한 일을 일삼았소.
今卬等又重逆無道	지금 앙(卬) 등은 또 대역무도한 일을 일삼고
燒宗廟	종묘를 태웠으며
鹵御物[59]	황제의 물건을 약탈하니
朕甚痛之	짐은 매우 가슴 아프게 생각하오.
朕素服避正殿	짐은 소복을 하고 정전을 피하였으니
將軍其勸士大夫擊反虜	장군들은 사대부들을 권하여 반도들을 치기를 바라오.
擊反虜者	반도를 치는 자 가운데
深入多殺爲功	깊이 들어가 많이 죽여 공을 세우되
斬首捕虜比三百石以上者皆殺之	
	3백 석 이상 되는 자는 목을 베고 사로잡은 자는 모두 죽여
無有所置[60]	남겨두지 말지니라.
敢有議詔及不如詔者	감히 명령에 이의를 달거나 영대로 하지 않는 자가 있다면
皆要斬	모두 요참형에 처하리라."

初	처음에
吳王之度淮	오왕이 회수를 건널 때

---

59 **집해** 여순은 말하였다. "노(鹵)는 노략질하는 것이다. 종묘의 군현에 있는 기물은 모두 어물(御物)이다." **정의** 안사고(顏師古)는 말하였다. "어물은 종묘의 복색과 가물이다."

60 **정의** 置는 놓아서 풀어주는 것이다.

與楚王遂西敗棘壁[61]	초왕 수와 함께 서쪽에서 극벽을 무찌르고
乘勝前	승세를 타고 전진하여
銳甚	기세가 매우 등등하였다.
梁孝王恐	양효왕은 두려워하여
遣六將軍擊吳	여섯 장군을 보내어 오나라를 쳤는데
又敗梁兩將	또한 양나라의 두 장수를 패퇴시켰고
士卒皆還走梁	사졸들은 모두 양나라로 도로 달아났다.
梁數使使報條侯求救	양나라에서는 여러 차례나 조후에게 사신을 보내어 알리고 구원을 청하였으나
條侯不許	조후는 허락지 않았다.
又使使惡條侯於上	또한 사신을 보내어 임금에게 조후를 헐뜯자
上使人告條侯救梁	왕이 사람을 보내 조후에게 양나라를 구하라고 알렸지만
復守便宜不行	다시 유리한 형세를 지키며 나가려 하지 않았다.
梁使韓安國及楚死事相弟張羽爲將軍[62]	양나라는 한안국 및 초나라의 일을 간하다 죽은 승상의 아우 장우를 장군으로 삼아
乃得頗敗吳兵	이에 자못 오나라 군사를 무찌를 수 있게 되었다.
吳兵欲西	오나라 군사가 서진하려 하자
梁城守堅	양나라에서는 성을 굳게 지켜
不敢西	감히 서진하지 못하고
即走條侯軍	곧 조후의 군사에게로 달려가
會下邑[63]	하읍에서 만났다.

---

61 [정의] 송주(宋州) 영릉현(寧陵縣) 서남쪽 70리 지점에 있다.
62 [집해] 서광은 말하였다. "초나라 승상 장상(張尙)은 왕에게 간언하다가 죽었다." [정의] 우(羽)는 장상(張尙)의 아우이다.

欲戰	싸우려 하였으나
條侯壁	조후는 누벽을 쌓아
不肯戰	싸우려 하지 않았다.
吳糧絶	오나라는 양식이 끊겨
卒飢	마침내 굶주리게 되었고
數挑戰	여러 번이나 싸움을 돋우었으며
遂夜奔條侯壁	마침내 밤에
驚東南	동남쪽에서 소요를 일으켰다.
條侯使備西北	조후는 서북쪽을 대비하게 하였는데
果從西北入	과연 서북쪽으로 쳐들어왔다.
吳大敗	오나라는 대패하고
士卒多飢死	사졸들은 거의 굶어 죽었으며
乃畔散	이에 반군은 흩어졌다.
於是吳王乃與其麾下壯士數千人夜亡去	
	이에 오왕은 곧 그 휘하의 장사 수천 명과 야밤에 도망쳐
度江走丹徒	강을 건너 단도로 달아나
保東越⁶⁴	동월의 보호를 받았다.
東越兵可萬餘人	동월의 군사는 만여 명을 헤아렸으며
乃使人收聚亡卒	곧 사람을 시켜 도망친 군사들을 수습하여 모았다.

---

63 집해 서광은 말하였다. "양(梁)나라에 속한다." 정의 송주(宋州)의 탕산현(碭山縣)으로, 본래 한나라의 하읍현(下邑縣)이다.

64 정의 「동월전(東越傳)」에서는 말하였다. "동구(東甌)만이 한나라가 매수하는 것을 받아들여 오왕을 죽였다." 단도(丹徒)는 윤주(潤州)이다. 동구(東甌)는 곧 동월(東越)이다. 동월의 장사병은 오나라를 따라 단도에 있었다.

漢使人以利啗東越[65]	한나라에서 사람을 보내 이익으로 동월을 매수하니
越即絀吳王	동월은 오왕을 속여
吳王出勞軍	오왕에게 나가서 군사를 위로하게 하고
即使人鏦殺吳王[66]	즉시 사람을 시켜 오왕을 찔러 죽여
盛其頭[67]	그 머리를 담고
馳傳以聞	역마를 보내어 알렸다.
吳王子子華子駒亡走閩越	오왕의 아들 자화와 자구는 민월로 도망쳐 달아났다.
吳王之棄其軍亡也	오왕이 그 군사를 버리고 도망가니
軍遂潰	군사는 마침내 궤멸되어
往往稍降太尉梁軍	곳곳에서 조금씩 태위와 양나라 군사에게 항복하였다.
楚王戊軍敗	초왕 무는 군사가 패하자
自殺	자살하였다.

三王之圍齊臨菑也	세 왕이 제나라의 임치를 에워쌌는데

---

65 **집해** 위소는 말하였다. "啗의 음은 담[徒覽反]이다."

66 **집해** 맹강은 말하였다. "『방언(方言)』에서는 '극(戟)을 총(鏦)이라 한다.'라 하였다." **색은** 鏦의 음은 창[七江反]이다. 과(戈)로 찔러 죽였음을 말한다. 추씨(鄒氏)는 또한 음을 용(舂)이라고 하였다. 또한 음을 '종용(從容)'의 '종(從)'이라고도 하는데, 찔러 죽인 것을 말한다.

67 **집해** 『오지기(吳地記)』에서는 말하였다. "오왕 비(吳王濞)는 무진현(武進縣) 남쪽에 장사 지냈는데 지명은 상당(相唐)이다."라 하였다. **색은** 장발(張勃)은 "오왕 비는 단도현(丹徒縣) 남쪽에 장사 지냈으며, 그곳의 이름은 상당(相唐)이다."라 하였다. 지금의 주석본[注本]에서는 '무진현(武進縣)'이라 하였는데, 잘못되었을 것이다. **정의** 『괄지지』에서는 말하였다. "한나라 오왕 비의 무덤은 윤주(潤州) 단도현(丹徒縣) 동쪽 연벽취(練壁聚) 북쪽에 있으며, 지금은 장강[江]으로 들어갔다. 『오록(吳錄)』에서는 단도에 오왕의 무덤이 있는데 현의 북쪽에 있으며, 그곳을 상당(相唐)이라고 한다고 하였다."

三月不能下	석 달이 되도록 함락시킬 수 없었다.
漢兵至	한나라 군사가 이르자
膠西膠東菑川王各引兵歸	교서왕과 교동왕, 치천왕은 각자 군사를 이끌고 돌아갔다.
膠西王乃袒跣	교서왕은 곧 상체를 드러내고 맨발로
席稾	자리를 깔고
飮水	물만 마시며
謝太后	태후에게 잘못을 빌었다.
王太子德曰	왕의 태자인 유덕이 말하였다.
漢兵遠	"한나라 군사는 멀리서 왔으며
臣觀之已罷	신이 보건대 이미 지쳐
可襲	기습할 만하니
願收大王餘兵擊之	원컨대 대왕의 남은 군사를 거두어 치시고
擊之不勝	쳐서 이기지 못하면
乃逃入海	곧 도망쳐 바다로 들어가도
未晚也	아직 늦지 않습니다."
王曰	왕이 말하였다.
吾士卒皆已壞	"나의 군사는 모두 이미 무너져
不可發用	출동시켜 쓸 수 없다."
弗聽	그 말을 듣지 않았다.
漢將弓高侯穨當[68]遺王書曰	한나라 장수 궁고후 퇴당이 왕에게 편지를 보내어 말하였다.
奉詔誅不義	"조칙을 받들어 불의한 자를 치러 왔으니
降者赦其罪	항복하는 자는 그 죄를 용서하고

---

68 집해 서광은 말하였다. "성은 한(韓)이다."

復故	옛 관작을 회복시켜 줄 것이며,
不降者滅之	항복하지 않는 자는 죽일 것입니다.
王何處	왕께서 어느 쪽에 처하실지
須以從事	모름지기 (왕께서 취하시는) 일대로 따를 것입니다."
王肉袒叩頭漢軍壁	왕은 상체를 드러내고 한나라 군영의 누벽에 머리를 조아리고
謁曰	아뢰었다.
臣卬奉法不謹	"신 앙(卬)은 법을 받듦에 삼가지 못하여
驚駭百姓	백성들을 놀라게 하고
乃苦將軍遠道至于窮國	이에 장군이 먼 길로 궁벽한 나라에 이르도록 괴롭혔으니
敢請菹醢之罪	감히 젓갈로 절여질 죄를 청합니다."
弓高侯執金鼓見之	궁고후는 쇠북을 잡고 그를 만나
曰	말하였다.
王苦軍事	"왕께서 군사를 괴롭히는 일을 하였으니
願聞王發兵狀	왕께서 군사를 일으킨 정황이나 듣고 싶습니다."
王頓首膝行對曰	왕이 머리를 조아리고 무릎으로 기어가며 말하였다.
今者	"지금
晁錯天子用事臣	조조가 천자의 집정 대신으로
變更高皇帝法令	고황제의 법령을 바꾸어
侵奪諸侯地	제후의 땅을 침탈하였습니다.
卬等以爲不義	앙(卬) 등은 의롭지 않게 여기어
恐其敗亂天下	천하를 해치고 어지럽힐까 두려워하여
七國發兵	7국이 군사를 일으켜

且以誅錯	조조를 죽이려고 하였습니다.
今聞錯已誅	이제 조조가 이미 죽었다는 말을 들었으니
卬等謹以罷兵歸	앙(卬) 등은 삼가 군사를 거두어 돌아가고자 합니다."
將軍曰	장군이 말하였다.
王苟以錯不善	"왕께서 실로 조조가 좋지 못하다고 여겼으면
何不以聞	어째서 (천자께) 알리지 않았소?
乃未有詔虎符	곧 조서와 호부를 내리지도 않았는데
擅發兵擊義國	멋대로 군사를 일으켜 의로운 나라를 쳤소.
以此觀之	이로써 살피건대
意非欲誅錯也	의도가 조조를 죽이려 한 것이 아닌 것 같소."
乃出詔書爲王讀之	곧 조서를 꺼내어 왕에게 읽어주었다.
讀之訖	읽기를 끝내고
曰	말하였다.
王其自圖	"왕께서는 스스로 도모하시기 바라오."
王曰	왕이 말하였다.
如卬等死有餘罪	"앙(卬) 등과 같은 자는 죽어도 죄가 남습니다."
遂自殺	마침내 자살하였다.
太后太子皆死	태후와 태자도 모두 죽었다.
膠東菑川濟南王皆死[69]	교동왕과 치천왕, 제남왕도 모두 죽어
國除	나라가 없어지고
納于漢	한나라에 들였다.
酈將軍圍趙十月而下之	역(酈) 장군이 조나라를 에워싸고 10개월 만에 함락시키자

---

69 集解 서광은 말하였다. "어떤 판본에는 '자살(自殺)'로 되어 있다."

趙王自殺	조왕은 자살하였다.
濟北王以劫故	제북왕은 (낭중령의) 겁박을 받아서
得不誅	죽임을 당하지 않게 되었으며
徙王菑川	치천왕으로 옮겼다.
初	처음에
吳王首反	오왕이 맨 먼저 반기를 들고
并將楚兵	초나라 군사를 함께 거느렸으며
連齊趙	제나라 초나라와 연합하였다.
正月起兵	정월에 군사를 일으켜
三月皆破	석 달 만에 모두 깨지고
獨趙後下	조나라만 나중에 함락되었다.
復置元王少子平陸侯禮爲楚王	
	다시 원왕의 막내 평륙후 예(禮)를 초왕으로 두어
續元王後	원왕의 뒤를 이었다.
徙汝南王非王吳故地	여남왕 비(非)는 오나라 옛 땅의 왕으로 옮겼는데
爲江都王	강도왕이다.
太史公曰	태사공은 말한다.
吳王之王	오왕이 왕이 된 것은
由父省也[70]	부친이 삭감되었기 때문이다.

---

70 **집해** 유비(劉濞)가 오나라 왕이 된 것은 부친인 대왕(代王)이 합양후(郃陽侯)로 감하여 봉해진 데서 말미암는다는 말이다. 省의 음은 생[所幸反]이다. **색은** 省의 음은 성[所景反]이다. 성(省)은 줄인다는 뜻이다. 부친인 중(仲)이 대왕(代王)을 따라 합양후(郃陽侯)로 감하여 봉해진 것을 이른다.

能薄賦斂	세금 거두는 것을 줄여
使其眾	그 백성들을 부릴 수 있어서
以擅山海利	산과 바다의 이익을 맘대로 하였다.
逆亂之萌	반역과 반란의 싹은
自其子興	그 아들에게서 일어났다.
爭技發難⁷¹	재주를 다투다 난이 일어나
卒亡其本	마침내 그 근본을 잊었으며,
親越謀宗	월나라와 친하여져 종실을 꾀하고
竟以夷隕	마침내 그것 때문에 멸망당하였다.
晁錯爲國遠慮	조조는 나라를 위해 원대한 도모를 하였으나
禍反近身	화가 도리어 몸 가까이 닥쳤다.
袁盎權說	원앙은 임기응변에 능하여
初寵後辱	처음에는 총애를 받았으나 나중에는 욕을 당하였다.
故古者諸侯地不過百里	그래서 옛날에 제후의 땅은 백 리를 넘지 못하였으며
山海不以封	산과 바다는 봉하지 않았다.
毋親夷狄	"이적(夷狄)과 친하게 지내지 말지니
以疏其屬	친속과 소원하게 된다."하였으니
蓋謂吳邪	아마 오나라를 이르는 것일 것이다.
毋爲權首	"주모자가 되지 말지니
反受其咎	도리어 죄를 받게 된다."하였으니
豈盎錯邪	아마 원앙과 조조일 것이다!

---

71 색은 태자와 바둑을 두며 재주를 다툰 것을 이른다.

위기·무안후 열전 魏其武安侯列傳

魏其侯竇嬰者	위기후 두영은
孝文后從兄子也	효문후의 종형의 아들이다.
父世觀津人¹	부친은 대대로 관진 사람이었다.
喜賓客	빈객을 좋아하였다.
孝文時	효문제 때
嬰爲吳相	두영은 오나라 승상이 되었는데
病免	병으로 면직되었다.
孝景初即位	효경제가 즉위하자마자
爲詹事²	첨사가 되었다.
梁孝王者	양효왕은
孝景弟也	효경제의 아우인데
其母竇太后愛之	그의 모친인 두태후가 사랑하였다.
梁孝王朝	양효왕이 조회할 때

---

1 **색은** 「지리지(地理志)」에 의하면 관진현(觀津縣)은 신도(信都)에 속한다. 그들이 여러 세대 동안 관진에 있었으므로 '부세(父世)'라 말한 것이다. **정의** 관진성(觀津城)은 기주(冀州) 무읍현(武邑縣) 동남쪽 25리 지점에 있다.

2 **정의** 「백관표(百官表)」에서는 "첨사(詹事)는 진(秦)나라의 관직으로 황후와 태자의 가문을 관장한다."라 하였다.

因昆弟燕飲	형제의 신분으로 주연을 베풀었다.
是時上未立太子	이때 임금은 아직 태자를 세우지 않았는데
酒酣	주흥이 오르자
從容言曰	조용하게 말하였다.
千秋之後傳梁王	"내가 죽고 나면 양왕에게 (왕위를) 전하겠다."
太后驩	태후는 기뻐하였다.
竇嬰引卮酒進上	두영은 술잔을 당겨 임금에게 술을 바치며
曰	말하였다.
天下者	"천하는
高祖天下	고조의 천하로
父子相傳	부자간에 서로 전하는 것이
此漢之約也	한나라의 법도이온데
上何以得擅傳梁王	임금께서는 어찌 함부로 양왕에게 전하시겠습니까!"
太后由此憎竇嬰	태후는 이로 말미암아 두영을 미워하게 되었다.
竇嬰亦薄其官	두영 또한 관직을 가벼이 여겨
因病免	병을 핑계로 (관직을) 그만 두었다.
太后除竇嬰門籍	태후는 두영을 문적에서 제적시키어
不得入朝請[3]	봄가을의 조회에 들어오지 못하게 하였다.
孝景三年	효경제 3년에
吳楚反	오·초가 반란을 일으키어

---

[3] **집해** 율(律)에 제후들이 봄에 천자를 조회하는 것을 조(朝)라 하고 가을에 하는 것을 청(請)이라 하였다. **정의** 음은 정[才性反]이다.

上察宗室諸竇[4]毋如竇嬰賢	임금은 종실과 두씨 가운데 두영만큼 현명한 이가 없음을 살피고
乃召嬰	이에 두영을 불렀다.
嬰入見	두영은 입조하여 뵙고
固辭謝病不足任	병을 칭탁하고 (중책을) 맡을 수 없다고 고사하였다.
太后亦慚	태후 또한 부끄러워하였다.
於是上曰	이에 임금이 말하였다.
天下方有急	"천하에 바야흐로 화급한 일이 일어났는데
王孫寧可以讓邪[5]	왕손이 어찌 사양할 수 있겠는가?"
乃拜嬰爲大將軍	곧 두영을 대장군에 임명하고
賜金千斤	금 천 근을 내렸다.
嬰乃言袁盎欒布諸名將賢士在家者進之	
	두영은 이에 원앙과 난포 같은 여러 명장과 현사로 집에 머물러 있던 자들을 말하여 추천하였다.
所賜金	하사받은 금은
陳之廊廡下	주랑 아래 늘어놓았으며
軍吏過	군리들이 지나가다가
輒令財取爲用[6]	곧 재량껏 취하여 쓰도록 하고
金無入家者	금을 집 안에는 들이지 않았다.

---

4 **색은** 종실(宗室) 및 두(竇)씨들의 종실이다. 또한 요씨(姚氏)는 「혹리전(酷吏傳)」에 의거하여 "주양유(周陽由)는 부친이 조겸(趙兼)인데 회남왕(淮南王)인 외숙이 주양(周陽)의 후(侯)가 되었기 때문에 성씨를 고쳤다. 주양유는 종실로 낭에 임명되었다."라 하였다. 곧 나라와 친척 친속의 적이 있으면 또한 종실이라 부르게 되는 것 같다.

5 **집해** 『한서(漢書)』에서는 말하였다. "두영(竇嬰)의 자는 왕손(王孫)이다."

6 **집해** 소림(蘇林)은 말하였다. "스스로 재량껏 헤아려 보고 쓰게 한 것이다."

竇嬰守滎陽	두영은 형양을 지키면서
監齊趙兵[7]	제나라와 조나라의 군사를 감시하였다.
七國兵已盡破	7국의 병란이 이미 다 격파되자
封嬰爲魏其侯	두영을 위기후에 봉하였다.
諸游士賓客爭歸魏其侯	여러 유사와 빈객들이 다투어 위기후에게 귀의하였다.
孝景時每朝議大事	효경제 때 조정의 대사를 논할 때마다
條侯魏其侯	조후와 위기후가 함께하였고
諸列侯莫敢與亢禮	열후들은 감히 (동등한) 예로 맞설 수가 없었다.
孝景四年	효경제 4년(B.C. 153)에
立栗太子[8]	율태자를 세우고
使魏其侯爲太子傅	위기후를 태자의 사부로 삼았다.
孝景七年	효경제 7년(B.C. 150)에
栗太子廢	율태자가 폐하여지자
魏其數爭不能得	위기후는 누차 쟁의하였으나 받아들여질 수 없었다.
魏其謝病	위기후는 병을 핑계대고
屏居藍田南山之下數月	남전의 남산 아래에서 몇 달이나 은거하였는데
諸賓客辯士說之	여러 빈객과 변사들이 (돌아오라고) 말하여도
莫能來	오게 할 수 없었다.
梁人高遂乃說魏其曰	양나라 사람 고수가 이에 위기후에게 말하였다.

---

7 **정의** 監의 음은 감[甲衫反]이다. 「오왕비전(吳王濞傳)」에서 "대장군 두영은 형양에 진을 치고 제나라와 조나라 군사를 감시하게 하였다(竇嬰屯滎陽, 監齊趙兵)."라 한 것이다.

8 **정의** 율희(栗姬)의 아들로 나중에 폐하여졌으므로 모성(母姓)을 기록한 것이다.

能富貴將軍者	"장군을 부귀롭게 해줄 수 있는 사람은
上也	임금이며,
能親將軍者	장군과 가장 가까운 사람은
太后也	태후입니다.
今將軍傅太子	지금 장군께서는 태자의 사부인데
太子廢而不能爭	태자가 폐하여져도 쟁의할 수 없었고,
爭不能得	쟁의가 받아들여질 수 없었음에도
又弗能死	또한 그 때문에 죽을 수도 없었습니다.
自引謝病	스스로 병을 핑계로 몸을 빼
擁趙女	조나라 여인을 안고
屏閒處9而不朝	물러나 한거하며 조회를 하지 않고 있습니다.
相提而論10	서로 다른 일을 함께 들먹이며 논하고 있으니
是自明揚主上之過	이는 주상의 허물을 스스로 밝게 드러내는 것입니다.
有如兩宮螫將軍11	두 궁에서 장군에게 분노하는 일이라도 발생한다면
則妻子毋類矣12	처자는 무리가 없게 될 것입니다."
魏其侯然之	위기후는 옳게 여겨

---

9 **정의** 앞의 글자는 음이 한(閑)이고, 아래의 글자는 음이 처[昌汝反]이다.

10 **집해** 서광(徐廣)은 말하였다. "提의 음은 저[徒抵反]이다." **색은** 提의 음은 제(弟), 또는 제(嗁)이다. 상제(相提)는 상저(相抵)와 같다. 論의 음은 론[路頓反]이다.

11 **집해** 장안(張晏)은 말하였다. "양궁(兩宮)은 태후와 경제(景帝)이다. 석(螫)은 노(怒)한다는 뜻이다. 독충이 성을 내면 반드시 사람을 쏜다. 또한 음을 학[火各反]이라고도 한다." **색은** 螫의 음은 석(釋)이다. 노하는 것을 말하며, 독충은 성을 내면 반드시 사람을 쏜다. 또한 음을 학[火各反]이라고도 한다. 『한서』에는 '석(奭)'으로 되어 있으며, 석(奭)은 곧 석(螫)이다. **정의** 양궁은 태자와 경제이다.

12 **색은** 주멸(誅滅)당하여 남는 무리가 없을 것이라는 말이다.

乃遂起	이에 마침내 일어나
朝請如故	봄가을 조회를 옛날처럼 하였다.
桃侯免相[13]	도후가 승상에서 면직되자
竇太后數言魏其侯	두태후는 여러 차례 위기후를 말하였다.
孝景帝曰	효경제가 말하였다.
太后豈以爲臣有愛[14]	"태후께서는 어찌 신하를 아낌이 있어
不相魏其	위기후를 승상으로 삼지 않는다고 생각하십니까?
魏其者	위기후는
沾沾[15]自喜耳	교만하여 자득하고
多易[16]	많이 경솔합니다.
難以爲相	승상으로 삼아
持重	중임을 맡기기가 어렵습니다."
遂不用	결국 쓰지 않고
用建陵侯衛綰爲丞相	건릉후 위관을 승상으로 임용하였다.
武安侯田蚡[17]者	무안후 전분(田蚡)은

---

13 **집해** 복건(服虔)은 말하였다. "유사(劉舍)이다."
14 **색은** 애(愛)는 석(惜)과 같은 뜻이다.
15 **집해** 서광은 말하였다. "첨(沾)은 어떤 판본에는 '첩(怗)'으로 되어 있다. 또한 첨[昌兼反]이라고도 하고, 접[當牒反]이라고도 한다."
16 **집해** 장안은 말하였다. "첨첨(沾沾)은 스스로 정돈(整頓)하는 것을 말한다. 다이(多易)는 경솔한 행동이 많은 것이다. 혹자는 말하기를 沾의 음은 첨(襜)이라고 하였다." **색은** 沾의 음은 첨(襜)이며, 접[當牒反]이라고도 한다. 소안(小顔)은 음을 점[他兼反]이라 하였다. 襜의 음은 글자 그대로이며, 또한 첩[天牒反]이라고도 한다. 帖의 음은 첨[尺占反]이다.
17 **색은** 음은 분[扶粉反]이다. '분서(蚡鼠: 두더지)'의 '분(蚡)'으로 음은 분(墳)이다.

孝景后同母弟也	효경황후와 어머니가 같은 효경황후의 아우로
生長陵	장릉에서 났다.
魏其已爲大將軍後	위기후가 이미 대장군이 된 후
方盛	바야흐로 전성기를 구가할 때
蚡爲諸郎[18]	전분은 제랑으로
未貴	아직 고귀해지지 않아
往來侍酒魏其	왕래하며 위기후의 술시중이나 들며
跪起如子姓	자식뻘인 양 꿇었다 섰다가 하였다.
及孝景晩節[19]	효경제 만년에
蚡益貴幸	전분은 더 귀하여져 총애를 받아
爲太中大夫	태중대부가 되었다.
蚡辯有口	전분은 언변이 좋았고
學槃盂諸書[20]	『반우(槃盂)』와 제자(諸子)의 책을 배워
王太后賢之[21]	왕태후가 현명하게 여겼다.
孝景崩	효경제가 돌아가시자
即日太子立	그날로 태자가 즉위하였는데
稱制	(황제가 어려서) 섭정하였으며
所鎮撫多有田蚡賓客計筴	진무(鎭撫)함에 전분의 빈객의 계책이 많았다.

---

18 집해 서광은 말하였다. "어떤 판본에는 '제경(諸卿)'으로 되어 있다. 당시 사람들은 장로 (長老)와 늙은이를 부를 때 '제공(諸公)'이라 하였으며, 연소자는 '제경(諸卿)'이라 하였는 데, 지금 사람들이 서로 '사대부(士大夫)'라 부르는 것과 같다."

19 색은 만년(晩年)을 이른다.

20 집해 응소(應劭)는 말하였다. "황제(黃帝)의 사관 공갑(孔甲)이 지은 명(銘)이다. 모두 29편으로 반우(槃盂)에 적었으며, 법계(法戒: 모범으로 삼아 경계함)하는 것이다. 제서(諸書)는 제 자(諸子)의 문서이다." 맹강(孟康)은 말하였다. "공갑(孔甲)의 『반우(槃盂)』는 26편으로 잡 가(雜家)의 책인데 유가와 묵가(墨家), 명가(名家), 법가(法家)를 아울렀다."

21 집해 서광은 말하였다. "곧 전분(田蚡)의 친누이이다."

蚡弟田勝	전분의 아우는 전승이었는데
皆以太后弟	모두 태후의 아우였던 관계로
孝景後三年[22]封蚡爲武安侯	효경제 후(後) 3년(B.C. 141)에 전분은 무안후에 봉하여졌고
勝爲周陽侯[23]	전승은 주양후가 되었다.
武安侯新欲用事爲相	무안후가 막 정권을 잡아 승상이 되고자 하여
卑下賓客	빈객에게 몸을 낮추고
進名士家居者貴之	명사로 집에 머무는 자들을 추천하여 귀하게 해주었는데
欲以傾魏其諸將相	위기후의 여러 장상들을 기울이고자 함이었다.
建元元年	건원 원년(B.C. 140)에
丞相綰病免	승상 위관(衛綰)이 병으로 면직되자
上議置丞相太尉	임금은 승상과 태위의 인선을 논의했다.
籍福說武安侯曰	적복이 무안후에게 말하였다.
魏其貴久矣	"위기후는 현귀해진 지 오래되어
天下士素歸之	천하의 선비들이 평소에 귀의하였습니다.
今將軍初興	지금 장군께서는 막 흥기하시어
未如魏其	아직 위기후만 못하오니
即上以將軍爲丞相	황상께서 장군을 승상으로 삼으시더라도
必讓魏其	반드시 위기후에게 양보해야 합니다.
魏其爲丞相	위기후가 승상이 되면

---

22 **집해** 서광은 말하였다. "효경제 후(後) 3년(B.C. 141)은 곧 효무제(孝武帝)가 막 제위를 이은 해이다."

23 **정의** 강주(絳州) 문희현(聞喜縣) 동쪽 20리 지점의 주양(周陽)의 옛 성이다.

將軍必爲太尉	장군께서는 반드시 태위가 될 것입니다.
太尉丞相尊等耳	태위와 승상은 존귀하기가 같을 따름이고
又有讓賢名	또한 현자에게 양보하였다는 명성이 있게 됩니다."
武安侯乃微言太后風上	무안후는 곧 은밀하게 태후에게 말하여 임금에게 알리어
於是乃以魏其侯爲丞相	이에 위기후를 승상으로 삼고
武安侯爲太尉	무안후는 태위가 되었다.
籍福賀魏其侯	적복은 위기후에게 경하하고
因弔曰	이어서 위로를 하여 말하였다.
君侯資性喜善疾惡	"군후께서는 천성이 선인을 좋아하고 악인을 싫어하여
方今善人譽君侯	바야흐로 지금 선인이 군후를 칭찬하였으므로
故至丞相	승상에 이르렀습니다.
然君侯且疾惡	그러나 군후께서는 자못 악인을 미워하시는데
惡人眾	악인이 많아
亦且毀君侯	또한 군후를 헐뜯고 있습니다.
君侯能兼容	군후께서 함께 포용하실 수 있으면
則幸久	다행히 오래갈 것이며,
不能	하실 수 없다면
今以毀去矣	이제 헐뜯음으로 (관직에서) 떠나시게 될 것입니다."
魏其不聽	위기후는 듣지 않았다.
魏其武安俱好儒術	위기후와 무안후는 모두 유가의 학설을 좋아하여
推轂趙綰爲御史大夫[24]	조관을 밀어주어 어사대부로 삼았으며
王臧爲郎中令	왕장은 낭중령이 되었다.

迎魯申公	노나라의 신공을 맞아
欲設明堂	명당을 설치하려고 하였으며
令列侯就國	열후들은 봉지로 가게 하였고
除關²⁵	관문세를 폐지하였으며
以禮爲服制²⁶	예법대로 복식을 제정하여
以興太平	태평성세를 일으켰다.
擧適諸竇²⁷宗室毋節行者	두씨들과 종실에서 행실을 절제하지 않는 자들을 모두 징벌하고
除其屬籍	족보에서 삭제하였다.
時諸外家爲列侯	당시 여러 외척들이 열후가 되었으며
列侯多尙公主	열후들은 주로 공주를 배필로 삼아
皆不欲就國	모두 봉지로 가려 하지 않았으므로
以故毀日至竇太后	헐뜯는 소리가 날로 두태후의 귀에 들렸다.
太后好黃老之言	태후는 황로(黃老)의 설을 좋아하였는데
而魏其武安趙綰王臧等務隆推儒術	위기후와 무안후, 조관, 왕장 등은 유가의 학술을 추숭하는 데 힘쓰고
貶道家言	도가의 설은 폄하하여
是以竇太后滋不說魏其等	이 때문에 두태후는 갈수록 위기후 등을 좋아하지 않게 되었다.
及建元二年	건원 2년(B.C. 139)에

---

24 (색은) 추곡(推轂)은 스스로 낮추는 것을 말하는데, 마치 수레바퀴를 밀어주는 것처럼 한다는 것이다.

25 (색은) 관문의 세금을 없애는 것을 이른다.

26 (색은) 그 당시 예법은 도를 넘어 사치로워 거의 예에 의거하지 않았는데 지금 길흉의 복제(服制)를 모두 예법대로 본받게 한 것이다.

27 (색은) 適의 음은 적[直革反]이다.

御史大夫趙綰請無奏事東宮[28]

어사대부 조관이 동궁에 일을 아뢰지 말 것을
청하였다.

竇太后大怒

두태후는 크게 노하여

乃罷逐趙綰王臧等

이에 조관과 왕장 등을 파면하여 쫓아내고

而免丞相太尉

승상과 태위를 면직시켰으며

以柏至侯許昌爲丞相

백지후 허창을 승상으로 삼고

武彊侯莊青翟爲御史大夫

무강후 장청적을 어사대부로 삼았다.

魏其武安由此以侯家居

위기후와 무안후는 이로 말미암아 후작으로
집에 머물렀다.

武安侯雖不任職

무안후는 직무를 맡지는 않았지만

以王太后故

왕태후 때문에

親幸

총애를 받아

數言事多效

여러 차례 정사를 논하여 거의 받아들여지니

天下吏士趨勢利者

천하의 관리와 선비로 권세와 이익을 붙좇는
자들은

皆去魏其歸武安

모두 위기후를 떠나 무안후에게 귀의하여

武安日益橫

무안후는 날로 더욱 전횡을 일삼게 되었다.

建元六年

건원 6년(B.C. 135)

竇太后崩

두태후가 죽자

丞相昌御史大夫青翟坐喪事不辦

승상 허창과 어사대부 장청적은 상사(喪事)에
힘쓰지 않았다는 죄로

---

28 집해 위소(韋昭)는 말하였다. "그 정권을 빼앗고자 하는 것이다."

免	면직되었다.
以武安侯蚡爲丞相	무안후 전분을 승상으로 삼고
以大司農韓安國爲御史大夫	대사농 한안국을 어사대부로 삼았다.
天下士郡諸侯愈益附武安[29]	천하의 군과 제후에게 벼슬하는 선비들은 더욱 무안후에 붙었다.

武安者	무안후는
貌侵[30]	외모는 볼품이 없었지만
生貴甚[31]	매우 거만하였다.
又以爲諸侯王多長[32]	또한 제후왕들은 거의 연장자인데
上初即位	임금은 막 즉위하여
富於春秋	나이도 더 많으니
蚡以肺腑爲京師相[33]	전분이 복심(腹心)으로 경사의 승상이 되어

---

29 **색은** 여러 군 및 제후왕의 나라에서 벼슬하는 자들을 이르며, 군국에 벼슬한다는 말과 같다.

30 **집해** 위소는 말하였다. "侵의 음은 침(寢)으로, 단소(短小)한 것이다. 또한 말하기를 추악한 것이며, 각박[刻确]한 것이라 하였다. 음은 핵(核)이다." **색은** 복건은 "침(侵)은 단점이다."라 하였다. 위소는 "각박한 것이다."라 하였다. 确의 음은 각(刻)이다. 또한 공문상(孔文祥)은 "侵은 추악한 것이다. 음은 침(寢)이다."라 하였다.

31 **색은** 소안(小顏)은 "생귀(生貴)는 자존심이 높아 귀총(貴寵)을 보인 것을 이른다."라 하였는데, 그 설은 소략하다. 생(生)은 전분이 나면서부터 존귀한 자세가 특히 심하였다는 것을 이르며, 그러므로 아래에서 "또한 제후왕들은 거의 연장자인데 전분이 복심(腹心)으로 경사의 승상이 되어 꽉 꺾어서 예로 굴복시키지 않으면 천하에서 공경하지 않을 것이라고 생각하였다."라 한 것이다.

32 **집해** 장안은 말하였다. "연장자가 많은 것이다."

33 **색은** 腑의 음은 부(府)이다. 肺의 음은 폐(廢)이다. 간과 폐가 서로 붙은 것과 같다는 것을 말한다. 또한 시(柿)라고도 하는데 목찰(木札)로 나무껍질에 붙은 것이다. 『시경(詩)』에서는 "진흙에 진흙 붙이는 것 같네(如塗塗附)."라 하였는데, 껍질이 나무에 붙어 있는 것과 같다는 것을 말한다. **정의** 안사고(顏師古)는 말하였다. "옛 해석은 폐부(肺附)는 간과 폐가 서

| 非痛折節以禮詘之 | 꽉 꺾어서 예로 굴복시키지 않으면 |
| 天下不肅³⁴ | 천하에서 공경하지 않을 것이라고 생각하였다. |

非痛折節以禮詘之　꽉 꺾어서 예로 굴복시키지 않으면

天下不肅[34]　천하에서 공경하지 않을 것이라고 생각하였다.

當是時　이때

丞相入奏事　승상이 입조하여 일을 아뢰며

坐語移日　앉아서 해가 기울도록 말하였는데

所言皆聽　말한 것을 모두 들어주었다.

薦人或起家至二千石　사람을 천거하여 어떨 때는 집에 있던 자가 2천 석에까지 이르니

權移主上　권력이 주상에게서 옮기어갔다.

上乃曰　임금이 이에 말하였다.

君除吏已盡未　"그대의 관리 임명은 다 끝이 났소?

吾亦欲除吏　나도 관리를 임명하였으면 하오."

嘗請考工地益宅[35]　일찍이 고공실의 땅으로 집을 넓히기를 청하자

로 붙어 있는 것과 같다고 하였다. 일설에는 시(柿)라고도 하는데 나무의 조각을 자르는 것으로 경박한 것이 큰 재목에 붙어 있는 것을 비유한다." 안사고의 이 설은 모두 소략하고 잘못되었다. 또한 '腑'를 '附'로 고치고 그 뜻을 취하였는데 크게 잘못된 것이다. 『팔십일난(八十一難)』에서는 말하였다. "촌구(寸口)라는 것은 맥이 크게 만나는 곳인데 손의 태음(太陰)의 동맥(動脈)이다." 여광(呂廣)은 말하였다. "태음은 폐의 맥이다. 폐는 여러 장기의 주인으로 음양에 통하기 때문에 12경맥이 모두 태음에서 만나므로 길흉을 결정하는 것이다. 12경(經)에 병이 있는 것은 모두 촌구(寸口)이며 어떤 경의 움직임이 부침과 껄끄럽고 매끄러우며, 춘추의 역순을 알면 그 죽고 사는 것을 안다." 고야왕(顧野王)은 말하였다. "폐부(肺腑)는 복심(腹心)이다." 전분이 승상이 된 것은 사람의 폐와 같이 음양의 역순을 알며, 또한 황제의 복심의 친척이라는 것을 말한다.

34 <u>색은</u> 통(痛)은 매우라는 뜻이다. 선비들로 하여금 구부려 자신에게 낮추려 하는 것이며, 그렇지 않으면 천하에서 존경하지 않는다는 것이다. 혹자는 전분이 굽혀 선비들에게 낮추는 것이라고 생각하기도 하였는데 틀렸다. 아래에서 그 형인 개후(蓋侯)에게 양보하지 않은 것으로 그 설이 틀렸음을 알겠다.

35 <u>집해</u> 『한서(漢書)』「백관표(百官表)」에서는 소부(少府)에 고공실(考工室)이 있다고 하였다. 여순(如淳)은 말하였다. "관직 이름이다."

上怒曰	임금이 노하여 말하였다.
君何不遂取武庫	"그대는 어찌하여 마침내 무고는 취하지 않는가!"
是後乃退	이후로 곧 물러났다.
嘗召客飲	일찍이 빈객을 불러 연회를 여는데
坐其兄蓋侯[36]南鄉	그 형인 개후(蓋侯)를 남쪽을 향하여 앉히고
自坐東鄉	자신은 동쪽을 향하여 앉았는데
以爲漢相尊	한나라 승상은 높아
不可以兄故私橈	형이라고 해서 사사로이 굽힐 수 없다고 생각하였다.
武安由此滋驕	무안후는 이로 인해 더욱 교만해졌으며
治宅甲諸第[37]	집을 꾸밈이 여러 저택 중에서도 으뜸이었다.
田園極膏腴	전원은 기름졌고
而市買郡縣器物相屬於道	군현의 기물을 사느라 (사람이) 길에서 이어졌다.
前堂羅鍾鼓	전청(前廳)에는 종과 북을 나열해 놓았고
立曲旃[38]	자루가 굽은 깃발을 세웠으며,
後房婦女以百數	뒷방에는 여인들이 백을 헤아렸다.
諸侯奉金玉狗馬玩好	제후들이 금옥과 개, 말 같은 애완물을 바친 것이
不可勝數	이루 헤아릴 수 없었다.

---

36 집해 서광은 말하였다. "왕후(王后)의 오빠 왕신(王信)이다. 태산(泰山)에 개현(蓋縣)이 있고, 낙안(樂安)에는 익현(益縣)이 있다."

37 집해 서광은 말하였다. "여러 저택의 위라는 것이다."

38 집해 여순은 말하였다. "정기(旌旗)의 이름이다. 순색의 비단(깃발)을 전(旃)이라 한다. 자루가 굽은 깃발을 세우는 것은 참람된 것이다." 소림(蘇林)은 말하였다. "예(禮)에 대부(大夫)는 전(旃)을 세운다고 하였다. 곡전(曲旃)은 자루 위가 굽은 것이다." 색은 곡전(曲旃)은 정전(旌旃)의 자루 위쪽이 굽은 것으로 참람된 예법이다. 순백의 비단을 전이라 한다. 『설문(說文)』에서는 전곡(旃曲)은 선비를 부르기 위함이라고 하였다.

魏其失竇太后	위기후는 두태후를 잃고
益疏不用	더욱 소원해져 쓰이지 않았으며
無勢	권세가 없어져
諸客稍稍自引而怠傲	문객들이 차츰차츰 스스로 물러나 업신여기고 오만하게 굴었는데
唯灌將軍獨不失故	관(灌) 장군만은 옛 모습을 잃지 않았다.
魏其日默默不得志	위기후는 날로 묵묵히 뜻을 얻지 못하는 가운데
而獨厚遇灌將軍	관 장군만 후대해 주었다.
灌將軍夫者	장군 관부(灌夫)는
潁陰人也	영음 사람이다.
夫父張孟	관부의 부친 장맹은
嘗爲潁陰侯嬰舍人	일찍이 영음후 관영의 사인이 되어
得幸	총애를 받아
因進之至二千石	이에 천거하여 2천 석에까지 이르렀으므로
故蒙灌氏姓爲灌孟	관씨 성을 쓰게 되어 관맹(灌孟)이 되었다.
吳楚反時	오·초가 반란을 일으켰을 때
潁陰侯灌何爲將軍[39]	영음후 관하가 장군이 되었는데
屬太尉	태위에 속하였으며
請灌孟爲校尉	관맹이 교위가 되게끔 청하였다.
夫以千人與父俱[40]	관부는 천부장으로 부친과 함께했다.
灌孟年老	관맹은 연로하였는데

---

39 색은 관하(灌何)는 관영(灌嬰)의 아들이다. 『한서』에는 '영(嬰)'으로 되어 있는데 잘못되었다.

40 집해 『한서음의(漢書音義)』에서는 말하였다. "천 명을 주관하는 관직으로 후사마(候司馬)와 같다."

潁陰侯彊請之	영음후가 억지로 청하여
鬱鬱不得意	울적하고 뜻을 얻지 못하였으므로
故戰常陷堅	싸웠다 하면 늘 견고한 곳을 쳐서
遂死吳軍中	마침내 오나라의 군영에서 죽었다.
軍法	군법에
父子俱從軍	부자가 함께 종군하여
有死事	죽는 일이 있으면
得與喪歸	시신과 함께 돌아가게 되었다.
灌夫不肯隨喪歸	관부는 시신을 따라 돌아가려 하지 않고
奮曰[41]	분연히 말하였다.
願取吳王若將軍頭	"원컨대 오왕이나 장군의 머리를 취하여
以報父之仇	부친의 원수를 갚고자 합니다."
於是灌夫被甲持戟	이에 관부는 갑옷을 입고 극(戟)을 들고
募軍中壯士所善願從者數十人	군중의 장사로 친하여 따르기를 원하는 자 수십 명을 모집했다.
及出壁門	누벽의 문을 나섰는데
莫敢前	감히 전진하지 못하였다.
獨二人及從奴十數騎馳入吳軍	다만 두 사람 및 따라온 종 십수 기(騎)만이 오나라 군영으로 달려 들어가
至吳將麾下[42]	오나라 장수의 영문에 이르러
所殺傷數十人	살상한 자가 수십 명이었다.

---

41 [집해] 장안은 말하였다. "스스로 독려(奮勵)한 것이다."
42 [정의] 대장(大將)의 깃발을 이른다.

不得前	전진하지 못하게 되어
復馳還	다시 말을 달려 돌아와
走入漢壁	한나라의 누벽으로 달려 들어왔는데
皆亡其奴	종들은 모두 죽고
獨與一騎歸	다만 1기와 함께 돌아왔다.
夫身中大創十餘	관부는 10여 군데나 크게 다쳤는데
適有萬金良藥	마침 만금의 좋은 약이 있어서
故得無死	죽지 않게 되었다.
夫創少瘳	관부는 상처가 조금 낫자
又復請將軍曰	다시 장군에게 청하여 말하였다.
吾益知吳壁中曲折	"제가 오나라 누벽의 곡절을 더 잘 알고 있으니
請復往	다시 가기를 청합니다."
將軍壯義之	장군은 그를 씩씩하고 의롭게 여겼지만
恐亡夫	관부를 잃을까 두려워하여
乃言太尉	이에 태위에게 말하니
太尉乃固止之	태위가 곧 그를 만류하였다.
吳已破	오나라가 격파되고 나자
灌夫以此名聞天下	관부는 이 일로 천하에 명성을 떨쳤다.
潁陰侯言之上	영음후가 임금께 말하니
上以夫爲中郎將	임금이 관부를 중랑장으로 삼았다.
數月	몇 달 만에
坐法去	법을 어겨 떠났다.
後家居長安	나중에 장안에서 거처하게 되었는데
長安中諸公莫弗稱之	장안에서 그를 칭찬하지 않는 사람이 없었다.

768

孝景時	효경제 때
至代相	대(代)의 승상에 이르렀다.
孝景崩	효경제가 돌아가시고
今上初即位	금상이 막 즉위하자
以爲淮陽天下交	회양이 천하의 교통의 요충지이고
勁兵處	굳센 군사가 있는 곳이라 하여
故徙夫爲淮陽太守	관부를 회양태수로 옮겼다.
建元元年	건원 원년(B.C. 140)에
入爲太僕	입조하여 태복이 되었다.
二年	2년(B.C. 139)에
夫與長樂衛尉竇甫飮	관부는 장락위위(長樂衛尉) 두보와 술을 마셨는데
輕重不得[43]	(접대하는) 수준이 걸맞지 못하였다.
夫醉	관부는 술이 취하여
搏甫[44]	두보를 두들겨 팼다.
甫	두보는
竇太后昆弟也	두태후의 남매였다.
上恐太后誅夫	임금은 태후가 관부를 죽일까 두려워하여
徙爲燕相	연나라 승상으로 옮겼다.
數歲	몇 년 만에
坐法去官	법을 어겨 관직에서 떠나
家居長安	장안에서 거처하였다.

---

43 **집해** 진작(晉灼)은 말하였다. "술을 마시는데 상하가 형평에 맞지 않는 것이다."

44 **색은** 搏의 음은 박(博)이며, 치는 것을 말한다.

灌夫爲人剛直使酒	관부는 사람됨이 강직하고 주사가 있었으며
不好面諛	면전에서 아첨하는 것을 좋아하지 않았다.
貴戚諸有勢在己之右	귀척 가운데 권세를 가지고 자기 위에 있는 사람에게는
不欲加禮	예를 행하려 하지 않고
必陵之	반드시 능멸하였으며,
諸士在己之左	선비들 가운데 자기의 아래에 있으며
愈貧賤	가난하고 천할수록
尤益敬	더욱더 공경하여
與鈞	동등하게 대하였다.
稠人廣衆	조밀한 사람과 넓은 무리 가운데서
薦寵下輩	아랫사람의 무리를 추천하고 총애하였다.
士亦以此多之	선비들 또한 이 때문에 그를 좋게 평가하였다.
夫不喜文學	관부는 문학은 좋아하지 않았고
好任俠	임협을 좋아하여
已然諾⁴⁵	그렇게 하마고 허락하였다.
諸所與交通	더불어 교통하는 이들로
無非豪桀大猾	호걸이나 패거리의 두목이 아닌 자가 없었다.
家累數千萬	집안에는 수천 금을 쌓아놓고 있었으며
食客日數十百人	식객이 날마다 수십에서 백 명이 되었다.
陂池田園	저수지와 전원을 갖고 있었으며
宗族賓客爲權利	종족과 빈객들이 권세와 이익 때문에

---

45 색은 已의 음은 이(以)이다. 허락하였다 하면 반드시 앞의 말에 부합하게 하려 한다는 말이다.

770

橫於潁川	영천에서 전횡을 일삼았다.
潁川兒乃歌之曰	영천의 아이들이 이에 노래하였다.
潁水清	"영수가 맑으면
灌氏寧	관씨는 편안하고,
潁水濁	영수가 흐리면
灌氏族	관씨는 멸족된다네."

灌夫家居雖富	관부의 가업은 부유하긴 하였으나
然失勢	권세를 잃어
卿相侍中賓客益衰	경상과 시중 같은 빈객이 갈수록 줄어들었다.
及魏其侯失勢	위기후가 권세를 잃었을 때도

亦欲倚灌夫引繩批根生平慕之後棄之者⁴⁶

또한 관부에 기대어 기생하며 평소에 흠모하다 가 나중에 버린 자들을 징치하려 하였다.

灌夫亦倚魏其而通列侯宗室爲名高

관부 또한 위기후에 기대어 열후와 종실과 통 하여 명예를 높이려 하였다.

---

46 집해 소림(蘇林)은 말하였다. "두 사람이 서로 의지하여 끈을 당겨 곧게 하는 것으로 빈객 을 배척한다는 뜻이다. 버린 자와는 교통을 하지 않는 것이다." 맹강은 말하였다. "근(根) 은 근괄(根括)이다. 끈을 당겨 탄환을 가지는 것이다." 색은 유씨(劉氏)는 "두 사람이 서로 의지하는 것이 끈을 합쳐 함께 서로 기대어 끄는 것과 같다."라 하였다. 批의 음은 별[步結 反]이다. 비(批)는 배척하는 것이다. 『한서』에는 '排'로 되어 있다. 배근(排根)이라는 것은 소림(蘇林)은 "빈객 가운데 그를 떠난 자는 교통하지 않는 것이다."라 하였다. 맹강은 말하 기를 "음은 근격(根格)으로 끈을 끌어 배척하는 것으로 평생 동안 두영을 흠모하여 교제하 다가 버린 자는 교통할 수 없게 한다는 말이다. 소안(小顏)은 根의 음은 흔(痕)이며, 格의 음 은 학[下各反]이라고 하였다. 배인(裴駰)은 인승(引繩)은 배척하여 물러나게 하는 것을 이른 다."라 하였다. 지탄(持彈)은 『한서』에 의하면 본래 '抨彈'으로 되어 있는데, 음은 평[普耕 反]이다.

兩人相爲引重[47]	두 사람은 서로 끌어주고 존중하였는데
其游如父子然	그 교유가 마치 부자인 듯하였다.
相得驩甚	서로 매우 좋아하게 되어
無厭	싫증을 내지 않아
恨相知晚也	알게 됨이 늦은 것을 한하였다.

灌夫有服	관부는 거상(居喪) 중에
過丞相	승상의 집에 들렀다.
丞相從容曰	승상이 조용히 말하였다.
吾欲與仲孺過魏其侯[48]	"내 중유와 함께 위기후를 찾아보려 했는데
會仲孺有服[49]	마침 중유는 거상 중이군요."
灌夫曰	관부가 말하였다.
將軍乃肯幸臨況魏其侯	"장군께서 곧 기꺼이 위기후의 집에 광림하시려는데
夫安敢以服爲解	제가 어찌 감히 거상 중임을 핑계 대겠습니까!
請語魏其侯帳具	청컨대 위기후에게 장막을 갖추게끔 말할 테니
將軍旦日蚤臨	장군께서는 내일 아침 일찍 광림하십시오."
武安許諾	무안군이 허락하였다.
灌夫具語魏其侯如所謂武安侯	
	관부는 위기후에게 무안후가 말한 대로 하라고 하였다.
魏其與其夫人益市牛酒	위기후는 부인과 함께 쇠고기와 술을 많이 사고

---

47 집해 장안은 말하였다. "서로 천거하여 현달하여 권세가가 되었다."

48 집해 『한서』에서는 말하였다. "관부(灌夫)의 자는 중유(仲孺)이다."

49 색은 복(服)은 기공(期功)의 복이다. 그러므로 응거(應璩)의 편지에서 "중유(仲孺)는 동생(同生)의 복을 거절하지 않았다."라 하였다.

夜灑埽	밤에 청소를 하였으며
早帳具至旦	새벽부터 장막을 치기 시작하여 아침까지 쳤다.
平明	동 틀 무렵
令門下候伺	아랫사람을 시켜 살피게 하였다.
至日中	한낮이 되어도
丞相不來	승상은 오지 않았다.
魏其謂灌夫曰	위기후가 관부에게 말하였다.
丞相豈忘之哉	"승상께서 어찌 잊었겠는가?"
灌夫不懌	관부는 언짢아하며
曰	말하였다.
夫以服請	"제가 거상 중인데도 청하였으니
宜往[50]	오실 것입니다."
乃駕	이에 수레를 타고
自往迎丞相	친히 가서 승상을 맞았다.
丞相特前戲許灌夫	승상은 다만 그때 장난삼아 관부에게 허락하였을 뿐
殊無意往	딱히 갈 의향은 없었다.
及夫至門	관부가 문에 이르렀을 때
丞相尙臥	승상은 아직 침상에 있었다.
於是夫入見	이에 관부가 들어가 뵙고

---

50 **집해** 서광은 말하였다. "어떤 판본에는 '거상 중인데 청하였으니 오지 않을 것입니다(以服請, 不宜往).'로 되어 있다." **색은** 서광은 "거상 중인데 청하였으니 오지 않을 것입니다 (以服請, 不宜往)."라 하였는데 그 설은 옳지 않다. 바로 관부가 청하였는데 거상 중임을 평계대지 않았으니 전분이 잊지 않았을 것이므로 수레를 타고 가서 직접 가서 맞아온 것을 말한 것이다.

曰	말하였다.
將軍昨日幸許過魏其	"장군께서 어제 위기후를 방문하기로 허락하시어
魏其夫妻治具	위기후 부부가 준비를 갖추고
自旦至今	아침부터 지금까지
未敢嘗食	감히 식사도 하지 못하고 있습니다."
武安鄂[51]謝曰	무안군은 놀라 사과하여 말하였다.
吾昨日醉	"내 어제 취하여
忽忘與仲孺言	중유와 말한 것을 잊어버리고 말았소."
乃駕往	이에 수레를 타고 가는데
又徐行	또한 느릿느릿 갔다,
灌夫愈益怒	관부는 갈수록 더욱 부아가 치밀었다.
及飲酒酣	술이 얼큰해지자
夫起舞屬丞相[52]	관부는 일어나 춤을 추며 승상에게도 부탁하였는데
丞相不起	승상이 일어나지 않자
夫從坐上語侵之	관부는 좌중에서 말로 모욕을 주었다.
魏其乃扶灌夫去	위기후는 이에 관부를 부축하여 떠나게 하고
謝丞相	승상에게 사과하였다.
丞相卒飮至夜	승상은 마침내 밤이 되도록 마시다가
極驩而去	아주 즐겁게 떠났다.

---

51 집해 서광은 말하였다. "어떤 판본에는 '오(悟)'로 되어 있다."
52 색은 屬의 음은 촉[之欲反]이다. 촉(屬)은 위(委), 부(付)와 같은 뜻이다. 소안(小顏)은 "지금 춤이 끝나 서로 권하는 것이다."라 하였다.

丞相嘗使籍福請魏其城南田	승상이 일찍이 적복에게 위기후의 성 남쪽의 전지(田地)를 청하게 하였다.
魏其大望曰	위기후는 크게 실망하여 말하였다.
老僕雖棄	"이 늙은이는 비록 버림받았고
將軍雖貴	장군은 비록 현귀해졌다지만
寧可以勢奪乎	어찌 권세로 빼앗을 수 있겠는가!"
不許	허락하지 않았다.
灌夫聞	관부가 듣고
怒	노하여
罵籍福	적복을 욕하였다.
籍福惡兩人有郄	적복은 두 사람의 틈이 벌어지는 것을 싫어하여
乃謾自好謝丞相曰	이에 승상을 속여 스스로 잘 사죄하여 말하였다.
魏其老且死	"위기후는 늙어서 곧 죽을 것이고
易忍	쉬 참을 만하니
且待之	조금만 기다려 보시죠."
已而武安聞魏其, 灌夫實怒不予田	얼마후 무안후는 위기후와 관부가 기실 성을 내고 전지를 주지 않았다는 것을 듣고
亦怒曰	또한 노하여 말하였다.
魏其子嘗殺人	"위기후의 아들이 일찍이 사람을 죽였는데
蚡活之	내가 살려주었다.
蚡事魏其無所不可	내가 위기후를 섬김에 옳지 않은 것이 없었거늘
何愛數頃田	어찌 땅 몇 뙈기를 아낀단 말인가?
且灌夫何與也	또한 관부가 무슨 상관이 있는가?
吾不敢復求田	내 감히 다시는 땅을 요구하지 않겠다."

| 武安由此大怨灌夫魏其 | 무안후는 이로 인해 관부와 위기후를 몹시 원망하였다. |

元光四年春[53]	원광 4년(B.C. 131) 봄에
丞相言灌夫家在潁川	승상이 관부의 집이 영천에 있는데
橫甚	횡포가 심하여
民苦之	백성들이 괴로워한다고 말하였다.
請案	심리할 것을 청하였다.
上曰	임금이 말하였다.
此丞相事	"이는 승상의 일인데
何請	무엇 때문에 청하오?"
灌夫亦持丞相陰事	관부 또한 승상의 비밀을 가지고 있었는데
爲姦利	불법 이익을 취하고
受淮南王金與語言	회남왕의 금품을 받은 것 및 나눈 말 등이었다.
賓客居閒	빈객이 주선을 하여
遂止	마침내 그만두고
俱解	모두 화해하였다.

夏	여름에
丞相取燕王女爲夫人[54]	승상이 연왕의 딸을 취하여 부인으로 삼았는데
有太后詔	태후의 영으로
召列侯宗室皆往賀	열후 및 종실을 불러 모두 가서 축하하게 하였다.
魏其侯過灌夫	위기후는 관부에게 들러

---

53 집해 서광은 말하였다. "이해는 아마 3년일 것이다. 그 설은 뒤에 보인다."

54 색은 전분이 연왕(燕王) 유택(劉澤)의 아들 강왕희(康王嘉)의 딸을 맞아들인 것이다.

欲與俱	함께 가고자 하였다.
夫謝曰	관부가 사절하며 말하였다.
夫數以酒失得過丞相	"저는 여러 번이나 술로 승상에게 실수를 하였고
丞相今者又與夫有郤	승상은 지금 또한 저와 틈이 있습니다."
魏其曰	위기후가 말하였다.
事已解	"지난 일은 이미 해결되었소."
彊與俱	억지로 함께 갔다.
飮酒酣	술이 거나해지자
武安起爲壽[55]	무안후가 일어나 건배 제의를 하자
坐皆避席伏	좌중에서는 모두 자리를 피하여 엎드렸다.
已魏其侯爲壽	얼마 후 위기후가 건배 제의를 하자
獨故人避席耳	다만 친구들만 자리를 피할 뿐이었고
餘半膝席[56]	절반이 넘게 무릎을 자리에 대고 있었다.
灌夫不悅	관부는 기분이 좋지 않았다.
起行酒	일어나 술을 돌리다
至武安	무안후에 이르렀는데
武安膝席曰	무안후는 무릎을 자리에 대고 말하였다.
不能滿觴	"잔이 넘쳐서는 안 되네."
夫怒	관부는 노하여
因嘻笑曰	이에 비웃으며 말하였다.
將軍貴人也	"장군은 귀인이시니

---

55 집해 여순은 말하였다. "술을 올리는 것을 수(壽)라 하며, 크게 술을 돌리는 것이 아니다."
56 집해 소림(蘇林)은 말하였다. "자리에서 내려와 무릎이 반만 자리 위에 있는 것이다." 여
순은 말하였다. "무릎을 자리 위에 꿇고 있는 것이다."

屬之⁵⁷	드셔야지요!"
時武安不肯	이때 무안후는 마시려 하지 않았다.
行酒次至臨汝侯⁵⁸	술을 돌리다 임여후에 이르렀는데
臨汝侯方與程不識耳語	임여후는 마침 정불식과 귀엣말을 하면서
又不避席	또한 자리를 피하지도 않았다.
夫無所發怒	관부는 화를 풀 곳이 없어서
乃罵臨汝侯曰	이에 임여후를 욕하면서 말하였다.
生平毀程不識不直一錢	"평소에 정불식을 한 푼 값어치도 없는 놈이라고 욕하더니
今日長者爲壽	오늘 어른이 술잔을 권할 때는
乃效女兒呫囁耳語⁵⁹	계집년들같이 서로 어울려서 귀에 대고 소곤거리는구나!"
武安謂灌夫曰	무안후가 관부에게 말하였다.
程李俱東西宮衛尉⁶⁰	"정불식과 이광은 모두 동·서궁의 위위(衛尉)인데
今眾辱程將軍	지금 뭇사람 앞에서 정 장군을 욕하였으니
仲孺獨不爲李將軍地乎⁶¹	중유는 다만 이 장군의 처지를 생각지 않는가?"

---

57 **집해** 서광은 말하였다. "속(屬)은 '필(畢)'로 된 판본도 있다." **색은** 『한서』에는 '필(畢)'로 되어 있다. 필(畢)은 다되었다는 뜻이다.

58 **집해** 서광은 말하였다. "관영(灌嬰)의 손자로 이름은 현(賢)이다." **색은** 『한서』에는 임여후(臨汝侯) 관현(灌賢)으로 되어 있으니 현(賢)은 관영의 손자이며, 임여(臨汝)는 바뀐 봉지이다.

59 **집해** 위소는 말하였다. "첩섭(呫囁)은 귀에다 대고 작은 말을 하는 소리이다." **색은** 여아(女兒)는 아녀(兒女)라는 말과 같다. 『한서』에는 '여조아(女曹兒)'로 되어 있다. 조(曹)는 무리이다, 아녀배(兒女輩)라는 말과 같다. 呫은 추씨(鄒氏)는 음이 첩[蚩輒反]이라 하였다. 囁의 음은 섭[女輒反]이다. 『설문』에서는 "귀에다 대고 작은 소리를 하는 것이다."라 하였다.

60 **집해** 『한서음의(漢書音義)』에서는 말하였다. "이광(李廣)은 동궁 편이었고, 정불식(程不識)은 서궁 편이었다."

灌夫曰	관부가 말하였다.
今日斬頭陷匈⁶²	"오늘 머리가 잘리고 가슴이 꺼뜨려진들
何知程李乎	정불식과 이광 따위를 어찌 알겠는가!"
坐乃起更衣	좌중에서 이에 일어나 변소에 간다면서
稍稍去	차츰차츰 떠났다.
魏其侯去	위기후도 떠나면서
麾灌夫出	관부를 손짓하여 불러 나갔다.
武安遂怒曰	무안후가 마침내 노하여 말하였다.
此吾驕灌夫罪	"이는 내가 관부를 교만하게 만든 죄이다."
乃令騎留灌夫	이에 기병을 시켜 관부를 억류시켰다.
灌夫欲出不得	관부는 나가고 싶어도 못 나가게 되었다.
籍福起爲謝	적복이 일어나 사과하면서
案灌夫項令謝	관부의 목을 누르고 사죄하게 하였다.
夫愈怒	관부는 더욱 노하여
不肯謝	사죄하려 하지 않았다.
武安乃麾騎縛夫置傳舍	무안군은 이에 기병에게 손짓으로 관부를 묶어 전사(傳舍)에 두고
召長史曰	장사를 불러 말하였다.
今日召宗室	"오늘 종실을 부른 것은
有詔	영이 있어서였다."

---

61 **집해** 여순은 말하였다. "이 장군(李將軍)은 이광(李廣)이다. 지금 사람들이 제지(除地)라 하는 것과 같다." **색은** 소안(小顏)은 "지금 이미 정불식을 헐뜯게 하여 이광으로 하여금 어디서 편안하게 있게 하도록 하느냐는 말이다."라 하였다.

62 **색은** 위소는 말하였다. "죽는 것을 피하지 않음을 말한다." 『한서』에는 "혈흉(穴匈: 가슴에 구멍이 남)"으로 되어 있다.

劾灌夫罵坐不敬 관부가 좌중에다 욕을 하고 불경죄를 지은 것을 탄핵하게 하여

繫居室[63] 결박하여 감옥에 가두었다.

遂按其前事 마침내 전(前)의 일을 조사하고

遣吏分曹逐捕諸灌氏支屬 관리를 나누어 파견하여 관씨의 친속을 체포하였는데

皆得棄市罪 모두 기시의 죄를 받았다.

魏其侯大媿 위기후는 크게 부끄러워

爲資使賓客請 자금을 써서 빈객으로 하여금 청하게 하였으나

莫能解[64] 아무도 해결할 수가 없었다.

武安吏皆爲耳目 무안후의 관리들이 모두 귀와 눈이 되니

諸灌氏皆亡匿 관씨들은 모두 도망쳐 숨어버리고

夫繫 관부는 구금되어 있어

遂不得告言武安陰事 마침내 무안후의 비밀을 일러주지 못하게 되었다.

魏其銳身爲救灌夫 위기후는 앞장서 관부를 구해 주려 하였다.

夫人諫魏其曰 부인이 위기후에게 간하여 말하였다.

灌將軍得罪丞相 "관 장군은 승상에게 죄를 짓고

與太后家忤 태후의 집안의 심기를 거슬렀으니

寧可救邪 어찌 구원할 수 있겠습니까?"

魏其侯曰 위기후가 말하였다.

侯自我得之 "후(의 지위)는 나의 힘으로 얻은 것이니

---

63 **집해** 여순은 말하였다. "「백관표(百官表)」에서는 거실(居室)을 보궁(保宮)이라 하였는데, 지금의 수궁(守宮)이다."

64 **집해** 여순은 말하였다. "지금을 대주고 남을 시켜 관부를 변호하게 해주는 것이다."

自我捐之	내 스스로 버려도
無所恨	유감이 없소.
且終不令灌仲孺獨死	또한 끝내 관중유만 죽게 하고
嬰獨生	나만 살지는 못하겠소."
乃匿其家[65]	이에 그 집안에는 일을 숨기고
竊出上書	몰래 나가 (임금에게) 글을 올렸다.
立召入	즉시 불러들이자
具言灌夫醉飽事	관부가 과도하게 취하여 저지른 일을 모두 아뢰고
不足誅	죽일 것까지는 없다고 하였다.
上然之	임금은 그럴듯하게 생각하여
賜魏其食	위기후에게 먹을 것을 내리고
曰	말하였다.
東朝廷辯之[66]	"동조정에서 변론하시오."
魏其之東朝	위기후는 동조로 가서
盛推灌夫之善	관부의 훌륭한 점을 한껏 추켜올리고
言其醉飽得過	그가 과도하게 취하여 잘못을 저질렀는데
乃丞相以他事誣罪之	그만 승상이 다른 일로 그를 무고하였다고 하였다.
武安又盛毀灌夫所爲橫恣	무안후 또한 관부가 저지른 전횡을 있는 대로 깎아내리고
罪逆不道	대역무도하다고 하였다.

---

65 **집해** 진작(晉灼)은 말하였다. "그 부인이 다시 그만두게 간할까 봐 두려워한 것이다."
66 **집해** 여순은 말하였다. "동조(東朝)는 태후조(太后朝)이다."

魏其度不可奈何	위기후는 어찌할 수가 없다고 생각하고
因言丞相短	이에 승상의 단점을 말하였다.
武安曰	무안후가 말하였다.
天下幸而安樂無事	"천하가 다행히 태평무사하여
蚡得爲肺腑	저는 심복이 되게 되었으며
所好音樂狗馬田宅	좋아하는 것이라고는 음악과 개와 말, 전택(田宅)뿐입니다.
蚡所愛倡優巧匠之屬	제가 사랑하는 창기와 배우, 솜씨 좋은 공장(工匠)은
不如魏其ㆍ灌夫日夜招聚天下豪桀壯士與論議	
	위기후와 관부가 밤낮으로 천하의 호걸과 장사를 불러 모아 함께 (시사를) 논하며
腹誹而心謗	마음속으로 비방하고
不仰視天而俯畫地[67]	하늘을 우러러 보지 않으면 땅을 굽어 살피며
辟倪兩宮間[68]	곁눈을 뜨고 두 궁전 사이를 엿보며
幸天下有變	천하에 변란이 생기기를 바라
而欲有大功[69]	큰 공을 세우려 하는 것보다는 못합니다.
臣乃不知魏其等所爲	신은 곧 위기후 등이 하는 일을 알지 못하옵니다."

---

67 **집해** 장안은 말하였다. "하늘을 보는 것은 삼광(三光: 日ㆍ月ㆍ星)을 점치는 것이다. 획지(畫地)는 분야(分野: 별자리에 해당하는 지상의 구역)가 있는 곳을 아는 것이다. 획지는 모반을 일으키려 하는 것을 비유한다."

68 **집해** 서광은 말하였다. "辟의 음은 폐[芳細反]이다. 倪의 음은 예(詣)이다." 장안은 말하였다. "태후와 황제의 길흉을 점치는 때이다. **색은** 辟의 음은 폐[普係反]이다. 倪의 음은 예[五係反]이다. 『비창(埤倉)』에서는 말하였다. "비예(睥睨)는 곁눈질로 보는 것이다."

69 **집해** 장안은 말하였다. "반란을 일으키기를 바란다는 것은 대장을 위해 공을 세워야 한다는 것이다." 찬(瓚)은 말하였다. "천하에 변고가 있는 것은 천자가 붕어하는 것이며, 변란이 일어났을 때를 틈타 큰 공을 세우려고 하는 것이다."

於是上問朝臣	이에 상(上: 임금)이 조정의 신하들에게 물었다.
兩人孰是	"두 사람 중에 누가 옳은가?"
御史大夫韓安國曰	어사대부 한안국이 말하였다.
魏其言灌夫父死事	"위기후는 관부의 부친이 죽었을 때의 일을 말하여
身荷戟馳入不測之吳軍	몸소 극(戟)을 들고 헤아리지 못할 오나라 군영으로 달려 들어가
身被數十創	몸에는 수십 군데 상처를 입어
名冠三軍	이름이 삼군의 으뜸이니
此天下壯士	이는 천하의 장사이며,
非有大惡	큰 죄악을 저지른 것도 아니고
爭杯酒	술자리에서 다툰 것이니
不足引他過以誅也	다른 잘못을 끌어다 죽일 것까지는 없다고 하였습니다.
魏其言是也	위기후의 말이 옳습니다.
丞相亦言灌夫通姦猾	승상 또한 관부가 간교하고 교활한 놈들과 내통하였으며
侵細民	약한 백성을 침탈하고
家累巨萬	집에는 거만금을 쌓아놓았으며
橫恣潁川	영천에서 전횡을 일삼아
凌轢宗室	종실을 욕보여 깔아뭉개고
侵犯骨肉	골육을 침범하였으니
此所謂枝大於本	이것이 이른바 '가지가 뿌리보다 크고
脛大於股	정강이가 넓적다리보다 굵어서
不折必披[70]	꺾지 않아도 반드시 쪼개어진다.'는 것이라고 하였습니다.

丞相言亦是	승상의 말 또한 옳습니다.
唯明主裁之	다만 영명하신 주상께서 판결을 내리셔야 할 따름입니다."
主爵都尉汲黯是魏其	주작도위 급암은 위기후가 옳다고 하였다.
內史鄭當時是魏其	내사 정당시는 위기후가 옳다고 하다가
後不敢堅對	나중에는 감히 굳이 맞장구치지 않았다.
餘皆莫敢對	나머지는 모두 감히 대답하지 않았다.
上怒內史曰	임금은 내사에게 노하여 말하였다.
公平生數言魏其武安長短	"그대는 평소에는 몇 차례나 위기와 무안의 장단점을 말하더니
今日廷論	오늘 조정에서의 정론은
局趣效轅下駒[71]	위축되어 멍에 밑의 망아지를 닮았구나!
吾并斬若屬矣	내 너희들을 모두 죽이겠다."
即罷起入	(말을) 마치자마자 일어나 들어가
上食太后	태후에게 음식을 올렸다.
太后亦已使人候伺	태후 또한 이미 사람을 시켜 정탐하게 하여
具以告太后	모두 사실대로 태후에게 알리게 하였다.
太后怒	태후는 노하여
不食	먹지 않고
曰	말하였다.
今我在也	"지금 내가 살아 있는데도

---

70 **색은** 포개(包愷)는 음은 피[疋彼反]라고 하였다. **정의** 음은 피[鋪被反]이다. 피(披)는 갈라
져 쪼개지는 것이다.

71 **집해** 장안은 말하였다. "고개를 수레의 끌채 아래로 숙이고 어미를 따르는 것일 따름이
다." 찬(瓚)은 말하였다. "망아지가 끌채 아래 있는 것이다." **정의** 응소는 말하였다. "망아
지에다 끌채를 맨 것이다. 국촉(局趣)은 아주 잗단 모양이다." 응소의 설이 낫다.

而人皆藉吾弟[72]	사람들이 모두 내 아우를 깔아뭉개니
令我百歲後	내가 죽은 후라면
皆魚肉之矣	모두 그를 어육으로 생각할 것이오.
且帝寧能爲石人邪[73]	또한 황제가 어찌 석상처럼 될 수 있소!
此特帝在	이들은 황제가 살아 있는데도
卽錄錄	녹록하니
設百歲後[74]	(주상이) 죽은 후라면
是屬寧有可信者乎	이따위 것들에게 어찌 믿을 만한 것이 있겠소?”
上謝曰	임금이 사죄하여 말하였다.
俱宗室外家[75]	“모두 종실이요 외가이기 때문에
故廷辯之	법정에서 변론하게 하였습니다.
不然	그렇지 않았다면
此一獄吏所決耳	이는 한 옥리가 판결할 따름입니다.”
是時郞中令石建爲上別言兩人事	
	이때 낭중령 석건이 임금에게 두 사람의 일을 변별하여 말해 주었다.
武安已罷朝	무안후는 조회를 마치자
出止車門	지거문을 나와
召韓御史大夫載	한(韓) 어사대부를 불러 태우고

---

72 **색은** 진작(晉灼)은 “자(藉)는 밟는다는 뜻이다. 짓밟아 뭉개는 것을 말한다.”라 하였다.

73 **색은** 황제가 석인(石人)이 오래도록 보존되는 것만 못함을 이른다. **정의** 안사고는 말하였다. “다만 인형만 있을 뿐 호오(好惡)를 알지 못한다는 말이다.” 지금 속담에서는 사람이 일을 분변하지 못하면 욕하여 나무 인형[木人]같이 뻣뻣하다고 한다.

74 **색은** 설(設)은 탈(脫)의 뜻이다.

75 **정의** 두영은 경제(景帝)의 모친의 외숙이다. 전분은 태후의 동모제(同母弟)이다.

怒曰	노하여 말하였다.
與長孺共一老禿翁	"장유와 함께 늙어빠진 퇴물 늙은이를 대하는데
何爲首鼠兩端[76]	어째서 쥐처럼 머리를 내밀고 양쪽을 살폈는가?"
韓御史良久謂丞相曰	한(韓) 어사대부는 한참 있다가 승상에게 말하였다.
君何不自喜[77]	"그대는 어찌 스스로 기쁘게 여기지 않습니까?
夫魏其毀君	위기후가 그대를 헐뜯을 때
君當免冠解印綬歸	그대는 마땅히 모자를 벗고 인끈을 풀어 반납하면서
曰臣以肺腑幸得待罪	'신은 심복으로 요행히 관직을 얻었사오나
固非其任	실로 적임자는 아니며
魏其言皆是	위기후의 말이 모두 옳습니다.'라 하여야 했습니다.
如此	이렇게 하면
上必多君有讓	임금께서는 그대가 양보하는 마음이 있음을 높이 사서
不廢君	그대를 폐하지 않을 것입니다.
魏其必內愧	위기후는 반드시 속으로 부끄러워하여
杜門齰舌自殺[78]	문을 닫아걸고 혀를 깨물고 자살했을 것입니다.

---

76 집해 『한서음의(漢書音義)』에서는 말하였다. "독로옹(禿老翁)은 두영이 의지할 만한 관위(官位)가 없음을 말한다. 수서(首鼠)는 나섰다가 물러났다 하는 것이다." 색은 함께 늙은 퇴물을 다스린다는 것을 이르며 두영을 가리킨다. 복건은 "수서(首鼠)는 나섰다가 물러났다 하는 것이다."라 하였다.

77 집해 소림(蘇林)은 말하였다. "어찌하여 스스로 해명한 것을 기뻐하지 않는가?라는 말이다." 색은 소안(小顏)은 "어찌하여 스스로 겸손한 것을 기뻐할 만한 일로 여기지 않는가?"라 하였다. 음은 희[許旣反]이다.

78 색은 『설문』에서는 "색(齰)은 무는 것이다."라 하였다. 음은 색[側革反]이다.

今人毀君	지금 남이 그대를 헐뜯자
君亦毀人	그대도 남을 헐뜯으니
譬如賈豎女子爭言	비유컨대 장바닥의 장사하는 여인이 언쟁하는 것과 같으니
何其無大體也	어찌 그리 큰 도리가 없으십니까!"
武安謝罪曰	무안후가 사죄하여 말하였다.
爭時急	"시급함을 다투느라
不知出此	이런 생각까지는 해내지 못했소."

於是上使御史簿責魏其所言灌夫	
	이에 임금은 어사로 하여금 문서로 위기후가 관부에 대해 말한 것을 추궁하게 하였는데
頗不讎[79]	자못 맞지 않아
欺謾	기만하여 속인 것으로 보았다.
劾繫都司空[80]	탄핵되어 도사공에 구금되었다.
孝景時	효경제 때
魏其常受遺詔	위기후는 일찍이 유조를 받은 적이 있는데
曰事有不便	"불리한 일이 생기면
以便宜論上	편한 대로 임금에게 아뢸 것이다."라 하였다.
及繫	(위기후가) 구금되었을 때
灌夫罪至族	관부의 죄는 멸족될 지경에 이르러

---

79 정의 讎의 음은 수[市周反]로, 맞다는 뜻이다. 문서로 위기후가 말한 관부가 영천에서 했던 일의 사실성 여부를 따졌으므로 위기후가 한 말이 맞지 않은 것을 기만한 것으로 보았다는 말이다.

80 색은 「백관표(百官表)」에 의하면 종정(宗正)의 속관으로 조옥(詔獄)을 주관한다. 정의 여순은 말하였다. "율(律)에 의하면 사공(司空)은 물 및 죄인을 주관한다."

事日急	일이 다급하게 되었지만
諸公莫敢復明言於上	신하들은 아무도 더 이상 임금에게 밝히어 말하지 않았다.
魏其乃使昆弟子上書言之	위기후는 이에 형제의 아들을 시켜 임금에게 글을 올려 말하게 하였는데
幸得復召見	다시 불리어 뵙게 되기를 바랐다.
書奏上	글이 임금에게 올려지자
而案尚書大行無遺詔[81]	상서를 조사해 보니 천자의 유조가 없었다.
詔書獨藏魏其家	조서는 다만 위기후의 집에만 간직되어 있었는데
家丞封[82]	가승이 봉하여 놓은 것이었다.
乃劾魏其矯先帝詔	이에 위기후가 선제의 유조를 사칭하였다고 탄핵하였는데
罪當棄市	죄는 기시에 해당하였다.
五年十月[83]	5년(B.C. 130) 10월에
悉論灌夫及家屬	관부 및 가속의 죄가 모두 확정되었다.
魏其良久乃聞	위기후는 한참 후에야 듣게 되었는데
聞即恚	듣자마자 화를 내어

---

81 **집해** 여순은 말하였다. "대행(大行)은 제후를 주관하는 관직이다." **색은** 상서에는 이 경제가 죽었을 때 유조를 행함이 없었는데 곧 위기후의 가신이 봉인하여 둔 것이다. 여순의 설은 틀렸다. **정의** 천자가 붕어하는 것을 대행이라 한다. 상서에는 경제가 붕어할 때 위기후에게 유조를 내린 것이 없었다. 「백관표(百官表)」에서는 여러 상서에게서 받은 일이라 하였다.

82 **집해** 『한서음의(漢書音義)』에서는 말하였다. "가신이 유조를 봉인한 것이다."

83 **집해** 서광은 말하였다. "5년이 아닐 것이며 또한 10월도 아니다." **색은** 서광이 아니라고 의심을 한 것은 「무제기(武帝紀)」[『한서(漢書)』]에 의하면 4년 3월에 전분이 죽고 두영은 이전에 죽었는데, 지금 5년이라 하였으므로 틀렸다고 의심한 것이다. **정의** 『한서』에 의하면 원광(元光) 4년(B.C. 131) 겨울에 위기후 두영이 죄를 지어 기시되었다. 봄 3월 을묘일에 승상 전분이 죽었다. 5년이라 한 것은 틀렸다.

病痱[84]	중풍을 앓게 되었으며
不食欲死	음식을 먹지 않고 죽으려 하였다.
或聞上無意殺魏其	임금이 위기후를 죽일 뜻이 없다는 말도 들리자
魏其復食	위기후는 다시 음식을 먹고
治病	병을 치료하였으며
議定不死矣	죽이지 않는 쪽으로 의결되었다.
乃有蜚語爲惡言聞上[85]	곧 유언비어로 악담을 한 것이 임금에게 알려져
故以十二月晦[86]論棄市渭城[87]	12월 그믐날 위성에서 기시하는 것으로 판결이 났다.

其春	그해 봄
武安侯病[88]	무안후가 병들어
專呼服謝罪[89]	오로지 울부짖으며 죄를 용서해 달라고 하였다.

---

84 **색은** 痱의 음은 비(肥)이며 또한 비[扶味反]라고도 하는데, 중풍[風病]이다.

85 **집해** 장안은 말하였다. "전분이 거짓 유언비어로 비방하는 말을 꾸몄다."

86 **집해** 서광은 말하였다. "12월이 아닐 것이다." 장안은 "그믐날은 봄이 지극하게 드리운 것이다."라 하였다. **색은** 일월을 드러낸 것은 봄이 지극하게 드리운 것을 보고 아마 사면되었을 것이기 때문일 것이다.

87 **정의** 옛 함양(咸陽)이다.

88 **정의** 그해 봄은 곧 4년 봄이다. 원광(元光) 4년(B.C. 131) 10월에 관부는 기시되었다. 12월 말에 위기후는 기시되었다. 3월 을묘일에 전분은 죽었다. 세 사람이 죽은 것이 한 해에 있었음은 분명하다. 한나라는 10월을 새해의 첫 달로 삼았기 때문이다. 「진초지제표(秦楚之際表)」에서는 (10월,) 11월, 12월, 단월(端月), 2월, 3월, 9월에 끝이 난다고 하였다. 주나라는 건자(建子)를 정월로 하여 11월이 정월이었고, 12월이 2월이었으며, 정월은 3월, 2월은 4월이었으며 10월에 한 해가 끝났다. 한나라 초에서 무제 태초(太初) 이전까지는 모두 진나라의 법을 썼으며, 이후에 하정(夏正)으로 고쳐 지금까지 고치지 않았다. 그러나 공자[夫子]는 『춘추(春秋)』를 지으면서 하정(夏正)에 의거하였다.

89 **집해** 『한서음의(漢書音義)』에서는 말하였다. "전분이 부르짖으며 죄를 용서하여 달라고 했다는 말이다."

使巫視鬼者視之	귀신을 보는 무당을 시켜 그를 보게 하였더니
見魏其′灌夫共守	위기후와 관부가 함께 지키면서
欲殺之	그를 죽이려는 것을 보았다고 하였다.
竟死	마침내 죽었다.
子恬嗣90	아들 염이 뒤를 이었다.
元朔三年	원삭 3년(B.C. 126)에
武安侯坐衣襜褕91入宮	무안후는 짧은 옷을 입고 입궁하여
不敬92	불경죄를 지었다.
淮南王安謀反覺	회남왕 유안이 모반을 하다가 발각되어
治	다스렸다.
王前朝93	왕이 전에 조공을 할 때

---

90 집해 서광은 말하였다. "전분이 병들어 위기후와 관부의 귀신이 그를 죽이려는 것을 보았으니 그해 봄에 함께 죽지 않았겠는가? 「무제본기(武帝本紀)」에서는 '4년 3월 을묘일에 전분이 죽었다.'라 하였으니 두영이 죽은 것이 전분의 죽음 앞에 있었다면 어찌 다시 5년 12월이라 하였겠는가? 아마 12월은 2월이 되어야 할 것이다." 「후표(侯表)」에 의하면 전분은 무제를 9년간 섬기고 죽었으며 원광 4년(B.C. 131)은 전염 원년이며 건원 원년에서 원광 3년까지는 9년이다. 「대신표(大臣表)」에서는 전분은 원광 4년에 죽었다고 하였으며 또한 두영은 4년에 기시되었다고 하였는데 이것이 정말 언제 있었는지 확실치 않다. 그러나 전분이 두영이 죽은 후에 죽은 것은 분명하다.

91 정의 『이아(爾雅)』에서는 "앞을 가리는 옷을 첨(襜)이라 한다."라 하였다. 곽박(郭璞)은 "무릎을 가리는 것이다."라 하였다. 『설문』과 (西晉 呂忱의) 『자림(字林)』에서는 모두 짧은 옷이라 하였다.

92 집해 서광은 말하였다. "「표(表)」에서는 복장이 불경한 죄를 지어 나라가 없어졌다고 하였다." 색은 襜의 음은 첨[尺占反]이다. 褕의 음은 유(踰)이다. 정식 조복이 아니라 부인의 옷과 같은 것이라는 말이다. 「표(表)」에서는 전염(田恬)이 복장이 불경한 죄를 지어 나라가 없어졌다고 하였다.

93 집해 서광은 말하였다. "건원(建元) 2년(B.C. 139)이다."

武安侯爲太尉	무안후가 태위였는데
時迎王至霸上	당시 왕을 맞아 패상에 이르렀을 때
謂王曰	왕에게 말하였다.
上未有太子	"임금께는 태자가 없고
大王最賢	대왕이 가장 현명하며
高祖孫	고조의 손자이시니
即宮車晏駕	황상이 돌아가시면
非大王立當誰哉	대왕이 아니면 누구를 세우겠습니까!"
淮南王大喜	회남왕은 크게 기뻐하며
厚遺金財物	금과 재물을 두터이 주었다.
上自魏其時不直武安	임금 본인도 위기후의 사건 당시 무안군이 곧지 못하다고 여겼는데
特爲太后故耳[94]	(처벌을 받지 않은 것은) 다만 태후 때문이었을 따름이다.
及聞淮南王金事	회남왕이 금을 보낸 사실을 들었을 때
上曰	임금이 말하였다.
使武安侯在者	"무안후가 살아 있었다면
族矣	멸족당하였을 것이다."
太史公曰	태사공은 말한다.
魏其武安皆以外戚重	위기후와 무안후는 모두 외척으로 중용되었으며
灌夫用一時決筴而名顯	관부는 일시의 결책(決策)으로 명승을 드날렸다.
魏其之擧以吳楚	위기후가 천거된 것은 오·초(의 반란) 때문이고

---

94 색은 무제가 위기후와 관부의 일이 잘못되었다고 생각하면서도 무안후에게는 정직하지 않다고 여긴 것은 다만 태후 때문일 따름이다.

武安之貴在日月之際	무안후가 현귀한 것은 황제와 황후가 있었을 때였다.
然魏其誠不知時變	그러나 위기후는 실로 시세의 변화를 알지 못하였고
灌夫無術而不遜	관부는 재주가 없으면서도 불손하였는데
兩人相翼	두 사람이 서로 도와
乃成禍亂	이에 화란이 이루어졌다.
武安負貴而好權	무안후는 현귀함을 지고 권세를 좋아하여
杯酒責望	술자리에서 책망하여
陷彼兩賢	저 두 현자를 모함하였다.
嗚呼哀哉	아아, 슬프도다!
遷怒及人	화를 남에게 미치게 하고
命亦不延	목숨 또한 늘이지 못하였도다.
眾庶不載	뭇사람들의 옹호를 받지 못하여
竟被惡言	결국 나쁜 말을 듣게 되었다.
嗚呼哀哉	아아, 슬프도다!
禍所從來矣	재화는 유래가 있도다!

한장유 열전 韓長孺列傳

御史大夫韓安國者	어사대부 한안국은
梁成安人也¹	양나라 성안 사람으로
後徙睢陽²	나중에 수양으로 옮겼다.
嘗受韓子雜家說於騶田生所³	일찍이 추현(騶縣)의 전(田) 선생에게서 『한자(韓子)』와 잡가의 학설을 배웠다.
事梁孝王爲中大夫	양효왕을 섬겨 중대부가 되었다.
吳楚反時	오·초가 반기를 들었을 때
孝王使安國及張羽爲將	효왕은 한안국 및 장우를 장수로 삼아
扞⁴吳兵於東界	동쪽 경계에서 오의 군사를 막게 하였다.
張羽力戰	장우는 힘껏 싸우고
安國持重	한안국은 신중하였으므로
以故吳不能過梁	오는 양을 넘을 수 없었다.

---

1 **집해** 서광(徐廣)은 말하였다. "여영(汝穎)의 사이에 있다." **색은** 서광은 "여영 사이에 있다."고 하였다. 『한서(漢書)』「지리지(地理志)」에서는 현(縣) 이름으로 진류(陳留)에 속한다고 하였다. **정의** 『괄지지(括地志)』에서는 말하였다. "성안(成安)의 옛 성은 여주(汝州) 양현(梁縣) 동쪽 23리 지점에 있다." 「지리지(地理志)」에서는 성안(成安)은 영천군(穎川郡)에 속하였다고 하였다. 진류군(陳留郡)에는 또한 성안현(成安縣)이 있으며 역시 양(梁)나라에 속해 있는데 어느 것이 옳은지 모르겠다.
2 **정의** 지금의 송주(宋州) 송성(宋城)이다.
3 **색은** 한안국은 추현(騶縣)의 전 선생[田生]에게서 『한비자[韓子]』 및 잡가의 학설을 배웠다.
4 **색은** 앞 글자의 음은 장(醬)이고, 아래 글자의 음은 한(汗)이다.

吳楚已破	오와 초가 격파되자
安國張羽名由此顯	한안국과 장우의 이름은 이로 말미암아 드러나게 되었다.

梁孝王	양효왕은
景帝母弟	경제의 친동생이었는데
竇太后愛之	두태후가 사랑하여
令得自請置相二千石	스스로 승상과 2천 석을 두게끔 청하게 하였으며
出入游戲	(경성을) 드나들고 (사냥터 따위에서) 놀고 즐기는 것이
僭於天子	천자보다 심하였다.
天子聞之	천자가 듣고는
心弗善也	내심 그것을 좋지 않게 여겼다.
太后知帝不善	태후가 황제가 좋지 않게 여기는 것을 알고
乃怒梁使者	이에 양의 사자에게 노하여
弗見	만나보려고 하지 않았으며
案責王所爲	왕이 한 일을 추궁하여 꾸짖었다.
韓安國爲梁使	한안국이 양의 사자가 되어
見大長公主⁵而泣曰	대장공주(大長公主)를 보고 눈물을 흘리며 말하였다.
何梁王爲人子之孝	"얼마나 양왕이 아들로는 효성스럽고
爲人臣之忠	신하로는 충성스러운데
太后曾弗省也⁶	태후께서는 양왕을 살피시지 않으셨습니까?

---

5 **집해** 서광은 말하였다. "경제(景帝)의 손위누이이다." **색은** 곧 관도공주(館陶公主)이다. **정의** 여순(如淳)은 말하였다. "경제의 손아래누이이다."

夫前日吳楚齊趙七國反時	전날 오와 초, 제, 조 등 7국이 반기를 들었을 때
自關以東皆合從西鄉	(함곡)관 이동 지역은 모두 연합하여 서쪽으로 향하였는데
惟梁最親爲艱難	양만은 (조정과) 가장 가까우면서도 (처지가) 어려웠습니다.
梁王念太后帝在中[7]	양왕은 태후와 황제가 관중에 계시고
而諸侯擾亂	제후들이 분란을 일으킨 것을 생각하며
一言泣數行下	한번 말을 하는 중에도 눈물을 몇 줄씩 흘리고
跪送臣等六人	신 등 여섯 사람을 무릎을 꿇고 보내어
將兵擊卻吳楚	군사를 거느리고 오나라와 초나라를 쳐서 물리치게 하여
吳楚以故兵不敢西	오와 초는 이 때문에 군사가 감히 서진을 하지 못하고
而卒破亡	마침내 격파되어 망하였으니
梁王之力也	(이는) 양왕의 힘입니다.
今太后以小節苛禮[8]	지금 태후께서는 작고 번쇄한 예절로
責望梁王	양왕을 책망하고 계십니다.
梁王父兄皆帝王	양왕의 부형은 모두 제왕으로
所見者大	본 것이 커서
故出稱蹕	나갈 때는 벽제를 하고
入言警	들어올 때 경계를 하였는데
車旗皆帝所賜也	수레와 기치는 모두 황제가 내린 것이니
即欲以侘鄙縣[9]	누추한 고을에서 자랑이나 하려는 것이며

6 **색은** 省의 음은 성[仙井反]이다. 성(省)은 살핀다는 뜻이다.
7 **정의** 관중(關中)을 이른다. 또한 경사(京師)가 천하의 중앙에 있다는 것을 말하기도 한다.
8 **색은** 자잘한 작은 예법으로 꾸짖는 것을 이른다.

驅馳國中	도성에서 달리며
以夸諸侯	제후들에게 뽐내어
令天下盡知太后帝愛之也	천하에서 모두 태후와 황제가 양왕을 사랑함을 알게 하려는 것입니다.
今梁使來	지금 양의 사자가 왔다 하면
輒案責之	문득 추궁하여 꾸짖습니다.
梁王恐	양왕은 두려워하여
日夜涕泣思慕	밤낮으로 눈물을 흘리며 사모하고
不知所爲	어찌할 바를 알지 못합니다.
何梁王之爲子孝	양왕이 아들로는 효성스럽고
爲臣忠	신하로는 충성스러운데
而太后弗恤也	어찌 태후께서는 양왕을 불쌍히 여기지 않으시는지요?"
大長公主具以告太后	대장공주가 모두 그대로 태후께 알리니
太后喜曰	태후가 기뻐하며 말하였다.
爲言之帝	"황제께 말씀드려라."
言之	말을 하니
帝心乃解	황제의 마음이 곧 풀리어
而免冠謝太后曰	모자를 벗고 태후께 사과하여 말하였다.
兄弟不能相敎	"형제가 서로 가르칠 수 없다면
乃爲太后遺憂	곧 태후께는 근심이 될 것입니다."
悉見梁使	양의 사자를 모두 만나보고

---

9 집해 서광은 말하였다. "차(佗)는 '행(紽)'으로 된 판본도 있다." 佗의 음은 차[丑亞反]로, 자랑한다는 뜻이다. 색은 佗의 음은 차[丑亞反]이며, '차(姹)' 자와 같다. 차(佗)는 자랑한다는 뜻이다. 『한서』에는 '姹'로 되어 있는데, 음은 화[火亞反]이다. 紽의 음은 행[寒孟反]이다.

796

厚賜之	(재물을) 두터이 내렸다.
其後梁王益親驩	그 후 양왕은 더욱 가까워지고 좋아하였다.
太后長公主更賜安國可直千餘金	
	태후와 장공주는 다시 한안국에게 천금 어치가 넘는 황금을 내렸다.
名由此顯	이름이 이로 말미암아 드러났고
結於漢	한나라와 (관계가) 결속되었다.
其後安國坐法抵罪	그 후 한안국은 법에 걸려 죄를 지었는데
蒙[10]獄吏田甲辱安國	몽현의 옥리인 전갑이 한안국을 모욕하였다.
安國曰	한안국이 말하였다.
死灰獨不復然乎	"식은 재라도 다시 탈 수 있지 않겠는가?"
田甲曰	전갑이 말하였다.
然即溺之	"탄다면 오줌을 갈길 것이다."
居無何	얼마 있지 않아
梁內史缺	양나라의 내사 자리가 비게 되자
漢使使者拜安國爲梁內史	한나라에서 사자를 보내어 한안국을 양나라 내사에 명하여
起徒中爲二千石	복역 중인 죄수에서 2천 석이 되었다.
田甲亡走	전갑은 도망쳐 달아났다.
安國曰	한안국이 말하였다.
甲不就官	"전갑이 관직에 나아가지 않으면
我滅而宗	내 너희 종족을 멸하겠다."

---

10 【집해】 몽(蒙)은 현 이름이다. 【색은】 抵의 음은 저[丁禮反]이다. 몽(蒙)은 현 이름으로 양나라에 속하였다.

甲因肉袒謝	전갑은 이에 상체를 드러내고 사죄하였다.
安國笑曰	한안국이 웃으며 말하였다.
可溺矣	"오줌을 갈겨도 좋소!
公等足與治乎[11]	공 등을 함께 다스릴 만하겠는가?"
卒善遇之	끝내 잘 대해 주었다.

梁內史之缺也	양의 내사가 비었을 때
孝王新得齊人公孫詭	효왕은 막 제나라 사람 공손궤를 얻었는데
說之	그를 좋아하여
欲請以爲內史	내사가 되도록 청하려 하였다.
竇太后聞	두태후가 듣고
乃詔王以安國爲內史	이에 왕에게 한안국을 내사로 삼게 하였다.

公孫詭羊勝說孝王求爲帝太子及益地事	
	공손궤와 양승은 효왕에게 황제의 태자가 되는 것 및 봉지를 늘려달라고 하는 일을 청하도록 말하였는데
恐漢大臣不聽	한나라의 대신들이 듣지 않을까 걱정하여
乃陰使人刺漢用事謀臣	이에 몰래 사람을 시켜 한나라의 권세를 쥔 모신을 척살하게 하였다.
及殺故吳相袁盎	옛 오나라 승상 원앙을 죽였을 때
景帝遂聞詭勝等計畫	경제는 마침내 공손궤와 양승 등의 계획을 알게 되어
乃遣使捕詭勝	이에 사람을 보내 공손궤와 양승을 체포하게 하여

---

11 **색은** 포박하여 다스릴 만하지 못하다는 것을 이른다. 治의 음은 지(持)이다.

必得	반드시 잡아오게 하였다.
漢使十輩至梁	한나라에서는 10여 무리를 양나라에 보내어
相以下擧國大索	승상 이하 온 나라를 대대적으로 수색하였는데
月餘不得	달포가 되도록 잡지 못하였다.
內史安國聞詭勝匿孝王所	내사 한안국은 공손궤와 양승이 효왕에게 숨어 있다는 말을 듣자
安國入見王而泣曰	한안국은 들어가 왕을 뵙고 눈물을 흘리면서 말하였다.
主辱臣死[12]	"주인이 욕을 당하면 신하는 죽어야 합니다.
大王無良臣	대왕께서는 훌륭한 신하가 없기 때문에
故事紛紛至此	일이 분분하여져 이 지경에 이르게 되었습니다.
今詭勝不得	지금 공손궤와 양승을 잡지 못한다면
請辭賜死	청컨대 죽음을 내려 주십시오."
王曰	왕이 말하였다.
何至此	"어쩌다 이 지경에까지 이르렀는가?"
安國泣數行下	한안국은 몇 줄기의 눈물을 흘리면서
曰	말하였다.
大王自度於皇帝	"대왕께서 황제(와의 관계)를 스스로 헤아리시건대
孰與太上皇之與高皇帝及皇帝之與臨江王親	
	태상황께서 고제를 대하셨던 것 및 황제께서 임강왕을 대하셨던 것에 비하여 어떻습니까?"
孝王曰	효왕이 말하였다.
弗如也	"그들만 못하오."
安國曰	한안국이 말하였다.

---

12 색은 이 말은 『국어(國語)』에 보인다.

夫太上臨江親父子之間	"저 태상황 및 임강왕은 친부자 사이였지만
然而高帝曰提三尺劍取天下者朕也	고제께서는 '석 자의 검을 들고 천하를 취한 것은 짐이다.'라 하셨으므로
故太上皇終不得制事	태상황은 끝내 정사를 마음대로 하지 못하고
居于櫟陽	역양궁에 머물러야 했습니다.
臨江王	임강왕은
適長太子也	적장 태자인데
以一言過	한마디 말실수로
廢王臨江[13]	임강왕으로 폐하여졌으며,
用宮垣事	궁궐 담장(을 침범한) 일 때문에
卒自殺中尉府	결국 중위부에서 자살하였습니다.
何者	어째서이겠습니까?
治天下終不以私亂公	천하를 다스림에는 끝내 사사로운 일로 공사를 어지럽혀서는 안 되기 때문이었습니다.
語曰	속담에 말하기를
雖有親父	'친아버지가 있대도
安知其不爲虎	그가 호랑이가 되지 않으리라는 것을 어찌 알겠는가?
雖有親兄	친형이 있대도
安知其不爲狼	그가 이리가 되지 않으리라는 것을 어찌 알겠는가?'라 하였습니다.
今大王列在諸侯	지금 대왕께서 제후의 반열에 들어도
悅一邪臣[14]浮說	사악한 신하의 뜬 말을 좋아하여

---

13 집해 여순은 말하였다. "경제(景帝)는 일찍이 여러 후궁을 가까이하였는데 태자의 모친인 율희(栗姬)가 말을 불손하게 하여 이로 말미암아 태자를 폐하였고 율희는 근심하다 죽었다."

犯上禁	황상의 금령을 범하고
橈明法	밝은 국법을 어깁니다.
天子以太后故	천자께서는 태후 때문에
不忍致法於王	차마 왕을 법대로 처리하지 못하고 있습니다.
太后日夜涕泣	태후께서 밤낮으로 눈물을 흘리시며
幸大王自改	대왕께서 스스로 고치시기를 바라시나
而大王終不覺寤	대왕께서는 끝내 깨닫지를 못하고 계십니다.
有如太后宮車即晏駕	태후께서 돌아가시기라도 한다면
大王尚誰攀乎	대왕께서는 오히려 누구를 잡고 오르겠습니까?”
語未卒	말이 채 끝나기도 전에
孝王泣數行下	효왕은 눈물을 몇 줄기나 흘리면서
謝安國曰	한안국에게 사과하여 말하였다.
吾今出詭勝	“내 지금 공손궤와 양승을 내놓겠소.”
詭勝自殺	공손궤와 양승은 자살하였다.
漢使還報	한나라 사자가 돌아가 보고하여
梁事皆得釋	양의 일이 모두 해결되었는데
安國之力也	한안국의 힘이었다.
於是景帝太后益重安國	이에 경제와 태후는 한안국을 더욱 중시하게 되었다.
孝王卒	효왕이 죽고
共王即位	공왕이 즉위하였는데
安國坐法失官	한안국은 법을 어겨 관직을 잃고
居家	집에 머물렀다.

---

14 **색은** 열(悅)은 『한서』에는 '수(誄)'로 되어 있다. 『설문(說文)』에서는 "수(誄)는 꾈다는 뜻이다."라 하였다.

建元中	건원 연간에
武安侯田蚡爲漢太尉	무안후 전분이 한나라 태위가 되어
親貴用事	가까이서 총애를 받아 정권을 쥐게 되었는데
安國以五百金物遺蚡	한안국은 5백금의 예물을 전분에게 보냈다.
蚡言安國太后	전분은 태후에게 한안국을 말하였으며
天子亦素聞其賢	천자도 평소에 그의 현명함을 알고 있어서
卽召以爲北地都尉	즉시 불러서 북지도위로 삼았으며
遷爲大司農	대사농으로 승진하였다.
閩越東越相攻	민월과 동월이 서로 공격하여
安國及大行王恢將	한안국 및 대행 왕회를 장수로 삼았다.
未至越	월에 채 이르지 않았는데
越殺其王降	월에서 그 왕을 죽이고 항복하였으며
漢兵亦罷	한나라도 군사를 거두었다.
建元六年	건원 6년(B.C. 135)에
武安侯爲丞相	무안후가 승상이 되었으며
安國爲御史大夫	한안국은 어사대부가 되었다.
匈奴來請和親	흉노가 와서 화친을 청하여
天子下議	천자가 논의하게 하였다.
大行王恢	대행 왕회는
燕人也	연나라 사람으로
數爲邊吏	여러 차례나 변방의 관리가 되어
習知胡事	호랑캐의 일에 익숙하였다.
議曰	발의하여 말하였다.
漢與匈奴和親	"한나라가 흉노와 화친해도

率不過數歲即復倍約	거의 몇 년을 넘기지 못하고 다시 맹약을 저버립니다.
不如勿許	허락하지 말고
興兵擊之	군사를 일으켜 침만 못합니다.”
安國曰	한안국이 말하였다.
千里而戰	“천 리를 가서 싸운다면
兵不獲利	군사는 이익을 얻지 못합니다.
今匈奴負戎馬之足	지금 흉노는 융마의 풍족함을 업고
懷禽獸之心	짐승 같은 마음을 품었으며
遷徙鳥舉	옮기어 다니는 것이 새가 나는 것 같아
難得而制也	제압하기가 어렵습니다.
得其地不足以爲廣	그 땅을 얻어도 넓히기에 충분치 않으며
有其眾不足以爲彊	그 무리를 가진다 해도 강해지기에 충분치 않아
自上古不屬爲人[15]	예로부터 사람으로 간주되지 않았습니다.
漢數千里爭利	한나라가 수천 리나 가서 이익을 다툰다면
則人馬罷	사람과 말은 지칠 것이고
虜以全制其敝	오랑캐는 전력으로 그 피폐해진 군사를 제압할 것입니다.
且彊弩之極	또한 강궁(에서 발사한 화살)도 끝에 가서는
矢不能穿魯縞[16]	화살이 노나라의 명주도 뚫을 수 없고,
衝風之末	맹렬한 바람도 끝에 가서는
力不能漂鴻毛	힘이 기러기의 털도 띄울 수 없습니다.
非初不勁	처음부터 군세지 않음이 아니면

---

15 **색은** 진작(晉灼)은 “안으로 한나라 사람으로 소속시키지 않았다.”라 하였다.

16 **집해** 허신(許慎)은 말하였다. “노(魯)나라의 명주는 더욱 얇다.”

末力衰也	끝에 가서 힘이 달리게 됩니다.
擊之不便	쳐도 이롭지 못하니
不如和親	화친함만 못합니다."
群臣議者多附安國	논의에 참석한 신하들은 거의 한안국에게 붙었으며
於是上許和親	이에 임금은 화친을 허락하였다.

其明年	그 이듬해는
則元光元年	원광 원년이었는데
雁門馬邑豪聶翁壹[17]因大行王恢言上曰	안문 마읍의 호족 섭옹일이 대행 왕회를 통하여 임금에게 말하였다.
匈奴初和親	"흉노가 막 화친을 하여
親信邊	변경을 가까이하여 신임을 보이니
可誘以利	이로움으로 꾈 만합니다."
陰使聶翁壹爲閒	몰래 섭옹일을 간첩으로 삼아
亡入匈奴	흉노로 도망쳐 들어가게 하여
謂單于曰	선우에게 일러 말하였다.
吾能斬馬邑令丞吏	"내 능히 마읍의 현령과 승리(丞吏)를 참수하여
以城降	성을 항복시키고
財物可盡得	재물을 모두 얻게 할 수 있습니다."
單于愛信之	선우는 그를 사랑하고 믿어
以爲然	그럴싸하게 생각하여

---

17 〔집해〕 장안(張晏)은 말하였다. "호(豪)는 수(帥)와 같다." 〔색은〕 섭(聶)은 성이며, 옹일(翁壹)은 이름이다. 『한서』에서는 '섭일(聶壹)'이라 하였다.

許聶翁壹	섭옹일에게 허락하였다.
聶翁壹乃還	섭옹일은 이에 돌아와
詐斬死罪囚	거짓으로 죄수를 죽여
縣其頭馬邑城	그 머리를 마읍의 성에 걸어놓고
示單于使者爲信	선우의 사자에게 보여 믿게 하였다.
曰	말하였다.
馬邑長吏已死	"마읍의 장리(長吏)는 이미 죽었으니
可急來	급히 올 수 있습니다."
於是單于穿塞將十餘萬騎	이에 선우는 변경을 뚫고 10여만의 기병을 거느리고
入武州塞[18]	무주의 변경으로 들어왔다.
當是時	이때
漢伏兵車騎材官三十餘萬[19]	한나라의 복병과 거마, 재관(材官) 30여만 명을
匿馬邑旁谷中	마읍 주변의 골짜기에 숨겨놓았다.
衛尉李廣爲驍騎將軍[20]	위위(衛尉) 이광은 효기장군이 되고
太僕公孫賀爲輕車將軍[21]	태복 공손하는 경거장군이 되었으며
大行王恢爲將屯將軍[22]	대행 왕회는 장둔장군이 되었고

---

18 집해 서광은 말하였다. "안문(雁門)에 있다." 색은 「지리지(地理志)」에서는 현(縣) 이름으로 안문(鴈門)에 속한다. 또한 최호(崔浩)는 "지금의 평성(平城) 정 서쪽 백 리 지점에 무주성(武州城)이 있다."라 하였는데 바로 이것이다.

19 재관(材官)은 쇠뇌[弩]를 쏘는 부대를 말한다. – 옮긴이.

20 집해 『한서』에서는 말하였다. "북맥연(北貉燕)의 사람이 와서 효기(驍騎)를 바쳤다." 응소(應劭)는 말하였다. "효(驍)는 튼튼하다는 뜻이다." 장안은 말하였다. "효(驍)는 날래다는 뜻이며, 육박(六博)의 효(梟)와 같다."

21 정의 사마표(司馬彪)의 『속한서(續漢書)』에서는 말하였다. "경거(輕車)는 옛 전차이다."

22 정의 이기(李奇)는 말하였다. "주둔하는 것을 감독하여 주관한다."

太中大夫李息爲材官將軍[23]　태중대부 이식은 재관장관이 되었다.

御史大夫韓安國爲護軍將軍　어사대부 한안국은 호군장군이 되었으며

諸將皆屬護軍　여러 장수들은 모두 호군에 속하였다.

約單于入馬邑而漢兵縱發　선우가 마읍에 들어오면 한나라 군사가 일제히 공격하기로 약정하였다.

王恢李息李廣別從代主擊其輜重[24]

왕회와 이식, 이광은 따로 대(代)에서 그 치중의 공격을 맡았다.

於是單于入漢長城武州塞　이때 선우는 한나라 장성 무주의 변방으로 들어왔다.

未至馬邑百餘里　마읍에서 백여 리 못 미쳐서

行掠鹵　가다가 노략질을 하였는데

徒見畜牧於野　들에는 치는 가축만 보일 뿐

不見一人　한 사람도 보이지 않았다.

單于怪之　선우가 이상하게 여겨

攻烽燧　봉수대를 공격하면서

得武州尉史　무주위사를 잡았다.

欲刺問尉史　위사를 찔러 죽이려 하면서 물었다.

尉史曰　위사가 말하였다.

漢兵數十萬伏馬邑下　"한나라 군사 수십만이 마읍 아래에 매복해 있습니다."

單于顧謂左右曰　선우는 좌우를 돌아보며 말하였다.

幾爲漢所賣[25]　"한나라에 속아 넘어갈 뻔하였다!"

---

23 정의 신찬(臣瓚)은 말하였다. "재관(材官)은 말을 타고 활을 소는 관직이다."

24 정의 『석명(釋名)』에서는 말하였다. "치(輜)는 섞였다는 뜻이다. 실은 의복이 그 가운데 마구 섞여 있는 것이다."

乃引兵還	이에 군사를 끌고 돌아갔다.
出塞	변방을 나가면서
曰	말하였다.
吾得尉史	"내 위사를 잡은 것은
乃天也	하늘의 뜻이로다."
命尉史爲天王	위사를 "천왕"으로 삼았다.
塞下傳言單于已引去	변경에 선우가 이미 모두 끌고 떠났다는 말이 전해졌다.
漢兵追至塞	한나라 군사는 변경까지 추격하였지만
度弗及	미치지 못하리라는 것을 헤아리고
即罷	곧 그만두었다.
王恢等兵三萬	왕회 등의 군사 3만은
聞單于不與漢合	선우가 한나라와 교전하지 않았다는 말을 듣고
度往擊輜重	가서 치중을 치면
必與單于精兵戰	반드시 선우의 정예병과 싸울 것이며
漢兵勢必敗	한나라 군사의 기세는 꺾이고 말 것이라 생각하여
則以便宜罷兵	편한 대로 군사를 물려
皆無功	모두 공이 없었다.
天子怒王恢不出擊單于輜重	천자는 왕회가 나가서 선우의 치중을 치지 않고
擅引兵罷也	제멋대로 군사를 물린 데 대하여 노하였다.
恢曰	왕회가 말하였다.
始約虜入馬邑城	"처음에 약정하기로 오랑캐가 마읍의 성으로 들어와

---

25 정의 幾의 음은 기(祈)이다.

兵與單于接	군사가 선우와 맞붙으면
而臣擊其輜重	신이 그 치중을 공격하여
可得利	이익을 얻으리라 하였습니다.
今單于聞	지금 선우가 알아채고
不至而還	이르지도 않았는데 돌아가
臣以三萬人衆不敵	신은 3만으로는 중과부적으로
提取辱耳[26]	다만 욕을 자초할 뿐이라고 생각하였습니다.
臣固知還而斬	신은 실로 돌아가면 참수될 것임을 알았지만
然得完陛下士三萬人	폐하의 군사 3만 명을 완전히 할 수 있었습니다.”
於是下恢廷尉	이에 왕회를 정위에게 넘겼다.
廷尉當恢逗撓	정위는 왕회가 적을 피하여 관망한 것이라 하여
當斬[27]	참수하여야 한다고 하였다.
恢私行千金丞相蚡	왕회는 몰래 승상 전분에게 천금을 보냈다.
蚡不敢言上	전분은 감히 왕에게 말하지 못하고
而言於太后曰	태후에게 말하였다.
王恢首造馬邑事	“왕회가 제일 먼저 마읍의 일을 구상하였는데
今不成而誅恢	지금 이루지도 못하고 왕회를 죽이면
是爲匈奴報仇也	이는 흉노의 원수를 갚아주는 것입니다.”
上朝太后	임금이 태후를 뵙자
太后以丞相言告上	태후는 승상의 말을 태후에게 일렀다.

---

26 집해 서광은 말하였다. “제(提)는 '지(祇)'로 된 판본도 있다.”

27 집해 『한서음의(漢書音義)』에서는 말하였다. “두(逗)는 길을 꺾어 적을 피하는 것이며, 요(撓)는 돌아보는 것이다. 군사가 겁먹었다는 말이다.” 색은 응소는 “두(逗)는 길을 꺾어 적을 피하는 것이며, 음은 두(豆)이다.”라 하였다. 또한 주(住)라는 음도 있는데, 주(住)는 머물러 멈추는 것을 이른다. 요(撓)는 굽히어 약하게 되는 것으로 음은 요[女孝反]이다. 요(撓)는 돌아보는 것이라고도 한다.

上曰	임금이 말하였다.
首爲馬邑事者	"먼저 마읍의 일을 꾸민 것은
恢也	왕회로
故發天下兵數十萬	천하의 군사 수십만을 동원하여
從其言	그의 말을 따랐는데
爲此	이렇게 되었습니다.
且縱單于不可得	또한 선우를 잡지 못한다 하더라도
恢所部擊其輜重	왕회의 군사는 치중을 공격하여
猶頗可得	오히려 자못 획득하여
以慰士大夫心	사대부의 마음을 위로하여야 했습니다.
今不誅恢	지금 왕회를 죽이지 않는다면
無以謝天下	천하에 사죄할 길이 없습니다."
於是恢聞之	이에 왕회는 그 말을 듣고
乃自殺	곧 자살하였다.
安國爲人多大略	한안국은 사람됨이 원대한 모략이 많았고
智足以當世取合	지모는 충분히 당세에 용납될 만하였는데
而出於忠厚焉²⁸	충실하고 도타운 것과는 거리가 있었다.
貪嗜於財	재물을 탐하고 좋아하였다.
所推擧皆廉士	천거한 사람들은 모두 청렴한 인사였으며
賢於己者也	자신보다 현명한 자들이었다.
於梁擧壺遂臧固郅他²⁹	양나라에서는 호수(壺遂)와 장고(臧固), 질타(郅他)를 천거하였는데

---

28 **색은** 출(出)은 벗어난 것이다. 한안국의 사람됨이 충후한 행동이 없다는 말이다.

皆天下名士	모두 천하의 명사였으며
士亦以此稱慕之	선비들 또한 이 때문에 그를 칭찬하여 그리워하였고
唯天子以爲國器	천자도 나라를 다스릴 그릇으로 여겼다.
安國爲御史大夫四歲餘	한안국이 어사대부가 된 지 4년여 만에
丞相田蚡死	승상 전분이 죽어
安國行丞相事	한안국이 승상의 일을 대행하였는데
奉引墮車蹇[30]	황제의 수레를 인도하다가 수레에서 떨어져 다리를 절게 되었다.
天子議置相	천자가 승상을 둘 논의를 하면서
欲用安國	한안국을 쓰고자 하여
使使視之	사람을 보내 살펴보게 하였는데
蹇甚	심하게 절어
乃更以平棘侯薛澤爲丞相	이에 평극후 설택으로 승상을 바꾸었다.
安國病免數月	한안국은 병으로 여러 달 면직되었으며
蹇愈	절름발이가 낫자
上復以安國爲中尉	임금이 다시 한안국을 중위로 삼았다.
歲餘	한 해 남짓 만에
徙爲衛尉	위위로 옮겨갔다.
車騎將軍衛靑擊匈奴[31]	거기장군 위청이 흉노를 쳐서

---

29 **색은** 앞 글자의 음은 질(質)이고, 아래의 글자는 타[徒河反]이다. 세 사람의 성명은 호수(壺遂)요, 장고(臧固)요, 질타(郅他)라는 말이다. 『한서』 같은 데서는 '지타(至他)'로 되어 있는데, 다른 곳에 이르러서도 명사를 천거하였다는 것을 말한다.

30 **집해** 여순은 말하였다. "천자를 인도해 주다가 수레에서 떨어져 다리를 절룩이게 된 것이다."

31 **집해** 서광은 말하였다. "원광(元光) 6년(B.C. 129)이다."

出上谷	상곡을 나서
破胡龍城[32]	농성에서 오랑캐를 깨뜨렸다.
將軍李廣爲匈奴所得	장군 이광이 흉노에게 잡혀
復失之	다시 잃었으며,
公孫敖大亡卒	공손오는 군사를 크게 잃어
皆當斬	모두 참수형에 해당되었으나
贖爲庶人	속량되어 서인이 되었다.
明年	이듬해에
匈奴大入邊	흉노가 대대적으로 변경으로 들어와
殺遼西太守	요서 태수를 죽였으며
及入鴈門	안문까지 들어와
所殺略數千人	죽이고 약탈한 것이 수천 명이 되었다.
車騎將軍衛靑擊之	거기장군 위청이 그들을 쳐서
出鴈門	안문을 나섰다.
衛尉安國爲材官將軍	위위 한안국은 재관장군이 되어
屯於漁陽[33]	어양에 주둔하였다.
安國捕生虜	한안국은 포로를 생포하였는데
言匈奴遠去	흉노가 멀리 떠났다고 하였다.
即上書言方田作時	즉시 글을 올려 바야흐로 농번기라 말하고
請且罷軍屯	잠시 군사의 주둔을 그만둘 것을 청하였다.
罷軍屯月餘	군사를 물린 지 달포 만에
匈奴大入上谷漁陽	흉노가 대대적으로 상곡과 어양으로 쳐들어왔다.

---

32 **집해** 龍의 음은 용(龍)이다. **색은** 음은 용(龍)이다.
33 **정의** 유주현(幽州縣)이다.

安國壁乃有七百餘人	한안국의 누벽에는 곧 7백여 명이 있었는데
出與戰	나가서 더불어 싸웠지만
不勝	이기지 못하여
復入壁	다시 누벽으로 들어왔다.
匈奴虜略千餘人及畜産而去	흉노는 천여 명 및 가축 재산을 노략질하여 떠났다.
天子聞之	천자가 듣고
怒	노하여
使使責讓安國	사자를 보내 한안국에게 책임을 물었다.
徙安國益東	한안국을 더 동쪽으로 옮기고
屯右北平[34]	우북평에 주둔시켰다.
是時匈奴虜言當入東方	이때 흉노의 포로는 동쪽으로 들어올 것이라 말하였다.

安國始爲御史大夫及護軍	한안국은 처음에는 어사대부 및 호군이 되었다가
後稍斥疏	나중에는 차츰 물려 소원하게 되어
下遷	강등되었으며,
而新幸壯將軍衛青等有功	새로 총애를 받는 젊은 장군 위청 등은 공을 세워
益貴	더욱 현귀해졌다.
安國既疏遠	한안국이 이미 소원해졌을 때
默默也	잠잠히 있었으며,
將屯又爲匈奴所欺	주둔하려 할 때 또 흉노에게 속아
失亡多	잃은 것이 많아지자

---

34 **정의** 유주(幽州) 어양현(漁陽縣) 동남쪽 77리 지점의 북평성(北平城)이 곧 한나라 우북평(右北平)이다.

甚自愧	스스로 몹시 부끄러워하였다.
幸得罷歸	그만두고 돌아가게 되기를 바랐는데
乃益東徙屯	이에 더 동쪽으로 옮기어 주둔하게 되고 보니
意忽忽不樂	뜻이 갈피를 잡지 못하고 즐겁지 않았다.
數月	몇 달 만에
病歐血死	병으로 피를 토하고 죽었다.
安國以元朔二年中卒	한안국은 원삭 2년(B.C. 127) 중에 죽었다.
太史公曰	태사공은 말한다.
余與壺遂定律曆	내 호수(壺遂)와 악률과 역법을 정하면서
觀韓長孺之義	한장유의 의리와
壺遂之深中隱厚[35]	호수(壺遂)의 가슴속 깊이 숨겨진 도타움을 보았다.
世之言梁多長者	세상에서 양나라에는 장자가 많다고 하는 말이
不虛哉	헛되지 않도다!
壺遂官至詹事	호수는 관직이 첨사에 이르렀으며
天子方倚以爲漢相	천자가 바야흐로 기대어 한나라 승상으로 삼으려던 차에
會遂卒	마침 호수는 죽었다.
不然	그렇지 않았다면
壺遂之內廉行脩	호수는 안으로는 청렴하고 행실이 단정하여
斯鞠躬君子也	이에 삼가고 공경하는 군자가 되었을 것이다.

---

35 **집해** 서광은 말하였다. "어떤 판본에는 '청렴하고 올바르며 충후하다(廉正忠厚)'로 되어 있다."

李將軍廣者	이광 장군은
隴西成紀人也[1]	농서 성기 사람이다.
其先曰李信	그의 선대는 이신인데
秦時爲將	진나라 때의 장수로
逐得燕太子丹者也	연(燕) 태자 단(丹)을 추격하여 잡은 사람이다.
故槐里	옛날에는 괴리에 살았는데
徙成紀	성기로 옮겼다.
廣家世世受射[2]	이광의 집은 대대로 활 쏘는 법을 배웠다.
孝文帝十四年	효문제 14년(B.C. 166)에
匈奴大入蕭關	흉노가 소관으로 크게 쳐들어오자
而廣以良家子[3]從軍擊胡	이광은 양가의 아들로 종군하여 오랑캐를 쳤는데
用善騎射	말을 타고 활쏘기에 뛰어나
殺首虜多	적을 죽이고 사로잡은 것이 많아
爲漢中郎	한나라의 중랑이 되었다.
廣從弟李蔡亦爲郎	이광의 종제 이채 또한 낭으로
皆爲武騎常侍[4]	모두 무기상시가 되었는데

---

1 **정의** 성기(成紀)는 진주현(秦州縣)이다.
2 **색은** 소안(小顔)은 "대대로 활 쏘는 법을 배웠다."라 하였다.
3 **색은** 여순(如淳)은 "의원이나 무당, 상고(商賈), 백공(百工)이 아니라는 것이다."라 하였다.

秩八百石	봉록이 8백 석이었다.
嘗從行	일찍이 (임금을) 수행한 적이 있었는데
有所衝陷折關及格猛獸	돌파하고 함락시켜 관문을 꺾고 맹수와 싸우게 되어
而文帝曰	문제가 말하였다.
惜乎	"안타깝다,
子不遇時	그대가 때를 만나지 못함이!
如令子當高帝時	그대가 고제 때를 만났더라면
萬戶侯豈足道哉	만호후를 어찌 족히 말하겠는가!"
及孝景初立	효경제가 막 즉위하였을 때
廣爲隴西都尉	이광은 농서도위였는데
徙爲騎郎將5	기랑장으로 옮겼다.
吳楚軍時	오·초의 난 때
廣爲驍騎都尉	이광은 효기도위가 되어
從太尉亞夫擊吳楚軍	태위 주아부를 따라 오·초군을 깨뜨리고
取旗	깃발을 빼앗아
顯功名昌邑下	창읍에서 공명이 드러났다.
以梁王授廣將軍印	양왕이 이광에게 장군의 인장을 주었다 하여
還	돌아와서는
賞不行6	상이 행하여지지 않았다.

---

4 **색은** 낭(郎)으로 무기상시(武騎常侍)에 보해진 것을 이른다.

5 **집해** 장안(張晏)은 말하였다. "무기랑장(武騎郎將)"이 된 것이다. **색은** 소안(小顏)은 말하였다. "기랑장(騎郎將)이 된 것으로 기랑을 주관하는 것을 이른다."

6 **집해** 문영(文穎)은 말하였다. "이광은 한나라 장수인데 사사로이 양나라(장군)의 인장을 받았으므로 상을 행하지 않은 것이다."

徙爲上谷太守	상곡태수로 옮겼는데
匈奴日以合戰	흉노와 날마다 교전하였다.
典屬國公孫昆邪[7]爲上泣曰	전속국 공손혼야가 임금에게 눈물을 흘리며 말하였다.
李廣才氣	"이광의 재기는
天下無雙	천하에 둘도 없는데
自負其能	스스로 그 능력을 믿고
數與虜敵戰	자주 적군과 싸움을 하니
恐亡之	그를 잃을까 두렵습니다."
於是乃徙爲上郡太守	이에 곧 상군태수로 옮겼다.
後廣轉爲邊郡太守	나중에 이광은 변방 군의 태수로 옮겼다가
徙上郡	상군으로 옮겼다.
嘗爲隴西北地鴈門代郡雲中太守	일찍이 농서와 북지, 안문, 대군, 운중 태수가 되었었는데
皆以力戰爲名	모두 힘껏 싸워 명성을 떨쳤다.
匈奴大入上郡	흉노가 대대적으로 상군으로 쳐들어오자
天子使中貴人從廣[8]勒習兵擊匈奴	천자는 중귀인에게 이광을 따라 군사를 훈련시키고 흉노를 치게 하였다.
中貴人將騎數十縱[9]	중귀인이 기병 수십 명을 거느리고 마음대로 달리는데

---

7 집해 昆의 음은 혼(魂)이다. 색은 전속국(典屬國)은 관직 이름이다. 공손(公孫)은 성이며, 혼야(昆邪)는 이름이다. 복건(服虔)은 "중국(中國) 사람이다."라 하였다. 포개(包愷)는 "昆의 음은 혼(魂)이다."라 하였다.

見匈奴三人	흉노 세 사람을 만나
與戰	싸웠다.
三人還射[10]	세 사람은 옮기어가며 활을 쏘아
傷中貴人	중귀인을 다치게 하고
殺其騎且盡	그 기병을 거의 다 죽였다.
中貴人走廣	중귀인은 이광에게로 달아났다.
廣曰	이광이 말하였다.
是必射雕者也[11]	"이놈들은 반드시 수리를 쏘는 놈들일 것이다."
廣乃遂從百騎往馳三人	이광은 이에 마침내 기병 백을 딸려 세 사람에게 달려갔다.
三人亡馬步行	세 사람은 말을 잃고 걸어가고 있었는데
行數十里	수십 리를 갔다.
廣令其騎張左右翼	이광은 그 기병으로 하여금 좌우익을 펼치게 하고
而廣身自射彼三人者	이광이 몸소 그 세 사람을 쏘아
殺其二人	그 가운데 두 사람은 죽이고
生得一人	한 사람은 생포하였는데

---

8 **집해** 『한서음의(漢書音義)』에서는 말하였다. "내관(內官) 가운데 총애를 받는 자이다." **색은** (三國時代 魏나라) 동파(董巴)의 『여복지(輿服志)』에서는 "황문승(黃門丞)은 매우 왕과 가까워 천하를 듣고 살피게 하였는데 이를 중귀인사자(中貴人使者)라고 한다."라 하였다. 최호(崔浩)는 말하기를 "궁중에서 총애를 받으면서 덕망이 있지는 않으므로 이름을 드러내지 않은 것이다."라 하였다.

9 **집해** 서광(徐廣)은 말하였다. "제멋대로 말을 달리는 것이다."

10 **정의** 射의 음은 석(石)이다. 환(還)은 옮겼다는 뜻이다.

11 **집해** 문영은 말하였다. "조(雕)는 새이므로 아주 잘 쏘는 사람으로 하여금 쏘게 한 것이다." **색은** 복건은 "조(雕)는 물수리[鶚]이다."라 하였다. 『설문(說文)』에서는 "수리[鷲]와 비슷하며 흑색으로 새끼를 많이 낳는다."라 하였다. 일명 취(鷲)라고도 하며 그 깃털로 화살의 깃털을 만든다. 위소(韋昭)는 "물수리[鶚]는 일명 조(鵰)라고도 한다."라 하였다.

果匈奴射雕者也	과연 흉노 가운데 수리를 쏘는 자들이었다.
已縛之上馬	이미 묶어서 말에 태우고
望匈奴有數千騎	바라보니 흉노 수천 기가
見廣	이광을 보고
以爲誘騎	미끼 기병인 줄 알고
皆驚	모두 놀라
上山陳	산에 올라 늘어섰다.
廣之百騎皆大恐	이광의 기병 백 명은 모두 놀라
欲馳還走	말을 달려 다시 달아나려 했다.
廣曰	이광이 말하였다.
吾去大軍數十里	"우리는 대군과 수십 리 떨어져 있는데
今如此以百騎走	지금 이렇게 백 명의 기병으로 달아나면
匈奴追射我立盡	흉노는 우리를 추격하여 활을 쏘아 즉시 다 죽일 것이다.
今我留	지금 우리가 남아 있으면
匈奴必以我爲大軍之誘	흉노는 반드시 우리를 대군의 미끼로 생각하여
必不敢擊我	반드시 감히 우리를 공격하지 않을 것이다."
廣令諸騎曰	이광은 여러 기병에게 명령하였다.
前	"앞으로!"
前未到匈奴陳二里所	전진하여 흉노가 늘어선 곳과 2리 쯤 되는 곳에 미치지 못하여
止	멈추고
令曰	명령을 내렸다.
皆下馬解鞍	"모두 말에서 내려 안장을 풀라!"
其騎曰	어떤 기병이 말하였다.

818

虜多且近	"오랑캐가 많은 데다 가까우니
即有急	다급한 일이라도 생기면
奈何	어쩌시렵니까?"
廣曰	이광이 말하였다.
彼虜以我爲走	"저 오랑캐들은 우리가 달아날 것이라고 생각할 것인데
今皆解鞍以示不走	지금 모두 안장을 풀고 달아나지 않는다는 것을 보여주어
用堅其意	그 뜻을 굳히게 하려는 것이다."
於是胡騎遂不敢擊	이에 오랑캐의 기병은 마침내 감히 치지 않았다.
有白馬將[12]出護其兵	어떤 흰 말을 탄 장수가 나와 그 군사를 비호하는데
李廣上馬與十餘騎奔射殺胡白馬將	
	이광이 말에 올라 10여 기와 함께 말을 달리며 흰 말을 탄 오랑캐 장수를 쏘아 죽이고
而復還至其騎中	다시 그 기병에게로 돌아와
解鞍	안장을 풀고
令士皆縱馬臥	군사들에게 모두 말을 풀어주고 누우라고 했다.
是時會暮	이때 마침 날이 저물었지만
胡兵終怪之	오랑캐의 병사들은 끝내 이상하게 여기어
不敢擊	감히 치지 않았다.
夜半時	한밤중에
胡兵亦以爲漢有伏軍於旁欲夜取之	
	오랑캐 병사들 또한 한나라가 곁에 복병을 두고 밤에 그들을 잡으려 한다고 생각하여

---

12 **정의** 그 장수가 흰 말을 타고 나와서 감시하고 보호한 것이다.

胡皆引兵而去	오랑캐들은 모두 군사를 끌고 떠났다.
平旦	동이 틀 무렵에야
李廣乃歸其大軍	이광은 이에 그 대군에게 돌아갔다.
大軍不知廣所之	대군은 이광이 간 곳을 알지 못하여
故弗從	따르지 않았던 것이다.

居久之	한참 있다가
孝景崩	효경제가 죽고
武帝立	무제가 즉위하였는데
左右以爲廣名將也	좌우에서 이광이 명장이라 하므로
於是廣以上郡太守爲未央衛尉	
	이에 이광은 상군태수로 미앙궁 위위가 되었으며
而程不識亦爲長樂衛尉	정불식 또한 장락궁 위위가 되었다.
程不識故與李廣俱以邊太守將軍屯	
	정불식은 옛날에 이광과 함께 변경의 태수로 군사를 거느리고 주둔하였었다.
及出擊胡	나아가 오랑캐를 칠 때
而廣行無部伍行陳[13]	이광의 행군은 대오나 대열이 없었으며
就善水草屯	물과 풀이 좋은 곳으로 나아가 주둔하여
舍止	머물렀는데
人人自便[14]	사람마다 이를 편하게 여겨
不擊刀斗以自衛[15]	조두(刀斗)를 쳐서 스스로 지키지도 않았고

---

13 색은 「백관지(百官志)」에서는 "장군이 거느리는 군에는 모두 부곡(部曲)이 있다. 대장의 군영은 오부(五部)이고, 부(部)에는 교위(校尉) 1인이 있으며, 부 아래에는 곡(曲)이 있는데 곡에는 군후(軍候) 1인이 있다."라 하였다.

14 색은 거성(去聲)으로 읽는다.

莫府¹⁶省約文書籍事	막부에서는 문서로 처리하는 일을 줄여서 간략하게 하였지만
然亦遠斥候¹⁷	또한 먼 곳까지 정찰하게 하여
未嘗遇害	해를 당한 적이 없었다.
程不識正部曲行伍營陳	정불식은 부곡과 항오, 진영이 엄정하고
擊刀斗	조두를 쳤으며
士吏治軍簿至明	군리들이 군 관련 서류를 다스림이 지극히 밝고
軍不得休息	군대는 휴식을 취할 수도 없었지만
然亦未嘗遇害	또한 피해를 당한 적이 없었다.
不識曰	정불식이 말하였다.
李廣軍極簡易	"이 장군은 (군 통솔이) 너무 간단하고 소략하여
然虜卒犯之	오랑캐 군사가 침범하면
無以禁也	막을 방법이 없다.
而其士卒亦佚樂	그러나 그 사졸들은 또한 즐거워하니
咸樂爲之死	모두 기꺼이 그를 위해 죽을 것이다.
我軍雖煩擾	우리 군은 비록 번다하고 복잡하지만

---

15 **집해** 맹강(孟康)은 말하였다. "구리로 냄비 같은 기물을 만드는데 자루가 하나 달렸으며 낮에는 밥을 지어먹고 밤에는 치고 다니는데 도두(刀斗)라고 한다." **색은** 刀의 음은 초 (貂)이다. 순열(荀悅)은 "도두(刀斗)는 작은 방울로 궁중에서 야령(夜鈴)을 전하는 것과 같다."라 하였다. 소림(蘇林)은 "형태는 현(銷)과 같고 동으로 만들었는데 가장자리가 없고 자루가 하나 달렸으므로 도두(刀斗)라고 한다."라 하였다. 현(銷)은 곧 방울이다. 『비창(埤倉)』에서는 "초(鐎)는 데우는 기물인데 자루가 있으며 냄비 비슷하고 가장자리가 없다. 음은 초(焦)이다."

16 **색은** 대안(大顏)은 "무릇 장군을 막부(莫府)라고 하는 것은 대체로 군사들의 장막 막사이므로 막부(幕府)라고 한다. 옛 글자는 통용(通用)하였으므로 마침내 '막(莫)'이라 하였을 따름이다."라 하였다. 『소이아(小爾雅)』에서는 막(莫)을 크다는 뜻으로 풀이하였는데, 틀렸다.

17 **색은** 허신(許慎)은 『회남자(淮南子)』에 주를 달고 "척(斥)은 헤아리는 것이다. 후(候)는 살피는 것, 바라보는 것이다."라 하였다.

然虜亦不得犯我	오랑캐들이 또한 우리를 침범하지 못할 것이다.”
是時漢邊郡李廣程不識皆爲名將	이때 한나라 변방 군의 이광과 정불식은 모두 명장이었지만
然匈奴畏李廣之略	흉노는 이광의 담략을 두려워하였으며
士卒亦多樂從李廣而苦程不識	사졸들 또한 거의 기꺼이 이광은 따랐지만 정불식은 괴롭게 여겼다.
程不識孝景時以數直諫爲太中大夫	정불식은 효경제 때 수차례 직간하여 태중대부가 되었다.
爲人廉	사람됨이 청렴하고
謹於文法	법령을 삼갔다.
後漢以馬邑城誘單于	나중에 한나라는 마읍성으로 선우를 꾀어
使大軍伏馬邑旁谷	대군을 마읍의 주변 골짜기에 매복시켜 놓았는데
而廣爲驍騎將軍	이광은 효기장군으로
領屬護軍將軍	호군장군에 예속되었다.
是時單于覺之	이때 선우가 이 사실을 알아채고
去	떠나
漢軍皆無功	한나라 군은 아무런 공이 없었다.
其後四歲	그 후 4년에
廣以衛尉爲將軍	이광은 위위로 장군이 되어
出鴈門擊匈奴	안문을 나서 흉노를 쳤다.
匈奴兵多	흉노는 군사가 많아
破敗廣軍	이광의 군사를 쳐서 무찌르고

生得廣	이광을 사로잡았다.
單于素聞廣賢	선우는 평소에 이광의 현명함을 알고 있어서
令曰	명령하였다.
得李廣必生致之	"이광을 만나게 되면 반드시 산 채로 잡아서 바쳐라."
胡騎得廣	오랑캐 기병은 이광을 잡았는데
廣時傷病	이광은 당시 다쳐서 병을 앓아
置廣兩馬閒	두 말 사이에 이광을 놓고
絡而盛臥廣	이어서 이광을 싣고 눕혔다.
行十餘里	10여 리를 갔는데
廣詳死	이광은 죽은 척하면서
睨其旁有一胡兒騎善馬	그 곁에 한 오랑캐가 좋은 말을 타고 있는 것을 흘겨보고
廣暫騰而上胡兒馬	이광이 잠깐 만에 오랑캐의 말에 뛰어올라
因推墮兒[18]	오랑캐를 밀어 떨어뜨리고
取其弓	그 활을 빼앗아
鞭馬南馳數十里	말에 채찍을 가해 남으로 수십 리를 달려
復得其餘軍	다시 그 잔존 병력을 얻어
因引而入塞	이끌고 변경으로 들어갔다.
匈奴捕者騎數百追之	흉노의 생포자 수백 기가 추격하였는데
廣行取胡兒弓	이광이 가면서 오랑캐의 활을 가져가
射殺追騎	추격하는 기병을 쏘아죽여
以故得脫	이 때문에 벗어나게 되었다.

---

18 집해 서광은 말하였다. "어떤 판본에는 '오랑캐를 안고 말에 채찍질을 하여 남으로 내달렸다(抱兒鞭馬南馳).'로 되어 있다."

於是至漢	이에 한나라에 이르렀는데
漢下廣吏	한나라는 이광을 옥리에게 넘겼다.
吏當廣所失亡多	옥리는 이광이 잃은 것이 많고
爲虜所生得	포로가 되어 살아난 것으로 판결하여
當斬	참형에 해당하였으나
贖爲庶人	서인으로 속량되었다.

頃之	얼마 후
家居數歲	집에서 몇 년을 보냈다.
廣家與故潁陰侯孫[19]屏野居藍田南山中射獵	이광은 집에 머무르는 동안 옛 영음후의 손자와 남전 남쪽의 산속에서 은거하면서 사냥을 하였다.
嘗夜從一騎出	일찍이 밤에 1기를 딸리어 나갔는데
從人田閒飮	사람들과 밭 사이에서 술을 마셨다.
還至霸陵亭	돌아오는 길에 패릉정에 이르렀는데
霸陵尉[20]醉	패릉위가 취하여
呵止廣	이광을 꾸짖어 멈추게 하였다.
廣騎曰	이광의 종자가 말하였다.
故李將軍	"옛 이 장군이시니라."
尉曰	위가 말하였다.
今將軍尙不得夜行	"지금 장군도 오히려 밤에 다니지 못하게 되었거늘

---

19 집해 관영(灌嬰)의 손자로 이름은 강(強)이다. 색은 관영(灌嬰)의 손자로 이름은 강(強)이다.

20 색은 「백관지(百官志)」에서는 "위(尉)는 큰 현(縣)에는 두 사람을 두었으며 도적 잡는 일을 맡았다. 도적질이 발생하면 추적하여 조사한다."라 하였다.

何乃故也	하물며 옛 장군이겠는가!”
止廣宿亭下	광을 머물러 정에서 재웠다.
居無何	얼마 있지 않아
匈奴入殺遼西太守	흉노가 쳐들어와 요서태수를 죽이고
敗韓將軍[21]	한(韓) 장군을 무찌르자
後韓將軍徙右北平	나중에 한(韓) 장군을 우북평으로 옮겼다.
於是天子乃召拜廣爲右北平太守	이에 천자는 곧 이광을 불러 북평태수에 임명하였다.
廣即請霸陵尉與俱	이광은 곧 패릉위에게 함께할 것을 청하여
至軍而斬之	군에 이르자 참수하였다.
廣居右北平	이광이 우북평에 머물자
匈奴聞之	흉노가 듣고
號曰漢之飛將軍	“한나라의 비장군(飛將軍)”이라 부르고
避之數歲	여러 해 그를 피하여
不敢入右北平	감히 우북평을 침입하지 않았다.
廣出獵	이광이 사냥을 나갔는데
見草中石	풀 속의 바위가 보여
以爲虎而射之	호랑이로 생각하여 쏘아
中石沒鏃[22]	바위를 맞혀 살촉이 박혔는데
視之石也	살펴보니 바위였다.

---

21 **집해** 소림(蘇林)은 한안국(韓安國)이라고 하였다.

22 **집해** 서광은 말하였다. “어떤 판본에는 ‘몰우(沒羽)’로 되어 있다.”

因復更射之	이에 다시 번갈아 쏘아보았으나
終不能復入石矣	끝내 다시는 바위에 박히게 할 수가 없었다.
廣所居郡聞有虎	이광은 거처하던 군(郡)에 호랑이가 있다는 말을 듣고
嘗自射之	일찍이 직접 쏜 적이 있었다.
及居右北平射虎	우북평에 있을 때 호랑이를 쏘았는데
虎騰傷廣	호랑이가 뛰어올라 이광에게 상처를 입혔으나
廣亦竟射殺之	이광 또한 끝내 쏘아 죽였다.
廣廉	이광은 청렴하여
得賞賜輒分其麾下	상을 받으면 바로 휘하에 나누어 주었으며
飮食與士共之	먹고 마시는 것을 사병들과 함께하였다.
終廣之身	이광은 죽을 때까지
爲二千石四十餘年	2천 석의 벼슬을 40여 년 지냈는데
家無餘財	집에는 남은 재산이라고는 없었고
終不言家産事	끝내 가산에 관한 일은 말하지 않았다.
廣爲人長	이광은 사람이 키가 컸고
猿臂23	팔이 원숭이 같아서
其善射亦天性也	활을 잘 쏘는 것 또한 천성이었으며
雖其子孫他人學者	비록 그 자손이나 타인이 배운다 하더라도
莫能及廣	이광에는 절대로 미치지 못하였다.
廣訥口少言	이광은 말이 어눌하고 말이 적어
與人居則畫地爲軍陳	다른 사람과 있을 때면 땅에다 군진을 그렸으며

---

23 **집해** 여순은 말하였다. "팔이 원숭이 같아 어깨까지 통한 것이다."

射闊狹以飮[24]	활쏘기로 정확함을 겨뤄 벌주를 마시게 했다.
專以射爲戲	오로지 활쏘기를 놀이삼아
竟死[25]	죽을 때까지 했다.
廣之將兵	이광의 장병들이
乏絶之處	먹을 것이 모자라고 끊긴 곳에서는
見水	물을 봐도
士卒不盡飮	사졸들이 다 마시지 않았으면
廣不近水	이광은 물을 가까이하지 않았고,
士卒不盡食	사졸들이 다 먹지 않았으면
廣不嘗食	이광은 먹은 적이 없었다.
寬緩不苛	너그럽고 느슨하여 가혹하지 않았으며
士以此愛樂爲用	군사들은 이 때문에 쓰임을 좋아하고 즐거워하였다.
其射	그의 활쏘기는
見敵急	적이 보여 다급한 상황에서도
非在數十步之內	수십 보 이내에 있지 않아
度不中不發	명중시킬 수 없다고 생각되면 쏘지를 않았으며
發即應弦而倒	쏘았다 하면 시위 소리에 맞춰 쓰러졌다.
用此	이 때문에
其將兵數困辱	장병들이 수차례 곤욕을 치렀으며
其射猛獸亦爲所傷云	맹수를 쏠 때 또한 부상을 당하기도 하였다 한다.

---

24 **집해** 여순은 말하였다. "활쏘기 게임으로 정밀함을 구하여 술을 가지고 이기지 못한 자에게 마시게 한 것이다." **정의** 飮의 음은 음[於禁反]이다.

25 **색은** 이광이 죽을 때까지 한결같이 그랬음을 이른다.

居頃之	얼마 후
石建卒	석건이 죽자
於是上召廣代建爲郞中令	이에 임금이 이광을 불러 석건 대신 낭중령으로 삼았다.
元朔六年	원삭 6년(B.C. 123)에
廣復爲後將軍	이광은 다시 후장군으로
從大將軍軍出定襄	대장군을 따라 정양으로 출정하여
擊匈奴	흉노를 쳤다.
諸將多中首虜率	여러 장수들이 적의 수급을 벤 수효에 충당되어
以功爲侯者[26]	그 공으로 후가 되었는데
而廣軍無功	이광의 군사는 공이 없었다.
後二歲	2년 뒤
廣以郞中令將四千騎出右北平	이광은 낭중령으로 4천 기를 거느리고 우북평으로 나갔고
博望侯張騫將萬騎與廣俱	박망후 장건은 1만 기를 거느리고 이광과 함께 하였으나
異道	길을 달리했다.
行可數百里	족히 수백 리 길은 행군하였을 무렵
匈奴左賢王將四萬騎圍廣	흉노의 좌현왕이 4만의 기병을 거느리고 이광을 포위하였는데
廣軍士皆恐	이광의 군사들은 모두 겁을 집어먹었으며
廣乃使其子敢往馳之	이광은 이에 그 아들 이감으로 하여금 (적진으로) 달리게 하였다.

---

26 [집해] 여순은 말하였다. "중(中)은 충(充)과 같다. 본래의 법을 채워 수급 얼마를 얻으면 봉후에 봉하여진 것이다."

敢獨與數十騎馳	이감이 홀로 수십 기와 함께 달리어
直貫胡騎	곧장 오랑캐의 기병을 꿰뚫고
出其左右而還	그 좌우로 나와 돌아와서
告廣曰	이광에게 알리어 말하였다.
胡虜易與耳	"오랑캐는 상대하기가 쉽습니다."
軍士乃安	군사들이 이에 안정되었다.
廣爲圜陳外嚮	이광은 원형 진을 만들어 밖을 향하였는데
胡急擊之	오랑캐가 급히 그들을 쳤으며
矢下如雨	화살이 빗발쳤다.
漢兵死者過半	한나라 군사는 죽은 자가 반이 넘었으며
漢矢且盡	한나라의 화살도 거의 바닥났다.
廣乃令士持滿毋發	이광은 이에 군사들에게 살을 매기기만 하고 쏘지 말게 하였으며
而廣身自以大黃²⁷射其裨將	이광이 직접 대황(大黃)을 가지고 그 비장을 쏘아
殺數人	몇 사람을 죽이니
胡虜益解	오랑캐는 더욱 흐트러졌다.
會日暮	마침 날이 저물자
吏士皆無人色	군리와 군사들은 모두 핏기가 없었는데,
而廣意氣自如	이광의 의기만 태연자약하게

---

27 **집해** 서광은 말하였다. "(後漢 張衡의)「남도부(南都賦)」에서는 '황간의 쇠뇌에 팽팽하게 시위를 거니 훌륭한 쇠뇌의 이름이다(黃閒機張, 善弩之名).'라 하였다." 내[駰]가 생각건대 정덕(鄭德)은 "황견노(黃肩弩)로 연중(淵中)은 주황색으로 칠한 것이다."라 하였다. 맹강은 "『태사공도(太公六韜)』에서는 '견고한 진지를 함락시키고 강한 적을 무찌르는 데는 대황연노(大黃連弩)를 쓴다.'라 하였다."라 하였다. 위소는 "각궁(角弩)인데 누런색이며 몸통이 크다."라 하였다. **색은** 대황(大黃)은 황간(黃閒)으로 쇠뇌의 이름이다. 그러므로 위소는 "각궁(角弩)인데 누런색이며 몸통이 크다."라 하였는데 옳다.

益治軍	더욱 군사를 추슬렀다.
軍中自是服其勇也	군중에서는 이에 그 용기에 복종하여 따랐다.
明日	이튿날
復力戰	다시 힘껏 싸웠으며
而博望侯軍亦至	박망후의 군사까지 이르러
匈奴軍乃解去	흉노군은 이에 (포위를) 풀고 떠났다.
漢軍罷	한나라 군사는 피로하여
弗能追	흉노를 추격할 수 없었다.
是時廣軍幾沒	이때 이광의 군사는 거의 몰살할 뻔하여
罷歸	작전을 그만두고 돌아왔다.
漢法	한나라 법에
博望侯留遲後期	박망후는 지체하여 기일보다 늦어
當死	사형에 해당되었으나
贖爲庶人	서인으로 속량되었다.
廣軍功自如	이광은 군공이 상당하였으나
無賞	상을 받지는 못하였다.
初	처음에
廣之從弟李蔡與廣俱事孝文帝	
	이광의 종제 이채는 이광과 함께 효문제를 섬겼다.
景帝時	경제 때
蔡積功勞至二千石	이채는 공로가 쌓여 2천 석에 이르렀다.
孝武帝時	효무제 때는
至代相	대국의 승상에 이르렀다.

以元朔五年爲輕車將軍	원삭 5년(B.C. 124)에는 경거장군이 되어
從大將軍擊右賢王	대장의 군대를 따라 우현왕을 쳐서
有功中率[28]	공을 세워 포상 규정에 맞아
封爲樂安侯	안락후에 봉하여졌다.
元狩二年中	원수 2년(B.C. 121) 중에
代公孫弘爲丞相	공손홍을 대신하여 승상이 되었다.
蔡爲人在下中[29]	이채는 사람됨이 하(下)의 중(中)에 있어서
名聲出廣下甚遠	명성이 이광에 비하여 한참이나 뒤졌으나
然廣不得爵邑	이광은 작읍을 얻지 못하고
官不過九卿	관위가 구경에 지나지 않았으며
而蔡爲列侯	이채는 열후가 되어
位至三公	관위가 삼공에 이르렀다.
諸廣之軍吏及士卒或取封侯	여러 이광의 군리 및 사졸들 가운데 혹 봉후를 얻은 자도 있었다.
廣嘗與望氣王朔燕語	이광이 일찍이 구름 점을 치는 왕삭과 한담을 나누면서
曰	말하였다.
自漢擊匈奴而廣未嘗不在其中	
	"한나라가 흉노를 친 이래 내가 거기 있지 않은 적이 없고
而諸部校尉以下	여러 부하 교위 이하는
才能不及中人	재능이 중인에도 미치지 못하지만

---

28 **색은** 中의 음은 중[丁仲反]이다. 率의 음은 율(律)이며, 또한 솔[雙筆反]이다. 소안은 말하였다. "율(率)은 군공으로 작위에 봉하고 상을 내리는 등급을 말하는데 법령에 드러나므로 중률(中率)이라 한 것이다."

29 **색은** 구품(九品)을 가지고 논한 것으로 하의 중에 있으면 제8품에 해당한다.

然以擊胡軍功取侯者數十人	오랑캐를 친 공으로 제후가 된 자가 수십 명이나 되며,
而廣不爲後人[30]	나는 남보다 뒤지지 않는다고 생각하는데도
然無尺寸之功以得封邑者	자그마한 공을 세워 읍에 봉하여지지 않은 것은
何也	어째서입니까?
豈吾相不當侯邪	나의 관상이 제후와는 맞지 않는 것입니까?
且固命也	또한 실로 운명이겠습니까?"
朔曰	왕삭이 말하였다.
將軍自念	"장군 스스로 생각건대
豈嘗有所恨乎	아마 일찍이 유감스런 일이 있었겠지요?"
廣曰	이광이 말하였다.
吾嘗爲隴西守	"내가 일찍이 농서태수가 되었었는데
羌嘗反	강족(羌族)이 반란을 일으킨 적이 있어서
吾誘而降	내가 꾀어 항복시키고
降者八百餘人	항복한 자 8백여 명을
吾詐而同日殺之	속여서 같은 날 죽여버렸습니다.
至今大恨獨此耳	지금까지 큰 유감으로 남는 것은 이 일뿐입니다."
朔曰	왕삭이 말하였다.
禍莫大於殺已降	"화는 이미 항복한 자를 죽이는 것보다 더 큰 것이 없으니
此乃將軍所以不得侯者也	이것이 바로 장군께서 후(侯)를 얻지 못하는 까닭입니다."
後二歲	2년 후

---

30 색은 남의 뒤에 있지 않았음을 이른다.

大將軍驃騎將軍大出擊匈奴	대장군과 표기장군이 대대적으로 흉노를 치러 출정하였는데
廣數自請行	이광은 여러 차례나 동행을 자청하였다.
天子以爲老	천자는 연로하다 하여
弗許	허락지 않다가,
良久乃許之	한참 뒤에야 곧 허락을 하면서
以爲前將軍	전장군(前將軍)으로 삼았다.
是歲	이해가
元狩四年也	원수 4년(B.C. 119)이었다.

廣旣從大將軍靑擊匈奴	이광이 대장군 위청을 따라 흉노를 치면서
旣出塞	변경을 나섰는데
靑捕虜知單于所居	위청의 포로가 선우가 사는 곳을 알아
乃自以精兵走之	이에 직접 정병을 거느리고 달려가면서
而令廣幷於右將軍軍³¹	이광에게는 우장군의 군사와 합세하여
出東道	동쪽 길로 나서게 하였다.
東道少回遠	동쪽 길은 조금 우회하고 먼 데다
而大軍行水草少	대군이 행군하여 물과 풀이 적어
其勢不屯行³²	주둔하거나 행군할 형편이 아니었다.
廣自請曰	이광이 자청하여 말하였다.
臣部爲前將軍	"신은 전장군으로
今大將軍乃徙令臣出東道	지금 대장군께선 옮기시면서 신을 동쪽 길로 나서게 하였으며

---

31 [집해] 서광은 말하였다. "주작(主爵) 조이기(趙食其)가 우장군이었다."

32 [집해] 장안은 말하였다. "물과 풀이 적어서 무리지어 갈 수가 없는 것이다."

且臣結髮而與匈奴戰	또한 신은 머리를 묶고부터 흉노와 싸워
今乃一得當單于[33]	지금 곧 선우와 맞닥뜨릴 기회를 얻었으니
臣願居前	신은 바라건대 앞에서
先死單于	선우보다 먼저 죽었으면 합니다."
大將軍靑亦陰受上誡	대장군 위청 또한 몰래 임금의 주의를 받아
以爲李廣老	이광은 연로한 데다
數奇[34]	자주 운이 좋지 않았으니
毋令當單于	선우와 맞닥뜨리지 않도록 하였으며
恐不得所欲	원하는 것을 얻지 못할 것이라 생각하였다.
而是時公孫敖新失侯	그리고 이때 공손오가 막 후작의 지위를 잃어
爲中將軍從大將軍	중장군으로 대장군을 따르게 되었는데
大將軍亦欲使敖與俱當單于	대장군 또한 공손오가 함께 선우에 맞서게 되기를 바랐으므로
故徙前將軍廣	전장군 이광을 옮긴 것이다.
廣時知之	이광은 당시 이를 알았지만
固自辭於大將軍	굳이 대장군에게 말하였다.
大將軍不聽	대장군은 듣지 않고
令長史封書與廣之莫府	장사에게 봉서를 이광의 막부에 보내게 하여
曰	말하였다.
急詣部	"급히 부서로 가서
如書[35]	명령대로 하라."

---

33 색은 지금 선우와 마주치게 되었다는 것이다. 이광이 어려서 결발(結髮)을 하고부터 흉노
와 싸워 오직 지금 선우와 맞닥뜨리게 되었다는 것을 말한 것이다.

34 집해 여순은 말하였다. "자주 흉노에 패한 것이며, 기(奇)는 뜻대로 되지 않은 것이다."
색은 복건은 "일을 하여 자주 뜻대로 되지 않은 것이다."라 하였다. 음은 삭(朔)이다. 소안
(小顏)은 음이 수[所具反]라고 하였다. 기(奇)는 소해(蕭該)는 음이 기[居宜反]라고 하였다.

廣不謝大將軍而起行	이광은 대장군에게 작별도 하지 않고 출발하였으며
意甚慍怒而就部	속으로 매우 화가 난 채로 부서로 가서
引兵與右將軍食其³⁶合軍出東道	군사를 거느리고 우장군 조이기와 군사를 합쳐 동쪽 길로 나섰다.
軍亡導	군대는 향도가 없어
或失道³⁷	길을 잃기도 하여
後大將軍	대장군보다 처졌다.
大將軍與單于接戰	대장군은 선우와 교전을 하였으나
單于遁走	선우가 숨어 달아나는 바람에
弗能得而還	잡지 못하고 돌아왔다.
南絕幕³⁸	남으로 사막을 가로지르다
遇前將軍右將軍	전장군과 우장군을 만나게 되었다.
廣已見大將軍	이광은 대장군을 보자마자
還入軍	다시 군으로 들어갔다.
大將軍使長史持糒醪遺廣	대장군은 장리로 하여금 건량과 술을 이광에게 가져다주게 하고
因問廣食其失道狀	이광과 조이기가 길을 잃은 상황을 물었으며
靑欲上書報天子軍曲折³⁹	위청은 글을 올려 천자에게 군대의 곡절을 알리려 하였다.

---

35 **정의** 이광에게 그 공문서대로 따라 급히 군사를 이끌고 동쪽 길로 옮기도록 한 것이다.

36 **색은** 음은 이기(異基)이다. 조 장군(趙將軍)의 이름이다. 혹 또한 글자 그대로 읽기도 한다.

37 **색은** 길을 이끄는 사람이 없어서 군대가 이 때문에 길을 잃은 것을 이른다.

38 **정의** 절(絕)은 건너는 것이다. 남쪽으로 돌아오면서 사막을 건넌 것이다.

39 **정의** 빙 둘러 길을 돌아서 행군하여 군대가 대장군보다 뒤처지게 한 것을 말한다.

廣未對	이광이 대답을 하지도 않았는데
大將軍使長史急責廣之幕府對簿	대장군은 장사로 하여금 급히 이광의 막부에 문서로 대답을 하게끔 꾸짖게 하였다.
廣曰	이광이 말하였다.
諸校尉無罪	"여러 교위들은 죄가 없고
乃我自失道	곧 내 스스로 길을 잃은 것이오.
吾今自上簿	내 지금 직접 서류를 올리겠소."
至莫府	막부에 이르러
廣謂其麾下曰	이광은 부하들에게 말하였다.
廣結髮與匈奴大小七十餘戰	"나는 머리를 묶고 흉노와 크고 작은 전투 70여 차례를 치렀으며
今幸從大將軍出接單于兵	지금 다행히 대장군을 따라나서 선우의 군사와 맞붙게 되었으나
而大將軍又徙廣部行回遠	대장군은 또 나의 부서를 옮겨 멀리 돌아가게 하였고
而又迷失道	게다가 또 길을 잃고 헤매게 되었으니
豈非天哉	어찌 하늘의 뜻이 아니겠는가!
且廣年六十餘矣	또한 나의 나이가 60 남짓한데
終不能復對刀筆之吏	끝내 다시 도필리를 대할 수는 없다."
遂引刀自剄	결국 칼을 뽑아 스스로 목을 베었다.
廣軍士大夫一軍皆哭	이광 군대의 사대부들은 온 군대가 모두 통곡하였다.
百姓聞之	백성들이 듣고
知與不知	(이광을) 알든 모르든 간에

無老壯皆爲垂涕	늙은이와 장정 할 것 없이 모두 눈물을 흘렸다.
而右將軍獨下吏	우장군만은 옥리에게 넘겨져서
當死	사형에 해당하였는데
贖爲庶人	서인으로 속량되었다.
廣子三人	이광은 아들이 셋이었는데
曰當戶椒敢	이당호, 이초, 이감이라 하였으며
爲郞	낭이 되었다.
天子與韓嫣[40]戲	천자가 한언과 장난을 치다가
嫣少不遜	한언이 조금 불손하게 굴자
當戶擊嫣	이당호가 한언을 치니
嫣走	한언은 달아났다.
於是天子以爲勇	이에 무제는 (당호를) 용감하다고 생각하였다.
當戶早死	이당호는 일찍 죽고
拜椒爲代郡太守	이초를 대군(代郡) 태수로 임명하였는데
皆先廣死	모두 이광이 죽기 전의 일이었다.
當戶有遺腹子名陵	이당호에게는 유복자가 있었는데 이름이 이릉이었다.
廣死軍時	이광이 군에서 죽었을 때
敢從驃騎將軍	이감은 표기장군을 따랐다.
廣死明年	이광이 죽은 이듬해
李蔡以丞相坐侵孝景園墻地[41]	이채는 승상으로 효경제의 능원의 공지를 침입한 죄로

---

40 색은 혹자는 음을 언(偃)이라 하고, 또한 음을 헌[許乾反]이라고도 한다.

當下吏治	옥리에 넘겨져 징치를 받아야 했는데
蔡亦自殺	이채 또한 자살하여
不對獄	대질심문을 받지 않았으며
國除	나라가 없어졌다.
李敢以校尉從驃騎將軍擊胡左賢王	
	이감은 교위로 표기장군을 따라 오랑캐의 좌현왕을 쳤는데
力戰	힘껏 싸워
奪左賢王鼓旗	좌현왕의 북과 깃발을 빼앗고
斬首多	수급을 많이 베어
賜爵關內侯	관내후의 작위와
食邑二百戶	식읍 2백 호가 내려졌으며
代廣爲郎中令	이광을 대신하여 낭중령이 되었다.
頃之	얼마 후
怨大將軍青之恨其父⁴²	대장군 위청이 그 아버지를 한스럽게 한 것을 원망하여
乃擊傷大將軍	이에 대장군을 쳐서 상해를 입히니
大將軍匿諱之	대장군은 몸을 숨기고 그를 피하였다.
居無何	얼마 있지 않아
敢從上雍⁴³	이감은 (임금을) 수행하여 옹(雍)으로 올라가

---

41 **색은** 壖의 음은 연[人絹反]이며, 또한 음을 난[乃段反]이라고도 하고, 연[而宣反]이라고도 한다. 연지(壖地)는 신도(神道)의 땅이다. 『황도(黃圖)』에서는 "양릉(陽陵)의 궐문은 서쪽으로 났고 신도는 사방으로 통한다. 무릉(茂陵)의 신도는 너비가 43장(丈)이다."라 하였다. **정의** 『한서』에서는 말하였다. "어명으로 양릉(陽陵)의 무덤 터를 내려 20무(畝)를 얻어야 했는데 이채는 3경(頃)을 훔쳐 취하여 거의 팔아 40여만 전을 얻었으며, 또한 신도 바깥의 공지 1무(畝)를 훔쳐서 거기에 장사 지냈다. 하옥되어야 하였으나 자살하였다."

42 **색은** 소안(小顏)은 말하였다. "그 부친을 한스럽게 하여 죽었다."

至甘泉宮獵	감천궁에 이르러 사냥을 하였다.
驃騎將軍去病與靑有親	표기장군 곽거병은 위청과 친하였는데
射殺敢	이감을 쏘아 죽였다.
去病時方貴幸	곽거병은 당시 바야흐로 총애를 받고 있던 터라
上諱云鹿觸殺之	임금은 (사실을 말하기를) 꺼리어 사슴이 받아 죽였다고 하였다.
居歲餘	몇 년 뒤
去病死⁴⁴	곽거병도 죽었다.
而敢有女爲太子中人	이감에게는 딸이 있었는데 태자의 중인으로
愛幸	총애를 받았으며
敢男禹有寵於太子	이감의 아들 이우도 태자의 총애를 받았지만
然好利	이익을 좋아하여
李氏陵遲衰微矣	이씨는 점차 가세가 기울어 쇠미해졌다.
李陵既壯	이릉은 장성해져서
選爲建章監	건장궁(建章宮) 감(監)으로 선발되어
監諸騎	기병을 감독하였다.
善射	활쏘기에 뛰어났고
愛士卒	사졸들을 사랑하였다.
天子以爲李氏世將	천자는 이씨가 대대로 장수였다 하여
而使將八百騎	8백 기를 거느리게 하였다.
嘗深入匈奴二千餘里	일찍이 흉노 땅 깊이 2천여 리나 들어가

---

43 **색은** 유씨(劉氏)은 음이 상(尙)이라고 하였다. 대안(大顏)은 "옹(雍)은 지형이 높으므로 올라갔다고 하였다."라 하였다.

44 **집해** 서광은 말하였다. "원수(元狩) 6년(B.C. 117)이다."

| 過居延⁴⁵視地形 | 거연을 지나며 지형을 살폈는데 |

過居延⁴⁵視地形 거연을 지나며 지형을 살폈는데

無所見虜而還 포로로 잡히지 않고 돌아왔다.

拜爲騎都尉 기도위에 임명되었으며

將丹陽楚人五千人 단양의 초(楚) 땅 사람 5천 명을 거느리고

教射酒泉張掖以屯衛胡 주천과 장액에서 활쏘기를 가르치며 주둔하여 오랑캐를 지켰다.

數歲 여러 해 뒤

天漢二年秋 천한 2년(B.C. 99) 가을에

貳師將軍李廣利將三萬騎擊匈奴右賢王於祁連天山⁴⁶
　　　　이사장군 이광리가 3만 기를 거느리고 기련(祁連)·천산(天山)에서 흉노의 우현왕을 쳤으며

而使陵將其射士步兵五千人出居延北可千餘里
　　　　이릉에게는 궁수와 보병 5천 명을 거느리고 거연 북쪽 천여 리쯤 되는 곳으로 나가게 하였는데

欲以分匈奴兵 흉노의 군사를 분산시켜

毋令專走貳師也 이사장군에게만 달려들지 않게 하고자 해서였다.

陵旣至期還 이릉이 돌아올 기한이 되자

---

45 집해 서광은 말하였다. "장액(張掖)에 속한다." 정의 『괄지지(括地志)』에서는 말하였다. "거연해(居延海)는 감주(甘州) 장액현(張掖縣) 동북쪽 64리 지점에 있다. 「지리지(地理志)」에서는 '거연택(居延澤)은 고문(古文)에서는 유사(流沙)라고 하였다.'라 하였다. 감주는 서울의 서북쪽 2천4백60리 지점에 있다."

46 집해 서광은 말하였다. "돈황(燉煌)에서 나와 천산(天山)에 이른다." 색은 진작(晉灼)은 "서역에 있으며 포류해(蒲類海)에 가깝다."라 하였다. 또한 『서하구사(西河舊事)』에서는 "백산(白山)은 겨울이든 여름이든 눈이 있으며, 흉노에서는 천산(天山)이라 부른다."라 하였다. 정의 『괄지지』에서는 말하였다. "기련산(祁連山)은 감주 장액현 서남쪽 2백 리 지점에 있다. 천산은 일명 백산이라고도 하는데, 지금은 초라만산(初羅漫山)이라 하며, 이오현(伊吾縣) 북쪽 20리 지점에 있다. 이주(伊州)는 서울 서북쪽 4천4백16리 지점에 있다."

而單于以兵八萬圍擊陵軍	선우는 8만의 군사로 이릉의 군사를 에워싸고 공격하였다.
陵軍五千人	이릉의 군사 5천 명은
兵矢既盡	무기와 화살이 이미 다하고
士死者過半	죽은 병사가 반이 넘었으며
而所殺傷匈奴亦萬餘人	살상한 흉노 또한 만여 명이나 되었다.
且引且戰	물러났다 싸웠다 하면서
連鬥八日	연이어 여드레를 싸우며
還未到居延百餘里	거연으로 돌아가는 길이 백여 리도 남지 않았는데
匈奴遮狹絕道	흉노가 좁은 곳을 차단하여 길을 끊으니
陵食乏而救兵不到	이릉은 식량은 바닥나고 구원병은 이르지 않았으며
虜急擊招降陵	오랑캐는 다급하게 몰아치면서 이릉에게 항복을 종용하였다.
陵曰	이릉이 말하였다.
無面目報陛下	"폐하께 아뢸 면목이 없다."
遂降匈奴	마침내 흉노에게 항복하였다.
其兵盡沒	그 군사들은 다 죽고
餘亡散得歸漢者四百餘人	나머지 도망쳐 흩어져 한나라로 돌아온 자는 4백여 명이었다.
單于既得陵	선우는 이릉을 잡자
素聞其家聲	평소에 그 가문의 명성을 안 데다
及戰又壯	싸울 때 더욱 씩씩하여
乃以其女妻陵而貴之	이에 자기의 딸을 이릉에게 시집보내어 현귀하

게 하였다.

漢聞	한나라에서는 듣고
族陵母妻子	이릉의 어미와 처자를 멸족시켰다.
自是之後	이때 이후
李氏名敗	이씨의 명성은 무너져

而隴西之士居門下者皆用爲恥焉

농서의 선비들로 문하에 있던 사람들은 모두
그것을 부끄럽게 여겼다.

太史公曰	태사공은 말한다.
傳曰其身正	전하는 말에 "그 몸이 바르면
不令而行	명령을 내리지 않아도 행하여지며,
其身不正	그 몸이 바르지 않으면
雖令不從	명령을 내려도 따르지 않는다."라 하였다.
其李將軍之謂也	아마 이 장군 같은 사람을 이른 것이 아니겠는가?
余睹李將軍悛悛[47]如鄙人	내가 이 장군을 보니 근후(謹厚)한 것이 시골 사람 같았으며
口不能道辭	입으로는 말도 잘하지 못하였다.
及死之日	죽는 날
天下知與不知	천하에서는 아는 사람이든 모르는 사람이든
皆爲盡哀	모두 그를 위해 눈물을 흘렸다.
彼其忠實心誠信於士大夫也?	그 충실한 마음이 실로 사대부들의 믿음을 산 것 아니겠는가?
諺曰桃李不言	속담에 "복숭아와 자두나무는 말을 하지 않아도

---

47 색은 음은 준[七旬反]이다. 『한서』에는 '恂恂'으로 되어 있으며, 음은 순(詢)이다.

下自成蹊[48]　　　　　　그 아래에는 절로 길이 생긴다."라 하였다.

此言雖小　　　　　　　이 말은 비록 보잘것없으나

可以諭大也　　　　　　큰 것을 깨우쳐 줄 수 있다.

---

48 **색은** 요씨(姚氏)는 "복숭아와 자두나무는 본래 말을 할 수 없지만 꽃과 열매가 사물을 감
응시키므로 사람들이 기다리지 않고 가서 그 아래에는 절로 지름길이 생기는 것이다. 이광
이 비록 말을 잘하지는 못하였지만 감동시키는 점이 있었으니 충심이 사물을 믿게끔 한 것
이다."라 하였다.

匈奴	흉노는
其先祖夏后氏之苗裔也	그 선조가 하후씨의 아득한 후손으로
曰淳維[2]	순유라 하였다.
唐虞以上有山戎[3]獫狁葷粥[4]	당요(唐堯)와 우순(禹舜) 이전에 산융과 험윤, 훈육이 있었는데

---

1 **정의** 이 권은 혹 어떤 판본에는 「평진후(平津侯)」 뒤에 놓여 제52로 된 곳도 있다. 지금 제50으로 한 것은 선생의 구본(舊本)이 이와 같고, 유백장(劉伯莊)의 『음(音)』 또한 그렇기 때문이다. 앞의 여러 전을 사이(四夷)의 다음에 두게 되면 「사마(司馬)」와 「급정(汲鄭)」은 뒤에 있어서는 안 된다.

2 **집해** 『한서음의(漢書音義)』에서는 말하였다. "흉노는 시조의 이름이다." **색은** 장안(張晏)은 "순유(淳維)는 은(殷)나라 때 북쪽 변경으로 달아났다."라 하였다. 또한 악산(樂產)의 『괄지보(括地譜)』에서는 "하걸(夏桀)이 무도하여 탕(湯)이 명조(鳴條)로 추방하였는데 3년 만에 죽었다. 그 아들 훈육(獯粥)은 걸(桀)의 여러 첩을 아내로 삼아 북쪽 들판에서 피하여 거처하였으며 가축을 따라 옮겨 다녔는데 중국에서는 그들을 흉노(匈奴)라고 불렀다."라 하였다. 하후씨[夏后]의 아득한 후손이라 한 것은 아마 마땅히 그럴 것이다. 그러므로 응소(應劭)의 『풍속통(風俗通)』에서는 "은(殷)나라 때는 훈육(獯粥)이라 하였는데 흉노(匈奴)라 고쳤다."라 하였다. 또한 복건(服虔)은 "요(堯)임금 때는 훈육(葷粥)이라 하였고, 주(周)나라 때는 험윤(獫狁)이라 하였으며 진(秦)나라에서는 흉노(匈奴)라 하였다."라 하였다. 위소(韋昭)는 "한(漢)나라에서는 흉노(匈奴)라 하였으며, 훈육(葷粥)은 그 별명이다."라 하였다. 곧 순유(淳維)는 그 시조이며 아마 훈육(獯粥)과 같을 것이다.

3 **정의** 『좌전(左傳)』 「장공(莊公) 30년」에 "제(齊)나라 사람이 산융(山戎)을 쳤다."고 하였는데, 두예(杜預)는 "산융(山戎)과 북융(北戎), 무종(無終)은 세 명칭이다."라 하였다. 『괄지지(括地志)』에서는 "유주(幽州) 아양현(漁陽縣)은 본래 북융(北戎) 무종자국(無終子國)이다."라 하였다.

居于北蠻   북쪽의 황야에서 살면서

隨畜牧而轉移   치는 가축을 따라 옮겨 다녔다.

其畜之所多則馬牛羊   치는 동물 가운데 많은 것은 말과 소, 양이었고

其奇畜則橐駝⁵驢驘⁶駃騠⁷騊駼⁸騨騱⁹

특이한 동물은 낙타와 나귀, 노새, 결제, 도도, 탄혜이다.

逐水草遷徙   물과 풀을 좇아 옮겨 다니며

毋城郭常處耕田之業   성곽이나 일정한 거처에서 농사를 짓지 않지만

然亦各有分地¹⁰   또한 각기 땅을 나누어 갖고 있다.

毋文書   문서가 없으며

---

4 【집해】 진작(晉灼)은 말하였다. "요(堯) 때는 훈육(葷粥)이라 하였고, 주(周)나라 때는 험윤(獫狁)이라 하였으며, 진(秦)나라 때는 흉노(匈奴)라 하였다."

5 【색은】 음은 탁타(橐他)이다. 위소는 말하였다. "등에 살이 있는데 자루처럼 생겼으므로 탁(橐)이라고 한다." 포개(包愷)는 음의 탁(託)이라고 하였다. 타(他)는 '타(駝)'라고도 한다. 【정의】 畜의 음은 휵[許又反]이다.

6 【색은】 『고금주(古今注)』에서는 "수나귀와 암말은 노새를 낳는다."라 하였다. 【정의】 驘의 음은 라[力戈反]이다.

7 【집해】 서광(徐廣)은 말하였다. "북적(北狄)의 준마이다." 【색은】 『설문(說文)』에서는 "결제(駃騠)는 말이 아버지인 노새이다."라 하였다. 『광이지(廣異志)』에서는 음이 결제(決蹄)라 하였다. 『발몽기(發蒙記)』에서는 "그 어미의 배를 가르고 태어난다."라 하였다. 『열녀전(列女傳)』에서는 "생후 7일이면 그 어미를 뛰어넘는다."고 하였다.

8 【집해】 서광은 말하였다. "말과 비슷한데 (색이) 푸르다." 【색은】 곽박(郭璞)은 『이아(爾雅)』의 주석에서 "도도마(騊駼馬)는 청색으로 음은 도도(淘塗)라고 하였다."라 하였다. 또한 『자림(字林)』에서는 야생마[野馬]라고 하였다. 『산해경(山海經)』에서는 "북해(北海)에 짐승이 있는데 모양이 말과 같으며 이름은 도도(騊駼)이다."라 하였다.

9 【집해】 서광은 말하였다. "음은 전(顚)이며. 거허(巨虛: 짐승 이름) 따위이다." 【색은】 탄해(騨奚)이다. 위소는 騨의 음은 전(顚)이라고 하였다. 『설문』에서는 "야생마[野馬]의 무리이다."라 하였다. 서광은 "거허(巨虛) 따위이다."라 하였다. 어떤 사람은 푸르고 검은 빛에 흰 비늘 같으며 무늬는 악어와 같다고 하였다. 추탄생(鄒誕生)본에는 '해(奚)' 자가 '혜(騱)' 자로 되어 있다.

10 【색은】 앞의 글자는 음이 분[扶糞反]이다.

以言語爲約束	언어로 약속한다.
兒能騎羊	아이들은 양을 잘 타며
引弓射鳥鼠	활을 당겨 새와 쥐를 쏘고,
少長[11]則射狐兔	조금 자라면 여우와 토끼를 쏘는데
用爲食	식용으로 한다.
士力能毌弓[12]	장사들은 힘이 활을 당길 수 있고
盡爲甲騎	모두 무장 기병이 된다.
其俗	그 풍속은
寬則隨畜	여유가 있으면 가축을 따라다니며
因射獵禽獸爲生業	짐승을 쏘아 사냥하는 것을 생업으로 삼고
急則人習戰攻以侵伐	급박해지면 사람들이 습관적으로 싸워 공격하여 침벌하는데
其天性也	이는 천성이다.
其長兵則弓矢	그들의 긴 병기는 활과 화살이며
短兵則刀鋋[13]	짧은 병기는 칼과 짧은 창이다.
利則進	유리하면 나아가고
不利則退	불리하면 물러나서
不羞遁走	달아나는 것을 부끄러워하지 않는다.
苟利所在	실로 이익이 있는 곳에서는

---

11 **색은** 앞의 글자는 음이 소[式紹反]이며, 아래의 글자는 음이 장[陟兩反]이다. 소장(少長)은 나이가 조금 자라는 것이다.

12 **색은** 앞의 글자는 만(彎)의 뜻으로 읽으며, 글자대로 읽어도 뜻이 통한다.

13 **집해** 위소는 말하였다. "선(鋋)의 형태는 모(矛)와 비슷하며, 철로 자루를 만들었다. 음은 선[時年反]이다." **색은** 음은 선(蟬)이다. 『비창(埤蒼)』에서는 "선은 작은 창[矛]인데 자루는 쇠이다."라 하였다. (魏나라 張揖의) 『고금자고(古今字詁)』에서는 "근(稙)은 '궁(矜)' 자와도 통용된다."라 하였다.

不知禮義	예의를 알지 못한다.
自君王以下	임금 이하
咸食畜肉	모두 짐승의 고기를 먹고
衣其皮革	피혁을 입으며
被旃裘	갖옷을 걸친다.
壯者食肥美	건장한 자들은 살지고 맛있는 것을 먹으며
老者食其餘	늙은이들은 그들이 먹다 남긴 것을 먹는다.
貴壯健	건장한 자를 귀하게 여기고
賤老弱	노약자는 천시한다.
父死	아비가 죽으면
妻其後母	그 (정실부인 외의) 남은 어미를 아내로 삼고,
兄弟死	형제가 죽으면
皆取其妻妻之	모두 그 처를 취하여 아내로 삼는다.
其俗有名不諱	그 풍속은 이름을 부르는 것을 꺼리지 않으며
而無姓字[14]	성과 자가 없다.
夏道衰	하나라의 도가 쇠락하자
而公劉失其稷官[15]	공류는 농사를 관장하는 관직을 잃어
變于西戎	서융으로 변하여
邑于豳	빈읍(豳邑)에서 살았다.
其後三百有餘歲	그 후 3백여 년 만에
戎狄攻大王亶父[16]	융적이 태왕단보를 공격하자

---

14 **집해** 『한서(漢書)』에서는 말하였다. "선우(單于)의 성은 연제씨(攣鞮氏)이다."

15 **집해** 서광은 말하였다. "후직(后稷)의 증손(曾孫)이다." **정의** 「주본기(周本紀)」에서는 "부줄(不窋)은 그 관직을 잃었다."라 하였다. 여기서 공류(公劉)라고 말한 것은 상세하지 않다.

亶父亡走岐下　　　　　단보는 기산 아래로 도망쳐 달아났는데

而豳人悉從亶父而邑焉　빈읍의 사람들이 모두 단보를 따라 와서 고을을 이루니

作周[17]　　　　　　　주나라가 섰다.

其後百有餘歲　　　　　그 후 백여 년 만에

周西伯昌伐畎夷氏[18]　주나라 서백창이 견이씨를 쳤다.

後十有餘年　　　　　　10여 년 뒤에

武王伐紂而營雒邑　　　무왕이 주를 치고 낙읍(에 수도)을 세우고

復居于酆鄗　　　　　　다시 풍호에서 살게 되어

放逐戎夷涇洛之北[19]　오랑캐를 경수와 낙수 북쪽으로 쫓아내었으며

以時入貢　　　　　　　때에 맞춰 조공을 바쳤는데

命曰荒服　　　　　　　이를 "황복"이라 하였다.

其後二百有餘年　　　　그 후 2백여 년 만에

周道衰[20]　　　　　　주나라의 도가 쇠락하였는데

---

16 **집해** 서광은 말하였다. "공류(公劉)의 9세손이다."

17 **색은** 주나라가 비로소 일어섰음을 이른다.

18 **색은** 위소는 말하였다. "『춘추(春秋)』에서는 견융(犬戎)이라 하였다." 畎의 음은 견(犬)이다. 대안(大顏)은 "즉 곤이(昆夷)이다."라 하였다. 『산해경』에서는 "황제(黃帝)는 묘룡(苗龍)을 낳고, 묘룡은 융오(融吾)를 낳았으며, 융오는 농명(弄明)을 낳았고, 농명은 백견(白犬)을 낳았다. 백견은 수컷이 둘인데 이것이 견융이다."라 하였다. 『설문』에서는 "적적(赤狄)은 본래 개의 일종이었으며, 글자는 견(犬) 자를 따른다."라 하였다. 또한 『산해경』에서는 "사람의 얼굴에 짐승의 몸을 한 것이 있는데 견이(犬夷)라 한다."라 하였다. 가규(賈逵)는 "견이(犬夷)는 융의 별종이다."라 하였다.

19 **색은** 진작(晉灼)은 말하였다. "낙수(洛水)는 풍익(馮翊) 회덕현(懷德縣)에 있으며 동남쪽으로 위수(渭水)로 유입된다." 또 생각건대 『수경(水經)』에서는 상군(上郡) 조음(雕陰)의 태창산(泰昌山)에서 나와 화음(華陰)을 거쳐 위수로 유입되니 곧 칠저수(漆沮水)이다.

20 **색은** 「주기(周紀)」에서는 "의왕(懿王) 때 왕실이 쇠락하였으며, 시인이 원망하고 풍자하는 시를 지었다."라 하였는데, 다시는 우아해질 수 없었다.

而穆王伐犬戎	목왕이 견융을 쳐서
得四白狼四白鹿以歸	흰 이리 네 마리와 흰 사슴 네 마리를 잡아서 돌아왔다.
自是之後	이 이후로
荒服不至	황복은 이르지 않았다.
於是周遂作甫刑之辟	이에 마침내 주나라는 '보형(甫刑)'의 법령을 만들었다.
穆王之後二百有餘年	목왕 후 2백여 년 만에
周幽王用寵姬襃姒之故	주유왕이 총희 포사(襃姒) 때문에
與申侯有郤[21]	신후(申侯)와 틈이 생기게 되었다.
申侯怒而與犬戎共攻殺周幽王于驪山之下[22]	신후는 노하여 견융과 함께 여산 아래서 주유왕을 죽이고
遂取周之焦穫[23]	마침내 주나라의 초호(焦穫)를 취하여
而居于涇渭之閒	경위[涇渭: 경수(涇水)와 위수(渭水)] 사이에 거처하면서
侵暴中國	중국을 침범하고 약탈하였다.
秦襄公救周	진양공이 주나라를 구원하니
於是周平王去酆鄗而東徙雒邑	이에 주평왕은 풍호(酆鄗)를 떠나 동쪽 낙읍으로 천도하였다.

---

21 정의 옛 신성(申城)은 등주(鄧州) 남양현(南陽縣) 북쪽 30리 지점에 있는데 주선왕(周宣王)의 외숙이 봉해진 곳이다.

22 집해 위소는 말하였다. "융(戎)이 나중에 이 산에 와서 거처하였으므로 여융(驪戎)이라고 한다."

23 정의 『괄지지』에서는 말하였다. "초호(焦穫)는 또한 고구(觕口)라고도 하며, 또한 고중(觕中)이라고도 하는데 옹주(雍州) 경양현(涇陽縣) 성 북쪽 수십 리 지점에 있다. 주나라에 초호가 있다."

當是之時	이때
秦襄公伐戎至岐	진양공은 융(戎)을 치고 기산에 이르렀으며,
始列爲諸侯[24]	비로소 제후가 되었다.
是後六十有五年	이후 65년 만에
而山戎[25]越燕而伐齊	산융이 연나라를 넘어 제나라를 치자
齊釐公與戰于齊郊	제이공이 제나라 교외에서 싸웠다.
其後四十四年	그 후 44년에
而山戎伐燕	산융이 연나라를 쳤다.
燕告急于齊	연나라가 제나라에 위급함을 알리자
齊桓公北伐山戎	제환공이 산융을 북쪽에서 치니
山戎走	산융은 달아났다.
其後二十有餘年	그 후 20여 년에
而戎狄至洛邑	융적이 낙읍에 이르러
伐周襄王	주양왕을 쳤는데
襄王奔于鄭之氾邑[26]	양왕은 정나라 범읍으로 달아났다.
初	처음에
周襄王欲伐鄭	주양왕은 정나라를 치고자 하여
故娶戎狄女爲后	융적의 여인을 맞아 왕후로 삼아

---

24 정의 지금의 기주(岐州)이다. 고유(高誘)는 "진양공(秦襄公)이 주나라를 구원하는 일에 공을 세워 주나라의 옛 땅 풍호(酆鄗)를 받아 제후의 반열에 올랐다."라 하였다.

25 색은 복건은 말하였다. "산융(山戎)은 아마 지금의 선비(鮮卑)일 것이다." 호광(胡廣)은 "선비(鮮卑)는 동호(東胡)의 별종이다."라 하였다. 또한 응봉(應奉)은 "진나라가 장성을 쌓을 때 도역(徒役)하던 군사들이 새외(塞外)로 도망쳐 나가 선비산(鮮卑山)에 근거하였으므로 이렇게 부르게 되었다."라 하였다.

26 색은 소림(蘇林)은 氾의 음은 범(凡)이라고 하였다. 지금의 영천(潁川) 양성(襄城)이다. 『춘추지명(春秋地名)』에서는 "범읍(氾邑)은 양왕(襄王)이 사는 곳이므로 양성(襄城)이라 하였다."라 하였다.

與戎狄兵共伐鄭	융적의 군사와 함께 정나라를 쳤다.
已而黜狄后	얼마 후 적후를 쫓아내자
狄后怨	적후는 원망을 품었다.
而襄王後母曰惠后	양왕의 계모는 혜후라 하였는데
有子子帶	아들 자대가 있어
欲立之	세우려고 하여
於是惠后與狄后子帶爲內應	이에 혜후와 적후, 자대가 내응하여
開戎狄	융적에게 성문을 열어주었으며
戎狄以故得入	융적은 이 때문에 들어와
破逐周襄王	주양왕을 깨뜨리고 쫓아내어
而立子帶爲天子	자대를 천자로 세웠다.
於是戎狄或居于陸渾[27]	이에 융적이 혹 육혼에도 살게 되었으며
東至於衛	동으로는 위나라까지 이르러
侵盜暴虐中國	중국의 나라에 침략하여 포학하게 굴었다.
中國疾之	중국의 사람들이 미워하여
故詩人歌之曰戎狄是應	이 때문에 시인들이 노래하기를 "융적 응징해야 하리",
薄伐獫狁	"험윤 쳐서,
至於大原[28]	대원에 이르렀네.",
出輿彭彭	"수레 거창하게 내어,

---

27 **집해** 서광은 말하였다. "어떤 판본에는 '육읍(陸邑)'으로 되어 있다." **색은** 『춘추좌씨(春秋左氏)』에서는 "진(秦)과 진(晉)나라가 이천(伊川)으로 육혼지융(陸渾之戎)을 옮겼다."라 하였다. 두예(杜預)는 "윤성지융(允姓之戎)은 육혼(陸渾)에 거처하는데 진나라와 진나라 사이에 있으며 두 나라가 유인해서 이천으로 옮겨서 마침내 융이란 호칭이 따르게 생겼으며 지금의 육혼현이다."라 하였는데 옳다.

28 **집해** 『모시전(毛詩傳)』에서는 말했다. "쫓아냈을 따름이라는 것을 말한다."

城彼朔方²⁹	저 북방에 성 쌓았다네."라 하였다.
周襄王既居外四年	주양왕이 이미 밖에 거주한 지 4년이 되어
乃使使告急于晉	이에 사자로 하여금 진나라에 위급함을 알렸다.
晉文公初立	진문공이 막 즉위하였는데
欲修霸業	패업을 이루고자 하여
乃興師伐逐戎翟	이에 군사를 일으켜 융적을 쳐서 쫓아내어
誅子帶	자대를 죽이고
迎內周襄王	주양왕을 맞아들여
居于雒邑	낙읍에 거처하게 하였다.
當是之時	이때
秦晉爲彊國	진(秦)나라와 진(晉)나라는 강국이었다.
晉文公攘戎翟	진문공이 융적을 물리쳐
居于河西圁洛之閒³⁰	하서은과 낙수 사이에 거처하게 되었는데
號曰赤翟³¹白翟³²	적적과 백적이라 하였다.

---

29 **집해** 『모시전』에서는 말했다. "팽팽(彭彭)은 네 마리 말의 모습이다. 삭방(朔方)은 북방(北方)이다." **정의** 험윤(獫狁)이 이미 떠나 북방이 안정되어 이에 성을 쌓아 지킨 것이다.

30 **집해** 서광은 말하였다. "은(圁)은 서하(西河)에 있다. 음은 은(銀)이다. 낙(洛)은 상군(上郡)과 풍익(馮翊) 사이에 있다." **색은** 서하(西河)의 은(圁)과 낙(洛)이다. 진작(晉灼)은 음이 은(鄽)이라 하였다. 『삼창(三蒼)』에는 '환(圜)'으로 되어 있다. 「지리지(地理志)」에서는 환수(圜水)는 상군(上郡) 백토현(白土縣) 서쪽에서 발현하여 동로 황하에 유입된다고 하였다. 위소는 "환(圜)은 '은(圁)'이 되어야 한다."라 하였다. 『속군현지(續郡國志)』 및 『태강지지(太康地志)』에는 모두 '은(圁)' 자로 되어 있다. **정의** 『괄지지』에서는 말하였다. "백토(白土)의 옛 성은 염주(鹽州) 백지(白池) 동북쪽 3백90리 지점에 있다." 또 말하였다. "연주(延州)와 수주(綏州), 은주(銀州)에 가까우며 본래 춘추시대에 백적(白狄)이 살던 곳이며, 칠국(七國: 전국시대)에는 위(魏)나라에 속하였다가 나중에는 진(秦)나라에 편입되었으며 진나라는 36군을 두었다." 낙(洛)은 칠저(漆沮)이다.

秦穆公得由余 　　　　　　진목공은 유여를 얻었으며

西戎八國服於秦 　　　　　　서융의 여덟 나라가 진나라에 복속하였으므로

故自隴以西有綿諸[33]緄戎[34]翟獂之戎[35]

　　　　　　　　　　농산(隴山) 이서(以西)로는 면제와 곤융, 적(翟),

　　　　　　　　　　환(獂)의 융(戎)이 있게 되었고

岐梁山涇漆之北有義渠[36]大荔[37]烏氏[38]胸衍之戎[39]

　　　　　　　　　　기산(岐山)과 양산(梁山), 경수(涇水), 칠수(漆水)

　　　　　　　　　　의 북으로는 의거, 대려, 오지, 후연(胸衍)의 융

---

31 **색은** 『좌씨전(左氏傳)』에서는 "진(晉)나라 군사가 적적(赤狄) 노씨(潞氏)를 멸하였다."라 하였다. 두씨(杜氏)는 "노(潞)는 적적(赤狄)의 별종이며 지금의 상당(上黨) 노현(潞縣)이다."라 하였다. 또한 『춘추지명(春秋地名)』에서는 "지금은 적섭호(赤涉胡)라 한다."라 하였다.

32 **색은** 『좌씨(左氏)』에서는 "진(晉)나라 군사가 기(箕)에서 적(狄)을 무찌르고 극결(郤缺)이 백적자(白狄子)를 사로잡았다."라 하였다. 두씨(杜氏)는 "백적(白狄)의 별종이며 옛 서하군(西河郡)에 백부호(白部胡)가 있었다."라 하였다. 또한 『국어(國語)』에서는 "환공(桓公)이 서정하여 백적의 땅을 물리치고 마침내 서하에까지 이르렀다."라 하였다. **정의** 『괄지지』에서는 말하였다. "노주(潞州)는 본래 적적(赤狄)의 땅이었다. 연(延)과 은(銀), 수(綏) 세 주는 백적(白翟)의 땅이다." 본문에서 "은(圁)과 노(潞) 사이를 적적(赤狄)이라 불렀다." 한 것은 확실치 않다.

33 **색은** 「지리지(地理志)」에 의하면 천수(天水)에 면제도(綿諸道)가 있다. **정의** 『괄지지』에서는 말하였다. "면제성(綿諸城)은 진주(秦州) 진령현(秦嶺縣) 북쪽 56리 지점에 있다. 한나라 면제도(綿諸道)는 천수군(天水郡)에 속한다."

34 **정의** 앞 글자의 음은 곤(昆)이다. 이 글자는 '혼(混)' 자가 되어야 한다. 안사고(顏師古)는 말하였다. "혼이(混夷)이다." 위소는 말하였다. "『춘추』에서는 견융(犬戎)이라 하였다."

35 **집해** 서광은 말하였다. "천수(天水)에 있다. 獂의 음은 환(丸)이다." **색은** 「지리지(地理志)」의 천수(天水) 환도(獂道)이다. 응소는 "환융읍(獂戎邑)이다. 음은 환(桓)이다."라 하였다. **정의** 『괄지지』에서는 말하였다. "환도(獂道)의 옛 성은 위주(渭州) 양무현(襄武縣) 동남쪽 39리 지점에 있다. 옛날의 환융읍(獂戎邑)이다. 한나라 환도(獂道)는 천수군(天水郡)에 속한다."

36 **색은** 위소는 말하였다. "의거(義渠)는 본래 서융(西戎)의 나라로 왕이 있었는데 진(秦)나라가 멸하였다. 지금의 북지군(北地郡)에 있다." **정의** 『괄지지』에서는 말하였다. "영주(寧州)와 경주(慶州), 서융(西戎)은 곧 유구읍성(劉拘邑城)으로 당시에는 의거(義渠) 융국이었으며 진(秦)나라 때 북지군(北地郡)이 되었다."

	이 있게 되었다.
而晉北有林胡⁴⁰樓煩之戎⁴¹	그리고 진나라 북쪽에는 임호와 누번의 융이 있고
燕北有東胡山戎⁴²	연나라 북쪽에는 동호와 산융이 있다.
各分散居谿谷	각기 나누어 흩어져 계곡에 거주하였으며
自有君長	각자 자기네 군장이 있었고,

---

37 **집해** 서광은 말하였다. "나중에 이름을 임진(臨晉)으로 바꾸었으며 풍익(馮翊)에 있다." **색은** 「진본기(秦本紀)」에서는 여공공(厲共公)이 대려(大荔)를 쳐서 그 왕성을 빼앗고 나중에 이름을 임진(臨晉)으로 고쳤다고 하였다. 그러므로 「지리지(地理志)」에서는 임진은 옛 대려국(大荔國)이라고 하였다. **정의** 『괄지지』에서는 말하였다. "동주(同州) 풍익현(馮翊縣) 및 조읍현(朝邑縣)은 본래 한나라 임진현(臨晉縣) 땅으로 옛 대려(大荔) 융국이다. 지금의 조읍현(朝邑縣) 동쪽 30보 지점에 있는 옛 왕성은 곧 대려(大荔)의 왕성이다."

38 **집해** 서광은 말하였다. "안정(安定)에 있다." **정의** 氏의 음은 지(支)이다. 『괄지지』에서는 말하였다. "오지(烏氏)의 옛 성은 경주(涇州) 안정현(安定縣) 동쪽 30리 지점에 있다. 주(周)나라의 옛 땅으로 나중에 융에 들어갔으며 진혜왕(秦惠王)이 빼앗아 오지현(烏氏縣)을 두었다."

39 **집해** 서광은 말하였다. "북지(北地)에 있다. 朐의 음은 후(詡)이다." **색은** 「지리지(地理志)」에서는 후연(朐衍)은 현 이름으로 북지(北地)에 있다고 하였다. 서광은 음이 후(詡)라고 하였다. 정씨(鄭氏)는 음이 우(吁)라고 하였다. **정의** 『괄지지』에서는 말하였다. "연주(鹽州)에는 옛 융적이 거주하였는데 곧 후연융(朐衍戎)의 땅으로 진(秦)나라 북지군이다."

40 **색은** 여순(如淳)은 말하였다. "임호(林胡)는 곧 담림(儋林)으로 이목(李牧)에게 멸망당하였다." **정의** 『괄지지』에서는 말하였다. "삭주(朔州)는 춘추시대의 북지(北地)이다. 여순은 곧 담림(澹林)으로 이목에게 멸망당하였다고 하였다."

41 **색은** 「지리지(地理志)」에서 누번(樓煩)은 현 이름으로 안문(鴈門)에 속한다고 하였다. 응소는 "옛 누번(樓煩)의 오랑캐 땅"이라 하였다. **정의** 『괄지지』에서는 말하였다. "남주(嵐州)는 누번(樓煩)의 오랑캐 땅이다. 『풍속통』에서는 옛 누번의 오랑캐 땅이라고 하였다."

42 **집해** 『한서음의(漢書音義)』에서는 말하였다. "오환(烏丸)은 혹자는 선비(鮮卑)라고도 한다." **색은** 복건은 말하였다. "동호(東胡)는 오환(烏丸)의 선조로 나중에 선비(鮮卑)가 된다. 흉노 동쪽에 있으므로 동호(東胡)라고 한다." 『속한서(續漢書)』에서는 "한나라 초에 흉노 묵특(冒頓)이 그 나라를 멸하고 나머지 무리들은 오환산(烏桓山)을 지키면서 호로 삼았다. 풍속이 물과 풀을 찾아다니며 상주하는 거처가 없었다. 아비의 명자(名字)를 성으로 삼았다. 부자(父子)와 남녀가 모두 머리를 깎고 가볍고 편하게 하였다."

854

往往而聚者百有餘戎	왕왕 모이면 백여 융족이 있었지만
然莫能相一	서로 통일할 수가 없었다.

自是之後百有餘年	이로부터 백여 년 후에
晉悼公使魏絳和戎翟	진도공이 위강으로 하여금 융적과 화친하게 하자
戎翟朝晉	융적은 진나라에 조공을 바쳤다.
後百有餘年	백여 년 후에
趙襄子踰句注[43]而破并代以臨胡貉[44]	조양자가 구주를 넘어 대(代)를 깨뜨려 합병하고 호맥에 임했다.
其後既與韓魏共滅智伯	그후 한(韓)·위(魏)와 함께 지백을 멸하고
分晉地而有之	진나라 땅을 나누어 가지니
則趙有代句注之北	조나라는 대(代)와 구주의 북쪽을 가졌고
魏有河西上郡	위나라는 하서와 상군을 가져
以與戎界邊	융과 경계를 이루었다.
其後義渠之戎築城郭以自守	그 후 의거의 융은 성곽을 쌓아 스스로 지켰는데
而秦稍蠶食	진나라가 야금야금 먹어치워
至於惠王	혜왕에 이르러
遂拔義渠二十五城	마침내 의거의 25성을 함락시켰다.
惠王擊魏	혜왕이 위나라를 치자
魏盡入西河及上郡于秦	위나라는 진(秦)나라에 서하 및 상군을 몽땅 바쳤다.

---

43 **집해** 음은 구(鉤)로 산 이름이며 안문(鴈門)에 있다. **색은** 복건은 말하였다. "句의 음은 구(拘)이다." 위소는 말하였다. "산 이름으로 음관(陰館)에 있다."

44 **색은** 맥(貉)은 곧 예(濊)이다. 음은 맥[亡格反]이다.

秦昭王時	진소왕 때
義渠戎王與宣太后⁴⁵亂	의거의 융왕이 선태후와 간통하여
有二子	아들 둘을 두었다.
宣太后詐而殺義渠戎王於甘泉	
	선태후는 감천에서 의거의 융왕을 속여서 죽이고
遂起兵伐殘義渠	마침내 군사를 일으켜 의거(의 융족)를 죽였다.
於是秦有隴西北地上郡	이에 진나라는 농서와 북지, 상군을 갖게 되었고
築長城以拒胡	장성을 쌓아 오랑캐에 맞섰다.
而趙武靈王亦變俗胡服	조무령왕 또한 오랑캐 복장으로 갈아입고
習騎射	말 달리며 활 쏘는 법을 익혀
北破林胡樓煩	북으로 임호와 누번을 깨뜨렸다.
築長城⁴⁶	장성을 쌓고
自代並⁴⁷陰山⁴⁸下	대(代)에서 음산 아래를 따라
至高闕爲塞⁴⁹	고궐에 이르러 요새를 쌓았다.
而置雲中鴈門代郡	그리고 운중과 안문, 대군(代郡)을 설치하였다.

---

45 **집해** 소왕(昭王)의 모친이다. **색은** 복건은 "소왕의 모친"이라고 하였다.

46 **정의** 『괄지지』에서는 말하였다. "조무령왕(趙武靈王)의 장성은 삭주(朔州) 선양현(善陽縣) 북쪽에 있다. 『수경(水經)』에 의하면 백도(白道)의 장성은 북쪽 산에 긴 담이 있고 무너진 것 같으며 계곡을 따라 산봉우리까지 걸쳐 있으며 동서로 끝이 없는데 아마 조무령왕이 쌓은 것일 것이다."

47 **집해** 음은 방(傍), 방[白浪反]이다.

48 **색은** 서광은 말하였다. "오원(五原)의 서쪽 안양현(安陽縣) 북쪽에 음산(陰山)이 있다. 음산은 하남(河南)에 있으며, 양산(陽山)은 하북(河北)에 있다. 並의 음은 방(傍), 방[白浪反]이다." **정의** 『괄지지』에서는 말하였다. "음산은 삭주(朔州) 북새(北塞) 바깥 돌궐(突厥)의 경계에 있다."

49 **집해** 서광은 말하였다. "삭방(朔方)에 있다." **정의** 「지리지(地理志)」에서는 삭방(朔方) 임융현(臨戎縣) 북쪽에 이어진 산이 있는데, 장성보다 험하며 그 산은 가운데가 끊어지고 양쪽 봉우리가 모두 험준하며 토속(土俗)의 이름은 고궐(高闕)이다.

其後燕有賢將秦開	그 후 연나라에 현명한 장수 진개가 있었는데
爲質於胡	오랑캐에서 볼모가 된 적이 있어
胡甚信之	오랑캐가 그를 아주 신임하였다.
歸而襲破走東胡	돌아와 동호를 습격하여 깨뜨리니
東胡卻千餘里	동호는 천여 리를 물러났다.
與荊軻刺秦王秦舞陽者	형가와 함께 진왕을 저격한 진무양은
開之孫也	진개의 손자이다.
燕亦築長城	연나라 또한 장성을 쌓아
自造陽50至襄平51	조양에서 양평에까지 이르렀다.
置上谷漁陽右北平遼西遼東郡以拒胡	
	상곡과 어양, 우북평, 요서, 요동군을 두어 오랑캐에 맞섰다.
當是之時	이때
冠帶戰國七	교화된 전국(戰國)의 나라는 일곱이었는데
而三國邊於匈奴52	세 나라가 흉노와 국경을 함께했다.
其後趙將李牧時	그 후 조나라 장수 이목 때에는
匈奴不敢入趙邊	흉노가 감히 조나라 변경으로 침입하지 못하였다.
後秦滅六國	나중에 진나라가 6국을 멸하고
而始皇帝使蒙恬將十萬之眾北擊胡	
	시황제가 몽염으로 하여금 10만의 무리를 거느리고 북으로 오랑캐를 치게 하여
悉收河南地	하남의 땅을 모두 거두었다.

---

50 **집해** 위소는 말하였다. "지명으로 상곡(上谷)에 있다." **정의** 상곡군(上谷郡)은 지금의 규주(嬀州)이다.

51 **색은** 위소는 말하였다. "지금의 요동(遼東)이 다스리는 곳이다."

52 **색은** 삼국(三國)은 연(燕)과 조(趙), 진(秦)나라이다.

因河爲塞[53]	황하를 따라 요새를 쌓고
築四十四縣城臨河	44개의 현성을 쌓아 황하에 임하게 하고
徙適[54]戍以充之	죄수를 옮겨 충당하였다.
而通直道[55]	그리고 곧은길을 개통시켰는데
自九原至雲陽[56]	구원에서 운양까지
因邊山險塹谿谷可繕者治之	변경의 산, 험한 참호, 계곡을 따라 손을 볼 만한 곳은 고쳤는데
起臨洮至遼東萬餘里[57]	임조에서 시작하여 요동에 이르기까지 만여 리였다.
又度河據陽山北假中[58]	또한 황하를 건너 양산의 북가를 점거하였다.
當是之時	이때는
東胡彊而月氏盛[59]	동호가 강하였고 월지가 융성하였다.

---

53 색은 『태강지기(太康地記)』에서는 "진(秦)나라의 변경은 오원(五原)의 북쪽에서 9백 리인데 조양(造陽)이라고 한다. 동쪽으로 가서 이분산(利賁山) 남쪽에서 끝나며 한양(漢陽)의 서쪽이다."라 하였다. 한(漢) 자는 '어(漁)' 자로 된 판본도 있다.

54 집해 음은 적[丁革反]이다. 색은 적[丁革反]이다.

55 색은 소림(蘇林)은 말하였다. "장안(長安)에서 8백 리 떨어져 있으며 남북으로 서로 곧은 길이다."

56 색은 위소는 말하였다. "구원(九原)은 현 이름으로 오원(五原)에 속한다." 정의 『괄지지』에서는 말하였다. "승주(勝州) 연곡현(連谷縣)은 본래 진(秦)나라 구원군(九原郡)인데 한무제(漢武帝)가 이름을 오원으로 고쳤다. 운양(雲陽) 옹현(雍縣)은 진(秦)나라 임광궁(林光宮)으로 곧 한나라 감천궁(甘泉宮)이 그곳에 있다." 또 말하였다. "진(秦)나라 옛 길은 경주(慶州) 화지현(華池縣) 서쪽 45리 지점의 자오산(子午山) 위에 있다. 구원(九原)에서 운양(雲陽)까지는 천8백 리이다."

57 색은 위소는 말하였다. "임조(臨洮)는 농서현(隴西縣)이다." 정의 『괄지지』에서는 말하였다. "진(秦)나라 농서군(隴西郡) 임조현(臨洮縣)은 지금의 민주성(岷州城)이다. 본래는 진(秦)나라 장성(長城)의 머리로 민주(岷州) 서쪽 12리 지점에서 시작하여 만여 리나 이어져 동으로 요수(遼水)로 들어간다."

匈奴單于[60]曰頭曼[61]	흉노의 선우를 두만(頭曼)이라고 하였는데
頭曼不勝秦	두만은 진나라를 이기지 못하여
北徙	북으로 옮겼다.
十餘年而蒙恬死	10여 년 만에 몽염이 죽자
諸侯畔秦	제후들이 진나라에 반기를 들어
中國擾亂	중국이 어지러워지자
諸秦所徙適戍邊者皆復去	진나라에서 옮긴 변방의 죄수들이 모두 다시 떠나
於是匈奴得寬	이에 흉노는 마음을 놓고
復稍度河南與中國界於故塞	다시 조금씩 황하 남쪽을 건너 옛 변새에서 중

---

58 **[집해]** 북가(北假)는 북방의 전관(田官)이다. 전가(田假)와 창인(貧人)을 주관하므로 북가(北假)라 한다. **[색은]** 응소는 말하였다. "북가(北假)는 북지(北地)의 양산(陽山) 북쪽에 있다." 위소는 말하였다. "북가는 지명이다." 또 생각건대 『한서(漢書)』「원기(元紀)」에서는 "북가는 전관(田官)이다."라 하였다. 소림(蘇林)은 북방의 전관(田官)이라 생각하였다. 전가(田假)와 창인(貧人)을 주관하므로 북가(北假)라고 한 것이다. **[정의]** 『괄지지』에서는 말하였다. "한나라 오원군(五原郡) 하목현(河目縣)의 옛 성은 북가(北假)에 있다. 북가는 지명으로 하북(河北)에 있으며 지금은 승주(勝州) 은성현(銀城縣)에 속한다. 『한서(漢書)』「왕망전(王莽傳)」에서는 '오원(五原) 북가(北假)는 기름진 땅으로 곡식이 번성한 곳이다.'라 하였다."

59 **[정의]** 氏의 음은 지(支)이다. 『괄지지』에서는 말하였다. "양(涼)과 감(甘), 숙(肅), 연(延), 사(沙) 등 주의 땅은 본래 월지국(月氏國)이다."

60 **[집해]** 『한서음의(漢書音義)』에서는 말하였다. "선우(單于)는 광대한 모양인데, 그 모습이 하늘처럼 광대하다는 말이다." **[색은]** 『한서』에서는 "선우의 성은 연제씨(攣鞮氏)인데 그 나라에서는 '당려고도선우(撐黎孤塗單于)'라고 한다. 그런데 흉노는 하늘을 일러 '당려(撐黎)'라고 하며, 아들을 일러 '고도(孤塗)'라 하며, 선우라는 뜻은 광대한 모양이다. 그 모습이 하늘을 닮았다고 하여 당려고도선우라고 한다."라 하였다. 또한 (西晉 皇甫謐의) 『현안춘추(玄晏春秋)』에서는 "사안(士安)이 『한서』를 읽다가 이 말의 뜻이 확실치 않았는데 오랑캐의 종이 곁에 있다가 말하기를 '이는 오랑캐에서 이른바 천자입니다.'라 하였다 옛 책에서 말한 것에 견강부회한 것이다."라 하였다.

61 **[집해]** 위소는 말하였다. "음은 만(瞞)이다." **[색은]** 음은 만[莫官反]이다. 위소는 음이 만(瞞)이라 하였다.

국과 경계를 이루었다.

單于有太子名冒頓[62]	선우에게는 태자가 있었는데 이름이 묵특이었다.
後有所愛閼氏[63]	나중에 사랑한 연지(閼氏)가 있어
生少子	작은 아들을 낳았는데
而單于欲廢冒頓而立少子	선우는 묵특을 폐하고 작은 아들을 세우려고 하였다,
乃使冒頓質於月氏	이에 묵특을 월지의 볼모로 삼았다.
冒頓既質於月氏	묵특이 월지의 볼모가 되자
而頭曼急擊月氏	두만은 월지를 급히 공격하였다.
月氏欲殺冒頓	월지가 묵특을 죽이려 하자
冒頓盜其善馬	묵특은 그 좋은 말을 훔쳐
騎之亡歸	타고 도망쳐 돌아갔다.
頭曼以爲壯	두만은 씩씩하다고 여겨
令將萬騎	만 기를 거느리게 하였다.
冒頓乃作爲鳴鏑[64]	묵특은 이에 명적을 만들어

---

62 **색은** 冒의 음은 묵(墨)이며, 또한 글자대로 읽기도 한다,

63 **색은** 옛 음은 연(連)과 알[於曷反]의 둘이 있다. 흉노의 황후를 부르는 말이다. 습착치(習鑿齒)가 연왕(燕王)에게 글을 보내어 말하였다. "산 아래에 홍람(紅藍)이 있는데 족하께서는 먼저 그것을 아시는지요? 북방의 사람들이 그 꽃을 찾아내어 따서 붉고 누런색으로 물을 들이며, 그 위의 싱싱한 꽃을 따서 연지를 만드는데 부인들이 얼굴을 꾸미는 데 씁니다. 제가 어릴 때 두세 번 지나면서 연지를 보았는데 오늘에야 처음으로 홍람을 보았으며 나중에 마땅히 족하께 그 씨를 바치겠습니다. 흉노는 아내를 '연지(閼支)'라고 하는데, 그 사랑스럽기가 연지와 같다는 것입니다. 閼의 음은 연(煙)입니다. 족하께서는 먼저 또한 이것을 가지고 『한서』를 읽지 않았으면 하고 생각합니다."

64 **집해** 『한서음의(漢書音義)』에서는 말하였다. "적(鏑)은 화살(箭)으로, 지금의 명전(鳴箭)이다." 위소는 말하였다. "화살촉이 날면 소리를 내며 운다." **색은** 응소는 "효전(骹箭)이다."라 하였더. 위소는 말하였다. "화살촉이 날면 소리를 내며 운다."

習勒其騎射	그 기병들에게 쏘는 법을 익히게 하고
令曰	명하였다.
鳴鏑所射而不悉射者	"명적이 쏜 곳을 일제히 쏘지 않는 자는
斬之	참수하겠다."
行獵鳥獸	조수를 사냥하러 갔는데
有不射鳴鏑所射者	명적이 쏜 것을 쏘지 않는 자가 있어
輒斬之	즉시 그를 참하였다.
已而冒頓以鳴鏑自射其善馬	얼마 후 묵특이 명적으로 그 훌륭한 말을 직접 쏘았는데
左右或不敢射者	좌우에서 혹 감히 쏘지 못하자
冒頓立斬不射善馬者	묵특은 즉시 훌륭한 말을 쏘지 않은 자를 참하였다.
居頃之	얼마 있다가
復以鳴鏑自射其愛妻	다시 명적으로 그 사랑하는 처를 직접 쏘니
左右或頗恐	좌우에서 혹 자못 놀라기도 하여
不敢射	감히 쏘지 못하니
冒頓又復斬之	묵특이 또다시 그를 참하였다.
居頃之	얼마 있다가
冒頓出獵	묵특이 사냥을 나가서
以鳴鏑射單于善馬	명적으로 선우의 좋은 말을 쏘았다,
左右皆射之	좌우에서 모두 그를 쏘았다.
於是冒頓知其左右皆可用	이에 묵특은 그 좌우가 모두 쓸 만하다는 것을 알았다.
從其父單于頭曼獵	그 아비 선우 두만을 따라 사냥하였는데
以鳴鏑射頭曼	명적으로 두만을 쏘니

其左右亦皆隨鳴鏑而射殺單于頭曼

그 좌우에서도 또한 모두 명적을 따라 선우 두만을 죽이고

遂盡誅其後母與弟及大臣不聽從者

마침내 계모와 아우 및 대신 가운데 따르지 않는 사람은 모두 죽였다.

冒頓自立爲單于

묵톤은 스스로 선우가 되었다.

冒頓既立[65]

묵특이 서자

是時東胡彊盛

이때는 동호가 강성하였으며

聞冒頓殺父自立

묵특이 아비를 죽이고 스스로 즉위하였다는 말을 듣고

乃使使謂冒頓

이에 사신을 보내어 묵특에게 말하게 하고

欲得頭曼時有千里馬

두만이 당시 가진 천리마를 얻고자 하여

冒頓問群臣

묵특이 신하들에게 물어보았더니

群臣皆曰

신하들이 모두 말하기를

千里馬

"천리마는

匈奴寶馬也

흉노의 보배 같은 말이니

勿與

절대로 주지 마십시오."

冒頓曰

묵특이 말하였다.

奈何與人鄰國而愛一馬乎

"어찌 남과 이웃한 나라로 말 한 마리를 아끼겠는가?"

遂與之千里馬

마침내 천리마를 주었다.

居頃之

얼마 후

---

65 집해 서광은 말하였다. "진 2세(秦二世) 원년(B.C. 209) 임진년에 즉위하였다."

東胡以爲冒頓畏之	동호는 묵특이 두려워한다고 생각하여
乃使使謂冒頓	이에 사신을 보내어 묵특에게 말하고
欲得單于一閼氏	선우의 연지 하나를 얻고 싶다고 하였다.
冒頓復問左右	묵특이 다시 좌우에 물어 보았더니
左右皆怒曰	좌우에서 모두 노하여 말하였다.
東胡無道	"동호가 무도하여
乃求閼氏	이제는 연지까지 바랍니다!
請擊之	청컨대 치십시오."
冒頓曰	묵특이 말하였다.
奈何與人鄰國愛一女子乎	"어찌 남과 이웃한 나라로 여자 하나를 아끼겠는가?"
遂取所愛閼氏予東胡	마침내 아끼는 연지를 동호에 주었다.
東胡王愈益驕	동호의 왕은 더더욱 교만해져서
西侵	서쪽을 침범하였다.
與匈奴閒	흉노와의 사이에는
中有棄地	중간에 버려진 땅이 있는데
莫居	아무도 살지 않았으며
千餘里	천여 리나 되었고
各居其邊爲甌脫[66]	각기 그 변경에 살면서 진지를 세워놓았다.
東胡使使謂冒頓曰	동호에서 사자를 보내 묵특에게 말하였다.

---

66 **집해** 위소는 말하였다. "경계의 진을 치고 지키는 곳이다." **색은** 복건은 "토실(土室)을 만들어 한나라 사람을 염탐하게 한 것이다."라 하였다. 또한 (南朝 劉宋 何承天의) 『찬문(纂文)』에서는 "구탈(甌脫)은 흙을 판 동굴[土穴]이다."라 하였다. 또한 지명이라고도 하므로 아래에서 "구탈왕(甌脫王)을 사로잡았다."고 하였다. 위소는 "경계의 진을 치고 지키는 곳이다."라 하였다. 甌의 음은 우[一侯反]이다. 脫의 음은 탈[徒活反]이다. **정의** 경계에서 척후(斥候)하는 집을 구탈이라 한다.

匈奴所與我界甌脫外棄地	"흉노와 우리 경계의 진지 바깥에 있는 버려진 땅은
匈奴非能至也	흉노가 이를 수 있는 곳이 아니니
吾欲有之	내가 가지고 싶소."
冒頓問群臣	묵특이 신하들에게 물어보았더니
群臣或曰	신하들 가운데 혹자가 말하였다.
此棄地	"이 버려진 땅은
予之亦可	줘버려도 그만이고
勿予亦可	안 줘도 그만입니다."
於是冒頓大怒曰	이에 묵특이 크게 노하여 말하였다.
地者	"땅은
國之本也	나라의 근본인데
奈何予之	어떻게 준단 말인가!"
諸言予之者	여러 주자고 말한 자를
皆斬之	모두 참수하였다.
冒頓上馬	묵특은 말에 오르며
令國中有後者斬	나라에서 뒤처진 자는 참수하게 하여
遂東襲擊東胡	마침내 동호를 습격하였다.
東胡初輕冒頓	동호는 애초에 묵특을 가볍게 보고
不爲備	대비를 해두지 않았다.
及冒頓以兵至	묵특이 군사를 거느리고 이르러
擊	쳐서
大破滅東胡王	동호왕을 대파하여 멸하고
而虜其民人及畜產	그 백성들 및 가축을 노획하였다.
既歸	돌아와서는

西擊走月氏	서(西)로 월지를 쳐서 쫓고
南并樓煩白羊河南王[67]	남으로는 누번과 백양 하남왕을 병탄하였다.
悉復收秦所使蒙恬所奪匈奴地者	
	진나라가 몽염을 시켜 빼앗은 흉노의 땅을 모두 수복하고
與漢關故河南塞	한나라 관문 안의 옛 하남의 변새와 힘을 합쳐
至朝那膚施[68]	조나와 부시에 이르러
遂侵燕代	마침내 연나라와 대군을 쳤다.
是時漢兵與項羽相距	이때 한나라 군사는 항우와 맞서고 있어서
中國罷於兵革	중국은 전쟁으로 지쳐 있었으므로
以故冒頓得自彊	묵특은 스스로 (군비를) 강화시킬 수 있어서
控弦之士三十餘萬	활을 당길 수 있는 군사가 30여만이나 되었다.
自淳維以至頭曼千有餘歲	순유에서 두만에 이르기까지 천여 년 동안
時大時小	때로는 커졌다 때로는 작아졌다
別散分離	이합집산을 하면서
尚矣	오래되어
其世傳不可得而次云	그 세계가 전하여짐을 배열하지 못하게 되었다 한다.
然至冒頓而匈奴最彊大	그러나 묵특에 이르러 흉노는 가장 강대해져
盡服從北夷	북쪽 오랑캐를 모두 복종시켰고
而南與中國爲敵國	남으로는 중국과 적국이 되면서

---

67 색은 여순은 말하였다. "백양왕(白羊王)은 하남(河南)에 거처하였다."

68 집해 서광은 말하였다. "상군(上郡)에 있다." 정의 한(漢)나라 조나(朝那)의 옛 성은 원주(原州) 백천현(百泉縣) 서쪽 70리 지점에 있으며 안정군(安定郡)에 속한다. 부시(膚施)는 현이다. 진(秦)나라 때까지 그대로 고치지 않았으며, 지금의 연주(延州) 부시현(膚施縣)이다.

其世傳國官號乃可得而記云　대대로 전해진 나라며 관제의 호칭이 기록되게
　　　　　　　　　　　　　　되었다 한다.

置左右賢王　　　　　　　　좌우 현왕과

左右谷蠡王[69]　　　　　　좌우 녹리왕,

左右大將　　　　　　　　　좌우 대장,

左右大都尉　　　　　　　　좌우 대도위,

左右大當戶　　　　　　　　좌우 대당호,

左右骨都侯[70]　　　　　　좌우 골도후를 두었다.

匈奴謂賢曰屠耆[71]　　　　흉노는 현(賢)자를 "도기"라 하였으므로

故常以太子爲左屠耆王　　　늘 태자를 좌도기왕이라 하였다.

自如左右賢王以下至當戶　　좌우 현왕 이하 당호까지

大者萬騎　　　　　　　　　많게는 만 기를

小者數千　　　　　　　　　작게는 수천을 거느렸는데

凡二十四長　　　　　　　　모두 24장(長)이었으며

立號曰萬騎　　　　　　　　호칭을 붙여 "만기(萬騎)"라 하였다.

諸大臣皆世官　　　　　　　대신들은 모두 관직을 세습하였다.

呼衍氏　　　　　　　　　　호연씨와

蘭氏[72]　　　　　　　　　난씨가 있었으며

---

69 **집해** 복건은 말하였다. "谷의 음은 록(鹿)이다. 蠡의 음은 리(離)이다." **색은** 복건은 음이
　녹리(鹿離)라고 하였다. 蠡의 음은 또 려(黎)라고도 한다.

70 **집해** 골도(骨都)는 이성(異姓)의 대신(大臣)이다. **색은** 『후한서(後漢書)』에는 "골도후(骨
　都侯)는 이성의 대신이다."라 하였다.

71 **집해** 서광은 말하였다. "도(屠)는 '제(諸)'로 된 판본도 있다."

72 **정의** 안사고는 말하였다. "호연(呼衍)은 지금의 선비(鮮卑) 성으로 호연(呼延)으로 부르는
　자이다. 난(蘭) 성은 지금도 있다."

其後有須卜氏[73]	그 후에 수복씨가 있었는데
此三姓其貴種也	이 세 성은 귀족 씨족이었다.
諸左方王將居東方	여러 왼쪽의 왕은 동쪽에 거처하였으며
直上谷[74]以往者	상곡 쪽으로 나간 것을 마주하여
東接穢貉朝鮮	동으로는 예맥과 조선까지 닿았으며,
右方王將居西方	오른쪽의 왕은 서방에 살았으며
直上郡[75]以西	상군 서쪽과 마주하여
接月氏氐羌[76]	월지와 저(氐), 강(羌)까지 닿았고,
而單于之庭直代雲中[77]	선우의 정(庭)은 대(代)와 운중을 마주하였다.

73 집해 호연씨(呼衍氏)와 수복씨(須卜氏)는 늘 선우와 혼인하였다. 수복씨는 송옥을 주관하였다. 색은 『후한서(後漢書)』에서는 "호연씨와 수복씨는 늘 선우와 혼인한다. 수복씨는 송옥을 주관하였다."라 하였다. 정의 『후한서』에서는 말하였다. "호연씨와 수복씨는 늘 선우와 혼인한다."

74 색은 요씨(姚氏)는 "고자(古字)는 으례 '直'을 '値'라 하였다. 치(値)는 당(當) 자의 뜻이다."라 하였다. 정의 상곡군(上谷郡)은 지금의 규주(嬀州)이다. 흉노의 동방은 남으로 나가 곧장 규주를 마주한다는 말이다.

75 정의 상군(上郡)의 옛 성은 경주(涇州) 상현(上縣) 동남쪽 50리 지점에 있다. 흉노의 서방은 남으로 수주(綏州)를 마주한다는 말이다.

76 색은 서쪽으로는 저(氐)와 강(羌)에 닿아 있는데, 『풍속통』에 의하면 "두 저(氐)는 본래 서남의 오랑캐 종족이다. 「지리지(地理志)」에서는 무도(武都) 백마저(白馬氐)가 있다."라 하였다. 또한 (西晉) 어환(魚豢)의 『위략(魏略)』에서는 "한나라에서는 무도군(武都郡)을 두었으며 그 종족 사람들을 몰아내어 산골짜기로 나뉘어 숨었는데 혹 청저(青氐)라고도 하고 백저(白氐)라고도 한다."라 하였다. 『찬문(纂文)』에서는 "저(氐)는 또한 양(羊)이라 칭한다."라 하였다. 『설문』에서는 "강(羌)은 서방의 양을 치는 사람들이다."라 하였다. 『속한서』에서는 "강(羌)은 삼묘(三苗) 강성(姜姓)의 별종으로 순(舜)이 삼위(三危)로 옮겼으며 바로 지금의 하관(河關) 서남쪽 의 강(羌)이다."라 하였다.

77 색은 흉노가 도읍한 곳을 '정(庭)'이라 일컫는다. 악산(樂產)은 "선우는 성곽이 없어 어디를 국도로 해야 할지를 몰랐다. 털 장막의 앞 땅이 뜰[庭]과 같았으므로 정(庭)이라고 한다."라 하였다. 정의 대군성(代郡城)은 북적(北狄)의 대국(代國)으로 진한(秦漢)의 대현성(代縣城)이며, 울주(蔚州) 강호현(羌胡縣) 북쪽 백50리 지점에 있다. 운중(雲中)의 옛 성은 조

各有分地　　　　　　　각기 땅을 나누어 가졌고

逐水草移徙　　　　　　물과 풀을 따라 옮겨 다녔다.

而左右賢王左右谷蠡王最爲大

　　　　　　　　　　　좌우 현왕과 좌우 녹리왕이 가장 컸고

左右骨都侯輔政　　　　좌우 골도후가 정사를 보조했다.

諸二十四長亦各自置千長百長什長⁷⁸裨小王相封⁷⁹都尉當戶且渠之屬⁸⁰.

　　　　　　　　　　　24장(長)은 또한 각기 나름대로 천장과 백장,
　　　　　　　　　　　십장, 비소왕, 상봉(相封), 도위, 당호, 저거 따위
　　　　　　　　　　　를 두었다.

歲正月　　　　　　　　매년 정월에는

諸長小會單于庭　　　　여러 우두머리들이 선우의 정(庭)에서 작은 모
　　　　　　　　　　　임을 갖고

祠　　　　　　　　　　제사를 지냈다.

五月　　　　　　　　　5월에는

大會龍城⁸¹　　　　　용성에서 큰 모임을 갖고

（趙)나라 운중성(雲中城)이며, 진(秦)나라 운중군(雲中郡)은 승주(勝州) 유림현(榆林縣) 동북
쪽 40리 지점에 있다. 흉노의 남쪽은 곧장 대(代), 운중(雲中)과 마주하고 있다는 말이다.

78 **색은** 『속한서(續漢書)』 「백관지(百官志)」에서는 "이(里)에는 수령[魁]이 있고, 사람에게는
십오(什伍)가 있다. 이괴(里魁)는 1리(里)의 백 가구를 주관하고 십(什)은 열 가구를 주관하
며 오(伍)는 다섯 가구의 우두머리[長]로 서로 검찰(檢察)한다."라 하였다. 그러므로 가의
(賈誼)의 「과진론(過秦論)」에서 "십백의 가운데서 부기하였다(俛起什百之中)."라 하였다.

79 **집해** 서광은 말하였다. "어떤 판본에는 '장(將)'으로 되어 있다."

80 **정의** 且의 음은 저[子餘反]이다. 안사고는 말하였다. "지금의 저거(沮渠) 성은 아마 이 관
직에서 유래한 것 같다."

81 **색은** 『한서』에는 "용성(龍城)으로 되어 있으며, 또한 '롱(龍)' 자라고도 한다." 최호(崔浩)
는 "서방의 오랑캐는 모두 용신(龍神)을 섬기므로 큰 모임을 갖는 곳을 용성(龍城)이라 하
였다."라 하였다. 『후한서』에서는 "흉노의 풍속에 해마다 세 번 용을 제사 지내고 천신에게
제사를 지낸다."라고 하였다.

祭其先天地鬼神	선조와 천지, 귀신에게 제사를 올렸다.
秋	가을에
馬肥	말이 살지면
大會蹛林[82]	대림에서 큰 모임을 갖고
課校人畜[83]計	사람과 가축의 수를 매기어 조사하였다.
其法	그 법에
拔刃尺者死	칼을 한 자를 뽑으면 사형에 처하였고
坐盗者沒入其家	도둑을 하다 적발되면 그 집을 몰수하였으며,
有罪小者軋[84]	작은 죄를 지으면 알형(軋刑)에 처하였고
大者死	큰 죄를 지은 자는 사형에 처하였다.
獄久者不過十日	옥에 오래 갇혀도 열흘을 넘지 않았으며

---

82 **집해** 『한서음의(漢書音義)』에서는 말하였다. "흉노는 추사(秋社)를 8월 중에 행하는데 모두 제사를 지내는 곳으로 모인다. 蹛의 음은 대(帶)이다." **색은** 복건은 말하였다. "음은 대(帶)이다. 흉노는 추사(秋社)를 8월 중에 행하는데 모두 제사를 지내는 곳으로 모인다." 정씨(鄭氏)는 말하였다. "지명이다." 진작(晉灼)은 "「이릉이 소무에게 보낸 편지(李陵與蘇武書)」에서는 '서로 다투어 대림으로 쫓아갔다(相競趨蹛林).'라 하였으니, 복건의 설이 옳다. 또한 위소는 음이 담[多藍反]이라고 하였다." 요씨(姚氏)는 「이목전(李牧傳)」에서 "흉노를 대파하고 첨람(襜襤)을 멸하였다."라 하였는데, 이 자는 위소의 음가와 자못 같지만 림(林)과 람(襤)의 소리가 서로 가까워 혹 '림(林)'을 '람(襤)'으로 생각한 것일 것이다. **정의** 안사고는 말하였다. "대(蹛)는 숲과 나무를 둘러싸고 제사를 지내는 것이다. 선비(鮮卑)족의 풍속이 예로부터 전하여졌는데 가을 제사에 임목(林木)이라는 것이 없으며, 여전히 버들가지를 드리우고 뭇 기병들이 세 번 주위를 달리고서야 그치니 이것이 그 남긴 법이다."

83 **정의** 음은 후[許又反]이다.

84 **집해** 『한서음의(漢書音義)』에서는 말하였다. "칼날로 그 얼굴을 벗기는 것이다." **색은** 복건은 말하였다. "칼로 얼굴을 베는 것으로 음은 알[烏八反]이다." 등전(鄧展)은 말하였다. "지나가는 것이다." 여순은 말하였다. "때리고 매질하는 것이다." 『삼창(三倉)』에서는 말하였다. "알(軋)은 전(輾)과 같은 뜻이다." 『설문』에서는 말하였다. "전(輾)은 깔고 지나가는 것이다." **정의** 안사고는 말하였다. "알(軋)은 그 뼈마디를 깔고 지나가는 것으로 지금의 복사뼈를 눌러 으깨는 것이다."

一國之囚不過數人	온 나라의 죄수는 몇 사람에 지나지 않았다.
而單于朝出營	선우는 아침에 영채를 나서
拜日之始生	갓 떠오르는 해를 보고 절하였으며
夕拜月	저녁에는 달을 보고 절을 하였다.
其坐	앉을 때는
長左而北鄕[85]	장자가 왼쪽에서 북쪽을 향하여 앉았다.
日上戊己	날은 무일(戊日)과 기일(己日)을 최고로 쳤다.
其送死	송장(送葬)을 할 때는
有棺槨金銀衣裘	관곽이 있으며 금은으로 꾸미고 갓옷을 입히지만
而無封樹喪服[86]	봉분과 (주위에 심은) 나무, 상복은 없었으며,
近幸臣妾從死者	가까운 총신이나 첩으로 순장(殉葬)하는 자가
多至數千百人[87]	많을 때는 수천 명을 헤아렸다.
擧事而候星月	거병할 때는 별과 달을 살피는데
月盛壯則攻戰	달이 차서 한창이면 공격을 하고
月虧則退兵	달이 이지러지면 군사를 물렸다.
其攻戰	싸울 때는
斬首虜賜一巵酒	적을 참수하면 술을 한잔 내리고
而所得鹵獲因以予之	얻은 노획물은 그에게 주며
得人以爲奴婢	사람을 생포하면 노비로 삼았다.
故其戰	그리하여 싸울 때는

---

85 **정의** 자리가 북향인데 장자가 왼쪽에 있으며 왼쪽을 높였다.

86 **집해** 장화(張華)는 말하였다. "흉노는 무덤을 두락(逗落)이라 하였다."

87 **정의** 『한서』에는 "수십 백인(數十百人)"으로 되어 있다. 안사고는 말하였다. "혹자는 수십 명이고 혹자는 백 명이 되었다."

人人自爲趣利	사람마다 제각기 자신의 이익을 추구하며
善爲誘兵以冒敵	적을 유인하여 적과 죽음을 무릅쓰고 싸우는 데 능하였다.
故其見敵則逐利	그러므로 적을 보면 이익을 쫓아
如鳥之集	새처럼 모여들며,
其困敗	곤경에 처하여 패하면
則瓦解雲散矣	와해되어 구름처럼 흩어졌다.
戰而扶輿死者	싸움에서 전사자를 데리고 오면
盡得死者家財	전사자의 가산을 모두 가졌다.

後北服渾庾屈射[88]丁零[89]鬲昆薪犁之國[90]	나중에 북으로 혼유와 굴역, 정령, 격곤(鬲昆), 신려의 나라를 항복시켰다.
於是匈奴貴人大臣皆服	이에 흉노의 귀인과 대신들은 모두 복종하여
以冒頓單于爲賢	묵특선우가 현명하다고 생각하였다.

是時漢初定中國	이때 한나라는 막 중국을 평정하여
徙韓王信於代	한왕 신(信)을 대(代)로 옮기고
都馬邑	마읍을 도읍으로 하였다.
匈奴大攻圍馬邑	흉노가 대대적으로 마읍을 공격하여 에워싸니
韓王信降匈奴	한왕 신은 흉노에 항복하였다.

---

88 색은 나라 이름. 射의 음은 역(亦)이며, 또한 석(石)이라고도 한다.

89 색은 『위략(魏略)』에서는 "정령(丁零)은 강거(康居)의 북쪽에 있으며, 흉노(匈奴)의 정(庭) 접섭수(接習水)와 7천 리 떨어져 있다."라 하였다. 또한 말하기를 "흉노의 북쪽에 혼유국(渾窳國)이 있다."라 하였다.

90 정의 이상 다섯 나라는 흉노의 북쪽에 있다.

匈奴得信	흉노는 한왕 신(信)을 잡자
因引兵南踰句注	이에 군사를 끌고 남으로 구주를 넘어
攻太原	태원을 공격하고
至晉陽下	진양의 아래까지 이르렀다.
高帝自將兵往擊之	고제가 친히 군사를 거느리고 흉노를 치러 갔다.
會多大寒雨雪	마침 겨울에 크게 춥고 눈까지 내려
卒之墮指者十二三	사졸 가운데 손가락이 떨어져 나간 자가 열에 두셋은 되어
於是冒頓詳敗走	이에 묵특은 거짓으로 패하여 달아나며
誘漢兵	한나라 군사를 유인하였다.
漢兵逐擊冒頓	한나라 군사가 묵특을 추격하자
冒頓匿其精兵	묵특은 정예병은 숨겨 놓고
見其羸弱	병들고 약한 군사만 보여주니
於是漢悉兵	이때 한나라의 모든 군사는
多步兵	거의가 보병이었는데
三十二萬	32만 명이
北逐之	북으로 추격하였다.
高帝先至平城[91]	고제가 먼저 평성에 이르고
步兵未盡到	보병들은 채 다 이르지도 않았는데
冒頓縱精兵四十萬騎圍高帝於白登[92]	묵특은 정예병 40만 기를 풀어 백등에서 고제를 에워쌌다.

---

91 집해 서광은 말하였다. "안문(鴈門)에 있다."

92 정의 백등대(白登臺)는 백등산(白登山) 위에 있는데, 삭주(朔州) 정양현(定襄縣) 동쪽 30리 지점이다. 정양현은 한나라 평성현(平城縣)이다.

七日	이레 동안
漢兵中外不得相救餉	한나라 군사들은 안팎으로 서로 구원하여 식량을 대지 못하였다.
匈奴騎	흉노의 기병은
其西方盡白馬	서쪽은 모두 백마였고
東方盡靑駹馬[93]	동쪽은 모두 이마가 흰 푸른 말이었으며
北方盡烏驪馬[94]	북쪽은 모두 검은 말이었고
南方盡騂馬[95]	남쪽은 모두 붉은 말이었다.
高帝乃使使間厚遺閼氏	고제가 이에 사신을 시켜 가만히 연지에게 재물을 두터이 보내자
閼氏乃謂冒頓曰	연지는 이에 묵특에게 말하였다.
兩主不相困	"두 임금이 서로를 곤경에 빠뜨릴 수는 없습니다.
今得漢地	지금 한나라 땅을 얻어도
而單于終非能居之也	선우는 끝내 잘 거처할 수 없습니다.
且漢王亦有神	아울러 한왕도 (도와주는) 신이 있으니
單于察之	선우께서는 살피십시오."
冒頓與韓王信之將王黃趙利期	묵특은 한왕 신(信)의 장수 왕황, 조리와 기약하였으나
而黃利兵又不來	왕황과 조리가 또한 오지 않자
疑其與漢有謀	한나라와 모략하였다고 의심하였으며

---

93 색은 駹의 음은 망[武江反]이다. 청방마(靑駹馬)는 푸른색이다. 정의 정현(鄭玄)은 말하였다. "방(駹)은 순수하지 않은 것이다." 『설문』에서는 말하였다. "방(駹)은 얼굴과 이마가 모두 희다." 『이아(爾雅)』에서는 검은색 말인데 얼굴이 흰 것이라고 하였다.

94 색은 『설문』에서는 말하였다. "려(驪)는 흑색이다."

95 색은 『시전(詩傳)』에서는 "붉고 누런 것을 성(騂)이라 한다."고 하였다.

亦取閼氏之言	또한 연지의 말을 받아들여
乃解圍之一角	곧 포위한 한쪽 귀퉁이를 풀었다.
於是高帝令士皆持滿傳[96]矢外鄕	이에 고제는 병사들에게 모두 활에 화살을 매겨 밖으로 향하게 하고
從解角直出	포위가 풀린 귀퉁이로 곧장 나가
竟與大軍合	마침내 대군과 합류하였으며
而冒頓遂引兵而去	묵특은 마침내 군사를 끌고 떠났다.
漢亦引兵而罷	한나라도 군사를 끌고 철수하여
使劉敬結和親之約	유경에게 화친의 조약을 맺게 하였다.
是後韓王信爲匈奴將	이후 한왕 신(信)이 흉노의 장수가 되어
及趙利王黃等數倍約	조리, 왕황 등과 함께 수차례나 조약을 위반하고
侵盜代雲中	대(代)와 운중을 침탈하였다.
居無幾何	얼마 있지 않아
陳豨反	진희가 반기를 들고
又與韓信合謀擊代	또한 한신과 함께 모의하여 대(代)를 쳤다.
漢使樊噲往擊之	한나라는 번쾌에게 그들을 치게 하여
復拔代鴈門雲中郡縣	대(代)와 안문, 운중의 군현을 다시 빼앗았지만
不出塞	변경을 나가지는 못하였다.
是時匈奴以漢將眾往降	이때 흉노에는 한나라 장수가 가서 항복하는 일이 많아
故冒頓常往來侵盜代地	묵특은 늘 왕래하면서 대(代)의 땅을 침략하였다.
於是漢患之	이에 한나라도 두려워하여

---

96 색은 음은 부(附)이다.

874

高帝乃使劉敬奉宗室女公主爲單于閼氏

> 고제는 곧 유경에게 종실의 딸을 공주로 받들어 선우의 연지로 삼게 하여

歲奉匈奴絮繒酒米食物各有數

> 해마다 흉노에게 비단이며 누룩, 먹을 것을 각기 일정량을 보내고

約爲昆弟以和親

> 형제로 삼아 화친의 조약을 맺자

冒頓乃少止

> 묵특이 이에 조금 그만두었다.

後燕王盧綰反

> 나중에 연왕 노관이 반기를 들어

率其黨數千人降匈奴

> 그 무리 수천 명을 데리고 흉노에 항복하여

往來苦上谷以東

> 왕래하며 상곡 이동 지역을 괴롭혔다.

高祖崩

> 고조가 돌아가시고

孝惠呂太后時

> 효혜제와 여태후 때

漢初定

> 한나라가 막 안정되었으므로

故匈奴以驕

> 흉노는 교만하였다.

冒頓乃爲書遺高后

> 묵특은 이에 편지를 써서 고후에게 보내어

妄言

> 망언을 하였다.

高后欲擊之[97]

> 고후가 치려고 하자

諸將曰

> 여러 장수들이 말하였다.

---

97 색은 『한서』에서는 "고후(高后) 때 묵특이 점점 교만해져 이에 사자를 시켜 고후에게 편지를 보내어 말하기를 '외롭고 약하여 일어날 수 없는 임금이 저택(沮澤)에서 태어나 소와 말이 있는 평야에서 자라 자주 변경에 이르러 중국에서 놀기를 바랍니다. 폐하께서는 홀로 계시고 우리 임금은 홀로 사시어 두 임금이 즐겁지 않아 스스로 즐길 도리가 없으니 원컨대 가진 것을 가지고 그 없는 것과 바꾸었으면 합니다.'라 하였다. 고후는 노하여 치려고 하였다."라 하였다.

以高帝賢武	"고제께서는 현명하고 용감하였지만
然尙困於平城	오히려 평성에서 곤경에 처하였습니다."
於是高后乃止[98]	이에 고후는 곧 그만두고
復與匈奴和親	다시 흉노와 화친하였다.

至孝文帝初立	효문제가 막 즉위하였을 때
復修和親之事	다시 화친하는 일을 다졌다.
其三年五月	문제 3년 5월에
匈奴右賢王入居河南地	흉노의 우현왕이 하남 땅에 들어와 머물면서
侵盜上郡葆塞蠻夷	상군의 보새(葆塞)의 만이들을 노략질하고
殺略人民	백성들을 살인 약탈하였다.
於是孝文帝詔丞相灌嬰發車騎八萬五千	
	이에 효문제는 승상 관영에게 기병 8만 5천을 일으켜
詣高奴[99]	고노로 가서
擊右賢王	우현왕을 치게 하였다.
右賢王走出塞	우현왕은 달아나 변새 밖으로 나갔다.
文帝幸太原	문제는 태원에 행차하였다.
是時濟北王反	이때 제북왕이 반기를 들어
文帝歸	문제는 돌아왔으며
罷丞相擊胡之兵	승상의 오랑캐를 치던 병사를 거두었다.

其明年	그 이듬해에

---

98 색은 『한서』에 의하면 계포(季布)가 간하지 고후(高后)가 이에 그만두었다고 하였다.
99 정의 연주성(延州城)은 본래 한나라 고노현(高奴縣)의 옛 도읍이다.

單于遺漢書日	선우는 한나라에 편지를 보내어 말하였다.
天所立匈奴大單于敬問皇帝無恙	
	"하늘이 세운 흉노의 대선우가 삼가 황제께서 무양하신지 여쭙습니다.
前時皇帝言和親事	전에 황제께서 화친의 일을 말씀하셨는데
稱書意	편지의 뜻이 맞아떨어져
合歡	기뻐하였습니다.
漢邊吏侵侮右賢王	한나라 변방의 관리가 우현왕을 모욕하여
右賢王不請	우현왕이 청하지도 않고
聽後義盧侯難氏¹⁰⁰等計	후의(後義), 노후(盧侯), 난지(難氏) 등의 계책을 듣고
與漢吏相距	한나라 관리와 서로 맞서
絕二主之約	두 임금의 맹약을 끊고
離兄弟之親	형제의 친함이 벌어졌습니다.
皇帝讓書再至	황제의 꾸짖는 글이 두 번 이르러
發使以書報	사신을 보내어 편지로 답하였는데
不來	돌아오지 않았고
漢使不至	한나라 사신도 이르지 않았으며
漢以其故不和	한나라는 그런 까닭에 화친을 하지 않았고
鄰國不附	이웃나라도 가까이하지 않았습니다.
今以小吏之敗約故	지금 하찮은 관리가 맹약을 어그러뜨린 이유로
罰右賢王	우현왕을 벌하여
使之西求月氏擊之	그로 하여금 서쪽으로 월지를 찾아 깨뜨리게

---

100 **집해** 서광은 말하였다. "음은 지(支)이다." **색은** 흉노의 장수 이름이다. 氏의 음은 지 (支)이다.

하였습니다.

以天之福	하늘의 복과
吏卒良	관리와 군사의 훌륭함,
馬彊力	말의 강한 힘으로
以夷滅月氏	월지를 멸하여
盡斬殺降下之	모두 참살하고 항복시켰습니다.

定樓蘭[101]烏孫呼揭[102]及其旁二十六國

누란과 오손(烏孫), 호걸(呼揭) 및 그 곁의 26개 국을 평정하여

皆以爲匈奴[103]	모두 흉노로 삼았습니다.
諸引弓之民	여러 활을 당기는 백성들이
并爲一家	모두 일가가 되었습니다.
北州已定	북주가 이미 안정되자
願寢兵休士卒養馬	전쟁을 그치고 사졸들을 쉬게 하며 말을 기르고
除前事	앞에 있었던 일은 없애고
復故約	옛 맹약을 회복하여
以安邊民	변방의 백성들을 편안하게 하여
以應始古	처음 옛날의 것에 응하여
使少者得成其長	젊은이들은 잘 자라게 하고
老者安其處	늙은이들은 거처를 편안히 여기게 하여

---

101 **집해** 서광은 말하였다. "어떤 판본에서는 '누황(樓湟)'이라고 하였다." **정의** 『한서』에서는 선선국(鄯善國)의 이름이 누란(樓蘭)이며, 장안에서 천6백 리 떨어져 있다.

102 **집해** 음은 걸(桀)이다. **색은** 음은 걸(傑)이며, 또한 걸[丘列反]이라고도 한다. **정의** 揭의 음은 걸(桀)이며, 또한 게[其例反]라고도 한다. 두 나라는 모두 과주(瓜州)의 서북쪽에 있다. 오손(烏孫)은 전국시대 때 과주(瓜州)에서 거주하였다.

103 **색은** 모두 흉노의 한 나라로 들어갔음을 이른다.

世世平樂	대대로 평안하고 즐겁기를 바랐습니다.
未得皇帝之志也	황제의 뜻을 얻지 못하여
故使郎中係雩淺奉書[104]請	낭중 혜호천(係雩淺)으로 하여금 편지를 받들고 청하게 하여
獻橐他一匹	낙타 한 마리와
騎馬二匹	타는 말 두 마리,
駕二駟[105]	수레를 끄는 말 여덟 필을 삼가 바칩니다.
皇帝即不欲匈奴近塞	황제께서 흉노가 변경에 가까이하지 않았으면 하고 바라신다면
則且詔吏民遠舍	잠시 관리와 백성들을 우리 거처에서 멀리 떨어지게 해주십시오.
使者至	사자가 이르면
即遣之	즉시 보내주십시오."
以六月中來至薪望之地[106]	6월 중순에 와서 신망의 땅에 이르렀다.
書至	편지가 이르자
漢議擊與和親孰便	한나라에서는 공격과 화친 중 어떤 것이 유리한가 논의하였다.
公卿皆曰	공경들이 모두 말하였다.
單于新破月氏	"선우는 막 월지를 깨뜨린 터라
乘勝	승세를 타고 있으니

---

104 집해 雩의 음은 호[火胡反]이다. 색은 係의 음은 혜[胡計反]이다. 雩의 음은 호[火胡反]이다.

105 정의 안사고는 말하였다. "가(駕)는 수레를 끌 만한 것이다. 2사(駟)는 여덟 필이다."

106 집해 『한서음의(漢書音義)』에서는 말하였다. "새하(塞下)의 지명이다." 색은 망신(望薪)의 땅이다. 복건은 말하였다. "한(漢)나라 경계에 있는 새하(塞下)의 지명으로 지금 흉노의 사지가 이곳에 이르렀다."

不可擊	칠 수가 없습니다.
且得匈奴地	또한 흉노의 땅을 얻어봤자
澤鹵[107]	늪과 진펄이니
非可居也	살 수가 없습니다.
和親甚便	화친을 하는 것이 유리합니다."
漢許之	한나라에서 허락하였다.
孝文皇帝前六年	효문제 전(前) 6년(B.C. 174)에
漢遺匈奴書曰	한나라에서 흉노에게 편지를 보내어 말하였다.
皇帝敬問匈奴大單于無恙	"황제가 삼가 흉노의 대선우께서 무양하신지 문안드립니다.
使郎中係雩淺遺朕書曰	낭중 혜호천으로 하여금 짐에게 편지를 보내어 말하기를
右賢王不請	'우현왕이 청하지도 않고
聽後義盧侯難氏等計	후의(後義), 노후(盧侯), 난지(難氏) 등의 계책을 듣고
絕二主之約	두 임금의 맹약을 끊고
離兄弟之親	형제의 친함이 벌어졌습니다.
漢以故不和	한나라는 그런 까닭에 화친을 하지 않았고
鄰國不附	이웃나라도 가까이하지 않았습니다.
今以小吏敗約	지금 하찮은 관리가 맹약을 어그러뜨린 이유로
故罰右賢王使西擊月氏	우현왕을 벌하여 서쪽으로 월지를 찾아 깨뜨리게 하여
盡定之	모두 평정하였습니다.

---

107 정의 앞의 글자는 음이 석(舄)이다.

願寢兵休士卒養馬	전쟁을 그치고 사졸들을 쉬게 하며 말을 기르고
除前事	앞에 있었던 일은 없애어
復故約	옛 맹약을 회복하고
以安邊民	변방의 백성들을 편안하게 하여
使少者得成其長	젊은이들은 잘 자라게 하고
老者安其處	늙은이들은 거처를 편안히 여기게 하여
世世平樂	대대로 평안하고 즐겁기를 바랐습니다.'라 하였습니다.
朕甚嘉之	짐은 그것을 매우 가상히 여기니
此古聖主之意也	이는 옛 성주의 뜻입니다.
漢與匈奴約爲兄弟	한나라와 흉노는 형제가 되기로 맹약하여
所以遺單于甚厚	선우에게 매우 두터이 예물을 보냈습니다.
倍約離兄弟之親者	약속을 저버려 형제의 친함이 벌어지도록 한 것은
常在匈奴	늘 흉노에 있었습니다.
然右賢王事已在赦前	그러나 우현왕의 일은 용서하기 전에 있었으니
單于勿深誅	선우께서는 깊이 벌하지 마십시오.
單于若稱書意	선우께서 글의 뜻에 동의하시면
明告諸吏	여러 관리들에게 분명히 알리어
使無負約	맹약을 저버리지 않게 하시어
有信	신의가 있으면
敬如單于書	삼가 선우의 뜻대로 하겠습니다.
使者言單于自將伐國有功	사자가 말하기를 선우께서 친히 거느리고 나라를 쳐 공을 세워
甚苦兵事	전쟁의 일로 매우 고생하셨다고 하였소.

服繡袷綺衣[108]繡袷長襦[109]錦袷袍各一
　　　　　　　　　천자의 복장인 수겹기의와 수겹장유, 금겹포 각 한 벌,

比余一[110]
　　　　　　　　　비여 한 개,

黃金飾具帶一[111]
　　　　　　　　　황금 장식 요대 한 개,

黃金胥紕一[112]
　　　　　　　　　황금 서비 한 개,

繡十匹
　　　　　　　　　수놓은 비단 열 필,

錦三十匹
　　　　　　　　　비단 34필,

赤綈[113]綠繒各四十匹
　　　　　　　　　붉은 두꺼운 비단, 푸른 비단 각 40필을

---

108 （색은） 소안(小顏)은 "복(服)은 천자가 입는 것이다. 수놓은 비단을 바깥을 꾸미고 무늬가 있는 비단으로 안을 만든다."라 하였다. 그대로 묵특에게 내리는 것이다. 『자림(字林)』에서는 "겹의(袷衣)는 솜이 없는 것이다. 음은 겹[公洽反]이다."라 하였다.

109 （집해） 서광은 말하였다. "어떤 판본에는 '겹(袷)' 자가 없다."

110 （집해） 서광은 말하였다. "어떤 판본에는 '소비(疏比)'로 되어 있다." （색은） 『한서』에는 "비소(比疏) 한 개"로 되어 있다. 比의 음은 비(鼻)이다. 소안(小顏)은 "땋은 머리를 장식하는 것으로 금으로 만든다."라 하였다. 『광아(廣雅)』에서는 "비(比)는 빗[櫛]이다."라 하였다. 『창힐편(蒼頡篇)』에서는 "가는 것이 비(比)이고, 거친 것은 소(梳)이다." 소림(蘇林)의 설에 따르면, 지금은 또한 '소비(梳比)'라고도 하며, 혹자는 또한 허리띠를 장식하는 것이라고 한다.

111 （집해） 『한서음의(漢書音義)』에서는 말하였다. "허리의 큰 띠이다." （색은） 허리의 큰 띠를 이른다.

112 （집해） 서광은 말하였다. "어떤 판본에는 '서비(犀毗)'로 되어 있으며 '일(一)' 자가 없다." （색은） 『한서』에는 '서비(犀毗)'로 되어 있고 아래에 '일(一)' 자가 없는 것도 있다. 여기서 '서(胥)'라 한 것은 서(犀)와 소리가 가까워 아마 잘못된 것일 것이다. 장안은 "선비(鮮卑)의 널찍한 허리띠로 상서로운 동물의 이름인데 동호(東胡)가 즐겨 착용하였다."라 하였다. 『전국책(戰國策)』에서는 "조무령왕(趙武靈王)이 주소(周紹)에게 구대[具帶: 요대(腰帶)]와 황금사비(黃金師比)를 내렸다."라 하였다. 연독(延篤)은 "오랑캐의 혁대 갈고리[革帶鉤]이다."라 하였다. 곧 이 대구(帶鉤) 또한 '사비(師比)'라 하였으니, '서(胥)'와 '서(犀)' 그리고 '사(師)'가 모두 음이 가까우며 설이 각기 다를 따름이다. 반고(班固)가 두헌(竇憲)에게 보낸 글에서 "서비(犀比)의 금두대(金頭帶)를 내렸다."한 것이 이것이다.

113 （정의） 음은 제(唏)이다. （색은） 『설문』에서는 "제(綈)는 두꺼운 비단이다."라 하였다.

使中大夫意謁者令肩遺單于	중대부 의(意)와 알자령 견(肩)으로 하여금 선우께 보내게 합니다."
後頃之	그 뒤 조금 있다가
冒頓死	묵특이 죽고
子稽粥立[114]	아들인 계육이 즉위하였는데
號曰老上單于	노상선우(老上單于)라 불렀다.
老上稽粥單于初立[115]	노상계육선우(老上稽粥單于)가 막 즉위하자
孝文皇帝復遣宗室女公主爲單于閼氏	효문황제는 다시 종실의 여공주를 선우의 연지로 보냈는데
使宦者燕人中行說[116]傅公主	환관 연나라 사람 중항열에게 공주를 수행하게 하였다.
說不欲行	열(說)은 가려고 하지 않았는데
漢彊使之	한나라에서 억지로 보냈다.
說曰	열이 말하였다.
必我行也	"기필코 저를 보낸다면
爲漢患者	한나라의 근심이 될 것입니다."
中行說既至	중항열은 이르자마자
因降單于	바로 선우에게 항복하니
單于甚親幸之	선우가 그를 매우 가까이하여 총애했다.

---

114 색은 稽의 음은 계(雞)이다. 粥의 음은 육(育)이다.

115 집해 서광은 말하였다. "어떤 판본에는 '계육제이선우(稽粥第二單于)'로 되어 있는데, 이후로 모두 아우[弟]로 구별하였다."

116 정의 行의 음은 항[胡郎反]이다. 중항(中行)은 성이고, 열(說)은 이름이다.

初	처음에
匈奴好漢繒絮食物	흉노가 한나라의 비단과 음식을 좋아하였는데
中行說曰	중항열이 말하였다.
匈奴人眾不能當漢之一郡	"흉노의 인구는 한나라의 한 군(郡)도 당할 수 없지만
然所以彊者	강한 까닭은
以衣食異	의식이 다르기 때문이니
無仰於漢也	한나라를 우러르지 마십시오.
今單于變俗好漢物	지금 선우께서 풍속을 바꾸어 한나라 물건을 좋아하시는데
漢物不過什二	한나라 물건이 20%를 넘지 않아도
則匈奴盡歸於漢矣[117]	흉노는 몽땅 한나라에 귀속될 것입니다.
其得漢繒絮	한나라의 비단을 얻어
以馳草棘中	초원과 가시밭을 달리면
衣袴皆裂敝	옷과 바지가 모두 찢어져 해질 것이니
以示不如旃裘之完善也	털옷과 갖옷의 완전함만 못함을 보여줍니다.
得漢食物皆去之	얻은 한나라의 음식을 모두 버리시어
以示不如湩酪[118]之便美也	낙농 제품의 편하고 맛있음보다 못하다는 것을 보여주십시오."
於是說教單于左右疏記	이에 중항열은 선우 좌우의 사람에게 기록하는 것을 가르쳐

---

117 **집해** 위소는 말하였다. "한나라의 물건 10분의 2만 흉노로 들어오게 되면 흉노는 마음이 움직여 한나라에 귀속될 것이라는 말이다."

118 **집해** 동(湩)은 젖의 즙이다. 음은 동[都奉反]이다. **색은** 重駱의 음은 동락(湩酪)이다. 『삼창(三倉)』에서는 "동(湩)은 젖의 즙이다."라 하였다. 『자림(字林)』에서는 "음은 종[竹用反]이다."라 하였다. 『목천자전(穆天子傳)』에서는 "우마(牛馬)의 젖은 신토(臣菟) 사람이 갖추는 것이다."라 하였다.

以計課其人眾畜物[119]	인구와 가축을 헤아려 세금을 부과하게 하였다.

漢遺單于書	한나라가 선우에게 편지를 보낼 때는
牘以尺一寸	한 자 한 치의 간독(簡牘)을 썼는데
辭曰皇帝敬問匈奴大單于無恙	"황제가 삼가 흉노의 대선우께서 무양한가 안부를 묻는다." 하고
所遺物及言語云云	보내는 물건 및 말을 어쩌고저쩌고 적었다.
中行說令單于遺漢書以尺二寸牘	중항열은 선우에게 한나라에 편지를 보낼 때 한 자 두 치의 간독
及印封皆令廣大長	및 봉인을 모두 넓고 크고 길게 하도록 하였으며
倨傲其辭曰天地所生日月所置匈奴大單于敬問漢皇帝無恙	말도 거만하게 "천지가 낳고 일월이 둔 흉노 대선우가 삼가 한나라 황제께서 무양하신지 안부를 묻는다."라 하고
所以遺物言語亦云云	보내는 물건과 말을 어쩌고저쩌고라 하게 하였다.

漢使或言曰	한나라 사신 중에 혹자가
匈奴俗賤老	"흉노의 풍속은 늙은이를 천대한다."고 하였다.
中行說窮漢使曰	중항열이 한나라 사신에게 추궁하였다.
而漢俗屯戍從軍當發者	"그런데 한나라의 풍속에 수자리 서러 종군하여 출발하려는 자에게
其老親豈有不自脫溫厚肥美以齎送飲食行戍乎	그 노친네가 어찌 스스로 따뜻하고 두터운 옷

---

119 **정의** 앞의 글자는 음이 후[許又反]이다.

	을 벗어주고 살지고 맛있는 음식을 주어 수자리 서러 가는 자를 보내지 않습니까?"
漢使曰	한나라 사신이 말하였다.
然	"그렇습니다."
中行說曰	중항열이 말하였다.
匈奴明以戰攻爲事	"흉노는 분명히 진공하는 것을 일삼는데
其老弱不能鬥	그 노약자들은 싸울 수 없으므로
故以其肥美飲食壯健者	살지고 맛있는 것을 건장한 자에게 먹고 마시게 하는 것이
蓋以自爲守衛	아마 스스로 지키는 것이라 생각할 것이며
如此父子各得久相保	이렇게 하여야 부자간에 각기 오래도록 보전할 수 있으니
何以言匈奴輕老也	어째서 흉노가 늙은이를 경시한다고 말하오?"
漢使曰	한나라 사자가 말하였다.
匈奴父子乃同穹廬而臥[120]	"흉노는 부자간에 곧 같은 천막에서 잠을 잡니다.
父死	아비가 죽으면
妻其後母	그 남은 어미를 아내로 삼으며,
兄弟死	형제가 죽으면
盡取其妻妻之	그 아내를 모두 취하여 아내로 삼습니다.
無冠帶之飾	관모나 띠의 장식이나
闕庭之禮	조정에서의 예법 같은 것도 없소."
中行說曰	중항열이 말하였다.
匈奴之俗	"흉노의 풍속은
人食畜肉	사람이 가축의 고기를 먹고

---

120 집해 『한서음의(漢書音義)』에서는 말하였다. "궁려(穹廬)는 모전 장막이다."

飮其汁	그 젖을 마시며
衣其皮	그 가죽으로 옷을 해 입습니다.
畜食草飮水	가축은 풀을 먹고 물을 마시느라
隨時轉移	수시로 옮겨 다닙니다.
故其急則人習騎射	그러므로 급한 일이 있으면 말 타고 활 쏘는 것을 익히고
寬則人樂無事	여유가 있으면 사람들이 일이 없음을 즐기어
其約束輕	약속이 가벼워
易行也	행하기가 쉽습니다.
君臣簡易	군신 관계가 간이하여
一國之政猶一身也	한 나라의 정치가 한 몸과 같습니다.
父子兄弟死	부자와 형제가 죽으면
取其妻妻之	그 아내를 취하여 아내로 삼는 것은
惡種姓之失也	종족의 성을 잃음을 싫어해서입니다.
故匈奴雖亂	그러므로 흉노는 비록 어지러워도
必立宗種	반드시 종족의 후대를 세웁니다.
今中國雖詳[121]不取其父兄之妻	지금 중국이 비록 겉으로는 그 부형의 아내를 취하지 않지만
親屬益疏則相殺	친속 관계가 더 멀어지면 서로 죽이고
至乃易姓	심지어 곧 성까지 바꾸는 것은
皆從此類	모두 이런 데서 기인하는 것입니다.
且禮義之敝	또한 예의가 흐트러져
上下交怨望	상하가 서로 원망하며

---

121 색은 『한서』에는 '양(陽)'으로 되어 있으며, 이곳의 음 또한 양(羊)이다.

而室屋之極	집을 짓는 것은 극도에 이르러도
生力必屈[122]	사는 힘은 반드시 다하게 됩니다.
夫力耕桑以求衣食	농사와 누에치기에 힘써 의식을 추구하며
築城郭以自備	성곽을 쌓아 스스로 대비하므로
故其民急則不習戰功	그 백성들은 다급할 때 전쟁을 익히지 않으며
緩則罷於作業	여유가 있을 때는 일을 하느라 지치게 됩니다.
嗟土室之人	아, 흙으로 집을 짓고 사는 사람들은
顧無多辭	말을 많이 하지 마십시오.
令喋喋[123]而佔佔[124]	설령 말을 번지르르하게 하고 옷을 번듯하게 입으며
冠固何當[125]	관을 쓴들 실로 어찌 감당하겠습니까?”

自是之後	이 이후로
漢使欲辯論者	한나라 사신이 변론을 하고자 하면
中行說輒曰	중항열이 그 즉시 말하였다.
漢使無多言	“한나라 사신은 말을 많이 하지 마시오.

---

122 색은 집을 지어서 사람들이 모두 극히 그 삶을 영위하다 기력이 다함에 이르게 된다는 말이다. 屈의 음은 굴[其勿反]이다.

123 집해 음은 첩(諜)이며, 말을 잘 하는 것이다.

124 집해 음은 첨[昌占反]이며, 의상을 입은 모양이다.

125 집해 비록 다시 관을 썼다 하더라도 실로 어떻게 더할 것을 당하겠느냐는 말이다. 색은 등전(鄧展)은 말하였다. “喋의 음은 첩(牒)이다. 점(佔)은 귓속말을 하는 것이다.” 복건은 말하였다. “혀를 나불거리는 것이다.” 여순은 말하였다. “너희 한나라 사람들이 주로 집에서 살고 실로 관을 쓰고 있다고 하더라도 귀할 만한 것이 없음을 말하였다.” 소안(小顔)은 말하였다. “첩첩(喋喋)은 말을 잘하는 것이다. 점점(佔佔)은 의상(衣裳)의 모습이다. 喋의 음은 첩[昌涉反]이며, 佔의 음은 점(占)이다. 잘 생각해 보고 속닥속닥 재잘거리지 말라는 것을 말할 따름이다. 비록 스스로 관을 썼다고는 하나 무슨 보탬이 되는 것이 있겠느냐는 말이다.”

顧漢所輸匈奴繒絮米糵	한나라에서 흉노에게 보내주는 비단과 쌀, 누룩을
令其量中	그 양에 맞게 하고
必善美而已矣	반드시 좋고 훌륭하게 하면 될 따름이지
何以爲言乎	어떻게 말을 하겠소?
且所給備善則已	또한 줄 것을 갖추고 좋으면 그만일 따름이며,
不備	갖추지 않고
苦惡126	실로 질이 나쁘면
則候秋孰	가을에 익기를 기다려
以騎馳踐而稼穡耳127	말을 달려 그대들의 농작물을 짓밟을 따름이오.”
日夜教單于候利害處	밤낮으로 선우에게 유리한 점과 해로운 점을 가르쳤다.

漢孝文皇帝十四年	한나라 효문황제 14년(B.C. 166)에
匈奴單于十四萬騎入朝那蕭關	흉노 선우의 14만 기가 조나와 소관을 침입하여
殺北地都尉卬128	북지의 도위 앙(卬)을 살해하고
虜人民畜產甚多	백성들과 축산물을 노략질함이 매우 많았으며
遂至彭陽129	마침내 팽양에까지 이르렀다.

---

126 **집해** 위소는 말하였다. “苦는 거칠다는 뜻이다. 음은 ‘미고(靡鹽)’의 ‘고(鹽)’와 같다.”
127 **집해** 서광은 말하였다. “踐의 음은 유[而九反]이다.”
128 **집해** 서광은 말하였다. “성은 손(孫)이다. 그 아들 단(單)이 병후(鉼侯)에 봉하여졌다. 음은 병[白丁反]이다.” **색은** 卬의 음은 앙[五郎反]이다. 서광은 말하였다. “성은 손(孫)이며, 그 후에 아들 단(單)이 병후(瓶侯)에 봉하여졌다. 음은 병[白丁反]이다.”
129 **집해** 서광은 말하였다. “안정(安定)에 있다.” **색은** 팽양에서 나왔다. 위소는 말하였다. “안정현(安定縣)이다.” **정의** ‘성(城)’ 자가 잘못된 것이다. 『괄지지』에서는 말하였다. “팽성(彭城)의 옛 성은 경주(涇州) 임성현(臨城縣) 동쪽 20리 지점에 있다.” 팽성은 규주(嬀州)에 있으며, 북지군과는 매우 멀어 팽성이 아님은 분명하다.

使奇兵入燒回中宮[130]	기습병으로 하여금 회중궁에 들어가 불태우게 했으며
候騎[131]至雍甘泉[132]	척후 기병이 옹(雍)의 감천궁에까지 이르렀다.
於是文帝以中尉周舍郎中令張武爲將軍	이에 문제는 중위 주사와 낭중령 장무를 장수로 삼아
發車千乘	수레 천승과
騎十萬	기병 10만을 징발하여
軍長安旁以備胡寇	장안 곁에 주둔하게 하여 오랑캐에 대비하게 하였다.
而拜昌侯盧卿[133]爲上郡將軍	그리고 창후 노경을 상군장군으로 삼았으며
甯侯魏遫爲北地將軍	영후 위속을 북지장군으로,
隆慮侯周竈爲隴西將軍	융려후 주조를 농서장군으로,
東陽侯張相如爲大將軍	동양후 장상여를 대장군으로,
成侯董赤[134]爲前將軍	성후 동적을 전장군으로 삼아
大發車騎往擊胡[135]	대대적으로 전차와 기병을 일으켜 가서 오랑캐

---

130 **색은** 복건은 말하였다. "북지(北地)에 있으며 무제(武帝)가 궁을 만들었다."라 하였다. 「시황본기(始皇本紀)」27년(B.C. 220)에 "계두산(雞頭山)에 올라 회중(回中)을 지났다."라 하였다. 무제(武帝) 원봉(元封) 4년(B.C. 107) 회중(回中)의 길을 통하였다. **정의** 『괄지지』에서는 말하였다. "진(秦)나라 회중궁(回中宮)은 기주(岐州) 옹현(雍縣) 서쪽 40리 지점에 있으며 곧 흉노가 불태운 곳이다."

131 **색은** 최호는 말하였다. "후(候)는 순행하는 기병이다."

132 **정의** 『괄지지』에서는 말하였다. "운양(雲陽)이다. 진(秦)나라의 임광궁(林光宮), 한나라의 감천궁(甘泉宮)으로 옹주(雍州) 운양(雲陽) 서북쪽 80리 지점에 있다. 진시황은 감천궁을 지었는데 장안과 3백 리 떨어졌으며 장안이 바라다보인다. 진시황(秦皇帝) 이래 하늘을 제사 지내는 환구(圜丘)가 있는 곳이다."

133 **색은** 「표(表)」에는 '노(盧)'가 '노(㿖)'로 되어 있는데, 고금자(古今字)일 따름이다.

134 **정의** 음은 혁(赫)이다.

를 쳤다.

單于留塞內月餘乃去	선우는 변경 안에 달포를 머물다가 떠났으며
漢逐出塞即還	한나라는 변경 바깥까지 쫓아갔다 곧 돌아왔는데
不能有所殺	사살할 수가 없었다.
匈奴日已驕	흉노는 날로 이미 교만해져
歲入邊	해마다 변경을 쳐들어와
殺略人民畜產甚多	백성을 죽이고 가축을 약탈한 것이 매우 많았는데
雲中遼東最甚	운중과 요동이 가장 심하였고
至代郡萬餘人	대군(代郡)은 만여 명에 이르렀다.
漢患之	한나라는 근심하여
乃使使遺匈奴書	이에 사신을 시켜 흉노에게 편지를 보내게 했다.
單于亦使當戶報謝	선우 또한 당호로 하여금 보답하게 하고
復言和親事	다시 화친의 일을 말하였다.

孝文帝後二年	효문제 후원(後元) 2년(B.C. 162)에
使使遺匈奴書曰	사신을 보내 흉노에게 편지를 보내 말하였다.
皇帝敬問匈奴大單于無恙	"황제가 삼가 흉노의 대선우께서 무양하신지 문안드립니다.
使當戶且居¹³⁶雕渠難¹³⁷郎中韓遼遺朕馬二匹	당호 저거 조거난과 낭중 한료(韓遼)에게 짐의 말 두 필을 보내게 하였는데
已至	이르면

---

135 **집해** 서광은 말하였다. "내사(內史) 난포(欒布) 또한 장군이 되었다."

136 **색은** 『한서』에는 '저거(且渠)'로 되어 있는데, 흉노의 관직 호칭이다.

137 **색은** 악언(樂彥)은 "당호(當戶)와 저거(且渠)는 각자 하나의 관직이다. 조거난(雕渠難)이 이 관직을 맡은 것이다."라 하였다. **정의** 조거난은 그 성명이다. 且의 음은 저[子余反]이다.

敬受	삼가 받아주시오.
先帝制	선제(先帝)의 규정에
長城以北	장성 이북은
引弓之國	활을 당기는 나라로
受命單于	선우의 명을 받으며,
長城以內	장성 이내는
冠帶之室	관대를 한 나라로
朕亦制之	짐이 또한 다스린다고 하였소.
使萬民耕織射獵衣食	만민이 경작하고 베 짜고 활을 쏘아 사냥하며 입고 먹게 한다면
父子無離	부자간에 떨어지지 않고
臣主相安	군신이 서로 편안히 여기어
俱無暴逆	모두 흉포하고 거스르는 자가 없게 될 것이오.
今聞渫惡民貪降其進取之利	지금 듣자 하니 사악한 백성들이 공격하여 빼앗은 이익을 내림을 탐하여
倍義絶約	의리를 저버리고 맹약을 끊어
忘萬民之命	만민의 목숨을 잊고
離兩主之驩	두 임금의 좋은 감정을 이간질하였지만
然其事已在前矣	그 일은 이미 전에 있었던 일이라고 하오.
書曰	보내신 서신에서 말하기를
二國已和親	'두 나라가 이미 화친하여
兩主驩說	두 임금이 기뻐하여
寢兵休卒養馬	전쟁을 그치고 군사를 쉬게 하며 말을 길러
世世昌樂	세세 대대로 창성하고 화락하여
闟然更始[138]	안정되게 다시 시작하였습니다.'라 하여

朕甚嘉之	짐이 매우 가상히 여겼소.
聖人者日新	성인은 날로 새로워지며
改作更始	새롭게 고쳐 다시 시작하여
使老者得息	늙은이를 쉬게 하고
幼者得長	어린아이를 자라게 하여
各保其首領而終其天年	각기 그 수령을 보호하여 그 천수를 누리게 할 수 있소.
朕與單于俱由此道	짐과 선우는 모두 이 도로 말미암아
順天恤民	하늘의 뜻에 순종하고 백성을 불쌍히 여겨
世世相傳	대대로 전하고
施之無窮	끝없이 베풀어
天下莫不咸便	천하에 다 편하게 여기지 않음이 없소.
漢與匈奴鄰國之敵	한나라와 흉노는 이웃한 대등한 나라로
匈奴處北地	흉노는 북쪽 땅에 처하여
寒	추워
殺氣早降	숙살(肅殺)의 기운이 일찍 내리므로
故詔吏遺單于秫糵金帛絲絮佗物歲有數	
	관리에게 명하여 선우에게 차조와 누룩, 금과 비단, 솜과 다른 물건들을 매년 일정량 보내도록 하였소.
今天下大安	지금 천하는 크게 태평하고
萬民熙熙	만민들은 즐거워하여
朕與單于爲之父母	짐과 선우는 그들의 부모입니다.
朕追念前事	짐이 지난 일을 쫓아 생각해 보니

---

138 집해 서광은 말하였다. "闠의 음은 흡(擒)이며, 안정되었다는 뜻이다."

薄物細故	하찮고 자잘한 일이었고
謀臣計失	모신들의 계책에 실수가 있었으나
皆不足以離兄弟之驩	모두 형제의 기쁨을 이반시키기에는 부족하오.
朕聞天不頗覆	짐이 듣건대 하늘은 한쪽만 덮어주지 않고
地不偏載	땅은 치우치게 실어주지 않는다고 하였소.
朕與單于皆捐往細故	짐과 선우는 모두 지난날의 자잘한 사정을 버리고
俱蹈大道	함께 큰 길을 걸으며
墮壞前惡	지난날의 나쁜 점은 버리고
以圖長久	장구함을 도모하여
使兩國之民若一家子	두 나라 백성이 한 집안 사람인 것처럼 되게 합시다.
元元萬民	선량한 백성들이
下及魚鱉	아래로는 물고기와 자라에 미치고
上及飛鳥	위로는 나는 새에 미치기까지
跂行喙息.139蠕動之類140	기어 다니고 주둥이로 쉬며 꿈틀거리며 다니는 무리들까지
莫不就安利而辟危殆	편하고 이로운 곳으로 나아가고 위험하고 위태로운 것을 피하지 않음이 없게 하고자 하오.
故來者不止	오는 것을 그치지 않게 함이
天之道也	하늘의 도인 것이오.
俱去前事	지난 일은 다 잊어버리도록 합시다.

---

139 색은 跂의 음은 기(岐)이며, 또한 기(企)라고도 한다. 벌레류가 혹 발을 돋우어 가기도 하고 혹 주둥이로 숨도 쉬면서 모두 그 편안함을 얻는 것이다.

140 색은 『삼창(三倉)』에서는 "연연(蠕蠕)은 움직이는 모양으로 음은 연이다."라 하였다. 『회남자(淮南子)』에서는 "곤충은 꿈틀거리며 움직인다."라 하였다.

894

朕釋逃虜民	짐은 오랑캐로 달아난 백성을 풀어주고
單于無言章尼等[141]	선우는 장니(章尼) 등에 대하여 말하지 말아주오.
朕聞古之帝王	짐이 듣건대 옛날의 제왕들은
約分明而無食言	맹약은 분명하고 식언을 하지 않는다 하였소.
單于留志	선우께서는 유념하시면
天下大安	천하가 크게 평안해질 것이며
和親之後	화친한 다음에는
漢過不先	한나라가 과실을 먼저 범하지는 않을 것이오.
單于其察之	선우께서는 살피시기 바라오."

單于既約和親	선우가 화친에 맹약하자
於是制詔御史曰	이에 어사에게 명하였다.
匈奴大單于遺朕書	"흉노의 대선우가 짐에게 서신을 보내어
言和親已定	화친이 이미 정하여졌다고 말하였으며,
亡人不足以益眾廣地	망자는 인구를 더하거나 땅을 넓히기에는 부족하므로
匈奴無入塞	흉노는 변경 안으로 쳐들어오지 않고
漢無出塞	한나라는 변경 밖으로 나가지 않으며
犯今約者殺之	지금의 맹약을 어긴 자는 죽여서
可以久親	오래도록 친할 수 있게 하여
後無咎	후환이 없게 하면

---

141 색은 문제(文帝)가 말하기를 내가 금일 저 나라의 도망친 포로를 모두 석방할 것이니 본국으로 돌려보내고 너희 선우는 다시 장니 등에 대하여 말로 하소연하여 그 도망쳤음을 책망하지 말도록 하라고 하였다.

장니(章尼)는 한(漢)나라에 투항한 흉노(匈奴) 사람의 이름이다. – 옮긴이.

俱便	모두에게 좋을 것이다.
朕已許之	짐이 이미 허락하였다.
其布告天下	천하에 포고하여
使明知之	분명히 알도록 하라."

後四歲	4년 뒤
老上稽粥單于死	노상계육선우가 죽고
子軍臣立爲單于	아들인 군신(軍臣)이 선우로 즉위하였다.
既立[142]	즉위하자
孝文皇帝復與匈奴和親	효문황제는 다시 흉노와 화친하였다.
而中行說復事之	그리고 중항열이 다시 그를 섬겼다.

軍臣單于立四歲[143]	군신선우(軍臣單于) 즉위 4년 만에
匈奴復絕和親	흉노는 다시 화친을 끊고
大入上郡雲中各三萬騎	상군과 운중을 대대적으로 침입하였는데 각기 3만 기였으며
所殺略甚眾而去	대량으로 살인과 약탈을 자행한 후에 떠났다.
於是漢使三將軍軍屯北地	이에 한나라는 세 장군으로 하여금 북지에 주둔하게 하였으며
代屯句注	대군(代郡)에서는 구주에 주둔하고
趙屯飛狐口	조나라에서는 비호구에 주둔하게 하였으며

---

142 집해 서광은 말하였다. "후원(後元) 3년(B.C. 161)에 즉위하였다."
143 집해 서광은 말하였다. "효문(孝文) 후원(後元) 7년(B.C. 157)에 죽었으며, 2년에 선우에게 답신을 보냈으므로 그 사이는 5년이다. 그런데 여기서 '4년 뒤'라고 하고 또한 '즉위한 지 4년'이라고 한 것은 그대로 숫자를 받아들일 수 없다. 효문(孝文) 후원(後元) 6년(B.C. 158) 겨울에 흉노가 상군과 운중으로 쳐들어갔다."

緣邊亦各堅守以備胡寇	변경을 따라 또한 각기 굳게 지키며 오랑캐에 대비하게 하였다.
又置三將軍	또 세 장군을 두고
軍長安西細柳渭北棘門霸上以備胡	장안의 서쪽 세류와 위수 북쪽 극문과 패상에 주둔시켜 오랑캐에 대비하였다.
胡騎入代句注邊	오랑캐의 기병이 대군(代郡)의 구주 변경으로 쳐들어오자
烽火通於甘泉長安	봉화를 올려 감천과 장안까지 통하였다.
數月	몇 달 만에
漢兵至邊	한나라 군사가 변방에 이르자
匈奴亦去遠塞	흉노는 또한 먼 변새로 떠났고
漢兵亦罷	한나라 군사도 철수했다.
後歲餘	한 해 남짓 뒤에
孝文帝崩	효문제가 돌아가시고
孝景帝立	효경제가 즉위하자
而趙王遂乃陰使人於匈奴	조왕(趙王) 수(遂)가 이에 몰래 흉노에 사람을 보냈다.
吳楚反	오나라와 초나라가 반기를 들고
欲與趙合謀入邊	조나라와 함께 모의하여 변경으로 들어가고자 하였다.
漢圍破趙	한나라가 조나라를 에워싸고 깨뜨리자
匈奴亦止	흉노 또한 그만두었다.
自是之後	이 이후로
孝景帝復與匈奴和親	효경제는 다시 흉노와 화친하여
通關市	관문과 시장을 교통시켰으며

給遺匈奴	흉노에게 (재물을) 보내주었고
遺公主	공주를 보내어
如故約	옛 맹약과 같이 하였다.
終孝景時	효경제의 제위가 끝날 때까지
時小入盜邊	이따금 소규모로 쳐들어와 변경을 약탈한 적은 있어도
無大寇	크게 쳐들어오지는 않았다.
今帝即位	지금의 황제[효무제(孝武帝)]가 즉위하여
明和親約束	화친의 약속을 분명히 하고
厚遇	후대해 주었으며
通關市	관문과 시장을 교통시키고
饒給之	넉넉하게 (재물을) 대주었다.
匈奴自單于以下皆親漢	흉노는 선우 이하 모두 한나라와 친하게 지내며
往來長城下	장성의 아래를 왕래하였다.

漢使馬邑下人聶翁壹[144]奸蘭[145]出物[146]與匈奴交[147]

한나라는 마읍 사람 섭옹일로 하여금 금령을 어기고 물건을 내어 흉노와 교역하게 하였는데

---

144 색은 「위청전(衛靑傳)」에서는 다만 '섭일(聶壹)'이라고 하였다. 고씨(顧氏)는 "일(壹)은 이름이다. 노(老)는 옛날에 늙은이를 일컫는 것이다."라 하였는데, 뜻이 혹 그럴 수도 있을 것이다.

145 집해 간의 음은 간(干)이다. 간란(干蘭)은 금령을 위반하여 사사로이 물건을 내는 것이다.

146 색은 앞 글자의 음은 간(干)이다. 간란(干蘭)은 금령을 위반하여 사사로이 물건을 내는 것이다.

147 집해 『한서음의(漢書音義)』에서는 말하였다. "사사로이 변경을 나서 흉노와 교역을 하는 것이다."

詳爲賣馬邑城以誘單于	거짓으로 마읍성을 판다고 하여 선우를 꾀었다.
單于信之	선우가 그 말을 믿고
而貪馬邑財物	마읍의 재물을 탐하여
乃以十萬騎入武州塞[148]	이에 10만의 기병을 가지고 무주의 변새로 쳐들어갔다.
漢伏兵三十餘萬馬邑旁	한나라는 마읍의 곁에 30여만의 군사를 매복시켜 놓고
御史大夫韓安國爲護軍	어사대부 한안국을 호군으로 삼아
護四將軍以伏單于	네 장군을 호위하여 선우를 치려고 매복하였다.
單于既入漢塞	선우가 한나라 변경으로 들어와
未至馬邑百餘里	마읍에서 백여 리 못 미친 곳에서
見畜布野而無人牧者	가축이 들에 널려 있는데 치는 사람이 없는 것을 보고
怪之	이상하게 여겨
乃攻亭	이에 봉수정(烽燧亭)을 공격하였다.
是時鴈門尉史[149]行徼	이때 안문의 위사가 순찰을 돌다가
見寇	적을 발견하고
葆此亭	이 봉수정에 몸을 숨기자
知漢兵謀	한나라 군사의 계책을 알아채고
單于得	선우가 잡아
欲殺之[150]	죽이려 하자

---

148 색은 소림(蘇林)은 안문(鴈門)에 있다고 하였다.

149 색은 여순은 말하였다. "율(律)에 의하면 변경에 가까운 군에는 모두 위(尉)를 두었는데, 백 리에 1인이었으며 사사(士史)와 위사(尉史)가 각 2인이었다."

150 집해 서광은 말하였다. "어떤 판본에는 '이에 항복하여 선우에게 모두 일러바쳤다.'로 되어 있다."

尉史乃告單于漢兵所居	위사는 이에 선우에게 한나라 군사가 있는 곳을 일러바쳤다.
單于大驚曰	선우가 크게 놀라 말하였다.
吾固疑之	"내가 의심한 대로구나."
乃引兵還	이에 군사를 끌고 돌아갔다.
出曰	나서면서 말하였다.
吾得尉史	"내가 위사를 얻은 것은
天也	하늘의 뜻이니
天使若言	하늘이 너에게 말하게 하였도다."
以尉史爲天王	위사를 "천왕"으로 삼았다.
漢兵約單于入馬邑而縱	한나라 군사는 선우가 마읍에 들어오면 풀기로 약정하였는데
單于不至	선우가 이르지 않아
以故漢兵無所得	한나라 군사는 얻은 것이 없었다.
漢將軍王恢部出代擊胡輜重	한나라 장군 왕회의 부대는 대군(代郡)을 나서 오랑캐의 치중(輜重: 군수물자 보급 부대)을 치려 했는데
聞單于還	선우가 돌아갔고
兵多	군사가 많다는 말을 듣고
不敢出	감히 나가지 않았다.
漢以恢本造兵謀而不進	한나라는 왕회가 군사작전의 주동자였는데도 진공하지 않았다 하여
斬恢[151]	왕회를 참수하였다.
自是之後	이 이후로

---

151 집해 「한장유전(韓長孺傳)」에서는 말하였다. "왕회는 자살하였다."

匈奴絶和親	흉노는 화친을 끊고
攻當路塞[152]	요로의 변새를 공격하여
往往入盜於漢邊	왕왕 한나라의 변경을 쳐들어와 노략질하였는데
不可勝數	이루 다 헤아릴 수가 없었다.
然匈奴貪	그러나 흉노는 탐욕스러워
尙樂關市	여전히 관문에서 장사하는 것을 좋아하였고
嗜漢財物	한나라의 재물을 좋아하였으며
漢亦尙關市不絶以中之[153]	한나라 또한 여전히 관문의 장사를 끊지 않아 손상을 입었다.

自馬邑軍後五年之秋	마읍의 군사(軍事)가 있고 5년째 되던 해 가을에
漢使四將軍各萬騎擊胡關市下	
	한나라는 네 장군으로 하여금 각기 만 기를 거느리고 오랑캐의 관문과 시장을 치게 하였다.
將軍衛靑出上谷	장군 위청이 상곡을 나서
至蘢城	농성에 이르러
得胡首虜七百人	오랑캐의 목을 베고 사로잡은 것이 7백 명이었다.
公孫賀出雲中	공손하가 운중을 나섰으나
無所得	얻은 것이 없었다.
公孫敖出代郡	공손오가 대군(代郡)을 나섰으나
爲胡所敗七千餘人	오랑캐에게 패하여 7천여 명을 잃었다.
李廣出鴈門	이광이 안문을 나섰는데
爲胡所敗	오랑캐에게 패하여

---

152 **색은** 소림(蘇林)은 말하였다. "바로 도로에 있는 요새이다."

153 **정의** 여순은 말하였다. "이익 때문에 손해를 본 것이다."

而匈奴生得廣	흉노가 이광을 사로잡았는데
廣後得亡歸	이광은 나중에 도망쳐 돌아오게 되었다.
漢囚赦廣	한나라는 공손오와 이광을 가두었으며
赦廣贖爲庶人	공손오와 이광은 서인으로 속량되었다.
其冬	그해 겨울에
匈奴數入盜邊	흉노가 수차례나 변경으로 쳐들어와 노략질하였는데
漁陽尤甚	어양이 더욱 심하였다.
漢使將軍韓安國屯漁陽備胡	한나라는 장군 한안국을 어양에 주둔시켜 오랑캐를 방비하게 하였다.
其明年秋	그 이듬해 가을에
匈奴二萬騎入漢	흉노의 2만 기병이 한나라로 쳐들어와
殺遼西太守	요서 태수를 죽이고
略二千餘人	2천여 명을 노략질해 갔다.
胡又入敗漁陽太守軍千餘人	오랑캐는 또 들어와 어양 태수의 군사 천여 명을 패퇴시키고
圍漢將軍安國	한나라 장군 한안국을 에워쌌는데
安國時千餘騎亦且盡	한안국은 당시 천여 기가 거의 다해 가던 차에
會燕救至	마침 연나라의 구원병이 이르러
匈奴乃去	흉노는 이에 떠났다.
匈奴又入鴈門	흉노는 또 안문에 쳐들어와
殺略千餘人	천여 명을 죽이고 약탈하였다.
於是漢使將軍衛靑將三萬騎出鴈門	이에 한나라는 장군 위청에게 3만 기를 거느리고 안문을 나서게 하고
李息出代郡	이식에게는 대군(代郡)을 나서게 하여

擊胡	오랑캐를 쳤다.
得首虜數千人	참획(斬獲: 베어 죽이거나 사로잡음)한 오랑캐가 천여 명이었다.
其明年	그 이듬해
衛靑復出雲中以西至隴西	위청은 다시 운중을 나서 서(西)로 농서에 이르러
擊胡之樓煩白羊王於河南	하남에서 오랑캐의 누번과 백양왕을 쳐서
得胡首虜數千	오랑캐를 참획한 것이 수천 명이었고
牛羊百餘萬	소와 양은 백여만이었다.
於是漢遂取河南地	이에 한나라는 마침내 하남의 땅을 빼앗고
築朔方	삭방에 성을 쌓았으며
復繕故秦時蒙恬所爲塞	옛날 진나라 때 몽염이 쌓은 요새를 다시 손을 보아
因河爲固	황하를 따라 견고하게 하였다.
漢亦棄上谷之什辟縣造陽地以予胡[154]	
	한나라는 또한 상곡의 구석진 현 열 개를 버려 오랑캐에게 주었다.
是歲	이해는
漢之元朔二年也	한나라 원삭 2년(B.C. 127)이었다.
其後冬	그 후 겨울에
匈奴軍臣單于死	흉노의 군신선우가 죽었다.

---

154 (집해) 什의 음은 두(斗)이다. 『한서음의(漢書音義)』에서는 말하였다. "현(縣)이 외따로 떨어져 있고 곡(曲)이 오랑캐 땅에 가까움을 말한다." (색은) 맹강(孟康)은 "현(縣)이 외따로 떨어져 있고 곡(曲)이 오랑캐 땅에 가깝다."고 하였다. 什의 음은 두(斗)이다. 辟의 음은 벽(僻)이다. 조양(造陽)은 곧 두절되고 편벽된 현의 땅이라는 것이다. (정의) 곡(曲)이 깊고 구석지며 현이 편벽되어 흉노의 경계에 든 조양의 땅을 버리어 오랑캐에게 준 것이다.

軍臣單于弟左谷蠡王伊稚斜¹⁵⁵自立爲單于

군신선우의 아우 좌녹리왕 이치사(伊稚斜)가 스스로 선우로 즉위하여

攻破軍臣單于太子於單¹⁵⁶　군신선우의 태자 어단을 쳐서 깨뜨렸다.

於單亡降漢　어단은 도망쳐 한나라에 항복하였으며

漢封於單爲涉安侯　한나라에서는 어단을 섭안후에 봉하였는데

數月而死　몇 달 만에 죽었다.

伊稚斜單于既立　이치사선우(伊稚斜單于)가 즉위한

其夏　그해 여름에

匈奴數萬騎入殺代郡太守恭友

흉노의 수만 기병이 쳐들어와 대군 태수 공우를 죽이고

略千餘人　천여 명을 노략질하였다.

其秋　그해 가을에

匈奴又入鴈門　흉노는 또 안문으로 쳐들어와

殺略千餘人　천여 명을 죽이고 약탈하였다.

其明年　그 이듬해에

匈奴又復入代郡定襄¹⁵⁷上郡　흉노는 또다시 대군과 정양, 상군으로 쳐들어왔는데

各三萬騎　각기 3만 기였으며

---

155 색은 이치사(伊稚斜)이다. 稚의 음은 치[持利反]이다. 斜의 음은 사[士嗟反]이다, 추탄생(鄒誕生)은 음이 자[直牙反]라고 하였다. 대체로 치사(稚斜)는 오랑캐의 말일 것이며 그 실질을 터득하였다.

156 색은 음은 단(丹)이다.

157 정의 『괄지지』에서는 말하였다. "정양(定襄)의 옛 성은 삭주(朔州) 선양현(善陽縣) 북쪽 3백 80리 지점에 있다. 「지리지(地理志)」에서는 정양군(定襄郡)은 고제(高帝)가 두었다고 하였다."

殺略數千人	수천 명을 노략질하였다.
匈奴右賢王怨漢奪之河南地而築朔方	흉노의 우현왕은 한나라가 하남을 빼앗고 삭방에 성을 쌓은 것을 원망하여
數爲寇	수차례나 침범하여
盜邊	변경을 약탈하고
及入河南	하남에까지 들어와
侵擾朔方	삭방을 침범해 소요를 일으키고
殺略吏民其衆	관리와 백성을 죽이고 노략질한 것이 매우 많았다.
其明年春	그 이듬해 봄에
漢以衛靑爲大將軍	한나라는 위청을 대장군으로 삼아
將六將軍	여섯 장군에
十餘萬人	10여만 명을 거느리고
出朔方高闕擊胡	삭방과 고궐을 나서 오랑캐를 쳤다.
右賢王以爲漢兵不能至	우현왕은 한나라 군사가 이를 수 없다고 생각하여
飮酒醉	술을 마시고 취하였는데
漢兵出塞六七百里	한나라 군사가 변경을 6, 7백 리 나서
夜圍右賢王	밤에 우현왕을 에워쌌다.
右賢王大驚	우현왕은 크게 놀라
脫身逃走	몸을 빼내어 도망쳐 달아나
諸精騎往往隨後去	그 정예 기병들은 곳곳에서 뒤따라 떠났다.
漢得右賢王衆男女萬五千人	한나라는 우현왕의 무리 남녀 1만 5천 명과
裨小王十餘人	비소왕 10여 명을 잡았다.

其秋	그해 가을에
匈奴萬騎入殺代郡都尉朱英	흉노의 기병 1만이 쳐들어와 대군(代郡)의 도위 주영을 죽이고
略千餘人	천여 명을 노략질하였다.
其明年春	그 이듬해 봄에
漢復遣大將軍衛青將六將軍	한나라는 다시 대장군 위청을 보내어 여섯 장수와
兵十餘萬騎	군사 10여만 기를 거느리고
乃再出定襄數百里擊匈奴	이에 다시 정양 수백 리를 나서 흉노를 쳤는데
得首虜前後凡萬九千餘級	수급과 참수를 한 것이 무릇 1만 9천여 급이며
而漢亦亡兩將軍	한나라 또한 두 장군과
軍三千餘騎[158]	군사 3천여 기를 잃었다.
右將軍建得以身脫[159]	우장군 건(建)은 몸이 빠져 나올 수 있었지만
而前將軍翕侯趙信兵不利	전장군 흡후(翕侯) 조신(趙信)은 전세가 불리해지자
降匈奴	흉노에 항복하였다.
趙信者	조신은
故胡小王	옛 오랑캐의 소왕(小王)으로
降漢	한나라에 항복하여
漢封爲翕侯	한나라에서 흡후에 봉하였으며
以前將軍與右將軍并軍分行[160]	
	전장군으로 우장군과 함께 나누어 행군하다가

---

158 **집해** 서광은 말하였다. "합하여 3천일 따름이다."
159 **정의** 건(建)은 소무(蘇武)의 아비이다.
160 **정의** 대군과 따로 간 것이다.

獨遇單于兵	단독으로 선우의 군사를 만나
故盡沒	전멸되다시피 한 것이다.
單于既得翕侯	선우는 흡후를 잡자
以爲自次王¹⁶¹	자차왕으로 삼아
用其姊妻之	그 누이를 아내로 삼게 하고
與謀漢	함께 한나라를 도모하였다.
信教單于益北絶幕¹⁶²	조신은 선우로 하여금 더 북쪽으로 사막을 가로지르게 하여
以誘罷漢兵	한나라 군사를 유인하여 지치게 하여
徼極而取之¹⁶³	극도에 달했을 때 빼앗아야 하며
無近塞	변경을 가까이해서는 안 된다고 하였다.
單于從其計	선우는 그 계책을 따랐다.
其明年	그 이듬해에
胡騎萬人入上谷	오랑캐의 기병 1만 명이 상곡으로 들어와
殺數百人	수백 명을 죽였다.

其明年春	그 이듬해 봄에
漢使驃騎將軍去病將萬騎出隴西	
	한나라는 표기장군 곽거병으로 하여금 1만 기를 거느리고 농서를 나서

---

161 **정의** 자차(自次)라는 것은 선우 다음으로 존중받는다는 것이다.

162 **집해** 응소는 말하였다. "막(幕)은 사막이며, 흉노의 남쪽 경계이다." 찬(瓚)은 말하였다. "사토(沙土)를 막이라 하며, 곧장 건너는 것을 절(絶)이라 한다."

163 **색은** 요(徼)는 요(要)이다. 피로가 극에 달하고 난 다음에 취하여야 하는 것을 말한다. **정의** 徼의 음은 교[古堯反]이다. 교(徼)는 요(要)이다. 한나라 군사의 피로가 극에 달하면 취하고, 변새 가까이서 머물면 안 된다는 것을 말한다.

過焉支山[164]千餘里	언지산을 천여 리 지나
擊匈奴	흉노를 치게 하여
得胡首虜(騎)萬八千餘級	오랑캐의 수급 8만여 개를 얻고
破得休屠王祭天金人[165]	휴도왕(休屠王)의 제천금인을 깨뜨려 얻었다.
其夏	그해 여름에
驃騎將軍復與合騎侯數萬騎出隴西北地二千里	표기장군은 다시 합기후의 수만 기와 함께 농서와 북지로 2천 리를 나가
擊匈奴	흉노를 쳤다.
過居延[166]	거연을 지나

---

164 정의 焉의 음은 연(煙)이다. 『괄지지』에서는 말하였다. "언지산(焉支山)은 산단산(刪丹山)이라고도 하며, 감주(甘州) 산단현(刪丹縣) 동남쪽 50리 지점에 있다. 「서하고사(西河故事)」에서는 '흉노는 기련과 언지의 두 산을 잃고 노래하기를 「우리 기련산 잃어 우리 여섯 가축 번식하지 못하게 하였고, 우리 언지산 잃어 우리 부녀 안색 없도록 하였네(亡我祁連山, 使我六畜不蕃息, 失我焉支山, 使我婦女無顏色)。」라 하였다. 그 애석해함이 이와 같았다.'"

165 집해 『한서음의(漢書音義)』에서는 말하였다. "흉노가 하늘에 제사 지내는 곳은 본래 운양(雲陽)의 감천산(甘泉山) 아래에 있었는데 진(秦)나라가 그 땅을 빼앗아 나중에 휴도왕(休屠王)의 오른쪽 땅으로 옮겼으므로 휴도에 제천금인이 있게 되었는데 하늘에 제사 지내는 사람을 형상화한 것이다." 색은 위소는 말하였다. "금으로 사람을 만들어 하늘에 제사 지내는 주인으로 삼았다." 최호는 말하였다. "오랑캐는 제사를 지낼 때 금인을 주인으로 삼았는데 지금의 부도금인(浮圖金人)과 같은 것이다." 또 『한서음의(漢書音義)』에서는 "금인이 하늘에 제사를 지내는 것은 본래 운양의 감천산 아래에 있었는데 진나라가 그 땅을 빼앗아 나중에 휴도왕의 오른쪽 땅으로 옮겼으므로 휴도에 제천금인이 있게 되었는데 하늘에 제사 지내는 사람을 형상화한 것이다."라 하였다. 이 일은 아마 그렇지 않을 것이다. 휴도금인(休屠金人)을 얻어 나중에 감천에 둔 것이다. 정의 『괄지지』에서는 말하였다. "경로신사(徑路神祠)는 옹주(雍州)와 운양현(雲陽縣) 서북쪽 90리 지점 감천산 아래에 있는데 본래 흉노가 하늘에 제사를 지내던 곳인데 진나라가 그 땅을 빼앗아 나중에 휴도의 오른쪽 땅으로 옮겼다." 금인은 곧 지금의 불상인데 이는 그 유법(遺法)이며 세워서 하늘을 제사 지내는 주인으로 삼은 것이다.

166 색은 위소는 말하였다. "장액현(張掖縣)이다."

攻祁連山[167]	기련산을 공격하여
得胡首虜三萬餘人	오랑캐의 수급 3만여 명 및
裨小王以下七十餘人	비소왕 이하 70여 명을 얻었다.
是時匈奴亦來入代郡鴈門	이때 흉노 또한 대군(代郡)과 안문으로 쳐들어와
殺略數百人	수백 명을 죽이고 약탈하였다.
漢使博望侯及李將軍廣出右北平	한나라는 박망후 및 이광 장군으로 하여금 우북평으로 나가
擊匈奴左賢王	흉노의 좌현왕을 치게 하였다.
左賢王圍李將軍	좌현왕은 이 장군을 에워싸
卒可四千人	4천은 됨 직한 병사가
且盡	거의 다 죽었는데
殺虜亦過當	죽인 오랑캐 또한 맞설 수 있는 수를 넘었다.
會博望侯軍救至	마침 박망후의 구원군이 이르러
李將軍得脫	이 장군은 벗어나게 되었다.
漢失亡數千人	한나라는 수천 명을 잃었으며
合騎侯後驃騎將軍期	합기후는 표기장군이 기약한 날보다 뒤처져
及與博望侯皆當死	박망후와 함께 사형에 해당하였으나
贖爲庶人	서인으로 속량되었다.

---

167 색은 「서하구사(西河舊事)」에서는 "산은 장액(張掖)과 감천(酒泉) 두 땅의 경계에 있으며 동서로 2백여 리이고 남북으로 백 리이며 소나무와 잣나무 다섯 그루가 있고 물과 풀이 아름다우며 겨울에는 따뜻하고 여름에는 시원하여 목축을 하기에 알맞다. 흉노는 이 두 산을 잃고 노래하였다. '우리 기련산 잃어 우리 여섯 가축 번식하지 못하게 하였고, 우리 연지산 잃어 우리 부녀 안색 없도록 하였네(亡我祁連山, 使我六畜不蕃息, 失我燕支山, 使我嫁婦無顔色)."'라 하였다. 기련은 일명 천산(天山)이라고도 하고 또한 백산(白山)이라고도 한다.

其秋	그해 가을에

單于怒渾邪王休屠王居西方爲漢所殺虜數萬人

선우는 혼야왕과 휴도왕이 서방에 머물면서 한나라에 수만 명이나 죽고 포로로 잡힌 것에 노하여

欲召誅之	불러서 죽이려 하였다.
渾邪王與休屠王恐	혼야왕과 휴도왕은 두려워하여
謀降漢[168]	한나라에 항복하기로 하니
漢使驃騎將軍往迎之	한나라는 표기장군으로 하여금 가서 그들을 맞게 하였다.
渾邪王殺休屠王	혼야왕은 휴도왕을 죽이고
并將其眾降漢	그 무리를 함께 거느리고 한나라에 항복하였다.
凡四萬餘人	모두 4만여 명이었는데
號十萬	10만이라 불렀다.
於是漢已得渾邪王	이에 한나라는 이미 혼야왕을 얻었으니
則隴西北地河西益少胡寇	농서와 북지, 하서에는 오랑캐가 더욱 줄어들어

徙關東貧民處所奪匈奴河南新秦中[169]以實之

관동의 빈민을 옮겨 빼앗은 흉노의 하남과 신진중(新秦中)으로 옮겨 채우고

而減北地以西戍卒半	북지 서쪽의 수졸을 반으로 줄였다.

---

168 **집해** 서광은 말하였다. "원수(元狩) 2년(B.C. 121)이다."

169 **색은** 여순은 "장안(長安) 이북, 삭방(朔方) 이남에 있다."고 하였다. 『한서』「식화지(食貨志)」에서 "빈민들을 옮겨 삭방 이남의 신진중(新秦中)을 채웠다."라 한 것이다. **정의** 복건은 말하였다. "지명으로 북지(北地)에 있으며, 너비가 6, 7백 리로 장안 북쪽 삭방 남쪽에 있다. 『사기(史記)』에서는 진시황이 몽염(蒙恬)을 보내어 북쪽 오랑캐를 쫓아내어 비옥하고 풍요로운 땅 7백 리를 얻어 국내의 군민을 모두 옮겨가서 그곳을 채우게 하고 신진중(新秦中)이라 불렀다고 하였다."

其明年	그 이듬해에
匈奴入右北平定襄各數萬騎	흉노는 우북평과 정양에 각기 수만 기로 침입하여
殺略千餘人而去	천여 명을 죽이고 약탈한 후 떠났다.

其明年春	그 이듬해 봄에
漢謀曰翕侯信爲單于計	한나라에서는 상의하기를 "흡후 조신이 선우에게 계책을 내어
居幕北	사막의 북쪽에 머물면서
以爲漢兵不能至	한나라 군사가 이를 수 없을 것이라 생각한다."라 하였다.
乃粟馬發十萬騎	이에 말을 먹이고 10만의 기병을 징발하였으며
私負從170馬凡十四萬匹	사적으로 짐을 지고 말을 따른 자가 모두 14만 필이었는데
糧重不與焉	양식과 치중은 거기에 넣지 않았다.
令大將軍靑驃騎將軍去病中分軍	
	대장군 위청과 표기장군 곽거병으로 하여금 군사를 반씩 나누어
大將軍出定襄	대장군은 정양을 나서고
驃騎將軍出代	표기장군은 대군(代郡)을 나서게 하여
咸約絶幕擊匈奴	모두 사막을 가로질러 흉노를 치게 하였다.
單于聞之	선우가 그 말을 듣고
遠其輜重	치중을 멀리 띄워 놓고
以精兵待於幕北	정예병을 가지고 사막 북쪽에서 기다렸다.

---

170 **정의** 옷과 양식을 지고 개인적으로 모집에 응한 자가 모두 14만 필이라는 말이다.

與漢大將軍接戰一日	한나라의 대군과 하루 접전을 벌였는데
會暮	마침 날이 저물고
大風起	큰 바람이 일어
漢兵縱左右翼圍單于	한나라 군사는 좌우의 날개를 풀어 선우를 에워쌌다.
單于自度戰不能如漢兵	선우 스스로 전세가 한나라 군사보다 못하다고 생각하여

單于遂獨身與壯騎數百潰漢圍西北遁走

선우는 마침내 단신으로 씩씩한 기마 수백과 함께 한나라의 에움을 무너뜨리고 서북쪽으로 도망쳐 달아났다.

漢兵夜追不得	한나라 군사는 밤이라 추격할 수 없었다.
行斬捕匈奴首虜萬九千級	가면서 흉노를 참하고 죽이면서 1만 9천의 수급을 베고
北至闐顏山趙信城[171]而還	북으로 전안산 조신성에까지 이르렀다가 돌아왔다.

單于之遁走	선우가 도망쳐 달아나자

其兵往往與漢兵相亂而隨單于

그 군사들은 곳곳에서 한나라 군사와 서로 섞여 선우를 따랐다.

單于久不與其大眾相得	선우는 오래도록 그 부하들과 만날 수가 없어
其右谷蠡王以爲單于死	우녹리왕(右谷蠡王)은 선우가 죽었다고 생각하여
乃自立爲單于	이에 스스로 선우로 즉위하였다.

---

171 집해 여순은 말하였다. "조신(趙信)은 전에 흉노에 항복하였는데 흉노가 성을 쌓아 머무르게 하였다."

真單于復得其眾	진짜 선우가 다시 그 무리를 찾자
而右谷蠡王乃去其單于號	우녹리왕은 이에 선우라는 칭호를 버리고
復爲右谷蠡王	다시 우녹리왕이 되었다.

漢驃騎將軍之出代二千餘里	한나라 표기장군은 대군(代郡)으로 2천여 리를 나가
與左賢王接戰	좌현왕과 접전을 벌여
漢兵得胡首虜凡七萬餘級	한나라 군사가 오랑캐를 참수하고 사로잡은 것이 모두 7만여 급이나 되었고
左賢王將皆遁走	좌현왕의 장수들은 모두 도망쳐 달아났다.
驃騎封於狼居胥山	표기장군은 낭거서산에서 하늘에 제사를 올리고
禪姑衍	고연산에서는 땅에 제사를 올린 후
臨翰海¹⁷²而還	한해(翰海)까지 임하였다가 돌아왔다.

是後匈奴遠遁	이후로 흉노는 멀리 달아나
而幕南無王庭	사막의 남쪽에서는 흉노의 정(庭)이 없어졌다.
漢度河自朔方以西至令居¹⁷³	한나라는 황하를 건너 삭방에서 서(西)로 영거까지
往往通渠置田	곳곳에 도랑을 틔우고 둔전을 두어
官吏卒五六萬人	관리와 사졸 5, 6만 명이

---

172 [집해] 여순은 말하였다. "한해(翰海)는 북해(北海)의 이름이다." [정의] 한해(翰海)는 그 자체가 큰 바다의 이름인데, 새 떼들이 이곳에서 깃털을 풀어 엎드려 젖을 먹이기 때문에 이렇게 부른다.

173 [집해] 서광은 말하였다. "금성(金城)에 있다." [색은] 서광은 금성에 있다고 하였다. 「지리지(地理志)」에서는 장액(張掖)의 영거현(令居縣)이라고 하였다. 요씨(姚氏)는 令의 음은 연(連)이라고 하였다. 소안(小顏)은 음이 영(零)이라고 하였다.

稍蠶食	조금씩 갉아먹어
地接匈奴以北[174]	땅이 흉노 이북과 맞닿게 되었다.
初	처음에
漢兩將軍大出圍單于	한나라의 두 장군이 대대적으로 출병하여 선우를 에워싸고
所殺虜八九萬	죽인 오랑캐가 8, 9만이었으나
而漢士卒物故[175]亦數萬	한나라 군사 가운데 죽은 자도 또한 수만이었으며
漢馬死者十餘萬	죽은 한나라 말이 10여만 마리였다.
匈奴雖病	흉노가 비록 다쳐
遠去	멀리 떠났지만
而漢亦馬少	한나라 또한 말이 적어
無以復往	더 이상 갈 방도가 없었다.
匈奴用趙信之計	흉노는 조신의 계책을 써서
遣使於漢	한나라에 사신을 보내
好辭請和親	좋은 말로 화친을 청하였다.
天子下其議	천자가 논의에 부치니
或言和親	혹자는 화친하자고 하고

---

174 **정의** 흉노는 옛날에 사막을 왕정(王庭)으로 삼았다. 지금 멀리 사막의 북쪽으로 옮기고 더욱이 잠식하여 한나라의 경계가 흉노 땅 북쪽과 연접하게 되었다.

175 **색은** 한나라 군사가 물고(物故) 난 것이다. 『석명(釋名)』에서는 "한나라 이래 죽음을 '물고(物故)'라고 하였는데, 물(物)이 썩어서 오래된 것이다."라 하였다. 또한 『위대방의(魏臺訪議)』에서 고당숭(高堂崇)이 대답하기를 "선사(先師)께 듣건대 물(物)은 없다[無]는 뜻이고, 고(故)는 일[事]이라는 뜻이라고 하였다. 더 이상 일에서 잘할 수 있는 것이 없다는 말이다."라 하였다.

或言遂臣之	혹자는 신하로 삼자고 하였다.
丞相長史任敞曰	승상 장사 임창이 말하였다.
匈奴新破	"흉노는 막 격파되어
困	곤경에 처하였으니
宜可使爲外臣	외신으로 삼아
朝請於邊	변경에서 조현을 하게 할 만합니다."
漢使任敞於單于	한나라는 선우에게 임창을 사신으로 보냈다.
單于聞敞計	선우는 임창의 계책을 듣고
大怒	크게 노하여
留之不遣	붙잡아놓고 보내지 않았다.
先是漢亦有所降匈奴使者	이에 앞서 한나라도 항복한 흉노의 사자를 데리고 있었는데
單于亦輒留漢使相當	선우도 문득 한나라 사자를 억류시켜 서로 맞불을 놓았다.
漢方復收士馬	한나라가 바야흐로 다시 군사와 말을 거두어들일 무렵
會驃騎將軍去病死	마침 표기장군 곽거병이 죽어
於是漢久不北擊胡	이에 한나라는 오래도록 북으로 오랑캐를 치지 않았다.
數歲	몇 년 만에
伊稚斜單于立十三年死	이치사선우가 재위 13년 만에 죽고
子烏維立爲單于	아들인 오유(烏維)가 선우로 즉위하였다.
是歲	이해는
漢元鼎三年也	한나라 원정 3년(B.C. 114)이었다.

烏維單于立 　　　　오유선우(烏維單于)가 즉위하자

而漢天子始出巡郡縣 　한나라 천자는 비로소 나가 군현을 순행하였다.

其後漢方南誅兩越[176] 　그 후 한나라는 바야흐로 남으로 양월을 토벌
　　　　　　　　　　　하느라

不擊匈奴 　　　　　　흉노를 치지 않았는데

匈奴亦不侵入邊 　　　흉노 또한 변경을 침입하지 않았다.

烏維單于立三年 　　　오유선우 즉위 3년에

漢已滅南越 　　　　　한나라가 이미 남월을 멸하고

遣故太僕賀將萬五千騎出九原二千餘里
　　　　　　　　　옛 태복 하(賀)를 보내어 1만 5천 기를 거느리고
　　　　　　　　　구원(九原)으로 2천 리를 나서

至浮苴井[177]而還 　　부저까지 이르렀다가 돌아왔는데

不見匈奴一人 　　　　흉노는 한 사람도 보이지 않았다.

漢又遣故從驃侯趙破奴萬餘騎出令居數千里
　　　　　　　　　한나라는 또 옛 종표후 조파노로 하여금 1만여
　　　　　　　　　기를 거느리고 영거로 수천 리를 나서

至匈河水[178]而還 　　흉하수(匈河水)까지 이르렀다가 돌아오게 하였
　　　　　　　　　는데

亦不見匈奴一人 　　　또한 흉노는 한 사람도 보이지 않았다.

是時天子巡邊 　　　　이때 천자가 변경을 순행하였는데

---

176 정의 남월(南越)과 동월(東越)이다.

177 색은 苴의 음은 저[子餘反]이다. 신찬(臣瓚)은 말하였다. "구원에서 2천 리 떨어져 있으며,
　　　『한여지도(漢輿地圖)』에 보인다."

178 색은 신찬(臣瓚)은 말하였다. "물 이름으로 영거(令居)에서 천 리 떨어졌다."

至朔方	삭방에 이르러
勒兵十八萬騎以見武節	18만의 기병을 훈련시켜 무용을 보이고
而使郭吉風告單于	곽길로 하여금 선우에게 은근히 알리게 하였다.
郭吉既至匈奴	곽길이 흉노에 이르자
匈奴主客[179]問所使	흉노의 주객이 사행의 목적을 물었는데
郭吉禮卑言好	곽길은 예를 낮추어 좋은 소리로
曰	말하였다.
吾見單于而口言	"내 선우를 만나 친히 말하겠습니다."
單于見吉	선우가 곽길을 만나보자
吉曰	곽길이 말하였다.
南越王頭已懸於漢北闕	"남월왕의 목이 이미 한나라 북궐에 걸려 있습니다.
今單于即能前與漢戰	지금 선우께서 진격하여 한나라와 싸울 수 있으면
天子自將兵待邊	천자께서 친히 군사를 거느리고 변경에서 기다릴 것이며,
單于即不能	선우께서 싸울 수 없다면
即南面而臣於漢	곧 남면하여 한나라의 신하가 되십시오.
何徒遠走	어찌 한갓 멀리 달아나
亡匿於幕北寒苦無水草之地	도망쳐 사막 북쪽의 매우 춥고 물과 풀도 없는 땅으로 숨습니까?
毋爲也	이렇게 하지 마십시오."
語卒而單于大怒	말이 끝나자 선우는 크게 노하여

---

179 集解 위소는 말하였다. "사자가 오면 묵게 하는 것을 주관하는 벼슬이다." 正義 관직 이름으로 홍려경(鴻臚卿)과 같다.

立斬主客見者	즉시 (곽길을) 접견한 주객을 참수하고
而留郭吉不歸	곽길을 억류시켜 돌려보내지 않고
遷之北海上[180]	북해의 위로 옮겨버렸다.
而單于終不肯爲寇於漢邊	그리고 선우는 끝내 한나라의 변경을 침범하려 하지 않고
休養息士馬	군사와 말을 쉬게 하고 길렀으며
習射獵	활쏘기와 사냥을 익히고
數使使於漢	수차례나 한나라로 사신을 보내어
好辭甘言求請和親	감언이설로 화친을 청하였다.
漢使王烏等窺匈奴	한나라는 왕오 등으로 하여금 흉노를 살피게 하였다.
匈奴法	흉노의 법에
漢使非去節而以墨黥其面者不得入穹廬	
	한나라 사신은 부절을 몸에서 없애고 얼굴에 먹실을 넣은 자가 아니면 (선우의) 천막에 들어가지 못하게 되어 있었다.
王烏	왕오는
北地人	북지 사람으로
習胡俗	오랑캐의 풍속에 익숙하여
去其節	부절을 버리고
黥面	얼굴에 먹실을 넣어
得入穹廬	천막으로 들어갈 수 있었다.
單于愛之	선우가 그를 좋아하여

---

180 **정의** 북해(北海)는 곧 상해(上海)이며, 소무(蘇武) 또한 옮겼다.

詳許甘言	허락하는 체하면서 달콤한 말로
爲遣其太子入漢爲質[181]	그 태자를 한나라로 들여보내어 인질로 삼고
以求和親	화친을 청하겠노라고 하였다.

漢使楊信於匈奴	한나라는 양신을 흉노에 사신으로 보냈다.
是時漢東拔穢貉朝鮮以爲郡[182]	
	이때 한나라는 동(東)으로 예맥과 조선을 점령하여 군(郡)으로 하였으며
而西置酒泉郡[183]以鬲絕胡與羌通之路	
	서(西)로는 주천군을 두어 호(胡: 흉노)와 강(羌)이 통하는 길을 끊었다.
漢又西通月氏大夏[184]	한나라는 또 서(西)로 월지, 대하와 교통하였고
又以公主妻烏孫王	또 공주를 오손왕(烏孫王)의 아내로 시집보내어
以分匈奴西方之援國	흉노의 서쪽 원국(援國)을 떼어놓았다.
又北益廣田至胘雷爲塞[185]	또한 북으로 영토를 더 넓혀 현뢰까지를 변경으로 삼았는데도
而匈奴終不敢以爲言	흉노는 끝내 감히 뭐라 말하지 못하였다.
是歲	이해에

---

181 **정의** 음은 치(致)이다.

182 **정의** 곧 현도(玄菟)와 낙랑(樂浪) 두 군이다.

183 **정의** 지금의 숙주(肅州)이다.

184 **정의** 『한서』 「서역전(西域傳)」에서는 말하였다. "대월지국(大月氏國)은 장안성과 1만 6천 리 떨어져 있으며 본래 돈황(燉煌)과 기련(祁連) 사이에 있었는데 묵특선우가 월지를 깨뜨렸으며 노상선우(老上單于)는 월지왕을 죽여 그 머리로 음기(飮器)를 만들어 월지는 이에 멀리 떠나 대원(大宛)의 서쪽을 지나 대하(大夏)를 쳐서 신하로 삼고 규수(嬀水) 북쪽을 도읍으로 삼아 왕정(王庭)을 세웠다."

185 **집해** 『한서음의(漢書音義)』에서는 말하였다. "현뢰(胘雷)는 지명으로 오손(烏孫) 북쪽에 있다."

翕侯信死	흡후 조신이 죽자
漢用事者以匈奴爲已弱	한나라의 집정자는 흉노가 이미 약하여져
可臣從也	신하로 복종시킬 만하다고 생각하였다.
楊信爲人剛直屈彊	양신은 사람됨이 강직하고 뻣뻣하여 굽히지 않는데다가
素非貴臣	애초에 대신이 아니어서
單于不親	선우가 가까이하지 않았다.
單于欲召入	선우가 불러들이려고 하였는데
不肯去節	부절을 버리려 하지 않아
單于乃坐穹廬外見楊信	선우는 이에 천막 밖에 앉아서 양신을 만났다.
楊信既見單于	양신이 선우를 찾아보고
說曰	말하였다.
即欲和親	"화친하시고자 한다면
以單于太子爲質於漢	선우의 태자를 한나라의 인질로 보내십시오."
單于曰	선우가 말하였다.
非故約	"옛 조약이 아니오.
故約	옛 조약에
漢常遣翁主	한나라는 늘 옹주를 보내고
給繒絮食物有品	비단과 먹을 것을 일정량 보내어
以和親	화친을 하였고
而匈奴亦不擾邊	그러면 흉노도 변경을 어지럽히지 않았소.
今乃欲反古	지금 곧 옛 조약과 반하여
令吾太子爲質	우리 태자를 인질로 삼으려 하니
無幾矣[186]	거의 가망이 없을 것이오."
匈奴俗	흉노의 풍속에

見漢使非中貴人	한나라의 사신이 왕이 총애하는 귀인이 아니고
其儒先[187]	유생이라면
以爲欲說	유세하려는 것으로 여겨
折其辯	그 말을 꺾었으며,
其少年	나이가 어렸으면
以爲欲刺	척살하려는 것으로 여겨
折其氣	그 예기를 꺾었다.
每漢使入匈奴	한나라 사신이 흉노로 들어올 때마다
匈奴輒報償	흉노는 번번이 보상하였다.
漢留匈奴使	한나라가 흉노의 사자를 억류시키면
匈奴亦留漢使	흉노도 한나라의 사신을 억류시켜
必得當乃肯止	반드시 상응하는 행동을 하고서야 그만두었다.
楊信既歸	양신이 돌아오자
漢使王烏	한나라는 왕오를 사신으로 보냈는데
而單于復讇以甘言	선우는 다시 아첨을 하며 달콤한 말로
欲多得漢財物	한나라의 재물을 많이 얻고자 하여
紿謂王烏曰	왕오를 속이어 말하였다.
吾欲入漢見天子	"내 한나라로 들어가 천자를 뵙고
面相約爲兄弟	대면하여 형제의 맹약을 맺고자 하오."
王烏歸報漢	왕오가 돌아와 한나라에 알리자
漢爲單于築邸于長安	한나라는 장안에 선우의 집을 만들어주었다.

---

186 **정의** 幾의 음은 기(記)이다. 옛 법에 반하는 행동을 하면 가망이 없을 것이라는 말이다.

187 **집해** 先은 선생(先生)이다. 『한서』에는 '유생(儒生)'으로 되어 있다.

匈奴曰	흉노가 말하였다.
非得漢貴人使	"한나라가 귀인을 사신으로 보내지 않으면
吾不與誠語	내 진실된 말을 하지 않을 것이오."
匈奴使其貴人至漢	흉노는 그 귀인을 한나라에 이르게 하였는데
病	병이 들어
漢予藥	한나라에서 약을 써서
欲愈之	낫게 하고자 하였지만
不幸而死	불행히도 죽고 말았다.
而漢使路充國佩二千石印綬往使	
	한나라는 노충국에게 2천 석의 인끈을 차고 사신으로 가게 하여
因送其喪	이에 운구를 호송하였는데
厚葬直數千金	수천 금이 나가는 두터운 장례를 치러주고
曰此漢貴人也	"이는 한나라에서 귀인이다."라 하였다.
單于以爲漢殺吾貴使者	선우는 한나라가 자신의 귀한 사자를 죽였다고 생각하여
乃留路充國不歸	이에 노충국을 억류시켜 돌려보내지 않았다.
諸所言者	여러 가지 말한 것은
單于特空紿王烏	선우가 다만 빈말로 왕오를 속인 것이며
殊無意入漢及遣太子來質	한나라로 들어가거나 태자를 인질로 보내올 뜻은 조금도 없었다.
於是匈奴數使奇兵侵犯邊	이에 흉노는 여러 번이나 기병으로 하여금 국경을 침범케 하였다.
漢乃拜郭昌爲拔胡將軍	한나라는 이에 곽창을 발호장군에 임명하여
及浞野侯[188]屯朔方以東	착야후와 함께 삭방 이동 지역에 주둔하게 하여
備胡	오랑캐에 대비하였다.

路充國留匈奴三歲　　　　노충국이 흉노에 억류된 지 3년째 되던 해에

單于死　　　　　　　　　선우는 죽었다.

烏維單于立十歲而死　　　오유선우는 재위 10년 만에 죽었으며

子烏師廬立爲單于[189]　　 아들인 오사려(烏師廬)가 선우로 즉위하였다.

年少　　　　　　　　　　나이가 어려서

號爲兒單于　　　　　　　아선우(兒單于)로 불렸다.

是歲元封六年也　　　　　이해는 원봉 6년(B.C. 105)이었다.

自此之後　　　　　　　　이 이후로

單于益西北　　　　　　　선우는 더욱 서북쪽으로 가서

左方兵直雲中　　　　　　왼쪽의 군사는 운중과 대치하였고

右方直酒泉燉煌郡[190]　　오른쪽은 주천, 돈황군과 대치하였다.

兒單于立　　　　　　　　아선우가 즉위하자

漢使兩使者　　　　　　　한나라는 사자 둘을 보냈는데

一弔單于　　　　　　　　하나는 선우를 조문하고

一弔右賢王　　　　　　　하나는 우현왕을 조문하여

欲以乖其國　　　　　　　그 나라를 괴리시키려 하였다.

使者入匈奴　　　　　　　사자가 흉노에 들어가자

匈奴悉將致單于　　　　　흉노는 모두 선우에게 데려갔다.

---

188 **집해** 서광은 조(趙)나라가 오랑캐를 깨뜨렸다고 하였다.

189 **집해** 서광은 말하였다. "오(烏)는 어떤 판본에는 '첨(詹)'으로 되어 있다."

190 **정의** 『괄지지』에서는 말하였다. "철륵국(鐵勒國)은 흉노 묵특의 후예로 돌궐국(突厥國) 북쪽에 있다. 악승주(樂勝州)는 진(秦)나라 장성(長城)과 태갱장로(太羹長路)의 정북쪽을 거쳐 모래 삼각주를 거쳐 13일간 가면 그 나라에 이르게 된다."

單于怒而盡留漢使	선우는 노하여 한나라 사자를 모두 억류시켰다.
漢使留匈奴者前後十餘輩	한나라 사자가 흉노에 억류된 것이 전후로 10여 무리였는데
而匈奴使來	흉노가 사자를 보내오면
漢亦輒留相當	한나라도 바로 억류시켜 맞불을 놓았다.
是歲	이해에
漢使貳師將軍廣利西伐大宛	한나라는 이사장군 이광리로 하여금 서(西)로 대원을 치게 하고
而令因杅[191]將軍敖築受降城	인우장군 공손오로 하여금 수항성을 쌓게 하였다.
其冬	그해 겨울에
匈奴大雨雪	흉노에 눈이 크게 내려
畜多飢寒死	가축들이 많이 굶주리고 추워서 죽었다.
兒單于年少	아선우는 나이가 어리고
好殺伐	살육을 좋아하여
國人多不安	백성들이 많이 불안해하였다.
左大都尉欲殺單于	좌대도위가 선우를 죽이고자 하여
使人閒告漢曰	사람을 시켜 몰래 한나라에 알리게 하였다.
我欲殺單于降漢	"내 선우를 죽이고 한나라에 항복하려는데
漢遠	한나라가 머니
即兵來迎我	군사를 보내와 나를 맞아주면
我即發	내 바로 떠날 것이오."
初	처음에

---

191 정의 음은 우(于)이다.

漢聞此言	한나라는 이 말을 들었기 때문에
故築受降城	수항성을 쌓았지만
猶以爲遠	그래도 멀다고 생각하였다.

其明年春	그 이듬해 봄에
漢使浞野侯破奴將二萬餘騎出朔方西北二千餘里	
	한나라는 착야후 파노로 하여금 2만여 기를 거느리고 삭방 서북쪽으로 2천여 리를 나가
期至浚稽山[192]而還	준계산까지 이르렀다가 돌아오게 하였다.
浞野侯旣至期而還	착야후가 이미 기약한 대로 이르렀다가 돌아왔는데
左大都尉欲發而覺	좌대도위는 출발하려던 차에 발각되어
單于誅之	선우가 그를 죽이고
發左方兵擊浞野	좌방병을 보내어 착야를 쳤다.
浞野侯行捕首虜得數千人	착야후는 행군하면서 수천 명을 죽이거나 포로로 잡았다.
還	돌아오다가
未至受降城四百里	수항성에서 4백 리가 못 미치는 곳에서
匈奴兵八萬騎圍之	흉노의 군사 8만 기가 그를 에워쌌다.
浞野侯夜自出求水	착야후는 밤에 직접 물을 찾으러 나섰는데
匈奴間捕	흉노의 척후병이
生得浞野侯	착야후를 사로잡고
因急擊其軍	곧장 급히 그 군사를 들이쳤다.
軍中郭縱爲護	군중에서는 곽종(郭縱)이 호군이었고

---

192 **색은** 응소는 말하였다. "무위현(武威縣) 북쪽에 있다."

維王爲渠[193]	유왕이 거솔이었는데
相與謀曰	서로 상의하여 말하였다.
及諸校尉畏亡將軍而誅之	"여러 교위들이 장군을 잃으면 죽임을 당할까 두려워하여
莫相勸歸	아무도 돌아갈 것을 원하지 않습니다."
軍遂沒於匈奴	전군이 마침내 흉노에게 항복하였다.
匈奴兒單于大喜	흉노의 아선우는 크게 기뻐하여
遂遣奇兵攻受降城	마침내 기병을 보내어 수항성을 공격하였다.
不能下	함락시킬 수 없자
乃寇入邊而去	이에 변경을 침입하였다가 떠났다.
其明年	그 이듬해에
單于欲自攻受降城	선우는 직접 공격하여 성의 항복을 받아내려 하였는데
未至	채 이르지 못하고
病死	병으로 죽었다.
兒單于立三歲而死	아선우는 재위 3년 만에 죽었다.
子年少	아들이 나이가 어려
匈奴乃立其季父烏維單于弟右賢王呴[194]犁湖爲單于	흉노는 이에 그 계부인 오유선우의 아우 우현 왕 구리호(呴犁湖)를 선우로 세웠다.
是歲太初三年也	이해가 태초 3년(B.C. 102)이었다.

---

193 **정의** 거솔(渠帥: 우두머리)이 된 것이다.

194 **집해** 음은 구(鉤)이고, 또한 우(吁)라고도 한다. **색은** 음은 구(鉤)이고, 또한 우(吁)라고 도 한다.

呴犁湖單于立　　　　　구리호선우(呴犁湖單于)가 즉위하자

漢使光祿徐自爲出五原塞¹⁹⁵數百里
　　　　　　　　　한나라는 광록대부 서자위를 오원새로 수백 리
　　　　　　　　　내보냈는데

遠者千餘里　　　　　멀리는 천여 리까지 이르렀으며

築城鄣列亭¹⁹⁶至廬朐¹⁹⁷　작은 산성과 여러 초소를 쌓아 여구에까지 이
　　　　　　　　　르렀으며

而使游擊將軍韓說長平侯衛伉屯其旁
　　　　　　　　　유격장군 한열과 장평후 위항으로 하여금 그
　　　　　　　　　곁에 주둔하게 하였고

使彊弩都尉路博德築居延澤上¹⁹⁸
　　　　　　　　　강로도위 노박덕에게는 거연택 가에 성을 쌓게
　　　　　　　　　하였다.

其秋　　　　　　　　그해 가을에

---

195 〔정의〕 곧 오원군(五原郡)의 유림새(楡林塞)이다. 승주(勝州) 유림현(楡林縣) 40리 지점에 있다.

196 〔정의〕 고윤(顧胤)은 말하였다. "장(鄣)은 산중의 작은 성이다. 정(亭)은 척후병들이 거처하
는 곳이다."

197 〔집해〕 음은 구(衢)로 흉노의 지명이며 또한 산 이름이다. 〔색은〕 복건은 말하였다. "흉노의
지명이다." 장안은 말하였다. "산 이름이다." 〔정의〕 「지리지(地理志)」에서는 오원군(五原
郡) 고양현(稒陽縣) 북쪽으로 석문장(石門鄣)을 나서면 광록성(光祿城)을 만나게 되고, 또
서북쪽에서 지취성(支就城)을 만나게 되며, 또 서북쪽에서 두만성(頭曼城)을 만나게 되고,
또 서북쪽에서는 호하성(虖河城)을 만나게 되며, 또 서북쪽에서 숙로성(宿虜城)을 만나게
된다고 하였다. 이곳에 곧 작은 산성을 쌓고 초소를 쌓아 여구(廬朐)에 이르는 것이다. 복
건은 말하였다. "여구(廬朐)는 흉노의 지명이다." 장안은 말하였다. "산 이름이다."

198 〔정의〕 『괄지지』에서는 말하였다. "한나라 거연현(居延縣)의 옛 성은 감주(甘州) 장액현(張
掖縣) 동북쪽 천5백30리 지점에 있으며, 한나라 차로장(遮虜鄣)이 있는데, 강노도위(彊弩都
尉) 노박덕(路博德)이 쌓은 것이다. 이릉(李陵)이 패하여 군가들과 함께 차로군에 이르게
되기를 기약하였는데 바로 이곳이다. 장로(長老)들이 전하기로 장(鄣) 북쪽 백80리 지점은
곧 거연(居延)의 서북쪽이며 이릉이 전투를 벌인 곳이라 한다."

匈奴大入定襄雲中	흉노가 정양과 운중으로 대대적으로 쳐들어와
殺略數千人	수천 명을 죽이고 약탈하였으며
敗數二千石而去	여러 2천 석의 고을을 패퇴시키고 떠났는데
行破壞光祿所築城列亭鄣	가는 길에 광록대부가 쌓은 작은 산성과 초소를 무너뜨렸다.
又使右賢王入酒泉張掖	또한 우현왕으로 하여금 주천과 장액으로 쳐들어가게 하여
略數千人	수천 명을 약탈하였다.
會任文[199]擊救	마침 임문이 격퇴하고 구원하니
盡復失所得而去	얻은 것을 모두 다시 잃고 떠났다.
是歲	이해에
貳師將軍破大宛	이사장군이 대원을 깨뜨려
斬其王而還	그 왕을 참수하고 돌아왔다.
匈奴欲遮之	흉노는 차단하려고 하였지만
不能至	이를 수 없었다.
其冬	그해 겨울
欲攻受降城	수항성을 공격하고자 하였는데
會單于病死	마침 선우가 죽고 말았다.

呴犁湖單于立一歲死	구리호선우는 재위 1년 만에 죽었다.
匈奴乃立其弟左大都尉且鞮[200]侯爲單于	흉노는 이에 그 아우인 좌대도위 저저후(且鞮侯)를 선우로 세웠다.

---

199 집해 『한서음의(漢書音義)』에서는 말하였다. "한나라 장수이다."
200 색은 앞의 글자는 음이 저[子餘反]이고, 뒤의 글자는 음은 저(低)이다.

漢既誅大宛	한나라가 대원을 토벌하자
威震外國	위세가 국외에 떨쳤다.
天子意欲遂困胡	천자는 마침내 오랑캐를 곤경에 빠뜨리고자 하여
乃下詔曰	이에 명을 내려 말하였다.
高皇帝遺朕平城之憂	"고황제는 짐에게 평성의 근심을 남기셨고
高后時單于書絕悖逆	고후 때는 선우의 편지가 매우 도리에 어긋났다.
昔齊襄公復九世之讎	옛날에 제양공은 9세(九世)의 원수를 갚아
春秋大之²⁰¹	『춘추』에서는 이를 칭찬하였도다."
是歲太初四年也	이해가 태초 4년(B.C. 101)이다.

且鞮侯單于既立	저저후선우(且鞮侯單于)가 즉위하자
盡歸漢使之不降者	항복하지 않은 한나라 사신을 모두 돌려보내니
路充國等得歸	노충국 등이 돌아오게 되었다.
單于初立	선우는 갓 즉위하여
恐漢襲之	한나라가 기습할까 두려워하여
乃自謂我兒子	이에 스스로 이르기를 "나는 아이이니
安敢望漢天子	어찌 감히 한나라의 천자를 바라겠는가!
漢天子	한나라의 천자는
我丈人行²⁰²也	나의 어른 항렬이다."라 하였다.

漢遣中郎將蘇武厚幣賂遺單于

한나라는 중랑장 소무를 보내어 선우에게 예물을 두터이 주었다.

---

201 집해 『공양전』에서는 말하였다. "9세라도 오히려 복수를 할 수 있는가? 백세라도 할 수 있다."라 하였다.

202 정의 음은 항[胡朗反]이다.

單于益驕	선우는 더욱 교만해지고
禮甚倨	예가 매우 거만하여졌으니
非漢所望也	한나라가 바란 것이 아니었다.
其明年	그 이듬해에
浞野侯破奴得亡歸漢	착야후가 흉노를 격파하여 도망쳐 한나라로 돌아오게 하였다.
其明年	그 이듬해에
漢使貳師將軍廣利以三萬騎出酒泉	한나라는 이사장군 이광리로 하여금 3만 기로 주천을 나서
擊右賢王於天山[203]	천산에서 우현왕을 치게 하여
得胡首虜萬餘級而還	오랑캐의 수급 1만여 개를 얻어 돌아왔다.
匈奴大圍貳師將軍	흉노는 이사장군을 크게 에워싸
幾不脫	거의 벗어나지 못하였다.
漢兵物故什六七	한나라 군사는 10에 6, 7은 죽었다.
漢復使因杅將軍敖出西河	한나라는 다시 인우장군 공손오를 서하로 나가게 하여
與彊弩都尉會涿涂山[204]	탁야산에서 강노도위와 만났는데
毋所得	얻은 것이 없었다.
又使騎都尉李陵將步騎五千人	또한 기도위 이릉으로 하여금 기병 5천 명을 거느리고

---

203 **정의** 이주(伊州)에 있다.

204 **집해** 서광은 말하였다. "涂의 음은 야(邪)이다." **색은** 涿의 음은 탁(卓)이며, 涂의 음은 야[以奢反]이다. **정의** 흉노에 있는 산이다.

出居延北千餘里	거연의 북쪽으로 천여 리를 나가게 하여
與單于會	선우와 만나
合戰	교전을 벌였는데
陵所殺傷萬餘人	이릉이 살상한 흉노는 1만여 명이었으나
兵及食盡	군사와 식량이 다 떨어져
欲解歸	해산하여 돌아가게 하려 하였지만
匈奴圍陵	흉노가 이릉을 에워싸
陵降匈奴	이릉은 흉노에 항복하고
其兵遂沒	그 군사는 마침내 전멸하여
得還者四百人	돌아올 수 있었던 자는 4백 명이었다.
單于乃貴陵	선우는 이에 이릉을 귀하게 여겨
以其女妻之	그 딸을 (시집보내어) 이릉의 아내로 삼았다.

後二歲	2년 뒤
復使貳師將軍將六萬騎	다시 이사장군에게 기병 6만과
步兵十萬	보병 10만을 거느리게 하여
出朔方	삭방을 나서게 하였다.
彊弩都尉路博德將萬餘人	강노도위 노박덕은 1만여 명을 거느리고
與貳師會	이사장군과 만났다.
游擊將軍說將步騎三萬人	유격장군 한열은 보병과 기병 3만 명을 거느리고
出五原	오원을 나섰다.
因杅將軍敖將萬騎步兵三萬人	
	인오장군 공손오는 1만 기와 보병 3만 명을 거느리고

出鴈門	안문을 나섰다.
匈奴聞	흉노는 듣고
悉遠其累重於余吾水北²⁰⁵	그 가솔과 자산을 모두 여오수 북쪽으로 옮기고
而單于以十萬騎待水南	선우는 10만 기를 가지고 여오수 남쪽에서 기다리다가
與貳師將軍接戰	이사장군과 교전하였다.
貳師乃解而引歸	이사장군은 이에 해산시켜 끌고 돌아오면서
與單于連戰十餘日	선우와 연이어 10여 일을 싸웠다.
貳師聞其家以巫蠱族滅	이사장군은 그 가족이 무고로 멸족당하였다는 말을 듣고
因并眾降匈奴²⁰⁶	이에 무리와 함께 흉노에 항복하였으며
得來還千人一兩人耳	귀환할 수 있었던 사람은 천 명 중 한둘일 따름이었다.
游擊說無所得	유격장군 한열은 성과가 없었다.
因杅敖與左賢王戰	인우장군 공손오는 좌현왕과 교전하였으나
不利	전세가 불리하여
引歸	(군사를) 이끌고 돌아왔다.
是歲²⁰⁷漢兵之出擊匈奴者不得言功多少	이해에 흉노를 치려고 나간 한나라 군사는 공의 많고 적음을 이야기할 수 없었는데

---

205 **집해** 서광은 말하였다. "여(余)는 '斜'로 된 판본도 있는데 음은 야(邪)이다." **색은** 서광은 말하였다. "'斜'로 된 판본도 있는데 음은 야(邪)이다." 『산해경』에서는 말하였다. "북선지산(北鮮之山)에서는 선수(鮮水)가 흘러나오는데 북으로 흘러 여오(余吾)로 간다." **정의** 累의 음은 뤼[力爲反]이다. 重의 음은 종[丈用反]이다.

206 **집해** 서광은 말하였다. "『사기』「장상연표(將相年表)」 및 『한서(漢書)』에 의하면 정화(征和) 2년에 무고(巫蠱)가 비로소 일어났다. 3년에 이광리와 상구성(商丘成)이 흉노군을 치러 나갔는데 패하여 이에 항복하였다."

功不得御[208]　　　　　　공이 (실에) 상당하지 못하였기 때문이었다.

有詔捕太醫令隨但　　　조칙으로 태의령 수단(隨但)을 체포하였는데

言貳師將軍家室族滅　　이사장군의 일가족을 멸족하도록 말하여

使廣利得降匈奴[209]　　　이광리가 흉노에 항복하게 하였기 때문이다.

太史公曰　　　　　　　　태사공은 말한다.

孔氏著春秋　　　　　　　공자가 『춘추』를 지을 때

隱桓之閒則章　　　　　　은공과 환공 사이는 (기록이) 분명한데

至定哀之際則微[210]　　　정공과 애공 사이에는 간략하였으니

爲其切當世之文而罔襃　당세에 가까운 문장이라 기릴 수 없어서

忌諱之辭也[211]　　　　　기휘(忌諱)한 말이기 때문이다.

世俗之言匈奴者　　　　　세속에서 흉노를 말하는 자들은

患其徼一時之權[212]　　　한때의 권세를 구하는 것만 근심하여

---

207 집해 서광은 말하였다. "천한(天漢) 4년(B.C. 97)이다." 정의 이 이하는 위로 이사 장군이 그 집안의 일을 들은 것에 이르기까지는 천헌(天漢) 4년의 일이 아니고 착오가 있는 것 같은데 사람들이 아는 바이다.

208 정의 御의 음은 어(語)이다. 그 공이 기대한 것에 당하지 못한 것이다.

209 색은 『한서』에서는 말하였다. "이듬해에 저제(且鞮)가 죽고 장자인 호록고선우(狐鹿姑單于)가 즉위하였다."라 하였다. 장안은 말하였다. "호록고선우 이하는 모두 유향(劉向)과 저선생(褚先生)이 기록한 것이며, 반표(班彪)가 또 그 다음을 이어서 지었기 때문에 『한서(漢書)』「흉노전(匈奴傳)」은 상하의 두 권이 있게 되었다."

210 색은 나라의 나쁜 점을 꺼리는 것은 예이다. 중니(仲尼)는 정공과 애공 때 벼슬을 하였으므로 『춘추』를 지을 때 당세를 절실하게 논하지 않았고 그 말을 간략하게 하였다.

211 색은 망(罔)은 무(無)의 뜻이다. 사실대로 기릴 수가 없는 것은 당대의 일을 기휘하였기 때문이라는 말이다.

212 집해 서광은 말하였다. "徼의 음은 교(皎)이다." 색은 서광은 음이 교(皎)라고 하였으며, 유백장(劉伯莊)은 음이 규(叫)라고 하였는데 모두 틀렸다. 이 자는 음이 요(僥)가 되어야 한다. 요(徼)라는 것은 구한다는 뜻이다. 일시의 권세와 총애를 구한다는 말이다.

而務諂納其說²¹³	그 말을 아첨하여 받아들이는 데만 힘쓰느라
以便偏指	편한 대로 한쪽만 가리켜
不參²¹⁴彼己	피아를 고려하지 않았으며,
將率²¹⁵席中國廣大	장수들은 중국이 광대한 것만 믿고
氣奮	기세를 떨쳤으며
人主因以決策	임금은 그대로 정책을 결정하여
是以建功不深	이 때문에 공을 세움이 깊지 않았다.
堯雖賢	요(堯)임금은 비록 현명하였지만
興事業不成	사업을 흥기시켜 이루지 못하였는데
得禹而九州寧²¹⁶	우(禹)를 얻어 구주(九州)가 편안해졌다.
且欲興聖統	또한 제왕의 실마리를 흥기시키고자 하는 것은
唯在擇任將相哉	오직 장수와 재상을 택하여 임명하는 데 있도다!
唯在擇任將相哉	오직 장수와 재상을 택하여 임명하는 데 있도다!

---

213 색은 음은 세(稅)이다.

214 색은 논자들이 흉노를 도모할 때는 모두 다만 일시의 권세가 있어 총애를 받는 것만 구하느라 근심하여 다만 그 말에 아첨하는 것만 힘써서 제 편한 대로 치우친 쪽만 가리켜 종시와 이해를 상세하게 따지지 않는다는 것을 말하였다.

215 집해 『시경』에서는 "피기지자(彼己之子)"라 하였다 색은 피기(彼己)는 시인(詩人)이 놀린 기롱하여 말한 "피기지자(彼己之子)"라는 것을 말한다. 장솔(將率)은 번쾌(樊噲)와 위청(衛靑), 곽거병(霍去病) 등이다.

216 정의 요(堯)임금이 비록 현성(賢聖)하였지만 홀로 다스릴 수가 없었으며 우(禹)임금을 얻고서야 구주(九州)가 평안해졌다는 말이다. 무제(武帝)가 현명한 장수와 재상을 가려 쓸 수가 없었고 아첨에 힘쓰는 소인배들의 뜬 말을 받아들여 흉노를 많이 정벌하였기 때문에 백성을 다스리는 것이 허물어졌다는 것을 풍자하였다. 그러므로 태사공은 우임금이 성스러워서 태평함을 이루었다는 말을 인용하여 당대의 죄를 공박한 것이다.

옮긴이 **장세후**

경북 상주에서 태어나 영남대학교 중어중문학과를 졸업하고,
같은 대학 대학원에서 석사학위와 박사학위(『주희 시 연구』)를 취
득하였다. 영남대학교 겸임교수와 경북대학교 연구초빙교수를
거쳐 지금은 경북대학교 퇴계연구소의 전임연구원으로 재직하
고 있다. 2003년 대구매일신문에서 선정한 대구·경북지역 인
문사회분야의 뉴리더 10인에 포함된 바 있다.

저서로는 『이미지로 읽는 한자·1~2』(연암서가, 2015~2016)가
있고, 주요 역서로는 『한학 연구의 길잡이(古籍導讀)』(이회문화
사, 1998), 『초당시(初唐詩, The Poetry of the Early T'ang)』(Stephen
Owen, 中文出版社, 2000), 『퇴계 시 풀이·1~6』(이장우 공역, 영남대
학교 출판부, 2006~2011), 『고문진보·전집』(황견 편, 공역, 을유문화사,
2001), 『朱熹 詩 譯註·1~2』(이회문화사, 2004~2006), 『퇴계잡영』(공
역, 연암서가, 2009), 『唐宋八大家文抄-蘇洵』(공역, 전통문화연구회,
2012), 『춘추좌전·상』(을유문화사, 2012), 『춘추좌전·중』(을유문화
사, 2013), 『춘추좌전·하』(을유문화사, 2013), 『도산잡영』(공역, 연암서
가, 2013), 『주자시 100선』(연암서가, 2014), 『사마천과 사기』(연암서
가, 2015) 등이 있다.

사기열전 2

2017년 2월 25일 초판 1쇄 발행
2020년 4월 15일 초판 2쇄 발행

지은이 | 사마천
옮긴이 | 장세후
펴낸이 | 권오상
펴낸곳 | 연암서가

등록 | 2007년 10월 8일(제396-2007-00107호)
주소 | 경기도 고양시 일산서구 호수로 896, 402-1101
전화 | 031-907-3010
팩스 | 031-912-3012
이메일 | yeonamseoga@naver.com

ISBN 979-11-6087-003-9 04910
ISBN 979-11-6087-001-5 (세트)
값 35,000원